PAPUS
d. i. Gérard Encausse

Die Grundlagen der Okkulten Wissenschaft

Der Verlag bedankt sich bei
Dr. Hans Thomas Hakl

Bibliografische Information der Deutschen Bibliothek.
Die Deutsche Bibliothek verzeichnet diese Publikation in der
Deutschen Nationalbibliografie; detaillierte bibliografische Daten
sind im Internet über http://dnb.ddb.de abrufbar.

Das Werk ist in allen seinen Teilen urheberrechtlich geschützt.
Jede Verwertung ohne Zustimmung des Verlages ist unzulässig. Kein Teil des
Werkes darf in irgend einer Form ohne schriftliche Genehmigung des Verlages übersetzt,
reproduziert oder unter Verwendung elektronischer Systeme verarbeitet, vervielfältigt oder
verbreitet werden. Dieses Werk wurde neu gesetzt, Typografie und Übersetzung wurden
gegebenenfalls korrigiert bzw. verbessert und die Abbildungen sorgsam überarbeitet.
Die Rechte an Satz, Layout und Einbandgestaltung sowie an der
Einführung von H. T. Hakl liegen beim H·Frietsch Verlag.

Copyright © H·Frietsch Verlag – edition epoché – Gaggenau 2017
Printet in Germany

978-3-937592-29-9

PAPUS
d. i. Gérard Anaclet Vincent Encausse

Die Grundlagen der Okkulten Wissenschaft

Mit dem Nachdruck eines Briefes
von Papus an Jules Bois

edition epoché

Inhalt

Vorwort von H. T. Hakl 7

Die Grundlagen der okkulten Wissenschaft
Einführung 29

Erster Teil Theorie

I. Kapitel / Die Wissenschaft des Altertums / Sichtbare Manifestierung des Unsichtbaren / Begriffsbestimmung der okkulten Wissenschaft 31

II. Kapitel / Die Methode in der alten Wissenschaft / Die Analogie / Die drei Welten / Die drei Einheiten / Die theosophischen Operationen / Die zyklischen Gesetze 43

III. Kapitel / Das universelle Leben / Das große Geheimnis des Sanktuariums / Das astrale Licht (unsiverselle Kraft) / Die Involution und die Evolution / Der Mensch nach Pythagoras 61

Zweiter Teil Verwirklichung

IV. Kapitel / Der Ausdruck der Ideen 75
Die Zeichen / Ursprung der Sprache / Die symbolischen Geschichten und ihre Auslegung / Die Smaragdtafel des Hermes und ihre Erklärung 81 / Das Telesma / Die Alchymie 86 / Erklärung der hermetischen Texte / Die qualitative Geometrie / Die Eigennamen und ihr Nutzen 97

V. Kapitel / Vom analytischen Ausdruck der Ideen 99
Analogietafeln / Die Magie / Die zehn Sätze der „entschleierten Isis" von H. P. Blavatsky –Magische Vierertafel von Agrippa / Die Astrologie / Lektüre der Analogietafeln 118 / Anpassung des Dreiers

VI. Kapitel / Der synthetische Ausdruck der Ideen 129
Die Pentakeln / Die Schlange und ihre Bedeutung / Entwicklungsmethode der Pentakeln / Das Kreuz / Das Dreieck / Die Devise Cagliostros (יהוה) / Der 21. Schlüssel des Hermes / Die drei Ursachen / Die Sphinx und ihre Bedeutung 139 / Die Pyramiden 142 / Das Pentagramm 143 / Das rechtwinkelige Dreieck und das chinesische Buch Tshen-Pey 144 / Die maurerischen Grade 147 / Das Schottentum 159

Dritter Teil Die Anwendung

Einführung zum dritten Teil 167
VII. Kapitel / Die Erde und ihre Geheimgeschichte 171

VIII. Kapitel / Die weiße Rasse und die Bildung ihrer Tradition 191
Die Kabbala 195 / Das Hellenentum 208 / Das Christentum 211 /
Einfluß Zoroasters 230 / Die Araber 231

IX. Kapitel / Die Konstitution des Menschen / 239
Vom Schicksal 250 / Tabelle der Konstitutionen nach Barlet 262

X. Kapitel / Das Astrale 265
Notizen über das Astrale v. F. CH. Barlett 272

XI. Kapitel / Okkulte Wissenschaft – zeitgenössische Wissenschaft ... 295
Die Phantasie und der Realismus / Bacon, Trousseau, Claude Bernard /
Die Initiationsgesellschaften im 19. Jahrhundert 302 / Der Martinismus /
Die Meister der hermetischen Tradition 304 / Wunder der Einheit

Wie ich Okkultist wurde 324
Esoterik des „Vaterunser" 331 / Der Weg der Mystik 338 /
Methodisches Studium des Okkultismus 356

XII. Kapitel: Nachwort des Übersetzers 363
Kleines Wörterbuch des Okkultismus 393
Anmerkungen 406

Nachdruck **eines Originalbriefes**
Papus an Jules Bois 419

Vorwort

Papus – Ein kurzer Abriß zu Leben und Werk

Papus, mit weltlichem Namen Dr. Gérard Encausse, kann man zweifellos als die beherrschende Gestalt der Esoterik im Frankreich der Jahrhundertwende ansprechen. Der zeitgenössische Chemiker und Alchimist Jollivet-Castelot nannte ihn sogar den „außergewöhnlichsten und tiefsten Magier unserer Epoche"[1] und wegen der Fülle seiner Schriften verlieh er ihm noch den Ehrentitel eines „Balzac des Okkultismus".[2] Die Papus-Bibliographie umfaßt nämlich unglaubliche 260 Nummern, darunter 25 große Werke, wobei die vielen Zeitschriftenartikel zusammengefaßt und nicht einzeln numeriert sind.[3] Darunter befindet sich auch der 1100-seitige *Traité méthodique de Science occulte* (1891), den der Fachkenner Pierre A. Riffard als eines der zwölf wichtigsten je geschriebenen Sachwerke der abendländischen Esoterik bezeichnet.[4] Und seine Bücher über die Kabbala sowie den Tarot haben neben seinen groß angelegten Synthesen zu verschiedenen okkulten Themen wahrlich esoterische Geschichte gemacht und sind daher bis auf den heutigen Tag immer wieder neu aufgelegt und zudem in zahlreiche Sprachen übersetzt worden. Die dort erstmals erfolgte Zuordnung der vier Buchstaben des kabbalistischen Tetragrammaton zu den vier Kartenfarben des Tarot war der entscheidende Gedanke, der den heute so gebräuchlichen Zusammenhang zwischen Kabbala und Tarot erst ermöglicht hat. Das Talent von Papus zur Popularisierung und Verständlichmachung ungewöhnlicher Ideen ist unbestritten.

Literaturnobelpreisträger Anatole France wiederum forderte in einem Interview für Papus sogar einen Lehrstuhl für Magie am ehrwürdigen Collège de France.[5] Gleichzeitig kann Papus als Neubegründer der hermetischen

---

1 Alexandrian, *Storia della Filosofia Occulta* (Mailand, 1984), 383.
2 Zitiert in Ph. Encausse, *Papus*, a.a.O.., 86. Robert Amadou hingegen schreibt in seinem *A deux amis de Dieu: Papus & Philippe Encausse* (Guérigny, 1995), 36, dieses Bonmot Anatole France zu.
3 Philippe Encausse, *Papus – Sa Vie – Son Oeuvre* (Paris, 1932), Anhang. In seinem späteren Werk *Sciences Occultes ou 25 années d'occultisme occidental, Papus, sa vie, son oeuvre* (Paris, 1949), kommt Philippe Encausse durch eine andere Zählweise, besonders der Zeitschriftenartikel, auf noch immer stattliche 160 Nummern (422–436).
4 Pierre A. Riffard, *L'Esotérisme* (Paris, 1990), 942.
5 In Philippe Encausse, *Sciences occultes*, a.a.O.., 382. Im Anschluß daran findet sich ein langer Artikel von Anatole France zu Papus und seinen *Grundlagen der okkulten*

Medizin angesprochen werden, ebenso wie er die magnetischen Therapien neu aufleben ließ. Zu alledem schuf er mehrere wichtige okkulte Gruppierungen und wesentliche esoterische Zeitschriften. Die Liste seiner Titel und Mitgliedschaften im freimaurerischen Umkreis ist beinahe eine Seite lang.[6] Am russischen Zarenhof brachte er es zum einflußreichen Berater sowie persönlichen Freund der Zarenfamilie und auch auf den Balkan erstreckten sich seine Beziehungen. So bekannt ist Papus geworden, daß ihn selbst Umberto Eco in seinen Bestseller *Das Foucaultsche Pendel*[7] aufnahm, wenn auch nicht in einem besonders schönen Kontext. Da konnte es nicht ausbleiben, daß es über die zahlreichen (auch deutschen) Zeitschriftenartikel hinaus auch schon ein paar Biographien in Buchform von ihm gibt. Zu erwähnen sind da neben den beiden bereits in den Anmerkungen angeführten von Philippe Encausse noch G. Phaneg, *Le Docteur Papus*, Paris 1909 und die auch akademischen Ansprüchen genügende von Marie-Sophie André und Christophe Beaufils mit dem Titel *Papus, biographie*, Paris 1995.

Bei unserer Kurzbeschreibung werden wir uns durchgehend an das letztgenannte Buch halten, da es detailliert ist und vor allem Material verwendet, das von den anderen Autoren nicht benutzt worden ist. Zudem darf man nicht vergessen, daß es sich bei Philippe Encausse um den Sohn und Nachfolger von Papus als Haupt des Martinistenordens und bei Phaneg um einen engen Anhänger handelt, so daß in ihren Biographien naturgemäß die „Schatten"-seite etwas zu kurz kommt. Allerdings ist Philippe Encausse augenscheinlich um Objektivität bemüht. So meint er, daß sein Vater zwar nicht die Kultur und Gelehrsamkeit eines Eliphas Lévi, eines Saint-Yves d'Alveydre oder eines Charles Barlet aufgewiesen hätte (darüber ließe sich streiten), aber dafür ein genialer Realisator und Organisator gewesen sei. Er sieht in ihm ganz besonders den Vertreter eines christlichen Spiritualismus, dessen höchstes Ziel in einer Harmonie von Glauben und Wissenschaft lag, was er auch zustande gebracht hätte.[8]

Wissenschaft, der der Revue illustrée vom 15.2.1890 entnommen ist. A. France hat sich auch mit Spiritismus beschäftigt.
6   Sh. Philippe Encausse, *Sciences occultes,* a.a.O., 128.
7   (München 1989), 565.
8   Siehe Robert Amadou, *A deux amis...,* a.a.O., 29f. Auch in der Fachzeitschrift *Syzygy,* vol. III, nos. 1–4 (Stanford, 1994), 6f. gibt Amadou eine wohlwollende Kurzbiographie von Papus.

Im Rahmen unserer Anlehnung an das Buch von Marie-Sophie André und Christophe Beaufils werden wir uns darauf beschränken, als Quellenhinweis nur die entsprechenden Seitenzahlen des Werkes in Klammern anzugeben. Interessant ist die Geschichte, wie Frau André an die zahlreichen Dokumente aus erster Hand herangekommen ist, die sie laufend zitiert. Bei einem Spaziergang vorbei an einer ehemaligen Wohnstätte von Philippe Encausse sah sie die Abfallkübel mit augenscheinlich älteren Briefen, Broschüren und Dokumenten überborden. Interessiert trat sie näher und erkannte Originalbriefe und Dokumente von Papus (sie studierte an einem der Sorbonne angeschlossenen universitären Institut unter Antoine Faivre die esoterischen Strömungen der Neuzeit) und rettete sie. Gemeinsam mit den im Fond Papus in Lyon erhaltenen Dokumenten erarbeitete sie dann ihr Werk. Des Ausgleichs wegen soll erwähnt werden, daß Robert Amadou in seinem schon zitierten *A deux amis*[9] an dieser Version einige Zweifel hegt, da die Angaben von Frau André zu ungenau seien. Dieser Zweifel betrifft allerdings nicht die Echtheit der Dokumente, die unbestritten ist. Vor allem weist Amadou zurück, daß Philippe Encausse, der zum Zeitpunkt des Auffindens der Dokumente schon lange tot war, irgendwie versucht hätte, diese für Papus nicht immer schmeichelhaften Dokumente auf die Seite zu schaffen und sie deshalb in einer alten Wohnung aufbewahrte. Denn es bleibt eigenartig, daß er gerade diese Schriftstücke nicht dem Fonds Papus in Lyon übergab so wie er es mit allen anderen getan hatte.

Bei unserer chronologischen Vorgehensweise besteht allerdings die Gefahr, daß ob all der Daten und Fakten der „emotionale" Anteil, also der „weiche" und wohlwollende Kern, der bei Papus unserer Meinung nach zweifelsohne ebenfalls bestanden hat, zu stark in den Hintergrund gerückt wird. Bei all dem gegebenen Machtstreben, das ihn auszeichnete, darf man seine Versuche, den Menschen (auch den Armen) Heilung oder zumindest Linderung zu verschaffen ebensowenig vergessen, hielt er doch trotz all seiner Aktivitäten seine ärztliche Praxis bis 1914 offen und behandelte vielfach, ohne dafür bezahlt zu werden. Wollte man sich tatsächlich ein mehr oder weniger objektives Bild von Papus schaffen, wäre es wahrscheinlich am besten, das Buch von André/Beaufils und die Biographie von Philippe Encausse in *Sciences occultes* parallel zu lesen. Nun zur Lebensgeschichte[10]:

---

9 A.a.O., 13f.
10 Um sich das Umfeld klarzumachen, dem Papus entsproß und die Vorgeschichte der „okkulten Renaissance" in Frankreich kennenzulernen, möchten wir unseren Lesern

Gérard Anaclet Vincent Encausse wurde am 13. Juli 1865 in La Coruña in Spanien geboren. Von seiner Mutter kennt man nur den Namen Irene Pérez-Vierra. Sein Vater Louis Encausse war ein Erfinder von medizinischen Apparaturen und Artikeln, die er auch vertrieb. Ob Louis Encausses Aufenthalt in Spanien mit dieser paramedizinischen Tätigkeit zusammenhing, bleibt allerdings unklar. Sicher scheint es jedenfalls zu sein, daß Papus nicht – so wie er es immer gerne andeutete – von Zigeunern abstammte, denen er eine große Weisheit zuschrieb (15). Ebensowenig scheint er der brillante Schüler im Gymnasium gewesen sein, als der er vielfach dargestellt wurde, denn einmal mußte er die Schule sogar verlassen. Von seinen Schulkollegen bekam er den Spitznamen Großmogul (16), was bereits auf sein früh entwickeltes Organisationstalent und seine Führerqualitäten hinweist. Aus seinen von Frau André geretteten Jugendtagebüchern wissen wir auch, daß er schon als Schüler überaus ehrgeizig gewesen sein muß, da er schon sehr früh herauszufinden versuchte, wie man Menschen beeinflussen und damit eine wichtigere Rolle übernehmen könne (16).

1884 erschien, von ihm selbst bezahlt, seine erste Broschüre unter dem Titel *Hypothèses*. Hier zeigt sich schon eine gewisse Wertschätzung einer noch unbewußten hermetischen Weltschau, denn er spricht von der grundlegenden Einheit der Natur und der Notwendigkeit der Rückkehr zu ihr. Allerdings weicht er dabei von einer rein materialistischen Basis noch nicht ab. Das Medizinstudium könnte er ergriffen haben, da sein Vater, der wegen mangelnder akademischer Ausbildung ja immer wieder Schwierigkeiten in seinem Arbeitsfeld hatte, es so wollte. Überdies genossen Mediziner ein sehr hohes Ansehen (27).

Wann Gérard dann tatsächlich mit seinen okkulten Studien begann, läßt sich nicht mehr feststellen. Es könnte um 1885 gewesen sein. In der französischen Nationalbibliothek las er sich jedenfalls durch die damaligen okkulten Klassiker wie Hoëne-Wronski, Lacuria, Paul Christian und natürlich Eliphas Lévi, dem er sogar einen Brief schrieb, nicht wissend, daß dieser schon seit 1875 tot war. Seine Medizinstudien verzögerten sich deswegen auch. Sein erster Kontakt zu esoterischen Gruppierungen dürfte – wie bei so vielen – die

---

das Studium von Christopher McIntosh, *Eliphas Lévi and the French Occult Revival*, (New York York: Weiser, 1974) empfehlen. McIntosh beleuchtet vor allem das Vorfeld, das von Fabre d'Olivet, über Hoëne-Wronski zu Eliphas Lévi reicht. Er behandelt aber ebenso ausführlich Papus sowie seine Mitstreiter und Gegner.

Theosophische Gesellschaft gewesen sein. 1887 wurde er dort aufgenommen, wo so berühmte Leute wie der Astronom und Spiritist Camille Flammarion, der Freund von Eliphas Lévi, Baron Spédalieri, der Autor Edouard Schuré und der künftige Biologie-Nobelpreisträger Charles Richet Mitglieder waren. Im Mitteilungsblatt der Gesellschaft, dem Lotus Rouge, erschien dann 1887 auch der erste von Gérard mit Papus gezeichnete Artikel. Das Pseudonym hatte er dem *Nuktemeron* des Apollonius von Tyana entnommen, das Eliphas Lévi publiziert hatte. Dabei handelt es sich um den Genius der ersten Stunde, der der Medizin zugeordnet ist. Im selben Jahr kam es auch zur ersten wirklich okkulten Broschüre von Papus über den zeitgenössischen Okkultismus. Es handelte sich dabei um die erweiterte Fassung einer Rede, die er in der Theosophischen Gesellschaft gehalten hatte. Kurz darauf folgte eine Übersetzung des berühmten kabbalistischen Textes des Sepher Yetzirah und noch im November von 1887 erschien der *Traité élémentaire de Science occulte*, dessen Übersetzung als *Die Grundlagen der okkulten Wissenschaft* vor uns liegt. Papus' Karriere begann damit unaufhaltsam zu werden. Ein Jahr später war er bereits Leiter der Theosophischen Gesellschaft in Frankreich, wenn dafür anscheinend auch etwas „politisches" Manövriergeschick vonnöten war (49). Zu diesem Zeitpunkt hatte er auch regelmäßige Mittagstreffen mit einer kleinen Runde, der Charles Maurras angehörte, der sehr prägnante, wenn auch umstrittene (das gehört wohl zusammen) Gründer der monarchistisch-katholischen Action Française. Dieser Kontakt verlor sich aber wiederum recht bald.[11] Ein Zwischenhalt beim Aufstieg trat ein, als er zum Militär mußte. Trotzdem er sich auf Ausnahmeregelungen berufen wollte, wurde er schließlich eingezogen und mußte seine drei Jahre abdienen. Allerdings gelang es ihm, außergewöhnlich viele kürzere und längere Freistellungen zu erwirken. Ansonsten wäre es ihm unmöglich gewesen, während dieser Zeit okkulte Gruppierungen und Zeitschriften zu begründen sowie mehrere umfangreiche Bücher zu schreiben. So entstand die Zeitschrift L'Initiation, die mit Unterbrechungen bis heute fortlebt und bei der so berühmte Gestalten wie der Dichter Victor Emile Michelet, der „Magier" Stanislas de Guaita und der Künstler Joséphin Péladan mitarbeiteten. Schon bald fügt dort Papus seinem Namen die Abkürzung S.I. hinzu, was bedeutet, daß er sich als Supérieur Inconnu, also als sogenannter Unbekannter Oberer, im Martinistenorden

---

11 Sh. Massimo Introvigne, *Il Cappello del Mago* (Mailand, 1990), 225. Dort finden sich auch viele andere Hinweise auf Papus und sein Umfeld.

betrachtete. Wann er Mitglied der Martinisten wurde, ist nicht klar. Seine öfters kolportierte (so von seinem Sohn Philippe) außergewöhnlich frühe (im 17. Lebensjahr!) Einweihung in diesen Orden durch Henri Delaage dürfte höchstwahrscheinlich eine apokryphe Überlieferung sein.

Zur gleichen Zeit und ebenfalls an der Adresse des Martinistenordens entstand ein weiterer Orden christlich-kabbalistischer Ausrichtung, der sich auf Heinrich Khunraths *Amphitheatrum sapientiae aeternae* berief.[12] Dieser Ordre Kabbalistique de la Rose-Croix (Kabbalistischer Orden des Rosenkreuzes) war von de Guaita und Péladan begründet worden, wobei die Mitglieder, so auch Papus, zum Großteil dieselben waren wie beim Martinistenorden. Eines der ersten Führungsmitglieder war Maurice Barrés, Gymnasiumskollege von de Guaita und später bekannter Politiker und Schriftsteller. Wegen seiner strengen katholischen Anschauungen verließ er aber den Orden recht bald wieder.[13] Etwas später kam es dann durch Papus zur Bildung des Groupe Indépendant d'Etudes Esotériques (Unabhängige Gruppe esoterischer Studien), mit dem Gedanken, wiederum mehrere andere Zirkel in sich zu fassen, so den Groupe Maçonnique d'Etudes Initiatiques (Freimaurerische Gruppe für Initiatische Studien), der unter der Leitung des später bekannt gewordenen Oswald Wirth stand (57f.). Langsam begannen sich nun die Beziehungen zwischen Papus und der Theosophischen Gesellschaft zu verschlechtern, denn einerseits fühlte sich Papus in seinem Umfeld geistig den theosophischen Anschauungen überlegen und brachte das in seinen Artikeln auch zum Ausdruck und andererseits sah Frau Blavatsky, als Präsidentin der Theosophen, klar die Konkurrenz und organisatorische Machtkonzentration. Da Papus nun einer der Hoffnungsträger der französischen Theosophie war, wies ihn Frau Blavatsky höchstpersönlich in der zweiten Ausgabe der Revue Théosophique vorsichtig zurecht. Papus' Antwort darauf war wenig respektvoll. Zudem weigerte er sich kategorisch, irgend etwas von seinen Aussagen zurückzunehmen.

Anfang 1890 zieht er sich dann von der Theosophischen Gesellschaft endgültig zurück, nachdem er sie schon vorher als eine Gemeinschaft von Betrügern bezeichnet hatte (91). Später sagte er dann, daß er so offensiv gegen die Theosophen vorgegangen sei, weil er den Auftrag bekommen hätte, diese

---

12 Der Bestsellerautor Umberto Eco hat zu diesem Buch eine interessante Studie geschrieben: *L'Enigme de la Hanau 1609* (Paris, 1990).
13 McIntosh, *Eliphas Lévi,* a.a.O., 164.

Gruppierung wegen ihrer antichristlichen Haltung zu bekämpfen. Der Schlag für die Theosophische Gesellschaft war gewaltig und sehr lange konnte sie sich davon nicht erholen. Vergessen soll dabei nicht werden, daß Papus zum damaligen Zeitpunkt erst 25 Jahre alt war. Neben L'Initiation hatte er noch weitere Zeitschriften begründet, nämlich Le Voile d'Isis, die später zu *Études Traditionnelles* mutierte und durch René Guénons geistige Leitung großes Ansehen genoß und die *Revue d'hypnologie*. Etwas später gesellte sich noch *Lumière d'Orient* dazu, die sich ausschließlich mit dem Islam und der Türkei auseinandersetzte, aber über zwei Nummern nicht hinauskam. Auch eine vorgängige Zeitschrift *The Light of Paris* hatte sich als Fehlschlag erwiesen.

Um 1890 kam es schließlich zum Bruch mit Joséphin Péladan, der wie Papus sehr expansiv war, so daß sie sich in die Quere kommen mußten. Péladan warf Papus überdies allzu große Popularisierung geheimen Wissens vor. Damit im Zusammenhang steht auch der sogenannte Krieg der zwei Rosen. Péladan hatte einen Orden de la Rose-Croix Catholique (R + C + C) gegründet, der von Stanislas de Guaita und seinem Ordre Kabbalistique de la Rose-Croix wegen Verwechslungsgefahr heftigst – auch mit magischen Mitteln – bekämpft wurde.

An die Stelle der Abgänge kamen aber andere Mitarbeiter und Helfer von nicht minderem Format, so Sédir (Yvon Le Loup).[14] Jules Doinel, der später zum Patriarchen einer gnostischen Kirche wurde und Marc Haven (Emmanuel Lalande). Um all den im Martinistenorden vereinigten Gruppen und den Neuzugängen eine solide theoretische Basis zu geben, wurde mit einer „Hermetischen Schule" begonnen, in der die in den alten Sprachen geschriebene Primärliteratur ausgewertet werden sollte. Überdies sollten die Geschichte der okkulten Wissenschaften, die hermetische Medizin, der Mediumismus, der Tod usw. erforscht werden. Daraus entwickelte sich dann die Freie Universität der höheren Studien, zu dessen Lehrkörper die Spitzen des Martinistenordens gehörten.[15]

Der Groupe Indépendant d'Etudes Esotériques (GIEE) entwickelte sich höchst erfolgreich und eröffnete laufend neue Niederlassungen. Auch der

---

14 Hierzu gibt es eine schöne Anekdote: Als Sédir Papus das erste Mal traf, wollte er einfach Magie betreiben. Papus war sehr freundlich, meinte dann aber später zu den Umstehenden: „Er wird Magie betreiben wie alle Anfänger im Okkultismus und dann wird er damit wieder aufhören, weil er erkennen wird, daß die Magie zu nichts führt" (in R. Amadou, *A deux amis,* a.a.O., 41).
15 Nähere Details bei Frick, *Licht und Finsternis II,* a.a.O., 406.

Martinistenorden organisierte sich innerhalb und außerhalb Frankreichs, so in Italien und Spanien. Eine wichtige Hilfe für Papus war dabei Anna de Wolska, mit der er zusammenlebte und die sich als seine beste Propagandistin erwies. Der schon erwähnte François Jollivet-Castelot stieß ebenfalls dazu und brachte sein spezielles alchimistisches Wissen (er nannte es „hyperchimie") ein. Eine Ausweitung des Martinistenordens nach Belgien führte zur Gründung von Kumris, einer Gemeinschaft, die später unter Georges Le Clement de Saint Marcq durch ihre sexualmagisch-"christlichen" Praktiken einen völlig anderen Verlauf nehmen sollte.[16] Selbst in Übersee, nämlich in Argentinien und in den USA, kam es zur Bildung von Martinistenlogen.

Frau André zitiert auch einen Brief (100), wonach ein österreichisches Parlamentsmitglied, Baron Adolf Leonhardi von Platz aus Böhmen, das Ansuchen stellte, seine Gruppe von Freunden des Okkultismus in Prag in eine martinistische Loge umzuwandeln. Diese Loge Nr. 12 florierte unter dem Namen *Der Blaue Stern* sehr bald und zählte bereits 1893 acht Supérieurs Inconnus, von denen jeder eine Gemeinschaft von zehn bis fünfzehn Leuten leitete. Diese Loge wurde ein Anziehungspunkt für eine Reihe von Intellektuellen, darunter den Schriftsteller Julius Zeyer, zu dessen Ehren in Prag sogar eine Statue errichtet wurde. Heute noch bekannt ist ein anderes Mitglied, nämlich Gustav Meyer, der unter dem Namen Meyrink eine Reihe wichtiger esoterischer Romane schrieb. Damals war er noch Bankdirektor und hatte bereits Erfahrungen in der Theosophischen Gesellschaft gemacht. 1893 war Meyrink übrigens auch noch in die Societas Rosicruciana in Anglia eingetreten, woraus der Orden der Goldenen Dämmerung (Golden Dawn) entstand.

1893 kam es dann zum in der Literatur so oft angesprochenen okkulten Krieg und „magischen Duell" zwischen Papus und Jules Bois.[17] De Guaita und Papus waren von Gegnern als Anhänger einer „schwarzen Rosenkreuzerei" diffamiert worden. Am lautesten tat sich dabei der Journalist Jules Bois

---

16 weitergehende Informationen dazu bei Introvigne, *Il Cappello del Mago,* a.a.O., 231 und passim sowie bei Vittorio Fincati, *L'Eucaristia spermatica di G. Le Clément de S. Marcq* in Ierà Porneusis no. 2, Nove (VI) 1997. Sh. dazu auch *Der große Theodor Reuss-Reader* hg. von Peter-R. König (München: ARW, 1997).

17 Einzelheiten dazu in: Karl R.H. Frick, *Licht und Finsternis* II, 409f. und *Die Satanisten – Satan und die Satanisten 2* (Graz, 1985), 178f. Frick, der zu den wenigen Kennern der esoterischen Geschichte im deutschen Sprachraum gehört, gibt in den erwähnten Büchern ein breites Hintergrundwissen zur damaligen Zeit und zu Papus, wobei vielleicht nicht alle Leser die einzelnen Bewertungen teilen werden. Auch James Webb berichtet in *The Flight from Reason* (London, 1971), 94f, ausführlich über diese Begebnisse.

hervor, der behauptete, daß de Guaita den exkommunizierten Abbé Joseph-Antoine Boullan mit auf Entfernung wirkenden magischen Giften ermordet hätte. Der durch seinen Roman *Tief unten* auch bei uns bekannt gewordene Dichter J. K. Huysmans unterstützte Jules Bois bei diesen Anklagen. De Guaita verlangte, was man früher „Satisfaktion" nannte und einem Duell gleichkam. Huysmans zog es vor sich zu entschuldigen, Bois hingegen nahm den Fehdehandschuh auf. Gegen de Guaita sollte er mit der Pistole antreten, gegen Papus, der ein gewandter Fechter war, mit dem Degen. Auf dem Wege zum Duell mit de Guaita blieben die Pferde, die den Wagen mit ihm und seinen Sekundanten zogen, jedoch stehen, weigerten sich weiterzugehen und zitterten zwanzig Minuten lang vor Angst. Beim Duell gegen Papus drei Tage später, waren die „magischen" Wirkungen auf die Pferde noch schlimmer. Sie stürzten den Wagen um und Bois kam zerschunden, blutend und schmutzig an den vereinbarten Ort, wo er gegen den selbstsicheren Papus, der sogar einige schaulustige Damen mitgebracht hatte, keine Chance besaß. Nach zwei Verwundungen am Arm wurde der Kampf abgebrochen und die beiden Duellanten zogen als neue Freunde ab.

Als bald darauf ein weiterer Gegner von Papus starb, sah man wiederum dunkle magische Kräfte am Werk. Dieses Abenteuer, das zum Ruhme unseres Magiers viel beitrug, veranlaßte ihn zum Schreiben der Broschüre *Kann man hexen?*

Um Geld zu verdienen hatte er auch noch eine regelmäßige Kolumne im *Figaro*, wo er Physiognomik und Graphologie lehrte, damit seine „liebenswürdigen Leserinnen alle Geheimnisse" ihrer Freundinnen entdecken könnten. 1894 wird Papus endlich zum Doktor der Medizin promoviert. Seine Dissertation über die „philosophische Anatomie" wird sehr gelobt. Ebenso wird er zum Militärarzt und Reserveoffizier ernannt. Schon ein Jahr später heiratet er und zwar Argence Mathilde Inard, die über ihre Mutter mit einer der nobelsten Familien des Elsaß verbunden war. Seiner Frau verdankte er aber nicht nur sein (temporäres) Herzensglück, sondern auch eine gewisse Wohlhabenheit. Sogar seinen „spirituellen Meister" Philippe Vachod, den weithin verehrten Maître Philippe[18] lernte er durch sie kennen. Dieser war schon seit seiner Jugend als Geistheiler tätig gewesen, weshalb ihm trotz

---

18   Zu Maître oder Monsieur Philippe gibt es mehrere Biographien, so auch eine von Philippe Encausse. Erwähnt werden soll wenigstens die neueste von Renée-Paule Guillot, *Philippe de Lyon* (Paris, 1994).

Studien ein medizinisches Diplom vorenthalten wurde, da er wegen illegaler Ausübung des Ärzteberufs vorbestraft war. Seine hauptsächlichen Heilmittel bestanden in Gebeten und dem Lesen der Evangelien.

Aber auch auf anderen Wegen wollte er etwas leisten und versuchte z. B. Diphtherie mit gezuckertem Wasser (zum Trinken und für Waschungen) zu heilen. Das Charisma dieses zart gebauten Mannes, der Jesus Christus als seinen persönlichen Freund ansprach, muß gewaltig gewesen sein. Denn ausgebildete Ärzte wie Papus und Lalande (Marc Haven) waren von seinen Heilmethoden völlig überzeugt. Papus glaubte zwar anfangs noch, daß Philippe ihn verhext hätte, wandte sich ihm aber bald zu und verehrte ihn dann bis zum Tode. Der Einfluß von Maître Philippe geht noch viel weiter: Papus wandte sich mehr und mehr von der Magie ab, die Maître Philippe als „kriminell" einstufte und öffnete sich der Mystik und Jesus Christus, was in seinen späteren Werken sehr deutlich wird.

1895 wird Papus Mitglied bei der Golden Dawn, dem wohl bekanntesten aller magischen Orden der Neuzeit, die in Paris eine Loge unterhielt. Die Einweihung erfolgt durch Moira Bergson, der Schwester des Philosophen und Nobelpreisträgers Henri Bergson und Gemahlin eines der führenden Mitglieder der Golden Dawn, nämlich Samuel McGregor Mathers. Allerdings war er nicht sonderlich aktiv dabei, wahrscheinlich weil Maître Philippe ganz allgemein gegen magische Arbeiten eingestellt war (127).

In dieser Zeit war Okkultismus zur Mode geworden und der Martinistenorden stand auf seinem Höhepunkt. Auch im Ausland blühten die martinistischen Niederlassungen. 1896 kam es zu einem gegenseitigen Beistands-Vertrag mit dem Illuminatenorden in Deutschland, der eine Neugründung nach dem historischen Vorbild des 18. Jahrhunderts darstellte. Gustav Meyrink, Carl Kellner, der spätere Gründer des Orientalischen Templer Ordens, der Magnetopath und Schriftsteller Leopold Engel sowie Theodor Reuß, der den Orientalischen Templer Orden berühmt-berüchtigt machen sollte, waren die herausragenden Gestalten dieser Gemeinschaft. Meyrink kam allerdings mit Reuß nicht sehr lange zurecht, der Illuminatenorden löste sich auf und so auch der Beistandsvertrag, der nach den ursprünglichen Intentionen „die mächtigsten Bruderschaften der abendländischen Tradition" vereinigen sollte. Die Verbindung zwischen Papus und Reuß sollte jedoch weiterleben.

Über Jollivet-Castelot war Papus auch mit dem schwedischen Dramatiker August Strindberg in Kontakt gekommen, der in Paris längere Zeit als „Alchimist" lebte. Später ist Strindberg dann auch Mitglied des ariosophischen

Ordo Novi Templi geworden, der unter der Leitung von Lanz von Liebenfels stand, des Mannes, „der Hitler die Ideen gab" (Wilfried Daim). Strindberg schrieb sogar alchimistische Artikel für die Zeitschrift *L'Initiation*. In eine der esoterischen Gruppierungen wollte er sich aber nicht drängen lassen, worauf er von Papus und Sédir schlußendlich fallengelassen wurde, was ihn sehr kränkte. Nach einer mystischen Krise Anfang 1897 ging Strindberg schließlich nach Schweden zurück.

Papus war ebenso Mitglied der äußerst einflußreichen sogenannten H. B. of L. (Hermetic Brotherhood of Luxor)[19] und in Briefkontakt mit deren Großmeister Peter Davidson. Aber auch diese Mitgliedschaft schien ihm nicht zu reichen, denn nun versuchte er in die Freimaurerei einzutreten. Nicht in den regulären Grand Orient de France, den er ja ständig wegen mangelnder Esoteriknähe kritisierte, sondern in die misraimitische Loge Arc-en-Ciel, wo sich schon eine Reihe von Martinisten befand, die seinen Eintritt befürworteten. Trotzdem wurde sein Gesuch abgelehnt, vielleicht aus Angst vor seiner Rednergabe, da man eine Übernahme durch ihn befürchtete.[20] Zur selben Zeit begann Papus wieder mit einem neuen Projekt und zwar der sogenannten Union Idealiste Universelle, die von Eliphas Lévis *Katechismus des Friedens* inspiriert war. Es handelte sich um eine Friedensbewegung, die ihre Mitglieder unabhängig von Rasse, Religion, Nation und Geschlecht aufnehmen wollte. Obwohl Jollivet-Castelot von 30.000 Intellektuellen als Mitglieder sprach, sind nur wenige namentlich bekannt. Sehr lobenswert war dabei das Eintreten der Union für den Überlebenskampf des armenischen Volkes. In diesem Jahr starb schließlich auch Stanislas de Guaita an den Folgen seiner Morphiumsucht.

---

19   Sh. dazu die wichtige Studie von Joscelyn Godwin, Christian Chanel und John Deveney, *The Hermetic Brotherhood of Luxor* (York Beach, 1995). An der H. B. of L. kann man wahrscheinlich die meisten praktischen magischen Orden der Neuzeit festmachen. Sie dürfte auch der Ausgangspunkt zahlreicher Formen von Sexualmagie der westlichen Art sein. Sh. dazu auch die umfangreiche (1007 S.) Dissertation von Christian Chanel, *De la Fraternité Hermétique de Louxor au Mouvement Cosmique* (Paris, 1992/93), die eine breit angelegte Übersicht über die europäische Entwicklung magisch-esoterischer Gruppierungen um die Jahrhundertwende enthält. Eine Kurzübersicht ist bei Frick, *Licht und Finsternis II*, a.a.O., 430f. zu finden.
20   Für eingehendere Details sh. Philippe Encausse, *Sciences occultes*, a.a.O., 124f. An diesen freimaurerischen Tätigkeiten war sogar die GESTAPO interessiert, die 1942 nach der Einnahme von Paris durch die deutschen Truppen alle diesbezüglichen Dokumente von Papus beschlagnahmte (a.a.O., 127f.)

Da Papus in Frankreich keine Zugangsmöglichkeit zur regulären Freimaurerei sah, ließ er sich – wann weiß man nicht genau – in den Swedenborg-Ritus von John Yarker einweihen, obwohl das eigentlich ein Hochgradritus war, der den regulären Feimaurer-Meistergrad voraussetzte. Yarker wurde dafür in den obersten Rat des Martinistenordens gewählt. Papus wiederum – als französischer Vertreter des neuen Ordens – eröffnete sogleich eine Loge I.N.R.I. in Paris. Dieser Ritus zog ebenso andere Okkultisten an, so z. B. Theodor Reuß, der im Juli 1901 bei Papus um die Einweihung ansuchte.[21]

Papus hatte schon lange versucht, seinen Martinistenorden nach Rußland zu bringen, wobei ihm die vielen in der Pariser Gesellschaft verkehrenden russischen Damen Beistand leisten konnten. Er sah wahrscheinlich die Möglichkeit, Einfluß auf den Zarenhof zu bekommen. Als nun der Zar mit seiner Familie im Herbst 1896 eine Europareise unternahm, schrieb Papus im Namen der französischen Spiritualisten eine *Botschaft* an das russische Volk und das Herrscherhaus, die in *L'Initiation* veröffentlicht wurde. Der russische Botschafter dankte per Telegramm dafür. Bald darauf begann die martinistische Loge in Rußland zu arbeiten.

Im Jahre 1900 kam es in Paris zu einem Internationalen Spiritistenkongreß. Wahrscheinlich war das der Höhepunkt für alle Okkultisten und die größte Propagandaoffensive zugunsten spiritistischer und spiritueller Bestrebungen. Alle, sogar Theosophen und Naturheiler, machten mit. Jahrhundertwenden mit den dazugehörigen Ängsten sind nun einmal das gedeihlichste Klima für religiöse und esoterische Ideen.

Zurück zu Rußland. Die Zarin, eine Frau die unter Depressionen litt, hatte in einem Buch aus dem 14. Jahrhundert mit dem Titel *Gottesfreunde* gelesen, daß Gott fromme und gerechte Menschen – eben die Gottesfreunde – an die Herrscherhöfe schickt, damit sie in schwierigen Situationen mit Rat und Tat helfen. Da sie tief gläubig war, hielt sie ständig Ausschau nach solchen außergewöhnlichen Menschen. Über Papus wurden so Leute vom Zarenhof auf Maître Philippe aufmerksam gemacht, besuchten ihn und luden ihn alsbald nach Rußland. Für Papus wurde ebenfalls eine Vortragsreise organisiert, so daß er seinen Freund und Meister besuchen konnte. Feststeht, daß Papus da-

---

21 Genauere Ordens- und Einweihungsdaten finden sich im Ordenskompendium von Peter R. König, *Das OTO-Phänomen* (München, 1994), 22f. Zum Verhältnis Papus und Freimaurerei vgl. auch den Artikel über ihn in Daniel Ligou, *Dictionnaire Universel de la Franc-maçonnerie* (Paris, 1974), 962f.

bei zumindest einmal das Zarenpaar traf. Maître Philippe hingegen war zwar am Hofe sehr beliebt, mit der Zarenfamilie kam er aber bei seinem ersten russischen Aufenthalt nicht zusammen.

Zar Nikolaus II. und seine Gemahlin hatten bereits vier Töchter, aber noch immer keinen Thronfolger. Auf Anraten baten sie daher, als sie 1901 wieder einmal in Paris waren, Maître Philippe zu sich. Nikolaus II. war sofort vom Charme des Franzosen gefangengenommen und lud ihn nach Rußland, dieses Mal aber in den Zarenpalast. Philippe ließ sich überreden und reiste, schwer überwacht von der russischen Geheimpolizei und mißtrauisch beäugt, noch 1901 gegen Osten. Der Zar erbat für Philippe vom französischen Staat sogar den medizinischen Grad, der ihm – wir erinnern uns – wegen unerlaubter ärztlicher Tätigkeit vorenthalten worden war. Das französische Erziehungsministerium hingegen sah in Philippe nur einen Scharlatan und verweigerte trotz der politischen Mißstimmigkeit diesen Gefallen. Nikolaus ernannte ihn daher zum Arzt der russischen Armee.[22]

Als dann Philippe schließlich der Zarin die Geburt eines Knaben prophezeite, stieg sein Einfluß noch weiter. Das war vielen Leuten am Hof natürlich nicht recht. Gerüchte um spiritistische Sitzungen, wo Philippe den Zarenvater beschworen haben sollte – dieselbe Geschichte wurde später auch von Papus behauptet – wurden über ihn ausgestreut und z.B. auch vom französischen Botschafter in Moskau, der in diesem Zusammenhang eine recht zweifelhafte Rolle spielte, sogar noch bestätigt. Eine Scheinschwangerschaft der Zarin kurz nach der Prophezeiung des Thronfolgers unterminierte Philippes Stellung zusätzlich. Da aber das noch immer nicht ausreichte, ließ man Philippe und Papus wie auch die Martinisten ganz einfach zu jüdischen Freimaurern werden, was beim bekannten Antisemitismus des Zaren größeren Erfolg versprach. Hier spielt gleichfalls die Entstehungsgeschichte der berüchtigten *Protokolle der Weisen von Zion* hinein.[23] Ebenso war das der Boden, der den

---

22 Der Martinismusspezialist Robert Amadou hat vor kurzem die Dissertation von Philippe veröffentlicht und darauf hingewiesen, daß trotz ihrer Mittelmäßigkeit die Verleihung des Doktortitels gerechtfertigt gewesen wäre, da damals die meisten Dissertationen so mittelmäßig waren. Allerdings sei sie vom bekannten karitativen Geist ihres Autors durchdrungen. Philippe schrieb darin über die hygienischen Bedingen für schwangere und gebärende Frauen. Sh. Robert Amadou (Ed.), *La Thèse de Monsieur Philippe* (Guérigny, 1995).
23 Hintergründe zu den *Protokollen* im Zusammenhang mit Papus sowie Philippe finden sich bei James Webb, *The Occult Establishment* (La Salle, 1976), 248f. Für die noch tiefer Interessierten empfehlen wir Henri Rollin, *L'Apocalypse de notre*

Zugang des „rein russischen" Rasputin zur Zarenfamilie erleichterte.[24] 1903 brach der Krieg zwischen Rußland und Japan aus. Papus prophezeite dabei den glorreichen Sieg der Russen bis spätestens 1905. 1905 war zwar der Krieg dann tatsächlich zu Ende, allerdings endete er mit der Kapitulation der Russen. Im Lande kam es in der Folge zu Aufständen und die russischen Martinisten riefen Papus zu Hilfe. Papus reist tatsächlich nochmals zum Zaren und hier kommt es zu einer weiteren langlebigen, immer wieder aufgewärmten Legende. Papus soll in Gegenwart von Nikolaus II. in einer nekromantischen Operation den Geist des Zarenvaters Alexander III. beschworen haben. Dieser hätte dabei seinem Sohn dringend geraten, die beginnende Revolution niederzuschlagen, koste es, was es wolle. Die Geschichte kann schon allein deswegen nicht wahr sein, da Papus zum angegebenen Zeitpunkt gar nicht in Rußland war. Auch in seinen Tagebüchern findet sich kein Hinweis auf eine derartige Operation. Sein Kompagnon Marc Haven verfaßte damals sogar ein offizielles Dementi. Trotzdem begann damit der endgültige Aufstieg von Rasputin, der sich gegen Papus wandte, „denn alles, was aus Europa kommt, ist kriminell und schädlich" (242). Die Martinisten wurden ebenfalls zurückgedrängt und der Grand Orient, also die offizielle Freimaurerei, breitete sich aus. Der Tod von Maître Philippe im selben Jahr 1905 tat ein übriges, um den Einfluß von Papus auf den Zarenhof einzuschränken. Aufrecht blieb nur eine Korrespondenz.

Selbst in Frankreich begann der Einfluß von Papus zu schwinden. Sein ehemaliger Mitarbeiter Barlet wollte die Hegemonie seines Meisters nicht länger ertragen und sann auf Umwälzungen im Ordre Kabbalistique de la Rose-Croix. Anstelle der Führung durch Papus wurde ein Direktorium gemeinsam mit Sédir und Barlet eingesetzt. Barlet blieb aber trotzdem nicht und setzte sich schließlich zu Max Théon in den Mouvement Cosmique ab. Schon vorher war die Ehe von Papus schiefgegangen und er glaubte sich mit Abwehrritualen vor Besessenheitszuständen schützen zu müssen. Auch Jollivet-Castelot und Victor-Emile Michelet zogen sich aus den hohen Ordensrängen zurück, da Papus sich nur noch wiederholen würde. Dieser leugnete das gar nicht, sondern meinte nur, daß zwar alles gesagt, aber bei weitem noch nicht alles

---

Temps (Paris, 1991), der die diesbezügliche Geschichte von Papus und Philippe in allen erforschten Details aufzeigt.

24 Sh. dazu Alex de Jonge, *The Life and Times of Grigorii Rasputin* (New York, 1987), der auch den großen Einfluß von Papus auf den Zaren aufzeigt. Papus warnte übrigens den Zaren vielfach vor Rasputin (de Jonge, a.a.O., 119f.)

verstanden sei. Wiederholung sei daher nötig. Nachdem im Martinistenorden die Schwierigkeiten für Papus immer größer geworden waren, entschloß er sich 1906, statt dessen den Swedenborg-Ritus, den er – wie erinnerlich – von Yarker übernommen hatte, auszubauen und sich genehmere Mitglieder zu suchen. Eine eigene Zeitschrift L'Hiram wurde zu diesem Ziele begründet. Allerdings schien ihre Hauptaufgabe in der Polemik mit der regulären Maurerei bestanden zu haben.

1908 kam es nochmals zu einem großen Kongreß, wo Papus wiederum seinen Rang als Führer der irregulären Freimaurerei und des Okkultismus bestätigt sah. Berühmte Leute kamen zusammen, darunter auch René Guénon. In einem zweiten Kongreß im Anschluß, der die „spiritualistischen Freimaurerriten" versammelte, trat Theodor Reuß als Vertreter der deutschen Gruppierungen auf. Bei dieser Gelegenheit erhob er Papus in den 96. Grad und machte ihn zum französischen Grand-Maître National des Alten und Primitiven Ritus von Memphis-Misraim (262f). Das mußte einem anderen Grand-Maître National, nämlich demjenigen von Preußen – und das war kein Geringerer als Rudolf Steiner – schwer mißfallen. Steiner, der ebenso Präsident des Großkonzils des Memphis-Misraim von Berlin war, verachtete Papus und sah in ihm mehr oder weniger bloß einen Schwarzmagier. Die okkulten Zeitschriften der Zeit waren voll von diesen Kampfgeschichten, die Papus viel Kraft kosteten. Selbst die katholische Presse tat sich für einmal leicht, über die sonst als gefährlich erachteten Männer zu ironisieren.

Im Inneren des von ihm errichteten Ordens-Konstruktes ging die Revolte gegen Papus jetzt erst richtig los. Der bekannteste der damaligen Jungokkultisten, die den Aufstand probten, war René Guénon. Ganz im Gegensatz zu dem was er später lehrte, als er die Integrale Tradition in den Mittelpunkt stellte, hielt er damals mit seinen Freunden lange spiritistische Sitzungen ab. Dabei glaubten sie den Geist von Jacques de Molay, des letzten Großmeisters des Templer-Ordens, beschworen zu haben, der ihnen eine Neugründung und seine Rächung auftrug. Ohne daß Papus davon etwas wußte, wurde von Guénon und dreien seiner Mitstreiter eine Neugründung des Templer-Ordens vorgenommen, was einer inneren Spaltung der Martinisten gleichkam. Bei den spiritistischen Sitzungen meldeten sich dann auch noch Friedrich II. von Preußen sowie Cagliostro und Adam Weishaupt, der Führer der alten Illuminaten und stellten ein ganzes Lehrgebäude aus biblischen, gnostischen und okkulten Fragmenten auf. Der plötzlich erfolgte Tod von Saint-Yves d'Alveydre, den Papus als seinen intellektuellen Meister ansah, verschärfte die Konflikte unter seinen Anhängern nur noch weiter, da sich jeder um die Nachfolge zu bemühen begann. Saint-Yves d'Alveydre hatte eine Reihe von Büchern über die okkulte Geschichte der Menschheit geschrieben, mit dem sogenannten Archeometer einen Universalschlüssel aller Wissenschaften und Künste erstellen wollen sowie das politische System der Synarchie erdacht, das der esoterischen Dreigliederung entspricht.[25] Durch seine besonderen Beziehungen gelang es Papus, als geistiger Nachfolger anerkannt zu werden und sich das Archiv zu sichern, das er in einem Museum zugänglich machen wollte. Da flog die Geschichte mit dem Erneuerten Templer-Orden auf, der im Schatten des Martinistenordens immer mächtiger geworden war. Guénon und seine Mitstreiter wurden aus dem Orden ausgeschlossen. Gleichzeitig begann die Stellung der Martinisten auch in Rußland zu wanken und obwohl Papus gesundheitlich nicht mehr auf der Höhe war, reiste er dorthin. Viel konnte er allerdings nicht ausrichten, da man ihn schon wieder in Paris erwartete, um die getroffenen disziplinären Maßnahmen gegen die Neutempler durchzusetzen.

Ab 1910 begannen die okkulten Bestrebungen in Frankreich ganz allgemein an Einfluß zu verlieren. Zu viele Scharlatane hatten die Gunst der Stunde für ihre Zwecke mißbraucht, lautsprecherische aber nichtssagende Zeitschriften das Wohlwollen der Leser enttäuscht. Spiritistische Betrügereien waren an der Tagesordnung. Papus hatte sich mit spiritistischen Phänomenen und besonders mit Materialisationen eingehend befaßt und kannte alle Taschenspieler- und Zaubertricks. Er warnte immer wieder vor Leichtgläubigkeit und empfahl den Interessierten strengste Vorsichtsmaßnahmen. Aber das schlechte allgemeine Bild mußte auch auf ihn und seine Gruppierungen abfärben, was noch durch die internen Streitigkeiten verstärkt wurde. Um 1912 hatte Papus das Heft seiner Orden nicht mehr in der Hand. Er hatte Téder (Charles Detré) mit der Führung des Obersten Rates des Martinistenordens betraut und der hatte sich selbständig gemacht. Die Theosophische Gesellschaft begann in Frankreich ebenfalls wieder das Terrain zurückzugewinnen, das sie Jahre zuvor durch Papus verloren hatte. Der Weg dazu führte über die freimaurerische Gruppierung des Droit Humain, wo auch Frauen zugelassen waren und wo die Martinisten einen großen Einfluß besaßen. Die englische Präsidentin des Droit Humain, die überaus dynamische Annie Besant, war gleichzeitig Präsidentin der Theosophischen Gesellschaft und diese Verbindungen begann sie nun auch in Frankreich einzusetzen. So konnte sie z. B. in Paris einen Vortrag im

---

25 Philippe Encausse, *Sciences Occultes,* a.a.O., 197.

großen Amphitheater der Sorbonne halten, wohingegen Papus sich mit viel unbedeutenderen Foren zufriedengeben mußte. Die von ihm begründeten Periodika hatte er ebenso im Laufe der Zeit anderen überlassen müssen. *Le Voile d'Isis* war führungsmäßig an Sédir gegangen, *L'Initiation* taufte er in *Mysteria* um und vertraute die Leitung einer Gesellschaft der Freunde von Saint-Yves d'Alveydre an.

Im Ausland sah es nicht besser aus. In Italien gab es Reibereien und in Rußland näherte sich die Revolution mit Riesenschritten. Auch in Österreich-Ungarn stand die Situation um nichts besser. 1909 suchte Herbert Silberer, einer der Begründer der Wiener Psychoanalyse um eine Charta an, wollte aber nicht über die Wiener Loge gehen. Silberer, der durch sein Werk *Probleme der Mystik und ihrer Symbolik* noch lange vor C.G. Jung, mit dem er korrespondierte, zum Pionier der psychologischen Betrachtung der Alchimie wurde, beging später Selbstmord. Ein Freund Silberers und ebenfalls Martinist war Leutnant (später Fregattenkapitän) Friedrich Schwickert, der unter dem Pseudonym Sindbad, astrologische Fachwerke schrieb. Andauernde Streitigkeiten innerhalb der Loge trieben ihn zur Demission (303). Obwohl Papus sich nicht als Prophet fühlte und Prophezeiungen auch gar nicht schätzte, hatte er eine Vorahnung des Ersten Weltkrieges, die er in etlichen Aufsätzen um 1913 zu Papier brachte. Diese vorausschauenden Befürchtungen veranlaßten ihn, sich mehr und mehr mit den synarchistischen Bestrebungen seines intellektuellen Meisters Saint-Yves d'Alveydre zu beschäftigen und soziale Reformen zu fordern.

Dabei darf der politische Einfluß von Papus nicht zu gering geachtet werden. Pierre Geyraud, Chronist der französischen esoterischen Gruppierungen, behauptet sogar, daß Ministerpräsident Aristide Briand ein Supérieur Inconnu des Martinistenordens war. Marie-Sopie André, die sich im allgemeinen eher skeptisch gibt, hält das überraschenderweise für gar nicht unmöglich (322). Emil Szittya wiederum, der „Weltenvagabund", der Papus mehrmals traf, erwähnt Gerüchte, wonach Papus vom Zaren zu Spionagezwecken und panslawistischen Agitationen in den Balkan entsandt worden sei. Dabei bringt er, ohne allerdings kausale Zusammenhänge zu schaffen, den Mord an dem österreichischen Thronfolger durch die Serben und damit verbundene angebliche theosophische Seancen in ein Gleichzeitsverhältnis.[26] Feststeht jedenfalls, daß Papus, der Ordensauszeichnungen sehr schätzte, etliche balkanische Sterne

---

26 Emil Szittya, *Das Kuriositäten-Kabinett* (Konstanz, 1923), 73.

und Kreuze an die Brust geheftet bekam. Auch James Webb sieht Papus als politisch einflußreich an.[27]

1914 beginnt der Erste Weltkrieg und schon Ende August erhält Papus den Einberufungsbefehl, den er sofort befolgt. Als Sanitätsmajor wird er an die Front gesandt. Leider hielt aber die Gesundheit von Papus dem Winter in den Schützengräben nicht stand. Im Februar des Folgejahres wurde er von der Front wiederum abgezogen und zum Chef des medizinischen Dienstes in der fünften Sektion in Paris bestellt. Doch sein Gesundheitszustand verschlechterte sich zusehends und ein Jahr später mußte er jegliche Arbeit sein lassen. Papus glaubte sich verhext, wobei er sich aber nicht wehren wollte und ahnte seinen nahen Tod. Eine Vision des längst verstorbenen Maître Philippe war dafür ausschlaggebend. Am 10. Oktober 1916 hatten Unbekannte Nadeln in Form eines gestürzten Kreuzes und eines Sarges an seine Tür geheftet. Eine Woche später geschah das gleiche nochmals. Am 25. Oktober schließlich bekam Papus auf den Stufen zum Krankenhaus, in das er sich begeben wollte, einen Bluthusten und starb einige Stunden darauf an den Folgen.[28] Sein Leichenbegängnis zog viele Trauergäste und Neugierige an. Noch heute wird sein Grab am Friedhof Père Lachaise (93. Abteilung) angeblich jeden Tag mit frischen Blumen geschmückt. Mehr noch als zu Lebzeiten rankten sich nach seinem Tod die Legenden – oder sind es Wahrheiten? – um Papus. So hat er nach Aussagen des Malers O.D.V. Guillonnet angesichts eines Bildes, das dieser von der Spionin Mata Hari gemalt hatte, bevor sie berühmt wurde, bereits gespürt, daß sie Tod und Verderben bringen würde.[29] Ebenso erzählt ein alter Kompagnon von Papus, Paul Schmid (Dace), von einem Gespräch mit ihm, wonach er und de Guaita gemeinsam Blei in Gold verwandelt hätten. Allerdings hätte de Guaita das dazu notwendige Projektionspulver im Umschlag eines alten Alchimiebuches gefunden. Aus diesem künstlichen Gold sei dann die breite Uhrkette von Papus gefertigt worden.[30]

Sein Sohn Philippe hat schließlich den Martinistenorden weitergeführt, der auch heute noch besteht. Allerdings verfügte Philippe nicht über das

---

27 *Occult Establishment*, a.a.O., 248f.
28 Zur Geschichte seines Todes sh. François Ribadeau Dumas, *Médecin de la première heure* in Planète 17 (Paris, 1970), 106. Dort findet sich auch eine zusammengefaßte Lebensgeschichte von Papus.
29 Pierre Riffard, *L'Esotérisme*, a.a.O., 812f.
30 Sh. dazu Jacqueline Encausse, *Un „Serviteur Inconnu" Philippe Encausse, Fils de Papus* (Paris, 1991).

Charisma seines Vaters und der Orden büßte ebenfalls viel von der früheren Ausstrahlung ein.[31]

Die Lehre von Papus brauchen wir hier nicht eigens darzustellen, denn das Buch, dessen Nachdruck wir im Anschluß bringen, ist bestens geeignet, in die Gedankenwelt von Papus und diejenige der Esoterik generell einzuführen. Für besonders wertvoll halten wir seine Ausführungen zum analogischen Denken, das die Grundlage jeglichen esoterischen Verständnisses darstellt. Zu den *Grundlagen der okkulten Wissenschaft* (Erstausgabe: Paris 1888, deutsche Ausgabe: Leipzig/Wien/New York 1926) hat schon Sédir einst gemeint: „Dieses Buch ist als Gedächtnisstütze und Suchkompendium konzipiert. Es kann schon für sich allein jahrelang als Arbeitsgrundlage dienen und ... eine ganze Bibliothek ersetzen".[32]

Da dieser Bereich im nachgedruckten Werk ausgeklammert bleibt, sei hier noch kurz daran erinnert, daß Papus keinen Alleinvertretungsanspruch für die esoterische Medizin verfolgte, sondern die Krankheiten und ihre Heilmittel differenziert betrachtete. So unterschied er rein physische Krankheiten, die er mit allopathischen Mitteln behandelte, Krankheiten des Astralkörpers, die er mit der Homöopathie zu kurieren versuchte und schließlich Krankheiten des Geistes, die er nur durch theurgische Methoden und das Gebet als heilbar ansah. Dazu lehrte er, daß der Körper aus unzähligen lebendigen Zellen besteht, von denen jede einzelne ein individuelles Bewußtsein besitze. Die Rolle der medizinischen Behandlung sei nun, mit diesen „Bewußtseinen" Kontakt aufzunehmen, ihre Energien neu zu beleben und ihnen den Ort anzuzeigen, wo sie selbständig Heilung finden können.[32]

Mit dem Nachdruck dieses Werkes glauben wir, einen guten Einblick in das Wirken von Papus zu vermitteln und auch für die Praxis eine nachdenkenswerte Grundlage zu liefern.

Hans Thomas Hakl

---

31 Philippe Encausse, *Sciences occultes*, a.a.O., 415.
32 André Nataf, *I Maestri Occulti* (Rom, 1991), 166.

PAPUS

Die Grundlagen der Okkulten Wissenschaft

Einführung

Die Drei-Einheit –
Die Korrespondenzen und die Analogie –
Das Astrale

Die Geschichte berichtet, daß die Mehrzahl der Denker des Altertums, die unser Abendland hervorbrachte, sich ihre Lehren aus den ägyptischen Mysterien holten. Die von den Inhabern dieser Mysterien gelehrte Wissenschaft ist unter verschiedenen Namen bekannt: okkulte Wissenschaft, Hermetismus, Magie, Okkultismus, Esoterik etc. etc. Durchaus identisch in seinen Prinzipien, bildet dieses Lehrwerk die traditionelle Wissenschaft der Magier, die wir ganz allgemein *Okkultismus* nennen.

Dieses Wissen umfaßte die Theorie und Praxis sehr zahlreicher Phänomene, von denen heutzutage nur ein kleiner Teil das Gebiet des Magnetismus oder der sog. Geisterbeschwörungen bildet. Diese im Studium der Psychurgie enthaltenen Handlungen stellten wohlgemerkt nur ein Teilgebiet der okkulten Wissenschaft dar, die außerdem noch drei große andere umfaßte: die Theurgie, die Magie und die Alchymie.

Das Studium des Okkultismus ist nach zwei Gesichtspunkten hin wesentlich: es erhellt die Vergangenheit mit einem ganz neuen Licht und gestattet dem Historiker, das Altertum unter einer noch wenig bekannten Form zu erfassen. Andererseits liefert dieses Studium dem Experimentator von heute ein synthetisches System von Versicherungen zur wissenschaftlichen Nachprüfung und von Vorstellungen über noch wenig bekannte Natur- wie Menschenkräfte zur kontrollierenden Beobachtung.

Die Verwendung der Analogie, der charakteristischen Methode des Okkultismus, und ihre Anwendung auf unsere heutigen Wissenschaften oder auf unsere moderne Auffassung von Kunst oder Soziologie gestattet, auf die scheinbar unlösbarsten Probleme ein ganz neues Licht zu werfen.

Der Okkultismus behauptet indessen nicht, die einzig mögliche Lösung der Fragen zu geben, an die er herantritt. Er ist ein Arbeitswerkzeug, ein Studienmittel, und nur ein törichter Stolz kann seine Adepten zu der Behauptung verleiten, sie besäßen in jeder Hinsicht die absolute Wahrheit. Der Okkultismus ist ein philosophisches System, das *eine* Lösung der am häufigsten vor unseren Geist tretenden Fragen gibt. Ist diese Lösung der einzige Ausdruck der Wahrheit? Das kann einzig und allein durch Experimentieren und Beobachten bestimmt werden.

Um jeden Auslegungsirrtum zu vermeiden, muß man den Okkultismus in zwei große Teile scheiden:

1. Einen unveränderlichen Teil, der die Grundlage der Überlieferung darstellt und den man leicht in den Schriften aller Hermetisten ohne Unterschied der Zeit und des Ursprungs finden kann.

2. Einen für den Autor persönlichen Teil, Kommentare und spezielle Anwendungen enthaltend.[1]

Der unveränderliche Teil kann in drei Punkte geteilt werden:

1. Die Existenz der *Drei-Einheit* als Fundamentalgesetz des Geschehens in allen Ebenen des Universums.[2]

2. Die Existenz der Übereinstimmungen, der *Korrespondenzen*, die alle Teile des sichtbaren und unsichtbaren Universums innig eint.[3]

3. Die Existenz einer unsichtbaren Welt als eines doppelt genauen und ständigen Faktors der sichtbaren Welt.[4]

I. Teil

THEORIE

I. Kapitel

**Die Wissenschaft des Altertums –
Die sichtbare Manifestierung des Unsichtbaren –
Begriffsbestimmung der okkulten Wissenschaft**

Man hat heutzutage vielleicht allzu sehr die Neigung, *die Wissenschaft* mit *den Wissenschaften* zu verwechseln. So unveränderlich die eine in ihren Prinzipien ist, so sehr variieren die anderen nach der Laune des Menschen. Was vor einem Jahrhundert noch wissenschaftlich war, in der Physik z.B., grenzt jetzt bereits hart an das Gebiet der Fabel (etwa das Phlogiston!). Denn diese Kenntnisse über einzelne Gegenstände bilden den Bereich der Wissenschaften, ein Bereich, in dem, ich wiederhole es, die Herren jeden Augenblick wechseln.

Jeder weiß sehr wohl, daß es gerade diese Einzelgegenstände sind, auf die sich das Studium der modernen Gelehrten geworfen hat, und zwar so sehr, daß man auf die Wissenschaft die tatsächlichen Fortschritte anwendet, die sich in einer Menge von Spezialzweigen vollzogen haben. Der Fehler dieser Auffassung würde indessen sofort sichtbar, wenn es sich darum handelte, ganz neu anzuknüpfen, die Wissenschaft wirklich in einer Synthese darzustellen als einen vollkommenen Ausdruck der ewigen Wahrheit.

Diese Idee einer Synthese, die in einigen unveränderlichen Gesetzen die gewaltige Masse der Detailkenntnisse einfängt, wie sie sich seit zwei Jahrhunderten angehäuft haben, erschiene den Forschern unserer Epoche dasselbe, wie sich in eine überferne Zukunft verlieren, so daß jeder seinen Nachfolgern wünscht, sie möchten diesen Morgen am Horizont der menschlichen Kenntnisse heraufsteigen sehen.

Wir werden sehr kühn erscheinen, wenn wir behaupten, diese Synthese hat existiert, ihre Gesetze sind so wahr, daß sie sich theoretisch genau den modernen Entdeckungen anpassen, und die eingeweihten Ägypter, Zeitgenossen des Moses und Orpheus, besaßen sie in ihrer Gesamtheit.

Zu sagen, daß diese Wissenschaft im Altertum existiert hat, heißt bei den meisten ernsten Geistern als Sophist oder Einfältiger gelten. Und dennoch will ich meine widerspruchsvolle Behauptung zu beweisen versuchen und bitte meine Gegner, mir weiterhin einige Aufmerksamkeit zu leihen.

Zu allererst – so wird man mich fragen – wo können wir irgend eine Spur dieser angeblichen antiken Wissenschaft finden? Welche Kenntnisse umfaßte sie? Wie lernte man diese famose Synthese, von der Sie sprechen?

Recht erwogen, an Material, um diese antike Wissenschaft nachzubilden, mangelt es uns nicht. Die Trümmer der alten Denkmäler, die Symbole, die Hieroglyphen, die verschiedenen Einweihungsriten, die handschriftlichen Urkunden drängen sich in Menge zur Unterstützung unserer Nachforschungen. Aber die einen sind nicht zu entziffern ohne einen Schlüssel, an dessen Besitz einem wenig liegt, das Alter der anderen (Riten und Manuskripte) wird von den zeitgenössischen Gelehrten durchaus nicht zugegeben, ja von ihnen höchstenfalls bis auf die Alexandriner Schule zurückgeführt.

Wir müssen also festere Grundlagen suchen und wollen sie in den Werken von Schriftstellern weit vor der Alexandriner Schule finden, bei Pythagoras, Plato, Aristoteles, Plinius, Titus Livius etc. Diesmal wird man nicht mehr am Alter der Texte mäkeln können. Es war gewiß keine leichte Sache, diese antike Wissenschaft Stück für Stück in den alten Autoren aufzuspüren, und wir schulden jenen, die dieses gewaltige Werk unternommen und zu gutem Ende gebracht haben, unsere ganze Anerkennung. Unter den schätzenswertesten muß man Dutens, Fabre d'Olivet und Saint-Yves d'Alveydre anführen. Öffnen wir Dutens, und wir werden die Wirkungen sehen, die die antike Wissenschaft hervorgebracht hat. Lesen wir Fabre d'Olivet und Saint-Yves d'Alveydre, und wir werden in die Tempel eindringen, darinnen eine Zivilisation strahlt, über deren Schöpfungen die anmaßlichen Zivilisierten von heute erstaunen würden. Ich kann in diesem Kapitel die genannten Autoren lediglich zusammenfassen, und man wird sie selber befragen müssen, um die Behauptungen zu stützen, die ich aufstellen will und deren notwendige Beweise sie liefern.

In der Astronomie kannten die Alten den Gang der Erde um die Sonne, die Theorie der Mehrzahl der Welten, der universellen Anziehung, der Entstehung der Gezeiten durch die Anziehung des Mondes, der Zusammensetzung der Milchstraße und besonders das von Newton wiederentdeckte Gesetz.

An diesem Punkte kann ich dem Vergnügen nicht widerstehen, zwei sehr bezeichnende Stellen aus Dutens zu zitieren. Die eine, über die universelle Anziehung, stammt von Plutarch, die andere, über das Gesetz der Quadrate, von Pythagoras.

„Plutarch, der nahezu alle glänzenden Wahrheiten der Astronomie gekannt hat, hat auch die reziproke Kraft gemerkt, die die Planeten gegeneinander gravitieren läßt, und nachdem er es unternommen hat, den Sinn des Strebens irdischer Körper zur Erde hin zu entwickeln, sucht er den Ursprung dafür in einer reziproken Anziehung unter allen Körpern, die der Grund dafür sei, daß die Erde die irdischen Körper gegen sich gravitieren läßt, ebenso wie Sonne und Mond gegen ihre Körper alle in ihren Bereich gehörenden Teile gravitieren lassen und durch eine anziehende Kraft in ihrer Sondersphäre festhalten." Er wendet in der Folge diese Einzelerscheinungen auf andere allgemeinere an und deduziert nach dem, was sich auf unserer Kugel vorfindet, unter Zugrundelegung desselben Prinzips alles, was sich auf den Himmelskörpern, bzw. auf jedem im besonderen zuträgt, ja er betrachtet sie auch weiterhin in dem Rapport, den sie nach diesem Prinzip haben müssen, die einen in Beziehung zu den anderen. Er spricht auch an einer anderen Stelle von dieser den Körpern, d. h. der Erde und den anderen Planeten innewohnenden Kraft, auf sich ihnen untergeordnete Körper anzuziehen.

„Eine Musiksaite", sagt Pythagoras, „gibt dieselben Töne wie eine andere Saite von doppelter Länge, wenn die Spannung, d. h. die Kraft, mit der diese letztere angezogen ist, viermal so groß ist. Und die Schwere eines Planeten ist viermal so groß wie die eines anderen, der doppelt so weit entfernt ist. Ganz allgemein: Damit eine Musiksaite auf dieselbe Tonhöhe gebracht werden kann wie eine kürzere Saite derselben Art, muß ihre Spannung im gleichen Verhältnis gesteigert werden, wie das Quadrat ihrer Länge größer ist; und um die Schwere eines Planeten der eines anderen, sonnennäheren Planeten gleich zu machen, muß sie in dem Verhältnis vergrößert werden, als das Quadrat seines Sonnenabstands größer ist. Wenn wir also Musiksaiten von der Sonne zu jedem Planeten gespannt annehmen, müßte man, um die Saiten auf einen Ton zu bringen, ihre Spannung in denselben Verhältnissen vergrößern oder verringern, die notwendig wären, um die Schwere der Planeten gleich zu machen." Aus der Übereinstimmung dieser Beziehungen hat also Pythagoras seine Lehre von der Sphärenharmonie gezogen.

Da haben wir allgemeine Entdeckungen, zu deren Erreichung die Kraft des Geistes ausreichen konnte. Aber kann man bei den Alten auch experimentelle

Entdeckungen zeigen, diese Ruhmestaten des 19. Jahrhunderts und die Beweise des Fortschritts, der uns hinreißt? Da wir nun einmal bei der Astronomie sind – sehen Sie nach bei Aristoteles, Archimedes, Ovid und besonders Strabo, wie sie Dutens zitiert, und vor Ihre Augen werden treten: das Teleskop, die Konkavspiegel, die als Mikroskop dienenden Vergrößerungsgläser, die Lichtbrechung, die Entdeckung des Isochronismus, der Pendelschwingungen etc.

Sie werden zweifellos erstaunt sein, diese Instrumente, nach allgemeinem Glauben so modern, schon bei den Alten bekannt zu sehen. Doch werden Sie das noch hinnehmen. Nun, ich habe noch nicht von den wichtigsten Fragen gesprochen: die Dampfkraft, die Elektrizität, die Photographie und unsere ganze Chemie – wo sind sie in der antiken Wissenschaft? Agathias lebte im 6. Jahrhundert unserer Zeitrechnung. Er hat in dieser Epoche ein Buch geschrieben, das 1660 in Druck gelegt wurde. Sie werden dort auf Seite 150–151 die vollkommene Beschreibung der Arbeit finden, wie Anthenes von Trallis sich des Dampfes als bewegender Kraft bediente, um ein Haus zur Gänze zu verschieben. Alles ist da: die Art, das Wasser zu versorgen, die Ausgänge zu verstopfen, um den Dampf unter Hochdruck zu erzeugen, die Feuerung zu lenken etc. etc. St. Yves d'Alveydre zitiert dasselbe Faktum in seinem Werk, wo er uns zeigt, daß dieses Wissen in jener Epoche seit sehr langer Zeit bekannt war.

„Unsere Elektrotechniker würden ein recht trauriges Gesicht machen vor jenen ägyptischen Priestern und ihren (griechischen und römischen) Eingeweihten, die den Blitz handhabten, wie wir die Wärme verwenden, und die ihn nach ihrem Belieben niederfahren und einschlagen ließen." St. Yves soll uns die Inswerksetzung dieses Geheimnisses zeigen, das eine der okkultesten Handlungen der Priesterschaft bildete. „In der Kirchengeschichte des Sozomenes (L. 1. c. 31) kann man sehen, wie das Priesterkollegium der Etrusker die Stadt Narnia mit Donnerschlägen gegen Alarich verteidigte, der sie auch tatsächlich nicht einnehmen konnte." T. Livius (L. 1. c. 31) und Plinius (H. R. N. L. II. c. 53 und L. XXVII. c. 6) beschreiben uns den Tod des Tullus Hostilius, wie er die elektrische Kraft nach den Riten einer Handschrift von Numa beschwören wollte und vom Blitz erschlagen wurde, weil er den Rückschlag (choc en retour!) nicht hatte voraussehen können.

Man weiß, daß die Mehrzahl der Mysterien bei den ägyptischen Priestern lediglich der Schleier waren, in den sie ihre Wissenschaft hüllten, und daß das Eingeweihtsein in ihre Mysterien gleichbedeutend mit Geschultsein in diesen von ihnen gepflegten Wissenschaften war. Daher gab man Jupiter den

Beinamen „Elicius" oder „Jupiter electricus", indem man ihn als den personifizierten Blitz betrachtete, der sich durch die Kraft bestimmter Formeln und mystischer Handlungen auf die Erde ziehen ließ. Jupiter Elicius bedeutet nichts anderes als der für Anziehung empfängliche Jupiter, da Elicius von elicere stammt. Man vergleiche Ovid und Varro:

> Eliciunt, te Jupiter; unde minores
> Nunc quoque te celebrant, Eliciumque vocant.
> (Ovid, Fast. L. III. v. 327/28)

Ist das klar genug?

Kap. IV der *Mission der Juden* belehrt uns weiter:
„Das Manuskript eines Athosmönches, Panselenus, enthüllt, gestützt auf einen alten ionischen Autor, die Verwendung der Chemie für die Photographie. Dieses Faktum ist anläßlich des Daguerreverfahrens ans Licht gezogen worden. Die Dunkelkammer, die optischen Apparate, die Sensibilisierung metallischer Platten sind dort ausführlich beschrieben."

Was die Chemie der Alten anbelangt, so habe ich nach einigen alchymistischen Kenntnissen, die ich besitze, starke Gründe für meinen Glauben, daß sie in Theorie wie Praxis unserer modernen Chemie wesentlich überlegen war. Aber da man ja nicht Meinungen, sondern Fakten anführen muß, so hören Sie weiter Dutens: „Die alten Ägypter verstanden sich auf die Art und Weise der Metallbearbeitung, die Kunst des Vergoldens, die Seidenbuntfärberei, die Glasfabrikation, die künstliche Eibebrütung, die Medizinalölextraktion von Pflanzen und die Opiumbereitung, das Bierbrauen, die Gewinnung von Rohrzucker, den sie Rohrhonig nannten, und die Herstellung zahlreicher Salben. Sie konnten destillieren und kannten die Alkalien und die Säuren."

„Bei Plutarch (Leben Alexanders, Kap. XXIX), Herodot, Seneca (Fragen der Natur, Buch III, Kap. XXV), Quintus Curtius (Buch X, letztes Kap.), bei Plinins (Naturgeschichte, Buch XXX, Kap. XVI), bei Pausanias (Arcad. Kap. XXV), kann man unsere Säuren, unsere Basen, unsere Salze wiederfinden, den Alkohol, den Äther, mit einem Wort gewisse Züge einer organischen und anorganischen Chemie, zu der diese Autoren den Schlüssel nicht mehr besaßen oder nicht liefern wollten". Das ist die Ansicht von St. Yves, der damit die von Dutens bekräftigt. Es bleibt jedoch noch eine Frage: die nach Kanonen und Pulver! „Porphyrius beschreibt in seiner *Verwaltung des Imperiums* die Artillerie des Constantinus Porphyrogenetus. Valerian zeigt uns in seinem *Leben Alxeanders* die Bronzekanonen der Inder. Bei Ktesias stößt man auf das berühmte griechische Feuer, eine Mischung von Salpeter, Schwefel und Kohlenwasserstoff, die weit vor Ninus in Chaldäa, im Iran und bei den Indern unter dem Namen ‚Feuer von Bharawa' im Gebrauch stand. Dieser Name, der auf das Priestertum der roten Rasse als auf den ersten Gesetzgeber der Dunkelhäutigen Indiens anspielt, deutet an sich schon das ungeheure Alter an."

„Herodot, Justinus, Pausanias sprechen von Minen, die unter einem Regen von Steinen und flammendurchfurchten Geschossen die Perser und die Gallier, Eindringlinge in Delphi, verschlingen. Servius, Valerius Flaccus, Julius Africanus, Marcus Graecus beschreiben das Pulver nach alten Überlieferungen. Der Letzte in dieser Liste gibt sogar unsere Verhältnisse von heute" (St. Yves).

In einem anderen Wissenszweige sehen wir die als modern behaupteten medizinischen Entdeckungen, unter anderem die Blutzirkulation, die Anthropologie und die allgemeine Biologie, im Altertum und namentlich bei Hippokrates vollkommen bekannt. Sie werden mir sagen: Man kann, streng genommen, zugeben, was Sie vorbringen, denn bei jeder unserer neuen Entdeckungen wird man immer irgend jemanden finden, der zeigt, daß der oder jener alte Autor mehr oder weniger davon spricht. Gibt es aber irgend eine Erfahrung, die wir nicht mehr besitzen, ein physikalisches oder chemisches Phänomen, dessen Hervorbringung uns unmöglich wäre? Da müßte man noch eine Menge Dinge anführen! Um Sie jedoch nicht länger zu ermüden, will ich Ihnen nur Demokrit und seine für uns verlorenen Entdeckungen nennen. Unter anderem die künstliche Herstellung von Edelsteinen; die ägyptische Entdeckung der Kunst, dehnbares Glas zu machen; die der Mumienkonservierung; die: in einer unzerstörbaren Art zu malen, indem man eine in verschiedene Lacke getauchte Leinwand in einer einzigen Lösung feuchtete, von wo sie mit mannigfachen Farben überzogen hervorkam – von den bei den Römern für ihre Architektur verwandten Verfahren ganz zu schweigen!

Warum ist das alles so wenig bekannt?

Vielleicht wegen der Gewohnheit der klassisch-historischen Autoren, sich wechselseitig zu kopieren, ohne sich vorher mit fremden Arbeiten über die sie interessierende Frage zu beschäftigen; vielleicht durch die Gewohnheit des Publikums, nur seinen Zeitungen zu glauben, die ihrerseits wieder nur den Gott weiß wie gemachten Enzyklopädien Glauben schenken; vielleicht – aber wozu Zeit mit der Suche nach Gründen verlieren, deren Kenntnis um nichts weiterbringt! Die Tatsache besteht, und das genügt uns, die Wissenschaft des

Altertums hat vielfache Beweise ihrer Existenz gegeben, und man ist immer genötigt, das Zeugnis der Menschen zu glauben oder abzulehnen.

Wir müssen jetzt wissen, wo man diese Wissenschaft lernte, und dafür soll uns wiederum die *„Mission der Juden"* nützlich sein (S. 79): „Grundlegende Erziehung und Belehrung wurden nach der Kallipädie durch die Familie geliefert. Sie war religiös und gemäß den Riten des alten Kultes der Ahnen und Geschlechter am Herde gebildet, enthielt aber auch sehr viel anderes Wissen, das hier anzuführen überflüssig ist.

Berufliche Erziehung und Belehrung wurden durch das geliefert, was man bei den alten Römern ‚gens' und bei den Chinesen ‚Jin' nannte, mit einem Wort durch die Tribus im antiken, sehr wenig bekannten Sinn dieses Wortes.

Vollkommenere Studien, analog unserem Gymnasialunterricht, wurden nur Erwachsenen zuteil, waren Werk der Tempel und hießen ‚Kleine Mysterien'. Diejenigen, die nach manchmal langen Jahren die Natur- und menschlichen Kräfte der Kleinen Mysterien erworben hatten, nahmen den Titel ‚Sohn der Frau', ‚Heros', ‚Sohn des Mannes' an und besaßen gewisse soziale Rechte, wie das der Heilkunst in allen ihren Zweigen, das der Vermittlung bei den Regierungsstellen, das des Schiedsrichteramtes.

Die ‚Großen Mysterien' vervollständigten diese Lehren durch eine ganz andere Rangordnung von Wissenschaften und Künsten, deren Besitz dem Eingeweihten den Titel ‚Sohn der Götter', ‚Sohn Gottes' verlieh, je nachdem der Tempel Erzbistum war oder nicht, und ihm außerdem bestimmte priesterlich und königlich genannte Vollmachten gewährte". Der Tempel also ist es, in dem sich jene Wissenschaft verschlossen fand, deren Existenz wir vorerst gesucht haben, in die wir jetzt tiefer und tiefer eindringen wollen. Wir sind bei jenen Mysterien angelangt, von denen alle sprechen und doch so wenige Kenntnis haben. Mußte man nun, um zur Absolvierung dieser Einweihungen zugelassen zu werden, einer besonderen Klasse angehören? War ein Teil der Nation gezwungen, in einer Unwissenheit zu verharren, die von den aus einer geschlossenen Kaste sich ergänzenden Eingeweihten ausgebeutet wurde? Aber schon durchaus nicht! Jedermann, gleichgültig welchen Ranges, konnte sich zur Einweihung stellen, und da meine Behauptung niemandem genügen könnte, verweise ich für die allgemeine Darstellung auf das Werk von St. Yves und zitiere zur Klarstellung dieses besonderen Punktes einen in diesen Fragen speziell unterrichteten Autor, Fabre d'Olivet: „Die antiken Religionen, und besonders die der Ägypter, waren voll von Mysterien. Eine Menge Bilder und Symbole bildeten ihr Gewebe, ein wundervolles Gewebe, geheiligtes

Werk einer ununterbrochenen Folge göttlicher Menschen, die, einander abwechselnd, im Buch der Natur wie in dem des Göttlichen lasen und deren unaussprechliche Sprache in menschliche Laute übersetzten. Törichte Augen, die sich auf diese Bilder, Symbole und heiligen Allegorien hefteten, sahen nichts dahinter, verharrten – es ist wahr – im Unwissen. Aber ihre Unwissenheit war freiwillig. Vom Augenblick an, wo sie ihr hätten entgehen wollen, hatten sie nur zu sprechen. Alle diese Sanktuarien standen ihnen offen. Und wenn sie die nötige Standhaftigkeit und Tüchtigkeit hatten, hinderte sie nichts, von Kenntnis zu Kenntnis zu schreiten, von Offenbarung zu Offenbarung bis zu den erhabensten Entdeckungen. Sie konnten, nur der Kraft ihres Willens folgend, als lebendige Menschen in die Unterwelt hinabsteigen, sich bis zu den Göttern erheben und alles in der elementaren Natur durchdringen. Denn die Religion umfaßte all diese Dinge, und nichts, was zur Religion gehörte, blieb dem Oberpriester unbekannt. Der im berühmten ägyptischen Theben z. B. erreichte diesen Gipfelpunkt der geweihten Lehre nur nach vorheriger Durchmachung aller niederen Grade, wenn er der Reihe nach das von jedem Grad verlangte Wissen ausgeschöpft und sich zur Erreichung des höchsten würdig erwiesen hatte."

„Man war nicht freigebig mit den Mysterien, denn die Mysterien waren etwas; man profanierte nicht die Kenntnis vom Göttlichen, denn diese Kenntnis bestand, und um die Wahrheit für mehrere zu bewahren, gab man sie nicht nutzlos an alle". Welches Alter nun hatten diese Mysterien? Was war ihr Ursprung?

Man findet sie an der Wurzel aller großen antiken Kulturen wieder, welcher Rasse sie auch angehören. Für Ägypten allein, dessen Initiation die größten Hebräer, Griechen und Römer gebildet hat, können wir auf über 10.000 Jahre zurückgehen, was zur Genüge die Fehlerhaftigkeit der schulmäßigen Chronologien dartut. Hier der Beweis dieser Behauptung: „Handelt es sich um Ägypten? Obwohl in seine Mysterien eingeführt, sagt uns Plato erfolglos, daß 10.000 Jahre vor Menes eine vollkommene Zivilisation bestanden hat, deren Beweis er vor Augen gehabt habe. Herodot versichert uns vergebens dasselbe Faktum, wobei er, wenn es sich um Osiris handelt (Gott der ehemaligen Synthese und der ehemaligen allgemeinen Verbundenheit) noch hinzufügt, daß Eide seine Lippen versiegeln und er zittere, auch nur ein Wort zu viel zu sprechen. Diodor macht uns vergeblich damit bekannt, was er von den Priestern Ägyptens hält, daß sie nämlich die Beweise für einen vollendeten sozialen Staat weit vor Menes besitzen, der bis Horus, 8000 Jahre bestanden hat. Manethon, ein ägyptischer Priester, zeichnet uns, wenn man nur allein von Menes ausgeht, ganz vergeblich eine gewissenhafte Chronologie auf, wobei er uns 6904 Jahre vom jetzigen Jahr (1904) zurückführt. Er versucht uns vergeblich dafür einzunehmen, daß vor diesem regierenden indischen Vizekönig mehrere gewaltige Zivilisationszyklen auf Erden, ja in Ägypten selbst einander gefolgt seien. All diese erhabenen Zeugnisse, denen man die von Berosa und die ganzer Bibliotheken Indiens, Tibets und Chinas hinzufügen kann, sind nichtig und ungeschehen für den kläglichen Geist des Sektarismus und Dunkelmännertums in der Maske der Theologie." (St. Yves d'Alveydre, „Mission der Juden"). An diesem Punkte unserer Nachforschungen angelangt, werfen wir einen zusammenfassenden Blick auf die Punkte, die wir erreicht haben, und sehen wir uns die Schlüsse an, an denen wir festhalten dürfen.

Wir haben zunächst im Altertum die Existenz einer Wissenschaft festgestellt, die in ihren Wirkungen ebenso mächtig war wie unsere, und haben gezeigt, daß die Unwissenheit der Modernen in dieser Hinsicht von der Nachlässigkeit stammt, mit der sie an das Studium der Alten herantraten.

Wir haben weiter gesehen, daß diese Wissenschaft in den Tempeln eingeschlossen war, den Zentren hoher Bildung und Zivilisation.

Wir haben schließlich wissen dürfen, daß niemand von dieser Einweihung ausgeschlossen war, deren Ursprung sich in der Nacht der Primitivzeitalter verliert. Drei Arten von Prüfungen standen vor jeder Lehre: Physikalische, moralische und intellektuelle Prüfungen. Jamblichus, Porphyrins und Apulejus unter den Alten, Leboir, Christian, Delaage unter den Modernen beschreiben ausführlich diese Proben, wobei zu verweilen wohl überflüssig ist. Was sich aus alldem folgern läßt, ist die Tatsache, daß die Wissenschaft vor allem verhüllte Wissenschaft war. Eine auch nur oberflächliche Studie der wissenschaftlichen Schriften, die uns die Alten hinterlassen haben, erlaubt die Feststellung, daß ihre Kenntnisse wohl die Hervorbringung derselben Wirkungen wie die unsrigen erreichten, sich indessen in Methode wie Theorie davon unterscheiden.

Um zu wissen, was man in den Tempeln lernte, muß man die Reste dieser Lehren in dem Material suchen, das noch vorhanden ist und uns größtenteils von den Alchymisten erhalten wurde. Wir werden uns über den – nach Meinung der modernen Gelehrten – mehr oder minder apokryphen Ursprung dieser Schriften nicht beunruhigen. Sie existieren, und das soll uns genügen. Wenn es uns gelingt, eine Methode zu entdecken, die die symbolische Sprache der Alchymisten und damit zugleich die alten symbolischen Erzählungen vom

Goldenen Vlies, vom Trojanischen Krieg, von der Sphinx erklärt, werden wir furchtlos behaupten können, ein Stück der alten Wissenschaft in der Hand zu haben.

Betrachten wir zu allererst die Art und Weise, in der die Modernen ein Naturphänomen behandeln, um durch Gegenüberstellung die antike Methode besser zu erfassen. Was würden Sie zu einem Menschen sagen, der Ihnen ein Buch folgendermaßen beschreiben wollte: „Das Buch, dessen Betrachtung Sie mir zur Aufgabe gestellt haben, liegt auf dem Kamin, 2 Meter, 49 Zentimeter von dem Tisch entfernt, an dem ich mich befinde, es wiegt 545,80 Gramm und besteht aus 342 kleinen Papierseiten, auf denen 218.180 Druckzeichen stehen, für die 190 Gramm Druckerschwärze verbraucht wurden."

Da haben Sie die auf Erfahrung gegründete Beschreibung des Phänomens! Wenn Sie dieses Beispiel vor den Kopf stößt, so öffnen Sie Bücher moderner Wissenschaft und sehen Sie, ob sie nicht völlig der Darstellungsmethode der Sonne oder des Saturn durch einen Astronomen, der den Ort, das Gewicht, den Umfang und die Dichtigkeit der Gestirne beschreibt, oder der Beschreibung des Sonnenspektrums durch einen Physiker gleichen, der die Anzahl der Linien herzählt. Was Sie am Buche interessiert, ist nicht die materielle, physische Seite, sondern wohl das, was der Autor mit diesen Druckzeichen ausdrücken wollte, sozusagen die metaphysische Seite.

Das Beispiel genügt, um den Unterschied zwischen den alten und den modernen Methoden zu zeigen. Die ersteren beschäftigen sich beim Studium des Phänomens immer mit der Hauptseite der Frage, die anderen bleiben a priori im Bereich des Tatsächlichen einquartiert. Um zu zeigen, daß der Geist der antiken Methode wirklich so beschaffen ist, führe ich eine sehr bezeichnende Stelle bei Fabre d'Olivet über die zweierlei Arten von Geschichtsschreibung an.[1] „... Denn man muß sich ins Gedächtnis rufen, daß die allegorische Geschichte dieser vergangenen Zeiten, in einem anderen Geiste als die ihr folgende positive Geschichte geschrieben, ihr in keiner Weise ähnelte, und die Verwechslung beider ist der Grund dafür, warum man in so schwere Irrtümer verfallen ist. Das ist eine sehr wesentliche Beobachtung, die ich hier von neuem mache. Diese Geschichte, der Erinnerungsgabe der Menschen anvertraut oder unter den priesterlichen Urkunden der Tempel in vereinzelten Poesiestücken erhalten, betrachtete die Dinge nur von der moralischen Seite, beschäftigte sich nie mit Individuen und sah nur Massen agieren, d. h. die Völker, die Körperschaften, die Sekten, die Lehrmeinungen, sogar die Künste und die Wissenschaften als ebensoviele Sonderwesen, die sie mit einem Gattungsnamen bezeichnete. Das bedeutet zweifellos nicht, daß diese Massen nicht ein Haupt haben konnten, das ihre Bewegungen lenkte. Aber dieses als Werkzeug eines bestimmten Geistes aufgefaßte Haupt wurde von der Geschichte vernachlässigt, die sich stets nur an den Geist hielt. Ein Haupt folgte dem anderen, ohne daß die allegorische Geschichte davon die geringste Erwähnung tut. Die Schicksale aller waren auf den Kopf eines einzelnen gehäuft. Es war die moralische Sache, deren Weg man prüfte, deren Werden man beschrieb, ihre Fortschritte oder ihren Sturz. Die Aufeinanderfolge der Dinge ersetzte die der Individuen. Die positive Geschichte, die unsere eigene geworden ist, verfolgt eine davon ganz verschiedene Methode. Die Individuen sind für sie alles. Sie notiert mit skrupelhafter Genauigkeit die Daten und die Fakten, die die andere verachtete. Die Modernen würden sich über diese allegorische Art der Alten lustig machen, wenn sie sie für möglich hielten, ebenso wie ich überzeugt bin, daß sich die Alten über die Methode der Modernen lustig gemacht hätten, wenn sie deren Möglichkeit in der Zukunft hätten ahnen können. Wie würde man billigen, was man nicht versteht?! Man billigt nur, wofür das Herz schlägt; man glaubt immer alles zu verstehen, und doch spricht nur das Herz."

Greifen wir jetzt auf das gedruckte Buch zurück, das uns dazu gedient hat, unseren ersten Vergleich anzustellen, und merken wir wohl, daß es zwei Arten gibt, es in Betracht zu ziehen: durch das, was wir sehen, die Zeichen, das Papier, die Tinte, will sagen durch die materiellen Züge, die nur die Darstellungsmittel von irgend etwas Höherem sind, und durch dieses Irgendetwas, das wir nicht physisch sehen können: die Idee des Autors.

Das, was wir sehen, offenbart das, was wir nicht sehen. Das Sichtbare ist die Manifestation des Unsichtbaren. Dieses Prinzip, wahr für dieses Einzelphänomen, ist es auch, wie wir in der Folge sehen werden, für alle anderen der Natur. Wir sehen noch klarer den tiefgründigen Unterschied zwischen der Wissenschaft der Alten und der der Modernen. Die erstere beschäftigt sich mit dem Sichtbaren einzig, um das Unsichtbare aufzudecken, dessen Darstellung es ist. Die zweite beschäftigt sich mit dem Phänomen als solchem, ohne sich um seine metaphysischen Beziehungen zu bekümmern. Die Wissenschaft der Alten ist die Wissenschaft vom Verhüllten, vom Esoterischen, die der Modernen ist die vom Sichtbaren, vom Exoterischen. Halten wir uns von diesen Tatsachen aus das gewollte Dunkel näher vor Augen, mit dem die Alten ihre wissenschaftlichen Symbole bedeckt haben, und wir werden folgende annehmbare Definition der Wissenschaft des Altertums aufstellen:

Die verhüllte Wissenschaft – scientia occulta
Die Wissenschaft vom Verhüllten – scientia occultati
Die Wissenschaft, die verhüllt, was sie entdeckt hat – scientia occultans.

                      Das ist die dreifache Definition der
                      O k k u l t e n   W i s s e n s c h a f t.

II. Kapitel

Die Methode in der alten Wissenschaft – Die Analogie – Die drei Welten – Die drei Einheiten – Die theosophischen Operationen – Die zyklischen Gesetze

Wir haben die Existenz einer wirklichen Wissenschaft im Altertum, ihre Übertragungsart und die Hauptgegenstände festgestellt, auf die sich vorzüglich ihr Studium erstreckte, und wollen nun unsere Analyse weiterzutreiben versuchen, indem wir die Methoden bestimmen, die die antike Wissenschaft anwendete und durch die sie, wie wir sahen, zur *okkulten Wissenschaft* (scientia occulta) wurde. Das verfolgte Ziel war, wie wir wissen, die Bestimmung des Unsichtbaren durch das Sichtbare, des geistigen Gehalts durch die Erscheinung, der Idee durch die Form.

Die erste Frage, die wir lösen müssen, ist die: zu wissen, ob dieser Rapport des Unsichtbaren zum Sichtbaren wahrhaftig besteht und ob diese Vorstellung nicht etwa der Ausdruck eines reinen Mystizismus ist. Ich glaube, ich habe mit dem oben ausgeführten Beispiel des Buches deutlich genug zu verstehen gegeben, was das ist: Studium des Sichtbaren, des Phänomens, verglichen mit einem Studium des Unsichtbaren, des geistigen Gehaltes. Wie können wir wissen, was der Autor hat sagen wollen, wenn wir die Zeichen anschauen, deren er sich zum Ausdruck seiner Ideen bedient hat? Weil wir wissen, daß ein konstanter Rapport besteht zwischen dem Zeichen und der Idee, die es darstellt, d. h. zwischen dem Sichtbaren und dem Unsichtbaren. Wie wir beim Anblick des Zeichens sofort die Idee folgern können, genau so können wir beim Anschauen des Sichtbaren unmittelbar das Unsichtbare folgern. Aber um die in einem Druckzeichen verhüllte Idee zu entdecken, haben wir lesen, d. h. die Verwendung einer besonderen Methode lernen müssen. Um das Unsichtbare zu entdecken, das Okkulte eines Phänomens, müssen wir ebenfalls durch eine besondere Methode lesen lernen.

Die Hauptmethode der okkulten Wissenschaft ist die Analogie. Durch Analogie bestimmt man die Beziehungen, die zwischen den Phänomenen bestehen. Wenn man das Thema „der Mensch" als Studienaufgabe stellt, so können drei Hauptmethoden zum Ziele führen: Man wird den Menschen in seinen Organen, in deren Funktionen studieren können. Das ist das Studium des Sichtbaren, das Studium durch Induktion. Man wird den Menschen in seinem Leben, in seiner Intelligenz, in dem, was man Seele nennt, studieren können. Das ist das Studium des Unsichtbaren, das Studium durch Deduktion. Man wird schließlich durch Vereinigung der beiden Methoden den Rapport betrachten können, der zwischen dem Organ und der Funktion oder zwischen zwei Organen besteht. Das ist das Studium durch Analogie.

Betrachten wir also einmal die Lunge. Die aufs Detail eingestellte Wissenschaft wird uns lehren, daß dieses Organ von außen Luft empfängt, die in ihm eine bestimmte Umformung erleidet. Betrachten wir den Magen, so wird uns dieselbe Wissenschaft lehren, daß dieses Organ beauftragt ist, die Speisen umzuformen, die es von außen erhält. Die Phänomenalwissenschaft bleibt dort stehen; sie kann nur bis zur Feststellung des Faktums gehen. Die Analogie, die sich dieser Angaben bemächtigt und sie verallgemeinernd behandelt, d. h. mit der dem Detailismus entgegengesetzten Methode, formuliert die Phänomene folgendermaßen: Die Lunge empfängt von außen etwas und formt es um. Der Magen empfängt von außen etwas und formt es um. Also sind Magen und Lunge, da sie eine analoge Funktion ausüben, untereinander analog.

Diese Folgerungen werden dem an das Studium des Detailismus Gewöhnten mehr als bizarr erscheinen. Er mag sich jedoch des neuen Zweiges der Anatomie erinnern, den man philosophische Anatomie nennt, er mag sich die völlig ausgebildete Analogie zwischen Arm und Bein, Hand und Fuß ins Gedächtnis rufen, und er wird sehen, daß die Methode, die mich zu den obigen Schlüssen geführt hat, nur die Entwicklung eben jener Methode ist, die beim Werden der philosophischen Anatomie vorgewaltet hat. Wenn ich als Beispiel die Analogie zwischen Lunge und Magen gewählt habe, so nur, um vor einem Irrtum zu warnen, den man sehr häufig begeht und der für immer das Verständnis der hermetischen Texte ausschließt: der nämlich, zu glauben, zwei analoge Dinge seien *ähnlich*. Das ist ganz falsch. Zwei analoge Dinge sind nicht ähnlicher als Lunge und Magen oder Hand und Fuß. Ich wiederhole: diese Anmerkung ist für das Studium der okkulten Wissenschaften von der allergrößten Wichtigkeit. Die Methode der Analogie ist also weder Deduktion noch Induktion; sie ist die Anwendung der Klarheit, die sich aus der Vereinigung dieser beiden Methoden ergibt.

Wenn Sie ein Denkmal kennen lernen wollen, bieten sich Ihnen dazu zwei Mittel: 1. Das Monument umwandern oder sogar umkriechen und dabei seine kleinsten Einzelheiten studieren. Sie werden so die Zusammensetzung seiner kleinsten Teile kennenlernen, die Beziehungen, für die sie untereinander Vorliebe haben etc. etc. Aber vom Gesamteindruck des Baues werden Sie keine Ahnung haben. Das ist die Benutzung der Induktion. 2. Auf eine Höhe steigen und Ihr Denkmal so gut als irgend möglich betrachten. Sie werden so eine allgemeine Vorstellung von seinem Gesamteindruck haben, aber ohne die geringste Vorstellung von einer Einzelheit. Das ist die Benutzung der Deduktionsmethode.

Der Fehler beider Methoden springt auch ohne viel Kommentare in die Augen. Jedem für sich fehlt, was der andere besitzt. Vereinigen Sie beide, und die Wahrheit wird eklatant hervorkommen. Studieren Sie die Einzelheiten, steigen Sie dann auf die Höhe und beginnen Sie Ihre Betrachtung neuerlich und Sie werden Ihr Bauwerk vollkommen kennenlernen. Vereinigen Sie die Methode des Physikers mit der des Metaphysikers, und Sie werden die Methode der Analogie entstehen lassen, den wahrheitsgetreuen Ausdruck der antiken Synthese. Eine Nur-Metaphysik betreiben, wie der Theologe, ist ebenso falsch wie eine Nur-Physik gleich dem Physiker. Bauen Sie das Numen auf das Phänomen, und die Wahrheit wird erscheinen.

„Was folgt aus alledem? – Man muß daraus folgern, daß Kants Buch in seinem kritischen Teil für immer die Vergeblichkeit der philosophischen Methoden dort erweist, wo es darauf ankommt, die Phänomene der Physik zu erklären, und daß es die Notwendigkeit aufzeigt, in der man sich befindet, *ständig die Abstraktion mit der Beobachtung der Phänomene nebeneinander gehen zu lassen,* da es unwiderruflich vor allem den verdammt, der im reinen Phänomenalismus oder im reinen Rationalismus stecken blieb" (Louis Lucas, *Neue Chemie*, S. 21).

Wir haben mit der Festlegung dieser völlig besonderen Methode soeben einen neuen Schritt ins Studium der antiken Wissenschaft getan. Aber das darf uns noch nicht genügen. Vergessen wir in der Tat nicht, daß das Ziel, das wir verfolgen, doch die Darstellung all dieser Symbole und all dieser für so mysteriös gehaltenen allegorischen Geschichten bleibt und wäre sie im übrigen noch so bruchstückweise. Wenn wir bei der Analogie von Lunge und Magen die von der experimentell-induktiven Wissenschaft entdeckten Tatsachen verallgemeinert haben, so haben wir diese Tatsachen um eine Stufe steigen lassen. Es gibt also Stufen unter den Phänomenen und den Numina?, wird man sich fragen. Ein wenig Beobachtung genügt, um daraufzukommen, daß eine große Menge Tatsachen von einer kleinen Zahl Gesetze regiert werden. Das Studium dieser Gesetze, die unter dem Namen der *sekundären Ursachen* bekannt sind, ergibt, daß diese die Unterlage der Wissenschaften bilden. Aber diese sekundären Ursachen werden ihrerseits wieder von einer sehr eingeengten Zahl von „*primären Ursachen*" regiert. Das Studium dieser letzteren wird indessen von den zeitgenössischen Wissenschaften vollkommen verachtet, die, in den Bereich der *wahrnehmbaren Wahrheiten* verbannt, deren Suche den Träumern jeder Schule und jeder Religion überlassen. Wir haben für den Augenblick nicht zu erörtern, wer Recht und wer Unrecht hat, es genügt uns, die Existenz dieser dreifachen Stufung zu konstatieren.

1. Das unendliche Reich der *Tatsachen*.
2. Das begrenztere Reich der *Gesetze* oder sekundären Ursachen.
3. Das noch begrenztere Reich der *Prinzipien* oder primären Ursachen.

Fassen wir das alles in einer Figur zusammen:

Die auf der Dreizahl basierende Stufung spielt in der antiken Wissenschaft eine bemerkenswerte Rolle. Auf ihr beruht zum großen Teil das Reich der Analogie, und so müssen wir ihren Entwicklungsstadien einige Aufmerksamkeit leihen. Diese drei Glieder findet man beim Menschen wieder in Körper, Leben und Wille. Irgend ein Körperteil, ein Finger z. B., kann dem Einfluß des Willens entzogen sein, ohne daß er deshalb zu leben aufhörte (Radial- oder Kubitallähmung), er kann selbst durch Brand dem Einfluß des Lebens entzogen sein, ohne deshalb seine Beweglichkeit zu verlieren. Also drei verschiedene Reiche: das Reich des Körpers; das Reich des Lebens, das seine Tätigkeit mittels einer Reihe besonderer Leiter (Nervus sympathicus, vasomotorische Nerven) ausübt und an das Blutkörperchen gebunden ist; das Reich des Willens, der mit besonderen Leitern (willkürlichen Nerven) seine Tätigkeit entfaltet, ohne jedoch auf die zur Erhaltung des Lebens wesentlichen Organe Einfluß zu haben.

Wir können, noch bevor wir weitergehen, den Nutzen der Analogiemethode zur Erhellung bestimmter dunkler Punkte in folgendem erblicken: Wenn irgend ein Ding einem andern analog ist, so sind alle Bestandteile dieses Dinges den entsprechenden Teilen des andern analog. Danach hatten die Alten den Satz aufgestellt, daß der Mensch dem Universum analog ist. Sie nannten aus dieser Überlegung heraus den Menschen Mikrokosmos (Kleine Welt) und das Universum Makrokosmos (Große Welt).

Daraus folgt, daß für die Kenntnis des Lebensflusses im Universum das Studium der Lebenszirkulation beim Menschen genügt, und entsprechend umgekehrt: um die Einzelheiten des Werdens, Wachsens und Sterbens eines Menschen kennenzulernen, muß man dieselben Phänomene in einer Welt studieren. All das wird dem Einen sehr mystisch, dem Anderen sehr dunkel vorkommen. Auch bitte ich Sie, Geduld zu fassen und sich aufs nächste Kapitel zu vertrösten, wo Sie alle zum Gegenstand nötigen Erklärungen finden werden. Da man jedoch alles beweisen muß, was man vorbringt, besonders in Fragen wie diesen, so hören Sie zwei interessante Zitate, das eine über die drei Hierarchien (*Fakten – Gesetze – Prinzipien*), bei den Alten mit dem Namen *„die drei Welten"* bezeichnet, das andere über den Mikro- und Makrokosmos. Sie sind aus der von Fabre d'Olivet dargestellten Lehre des Pythagoras gezogen.

„Diese Anwendung (der Zahl 12) im Universum war keineswegs freie Erfindung des Pythagoras. Sie war allgemein bei den Chaldäern, bei den Ägyptern, von denen er sie bekommen hatte, und bei den führenden Völkern der Erde. Sie hatte zur Einrichtung des Zodiakus Veranlassung gegeben, dessen seit undenklichen Zeiten bestehende Einteilung in 12 Sternbilder überall gefunden worden war. Die Unterscheidung der drei Welten und deren Entwicklung in einer mehr oder minder großen Zahl konzentrischer Sphären, die mit verschiedenartig geläuterten Intelligenzen bevölkert waren, gehörte gleicherweise zum Kenntnisbestand vor Pythagoras, der damit nur die Lehre verbreitete, die er selbst von Thyrus, Memphis und Babylon bekommen hatte.

Pythagoras sah den Menschen unter drei hauptsächlichen Modifikationen an, genau wie das Universum. Und das ist der Grund, warum er dem Menschen den Namen „Mikrokosmos" oder Welt im kleinen gab. Nichts ist bei den Völkern des Altertums gebräuchlicher, als das Universum mit einem großen Menschen und den Menschen mit einem kleinen Universum zu vergleichen. Das Universum in der Betrachtung eines großen, belebten, aus Intellekt, Seele und Körper zusammengesetzten Ganzen hieß Pan oder Phanes. Der Mensch oder Mikrokosmos war ebenso zusammengesetzt, aber in umgekehrter Art, aus Körper, Seele und Intellekt; und jeder dieser drei Teile wurde seinerseits wieder unter drei Modifikationen angesehen, derart, daß die im All regierende Dreizahl gleicherweise im geringsten seiner Unterteile regierte. Jede Dreizahl, vom Umfang der Unermeßlichkeit bis zu den Bestandteilen des schwächsten Individuums herab, war Pythagoras zufolge als absolute oder relative Einheit aufgefaßt und bildete so das durch vier Teilbare, die heilige Tetrade der Pythagoräer. Diese Vier-Einheit galt im allgemeinen wie im besonderen. Pythagoras war übrigens keineswegs der Erfinder dieser Lehre. Sie war von China bis tief nach Skandinavien verbreitet. Man findet sie vorzüglich ausgedrückt in den Orakeln des Zoroaster:

> Die Dreizahl glänzt überall im Universum,
> und die Monade ist ihr Prinzip.

Nach dieser Lehre also wurde der Mensch als eine in der absoluten Einheit des großen Alls enthaltene relative Einheit betrachtet und stellte sich, wie die universelle Drei, unter den drei hauptsächlichen Modifikationen von Körper, Seele und Geist oder Intellekt dar. Die Seele als Sitz der Leidenschaften zeigte sich unter den drei Fakultäten der überlegenden, reizbaren und begehrenden Seele. Nach Pythagoras bestand der Fehler der begehrenden Fakultät der Seele in Unmäßigkeit oder Habsucht, der der reizbaren in Feigheit und der der überlegenden in Wahnsinn. Der Fehler, der sich über alle drei Fakultäten erstreckte, war die Ungerechtigkeit. Zur Vermeidung dieses Fehlers empfahl der Philosoph vier Haupttugenden seinen Schülern, die Mäßigkeit für die begehrende, den Mut für die reizbare, die Klugheit für die überlegende Fakultät, und für alle drei Fakultäten zusammen die Gerechtigkeit, die er als die vollendetste Tugend der Seele betrachtete. Ich sage: der Seele, denn Körper und Intellekt, die sich gleicherweise mittels dreier – instinktiver oder spiritueller – Fakultäten entwickeln, waren ebenso wie die Seele für ihnen zugehörige Fehler oder Tugenden empfänglich."

Soeben sind neue Schwierigkeiten vor unseren Schritten erstanden; eben erst haben wir die Analogie behandelt, die sich beim Studium der drei Welten aufdrängen wollte, jetzt sind es Zahlen, die Erklärungen verlangen. Woher kommt also dieser bei den Alten so verbreitete Gebrauch der Drei? Dieser Gebrauch, der sich vom Sinn ihrer Schriften[1] bis zu ihrer Metaphysik[2] erstreckt und der, die Jahrhunderte überspringend, sich jetzt bei einem unserer berühmtesten Schriftsteller wiederfindet: Balzac?[3] Er kommt von der Verwendung einer besonderen Sprache, die für die aktuelle Wissenschaft vollkommen verlorengegangen ist, die Sprache der Zahlen. „Plato, der in der

Musik ganz andere Dinge sah als die Musiker unserer Tage, sah auch in den Zahlen einen Sinn, den unsere Rechenmeister dort nicht mehr sehen. Das hatte er von Pythagoras gelernt, der diesen Sinn von den Ägyptern erhalten hatte. Nun, die Ägypter entschlossen sich nicht als die einzigen, den Zahlen einen geheimnisvollen Wert zu geben. Man braucht nur ein antikes Buch zu öffnen, um zu sehen, daß von den Ostgrenzen Asiens bis zu den Westrändern Europas dieselbe Vorstellung über diesen Gegenstand herrschte." Wir können diese Sprache der Zahlen vielleicht nicht mehr zur Gänze wiederherstellen, aber wir können doch einiges davon kennenlernen, was uns für die Folge eine große Hilfe sein wird. Studieren wir vorerst ein beliebiges Naturphänomen, an dem wir die Zahl Drei auffinden und ihre Bedeutung kennenlernen sollen. Danach wollen wir die den Modernen unbekannten, aber im ganzen Altertum mit den Zahlen gehandhabten Operationen studieren. Schließlich wollen wir sehen, ob wir irgend etwas über ihre Entstehung entdecken können. Schauen wir nach, ob die Formel der alten Alchymisten ἐν τὸ πᾶν (Alles ist in allem) in ihren Anwendungen richtig ist.

Nehmen wir das erstbeste Beispiel, etwa das Tageslicht, und suchen wir darin Gesetze zu finden, die allgemein genug sind, um sich genau auf Phänomene ganz verschiedener Ordnung anwenden zu lassen. Der Tag stellt sich der Nacht gegenüber, um die Perioden der Tätigkeit und der Ruhe zu bilden, die wir in der gesamten Natur wiederfinden. Was an diesem Phänomen besonders auffällt, ist der Gegensatz zwischen Licht und Dunkelheit, der sich darin offenbart. Aber ist dieser Gegensatz wirklich so absolut? Blicken wir näher hin, und wir werden bemerken, daß zwischen Licht und Dunkelheit, die für immer getrennt schienen, etwas existiert, was weder Licht noch Dunkelheit ist und in der Physik mit dem Namen Halbdunkel bezeichnet wird. Das Halbdunkel nimmt am Licht und an der Dunkelheit teil. Wenn man das Licht verringert, wächst die Dunkelheit. Die Dunkelheit hängt von der größeren oder kleineren Menge Licht ab. Die Dunkelheit ist eine Modifikation des Lichtes. Das sind die *Tatsachen*, die wir feststellen können. Fassen wir sie zusammen: Licht und Dunkelheit sind nicht vollkommen voneinander geschieden. Zwischen ihnen beiden existiert ein Mittelding, das an beiden teilhat: das Halbdunkel.

Dunkelheit ist verringertes Licht.

Um die unter diesen *Tatsachen* verhüllten *Gesetze* aufzudecken, müssen wir von der Sonderstudie des Lichts abgehen und uns dem Allgemeinen nähern. Wir müssen die Ausdrücke *verallgemeinern*, die hier auf das *Besondere* angewandt sind. Dafür wollen wir einen der allgemeinsten Ausdrücke der deutschen Sprache verwenden, das Wort „Ding", und wir wollen sagen: Zwei augenscheinlich entgegengesetzte Dinge haben immer einen gemeinsamen Punkt als Mittelding zwischen sich. Dieses Mittelding resultiert aus der Einwirkung der beiden Gegensätze aufeinander und hat an beiden Teil. Wenn diese *Gesetze* wirklich *allgemein* sind, müssen sie auf viele Phänomene passen, denn wir haben gesehen, daß es das Charakteristikum eines Gesetzes ist, allein auf viele *Tatsachen* zu passen. Nehmen wir Gegensätze verschiedener Ordnungen und sehen wir nach, ob unsere Gesetze dort passen. In der Ordnung der Geschlechter, zwei wohlcharakterisierte Gegner: das Männliche und das Weibliche. In der physikalischen Ordnung könnten wir Gegensätze in den Kräften finden (Warm-Kalt, Positiv-Negativ); da uns aber eine Kraft bereits als Beispiel gedient hat, wollen wir die beiden entgegengesetzten Zustände der Materie erwägen, den festen und den gasförmigen Zustand.

Gesetz:

Zwei entgegengesetzte Dinge haben untereinander ein aus beiden resultierendes Mittelding.

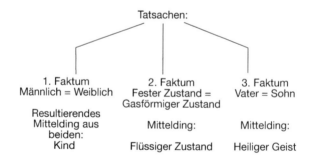

Tatsachen:

1. Faktum	2. Faktum	3. Faktum
Männlich = Weiblich	Fester Zustand = Gasförmiger Zustand	Vater = Sohn
Resultierendes Mittelding aus beiden:	Mittelding:	Mittelding:
Kind	Flüssiger Zustand	Heiliger Geist

Ich habe ein Phänomen intellektueller Ordnung hinzugefügt, die christliche Auffassung von Gott, um die Anwendung des Gesetzes in seinen weitesten Sphären zu zeigen.

Anderes Gesetz:

Die entgegengesetzten Dinge sind nur die Auffassung eines einzigen Dinges in verschiedenen Stufen.

Wenn wir nun unser Beispiel von Licht und Dunkelheit noch einmal vorholen und studieren, werden wir sehen können, daß das Licht handelt, die Dunkelheit sich entgegenstellt, während das Halbdunkel als Neutrum zwischen beiden schwankt. Fassen wir unser Gesetz nach diesen Angaben zusammen:

Das Aktive und *das Passive*
(Licht)   *(Dunkelheit)*

bringen durch ihre Wechselwirkung das Neutrale hervor, das an beiden teilhat. Um in einer klaren Gänze die drei weiter oben ausgesprochenen *Tatsachen* darzustellen, werden wir sagen:

		Schaffen durch ihre Wechseleinwirkung:
Das Aktive	*Das Passive*	*Das Neutrale*
Männlich	Weiblich	Kind
Gasförmiger Zustand	Fester Zustand	Flüssiger Zustand
Der Vater	Der Sohn	Der Heilige Geist
Das Licht	Die Dunkelheit	Das Halbdunkel
Das Warme	Das Kalte	Das Laue
Das Positive	Das Negative	Das Neutrale
Die Anziehung	Die Abstoßung	Das Gleichgewicht
Die Säure	Die Base	Das Salz

Ich habe durch Anführung neuer *Tatsachen* die Liste verlängert, um die Wahrheit des *Gesetzes* zu zeigen. Dieses Gesetz bildet unter dem Namen „Gesetz der Serie" die Grundlage der Arbeiten von Louis Lucas, der es auf nahezu alle chemischen, physikalischen, ja sogar biologischen Phänomene der zeitgenössischen Wissenschaft anwendet. Wir würden kein Ende finden, wollten wir alle die alten und modernen Autoren zitieren, die davon unter dem Namen der *drei* Worte gesprochen haben, die es bilden:

Gesetz der Drei

Man braucht nur die oben erwähnten Beispiele hervorzuholen, um zu sehen, daß die drei Konstituenten der Dreiheit bestehen aus

1. einem aktiven Begriff,
2. einem passiven Begriff,
3. einem neutralen Begriff, der aus der Einwirkung der beiden ersteren aufeinander resultiert. Da dieses Gesetz überall passen muß, wollen wir die Zahlen suchen, die durch Einwirkung aufeinander die Ziffer 3 ergeben. Diese Zahlen sind 1 und 2, denn 1 + 2 = 3. Wir können im selben Augenblick den Sinn der drei ersten Zahlen erfassen.

Die Zahl 1 repräsentiert das Aktive,
die Zahl 2 repräsentiert das Passive,
die Zahl 3 repräsentiert die Reaktion des Aktiven auf das Passive.

Wir können das Wort „*Aktiv*" durch jeden beliebigen Ausdruck der obigen unter dieses Wort gesetzten Listen ersetzen, und Sie werden sofort sehen, daß nach der Methode der Analogie die Ziffer 1 alle vom Prinzip des Aktiven regierten Ideen darstellt, d. h. Mann, Gott-Vater, Licht, Wärme etc. etc. je nachdem, in welcher der drei Welten man sie betrachtet.

Materielle Welt .... Licht, gasförmiger Zustand
Moralische oder Naturwelt .... Der Mann
Metaphysische oder urbildliche Welt .... Gott-Vater.

Ebenso verhält es sich mit den Worten „*Passiv*", das Sie durch 2, und „*Neutrum*", das Sie durch 3 ersetzen können. Sie sehen, daß die auf die Ziffern verwandten Rechnungen in der antiken Wissenschaft mathematisch auf die Ideen passen, was ihre Methoden so allgemein und gerade dadurch so verschieden von den modernen Methoden macht. Damit habe ich soeben die Elemente der Darstellung der Rota von Guillaume Postel gegeben.[4] Es handelt sich jetzt darum, zu zeigen, daß das, was ich bis hierher über die Zahlen gesagt habe, wirklich im Altertum Anwendung fand und nicht etwa vollkommen aus meiner Phantasie gezogen ist. Wir werden diese Anwendungen zuerst in einem hebräischen Buche finden, dessen Alter M. Franck selber nicht bestreitet[5], im *Sepher Jezirah*, dessen erste französische Übersetzung ich hergestellt habe.[6] Aber da dieses Buch vor allem kabbalistisch ist, ziehe ich es vor, antike Philosophen zu zitieren: „Da das göttliche Wesen für die Sinne unerreichbar ist, wollen wir zu seiner Charakterisierung nicht die Sprache der Sinne, sondern die des Geistes verwenden. Wir wollen der Intelligenz oder dem aktiven Prinzip des Universums den Namen „Monade" oder „Einheit" geben, weil es immer dasselbe ist; der Materie oder dem passiven Prinzip den der „Dyade" oder der „Vielheit", weil es die Unterlage für alle Arten von Veränderungen bildet; der Welt schließlich den der „Triade", weil sie das Resultat aus Intelligenz und Materie ist" (F. d'O., *Lehre der Pythagoräer*). „Es mag mir genügen, zu sagen, daß Pythagoras, wie er Gott mit 1, die Materie mit 2 bezeichnete, das Universum mit 12 ausdrückte, dem Resultat der Vereinigung der beiden andern" (F. d'O., *Die goldenen Verse des Pythagoras*). Man hat weiter oben gesehen, daß die Lehre des Pythagoras die der Ägypter, seiner Meister, die der Hebräer und die der Inder zusammenfaßt, folglich die des gesamten Altertums. Das ist der Grund, weshalb ich diesen Philosophen mit Vorliebe immer dann zitiere, wenn es sich darum handelt, einen Punkt der antiken Wissenschaft zu klären.

Wir kennen den Sinn, den die Alten den Zahlen 1, 2 und 3 gegeben haben. Sehen wir uns jetzt einige andere Zahlen an. Wie man in der Bemerkung von F. d'O. hat sehen können (über Mikro- und Makrokosmos), führte die Vierzahl die Begriffe 1, 2, 3, von denen wir soeben gesprochen haben, in die Einheit zurück. Ich schiene chinesisch zu schreiben, wenn ich das nicht durch ein Beispiel erhellte. Der Vater, die Mutter und das Kind bilden drei Begriffe, in denen der Vater aktiv ist und der Zahl 1 entspricht, die Mutter passiv und der Zahl 2; das Kind hat kein Geschlecht, es ist Neutrum und entspricht dem 1 + 2, d. h. der Zahl 3. Welches ist die Einheit, die diese drei Begriffe in sich schließt?

Das ist die Familie $\left.\begin{array}{l}\text{Vater}\\\text{Mutter}\\\text{Kind}\end{array}\right\}$ Familie

Da haben wir die Zusammensetzung des Vierers: ein Dreier und die Einheit, die ihn umschließt. Wenn wir von einer Familie sprechen, drücken wir in einem einzigen Wort die drei Begriffe aus, aus denen sie besteht. Deshalb führt die Familie die 3 auf 1 zurück, oder um in der Sprache der okkulten Wissenschaft zu sprechen, die Dreizahl auf die Einheit.

Die Erläuterung, die ich soeben gegeben habe, ist, glaube ich, leicht verständlich. Und doch – weiß Gott wie wenig Leute es gibt, die vor diesem Beispiel folgende aus einem alten hermetischen Buch gezogene Phrase verstehen konnten: *Um die Dreizahl mittels der Vierzahl auf die Einfachheit der Einheit zu reduzieren.*[7] Wenn man das Vorhergehende recht versteht, wird man sehen, daß 4 eine Wiederholung der Einheit ist und wirken muß, wie die Einheit wirkt.

Wie ist also in der Aufstellung der 3 durch 1 + 2 die 2 gebildet?
Durch die Einheit, die sich sich selber entgegenstellt, also 1/1 = 2.
Wir sehen also in der Progression 1 . 2 . 3 . 4. zuerst die Einheit 1, dann eine
Opposition 1/1 = 2, danach die Wirkung dieser Opposition auf die Einheit 1 +
2 = 3. Darauf die Rückkehr zu einer Einheit verschiedener Ordnung, in einer
andern Oktave, wenn ich diesen Ausdruck wagen darf,

Was ich entwickle, scheint mir verständlich. Da jedoch die Kenntnis dieser
Progression einen der dunkelsten Punkte in der okkulten Wissenschaft bildet,
will ich das Beispiel der Familie wiederholen.

Das erste Prinzip, das in der Familie aufscheint, ist der Vater, die aktive Einheit	1
Das zweite Prinzip ist die Mutter, die die passive Einheit darstellt	2
Die Wechselwirkung, die Opposition, schafft den dritten Begriff, das Kind	3
Schließlich kehren alle in eine aktive Einheit höherer Ordnung zurück, die Familie	4

Diese Familie wird wie ein Vater wirken, ein aktives Prinzip in bezug auf
eine andere Familie, nicht um ein Kind, sondern um eine Kaste entstehen zu
lassen, aus der sich die Tribus, eine Einheit höherer Ordnung, bilden wird. Die
Entstehung der Zahlen würde also auf diese vier Grundlagen zurückgehen,
und da nach der Methode der Analogie die Zahlen genau Ideen ausdrücken,
ist dieses Gesetz auf die Ideen anwendbar. Hier diese vier Ausdrucksformen:

Einheit oder Rück- kehr zur Einheit	Opposition Antagonismus	Einwirkung der Opposition auf die Einheit
1.	2.	3.
4.	5.	6.
–	–	–
7.	8.	9.
10.	11.	12.
–	–	–
(1.)	(2.)	(3.)

Ich habe die erste Serie von den anderen getrennt, um zu zeigen, daß sie
aus vier Werten besteht und alle übrigen Werte nur dasselbe Gesetz *in einer
anderen Oktave* wiederholen lassen. Da wir in diesem Gesetz einen der bes-

ten Schlüssel zur Öffnung der antiken Mysterien finden, will ich es weiter ausführen und auf einen beliebigen Sonderfall, z. B. die soziale Entwicklung des Menschen, anwenden.

Einheit oder Rückkehr zur Einheit.	Opposition Antagonismus	Ergebnis dieser Opposition Unterscheidung
1. Das erste soziale Molekül: Mann.	2. Opposition zu diesem Molekül: Weib.	3. Resultat: Kind.
4. Einheit höherer Ordnung: Die Familie. Zusammenfassung der Werte 1-3.	5. Opposition unter den Familien – Familienwettbewerbe.	6. Unterscheidung unter den Familien: Kasten.
7. Einheit höherer Ordnung: Die Tribus, Zusammenfassung der Werte 4-6.	8. Opposition unter den Tribus.	9. Unterscheidung unter den Tribus: Nationalitäten.
$\frac{10. \text{ Die Nation.}}{1}$	$\frac{11.}{2}$	$\frac{12.}{3}$

Dieses von mir gegebene Gesetz in Zahlen, d. h. in allgemeiner Formulierung, läßt sich auf eine Menge Einzelfälle anwenden. Übrigens wird das das folgende Kapitel zeigen. Aber bemerken wir nicht etwas Besonderes in diesen Ziffern? Was bedeuten diese Zeichen 10/1, 11/2, 12/3, die am Ende meines ersten Beispiels stehen? Um das zu wissen, müssen wir einige Worte über die Operationen sagen, die die Alten mit den Ziffern angestellt haben. Zwei dieser Operationen sind zum Verständnis unentbehrlich:

1. Die theosophische Reduktion,
2. Die theosophische Addition.

1. Die theosophische Reduktion besteht darin, alle aus zwei oder mehr Ziffern gebildeten Zahlen auf eine einzige Zahl zurückzuführen, und zwar durch Addieren der die Zahl zusammensetzenden Ziffern, solange bis nur eine einzige Ziffer übrig bleibt

Also: $10 = 1 + 0 = 1$
$11 = 1 + 1 = 2$
$12 = 1 + 2 = 3$

Und für zusammengesetztere Zahlen, wie z. B. $3221 = 3 + 2 + 2 + 1 = 8$, oder $666 = 6 + 6 + 6 = 18$, und da $18 = 1 + 8$, so ist die Zahl $666 = 9$.

Davon stammt eine sehr wichtige Betrachtung, daß nämlich alle Zahlen ohne Unterschied nur Darstellungen der neun ersten Ziffern sind. Da die neun ersten Ziffern, wie man aus dem vorhergehenden Beispiel sehen kann, nur Darstellungen der vier ersten Ziffern sind, so werden alle Zahlen durch die vier ersten dargestellt. Nun, diese vier ersten Ziffern sind nur verschiedene Zustände der Einheit. Alle Zahlen, die es gibt, sind nur verschiedene Manifestationen der Einheit.

2. *Theosophische Addition:* Diese Operation besteht darin, daß man, um den theosophischen Wert einer Zahl kennenzulernen, alle Ziffern von der Einheit bis zu ihr selbst arithmetisch addiert. Demnach bedeutet die Zahl 4 in theosophischer Addition:

$$1 + 2 + 3 + 4 = 10$$

Die Ziffer 7 ist gleichbedeutend mit:

$$1 + 2 + 3 + 4 + 5 + 6 + 7 = 28$$

28 reduziert sich unmittelbar in $2 + 8 = 10$. Wenn Sie einen Rechenmeister mit Staunen erfüllen wollen, so zeigen Sie ihm folgende theosophische Operation:

$$4 = 10$$
$$7 = 10$$
$$\text{also} \quad 4 = 7$$

Diese beiden Operationen, theosophische Reduktion und Addition, sind nicht schwer zu erfassen. Ihre Kenntnis ist zum Verständnis der hermetischen Schriften wesentlich, und sie stellen nach den größten Meistern den Weg dar, den die Natur in ihren Schöpfungen verfolgt. Prüfen wir mathematisch die Phrase, die wir im vorhergehenden zitiert haben: „Die Dreizahl mittels der Vierzahl auf die Einfachheit der Einheit reduzieren."

$$\text{Dreizahl} - 3 \quad \text{Vierzahl} - 4 \quad 3 + 4 = 7$$

Durch theosophische Reduktion:

$$7 = 1 + 2 + 3 + 4 + 5 + 6 + 7 = 28 = 10$$

Durch theosophische Addition und Reduktion des Gesamten endlich:

$$10 = 1 + 0 = 1$$

Diese Operation wird man also folgendermaßen aufschreiben:

$$4 + 3 = 7 = 28 = 10 = 1$$
$$4 + 3 = 1$$

Nehmen wir jetzt in Ziffern das an erster Stelle gegebene Beispiel:

1.	2.	3.
4.	5.	6.
7.	8.	9.
<u>10.</u>	<u>11.</u>	<u>12.</u>
(1)	(2)	(3)

und stellen wir dabei einige Betrachtungen an, wobei wir uns der theosophischen Rechnungen bedienen! Wir bemerken zunächst, daß nach drei Progressionen die Einheit wieder erscheint, d. h. der Zyklus von neuem beginnt. 10/1, 11/2; 10, 11, 12 etc. theosophisch reduziert, werden neuerlich zu 1, 2, 3 etc.[8] Diese drei Progressionen repräsentieren die *drei Welten*, in denen alles enthalten ist. Wir bemerken weiter, daß die erste vertikale Linie, 1. 4. 7. 10, die ich als Darstellung der Einheit in verschiedenen Oktaven erwähnt habe, sie in der Tat repräsentiert, denn:

$$1 = 1$$
$$4 = 1 + 2 + 3 + 4 = 10 = 1$$
$$7 = 1 + 2 + 3 + 4 + 5 + 6 + 7 = 28 = 10 = 1$$
$$10 = 1$$
$$13 = 4 = 10 = 1$$
$$16 = 7 = 28 = 10 = 1$$

Man kann solcherart die Progression bis ins Unendliche fortsetzen und diese berühmten mathematischen Gesetze prüfen, die man, ich zweifle nicht daran, mystisch nennen wird, solange man ihre Tragweite nicht versteht. Denen, die glauben sollten, daß das nebelhafte Träumereien seien, rate ich die Lektüre der Werke von Louis Lucas über die Physik und Chemie an[9], wo sie das vorangehende Gesetz unter dem Namen der „Serie" bezeichnet und auf experimentelle Beweise der Chemie und der Biologie angewendet finden werden. Ich rate ihnen noch, wenn ihnen die Chemie und die Physik nicht positiv genug erscheinen sollten, die mathematischen Arbeiten von Wronski zu lesen[10], über die das Institut de France einen sehr günstigen Bericht abgab, ein Werk, dessen Prinzipien gänzlich aus der antiken oder okkulten Wissenschaft gezogen sind. Hier eine Abbildung der *„Entstehung der Zahlen"*, die Wronskis System vollkommen ausdrücken kann.

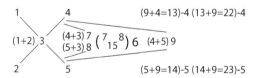

Man sieht in dieser Abbildung die Verwendung des chiffrierten Gesetzes 1 . 2 . 3 . 4 etc., von dem ich schon so viel gesprochen habe. Aus 1 und 2 wird 3, und von diesen drei Zahlen gehen nach denselben Prinzipien alle andern aus bis zu 9. Von 9 angefangen lassen sich alle Zahlen, die es gibt, durch theosophische Reduktion auf Zahlen aus einer einzigen Ziffer zurückführen. Die

Zahlen sind im übrigen in Kolumnen angeordnet, davon drei hauptsächliche und zwei sekundäre; ich zeige sie durch Ziffern verschiedener Stärke an:

Hauptkolumne: 1 -- 4 -- (13) 4 -- (22) 4 -- (31) 4
Sekundärkolumne: 7 (16) = 7 (25) = 7 (34) = 7
Hauptkolumne: 3 ..... 6 ..... 9 ..... ∞
Sekundärkolumne: 8 (17) = 8 (26) = 8 (35) = 8
Hauptkolumne: 2 ... 5 ... (14) = 5 ... (23) = 5 ... (32) = 5

In Fortsetzung und beträchtlicher Ausdehnung des Studiums, das wir hier skizzieren, hat F. Ch. Barlet folgendes Schema aufstellen können, das als ein *definitiver Schlüssel* des Zahlensystems betrachtet werden kann:

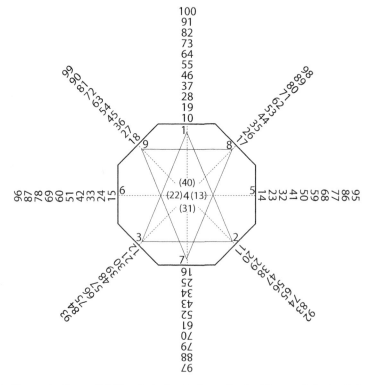

Die Kenntnis dieses Schlüssels ist im übrigen für das Verständnis des Folgenden unwesentlich. Auch bitte ich diejenigen, die diese Anhäufung von Ziffern erschreckt, sich nicht mehr damit zu beschäftigen und weiterzugehen. Bevor ich jedoch dieses schon überlange Kapitel schließe, muß ich noch bei der

Kennzeichnung eines Umstandes verweilen, der von der größten Bedeutung für das Verständnis des geheiligten Tetragramms der Hebräer ist, von welch letzterem wir in der Folge noch sprechen werden.

Die Progression

1. 2. 3.
4. 5. 6.
7. etc.

ist aus vier Ziffern gebildet, die in nur drei Kolumnen geordnet sind, weil die vierte Ziffer nur die Wiederholung der ersten ist. So als ob es gäbe $1 \cdot 2 \cdot 3 \cdot 1$ etc. Die Hebräer drücken den erhabensten Namen des Göttlichen durch vier Buchstaben aus, von denen einer zweimal wiederholt ist, was den göttlichen Namen auf drei Buchstaben also reduziert: J E V E = J V E. Diese Anmerkung wird in der Folge eine Rolle spielen. An diesem Punkte angelangt, wollen wir noch einen raschen Blick auf den durchlaufenen Weg werfen, um uns über die Aspekte Rechenschaft zu geben, unter denen sich jetzt die antike Wissenschaft unserem Geiste zeigt. Wir haben zuerst die Existenz dieser in den Heiligtümern eingeschlossenen Wissenschaft festgestellt und haben weiters gesehen, daß sie zur Erreichung ihrer Schlüsse eine spezielle Methode verwandte, die wir „Methode durch Analogie" genannt haben. Danach haben wir entdeckt, daß diese Methode auf einer natürlichen Rangordnung beruhte, die drei große Teilgebiete umfaßte, das der Phänomene, das der sekundären und das der primären Ursachen. Oder nach St. Y. d'A. das der *Fakten*, das der *Gesetze* und das der *Prinzipien*, Teilgebiete, die von den Alten unter dem Namen „*die drei Welten*" begriffen wurden. Die Verwendung dieser Zahl 3 hat uns zwangsläufig zum Studium jener besonderen Auffassung geführt, unter der ursprünglich die Wissenschaft die Zahlen betrachtete, und durch die Art und Weise, wie sie die Dreizahl bildet, haben wir ein zyklisches Gesetz entdeckt, welches die Evolution der Zahlen und weiterhin die der gesamten Natur regiert. Die Analyse dieses Gesetzes hat uns zwei den modernen Rechnern unbekannte Rechenvorgänge studieren lassen, Verfahren, die vom ganzen Altertum verwendet wurden, von Homer über Moses, Pythagoras und die Alexandriner Schule hinweg bis zu den Alchymisten: die theosophische Reduktion und Addition. Wir sind jetzt im Besitze von Methoden, die uns vielleicht erlauben werden, weiterzugehen. Auch wollen wir nicht zaudern, mit ihnen in die antiken Mysterien einzudringen, um das große Geheimnis zu wissen, das die Eingeweihten, mit dreifachem Schleier bedeckt, verwahrten.

III. Kapitel

Das universelle Leben – Das große Geheimnis des Sanktuariums –
Das astrale Licht (universelle Kraft) –
Die Involution und die Evolution – Der Mensch nach Pythagoras

Letzten Endes reduziert sich der menschliche Körper auf die Zelle, die Menschheit auf das soziale Molekül Mensch, die Welt auf das Gestirn und das Universum auf die Welt. Aber Zelle, Menschheit, Gestirn, Welt und Universum sind nur *Oktaven* von immer derselben Einheit. Wollen wir uns nicht ansehen, wie sich die Zellen zur Bildung eines Organs, die Organe hierarchisch zur Bildung von Verbänden und diese wieder zur Bildung des Individuums gruppieren?

          Zelle
          Organ
          Verband
          Individuum

das ist die Progression, die, physisch gesprochen, den Menschen ausmacht. Aber was ist dieses Individuum anderes als eine Zelle der Menschheit! Das Gesetz, dem die Natur gehorcht, ist so wahr, daß wir es überall identisch antreffen, auf welche Gegenstände sich auch unsere Betrachtung erstrecken mag. Der Mensch gruppiert sich zur Bildung der Familie, die Familie zu der der Tribus, die Tribus stellen die hierarchische Gruppierung auf, um die Nation zu bilden, einen Abglanz der Menschheit.

          Mensch
          Familie
          Tribus
          Nation – Menschheit

Aber was ist denn die Menschheit anderes als eine Zelle der tierischen Natur? Diese tierische Natur drückt nur eine von den Stufen der Reiche aus, die auf dem Planeten bestehen. Sehen Sie die Trabanten sich um die Planeten reihen, die Planeten um die Sonnen: so bilden sich Welten. Die Welten, die selber nur Zellen des Universums sind, zeichnen mit Feuerzügen die ewigen Gesetze der Natur im Unendlichen an. Überall bricht diese rätselhafte Progression hervor, diese Anordnung niederer Einheiten vor der höheren Einheit, diese universelle Reihung, die vom Atom ausgeht, um über das Weltgestirn bis zu jener *ersten Einheit* zu steigen, um die die Universa gravitieren. Alles ist analog. Das Gesetz, das die Welten regiert, regiert das Leben des Insekts. Die Art und Weise studieren, wie sich die Zellen zur Bildung eines Organs gruppieren heißt, die Art und Weise studieren, wie sich die Naturreiche zur Bildung der Erde gruppieren, dieses Organs unserer Welt; heißt die Art und Weise studieren, wie sich die Individuen zur Bildung einer Familie gruppieren, dieses Organs der Menschheit. Die Bildung eines Verbandes aus den Organen studieren heißt, die Bildung einer Welt aus den Planeten, einer Nation aus den Familien lernen. Die Zusammensetzung eines Menschen schließlich aus den Verbänden kennenlernen heißt, die Zusammensetzung des Universums aus den Welten, der Menschheit aus den Nationen erkennen. Alles ist analog. Das Geheimnis der Zelle kennen heißt, das Geheimnis Gottes kennen. Das Absolute ist überall. – Alles ist in allem. Die Methode der Analogie strahlt hier in ihrem vollsten Glanze. Wenn der Mensch eine Zelle der Menschheit ist, warum sollte die Menschheit nicht der höhere Apparat eines belebten Wesens sein, das „Erde" heißt? Warum sollte die Erde nicht ein Organ eines höheren Wesens sein, das den Namen „Welt" führt und dessen Hirn die Sonne ist? Warum sollte diese Welt selber nicht die niedere Reihe des Wesens der Wesen, des Makrokosmos, bilden, dessen Organe die Universa sind? Das sind die Fragen, die sich wie ebensoviele Sphinxe vor den Forschungen des ganzen Altertums aufgerichtet haben. Und wenn der Bewerber nicht die genügenden Kenntnisse erreicht hatte, um mit der ganzen Kraft seiner Intuition im Zentrum der Zentren des Universums unterzutauchen, wenn er den Rat des Pythagoras nicht zu befolgen verstand:

> „Du sollst dich in den strahlenden Äther
> zum Herzen der Unsterblichkeit erheben
> und selber ein Gott sein!"

dann bemächtigte er sich des einzigen festen Instruments, das er noch kannte, und kraft seiner Methode stürzte er sich in das Studium des Unendlichen. Aber das Leben kreist in der Zelle, das Leben kreist im Menschen – woher kommt es? Die menschliche Zelle ruht unbeweglich im Organ, aber hier geht der Lebensstrom, vom Blut getragen, lebhaft an ihr vorbei, sie nimmt aus diesem Lebensstrom, was sie braucht, und erfüllt ihre Funktion. Der Lebensstrom ist allenthalben derselbe, und jede Zelle formt ihn verschieden um. Hier ist die Zelle eine Drüse, die ihre Kraft aus dem Leben schöpfen will, das ihr das Blut zuführt, und der Speichel, der Magensaft, die Galle werden abgesondert werden. Da ist eine Muskelzelle, die das Mittel, sich zusammenzuziehen, demselben Strom entlehnen wird, der soeben verschiedene Sekrete geliefert hat. Dort endlich ist die Nervenzelle, die diese selbe Schöpferkraft so verschiedenartiger Phänomene in Intelligenz umwandeln wird. Ist es möglich, daß ein und dieselbe Kraft sich in Kräfte so verschiedener Ordnungen umsetzt, und das lediglich durch die verschiedenartige Bildung der Organe? Bei dieser Frage schließt sich der Ägypter in das Laboratorium des Tempels ein und sieht zu, wie sich ein Bündel weißen Lichts gegen ein Prisma bricht und sich in mannigfache Farben umwandelt. Die Farben hängen von der Dicke des durchquerten Glases ab. Dieser Versuch genügt – er versteht. Das immer gleiche Leben, das im Menschen zirkuliert, kann mit dem weißen Licht verglichen werden, jedes der Organe mit einem verschiedenen Stück des Prismas. Der Strom weißen Lichts geht vorüber, und jedes der Organe wird in ihm tätig. Hier ist ein Organ, wo die Materie grob ist; es stellt die Basis des Prismas dar, die niederen Farben treten in Erscheinung, oder vielmehr die gröbsten Sekrete. Da ist ein Organ, wo die Materie in ihrem Maximum der Vollendung ist, es repräsentiert den Scheitel des Prismas, die höheren Farben bilden sich, die Intelligenz tritt zu Tage. Das sind die Grundlagen der okkulten Medizin.[1] Aber woher kommt wieder dieser Lebensstrom? – Aus der Luft, von wo ihn das Blutkörperchen holt, um ihn quer durch den Organismus zu führen. Aber die großartige Einheit der Schöpfungen von Osiris-Isis tritt noch leuchtender in Erscheinung. Ein gleicher Strom kreist quer durch den Planeten, und jedes einzelne Individuum, das auf ihm ist, nimmt von dort sein Leben. Der Mensch atmet und bildet das Erdenleben in menschliches Leben um, wie in ihm das Hirn das menschliche Leben in Hirnleben, die Leber in Leberleben umwandelt etc. Das Animalische setzt das Erdenleben in sein eigenes artgemäßes um. Das Vegetabile schöpft ebenso mit allen Blättern sein besonderes Leben aus der gemeinsamen Mutter Erde. Mineral und alle Daseinsformen transformieren diese Erdenkraft in persönliche Kraft. Immer die mathematisch genaue Analogie mit dem weißen Licht und dem Prisma, von dem jedes Wesen ein Stück repräsentiert!

Aber nimmt nicht die Erde ihr Leben und damit das von allem, was sie trägt, aus dem Licht- und Lebensstrom, in den sie getaucht ist? Die Sonne verströmt mit vollen Fluten ihr Sonnenleben auf die Planeten ihres Systems, und jeder von ihnen transformiert das Sonnenleben in sein eigenes Leben. Die Erde macht daraus das Erdenleben, der Saturn das Saturnleben, kalt und traurig, Jupiter sein eigenes Leben, und so fort für jeden anderen Planeten und ihre Trabanten. Aber zieht nicht die Sonne selber ihr Sonnenleben, diesen

Licht-, Wärme-, Elektrizitätsstrom, den sie abfließen läßt, aus dem Universum, zu dem sie gehört? Wenn dann der ägyptische Priester die Synthese des Lebens in ihrer erhabenen Gesamtheit begriffen hat, so wirft er sich nieder und betet an. Er betet an das Leben, das in ihm ist, dieses Leben, das die Erde ihm gegeben hat, dieses Leben, das die Sonne unserer Welt gegeben hat, das eben sie aus dem Universum und das Universum aus dem rätselhaften und unaussprechlichen Mittelpunkt gezogen hat, wo das Wesen der Wesen, das Universum der Universa, *die Einheit Leben, Osiris-Isis,* in seiner ewigen Einigkeit ruht. Er wirft sich nieder und betet an: *Gott* in sich, *Gott* in der Welt, *Gott* im Universum, *Gott* in Gott. Könnte das Leben, das wir überall gefunden haben, den allgemeinen Gesetzen entgehen? Jegliches Phänomen offenbart immer und überall seinen dreifaltigen Ursprung. Alle Serien, und seien sie noch so groß, ordnen sich nach dem rätselhaften Gesetz

Aktiv	Passiv	Neutrum
Positiv	Negativ	Gleichgewicht
+	−	∞

Der Mann, der als Herr in der Familie befiehlt, wo er das Positive repräsentiert, beugt sich sofort vor dem Gesetz der Tribus und wird damit negativ. Die Erde, die alle an ihrer Oberfläche befindlichen Lebewesen und Objekte auf sich anzieht, in ihrer absorbierenden Einheit vereinigt, handelt so aktiv, gehorcht aber passiv der Anziehung der Sonne, ihres Oberen. Wir sehen dadurch die Absorption der niederen Serien durch die höheren und wiederum dieser, als niedere Serien betrachtet, durch eine noch höhere Serie, u.s.f. bis ins Unendliche, in Erscheinung treten.[2] Die Wärme erscheint positiv in der Hitze, negativ in der Kälte, ausgeglichen im Temperierten. Das Licht erscheint positiv in der Helligkeit, negativ in der Dunkelheit, ausgeglichen im Halbdunkel. Die Elektrizität zeigt sich positiv im positiven Pol, negativ im negativen Pol, ausgeglichen im Neutralen. Aber sind nicht Wärme, Licht und Elektrizität drei Phasen eines Höheren? Dieses Höhere, von dem die Wärme das Positive, das Licht das Gleichgewicht, die Elektrizität das Negative darstellt, ist die Kraft unserer Welt.[3]

Gehen wir neuerlich experimentell die Phänomene durch; durchqueren wir nach der Physik die Chemie; sehen wir uns eine bekannte Erfahrung an: Der Sauerstoff wird sich zum Pol der Bewegung, der Wasserstoff zu dem des Widerstandes und der Stickstoff bald zum einen, bald zum anderen der beiden Pole begeben, ganz der Rolle entsprechend, die er in den Verbindungen spielt. Beachten wir, daß es sich mit den anderen metalloiden und metallischen

Körpern ebenso verhält; finden wir überall die Bewegung im Säurebilden, die Ruhe im Alkalisieren und das Gleichgewicht zwischen beiden dargestellt durch den Stickstoff und seine Verbindungen.[4] Wenn wir von Progression zu Progression, von Universum zu Universum zur höchsten Abstraktion hinaufgestiegen sind, werden wir eine einzige Kraft sehen, die sich sich selber gegenüberstellt, um zu schaffen: in ihrer Aktivität die Bewegung, in ihrer Passivität die Materie[5] und in ihrem Gleichgewicht alles, was zwischen Teilbarkeit und Einheit begriffen wird, die unendlichen Stufen, durch die die Kraft vom festen Zustand[6] bis zu den erhöhtesten Formen der Intelligenz, des Genies und schließlich bis zu ihrem Ursprung Gott wieder hinaufsteigt, dessen Aktivität der Vater oder Osiris, dessen Passivität der Sohn oder Isis heißt und dessen Gleichgewicht, die Allursache, das Ebenbild der *Drei Einigkeit,* die es konstituiert, den Namen Heiliger Geist oder Horus führt.[7]

Wir besitzen jetzt eines der größten Geheimnisse des Sanktuars, den Schlüssel aller vergangenen, gegenwärtigen und zukünftigen Wunder, die Kenntnis dieses Agens, das immer dasselbe und immer verschieden bezeichnet ist, das „Telesma" des Hermes, die „Schlange" des Moses und der Hindu, das „Azoth" der Alchymisten, das „Astrale Licht" der Martinisten und des Eliphas Levi, endlich der Magnetismus Mesmers und die „Bewegung" des Louis Lucas, der ihre drei leitenden Gesetze gefunden und deren Anwendung in den positiven Wissenschaften von heute gezeigt hat. Wir kennen bereits die verschiedenen Modifikationen, infolge deren dieses Agens zum Leben jedes Wesens wird. Studieren wir jetzt seine Evolution. Diese Emanation wird universell drei Entwicklungsphasen befolgen:

In der ersten Phase wird das Passive den Sieg über das Aktive davontragen, und das Ergebnis wird eine Passivität sein, eine Materialisation, ein Entfernen der Einheit gegen die Vielheit hin.[8]

In einer zweiten Phase werden das Aktive und das Passive ins Gleichgewicht kommen, die Hierarchie, die Serie, wird in Erscheinung treten, die niederen Ausdrücke werden um den höheren Ausdruck gravitieren.

In einer dritten Phase endlich wird das Aktive den Sieg über das Passive davontragen, die Evolution der Vielheit auf die Einheit wird zur Tatsache werden.

Involution oder progressive Materialisation (Verstofflichung).
Gleichgewicht.
Evolution oder progressive Spiritualisation (Vergeistigung).

Das sind die drei Gesetze der Bewegung. Vom rätselhaften Mittelpunkt, in dem sich das Unaussprechliche, Unbegreilliche – das Ain-Soph – Parabrahma – aufhält, strömt eine Kraft in die Unendlichkeit aus. Diese Kraft, gebildet aus Aktiv-Passiv, wie das, woher sie stammt, schafft sofort ein wechselndes Resultat, je nachdem das Aktive oder das Passive in der Handlung dominieren wird. Die Kraft entfernt sich von der Einheit, um das Vielfältige, die Teilung zu gewinnen. Und so dominiert in diesem Augenblick das Passive, der Schöpfer des Vielfältigen. Was entsteht, ist vor allem passiv, materiell. Die Kraft materialisiert sich. Die Intelligenz umgibt sich allmählich mit Rinde, bekleidet sich mit Hüllen, die zunächst jenen Zustand der Materie darstellen, der dem Essentiellen am nächsten ist: die strahlende Materie. In diesem Augenblick durchquert eine Masse den Raum, ungeheuer für menschliche Fassungskräfte, winzig in den Augen des Unendlichen. Auf den Planeten der Welten, die sie durchschneidet, richten sich die Instrumente auf, und hoch von den Observatorien verkünden die Sterblichen: Ein Komet durchquert unser System! Auf den höheren Planeten dieser Welten werfen sich die Unsterblichen nieder und beten feierlich das göttliche Licht an, das das Opfer vollzieht, aus dem seine Rückkehr zur Einheit geboren werden soll. Sie neigen sich und rufen: Der Geist Gottes durchquert unsere Welt! Indessen, je mehr die Masse sich von der Einheit entfernt, desto mehr betont sich die Verstofflichung: Die Materie im gasförmigen Zustande erscheint und erfüllt großenteils die Masse, die in einem Punkt des Raumes ihren Lauf verlangsamt. Der Gelehrte, der es bemerkt, kündigt den Sterblichen einen Nebelstern, die Geburt eines Planetensystems an, der Unsterbliche empfängt die Geburt eines Gottes. Der passive Zustand ist zur Welt gekommen, die festen Anhäufungen sind geboren, aber zur selben Zeit befreit sich allmählich die aktive Kraft, und sie beginnt nun ihrerseits, die passive Kraft auszugleichen. Das Leben konzentriert sich im Mittelpunkte des Systems in einer Sonne, und die Planeten empfangen ihren Einfluß um so mehr, je näher sie ihr stehen, je weniger materiell sie sind, ebenso wie die Sonne einen um so aktiveren Einfluß empfängt, je näher sie dem *Lebensprinzip* ist, von dem sie ausgestrahlt wurde. Jetzt trägt die aktive Kraft endgültig den Sieg über die passive davon, die Planeten haben sich um ein entscheidendes Zentrum gruppiert. Das Lebewesen, das man Welt heißt, ist ans Licht gekommen, es organisiert sich, und langsam entwickelt es sich gegen die Einheit hin, von der es ausgegangen war. Auf jedem der Planeten wiederholt sich identisch das Gesetz, das die Welt hat entstehen lassen. Die Sonne handelt den Planeten gegenüber, wie die *Einheit „Leben"* der Sonne gegenüber handelte. Der Planet ist um so materieller, je weiter er von ihr entfernt ist. Zuerst im Glühen, dann gasförmig, darauf flüssig, erscheinen weiterhin im Herzen dieser flüssigen Masse feste Anhäufungen, die Kontinente treten hervor. Dann beginnt die Evolution des Planeten gegen seine Sonne, das Planetenleben organisiert sich. Die aktive Kraft trägt hier wiederum den Sieg über die passive davon. Die Produkte, die jetzt auf dem Planeten entstehen, werden denselben Phasen folgen, die dieser selbst der Sonne gegenüber durchgemacht hat. Die Kontinente festigen sich und verdichten in ihrem Inneren die Glühkraft, die ursprünglich den Planeten bildete. Jene lebendige Erdenkraft, die ja nur eine Ausstrahlung der lebendigen Sonnenkraft ist, wirkt auf die Erde ein, und das Rudimentärleben entwickelt sich und bildet die niederen Metalle.[9] Ebenso wie diese Welt sich gegen das Leben ihres Universums hin entwickelt, indem sie sich eine Seele schafft[10], die Gesamtheit aller in ihr umschlossenen Planetenseelen; ebenso wie jeder Planet sich gegen die Seele seiner Welt hin entwickelt, indem er seine Planetenseele schafft, die Gesamtheit der Seelen, die der Planet umschließt: ebenso entwickelt das Metall, der erste Ausdruck des Lebens auf dem Planeten, im Laufe seiner verschiedenen Alter seine Seele gegen die Seele der Erde hin. Das erst untergeordnete Metall vervollkommnet sich mehr und mehr, wird fähig, mehr an aktiver Kraft zu fixieren, und nach Jahrhunderten kreist das Leben, das ehedem im Blei kreiste, jetzt in einer Goldmasse, der Sonne der Metalle, die sich ihnen gegenüber so verhält, wie die Sonne der Erde gegenüber.[11] Ebenso schreitet das Leben fort durch das Vegetabile, und nach Jahrtausenden tritt das höchste Produkt des festen Bodens in die Erscheinung, der Mensch, der die Sonne des Animalischen darstellt, wie das Gold die Sonne der Mineralwelt darstellte.

Man wird das Progressionsgesetz im Menschen wie in der ganzen übrigen Welt wiederfinden. An dieser Stelle sind jedoch einige Betrachtungen hinsichtlich der Ähnlichkeit der Progressionen notwendig. Kehren wir um und rufen wir uns ins Gedächtnis, daß im Augenblick der Geburt einer Welt bereits andere existierten, die verschiedene Stufen der Evolution gegen die Einheit hin vollendet hatten. So zwar, daß es mehr oder weniger alte Welten gab. Ebenso gibt es verschiedene Alter unter den Planeten, verschiedene Alter unter deren Produkten. Wenn ein Planet zum erstenmal die erste Spur des Mineralreichs entwickelt, hat ein anderer, in seinen Lebensschöpfungen älterer bereits das erste animalische Reich, ein anderer endlich, noch älterer, bereits das erste Reich des Menschen entwickelt. Ebenso wie es Planeten mehrerer Altersstufen gibt, ebenso gibt es jüngere oder ältere Kontinente auf einem und demselben Planeten. Jeder Kontinent ist von einer Menschenrasse gekrönt, wie jede Welt von einer Sonne gekrönt ist. Da die Progression auch unter den Menschen besteht, so folgt, daß im Augenblick, wo die zweite Menschenrasse auf dem zweiten, vom Planeten entwickelten Kontinent erscheint, die erste, auf dem ersten Kontinent entwickelte Menschenrasse schon in voller intellektueller Entwicklung ist, während die zuletzt gekommene noch wild und roh ist. Die gleiche Tatsache findet sich wahrheitsleuchtend in der Familie, wo wir den Begründer, den Ahn, angefüllt mit Erfahrung, aber vom Alter geschwächt sehen, während der Letztgeborene ebenso unwissend, wie voller Leben ist.

Zwischen ihnen beiden bestehen alle Abstufungen, und der Vater repräsentiert die Mannbarkeit in all ihrer Entwicklung, während der Großvater den Übergang zwischen ihm und dem Ahn aufstellt.

Kind – Vater – Großvater – Ahn

repräsentieren also in der Familie diese Evolution, die wir in der gesamten Natur wiederfinden. Die Wesen, seien sie welche auch immer, bilden sich in letzter Analyse aus drei Bestandteilen: dem Körper, dem Leben oder Geist und der Seele. Die Evolution eines Körpers bringt ein Leben, die eines Lebens eine Seele hervor. Prüfen wir diese Angaben durch Anwendung auf den Menschen! Jeder Kontinent – ich wiederhole – krönt sich mit einer verschiedenen Menschenrasse und repräsentiert so den höheren Ausdruck der materiellen Entwicklung auf dem Planeten. In jedem Menschen zeigen sich drei Teile: der Bauch, die Brust, der Kopf. An jedem dieser Teile haften Glieder. Der Bauch dient zur Verfertigung des Körpers, die Brust zu der des Lebens, der Kopf zu der der Seele. Es ist das Ziel jedes naturgeschaffenen Wesens, eine höhergeordnete Kraft zu gebären, als die ist, die es bekommen hat. Das Mineral bekommt die Kraft der Erde und soll sie durch seine Evolution in vegetabiles Leben umsetzen, das vegetabile soll das animalische Leben und dieses wieder das menschliche Leben gebären. Das Leben ist dem Menschen gegeben, damit er es in eine höhere Kraft umwandle: die Seele. – Die Seele ist eine Resultante.[12] Das Ziel des Menschen ist es also vor allem, in sich diese Seele zu entwickeln, die sich dort nur im Keim vorfindet, und wenn eine Existenz nicht genügt, werden eben mehrere notwendig sein.[13] Diese Idee, vor den Profanen durch die Weihen verhüllt, findet sich bei allen Autoren wieder, die tiefer in die Kenntnisse der Gesetze eingedrungen sind. Sie ist eine der hauptsächlichsten, die das Studium des esoterischen Buddhismus in neueren Zeiten verbreitet hat, aber dem Altertum wie einigen abendländischen Schriftstellern war sie immer wohlbekannt. „Es ist in der Tat so, daß Gott selbst durch die genaue Kenntnis des Absoluten, das sein Werk ist, das Sein, das ihm in seinem absoluten Wesen entspricht, beständig mit seinem Wissen identifiziert, und so ist es offenbar, daß Gott unablässig seine eigene Schöpfung oder Unsterblichkeit bewirkt. Und infolgedessen muß der Mensch, weil er nach dem Ebenbilde Gottes geschaffen ist, seine Unsterblichkeit durch dasselbe Mittel erwerben, d. h. durch die Entdeckung der reinen Bedingungen der Wahrheit."[14] Fabre d'Olivet zeigt uns in seiner wundervollen Zusammenfassung der pythagoräischen Lehre in wenigen Seiten die Zusammenfassung der antiken Psychologie. Man braucht nur ihn zu lesen und mit den esoterischen Lehren des Buddhismus zu vergleichen, um eines der größten Geheimnisse zu kennen, die in den Heiligtümern eingeschlossen waren. Hier diese Zusammenfassung: „Pythagoras nahm zwei Triebfedern der menschlichen Handlungen an, das Vermögen des Willens und die Notwendigkeit des Schicksals. Beide zusammen unterwarf er einem grundlegenden Gesetz, genannt die Vorsehung, von dem sie in gleicher Weise ausströmten. Die erste dieser Triebkräfte war frei und die zweite gebunden: derart, daß sich der Mensch zwischen zwei einander gegenüberstehende, aber nicht gegensätzliche Naturen gestellt sah deren Gut oder Schlecht von dem Gebrauch abhing, den er von ihnen zu machen verstand. Das Vermögen des Willens erwies sich in den zu tuenden Dingen, also in der Zukunft, die Notwendigkeit des Schicksals in den getanen Dingen, in der Vergangenheit. Und eins nährte unablässig das andere durch die Arbeit an dem Material, das sie sich wechselseitig lieferten. Denn nach dem bewunderungswürdigen Philosophen ist es die Vergangenheit, aus der die Zukunft stammt, und die Zukunft, aus der sich die Vergangenheit formt, und die Vereinigung beider, aus der sich, immer existent, die Gegenwart zeugt, aus der sie gleicherweise ihren Ursprung ziehen: eine sehr tiefe Idee, die die Stoiker angenommen hatten. Also nach dieser Lehre regiert die Freiheit über die Zukunft, die Notwendigkeit über die Vergangenheit und die Vorsehung über die Gegenwart. Nichts von dem, was existiert, ereignet sich durch Zufall, sondern durch die Vereinigung des fundamentalen und von der Vorsehung bestimmten Gesetzes mit dem menschlichen Willen, der es befolgt oder übertritt und so auf die Notwendigkeit wirkt. Der Einklang von Wille und Vorsehung bildet das Gute; das Böse stammt aus ihrer Gegenüberstellung. Der Mensch hat, um in dem Lauf, den er auf Erden zurückzulegen hat, die Führung zu behalten, drei Kräfte bekommen, die jeder der drei Modifikationen seines Seins angepaßt sind und die alle drei an der Kette seines Willens hängen. Die erste, an den Körper geheftet, ist der Instinkt; die zweite, der Seele ergeben, ist die Tugend; die dritte, zur Intelligenz gehörend, ist die Einsicht oder die Weisheit. Diese drei Kräfte, an sich indifferent, bekommen diese Namen nur durch den guten Gebrauch, den der Wille davon macht, denn bei schlechtem Gebrauch entarten sie in Dumpfheit, Laster und Unwissenheit. Der Instinkt geht aus der Empfindung hervor und nimmt das physisch Gute oder Schlechte wahr. Die Tugend existiert im Gefühl und erkennt das moralisch Gute oder Schlechte. Die Einsicht richtet über das intelligibel Gute oder Schlechte, die aus der Zustimmung stammen. In der Empfindung heißen gut und schlecht Lust oder Schmerz, im Gefühl Liebe oder Haß, in der Zustimmung Wahrheit oder Irrtum. Die Empfindung, das Gefühl mit ihrem Sitz in Körper, Seele und Geist formen eine Drei, die sich im Schatz einer relativen Wahrheit entwickelt und die menschliche Vier oder den Menschen, abstrakt betrachtet, bildet. Die drei Regungen, die diese Drei zusammensetzen, handeln und reagieren aufeinander und erhellen oder verdunkeln sich wechselseitig. Und die Einheit, die sie bedeutet, d. h. der Mensch, vervollkommnet oder verschlechtert sich je nach seinem Streben, sich mit der universellen Einheit zu vermischen oder von ihr zu sondern. Das Mittel, das er besitzt, sich ihr zu vermischen oder von ihr zu sondern, sich ihr zu nähern oder von ihr zu entfernen, ruht zur Gänze in seinem Willen, der durch den Gebrauch, den er von den Instrumenten macht, die ihm Körper, Seele und Geist liefern, Instinkt bekommt oder verdammt, tugendhaft oder lasterhaft, weise oder unwissend wird und sich in den Zustand bringt, mit mehr oder weniger Energie wahrzunehmen, mit mehr oder weniger Geradheit zu erkennen oder zu urteilen, was gut, schön und richtig in Empfindung, Gefühl oder Zustimmung ist; mit mehr oder weniger Kraft und Licht das Gute und das Schlechte zu unterscheiden; und schließlich sich nicht darin zu täuschen, was wirklich Lust oder Schmerz, Liebe oder Haß, Wahrheit oder Irrtum ist. Der Mensch, wie ich ihn soeben nach der Vorstellung gezeichnet habe, die Pythagoras von ihm besaß, unter die Herrschaft der Vorsehung gestellt, zwischen Vergangenheit und Zukunft, mit freiem Willen begabt und aus eigenem Antrieb sich zur Tugend oder zum Laster wendend, der Mensch, sag' ich, soll die Quelle alles Unglücks kennen, das er notwendig erlebt, und, weit davon entfernt, diese selbe Vorsehung, die die Güter und die Übel jedem nach seinem Verdienst und seinen früheren Handlungen zuteilt, dessen anzuklagen, soll er es auf sich nehmen, wenn er unter der unvermeidlichen Folge seiner vergangenen Fehler leidet; denn Pythagoras ließ mehrere aufeinanderfolgende Existenzen zu und nahm an, daß die Gegenwart, die uns

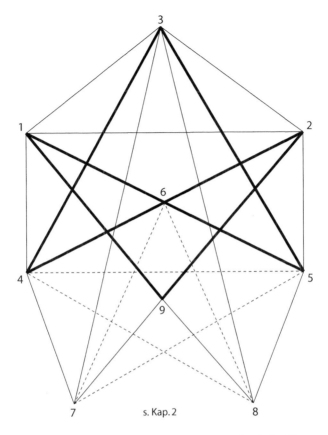

heimsucht, und die Zukunft, die uns bedroht, nur Ausdruck der Vergangenheit sind, die unser Werk in den früheren Zeiten gewesen ist. Er sagte, daß die meisten Menschen bei ihrer Wiederkehr ins Leben die Erinnerung an diese vergangenen Existenzen verlieren, daß aber er für seine Person es einer besonderen Gunst der Götter verdanke, das Gedächtnis dafür bewahrt zu haben. Also nach dieser Lehre ist die verhängnisvolle Notwendigkeit, über die sich der Mensch unaufhörlich beklagt, nur er selber, der sie durch die Verwendung seines Willens geschaffen hat. Er durchläuft in dem Maße, als er in der Zeit vorwärtsschreitet, die Bahn, die er sich selbst bereits gezogen hat, und je nachdem er sie im Guten oder im Bösen modifiziert, je nachdem er dort sozusagen seine Tugenden oder Laster sät, wird er sie angenehmer oder mühseliger wiederfinden, wenn einmal die Zeit gekommen ist, sie von neuem zu durchlaufen."[15]

Ich verbinde mit dieser wichtigen Zitierung ein Schema, das den Überblick über das System in seiner Gänze gestatten wird. Ich habe mein Möglichstes getan, um klar zu sein. Wenn sich irgend ein Irrtum in diese Arbeit geschlichen hat, wird man ihn dort leicht ausbessern können, indem man sich neuerlich an den Text wendet. Die linke Seite der Tafel repräsentiert die positiven Prinzipien, bezeichnet mit dem Zeichen (+). Die rechte Seite die negativen Zeichen, bezeichnet mit dem Zeichen (−). Der Mittelteil endlich die Gleichgewichts- oder höheren Zeichen, bezeichnet mit dem Zeichen (∞). Unten links auf der Tafel ist die Zusammenfassung der menschlichen Drei: *Seele – Intelligenz – Körper* durch die eben genannten Zeichen angezeigt.

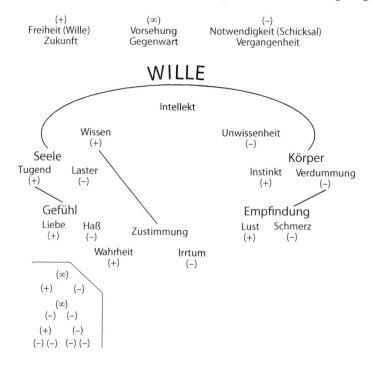

Der Unterricht des Tempels reduzierte sich einzig auf das Studium der universellen Kraft in ihren verschiedenen Manifestationen. Der Einweihungsbeflissene studierte zuerst die Natura naturata, die geschaffene Natur, die Natur der Phänomene, der Wirkungen, und lernte die physikalischen und Naturwissenschaften. Wenn er festgestellt hatte, daß all diese Wirkungen von einer gleichen Serie Ursachen abhingen, wenn er die Vielheit der Tatsachen auf die Einheit der Gesetze zurückgeführt hatte, öffnete ihm die Initiation die Welt der Ursachen. Damit drang er in das Studium der Natura naturans, der schaffenden Natur, ein und lernte die Gesetze des in seinen verschiedenen Manifestationen immer gleichen Lebens. Die Kenntnis des Lebens und der Universa gab ihm die Schlüssel zur Astrologie, die Kenntnis des Erdenlebens gab ihm die Schlüssel zur Alchymie.

Noch eine Stufe der Leiter der Initiation aufsteigend, fand der Zögling im Menschen die Vereinigung der beiden Naturen wieder, der schaffenden und der geschaffenen, und konnte sich von da zur Erfassung einer einzigen Kraft erheben, deren beide Pole diese zwei Naturen darstellten. Wenige unter den Menschen erreichten die Praxis und die Kenntnis der höheren Wissenschaften, die nahezu göttliche Kraft verliehen. Unter jenen Wissenschaften, die vom göttlichen Wesen und seinem tätigen Eintreten in die Natur durch seine Bindung mit dem Menschen handelten, befand sich die Theurgie, die Magie, die heilige Therapeutik und die Alchymie, deren Existenz der Zögling auf der zweiten Stufe seiner Einweihung flüchtig gesehen hatte. „Es hat in der antiken Wissenschaft nicht bloß eine einzige Kategorie von Studienstoff gegeben, die der Natur. Es hat deren vier gegeben, wie ich in den vorhergehenden Kapiteln gezeigt habe. Drei von ihnen umfaßten die geschaffene, die schaffende und schließlich die menschliche Natur, die ihnen als Band dient. Und ihr Hierogramm war *EVE*, das Leben. Die vierte, in der mosaischen Tradition durch den ersten Buchstaben des Namens *JEVE* dargestellt, entsprach einer ganz anderen Hierarchie von Kenntnissen, die durch die Zahl 10 gekennzeichnet war" (Saint-Yves, Seite 121). „Es ist eine sichere Tatsache, daß in diesem Zivilisationskreis die Einheit des Menschengeschlechts im Universum, die Einheit des Universums in Gott, die Einheit Gottes in sich selber nicht etwa als primärer, dunkler und ins Dunkel gehöriger Aberglaube, sondern als leuchtende, blendende Krönung einer vierfachen Hierarchie von Wissenschaften gelehrt wurde und einen biologischen Kult belebte, dessen Form der Sabäismus war. Der Name des obersten Gottes dieses Kreises, Iswara Gemahl der lebenden Weisheit, der schaffenden Natur, Pracriti, ist eben der, den Moses fast fünfzig Jahrhunderte später aus der chaldäischen Tradition der Abrahamiden und der Heiligtümer Thebens zog, um daraus das zyklische Symbol seiner Bewegung zu machen: *ISWARA-EL*, oder – durch Zusammenziehung – *ISRAEL*, Intelligenz oder königlicher Geist Gottes" (Saint-Yves, Seite 99).

Man sieht aus dem Vorhergehenden, daß die Lehre der antiken Wissenschaft sich auf folgende vier Stufen reduzierte:

1. Studium der universellen Kraft in ihren lebendigen Manifestationen.	Wissenschaften des Naturwerdens ה
2. Studium dieser Kraft in ihren menschlichen Manifestationen.	Wissenschaften des Menschenwerdens ו
3. Studium dieser Kraft in ihren astralen Manifestationen.	Wissenschaften des Weltallwerdens ה
4. Studium dieser Kraft in ihrem Wesen und praktische Anwendung der gefundenen Prinzipien	Wissenschaften des Gotteswerdens

II. Teil

VERWIRKLICHUNG

IV. Kapitel

Der Ausdruck der Ideen – Die Zeichen – Ursprung der Sprache –
Die symbolischen Geschichten und ihre Auslegung –
Die Smaragdtafel des Hermes und ihre Erklärung –
Das Telesma – Die Alchymie – Erklärung der hermetischen Texte –
Die qualitative Geometrie – Die Eigennamen und ihr Nutzen

In Verfolgung der antiken Wissenschaft bis tief in das Heiligtum haben wir allmählich die allgemeinsten Ideen erreicht, die es umschloß. Aber darauf darf sich unser Werk nicht beschränken. Solange die Idee im Hirn ihres Schöpfers bleibt, ist sie für die übrigen Menschen unsichtbar. Diese können im allgemeinen untereinander nur durch die Sinne in Beziehung treten und werden diese Idee nur aufnehmen, wenn sie erst einmal wahrnehmbar gemacht ist. Die Idee ist das Unsichtbare. Um dieses Unsichtbare sichtbar zu machen, muß man ein Zeichen verwenden. Ich verstehe unter „Zeichen" jedes äußere Mittel, dessen sich der Mensch bedient, um seine Ideen zu offenbaren. Die Elemente des „Zeichens" sind: die Stimme, die Geste und die aufgezeichneten Merkmale. Seine Materialien: der Ton, die Bewegung und das Licht.[1]

Wir müssen also jetzt das Studium der „Zeichen" aufnehmen, um die Art und Weise zu sehen, wie der ägyptische Priester die Ideen ausdrückte, die er von der Initiation erhalten hatte. Welch schöneres Forschungsthema für den Denker, als das über den Ursprung der menschlichen Sprachen! Es ist merkwürdig, zwei Männer von beträchtlicher Scharfsichtigkeit und Gelehrsamkeit, Claude de Saint Martin, den unbekannten Philosophen, und Fabre d'Olivet auf verschiedenen Wegen mit fast identischen Schlüssen beim Gegenstand dieser wichtigen Frage ankommen zu sehen! Alle beide empören sich gegen das System der Sensualisten, das jüngst von den Positivisten wiederaufgenommen wurde und das behauptet, die Sprachen seien willkürliches Ergebnis der menschlichen Launen, und alle beide sind in ihrem Studium von der profunden Kenntnis der hebräischen Sprache geleitet worden. Wem muß man glauben, denen, die gerade nur eine oder zwei moderne Sprachen verstehen, ohne ihre Ursprünge zu kennen, oder denen, die sich durch ihr Studium aller antiken Sprachen bis zur Kenntnis der drei Muttersprachen Chinesisch, Sanskrit und Hebräisch aufgeschwungen haben, ihnen, die aus dem Ursprung der menschlichen Rassen die Existenz einer höheren *Vernunft* proklamieren?![2]

„Auf welche Art immer man den Ursprung des Menschengeschlechts ins Auge faßt, der Wurzelkeim des Gedankens hat ihm nur durch ein Zeichen übermittelt werden können, und dieses Zeichen hat eine Grundidee zur Unterlage."[3] „Ja, wenn ich durch die Schwäche meiner Begabung nicht daran vereitelt werde, so werde ich sichtbar machen, daß die Worte, welche die Sprache im allgemeinen und die hebräische Sprache im besonderen zusammensetzen, weit entfernt davon, ein Spielball des Zufalls und vom Ausbruch einer willkürlichen Laune gebildet zu sein, wie man es behauptet hat, ganz im Gegenteil von einer tiefen Vernunft geschaffen worden sind. Ich werde beweisen, daß es unter ihnen durchaus nichts gibt, was man nicht mittels einer wohlangestellten grammatikalischen Analyse auf zwei feste Elemente zurückführen könnte, Elemente von unwandelbarer Natur, was die Basis, von unendlich variabler Natur freilich, was die Form anbelangt.

Diese Elemente, wie wir sie hier nachprüfen, bilden jene Redeteile, denen ich den Namen „Zeichen" gegeben habe. Sie begreifen, wie ich gesagt habe, die Sprache, die Geste und die aufgezeichneten Merkmale."[4]

„Steigen wir noch höher und betrachten wir den Ursprung dieser ‚Zeichen': Ich habe als Elemente des Wortes: die Stimme, die Geste und die aufgezeichneten Merkmale bezeichnet; als Mittel: den Ton, die Bewegung und das Licht. Nun, diese Elemente und diese Mittel existierten vergeblich, wenn nicht gleichzeitig eine von ihnen unabhängige schöpferische Kraft bestünde, die sich bemüßigt findet, sich ihrer zu bemächtigen, und fähig, sie ins Werk zu setzen. Diese Kraft ist der Wille. Ich enthalte mich dessen, sein Prinzip zu nennen; denn abgesehen davon, daß es schwer verständlich zu machen wäre, ist hier nicht der Ort, davon zu sprechen. Aber die Existenz des Willens könnte wohl von niemandem in Abrede gestellt werden, selbst nicht vom entschlossensten Skeptiker; denn er könnte sie nicht in Zweifel ziehen, ohne das zu wollen und sie mithin anzuerkennen.

Nun, die artikulierte Stimme und die bejahende oder verneinende Geste sind und können nur Ausdruck des Willens sein. Er, dieser Wille, ist es, der sich des Tons und der Bewegung bemächtigt und sie zwingt, seine Dolmetscher zu werden und seine inneren Regungen nach außen zu spiegeln. Indessen, wenn der Wille einheitlich ist, müssen all seine noch so verschiedenen Regungen identisch, d. h. wechselseitig dieselben, für alle Individuen sein, die sie erfahren. Also ein Mensch, der will und seinen Willen durch die Geste oder die Stimmbeugung kundtut, beweist keine andere Regung als jeder Mensch, der dasselbe Ding will und kundtut. Die Geste und der Ton der Stimme, die eine Bejahung begleiten, sind durchaus nicht die zur Darstellung einer Verneinung bestimmten; und es gibt keinen einzigen Menschen auf Erden, dem man nicht durch die Geste oder die Beugung der Stimme, den Tonfall, verständlich machen könnte, daß man ihn liebt oder daß man ihn haßt, daß man ein Ding, das er darbietet, will oder daß man es nicht will. Mit Übereinkommen ist da wohl nichts anzufangen. Es ist eine identische Kraft, die sich spontan offenbart und die, vom Feuer des Willens strahlend, sich im anderen widerspiegelt. Es ist gewiß leicht zu zeigen, wie sich Geste oder Stimmbeugung für Bejahung oder Verneinung zu verschiedenartigen Worten formen; ich wünschte jedoch, es wäre ebenso leicht zu beweisen, daß sie überall gleichermaßen ohne Übereinkunft und allein durch die Kraft des Willens entstehen und wie es z. B. kommt, daß die Worte für ja und nein, die den gleichen Sinn besitzen und die gleiche Bewegung, die gleiche Geste nach sich ziehen, doch keineswegs denselben Laut haben. Aber wenn das ebenso leicht wäre, wie wäre dann der Ursprung des Wortes bis zur Gegenwart unbekannt geblieben?!

Wie? Hätten nicht so viele Wissenschaftler, abwechselnd mit der Synthese und Analyse bewaffnet, eine für den Menschen so wichtige Frage gelöst? Es gibt im Wort nichts Konventionelles; ich hoffe, ich werde es denjenigen meiner Leser verständlich machen, die mir aufmerksam weiterhin folgen wollen. Aber ich verspreche nicht, ihnen eine derartige Wahrheit in der Manier der Geometer zu beweisen. Ihr Besitz ist von zu hoher Bedeutung, als daß man sie in eine algebraische Gleichung einschließen sollte. Kehren wir zurück: Ton und Bewegung sind zur Verfügung des Willens gestellt und werden von ihm modifiziert; d. h. daß durch gewisse, für diese Wirkung geeignete Organe begünstigt, der Ton gegliedert und in Stimme verändert wird. Die Bewegung wird festgehalten und in Geste verändert. Aber Stimme und Geste haben nur augenblickliche, nur flüchtige Dauer. Wenn es dem Willen des Menschen darauf ankommt, zu bewirken, daß die Erinnerung der Regungen, die er offenbart, in der Außenwelt diese Regungen selbst überlebe – und darauf kommt es ihm fast immer an – dann findet er keine andere Rettung, sie festzuhalten, als den Ton zu malen; er bemächtigt sich der Bewegung, und mit der Hilfe der Hand, seines ausdrucksfähigsten Organs, findet er mit vieler

Anstrengung das Geheimnis, die Geste, die er zuerst festgelegt hatte, auf die Rinde der Bäume zu zeichnen oder in den Stein zu graben. Da haben wir den Sinn der aufgezeichneten Merkmale, die als Bild der Geste und Symbol der Stimmbeugung eines der fruchtbarsten Elemente der Sprache werden, ihre Herrschaft rasch ausbreiten und dem Menschen ein unerschöpfliches Kombinationsmittel bieten; in ihrem Prinzip gibt es nichts Konventionelles, denn ‚Nein' ist immer ‚Nein', und ‚Ja' ist immer ‚Ja' – ein Mensch ist ein Mensch. Aber da ihre Form stark vom Zeichner abhängt, der als erster den Willen ausprobiert, seine Regungen zu malen, kann da genug Willkür eingleiten, und sie kann genugsam variieren, so daß man eine Konvention, eine Verabredung braucht, um ihre Glaubwürdigkeit zu versichern und ihren Gebrauch zu rechtfertigen. Auch trifft man in den unteren Schichten einer Völkerschaft, die zur Zivilisation vorgedrungen und den Gesetzen einer regelrechten Regierung unterworfen ist, niemals den Gebrauch irgend einer Schrift. Man kann sicher sein, daß dort, wo aufgezeichnete Merkmale sind, auch die Formen höflich sind. Alle Menschen sprechen und teilen einander ihre Ideen mit, so wild sie auch sein können, wofern sie nur Menschen sind; aber nicht alle schreiben sie, denn zur Aufstellung einer Sprache ist durchaus keine Konvention nötig, während man sie immer braucht zu der einer Schrift. Obwohl jedoch die aufgezeichneten Merkmale eine Konvention in dem Sinne voraussetzen, wie ich es eben gesagt habe, darf man doch nie vergessen, daß sie Symbol zweier Dinge sind, die nichts dergleichen zur Vorbedingung haben: der Stimmbeugung und der Geste."[5]

Im Besitz der zum Ausdruck seiner Ideen fähigen Zeichen mußte sich der Eingeweihte noch einer anderen Erwägung fügen: der Wahl seines künftigen Lesers. Er mußte eine Sprache schaffen, die sich im vorhinein der Intelligenz desjenigen anpaßte, für den sie bestimmt war, eine Sprache der Art, daß ein Wort dem gemeinen Mann nur eine Ansammlung bizarrer Zeichen darbot, für den Sehenden aber eine Offenbarung wurde. „Klug handelten einstens in vergangenen Zeiten die Weisen Ägyptens, als sie mit Buchstaben schrieben, die sie Hieroglyphen nannten und die keiner verstand, der nicht in die *Qualität, Eigenschaft* und *Natur* der in ihnen abgebildeten Dinge eingeweiht war, die aber jeder verstand, der in diese Qualität, Eigenschaft und Natur eingeweiht war. Über sie hat Horus Apollon griechisch zwei Bücher zusammengestellt und Polyphilos hat im ‚Liebestraum' mehr davon dargelegt" (Rabelais 1. lc. IX). Die theoretische Idee, die der Wahl dieser Sprache vorstand, war die der hierarchischen Dreierstufung, der *drei Welten*, von Rabelais im obenerwähnten Zitat angedeutet. Diese Idee, bestimmte Kenntnisse in einen bestimmten Kreis einzuschließen, ist allen Epochen so gemeinsam, daß wir in diesem Jahrhundert der extremsten Verbreitung die allgemeinen Wissenschaften, Mathematik, Naturgeschichte, Medizin, sich mit einem Wall von Spezialworten umgeben sehen. Warum also erstaunt sein, wenn man bei den Alten denselben Brauch in Anwendung findet. Gehen wir zum Dreieck der drei Welten *Fakten – Gesetze – Prinzipien* zurück, und wir sehen sofort den Eingeweihten im Besitz von drei verschiedenen Mitteln, eine Idee auszudrücken: durch den *positiven*, den *komparativen* oder den *superlativen* Sinn.

1. Der Eingeweihte kann sich der von allen verstandenen Worte bedienen, wobei er einfach den Wert der Worte entsprechend der Intelligenzklasse ändert, die er belehren will. Nehmen wir ein einfaches Beispiel, etwa folgende Idee: Ein Kind benötigt einen Vater und eine Mutter. Wenn sich der Schriftsteller an alle ohne Unterschied einer Klasse wendet, wird er im positiven Sinne sprechen und sagen:

Ein Kind benötigt einen Vater und eine Mutter.

Wenn er vom Verständnis dieser Idee die Leute mit materieller Intelligenz abschneiden will, die also, die man mit dem Sammelbegriff „das gemeine Volk" bezeichnet, so wird er im komparativen Sinne sprechen, er wird vom Reich der *Fakten* zu dem der *Gesetze* steigen und sagen: Das Neutrum benötigt ein Positives und ein Negatives. Das Gleichgewicht benötigt ein Aktiv und ein Passiv.

Die Leute, die im Studium der Naturgesetze bewandert sind, die also, die man in unserer Epoche im allgemeinen mit dem Namen „Gelehrte" bezeichnet, werden den Sinn dieser für den Bauern unverständlichen Gesetze vollkommen erfassen. Soll jedoch der Schriftsteller diese Gottesbekenner oder -verfolger gewordenen Gelehrten von der Kenntnis einer Idee abschneiden, so erhebt er sich noch um eine Stufe, er dringt von selbst ins Reich des Symbolischen, tritt damit in die Welt der Prinzipien und sagt: Die Krone benötigt die Weisheit und die Intelligenz. Der Gelehrte, der gewohnt ist, die Probleme, die sich ihm bieten, aufzulösen, versteht die Worte, einzeln genommen, aber er kann den Rapport nicht fassen, der sie bindet. Er ist imstande, dieser Phrase einen Sinn zu geben; aber die feste Basis fehlt ihm, er ist nicht sicher, genau auszulegen. Also zuckt er die Achseln, wenn Phrasen analog dieser in den hermetischen Büchern ihm vor Augen kommen, und geht mit dem Ausruf weiter: Mystizismus und Betrügerei! War das nicht gerade der Wunsch des Schriftstellers?! ...

2. Der Eingeweihte kann, entsprechend denen, an die er sich wenden will, verschiedene Zeichen verwenden. Das war die Methode, die mit Vorliebe die ägyptischen Priester verwandten, die je nach dem Fall in Hieroglyphen, phonetischer oder ideographischer Sprache schrieben. (Siehe Fabre d'Olivet und Saint-Yves d'Alveydre). Aber erklären wir das noch durch Beispiele und verwenden wir zur größeren Klarheit dieselbe Idee wie im ersten Fall: Ein Kind benötigt einen Vater und eine Mutter.

Wenn sich der Priester an die Masse wendet, wird er ganz einfach ein Kind zwischen seinem Vater und seiner Mutter aufzeichnen oder er wird die textentsprechende Phrase sagen. Wenn er die Zahl der Leser beschränken will, wird er sich der Welt der Gesetze nähern, und sofort werden sich die vom Gelehrten verstandenen algebraischen Zeichen einstellen, etwa so: Angenommen das Zeichen ∞ bezeichne das Neutrum, das Kind, wird man schreiben: ∞ benötigt + und –; oder (+) + (–) = ∞.

Wenn er den Verständnisbereich noch weiter einschränken will, wird er die den Prinzipien korrespondierenden Zeichen fassen und sagen:

astrologisch: ☉ + ☽ = ☿
oder geometrisch: I + – = X

Wir werden bald sehen, daß diese Zeichen, die wieder die Gabe haben, die Neugierigen zu erbittern, nicht willkürlich genommen sind, sondern daß im Gegenteil ihrer Wahl eine tiefe Vernunft vorsteht.

3. Die Anwendung der qualitativen Geometrie erlaubt noch eine andere Methode: das ist die Verwendung eines und desselben Zeichens, das entsprechend dem Verständnis des Lesers in verschiedenem Sinn genommen werden kann. Also wird das folgende Zeichen: ☉ für den Ungebildeten nur einen Punkt in einem Rund darstellen. Der Gelehrte wird verstehen, daß dieses Zeichen einen Kreisumfang und seinen Mittelpunkt darstellt, oder astronomisch: die Sonne und in weiterem Sinne die Wahrheit. (Es ist selten, daß der Gelehrte diese Stufe übersteigt). Der Eingeweihte wird darin neben den vorhergehenden Auffassungen das Prinzip und seine Entwicklung erblicken, die Idee in ihrer Ursache, Gott in der Ewigkeit. Wir werden bald den Ursprung dieser Auslegungen sehen. Die Methoden, von denen ich soeben gesprochen habe, haben vor allem dazu gedient, die geheimsten Gegenstände der Einweihung zu behandeln; in den hermetischen Büchern und in den Riten der Magie findet man ihre Anwendung wieder. Es gibt ein anderes Mittel, das durch das ganze Altertum hindurch angewandt wurde, um die in den Heiligtümern

entdeckten Wahrheiten zu übermitteln: ich spreche jetzt von den symbolischen Geschichten. Welch besseres Mittel zur Übertragung einer Wahrheit, als anstelle des Gedächtnisses die Einbildungskraft zu interessieren! Erzählen Sie dem Bauern eine Geschichte, er wird sie behalten und von Abend zu Abend wieder die Abenteuer von Vulkan und Venus Geschlechter hindurch an die Nachkommen weitergeben. Wird das mit den Gesetzen Keplers ebenso sein? Ich gestehe, ich habe Mühe, mir eine brave Bäuerin vorzustellen, wie sie im häuslichen Kreise sitzt und die astronomischen Gesetze herzählt! Die symbolische Geschichte enthält indessen außerdem wichtige Wahrheiten. Der Bauer sieht darin eine angenehme Übung der Phantasie, der Gelehrte entdeckt darin mit Erstaunen die Gesetze des Sonnenwegs, und der Eingeweihte liest darin, wenn er die Eigennamen zergliedert, den Schlüssel des Magnum Opus und versteht damit die drei Bedeutungen, die diese Geschichte umschließen.[6] Ich habe es für richtig gehalten, diese Methoden in einem bestimmten Zusammenhang anzugeben, um den Leser instand zu setzen, sie mit einem Schlage kennen zu lernen. Wir müssen jetzt zu jeder einzelnen von ihnen zurückkehren und bestimmte Entwicklungen liefern, die einen klaren Blick auf ihre Ausführung erlauben.

I.

An die erste Methode knüpft sich theoretisch und praktisch eine bewunderungswürdige Zusammenfassung der okkulten Wissenschaft, eine leuchtende Synthese, vor der sich die Eingeweihten immer ehrerbietig gebeugt haben: ich meine die Hermes Trismegistus zugeschriebene Tabula Smaragdina. Analysieren wir diesen Ausdruck, und wir werden darin gleich die Ideen wiederfinden, die wir in den vorhergehenden Kapiteln angetroffen haben. Aber geben wir sie zunächst zusammenhängend an!

Smaragdtafel des Hermes

„Es ist wahr – ohne Lüge – ganz wahrhaftig!

Was unten ist, ist wie das, was oben ist, und was oben ist, ist wie das, was unten ist, um die Wunder eines einzigen Dinges zu wirken. Und wie alle Dinge Eins gewesen und daraus entstanden sind, so sind alle Dinge durch Anpassung aus diesem einzigen Ding geworden. Die Sonne ist sein Vater, der Mond ist seine Mutter, die Luft hat es in ihrem Leibe getragen, die Erde ist

seine Amme; es ist der Vater von allem, das Telesma der ganzen Welt; seine
Kraft ist vollständig, wenn sie in Erde umgewandelt ist. Langsam mit großem
Fleiß sollst du die Erde vom Feuer sondern, das Feine vom Dichten. Es steigt
von der Erde zum Himmel auf und von neuem zur Erde herab und nimmt die
Kraft der höheren und niederen Dinge in sich auf. Du wirst durch dieses Mittel
allen Ruhm der Welt besitzen, und jede Dunkelheit wird von dir weichen. Es
ist die starke Kraft jeder Kraft, denn sie wird jedes feine Ding überwinden
und in jedes feste Ding eindringen. Also ist die Welt geschaffen worden. Von
diesem werden unzählige Anpassungen vorhanden sein und ausgehen, für die
es das Mittel ist. Deshalb bin ich Hermes Trismegistus genannt worden, weil
ich die drei Teile der Philosophie der Welt besitze. Was ich von der Tätigkeit
der Sonne gesagt habe, ist erfüllt und vollendet."

Es ist wahr
Ohne Lüge
Ganz wahrhaftig!

Die Smaragdtafel beginnt mit einer Dreifaltigkeit. Hermes bejaht so vom
ersten Wort an das Gesetz, das die gesamte Natur regiert. Wir wissen, daß die
Drei sich auf eine unter dem Namen *„Die drei Welten"* bezeichnete Hierarchie
zurückführt. Es ist also ein gleiches Ding, unter drei verschiedenen Aspekten
erwogen, was diese Worte uns zur Überlegung stellen. Dieses Ding ist die
Wahrheit und ihre dreifache Erscheinung in den drei Welten:

Es ist wahr.	Sinnfällige Wahrheit, der physischen Welt entsprechend. Es ist der Aspekt, wie ihn die zeitgenössische Wissenschaft studiert.
Ohne Lüge.	Gegensatz des vorhergehenden Aspektes; philosophische Wahrheit, die der metaphysischen oder moralischen Welt korrespondierende Gewißheit.
Ganz wahrhaftig.	Einigung der beiden vorhergehenden Aspekte, These und Antithese. zur Bildung der Synthese. Intelligible Wahrheit, der göttlichen Welt entsprechend.

Man kann sehen, daß die Entwicklung, die ich im vorhergehenden von der Zahl
3 gegeben habe, hier ihre eklatante Anwendung findet. Aber setzen wir fort:

um die Wunder eines einzigen Dinges zu wirken.

Wenn man diese Phrase so zerlegt, findet man wiederum zwei Dreier, oder vielmehr einen Dreier unter zwei Aspekten, positiv und negativ, betrachtet.

	Oben		Unten
Positiv:	analog	Negativ:	analog
	Unten		Oben

Wir finden dann neuerlich die Methode der okkulten Wissenschaft, die Analogie. – Hermes sagt, das Positive (Oben) ist analog dem Negativen (Unten); er hütet sich wohl, zu sagen, sie seien ähnlich. Endlich sehen wir die Bildung der Vier durch Reduktion der Drei auf die Einheit: Um die Wunder eines einzigen Dinges zu wirken. Oder die Bildung der Sieben durch Reduktion der Sechs (Die beiden Dreier) zur Einheit. Da die Vier und die Sieben dasselbe Ding ausdrücken, kann man mit Gewißheit nach Belieben eine der beiden Anwendungen nehmen. Führen wir die Erklärung der zweiten Frage mit der ersten zusammen, und wir werden sehen: Daß man eine Wahrheit vor allem in ihrem dreifachen Aspekt, im physischen, metaphysischen und spirituellen, betrachten muß. Dann allein kann man auf diese Kenntnis die Methode der Analogie anwenden, die das Erlernen der Gesetze erlaubt. Daß man schließlich durch Entdeckung des Prinzips oder der ersten Ursache die Vielheit der Gesetze auf die Einheit zurückführen muß. Hermes greift dann das Studium der Beziehungen der Vielheit zur Einheit oder der Schöpfung zum Schöpfer auf und sagt: „Und wie alle Dinge *Eins* gewesen und daraus entstanden sind, so sind alle Dinge durch Anpassung aus diesem einzigen Ding geworden". Da haben wir in einigen Worten die ganze Lehre des Heiligtums über die Schöpfung der Welt. Die Schöpfung durch Anpassung oder durch die Vier, so entwickelt im *Sepher Jezirah* und in den ersten zehn Kapiteln des mosaischen *Bereschith*. Dieses Einzige, von dem sich alles ableitet, ist die universelle Kraft, deren Zeugung Hermes beschreibt:

Die Sonne (positiv)	ist sein Vater
Der Mond (negativ)	ist seine Mutter
Die Luft (Behälter, Verstofflichung)	hat es in seinem Leibe getragen
Die Erde (Wachstum)	ist seine Amme.

Dieses Ding, das er Telesma (Wille) nennt, ist von solcher Wichtigkeit, daß ich auf die Gefahr hin, diese Erklärung übermäßig zu verlängern, die Ansicht mehrerer Autoren über diesen Gegenstand zeigen will. „Es existiert ein gemischtes Agens, ein natürliches und göttliches, körperliches und geistiges Agens, ein plastischer universeller Mittler, ein gemeinsames Empfangsorgan der Schwingungen der Bewegung und der Bilder der Form, ein Fluidum und eine Kraft, die man gewissermaßen die Einbildungskraft der Natur nennen könnte. Durch diese Kraft verkehren alle nervösen Apparate geheimnisvoll zusammen; von dort stammen Sympathie und Antipathie; von dort kommen die Träume; durch sie entstehen die Phänomene des zweiten Gesichts und der übernatürlichen Erscheinung. Dieses universelle Agens der Werke der Natur ist das ‚Od' der Hebräer und des Freiherrn v. Reichenbach, ist das astrale Licht der Martinisten.

Die Existenz und der mögliche Gebrauch dieser Kraft sind das große Arkanum der praktischen Magie. Das astrale Licht erwärmt mit Liebe, erleuchtet, magnetisiert; zieht an, stößt zurück; belebt, vernichtet; ballt zusammen, sondert; zerbricht, setzt zusammen; agiert so alle Dinge unter dem Antrieb mächtiger Willenskräfte" (E. Levi: H. de la M. Seite 19). „Die vier unwägbaren Fluida sind nur verschiedene Manifestationen eines gleichen universellen Agens, und das ist das Licht" (E. Levi: C. des G. M. 207). „Wir haben von einer unendlich ausgebreiteten Substanz gesprochen. Der einen Substanz, die Himmel und Erde ist, d. h. nach den Stufen der Polarisation fein oder fest. Diese Substanz ist das, was Hermes Trismegistus das große ‚Telesma' nennt. Wenn sie den Glanz schafft, nennt man sie Licht. Sie ist gleichzeitig Licht und Bewegung. Es ist ein Fluidum und eine beständige Schwingung" (E. Levi: Ebenda S. 117). „Das große magische Agens enthüllt sich in vier Arten von Phänomenen und ist dem Tappen der profanen Wissenschaften mit vier Namen unterworfen worden: Wärme, Licht, Elektrizität, Magnetismus. Das große magische Agens ist die vierte Emanation des Lebensprinzips, dessen dritte Form die Sonne ist" (E. Levi: D. Seite 152).

„Dieses Sonnenagens ist durch zwei gegensätzliche Kräfte lebendig: eine Anziehungs- und eine Schleuderkraft, was Hermes zu dem Ausspruch veranlaßt, daß es immer von neuem auf- und wieder herabsteigt" (E. Levi: D. 153).

נחש Nachasch: Schlange

„Das von Moses verwendete Wort gibt uns, kabbalistisch gelesen, die Definition und Beschreibung dieses universellen magischen Agens, in allen Theogonien durch die Schlange bildlich dargestellt, dem die Hebräer auch den Namen gaben:

$$Od = (+)$$
$$Ob = (-)$$
$$Aur = (\infty) \quad אין \text{ Ojin: Nichts}$$

„Wenn das universelle Licht die Welten magnetisiert, heißt es Astrallicht. Wenn es die Metalle formt, nennt man es Azoth oder Bote des Weisen, wenn es den Tieren Leben verleiht, muß man es tierischen Magnetismus nennen" (E. Levi). „Die Bewegung ist der Hauch Gottes in Tätigkeit unter den erschaffenen Dingen; ist das allmächtige Prinzip, welches, einheitlich und einsgestaltet seiner Natur und wohl auch seinem Ursprung nach, die Ursache und der Förderer der unendlichen Mannigfaltigkeit der Phänomene ist, die die unsäglichen Klassen der Welten zusammensetzen. Wie Gott bringt sie Leben oder Welken, Organisation oder Desorganisation nach den Sekundärgesetzen, die die Ursache aller Kombinationen und Veränderungen sind, welche wir um uns her beobachten können" (L. Lucas: Ch. N. Seite 34). „Die Bewegung ist der *nicht bestimmte* Zustand der Kraft, die die Natur belebt. Die Bewegung ist eine grundlegende Kraft, die einzige, die ich begreife und deren man sich, wie ich finde, bedienen sollte, um alle Phänomene der Natur zu erklären. Denn die Bewegung ist zu einem Plus oder Minus geeignet, d. h. zu Verdichtung oder Ausdehnung, Elektrizität, Wärme, Licht. Sie ist auch zu *Kombinationen* von Verdichtungen geeignet. Schließlich findet man bei ihr die *Organisation* der Kombinationen wieder. Die Bewegung als materiell und intellektuell *aktiv* angenommen, gibt uns den Schlüssel aller Phänomene" (L. Lucas: Neue Medizin. S. 25). „Die als nicht bestimmt angenommene Bewegung ist geeignet, sich zu verdichten, sich zu *organisieren*, sich zu *konzentrieren* oder den *Ton anzugeben*. Wenn sie sich verdichtet, liefert sie eine Kraft von relativem Können. Wenn sie sich organisiert, wird sie fähig, spezielle Organe, selbst Organverbände zu führen, zu lenken. Schließlich wenn sie sich konzentriert, wenn sie tonangebend wird, ist es ihr möglich, sich auf die ganze Maschine zu beziehen und die Gesamtheit des Organismus zu lenken" (Ebenda S. 45). „In der Seele des umgebenden Weltenflusses, die alle Dinge durchdringt, gibt es einen Lauf von Liebe oder Anziehung und einen Lauf von Haß oder Abstoßung. Dieser elektro-magnetische Äther, von dem wir magnetisiert werden, dieser feurige Körper des Heiligen Geistes, der unablässig das Antlitz der Erde erneuert, wird durch das Gewicht unserer Atmosphäre und die Anziehungskraft des Globus festgehalten. Die Anziehungskraft sitzt im Zentrum der Körper fest und die Schleuderkraft an ihrem Umfang. Diese doppelte Kraft wirkt durch entgegengesetzte Bewegungsspiralen, die sich niemals begegnen. Es ist dieselbe Bewegung wie die der Sonne, die unablässig die Gestirne ihres Systems anzieht und abstößt. Jede Offenbarung des Lebens in der moralischen wie in der physischen Ordnung wird durch die extreme

Spannung dieser beiden Kräfte hervorgebracht" (Christian: L'homme rouge des Tuileries). Der lernbegierige Leser wird mir hoffentlich für diese vielen Anmerkungen nicht gram sein, die den Gegenstand besser erhellen als die schönsten Abhandlungen der Welt. In Verfolgung der Versicherung dieser universellen Kraft kommt Hermes zum praktischen Okkultismus, zur Erneuerung des Menschen durch sich selber und der Materie durch den Menschen. Man wird über diesen Punkt genügende Details im „Lebenselixir" finden, das ein indischer Chela[7] veröffentlicht hat, ferner in den Werken der Frau Blavatsky,[8] desgleichen im „Ritual der hohen Magie" von Eliphas Levi. Es gibt indessen einen Punkt, den ich für die Erklärung bestimmter Geschichten aufzugreifen gezwungen bin; das ist die hermetische Philosophie.

Von der Alchymie

Wir verdanken es den Alchymisten, daß die Angaben der antiken Wissenschaft zum großen Teil bis auf uns gekommen sind. Übrigens kann ich mich mit den Prinzipien, von denen sich jene Forscher führen ließen, nur nach gründlichem Gesamtstudium der antiken Wissenschaften beschäftigen. Ich werde mich also in diesem kurzen Überblick darauf beschränken, eine allgemeine Vorstellung von der Praxis zu liefern, auf der die symbolischen Geschichten basiert sind.[9] Manche glauben, es sei unmöglich, die Praxis des großen Werkes kennen zu lernen, ohne zur Herstellung des Steins der Weisen imstande zu sein. Das ist ein Irrtum. Die Alchymisten haben die Operationen, die sie ausführten, vollständig beschrieben. Gänzlich dunkel sind sie nur in einem Punkt, das ist der bei den Operationen verwendete Stoff. Indessen, bevor wir auf den Gegenstand eingehen, müssen zwei Fragen gelöst werden:

1. Was ist der Stein der Weisen?
2. Ist er eine Betrügerei oder hat man unwiderlegliche Beweise seiner Existenz?

Seit langem suchte ich nach überzeugenden Beweisen für die Existenz der Umwandlung, ohne sie finden zu können. Taten waren überreichlich vorhanden, aber da sie von Alchymisten ausgeführt waren, konnte man sie als Betrügerei einschätzen, und so waren sie für die wissenschaftliche Kritik völlig wertlos. Beim Durchblättern eines bemerkenswerten Werkes von M. Figuier[10], einer Arbeit, in der dieser Autor beweisen will, daß die Verwandlung niemals existiert hat, entdeckte ich drei Tatsachen, die wissenschaftliche, unwiderlegliche Beweise für die Verwandlung der unedlen Metalle in Gold bildeten. Die Operation war fern von der körperlichen Nähe des Alchymisten durchgeführt worden, er hatte kein Instrument auch nur berührt, und der wirkliche Operateur war jedesmal ein erklärter Feind der Alchymie, der an die Existenz des Steins der Weisen nicht glaubte. Ich habe übrigens die Kritik dieser Fakten in Nr. 3 des „Lotos" veröffentlicht[11], wohin ich den wißbegierigen Leser verweise. Ich bitte also jedermann, der die Transmutation leugnen wollte, mir zuvor eine wissenschaftliche Widerlegung dieser Experimente zu liefern, die ich – und ich beharre nochmals darauf – für unwiderlegbar halte. Der Stein der Weisen ist ein Pulver, das mehrere, nach seiner Vollendungsstufe verschiedene Farben zur Schau tragen kann, das aber in der Praxis deren nur zwei besitzt: weiß oder rot. Der wirkliche Stein der Weisen ist rot. Dieses rote Pulver besitzt drei Fähigkeiten:

1. Es verwandelt geschmolzenes Quecksilber oder Blei, auf die man eine Fingerspitze davon gebracht hat, in Gold. Ich sage: in Gold – und nicht: in ein Metall, das dem Golde mehr oder weniger nahekommt, wie das aus mir unbekanntem Grunde ein zeitgenössischer Gelehrter geglaubt hat.[12]
2. Es bildet ein energisches Blutreinigungsmittel und heilt, innerlich genommen, jede wie immer geartete Krankheit.
3. Es wirkt ebenso auf die Pflanzen und bringt sie in wenigen Stunden zu Wachstum, Reife und Frucht.

Das sind drei Punkte, die vielen Leuten recht sagenhaft erscheinen werden, aber die Alchymisten sind in diesem Gegenstand alle einig. Übrigens genügt Überlegung, um zu sehen, daß diese drei Eigenschaften nur eine einzige bilden: Kräftigung der Lebensaktivität. Der Stein der Weisen ist also ganz einfach eine energische Verdichtung des Lebens[13] in einer kleinen Menge Stoff und wirkt wie ein Gärmittel auf alle Körper, mit denen man ihn zusammenbringt. Es genügt ein kleines Quantum Gärmittel, um eine große Masse Brot „gehen" zu lassen. Ebenso genügt ein wenig vom Stein der Weisen, um das in irgendwelcher mineralischen, vegetabilischen oder animalischen Materie enthaltene Leben zu entwickeln. Das ist der Grund, weshalb die Alchymisten ihren Stein „Medizin der drei Reiche" nannten. Wir wissen jetzt genügend, was dieser Stein der Weisen eigentlich ist, um die Schilderung in einer symbolischen Geschichte wiederzuerkennen. und darauf mag sich unser Ehrgeiz beschränken. Sehen wir jetzt seine Herstellung. Dies sind die wesentlichen Operationen:

Aus gewöhnlichem Quecksilber ein besonderes Ferment ziehen; das bei den Alchymisten „Mercurius Philosophorum" hieß. Dieses Ferment auf Silber wirken lassen, um gleicherweise ein Ferment daraus zu ziehen Das Quecksilberferment auf Gold wirken lassen, um ebenso ein Ferment daraus zu ziehen. Das aus dem Gold gezogene Ferment mit dem aus dem Silber und dem aus dem Quecksilber gezogenen Ferment in einer grüngläsernen, sehr festen, eiförmigen Retorte in Verbindung bringen, die Retorte hermetisch verschließen und in einem – bei den Alchymisten „Athanor" genannten – besonderen Herd kochen lassen. Der Athanor unterscheidet sich von anderen Öfen nur durch seine Zusammenstellung, die gestattet, das obgenannte Ei sehr lange und auf besondere Art zu erhitzen. Dann (während des Kochens) und dann allein bilden sich bestimmte Farben, auf denen alle alchymistischen Erzählungen basiert sind.

Die im Ei enthaltene Materie wird zuerst schwarz, alles scheint in Fäulnis übergegangen; dieser Zustand wird von den Alchymisten mit dem Namen „Rabenkopf" bezeichnet. Mit einem Schlage weicht diese schwarze Farbe einem leuchtenden Weiß. Dieser Übergang von schwarz zu weiß, vom Dunkel zum Licht, ist ein hervorragender Prüfstein, um eine symbolische Geschichte, die von der Alchymie handelt, wiederzuerkennen. Die so in Weiß fixierte Materie dient dazu, die unlauteren Metalle (Blei, Quecksilber) in Silber zu verwandeln. Wenn man das Feuer unterhält, sieht man diese weiße Farbe allmählich verschwinden, die Materie nimmt verschiedene Farben an, von den niederen Spektralfarben (Blau, Grün) bis zu den höheren (Gelb, Orange), und gelangt endlich bis zum Rubinrot. Der Stein der Weisen ist dann beinahe beendet.

Ich sage: beinahe – denn in diesem Zustand verwandeln zehn Gramm vom Stein der Weisen nicht mehr als zwanzig Gramm Metall. Um den Stein zu vollenden, muß man ihn mit ein wenig Mercurius Philosophorum ins Ei zurückbringen und mit dem Erhitzen wieder anfangen. Die Operation, die ein Jahr verlangt hatte, erfordert nur mehr drei Monate, und die Farben zeigen sich in derselben Reihenfolge wie das erste Mal. Nunmehr verwandelt der Stein das Zehnfache seines Gewichts in Gold. Man beginnt die Operation noch einmal von neuem. Sie dauert nur einen Monat. Der Stein verwandelt jetzt das Tausendfache seines Eigengewichts. Endlich stellt man ihn ein letztes Mal her, und man erhält den wahrhaften, vollkommenen Stein der Weisen, der das Zehntausendfache seines Eigengewichts in lauteres Gold verwandelt. Diese Operationen werden mit dem Namen „Multiplikation des

Steins" bezeichnet. Wenn man einen Alchymisten liest, muß man also sehen, von welcher Operation er spricht:

1. Ob er von der Herstellung des Mercurius Philosophorum spricht, in welchem Fall er sicher für den Uneingeweihten unverständlich sein wird.
2. Ob er von der Herstellung des Steins im wirklichen Sinne spricht, in welchem Fall er deutlich sprechen wird.
3. Ob er von den Multiplikationen spricht; und dann wird er vollkommen deutlich sein.

Mit diesen Angaben bewaffnet, kann der Leser das Buch des Herrn Figuier öffnen, und wenn er kein Feind milder Heiterkeit ist, von Seite 8 bis 52 lesen. Er wird bequem den Sinn der symbolischen Geschichten entziffern, die für Herrn Figuier so dunkel sind und ihn so lustige Erklärungen wagen lassen. Als Beweis die folgende Geschichte, die er als unverständliches Zeug behandelt: (Seite 41)

Man muß bei Sonnenuntergang beginnen, wenn der Gatte Rot und die Gattin Weiß sich im Lebensgeist vereinen, um in der Liebe und in der Ruhe, im genauen Verhältnis von Wasser und Erde zu leben.	Unterbringung der beiden Fermente, des Aktiven oder Rot, des Passiven oder Weiß in der eiförmigen Retorte.
Vom Westen stoße quer durch die Finsternisse zum Norden vor.	Verschiedene Grade des Feuers.
Verderbe und zersetze den Gatten zwischen Winter und Frühling, wandle das Wasser in schwarze Erde und erhebe dich quer durch die veränderten Farben zum Osten, wo sich der volle Mond zeigt. Nach dem Fegefeuer wird die Sonne weiß und strahlend erscheinen.	Rabenkopf Farben des Werkes Weiß

Betrachtet man eine symbolische Geschichte, so muß man immer den hermetischen Sinn suchen, der der verhüllteste war und der sich beinahe sicher dort vorfindet. Da die Natur überall identisch ist, wird dieselbe Geschichte, die die Mysterien des großen Werks ausdrückt, gleicherweise den Lauf der Sonne (Sonnenmythen) oder das Leben eines sagenhaften Helden bedeuten können. Der Eingeweihte allein wird also imstande sein, den dritten (hermetischen) Sinn der alten Geschichten[14] zu fassen, während der Gelehrte nur den ersten und zweiten Sinn (den physikalischen und natürlichen, Lauf der Sonne, Zodiakus etc.) darin sehen und der Bauer davon nur den ersten Sinn (Geschichte des Helden) verstehen wird. Die Abenteuer von Venus, Vulkan und Mars sind unter diesem Gesichtspunkt bei den Alchymisten berühmt.[15] Nach alledem sieht man, daß man für die Herstellung des Steins der Weisen Zeit und Geduld haben muß. Alchymistisch gesprochen: Wer in sich das Verlangen nach dem Golde nicht getötet hat, wird niemals reich sein.[16] Um sich davon zu überzeugen, genügt es, die Biographien der zwei Alchymisten des 19. Jahrhunderts zu lesen: Cyliani[17] und Cambriel.[18]

Erklärung der alchymistischen Hieroglyphe von Notre-Dame de Paris
von Cambriel

„An einem der drei großen Eingangstore der Notre-Dame-Kirche, der Pariser Kathedrale, und zwar an dem auf der Krankenhausseite, befindet sich, auf einen dicken Stein gemeißelt, mitten im besagten Eingang und mit dem Gesicht auf den Vorplatz, die berühmte alchymistische Hieroglyphe, die mit der größtmöglichen Klarheit die ganze Arbeit und das Produkt oder das Ergebnis des Steins der Weisen darstellt."

1.

Unten auf der Hieroglyphe, die auf einen langen, dicken Steinquader gemeißelt ist, befinden sich links und auf der Krankenhausseite zwei kleine, volle, vorstehende Kreise, die die „metallischen Naturen" roh oder aus dem Bergwerk kommend darstellen. (Die wird man in mehreren Schmelzakten und mit helfenden Salzen erst vorbereiten müssen.)

2.

An der entgegengesetzten Seite sind ebenfalls die beiden Kreise oder „Naturen", aber bearbeitet oder von den Schlacken befreit, die sie von den Erzgruben her tragen, welche zu ihrer Schöpfung gedient haben.

3.

Vorn, auf der Seite des Vorplatzes, sind ebenfalls dieselben beiden Kreise oder „Naturen", aber vollendet und mittels der vorangegangenen Schmelzungen vollständig von ihren Schlacken befreit. Die ersten repräsentieren die metallischen Körper, die man nehmen muß, um die hermetische Arbeit zu beginnen. Die zweiten, bearbeiteten, offenbaren uns ihre innere Fähigkeit und entsprechen dem Menschen, der in einem Kasten ist und, umgeben und bedeckt von Feuerflammen, im Feuer geboren wird. Und die dritten, vollendeten oder vollständig von ihren Schlacken befreiten entsprechen dem babylonischen Drachen[19], oder „Stein der Weisen", in dem sich alle Fähigkeiten der metallischen Naturen vereinigt finden. Dieser Drache ist auf der Vorplatzfront und über dem Manne, der von Feuerflammen umgeben und bedeckt ist, und

Alchymistische Hieroglyphe (Notre Dame, Paris)

die Schwanzspitze des Drachens zeigt nach dem Manne, um darzutun, daß der Drache zu ihm gehört und von ihm hervorgebracht ist, und seine beiden Klauen umfassen den Athanor, um anzuzeigen, daß der Drache dort verdaut wird oder verdaut werden soll, und sein Kopf endet und befindet sich unter den Füßen des Bischofs. Ich sage also, daß von diesem Manne, der im Feuer hervorgekommen ist, und durch die Arbeit der fliegenden Adler[20], die durch mehrere, durch vier verbundene Blätter gebildete Blüten dargestellt sind und die Basis seines Kastens umgeben, der babylonische Drache, von dem Nikolaus Flamel spricht, oder der Stein der Weisen geschaffen ist.

Dieser Stein der Weisen liegt in einem gläsernen Ei, das im Athanor der Verdauung oder langsamem Kochen unterworfen wird, d. h. in einem rund begrenzten Ofen oder Gewölbe, auf welchem Gewölbe die Füße des Bischofs stehen, unter denen sich der Kopf des Drachens findet. Von diesem Stein entsteht das Leben, dargestellt durch den Bischof, der sich über dem besagten Drachen befindet. Dieser Bischof führt einen Finger zu seinem Munde, um denen, die ihn sehen und mit dem, was er darstellt Bekanntschaft machen wollen, zu sagen: Wenn ihr erkennt und ahnt, was ich mit dieser Hieroglyphe darstelle, so schweiget![21]

II.

Wir haben die erste Art, die der Eingeweihte zur Wiedergabe seiner Ideen besaß, genügend entwickelt. Kehren wir jetzt zur zweiten Art zurück und entwickeln wir, wie versprochen, die Verwendung der geometrischen oder astrologischen Zeichen. Nichts ist langweiliger als das Verzeichnis der Beziehungen zwischen den geometrischen Figuren und den Zahlen, das man so ziemlich überall bei den Autoren findet, die sich mit der okkulten Wissenschaft beschäftigen. Diese Ode kommt daher, daß sie es nicht für passend gehalten haben, den Grund dieser Beziehungen anzugeben. Um die Verbindung der Ideen mit den geometrischen Figuren aufzustellen, brauchen wir eine solide Entwicklungsbasis. Wir kennen sie übrigens schon: Der Ausgangspunkt, von dem wir aufbrechen wollen, sind die Zahlen. Man braucht nur zum Schluß des zweiten Kapitels zurückzukehren, um die Entwicklungen, die wir verfolgen wollen, zu verstehen. Es ist die Einheit, von der alle Zahlen ausgehen, und alle sind nur verschiedene Aspekte der immer mit sich selbst identischen Einheit.

Es ist der Punkt, von dem alle geometrischen Figuren stammen, und all diese Figuren sind nur verschiedene Aspekte des Punktes.[22]

Die *Einheit* (1) wird sich analog als Punkt darstellen: 1 = •

Die erste Zahl, die aus 1 entsteht, ist 2; die erste Figur, die aus dem Punkt entsteht, ist die Linie. Die *Zwei* (2) wird durch die einfache oder doppelte Linie dargestellt sein: ⎯⎯⎯⎯⎯⎯⎯⎯

Mit der Linie tritt eine andere Erwägung ins Spiel, das ist die Richtung. Die verschiedenen Zahlen teilen sich in Gerade und Ungerade. Ebenso streben die Linien nach zwei Hauptrichtungen.

   Die senkrechte Richtung | repräsentiert das Aktiv.
   Die waagerechte Richtung – repräsentiert das Passiv.

Die erste Zahl, die die Gegensätze 1 und 2 einigt, ist die Dreizahl 3. Die erste vollkommen geschlossene Figur ist das Dreieck.

   Die Drei (3) wird analog durch △ dargestellt sein.

Von der Zahl 3 ausgehend, fangen, wie wir wissen, die Ziffern neuerlich die universelle Serie an (vgl. Kap. II), 4 ist also eine andere Oktave der 1. Die folgenden Figuren sind also Kombinationen der vorhergehenden Begriffe und sonst nichts. Die *Vierheit* (4) wird durch je zwei einander gegenübergestellte Kräfte, d. h. durch je zwei in ihrer Richtung einander gegenübergestellte Linien dargestellt sein:

$$4 \begin{cases} 2 \text{ aktive Kräfte} \\ 2 \text{ passive Kräfte} \end{cases} \begin{matrix} | \ | \\ \overline{} \\ \overline{} \end{matrix} = \square$$

Wenn man ein durch die Vier (4) geschaffenes Produkt ausdrücken will, kreuzt man die aktiven und passiven Linien derart, daß sie einen Konvergenzmittelpunkt bestimmen. Das ist die Figur des Kreuzes, Bild des Absoluten.

Auf die Ziffer fünf (5) wird der Stern mit fünf Spitzen antworten, der die Intelligenz (das menschliche Haupt) und die vier damit gelenkten Elementarkräfte (die vier Glieder) symbolisiert.

Sechs (6) = 3 + 3 △ ▽ = ✡
also die beiden Dreier, der eine positiv, der andere negativ.

Sieben (7) = 4 + 3 □ △

Acht (8) = 4 + 4 □ □ oder ✳

Neun (9) = 3 + 3 + 3 △ △ △

Zehn (10) = Der ewige Kreis ◯

Jede Zahl, haben wir gesagt, repräsentiert eine Idee und eine Form. Wir sind jetzt imstande, diese Beziehungen aufzustellen:

Zahl	Idee	Form
1.	Das Prinzip	•
2.	Der Gegensatz	— —
3.	Die Idee	△
4.	Die Form, die Anpassung	□ +
5.	Das Fünfeck, Pentagramm	☆
6.	Das Gleichgewicht der Ideen	△ ▽
7.	Die Verwirklichung, Verbindung der Idee und der Form	△ □
8.	Das Gleichgewicht der Formen	□ □ ✳
9.	Vollendung der Ideen	△ ✡
10.	Der ewige Zyklus	◯

So weit die geometrischen Figuren. Und nun noch kurz zu den astrologischen Zeichen. Ihr genaueres Studium würde uns in diesem Zusammenhange ohne unmittelbares Ergebnis weitab führen, und so will ich mich einzig mit ihrer

Entstehung beschäftigen. Das Aktiv und das Passiv werden unter den Planeten durch die Sonne (☉) und den Mond (☽) dargestellt. Ihre wechselseitige Wirkung läßt die vier Elemente entstehen, bildlich dargestellt durch das Kreuz (†).

♄   Saturn ist der Mond, beherrscht von den Element

♃   Jupiter sind die Elemente, beherrscht vom Monc

♂   Mars ist die feurige Partie des Zodiakalzeichens Widder in dessen Wirkung auf die Sonne.

♀   Venus ist die Sonne, die Elemente beherrschend.

Die Synthese endlich aller vorhergehenden Zeichen ist Merkur, der in sich Sonne, Mond und die Elemente enthält:

Wir werden im Kapitel VI auf das große alchymistische Pentakel zurückkommen. Wenn die Nützlichkeit dieser Zeichen nicht von allem Anfang an sichtbar ist, werden wir in der Folge die Anwendung davon sehen. Um aber diese Angaben zu üben, wollen wir die ersten Sätze der Smaragdtafel in geometrische Sprache übersetzen.

Die Wahrheit in
den drei Welten:

Was oben ist,
ist wie das,
was unten ist,

Um die Wunder eines einzigen
Dinges zu wirken.

Und wie alle Dinge Eins gewesen
und von dort gekommen sind,

So sind alle Dinge durch Anpassung
aus diesem einzigen Ding entstanden.
(Das Kreuz ist das Zeichen der Anpassung)

III.

Wenn wir von den symbolischen Geschichten ausführlich sprechen wollten, dieser dritten im Altertum verwendeten Methode, so müßte man die ganze Mythologie durchsehen. Abgesehen davon, daß diese Arbeit bereits unternommen worden ist[23], erlaubt es uns auch der Rahmen unseres Themas nicht.

Indessen möchte ich dieses Kapitel nicht verlassen, ohne einige Auszüge zu zitieren, die trefflich die Art zeigen, wie die Bibelübersetzer dadurch in Irrtum verfallen sind, daß sie die Texte im materiellen Sinne genommen haben. Fabre d'Olivet hat sich mit Recht gegen diese Anmaßungen erhoben, mehr noch wird uns St. Yves d´Alveydre aufklären, wenn er den Gedanken von Moses wieder zu Ehren bringt. „Um den Gesetzgeber der Hebräer von den theologischen Verleumdungen zu befreien, deren Ziel er, was den Vater des Menschengeschlechts anbetrifft, gewesen ist, bitte ich den Leser, mit mir den dreifachen Schleier zu lüften, von dem ich gesprochen habe. Ebenbild von J E V E, gleich ihm männlich und weiblich, hat Adam eine noch weit umfassendere Bedeutung als das, was die Naturalisten ihrer ungeachtet formulieren, wenn sie die weltschöpferische Kraft ausdrücken wollen, die den Menschen, insofern er physisches Individuum ist, besonders bezeichnet, und diese Kraft das Reich des Menschen nennen.

Adam ist das Hierogramm dieses universellen Prinzips. Er repräsentiert die mit Verstand begabte Seele des Universums in eigener Person, das universelle Wort, das die Gesamtheit der Sonnensysteme nicht allein in der sichtbaren, sondern auch und vor allem in der unsichtbaren Ordnung belebt. Denn wenn Moses vom belebenden Prinzip unseres Sonnensystems spricht, ist es nicht mehr Adam, den er erwähnt, sondern Noah.

Schatten JEVE's, lebendiger Gedanke und organisches Gesetz der Elohim, ist Adam, das himmlische Wesen, von dem alle vergangenen, gegenwärtigen und zukünftigen Menschheiten ausströmen, nicht nur hier unten, sondern durch die ganze Unermeßlichkeit der Himmel.

Es ist die universelle Lebensseele, Nephesch chajah, aus jener homogenen Substanz, die Moses Adamah nennt, wie sie Platon die höhere Erde nennt. Nun, ich lege hier keineswegs aus, ich drücke hier nur buchstäblich Moses' Gedanken über die Weltschöpfung aus; denn so ist der Adam der Sanktuarien von Theben und des Bereschith, der große Himmelsmensch aller alten Tempel von Gallien bis tief nach Indien" (Saint Yves d'Alveydre. Seite 135, Adam). „Die berühmte Schlange des sog. Wonnegartens bezeichnet im ägyptischen

Text von Moses nichts anderes als das, was Geoffroy St. Hilaire ausgedrückt hat (die innere Eigenanziehungskraft): Nachasch, die ursprüngliche Anziehung, deren Hieroglyphe eine auf bestimmte Art gezeichnete Schlange war. Das Wort Haroum, von dem der Gesetzgeber der Hebräer das vorhergehende Hierogramm ableitet, ist das berühmte Hariman des ersten Zoroaster und drückt die universelle Empfänglichkeit der geschaffenen Natur aus, auf die sich das vorhergehende Prinzip gründet" (Saint Yves d'Alveydre, Mission der Juden). Was den sog. Eden betrifft, so bezeichnet er im hermetischen Text des Osirispriesters Moses folgendes:

Gan – Bi – Heden, Aufenthalt von Adam-Eva, repräsentiert den Organismus der universellen Sphäre der Zeit, die Organisation der Gesamtheit dessen, was zeitlich – vergänglich ist. Die berühmten Ströme, die, vier an der Zahl, in einem einzigen sind, d. h. einen organischen Vierer bilden, bedeuten ebensowenig den Euphrat und den Tigris wie die Tiber, Seine oder Themse, denn noch einmal: die ersten zehn Kapitel des Moses sind eine Weltentstehungslehre und nicht eine Geographie. Auch sind diese Ströme in Wirklichkeit universelle Fluida, die im Gan, der ausgesprochenen organischen Kraft entspringen und in die zeitliche Sphäre, die schrankenlose Zeit des Zoroaster, münden, die ihrerseits selber zwischen zwei Ewigkeiten steht, einer früheren, Kedem, und einer späteren, Ghôlim."[24] Zum Schluß will ich nach den phönizischen Etymologien einiger griechischer Namen aus der Mythologie die tatsächliche Wichtigkeit der Eigennamen für die vernunftgemäße Auslegung der meisten alten Mythen zeigen.

Eurydice

Eurydice (Ευρυδικη) ראה (rohe) Vision, Klarheit, Augenscheinlichkeit
דיש (dich) Das, was zeigt oder lehrt, vorher ein ευ (gut)

Der Name dieser rätselhaften Gattin, die Orpheus vergeblich ans Licht zurückführen wollte, bezeichnet nur die Doktrin der wahren Wissenschaft, die Lehre dessen, was schön und wahrhaftig ist, mit der Orpheus die Erde zu bereichern versuchte. Aber der Mensch kann der Wahrheit nicht ins Auge blicken, ohne zu verderben, bevor er nicht zum Licht des Intellekts vorgedrungen ist. Wenn er sie anzublicken wagt, während seine Vernunft noch im Finstern liegt, so verschwindet sie. Das ist die Bedeutung der allbekannten Fabel von der wiedergefundenen und verlorenen Eurydice (Fabre d'Olivet).

Helena – Paris – Menelaos

Helena (der Mond)   הלל   Idee des Glanzes, Ruhmes, der Erhöhung[25]

Paris (Παρις) { פר oder בר (bar oder phar) jede Zeugung, Fortpflanzung, Ausdehnung.
יש (ish) Das Seinsprinzip

Menelaos (Μενελας) {
    מן (men) alles, was eine Sache bestimmt, regelt, definiert, die Fähigkeit der Überlegung, der Vernunft, das Maß (lat. Mens – Mensura).
    אוש (Aôsh) Das wirkende Daseinsprinzip; davor setzt man das Präfix ל (L), um die Genetivbeziehung auszudrücken.
    Mene – L – Aôsh: die vernünftige oder regelnde Fähigkeit des Seins im Allgemeinen, des Menschen im Besonderen.

Einige Bedeutungen von Eigennamen

Θεος   אוש (Aôsh) ein Seinsprinzip, dem der hemantische Buchstabe ת (θ th), das Zeichen der Vollendung vorangeht.

Ηρωας   ארש dem ein הרר (herr) vorangeht, Ausdruck für alles, was herrscht.

Δαιμων (Δημ)   Die Erde verbunden mit dem Worte ων; die Existenz.

Εον (Αιων)   אי (Ai) ein Willensprinzip, ein Entwicklungsmittelpunkt.

יון (Iôn) die Zeugungsfähigkeit.

Dieses letzte Wort bezeichnete in gewissem Sinne eine Taube, die ein Symbol der Venus war. Es ist das berühmte Yoni der Inder, das Yn der Chinesen, d. h. die bildende Kraft des Weltalls. Davon wurde der Name der Jonier abgeleitet und den Griechen beigegeben.

Poesie   פאה (Phohe) Mund, Stimme, Sprache, Rede.
Ποιησις   יש (Ish) ein höheres Wesen, ein Daseinsprinzip, bildlich: Gott.
Apollo   אב (Ab oder Ap verbunden mit Wôlon). Der universelle, unendlich-ewige Vater.
Dionysos Διος   der lebende Gott (Genitiv). der Geist und das Verständnis.
Διονυσος νοος   Das Verständnis des lebendiges Gottes.
Orpheus   אור (Aour) Licht.
     רפא (Rophoe) was zeigt oder lehrt, vorher ein ευ (gut). Der das Licht zeigt oder lehrt.
Herkules   הרר oder שרר (Harr oder Sharr) Überlegenheit, höchste Gewalt.
     כל (Col) All, ganz.

(Fabre d'Olivet)

V. Kapitel

Vom analytischen Ausdruck der Ideen – Analogietafeln – Die Magie – Die zehn Sätze der „entschleierten Isis" von H.P. Blavatsky – Magische Vierertafel von Agrippa – Die Astrologie – Lektüre der Analogietafeln – Anpassung des Dreiers

Bei den vom Eingeweihten zum Ausdruck seiner Ideen verwandten Methoden haben wir die allgemeine Form der Darlegung niemals den geringsten Wandel erleiden sehen. Der Wert der verwendeten Zeichen schwankt; aber darauf beschränkt sich die ganze Methode. Was tun, um die unter den behandelten Gegenständen bestehenden Beziehungen in harmonischem Zusammenhang zu entwickeln? Wir werden oft beim Durchlaufen einer okkulten Abhandlung Sätze wie dem begegnen: Der Adler stimmt mit der Luft überein.

Ein unverständlicher Satz, wenn man seinen Schlüssel nicht findet. Dieser Schlüssel beruht zur Gänze in einer Darstellungsmethode, die nach der allgemeinen Methode der okkulten Wissenschaft aufgestellt ist: der Analogie. Diese Methode besteht darin, die Ideen derart auszudrücken, daß der Beobachter mit einem Blick den Rapport faßt, der zwischen Gesetz, Faktum und Prinzip eines beobachteten Phänomens existiert. Wenn also ein Faktum gegeben ist, können Sie sofort das Gesetz entdecken, von dem es regiert wird, und die Beziehung, die zwischen diesem Gesetz und einer Menge anderer Fakten besteht. Da zwei einem und demselben dritten (*Gesetz*) analoge Dinge (*Fakten*) untereinander analog sind, werden Sie den Rapport bestimmen, der zwischen dem beobachteten Faktum und einem beliebigen anderen Phänomen besteht. Diese Methode, wie man sieht, analysiert, erhellt die symbolischen Geschichten. Und sie wurde auch nur in den Tempeln und zwischen Meister und Schüler angewandt. Sie hat auf dem Aufbau von Tabellen basiert, die auf eine bestimmte Art angelegt waren. Um den Schlüssel des Systems zu entdecken, wollen wir es vollständig nachzubilden trachten. Nach der Lektüre einer symbolischen Geschichte habe ich gefunden, daß sie drei Bedeutungen umschloß.

Zunächst einen positiven Sinn, ausgedrückt durch die eigentliche Angabe der Geschichte: ein Kind resultiert aus einem Vater und einer Mutter. Weiters einen komparativen Sinn, ausgedrückt durch die Beziehungen der handelnden Figuren: Rapport des Lichtes, der Dunkelheit und des Halbdunkels. Schließlich einen hermetischen und damit selber ganz allgemeinen Sinn, Gesetz des Naturschaffens: die Sonne und der Mond schaffen den Merkur. Das Gesetz, das über alledem waltet, ist das Gesetz der Drei. Die Prinzipien sind das Aktiv, das Passiv und das Neutrum. Um die Beziehungen zu finden, die zwischen diesen drei Fakten: Schaffung des Kindes, Schaffung des Halbdunkels und Schaffung des Merkur existiert, schreibe ich sie folgendermaßen untereinander:

+	−	∞
Vater	Mutter	Kind
Licht	Dunkelheit	Halbdunkel
Sonne	Venus	Merkur

Ein auf die Tabelle geworfener Blick genügt, um zu erfassen, daß die Beziehungen bewundernswert angezeigt sind. Alle aktiven Prinzipien der beobachteten Tatsachen sind unter das gleiche, sie alle regierende Zeichen + gereiht. Ebenso ist es mit den passiven und neutralen Prinzipien. Alle Fakten sind in derselben Anordnung einer horizontalen Linie derart gereiht, daß man beim Lesen der Tabelle in vertikaler Richtung ↓ die Beziehungen der Prinzipien untereinander sieht; liest man horizontal →, so sieht man die Beziehungen der Fakten zu den Prinzipien, und durchläuft man das Ganze, so sieht man, wie sich daraus das allgemeine Gesetz freimacht.

Eine wichtige Betrachtung, die aus dieser Anordnung hervorgeht, ist die, daß alle diese Fakten als vom gleichen Gesetz gelenkt untereinander analog sind und daß man sie eins durchs andere ersetzen kann, wenn man zum Ersatz eines Wortes die Wahl eines andern, vom gleichen.Prinzip geleiteten Wortes zur Aufgabe hat. Daher stammt die große Verwirrung im Geiste jener, die zwei offensichtlich zwieträchtige Fakten aneinandergefügt sehen wie in folgender Phrase: Unser Zwitter Quecksilber ist das Kind des bärtigen Sol und seiner Gefährtin, der Luna. Welche Beziehungen kann es zwischen diesem Metall, den Planeten und der Zeugung geben, die man ihnen zuschreibt? Es ist indessen nur eine Anwendung der Analogietafeln. Denn:

```
Zwitter Merkur (Kind)      ist das Neutrum
Bärtiger Sol (Vater)       ist das Aktive
Gefährtin Luna (Mutter)    ist das Passive
```

Und hier die Rapporte:

```
    +          –          ∞
  Sonne       Mond       Merkur
  Vater       Mutter     Kind
  Gold        Silber     Quecksilber
```

So daß der Alchymist, wenn man die Sonne durch ihr Äquivalent Gold und den Mond durch sein Äquivalent Silber ersetzt, sagen wollte: Unser Zwitter Quecksilber ist das Kind des Goldes und des Silbers. Erinnern wir uns der wenigen Worte über die Alchymie im vorhergehenden Kapitel, und wir werden sofort verstehen. Andere Sätze sind für den, der die Rapporte kennt, ebenso leicht zu reduzieren, während dem Profanen alles ganz unfaßlich bleibt. Also wird der Alchymist niemals sagen: Das Feste in Flüssiges ändern; sondern wohl: Die Erde (fest) in Wasser (flüssig) verwandeln. Daraus geht hervor, daß zahlreiche Unwissende, die die alchymistischen Sätze buchstäblich nehmen und lesen: Du sollst die Wasser in Erde verwandeln und die Erde vom Feuer sondern – sich zugrunde richten würden, bevor sie das Mittel fänden, Wasser in Erdboden zu verwandeln oder die Erde vom Feuer zu sondern. Solche Ignoranten haben nicht wenig dazu beigetragen, die okkulte Wissenschaft der Mißachtung auszusetzen, deren sie sich heute erfreut. Man muß nicht mehr sehr weit gehen, um zu finden, daß die Physik der Alten sich auf das Studium ihrer vier Elemente Wasser – Erde – Luft – Feuer reduzierte. Das sind die Leute, die die hermetischen Bücher – und mit Grund – so dunkel finden! Wenn man das Gesetz der Analogiemethode gut erfaßt hat, wird man sofort die Wichtigkeit der Tabellen sehen, die die Rapporte unter den verschiedenen Objekten anzeigen. Diese Rapporte waren von extremem Nutzen in der Praxis gewisser antiker Wissenschaften, unter anderem der Magie und der Astrologie. Es gibt hinsichtlich dieser Wissenschaften derartige Vorurteile, daß einige erläuternde Worte notwendig sind.

Magie

Die Magie war die Betätigung der während der verschiedenen Einweihungsstufen erworbenen psychischen Fähigkeiten. Die Alten, die überall die Existenz des Lebens festgestellt hatten, hatten auch den universellen Einfluß bemerkt, den der Wille ausübt. Die Entwicklung des Willens ist also das Ziel, das jeder Mensch verfolgen muß, der es sich zur Aufgabe stellt, den Kräften der Natur zu gebieten. Man kann also diesen Kräften gebieten? werden Sie fragen. Sicher! Aber da das im höchsten Grade die zeitgenössischen Anschauungen beleidigt, will ich die folgenden Bemerkungen als einfache Kuriositäten ausführen, ohne für das eine oder gegen das andere Stellung zu nehmen. Die sinnfällige Welt sei allseitig von einer anderen Welt durchdrungen, die sich der Sinneswirkung entziehe und rein geistig sei; die sichtbare Welt sei von einer anderen, unsichtbaren verdoppelt. Diese unsichtbare Welt sei mit geistigen Wesen bevölkert, die mehrere Klassen umfaßten. Die einen, für gut wie für böse unempfindlich, jedoch imstande, Instrument des einen wie des anderen zu werden, führen den Namen „Elementargeister" oder „Elementales". Die anderen, lebendige Spuren von unvollkommen entwickelten Menschen, perversen Willenstrieben und von Selbstmördern, werden mit dem Namen „Larven" bezeichnet. Sie werden von einem einzigen Ding geleitet: der nie zu befriedigenden Gier. „Endlich sei diese unsichtbare Welt noch von unseren Ideen bevölkert, die dort wie reale Wesen wirken. Jeder Gedanke des Menschen geht in dem Augenblick, wo er entwickelt ist, in die Innenwelt, wo er durch die Assoziation, das, was wir auch seine Bindung nennen könnten, mit einem Elementalis also mit einer der halbintelligenten Kräfte der Naturreiche, eine aktive Wesenheit wird. Er bleibt als eine aktive Intelligenz, ein vom Geist gezeugtes Geschöpf, entsprechend der ursprünglichen Intensität der Hirnaktion, der er seine Entstehung verdankt, längere oder kürzere Zeit am Leben. Also ein guter Gedanke wird als aktiv wohlwollendes Können erhalten, ein schlechter als übler Dämon. Und solcherart bevölkert der Mensch unaufhörlich seinen Weg im Raume mit einer eigenen Welt, in der sich die Kinder seiner Phantasien, seiner Wünsche, seiner Impulse, seiner Leidenschaften drängen. Dieser Weg reagiert im Verhältnis seiner Kraftspannung auf jede empfindungsfähige oder nervöse Organisation, die sich mit ihm in Berührung findet. Der Buddhist nennt ihn sein ‚Shandba', der Hindu gibt ihm den Namen ‚Karma'.[1] Der Adept involviert bewußt diese Formen. Die andern lassen sie entschlüpfen, ohne Bewußtsein davon zu haben".[2] Das Agens, mittels dessen man auf diese Kräfte wirkt, ist der Wille.[3] Man kann im Kapitel II sehen.[4] daß die menschlichen Anlagen an sich im guten wie im bösen indifferent sind; ihre Tragweite schwankt nach dem Impuls, den der Wille dort ansetzt. Genau so verhält es sich mit diesen Elementarwesen. Es kommt mitunter vor, daß menschliche Wesen den Gebrauch ihres Willens vollkommen aufgeben und sich mit der unsichtbaren Welt in Beziehung zu setzen suchen. Dann würden jene perversen Schöpfungen, die Larven, das Mittel finden, ihr schwaches Leben zu kräftigen, indem sie das Leben jener Menschen an sich reißen, die in vergangenen Zeiten die Hexenmeister bildeten und in der Gegenwart die Medien bei den Spiritisten bilden würden. Der Unterschied zwischen einem Magier und einem Hexenmeister ist der, daß der erstere weiß, was er tut und was dabei herauskommen wird, während der letztere davon keine blasse Ahnung hat. Das Wichtige also ist der Wille, und in diesem Punkte sind sich alle Überlieferungen einig, wie es Fabre d'Olivet ausdrückt: Hierokles entwickelt zunächst die erste Art, wie man die Verse, um die es sich handelt, erklärt, und streift dann leicht die zweite mit dem Ausspruch, der Wille des Menschen könne auf die Vorsehung Einfluß nehmen, wenn er in einer starken Seele wirkt, die Hilfe des Himmels ihm beisteht und er mit ihr arbeitet. Das war ein Teil der in den Mysterien gelehrten Doktrin, deren Verbreitung unter den Profanen man verbot. Nach dieser Lehre, von der man ziemlich starke Züge bei Plato wiedererkennen kann, konnte der Wille, ertüchtigt durch den Glauben, sogar die Notwendigkeit unterjochen, der Natur Befehle geben und Wunder tun. Er war das Prinzip, auf dem die Magie der Jünger Zoroasters beruhte. Wenn Jesus parabolisch sagt, der Glaube könne die Berge versetzen, so folgte er damit lediglich der allen Weisen bekannten theosophischen Überlieferung. „Die Geradheit des Herzens und der Glaube triumphieren über alle Hindernisse" – sagte Konfuzius. „Jeder Mensch kann den Weisen und Heroen gleich werden, deren Andenken die Völker verehren" – sagte Meng-Tse – „es fehlt niemals das Können, sondern der Wille; wenn man nur will, so hat man Erfolg." Diese Ideen der chinesischen Theosophen finden sich ebenso in den Schriften der Inder und selbst in denen mancher Europäer, die, wie ich bereits aufmerksam gemacht habe, durchaus nicht genug Gelehrsamkeit besaßen, um Nachahmer zu sein. „Je größer der Wille," – sagt Böhme – „desto größer, desto mächtiger inspiriert das Sein." Wille und Freiheit sind ein und dasselbe Ding.[5] „Es ist die Quelle des Lichts, die Magie, die aus nichts etwas macht. Der Wille, der entschlossen vor sich her geht, ist der Glaube; er bildet seine eigene Form im Geiste und unterwirft sich alles. Durch ihn bekommt eine Seele das Vermögen, ihren Einfluß in eine andere Seele zu tragen, ja diese mit ihren intimsten Wesenszügen zu durchdringen. Wenn er mit Gott handelt, kann er die Berge versetzen, die Felsen zertrümmern, die Ränke der Gottlosen vereiteln, Zerrüttung und Schrecken bei ihnen entfachen. Er kann alle Wunder wirken, den Himmeln gebieten, dem Meere, ja selbst den Tod in Ketten legen. Alles ist ihm unterworfen. Man kann nichts nennen, dem er nicht im Namen der Ewigkeit Befehle geben könnte. Die Seele, die diese großen Dinge vollbringt, ahmt nur die Propheten und Heiligen nach, Moses, Jesus und die Apostel. Alle Auserwählten haben eine ähnliche Macht. Nichts konnte dem schaden, in dem Gott wohnt."[6]

Die Beziehungen der sichtbaren zur unsichtbaren Welt waren auf alle diese geistigen Wesen angewandt worden, und die Magier hatten ihnen Namen verliehen, mittels deren sie sie zu rufen behaupteten. Ihre Hilfe diente nur einem Zweck: um den Adepten herum eine größere Menge von universeller Kraft, von Bewegung zu konzentrieren, mittels deren er Ergebnisse im Verhältnis zur Intensität seiner psychischen Fähigkeiten hervorbringen konnte. „Das menschliche Hirn ist ein unerschöpflicher Erzeuger kosmischer Kraft von geläutertster Beschaffenheit, die es aus der niederen Energie der rohen Natur zieht. Der vollendete Adept hat aus sich selbst ein strahlendes Zentrum von Wirkungsvermögen gemacht, von dem quer durch die Zeitalter künftighin Wechselbeziehungen über Wechselbeziehungen ausgehen sollen. Das ist der Schlüssel des rätselhaften Könnens, das er besitzt, die Formen, die seine Einbildungskraft in der unsichtbaren Welt mit der ruhenden kosmischen Materie gebildet hat, in die sichtbare zu projizieren und zu materialisieren. Der Adept schafft nichts Neues, er läßt bei seinen Handlungen mit ihnen nur Stoffe in Anwendung treten, die die Natur rings um ihn aufgespeichert besitzt, diese prima materia, die während der Ewigkeiten durch alle Formen hindurchgegangen ist. Hier hat er nur das Nötige auszusuchen und es zu objektiver Existenz zu rufen. Würde das nicht einem unserer gelehrten Biologen als der Traum eines Irren erscheinen?"[7]

Die Rapporte des Unsichtbaren zum Sichtbaren waren bis zu ihren äußersten Grenzen ausgedehnt worden, so daß man die Kette kannte, durch die jedweder Gegenstand wieder zu der Intelligenz aufstieg, der er seine Form schuldete. Daher die Verwendung bestimmter Gegenstände, bestimmter Zeichen, um den Willen in den magischen Operationen zu fixieren. Diese Gegenstände dienten nur dazu, einen Stützpunkt zu bilden, auf den sich der Wille des Adepten verließ, um wie ein mächtiger Magnet auf die universelle Kraft zu wirken. Ein Adept kann keine widernatürliche Wirkung, keine „Wunder" hervorbringen, aus dem einfachen Grunde, weil es das nicht gibt. Ich könnte das nicht besser erläutern, als indem ich die Schlußfolgerungen der *„entschleierten Isis"* von Frau Blavatsky zitiere:

1. „Es gibt keine Wunder. Alles, was vorkommt, ist das Resultat des ewigen, unwandelbaren, immer tätigen Gesetzes. Das vermeintliche Wunder ist nur

die Einwirkung der gegensätzlichen Kräfte auf das, was Dr. B. Carpenter (Mitglied der Royal Society), ein Mann von stattlichen Kenntnissen, aber geringem Wissen, die wohl erwiesenen Gesetze der Natur nennt. Wie viele seiner Fachgenossen ignoriert Dr. Carpenter die eine Tatsache, daß es Gesetze geben kann, die ehemals bekannt waren und jetzt der Wissenschaft unbekannt sind.

2. Die Natur ist drei-einig[8]:

(1) sichtbare, objektive Natur.
(2) unsichtbare, okkulte, schaffende Natur, genaues Modell und Lebensprinzip der vorhergehenden.
(3) Über beiden steht der Geist, Quelle aller Kräfte, ewig und unzerstörbar. Die beiden niederen Naturen ändern sich unaufhörlich, die höchste nie.

3. Der Mensch ist ebenfalls drei-einig:

(1) Der physische Körper, der Mensch als Gegenstand.
(2) Der astrale, lebenspendende Körper oder Seele, der Mensch als Wirklichkeit.
(3) Beide werden übertönt und erleuchtet vom Dritten, dem unsterblichen Geist. Wenn es dem realen Menschen gelingt, sich mit diesem letzten zu verschmelzen, wird er eine unsterbliche Wesenheit.

4. Die Magie, als Wissenschaft betrachtet, ist die Kenntnis der Prinzipien und des Weges, durch den die Allwissenheit und Allmacht des Geistes und seine Kontrolle der Natur vom Individuum noch während der körperlichen Existenz erworben werden kann. Als Kunst betrachtet, ist die Magie die Verwendung dieser Kenntnisse in der Praxis.

5. Die Kenntnis dieser geheimen Dinge, falsch angewandt, bildet die Hexerei; mit der Idee des Guten in Brauch genommen, bildet sie die wahre Magie oder Weisheit.

6. Das Medium ist der Gegensatz zum Adepten. Das Medium ist passives Instrument fremder Einflüsse, der Adept übt aktiv seine Macht über sich selbst und über alle niederen Mächte aus.

7. Alles, was ist, war oder sein wird, ist im astralen Licht, der Schreibtafel des unsichtbaren Universums, aufgeschrieben, und so braucht der eingeweihte

Adept nur vom Schauen seines eigenen Geistes Gebrauch zu machen, um alles zu wissen, was je bekannt war oder sein wird.

8. Die Menschenrassen zeigen in geistigen Gaben ebenso Unterschiede wie in körperlichen (Farbe, Wuchs etc.). Bei gewissen Völkern überwiegen von Natur die Seher, bei anderen die Medien. Noch andere sind der Hexerei ergeben und vererben sich die geheimen Regeln der Praxis von Generation zu Generation. Diese Regeln umfassen mehr oder minder große psychische Phänomene.

9. Eine Phase der magischen Geschicklichkeit ist die bewußte und gewollte Herausziehung des inneren Menschen (astralen Form) aus dem äußeren Menschen (physischen Körper). Bei manchen Medien findet dieses Austreten ebenfalls statt, aber es ist unbewußt und unfreiwillig. Mit ihnen ist in diesem Augenblick der Körper mehr oder weniger in Katalepsie verfallen. Bei den Adepten jedoch kann man die Abwesenheit der astralen Form nicht bemerken, denn die physischen Sinne sind munter, und das Individuum scheint einzig in einem Zustand der Andacht zu sein, „anderswo zu sein", wie man zu sagen pflegt. Weder Zeit noch Raum bieten der Wanderung der astralen Form ein Hindernis. Der in der okkulten Wissenschaft vollkommen bewanderte Thaumaturg kann bewirken, daß nach seinem Gefallen sein physischer Körper zu verschwinden oder jede beliebige Form für das Auge anzunehmen scheint. Er kann seine astrale Form sichtbar machen oder ihr proteusartige Erscheinungen geben. In beiden Fällen ergibt sich das Resultat einer mesmerischen Gesamthalluzination der Sinne der Zuschauer. Die Halluzination ist so vollkommen, daß derjenige, der ihr unterworfen ist, sein Leben verschwören würde, er habe etwas Reales gesehen, während es nur ein Bild seines Geistes ist, seinem Bewußtsein durch den unwiderstehlichen Willen des Magiers aufgedrückt. Aber während die astrale Form überallhin gehen, jedes Hindernis durchdringen und auf jede Entfernung außerhalb des physischen Körpers gesehen werden kann, ist dieser letztere den gewöhnlichen Methoden der Fortbewegung unterworfen. Er kann unter besonderen magnetischen Bedingungen die Schwere verlieren, aber er kann nicht von einem Ort zum andern gehen, außer auf die gewöhnliche Art. Die tote Materie kann in gewissen Fällen und unter gewissen Bedingungen aufgelöst werden, so Mauern durchdringen und danach wieder aufgebaut werden. Aber mit lebenden Organismen ist das unmöglich. Die Anhänger Swedenborgs glauben und die Geheimwissenschaft lehrt, daß oftmals die Seele den lebenden Körper

verläßt und daß wir täglich in jeder Existenzlage diesen lebenden Leichnamen begegnen. Das kann das Resultat mannigfacher Ursachen sein, darunter zu starker Schreck, Schmerz, Verzweiflung, ein heftiger Krankheitsanfall. In das leere „Gerippe" kann die astrale Form eines der Hexerei ergebenen Adepten oder eines Elementaris (d. i. eine an die Erde gebundene menschliche Seele ohne Leib)[9] oder auch, aber sehr selten, eines Elementalis eintreten und Wohnung nehmen. Ein Adept der weißen Magie hat natürlich dieselbe Macht; aber ausgenommen, er hat die Pflicht, einen wichtigen und völlig außerordentlichen Zweck zu erfüllen, wird er sich nicht dazu entschließen, sich durch Besitzergreifung des Körpers einer unreinen Person zu beflecken.

Im Wahnsinn ist das astrale Sein des Patienten entweder halb gelähmt, verstört und dem Einfluß jeder einherkommenden Art Geist unterworfen, oder es ist für immer entflohen, und der Körper ist Besitztum irgend einer in Auflösung begriffenen vampyrischen Wesenheit geworden, die sich verzweifelt an die Erde klammert, um deren sinnliche Vergnügen noch eine kurze Periode länger mit diesem Träger zu kosten.

10. Der Eckstein der Magie ist eine praktische und vertiefte Kenntnis des Magnetismus und der Elektrizität, ihrer Beschaffenheit, ihrer Wechselbeziehung und ihrer Leistungsfähigkeit. Was besonders notwendig ist, ist die vertraute Bekanntschaft mit ihren Wirkungen in und auf das Tier und Menschenreich. Es gibt unter vielen Mineralen okkulte Eigenschaften, die ebenso okkult sind wie die des Magneten und die die Praktiker der Magie kennen müssen, Eigenschaften, über die sich die sogenannte exakte Wissenschaft vollkommen in Unwissenheit befindet. Auch die Pflanzen haben, u. zw. in erstaunlichem Maße, mystische Eigenschaften, und die Geheimnisse der Trugbild- und Verzückungskräuter sind nur für die europäische Wissenschaft verloren und ihr bis auf einige besonders bemerkte Fälle wie Opium und Haschisch unbekannt. Und auch die psychischen Wirkungen selbst dieser wenigen Pflanzen auf den menschlichen Organismus werden als evidente Fälle zeitweiliger geistiger Störung betrachtet. Die Frauen von Thessalien und Epirus, die Hierophantinnen der Riten des Sabasius haben ihre Geheimnisse nicht mit dem Verfall ihrer Heiligtümer mitgenommen. Sie wurden immer bewahrt, und diejenigen, die die Natur des Soma kennen, wissen die Eigenschaften der anderen Pflanzen genau so gut. Kurz zusammengefaßt: Die *Magie* ist die *spirituelle Weisheit,* die Natur ist der materielle Verbündete, die Pupille ist der Diener des Magiers. Ein gemeinsames Lebensprinzip erfüllt alle Dinge, und

dieses Lebensprinzip steht unter der Herrschaft des zur Vollendung getriebenen menschlichen Willens. Der Adept kann die Bewegungen der natürlichen Kräfte in den Pflanzen und Tieren in übernatürlichem Maß anstacheln. Diese Handlungen sind fern davon, den Lauf der Natur zu vergewaltigen, sie wirken im Gegenteil als Hilfen, da sie die Bedingungen intensiverer Lebenstätigkeit liefern. Der Adept kann die Empfindungen von anderen Personen, von Nicht-Adepten beherrschen und die Bedingungen ihrer physischen und astralen Körper verändern. Er kann auch nach seinem Belieben die Geister der Elemente[10] lenken und verwenden, aber er kann seine Wirkung nicht auf den *unsterblichen Geist* irgend eines Lebenden oder Toten ausüben, denn diese Geister sind genau dasselbe wie Funken des göttlichen Wesensgehaltes und deshalb keinerlei fremder Herrschaft unterworfen." (H. P. Blavatsky)

Diese bemerkenswerte Ausführung wirft ein breites Licht auf das Geheimnis der Handlungen der Magie wie auf die Phänomene, die in unseren Tagen von den Spiritisten behauptet werden. Es ist jedenfalls sonderbar, dem Ursprung dieser Theorien über die Zwischenregionen zwischen dem Menschen und dem Unsichtbaren nachzuspüren. Und so will ich mir weitere Hilfe bei Fabre d'Olivet holen: „Da Pythagoras Gott mit 1 und die Materie mit 2 bezeichnete, drückte er das Universum durch die Zahl 12 aus, die aus der Vereinigung der beiden anderen hervorgeht. Diese Zahl bildete sich durch die Multiplikation von 3 mit 4, d. h. der Philosoph empfand die Welt in ihrer Gesamtheit als eine Zusammensetzung von drei Einzelwelten, die, mittels vier elementarer Modifikationen sich verkettend, sich in 12 konzentrischen Sphären entwickelten; das unaussprechbare Wesen, das diese 12 Sphären erfüllte und doch von keiner festgehalten wurde, war Gott. Pythagoras verlieh ihm als Seele die Wahrheit und als Körper das Licht. Die Intelligenzen, die die drei Welten bevölkerten, waren in erster Linie die unsterblichen Götter im eigentlichen Sinne, in zweiter die verklärten Heroen, in dritter die irdischen Dämonen. Die unsterblichen Götter, direkte Emanationen des Seins ohne Anfang und Offenbarungen seiner unendlichen Fähigkeiten, wurden deshalb so genannt, weil sie bei ihrem Vater nie in Vergessenheit geraten, nie in den Finsternissen der Unwissenheit und der Gottlosigkeit umherirren konnten, während die Seelen von Menschen, die je nach ihrer Reinheitsstufe die verklärten Helden und die irdischen Dämonen hervorbrachten, manchmal für das göttliche Leben durch ihre freiwillige Entfernung von Gott sterben konnten; denn der Tod des intellektuellen Wesensgehaltes bestand Pythagoras zufolge – und darin ahmt ihn Plato nach – nur in Unwissenheit und Gottlosigkeit.

Nach dem System der Emanationen begriff man die absolute Einheit in Gott als spirituelle Seele des Universums, als das Prinzip der Existenz, als Licht der Lichter; man glaubte, daß diese schöpferische, dem Verständnis selbst unzugängliche Einheit durch Emanation eine Lichtausbreitung hervorbrachte, die, vom Mittelpunkt zur Peripherie vorschreitend, ihren Weg bis zu den Grenzen der Finsternisse machte, in denen sie durch Vermischung ihr Ende fand, jedoch schon unterwegs im selben Maße, als sie sich von ihrer Quelle entfernte, derart an Helligkeit und Reinheit verlor, daß die auseinanderstrebenden Strahlen immer weniger spirituell wurden und überdies, von den Finsternissen zurückgestoßen, sich verdichteten, sich mit ihnen mischten, materielle Form annahmen und so alle die Arten von Wesen bildeten, die die Welt umschließt. Also man ließ zwischen höchstem Sein und Menschen eine unberechenbare Kette von intermediären Wesen zu, deren Vollendung im Verhältnis ihrer Entfernung vom Schöpferprinzip abnahm.

Alle Philosophen und alle Sektenanhänger, die diese spirituelle Hierarchie bewundern, betrachteten die verschiedenen Seinsformen, aus denen sie bestand, unter Beziehungen, die ihnen eigentümlich waren. Die Magier der alten Perser, die darin mehr oder minder vollkommene Genien sahen, gaben ihnen auf ihre Vollendungsstufe bezügliche Namen und bedienten sich danach dieser Namen, um sie herbeizurufen. Daher kam die Magie der Neuperser, die die Juden durch Überlieferung in ihrer Gefangenschaft zu Babylon bekommen hatten und Kabbala nannten. Diese Magie mischte sich bei den Chaldäern, die die Gestirne als belebte Wesen und zur universellen Kette der göttlichen Emanationen gehörend betrachteten, mit der Astrologie; sie verband sich in Ägypten mit den Naturmysterien und fand sich im Heiligtum eingeschlossen, wo die Priester sie unter der Schale von Symbolen und Hieroglyphen lehrten. Pythagoras faßte diese spirituelle Hierarchie als eine geometrische Progression, sah die Wesen, aus denen sie besteht, unter harmonischen Beziehungen an und gründete durch Analogie die Gesetze des Universums auf die der Musik. Er nannte Harmonie die Bewegung der himmlischen Sphären und bediente sich der Zahl, um die Fähigkeiten der verschiedenen Wesen, ihre Beziehungen und ihre Einflüsse auszudrücken. Hierokles erwähnt ein diesem Philosophen zugeschriebenes heiliges Buch, in dem er die Gottheit die Zahl der Zahlen nannte. Plato, der einige Jahrhunderte später diese selben Wesen als Ideen und Typen betrachtete, suchte ihre Natur zu durchdringen und sie mit der Dialektik und der Kraft des Gedankens sich zu unterwerfen. Synhesios, der die Lehre des Pythagoras mit der Platos vereinigte, nannte Gott bald die Zahl der Zahlen, bald die Idee der Ideen. Die Gnostiker gaben den intermediären Wesen den Namen Aeonen. Dieser Name, der im Ägyptischen ein Willensprinzip kennzeichnet, das sich durch eine plastische inhärente Fähigkeit entwickelt, wurde im Griechischen auf eine unendliche Dauer angewandt."[11]

Um zu zeigen, bis zu welchem Punkte diese Rapporte von den alten Meistern des Okkultismus getrieben wurden, will ich eine der magischen Tafeln des Agrippa reproduzieren, die über den Vierer. Der Leser wird durch deren Studium die Art ersehen können, wie die Fakten, Gesetze und Prinzipien in den analogen Reihen geordnet sind. Man wird beispielsweise sehen, warum man nach den Analogiebeziehungen, die zwischen Element und Vogel bestehen, zur Befehlsgewalt über die Geister der *Luft* eine *Adlerfeder* braucht.[12] Alle diese Handlungen dienen, ich wiederhole es, lediglich der Willensfixierung.

Eine andere Frage, die ich vor dem Weitergehen wenigstens streifen möchte, ist die der Vorhersage künftiger Ereignisse. Die Divinationswissenschaft im höchsten Grade ist die Astrologie. Wenn man sich die Angaben der pythagoräischen Lehre über Freiheit und Notwendigkeit ins Gedächtnis ruft, wird man leicht die theoretischen Überlegungen ersehen, die die in dieser Richtung studierenden Forscher leiteten. Da in der Natur alles analog ist, müssen die Gesetze, die die Welten in ihrem Laufe führen, ganz ebenso die Menschheit, dieses Hirn der Erde, und die Menschen, diese Zellen der Menschheit, führen. Gleichwohl ist das Reich des Willens so groß, daß er, wie man soeben gesehen hat, bis zur Beherrschung der Notwendigkeit kommen kann. Daher stammt die Formel, die die Basis der Astrologie bildet:

Aspera inclinant, non necessitant.
(Die Sterne geben Impulse, aber sie zwingen nicht.)

Die Notwendigkeit leitet sich für den Menschen aus seinen früheren Handlungen ab, dem, was die Inder sein Karma nennen. Diese Vorstellung entspricht der des Pythagoras und zugleich der aller antiken Heiligtümer. Hier die Entstehung dieses Karma.

„Nirwana – heißt es in ‚Isis' – bezeichnet die Gewißheit der individuellen Unsterblichkeit im *Geiste*, nicht in der *Seele*. Diese besteht aus einer endlichen Emanation, und ihre Teilchen, aus denen sich die menschlichen Empfindungen, Leidenschaften und Bestrebungen nach irgend einer objektiven Existenzform zusammensetzen, müssen sich notwendig auflösen, bevor der vom *Ich* umschlossene unsterbliche Geist völlig freigegeben

Stufenfolge der Vier, entsprechend den Elementen

Urbild	Feuer	Luft	Wasser	Erde	Urbild
Engel der Himmelsachsen	Michaël	Rafaël	Gabriel	Uriel	} Urbild
Herren der Elemente	Seraphime	Cherubime	Tarschisch	Ariel	
Tiere der Heiligkeit	Löwe	Adler	Mensch	Kalb	
Dreifachheit der Zeichen	Widder	Zwillinge	Krebs	Stier	
	Löwe	Waage	Skorpion	Jungfrau	
	Schütze	Wassermann	Fische	Steinbock	
Sterne und Planeten	Mars, Sonne	Jupiter, Venus	Saturn, Merkur	Fixsterne, Mond	} Makro-Kosmos Gesetz der Schwerkraft u. der Entartung
Qualität d. himmlischen Elemente	Licht	Durchsichtigkeit	Beweglichkeit	Gemeinschaft	
Elemente	Feuer	Luft	Wasser	Erde	
Qualitäten dieser Ebene	Warm	Feucht	Kalt	Trocken	
Zeiten	Sommer	Frühling	Winter	Herbst	
Weltachsen	Osten	Westen	Norden	Süden	
Vollkommene Mischarten	Tiere	Pflanzen	Metalle	Gestein	
Tierarten	Gehende	Fliegende	Schwimmende	Kriechende	
Elemente der Pflanzen	Samen	Blüten	Blätter	Wurzeln	
Metalle	Gold, Eisen	Kupfer, Zinn	Quecksilber	Blei, Silber	
Steine	Leuchtende-Glühende	Lichte-Durchscheinende	Klare-Geronnene	Schwere-Undurchsichtige	
Elemente des Menschen	Verstand	Geist	Seele	Körper	} Mikro-Kosmos Gesetz der Klugheit
Kräfte der Seele	Verstand	Vernunft	Phantasie	Sinne	
Urteilskräfte	Glaube	Wissen	Ahnen	Erfahrung	
Moralische Tugenden	Gerechtigkeit	Mäßigkeit	Klugheit	Stärke	
Sinne	Gesicht	Gehör	Geschmack/Geruch	Berührung	
Elemente des menschl. Körpers	Geist	Fleisch und Haut	Säfte	Knochen	
Vierfacher Geist	Animalisch	Vital	Zeugend	Natürlich	
Säfte	Gelbe Galle	Blut	Schleim	Schwarze Galle	
Charaktere	Heftig	Heiter	Träge	Langsam	
Ströme der Unterwelt	Phlegeton	Cocytus	Styx	Acheron	
Schädliche Dämonen	Samaël	Azazel	Azaël	Mahazaël	
Dämonenfürsten	Orienus	Pagnus	Egyen	Amacus	

und infolgedessen gegen jede neuerliche Wanderung gesichert ist. Und wie könnte ein Mensch dieses Stadium erreichen, solange das *Upadara*, dieser Wunsch zu *leben* und immer wieder zu leben, nicht aus dem fühlenden Sein, dem – wenn auch mit einem ätherischen Leib – bekleideten *Ahankara* verschwunden ist?! Das Upadara oder der intensive Wunsch ist es, der den *Willen* hervorbringt, aus dem sich die *Kraft* entwickelt, und diese letztere ist es, die die *Materie* zeugt, d. h. ein Objekt, das eine Form besitzt. Also liefert das leiblos gewordene *Ich* lediglich deshalb, weil es in sich diesen Wunsch hat, der nicht stirbt, unbewußt die Bedingungen für seine eigenen nachfolgenden Existenzen unter verschiedenen Formen. Diese letzteren hängen von seinem geistigen Zustand und von seinem *Karma* ab, d. h. von den guten oder schlechten Handlungen seiner vorhergehenden Existenz, von dem, was man gemeinhin seine *Verdienste* und seine *Verschuldungen* nennt" (Blavatsky). Also die Gesamtheit dieser Verdienste und dieser Verschuldungen ist es, die für den Menschen seine Notwendigkeit bildet. Es sind deren wenige, die ihren Willen zu solcher Entwicklung zu bringen wissen, daß er auf dieses Schicksal Einfluß nimmt, und so sind freilich für die Mehrzahl der Menschen die Impulse der Gestirne „zwingend". „Die Zukunft bildet sich aus der Vergangenheit; d. h. daß der Mensch die Strecke, die er in der Zeit durchläuft und die er mit der freien Macht des Willens modifiziert, bereits durchlaufen und modifiziert hat, ganz ebenso – um mich eines sinnfälligen Bildes zu bedienen – wie die Erde, während sie ihren Jahreskreis um die Sonne beschreibt, nach moderner Annahme die gleichen Räume durchläuft und rund um sich nahezu die gleichen Aspekte sich entfalten sieht; und so könnte der Mensch, während er von neuem die Strecke verfolgt, die er sich abgesteckt hat, dort nicht nur den Abdruck seiner Schritte wiedererkennen, sondern schon vorher die Gegenstände voraussehen, denen er dort begegnen wird, da er sie ja bereits gesehen hat, wäre nicht Bild und bildbewahrendes Gedächtnis durch eine notwendige Folge seiner Natur und der sie lenkenden Vorsehungsgesetze ausgelöscht. Das Prinzip, nach dem man voraussetzte, daß die Zukunft nur eine Wiederkehr der Vergangenheit sei, genügte nicht, um das Schema davon zu erkennen. Man brauchte ein zweites Prinzip, jenes, nach dem man aufstellte, daß die Natur allenthalben gleichartig und infolgedessen ihre Tätigkeit in der kleinsten wie in der größten, in der höchsten wie in der tiefsten Sphäre übereinstimmend sei, so daß man von der einen auf die andere schließen und nach Analogie sich äußern könne. Dieses Prinzip entsprang aus antiken Dogmen über die Belebung des Universums im allgemeinen wie im besonderen: ein geheiligtes Dogma bei allen Nationen, nach dem man lehrte, daß nicht bloß das große All, sondern auch die unzähligen Welten, die seinen Gliedern entsprechen, die Himmel und der Himmel der Himmel, die Sterne und alle sie bevölkernden Seinsformen bis zu den Pflanzen selbst und den Metallen von derselben Seele durchdrungen und vom selben Geist bewegt seien. Stanley schreibt dieses Dogma den Chaldäern zu, Kircher den Ägyptern, und der gelehrte Rabbi Maimonides läßt es bis zu den Sabäern zurückgehen."[13] Wenn wir wissen wollen, wo der Ursprung dieser Ideen über die Astrologie ist, werden wir sehen, daß sie, wie alle großen Wissenschaften, die im Altertum gepflegt wurden, auf der ganzen Erdoberfläche verbreitet war; das beweist der Autor, den zu zitieren ich nicht müde werden kann:

„Laß die Irren ziel- und grundlos handeln,
Du aber sollst in der Gegenwart die Zukunft betrachten!"

„Das heißt, du sollst überlegen, welches die Resultate dieser und jener Handlung sein werden, und daran denken, daß diese Resultate, die von deinem Willen abhängen, solange sie noch im Entstehen sind, sofort das Reich der Notwendigkeit sein werden, wenn die Handlung ausgeführt ist, daß sie weiters, erst einmal entstanden, in der Vergangenheit wachsen und dazu beitragen werden, die Skizze einer neuen Zukunft zu bilden. Ich bitte den auf diese Arten von Vergleichungen neugierigen Leser einen Augenblick auf die Ideen des Pythagoras zurückzugreifen. Er wird dort die wirkliche Quelle der Astrologiewissenschaft der Alten finden. Er weiß zweifellos genau, welch ausgedehnte Herrschaft diese Wissenschaft einstmals auf der Erdoberfläche ausübte. Die Ägypter, die Chaldäer, die Phönizier trennten sie nicht von der den Kult der Götter regelnden, ihre Tempel waren nur ein abgekürztes Bild des Universums, und der Turm, der als Observatorium diente, erhob sich zur Seite des Opferaltars. Die Peruaner folgten in dieser Hinsicht denselben Bräuchen wie die Griechen und die Römer. Überall verband der Hohe Priester mit dem Priestertum die genethliatische oder astrologische Wissenschaft und verbarg sorgfältig in der Tiefe des Heiligtums die Prinzipien dieser Wissenschaft. Sie war ein Staatsgeheimnis bei den Etruskern und in Rom, wie sie es noch in China und Japan ist. Die Brahmanen vertrauten die Grundlagen davon nur denen an, die sie für würdig erachteten, eingeweiht zu werden. Nun, man braucht nur einen Augenblick die Binde des Vorurteils zu entfernen, um zu sehen, daß eine universelle Wissenschaft, allenthalben mit dem verbunden, was den Menschen als Heiligstes galt, nicht das Produkt von Verrücktheit und

Dummheit sein kann, wie es die Masse der Moralisten hundertmal wiederholt hat. Das Altertum in seiner Gesamtheit war gewiß weder verrückt noch dumm, und die Wissenschaften, die es pflegte, entfalten sich auf Prinzipien, die, für uns heute freilich ganz unbekannt, nichtsdestoweniger doch existierten."[14]

Astrologisches Alphabet

In dieser grundlegenden Abhandlung ist es mir, man wird das verstehen, ganz unmöglich, ein so ausgedehntes und verwickeltes Gebiet wie die Astrologie mit vielen Einzelheiten in Angriff zu nehmen. Wir wollen den Studierenden einige sehr einfache Tabellen geben, die es ihnen erlauben werden, sich sehr leicht in den technischen Werken zurecht zu finden. Ich bitte die Studierenden, diese wenigen Tafeln *auswendig* zu lernen, und sie werden ebensoviele Dunkelheiten verschwinden sehen. Diejenigen, die diese Wissenschaft vollkommen studieren möchten, werden alle notwendigen Lehren im *Traité d'Astrologie judiciaire* von Abel Haatan und in der Zusammenfassung von *Selva* finden. Für die Beziehungen der Astrologie und Magie sehen Sie in meinem *Traité elementaire de magie pratique* nach, S. 228 ff.

Planeten	Zeichen	Farben	Wochentage	Metalle
Saturn	♄	Schwarz	Samstag	Blei Pb
Jupiter	♃	Blau	Donnerstag	Zinn St
Mars	♂	Rot	Dienstag	Eisen Fe
Sonne	☉	Gelb	Sonntag	Gold Au
Venus	♀	Grün	Freitag	Kupfer Cu
Merkur	☿	Vielfarbig	Mittwoch	Quecksilber Hg
Mond	☽	Weiß	Montag	Silber Ag

Männliche Planeten: Saturn, Jupiter, Mars, Sonne.
Weibliche Planeten: Venus, Mond.
Neutraler Planet: Merkur (Männl. mit Männern, weibl. mit Frauen).
Wohltäter: Jupiter, Venus, Sonne.
Übeltäter: Saturn, Mars.
Neutral: Merkur, Mond.

Teile des Himmelsdomizils der Planeten

	Haupt-oder Taghaus	Neben-oder Nachthaus
Saturn	Steinbock	Wassermann
Jupiter	Schütze	Fische
Mars	Widder	Skorpion
Sonne	Löwe	–
Venus	Stier	Waage
Merkur	Jungfrau	Zwillinge
Mond	Krebs	–

Die Zeichen des Zodiakus:

Feuerzeichen:	Widder	Löwe	Schütze
Erdzeichen:	Stier	Jungfrau	Steinbock
Luftzeichen:	Zwillinge	Waage	Wassermann
Wasserzeichen:	Krebs	Skorpion	Fische

Beziehungsweise Stellungen der Planeten:

☌ Konjunktion oder Vereinigung der Planeten.
⚺ Semisextil,   Winkel von 30° zwischen zwei Planeten.
✶ Sextil,   "   " 60°   "   "   "
☐ Quadrat,   "   " 90°   "   "   "
△ Trigon,   "   " 120° "   "   "
  Quincunx,   "   " 150° "   "   "
☍ Opposition   "   " 180° "   "   "

Als infolge der Verfolgungen der Willkür die Eingeweihten verpflichtet wurden, die Prinzipien ihrer Wissenschaft zu retten, stellten sie nach den Gestirnen ein mysteriöses Buch zusammen, Zusammenfassung und Schlüssel der ganzen antiken Wissenschaft, und lieferten dieses Buch den Profanen aus, ohne ihnen den Schlüssel dazu zu geben. Die Alchymisten verstanden den rätselhaften Sinn dieses Buches, und mehrere Abhandlungen, unter anderem die 12 Schlüssel des Basilius Valentinus, sind auf seiner Auslegung aufgebaut. Wilhelm Postel fand seinen Sinn neuerlich und nannte ihn „Henochs Entstehung"[15], die Rosenkreuzer besaßen ihn gleicherweise[16], und die höheren Initiationen haben das Geheimnis davon nicht verloren, wie die Werke des Theosophen von St. Martin[17] beweisen, die nach diesen Angaben aufgebaut sind. Man wird Ausführungen zu diesem Gegenstande in den letzten Kapiteln des *Rituals der hohen Magie* von Eliphas Levi finden.

Ich wollte einen raschen Blick auf die Wissenschaften werfen, für die die Analogietafeln unentbehrlich sind, und hoffe, daß mir der Leser darob nicht allzu böse sein wird. Die symbolischen Geschichten repräsentieren den positiven Sinn der verkündeten Wahrheiten, die Tafeln entsprechen dem komparativen Sinn und der Analyse dieser Wahrheiten; wir wollen nun sofort die Zeichen studieren, die der Synthese entsprechen. Vorher bleiben zwei Fragen zu erhellen: der Aufbau und das Lesen dieser Tafeln. Um eine Analogietafel anzulegen, bestimmt man zuerst die Ziffer (1, 2, 3, 4 etc.), deren Entwicklung die Tafel ist. Also ist die unten stehende Tafel nach der Ziffer 4 konstruiert. Man wird also zu allererst so viel Kolumnen brauchen, als es studierte Prinzipien gibt, d. h. so viel Kolumnen, als die Zahl Einheiten repräsentiert. Nehmen wir als Beispiel vier beliebige Fakten und bestimmen wir ihre Position nach der Zahl 3.

Osiris	Isis	Horus
Vater	Mutter	Kind
Sonne	Mond	Merkur
Licht	Dunkelheit	Halbdunkel
Feuer	Wasser	Luft

Wir sehen wohl eine Aufstellung in dieser Tafel, aber wir wissen nicht, wessen Entwicklung die Fakten sind. Es ist weiters notwendig, eine Ergänzungskolumne zu den vorhergehenden hinzuzufügen, in der wir aufschreiben wollen, was uns bisher als Mangel erschienen ist.

1. Ergänzungskolumne	Positive Kolumne	Negative Kolumne	Neutrale Kolumne
Gott bei den Ägyptern	Osiris	Isis	Horus
Die Familie	Vater	Mutter	Kind
Die drei Gestirne	Sonne	Mond	Merkur
Die Helligkeit	Licht	Dunkelheit	Halbdunkel

Aber alle diese Fakten, so zahlreich sie sein mögen, ordnen sich nach der Hierarchie der drei Welten; man muß weiters noch eine Kolumne hinzufügen, die die Zahl der Ergänzungskolumnen auf zwei erhöht, was man jeder Analogietafel hinzufügen muß. Dies die schließliche Tafel:

1. Ergänzungskolumne	+ Positive Kolumne	− Negative Kolumne	∞ Neutrale Kolumne	2. Ergänzungskolumne
Gott b. d. Ägyptern	Osiris	Isis	Horus	Welt der Urtypen
Die Familie	Vater	Mutter	Kind	Moralische Welt
Die drei Gestirne	Sonne	Mond	Merkur	Materielle Welt
Die Helligkeit	Licht	Dunkelheit	Halbdunkel	" "
Die Elemente	Feuer	Waser	Luft	" "

Man braucht sich nur der Tafel des Agrippa zu erinnern, um den Gebrauch dieser Kolumne der drei Welten zu ersehen. Lesung und Handhabung der Analogietafeln sind großteils auf der Lesung der antiken Zahlentafeln, unter anderem der Tafel des Pythagoras basiert. Diese Lesung erfolgt nach dem rechtwinkligen Dreieck, also folgendermaßen:

```
1    2    3    4
2    4    6    8
3    6    9   12
4    8   12   16
```

Man suche, welche Zahl die Multiplikation von 3 mit 4 ergibt. Das gesuchte Resultat wird im rechten Winkel eines rechtwinkligen Dreiecks stehen, dessen beide anderen Winkel durch die Elemente der Multiplikation gebildet sind; also folgendermaßen:

```
1    2    3    4
2    4    6    8
3    6    9   12
4    8   12   16
```

Man sieht, daß das Resultat sich im rechten Winkel des rechtwinkligen Dreiecks befindet. Es genügt, diese Angabe auf eine Analogietabelle anzuwenden, um Sätze zu bilden, die für den, der den Schlüssel nicht hat, wunderlich sind; etwa:

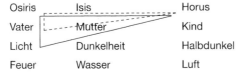

Osiris	Isis	Horus
Vater	Mutter	Kind
Licht	Dunkelheit	Halbdunkel
Feuer	Wasser	Luft

1. Satz: Osiris ist der Vater von Horus.
2. Satz: Osiris ist das Licht von Horus.
3. Satz: Osiris ist das Feuer von Horus.

Es ist, glaube ich, überflüssig, bei den vielfachen Kombinationen zu verweilen, die aus dieser Art Niederschrift resultieren können. Man kann den rechten Winkel des Dreiecks umkehren, ihn z. B. auf das Wort *Horus* kommen lassen und folgenden Satz lesen:

Osiris	Horus
	Halbdunkel

„Horus ist das Halbdunkel des Osiris", ein recht dunkler Satz für einen, der den Schlüssel dazu nicht kennt.

Die Methode oder Logik des Okkultismus
Die Analogie und die Analogietafeln[18]

Der Okkultismus strebt mit aller Kraft danach, die Zwischenglieder zu bestimmen, die zwei anscheinend gegensätzliche Prinzipien zu einigen vermögen. So werden Wasser und Öl als zu intimer Mischung unfähig betrachtet. Mit Mühe kann man davon eine Emulsion herstellen, in der die Teilchen sich nebeneinander lagern, aber nicht mischen. Und doch, ein wenig Speisesoda genügt, diese beiden Gegensätze in eine vollkommen homogene Seife zu verwandeln. Das ist die Rolle des Astralkörpers durch Beziehung zum spitituellen Öl und zum materiellen Wasser, aus denen er eine vitale Seife macht. (Ich bitte den Leser für dieses technische Bild um Entschuldigung). Das ist auch die Rolle der charakteristischen Methode des Okkultismus, der Analogie, des Mitteldings zwischen Deduktion und Induktion, das sich abwechselnd an jede der beiden anleitet, ohne sich an die besonderen Regeln jeder einzelnen zu binden. Die Analogie ist mit dem Okkultismus als Methode so verbunden wie die Haut mit dem Körper. Aber die Verwendung dieser Methode verlangt einen ganz speziellen Fingersatz, um nicht in Exzesse der Phantasie zu geraten, und eine Kontrolle aller Momente, um ein ernstes Resultat zu erzielen. Daher kommt es, daß die Zahlen ernste Dienste leisten werden, und es ist ein großes Unrecht, daß man den Büchern des Euklid über die Zahlen den Ruhm verweigert hat, den seine Bücher über die Geometrie besitzen. Die beste Art zu zeigen, was die Analogiemethode ist, besteht darin, sie neuerlich in zahlreichen Beispielen anzuwenden und dabei die erhaltenen Resultate zu erörtern. Darauf wollen wir unsere Bemühungen richten. Das allgemeine Gesetz der Analogie ist von Trismegistos (der für uns den Sammelbegriff für die ägyptische Universitas literarum darstellt) in der Smaragdtafel folgendermaßen definiert:

> Was oben ist,
>   ist wie das,
>   was unten ist,
> Um die Wunder der Einheit zu erfüllen.

Beachten Sie wohl, daß der Autor der Smaragdtafel genau und von allem Anfang an die Analogie von der Ähnlichkeit unterscheidet, was gerade für die Anfänger ein schwer vermeidbarer Fehler ist. Ein einem anderen analoges Ding ist diesem beinahe niemals ähnlich. Die Analogie der Konstitution des Menschen in ihren drei Prinzipien Geist – Seele – Körper mit der der Konstitution einer Kutsche in Kutscher – Pferd – Wagen ist klar genug, um die Lösung merkwürdiger Probleme zu erlauben, und doch besteht zwischen diesen beiden Dingen weiß Gott recht wenig Ähnlichkeit. So sagt auch der Trismegistos: Was oben ist, ist wie das, was unten ist. Und er sagt nicht: Was oben ist, ist unten. Damit protestiert er im vorhinein gegen die Beschuldigung des Pantheismus, die die Theologen mit Fleiß immer gegen die Okkultisten erhoben haben und die doch ungerecht ist. Die erste Lehre der *Smaragdtafel* ist also die Analogie der Gegensätze „Oben" und „Unten", die ein gemeinsames Element besitzen, dessen Charakter der weitere hermetische Text bestimmt. Die zweite Lehre ist die Umkehr zur Einheit dieser Gegensätze oder die Synthese, die alle niederen Antithesen in sich eint. Also das Prinzip des „universellen Gesetzes" von Hoené-Wronski. Das ist die erste theoretische Basis. Sehen wir jetzt ihre Anwendungen.

Zunächst ist es vorzuziehen, sich vom Physisch-Bekannten zum Metaphysisch-Unbekannten oder besser vom Sichtbaren zum Unsichtbaren zu erheben, um eine Analogiestudie zu beginnen. Das scheint naiv, aber im Okkultismus ist das Unsichtbare ebenso bestimmt wie das Sichtbare, und so kann man nach Belieben die den Körpern vom Geist nach der astrologischen Formel eben dieses Geistes gegebenen Formen untersuchen (was den Weg vom Unsichtbaren zum Sichtbaren bedeutet) oder die astrologischen Charaktere des Geistes nach den Formen des Körpers untersuchen (was den Weg des Sichtbaren zum Unsichtbaren bedeutet). Diese letztere Methode lobt Claude de Saint-Martin besonders, wenn er sagt: Man muß die Natur nach der Konstitution des Menschen studieren und nicht den Menschen nach der Natur. In Wirklichkeit sind nach der Astrologie und ihrem fundamentalen Gesetz Mensch, Natur und Gott analog, aber nicht ähnlich, und die Prinzipien des einen finden sich analog im anderen, was zu dem Ausspruch geführt hat, der Mensch sei eine kleine Welt oder besser eine Welt im Kleinen, die Natur sei eine große Welt oder ein Mensch im Großen, und alle beide bildeten das Gesetz der göttlichen Konstitution nach: „Gott hat den Menschen nach seinem Bilde gemacht." Dies die biblische Formel der Analogie und dies der Ausgangspunkt aller Analogien zwischen Geschöpf und Schöpfer, ohne daß man eins mit dem andern je verwechseln könnte. Nehmen wir jetzt ein Problem, dessen Lösung wir mit verschiedenen Methoden versuchen wollen: Welches ist die Beziehung der drei Segmente des Organismus: Bauch, Brust und Kopf untereinander?

Der positivistische Gelehrte, der experimentell-induktiv vorgeht, wird die in jedem Zentrum vorhandenen Gewebe, Säfte, nervösen Gruppen studieren, und durch dieses Studium wird er eine mehr oder minder vollkommene Antwort herbeiführen, induzieren, also aus kleinsten Teilen aufbauen.

Der Philosoph, der rein deduktiv vorgeht, wird bestimmen, welches hierarchische Band zwischen den drei studierten Elementen besteht, und wird davon mehr oder minder allgemeine Betrachtungen deduzieren (Also große Umrisse, wie beim Blick aus der Ferne). Diese Methoden sind bekannt; Einzelheiten erübrigen sich. Sehen wir jetzt, wie der Analogiker vorgehen wird.

In erster Linie wird er die drei Studienelemente nach ihrer rohen Rangordnung aufstellen:

> Oben: Der Kopf.
> Mitte: Die Brust.
> Unten: Der Bauch.

Ist das geschehen, dann wird er sofort untersuchen, was als Darstellung jedes der Segmente in den beiden anderen gelten mag, denn die Analogie verlangt einen oder mehrere identische Begriffe in jedem der Segmente, Begriffe, um deren Freilegung es sich hier handelt. Dann wird er sagen: Im Bauch muß es ein charakteristisches Element des Bauches geben, das sich seinerseits in den beiden anderen Segmenten dargestellt finden muß. Wir werden also aufstellen:

Bauch:
1. Eigentliches Element im Bauche.
2. Darstellung des Bauches in der Brust.
3. Darstellung des Bauches im Kopfe.

Ebenso wird es sich mit dem zweiten Segment, der Brust, verhalten, die ein eigenes Element und die Darstellung dieses Elements in jedem der beiden anderen Segmente besitzen muß. Das führt uns dazu, eine analogische Untersuchungstabelle anzulegen. Wir schreiben zunächst in eine senkrechte Kolumne:

> Kopf
> Brust
> Bauch

Und danach in eine waagrechte Kolumne:

> Bauch .... Brust .... Kopf.

Es ist das eine Art pythagoräischer Tafel, wo die Studienelemente die Rolle von Zahlen spielen, und derart sah auch wirklich die Tafel des Pythagoras aus, wie sie die Eingeweihten verwendeten. Wir haben also eine folgendermaßen gebildete Tabelle:

Kopf			
Brust			
Bauch			
	Kopf	Brust	Bauch

Die Analogie soll uns die Ausfüllung der leer gebliebenen Stellen gestatten, die die zu findenden Elemente vertreten, u. zw. in einer sehr einfachen Art. Es genügt, in jedem freien Haus die beiden Namen zu vereinigen, deren Unterteilung dieses Haus ist. (Verfahren der Zahlentafel des Pythagoras). Die erste senkrechte Kolumne wird folgendermaßen ausgefüllt sein:

	Kopf im Kopf		
Kopf	Kopf im Kopf		
Brust	Kopf in der Brust		
Bauch	Kopf im Bauch		
	Kopf	Brust	Bauch

In derselben Art für die beiden anderen Segmente vorgehend, erhält man folgende endgültige Tabelle:

	Kopf im Kopf	Brust im Kopf	Bauch im Kopf
Kopf	Kopf im Kopf	Brust im Kopf	Bauch im Kopf
Brust	Kopf in der Brust	Brust in der Brust	Bauch in der Brust
Bauch	Kopf im Bauch	Brust im Bauch	Bauch im Bauch
	Kopf	Brust	Bauch

Wir brauchen uns jetzt nur noch an die Physiologie und Anatomie zu wenden, um durch die Organbezeichnungen ihren in der Tabelle gegebenen Charakter zu ersetzen, und alsbald werden wir die Analogie zwischen den Gegensätzen bestimmt haben, d. h.:

Zwischen Kopf im Bauch und Bauch im Kopf,
Zwischen Kopf in der Brust und Brust im Kopf,
Zwischen Brust im Bauch und Bauch in der Brust.

Die wissenschaftlichen Namen werden diese Analogien in einer merkwürdigen Art erhellen und die Strenge der Untersuchungsmethode zeigen, die wir anwenden, im Verhältnis zur Ungewißheit der Analogie, solange diese Analogie durch die Unterteilungen mehrerer Elemente nicht ebenso bestimmt ist. Um in unseren Beziehungen vollkommen zu sein, erinnern wir uns, daß das Gesicht die Einheit ist, die die verschiedenen Aspekte der vorhergehenden Dreifaltigkeit zusammenfaßt, und dann werden wir die folgende Tabelle erhalten, in der die Begriffe:

> Niederes das Wort Bauch oder Abdomen,
> Mittleres das Wort Brust oder Thorax,
> Höheres das Wort Kopf

ersetzen und wo das Gesicht das Ganze zur Synthese führt. Der Kopf im Bauch oder das Höhere im Niederen, das ist das Sonnengeflecht, während der Bauch im Kopf oder das Niedere im Höheren in den Lymphgefäßen und -knoten des Kopfes besteht. Wir finden da diese Analogie zwischen den sympathischen Ganglien und den lymphatischen Knoten, die ersteren in Tätigkeit für die Nervenkraft, wie die letzteren für die materiellen Reserven arbeiten. Wir würden ebenso noch andere merkwürdige Analogien finden, die jenen als Studientyp dienen sollen, die sie studieren wollen. Wenn wir als Beispiel die auf den Menschen bezügliche Tabelle entwickelt haben, so nur um zu zeigen, daß die Analogiemethode auf unsere schwierigsten Wissenschaften, wie etwa die Physiologie, anwendbar ist. Man kann davon die allgemeinsten Anwendungen machen, aber sie wären nicht so beweiskräftig wie die, die wir gewählt haben.

Kolumne der niederen Welt (Bauch)	Kolumne der mittleren Welt (Thorax)	Kolumne der höheren Welt (Kopf)	Kolumne Welt der Synthese (Gesicht)
Niederes im Synthetischen: (Mund und Geschmack)	Mittleres im Synthetischen: (Nase und Geruch)	Höheres im Synthetischen: Auge (Gesicht) Ohr (Gehör)	Zentrum der Welt der Synthese: Das Gesicht: (Gefühl)
Niederes im Höheren: Gefäße u. Lymphganglien des Kopfes	Mittleres im Höheren: Karotiden und Hirnarterien	Zentrum der höheren Welt: Hirn und Anhänge	Synthetisches im Höheren: Stirn, Muskeln d. Augenbewegung, Kopfglieder oder oberer Backenknochen, Kehlkopf (Haare und Bart)
Niederes im Mittleren: Canalis thoracicus Lymphgefäße	Zentrum der mittleren Welt: Herz Lungen	Höheres im Mittleren: Plexus cardiacus	Synthetisches im Mittleren: Thoraxglieder, Nervus pneumogastricus, Brüste
Zentrum der niederen Welt: (Magen, Därme, Leber, Milz und Anhänge)	Mittleres im Niederen: Bauchaorta Nieren	Höheres im Niederen: Sonnengeflecht (Plexus solaris)	Synthetisches im Niederen: Bauchglieder, Nervus pneumogastricus, Geschlechtsorgane

Wir wollen eine Tabelle der drei großen Prinzipien geben, wie sie Claude de Saint-Martin studiert hat: Gott, der Mensch und das Universum.

	Gott	Mensch	Universum
Gott	Gott in Gott selbst	Der Mensch in Gott	Das Universum in Gott
Mensch	Gott im Menschen	Der Mensch in sich selber	Das Universum im Menschen
Universum	Gott im Universum	Der Mensch im Universum	Das Universum in sich selber

Jeder dieser Abschnitte würde den Gegenstand eines besonderen Studiums bilden. Beachten wir nur, daß hier der Okkultismus die Einheit Gottes in sich selber und seine eigene Persönlichkeit außerhalb von Mensch und Universum lehrt. Also ist von nun an die Beschuldigung des Pantheismus, die die Theologen gegen den Okkultismus erheben, widerlegt. Der Okkultismus studiert in Wirklichkeit der Reihe nach den Materialismus, den Pantheismus und den Deismus, um ihre Synthese zu bilden, wenn er den höheren Begriff bestimmt, der sie in der absoluten Erkenntnis einen kann.

*

Als ich in unseren Anwendungen einer Analogietabelle die Konstitution des Menschen aus Geist, Seele und Körper mit der einer Equipage aus Kutscher, Pferd und Wagen verglich, hat man mir entgegengehalten, daß dieser Vergleich für jeden anderen Bewegungsapparat, wie z. B. eine Lokomotive, nicht mehr wahr wäre. Dieser Einwand wurde mir von dem R. P. Bulliot in der alten Gesellschaft für psychische Studien unter Vorsitz des Kanonikus Brettes gemacht, wo sich Theologen mit Adepten der zeitgenössischen Wissenschaften messen sollten. Um auf diesen Einwand und andere gleicher Art zu antworten, will ich mir die Freiheit nehmen, drei anscheinend nichtige Tabellen zu geben: die Kutsche, die Lokomotive und das Fahrrad. Vorgeschrittenere Okkultisten werden diese Tabellen auf sehr interessante Analogien einer ganz anderen Ordnung anwenden können.

	Kutsche	Kutscher	Pferd	Wagen
Kutscher		Kutscher selbst: Kopf, Thorax Abdomen	Verbindung von Pferd und Kutscher: Mundstück, Kopf des Pferdes	Verbindung von Wagen und Kutscher: Platz d. Kutschers am Kopf des Wagens
Pferd		Verbindung von Pferd und Kutscher: Lenkriemen und Arm des Kutschers	Pferd selbst: Hufe, Körper, Kopf	Verbindung von Wagen und Pferd: Platz d. Pferdes oder Körper des Wagens
Wagen		Verbindung von Kutscher und Wagen: Bock, Beine und Bremse	Verbindung von Pferd und Wagen: Deichsel und Körper	Wagen selbst: Deichsel, Räder, Rahmen

	Die Lokomotive	Maschinist	Triebkraft	Wagen
Maschinist		Maschinist selbst	Verbindung v. Triebkraft u. Maschinist: Manometer, Ventile, Aktionshahn	Verbindung von Wagen und Maschinist: Platz des Maschinisten
Triebkraft		Verbindung von Maschinist und Triebkraft: Getriebe des Dampfes	Triebkraft selbst: Dampfkessel, Kolben und Treibstange	Verbindung von Wagen und Triebkraft: Platz der Triebkraft
Wagen		Verbindung von Maschinist und Wagen: Bremsen und Bremshahn	Verbindung v. Triebkraft u. Wagens: Treibstangen in der Wirkung auf die Räder	Wagen selbst: Rahmen, Platz der Triebkraft, Räder

Ich verharre bei der Bildung von Analogietafeln, um den Studierenden sehr viele Rechenfehler und böse Folgen zu ersparen, denn die Entdeckung des genauen wissenschaftlichen Begriffes, der einerseits an seiner Stelle in der Tafel der Kreuzung der ihn erzeugenden Begriffe entspricht, andererseits seinem Gegenteil analog ist, verlangt ganz und gar persönliches Forschen und läßt der reinen Phantasie und Eingebung wenig Platz.

Wenn man die Tabellen mehrerer Prinzipien aufgestellt hat, kann man zu einer noch interessanteren Übung übergehen, zur Zusammenstellung jedes der Prinzipien mit allen ihm analogen in den anderen Tabellen.

Also kann man auf die folgende Art alle Tabellen mit drei Begriffen, die wir bisher gegeben haben, vergleichen:

Prinzipien	Gott	Mensch	Universum
Mensch	Geist	Seele	Körper
Menschlicher Körper	Kopf	Thorax	Abdomen

Kutsche	Kutscher	Pferd	Wagen
Lokomotive	Maschinist	Triebkraft	Wagen
Fahrrad	Radfahrer	Triebkraft	Fahrrad

Man bestimmt also den tatsächlichen Schlüssel der Analogietabellen zu 2, 3, 4, 5, 7 und 12 Begriffen nach den Angaben Agrippas in seiner *Okkulten Philosophie*; jeder dieser Begriffe kann für sich allein einer Analogietafel stattgeben, und alle im selben Feld der verschiedenen Tafeln untergebrachten Begriffe sind untereinander streng analog. So will die Analogie die Deduktion und Induktion in allen okkultistischen Arbeiten stützen. Die große Schwierigkeit bei Anwendung dieser Methode besteht, wie wir betont haben, darin, die Analogie nicht mit der Ähnlichkeit zu verwechseln und nicht zu glauben, zwei analoge Dinge seien notgedrungen ähnlich. So sind im Okkultismus Hirn und Herz analog, und sind doch von Ähnlichkeit weit entfernt. Das gehört zur Lehre von den Korrespondenzen, von der wir ja bereits kurz gesprochen haben. Die in der gleichen Korrespondenzkolumne untergebrachten Dinge sind analog, und der Charakter der Analogie ist durch den allgemeinen Sinn der gesamten Kolumne bestimmt. So spielen nach der philosophischen Anatomie des Malfatti de Montereggio Magen, Herz und Hirn die Rolle von Embtyonen hinsichtlich jedes der drei Zentren Bauch, Brust und Kopf, in denen sie enthalten sind. Diese Organe sind also nach dieser Funktion untereinander analog. Aber man kann ihre Analogie auch nach andern Abschätzungselementen aufstellen. Wenn wir in der Tat diese drei Organe unter dem Gesichtspunkt ihrer allgemeinen Funktion betrachten, werden wir feststellen, daß das erste seine Nahrungsmittel von der Außenwelt direkt erhält, das zweite von der atmosphärischen Luft und das dritte von den Empfindungen. Es existiert also eine Analogie unter dem Gesichtspunkt der direkten Aufnahme eines von außen Zugebrachten, und gleicherweise besteht diese Analogie unter den drei Einlageelementen: Nahrungsmittel, Luft und Empfindungen, denn die Analogie von zwei Dingen untereinander bestimmt die Analogie aller Bestandteile dieser beiden Dinge. Man sieht die beträchtliche Elastizität dieser Methode, die unter ihrer anscheinenden Einfachheit nur sehr schwer und mit Scharfsinn und Genauigkeit zu handhaben ist. Die Analogie ist die theoretische Methode, die die Okkultisten ihren Untersuchungen über die physische Ebene und die Welt der Gesetze vorbehalten. Über die Welt der Prinzipien und über die ersten Ursachen erlaubt sie nur Licht aus zweiter Hand zu erhalten. Zum Eindringen in diese Ebene besitzen die praktisch Vorgeschrittenen eine Methode direkten Schauens in die unsichtbare Welt, die ehemals in den Prophetenschulen sorgfältig gepflegt, später von den Ekstatikern und Mystikern erfolgreich angewandt wurde und in unseren Tagen nur noch von einigen seltenen Adepten der chinesischen Gesellschaften, der brahmanischen Bruderschaften oder von Abgesandten der höheren Ebene bewahrt wird. Hier auch ist der Punkt, wo der Okkultismus, der uns beinahe wie ein simples philosophisches System erschienen war, jählings der allgemeinen Methode entschlüpft, um den Ruf nach den mysteriösen Methoden zu erheben, denen er seinen Namen, aber auch viele der auf seine Kosten von Ignoranten und Sektierern verbreiteten lächerlichen Verleumdungen verdankt. Diese zweite Methode ist fast ausschließlich für die Untersuchungen über die Seele und ihre Umwandlungen nach dem Tode, wie über die spirituellen Wesen benutzt worden, die die verschiedenen unsichtbaren Ebenen des Universums bevölkern. Apollonius von Thyana, Jakob Böhme, Swedenborg sind mit Claude de Saint-Martin und seinem Lehrer de Pasqually die bekanntesten unter den Philosophen, die diese Methode angewendet haben und deshalb unter die Mystiker eingereiht worden sind. Die Verbindung von Analogie und direktem Schauen hat die Verwendung der Zahlen und Symbole entstehen lassen, wie sie die Okkultisten handhaben. In der Tat hat zur Vermeidung von Irrtümern, zu denen der unpassende Gebrauch der Analogie Anlaß geben konnte, die Kabbala ein kostbares Kontrollinstrument für die Zahlen und ihre symbolische Auffassung abgegeben. Jede Zahl entspricht tatsächlich einer Idee und einer charakteristischen Hieroglyphe, so daß die Gesetze der Kombinationen der Zahlen die Wahrheit der Kombination der Symbole und Ideen bestätigen. Man wird in den Werken der Pythagoräer und in den den Zahlen gewidmeten Büchern des Euklid, die sich besonders auf diese Art Anwendungen verlegt haben, interessante Lehren zu diesem Gegenstande finden. Plutarch hat einige davon in seinem *Traktat über Isis und Osiris* zusammengefaßt. Durch dieses Traktat besitzen wir Kunde von den Dreiecks- und Rhombuszahlen, worunter

Einige Anpassungen des Dreiers auf zeitgenössische Kenntnisse

Die 3 Welten	Beziehungen und Reduktion auf die Einheit	Positiv = Aktiv +	Negativ = Passiv −	An beiden teilhabendes Neutrum ∞
Göttliche Welt	Gott bei den Christen	Vater	Sohn	Heiliger Geist
	Gott bei den Ägyptern	Osiris	Isis	Horus
	Gott bei den Hindus	Brahma	Shiva	Wishnu
Intellektuelle Welt	Vernunftschluß	Vordersatz	Untersatz	Schluß
	Kausalität	Ursache	Mittel	Wirkung
	Personen des Zeitworts	Die Sprechende	Die Angesprochene	Die, von der man spricht
	Multiplikation	Multiplikator	Multiplicandus	Produkt
	Division	Divisor	Dividendus	Quotient
	Raum	Länge	Breite	Tiefe
	Zeit	Gegenwart	Vergangenheit	Zukunft
	Musik	Terz	Quint	Terz
	Teilung der Gestirne	Sonne	Planet	Satellit
Physische oder niedere Welt	Mensch	Kopf	Bauch	Brust
		Wille	Körper	Leben
	Familie	Vater	Mutter	Kind
	Naturreiche	Tierreich	Steinreich	Pflanzenreich
	Einfache Farben	Rot	Blau	Gelb
	Chemie	Säure	Base	Salz
	Kräfte im allgemeinen	Bewegung	Ruhe	Gleichgewicht
	Magnetismus	Anziehung	Abstoßung	Gleichgewicht
	Elektrizität	Positiv	Negativ	Neutral
	Wärme	Warm	Kalt	Gemäßigt
	Licht	Licht	Schatten	Halbschatten
	Materie	Gasförmig	Fest	Flüssig

die Okkultisten unsere Quadrat- und kubischen Zahlen verstanden. Zu Beginn dieses Kapitels habe ich verschiedene Anwendungen dieser Methode geliefert, reichlich genug, daß mir ein Zurückkommen auf diese Sache überflüssig scheint. Ich habe soeben einen der mysteriösesten Vorgänge erhellt, die bei den Eingeweihten zur Kundmachung ihrer Idee in Verwendung standen. Ich habe auch einige Angaben über zwei der größten Wissenschaften des Sanktuars, Magie und Astrologie, gemacht. Verfolgen wir unseren Weg und sehen wir, ob wir im Studium der geheimsten Art und Weise, mit der die Lehre der okkulten Wissenschaft umschlossen war: der Pentakeln oder symbolischen Figuren, ebenso glücklich sein werden. Vorerst aber fassen wir einige der zeitgenössischen Wissenschaften in einer Dreiertabelle zusammen. Diese Tabelle könnte viel reichhaltiger sein; ich denke jedoch, daß die gegebenen Beispiele genügen werden, um dem Leser zu leuchten.

VI. Kapitel

Der synthetische Ausdruck der Ideen – Die Pentakeln –
Die Schlange und ihre Bedeutung – Entwicklungsmethode
der Pentakeln – Das Kreuz – Das Dreieck – Die Devise
Cagliostros (יהוה) – Der 21. Schlüssel des Hermes –
Die drei Ursprachen – Die Sphinx und ihre Bedeutung –
Die Pyramiden – Das Pentagramm – Das rechtwinklige Dreieck
und das chinesische Buch Tshen-Pey.

D er Eingeweihte kann sich an alle wenden, indem er seine Idee mittels der symbolischen Geschichten ausdrückt, also mittels der Entsprechung der *Fakten* oder des positiven Sinnes. Viele erfassen auch, wenn schon nicht den Sinn, so doch wenigstens die Worte, welche die den *Gesetzen* oder dem komparativen Sinn entsprechenden Analogietafeln zusammensetzen. Die *vollkommene* Erfassung der letzten Sprache, die der Initiierte verwendet, bleibt einzig dem Adepten vorbehalten. Mit den Elementen bewaffnet, die wir besitzen, können wir indessen die teilweise Erklärung dieser synthetischen Methode aufgreifen, der letzten und höchsten der okkulten Wissenschaften. Sie besteht darin, in einem einzigen Zeichen die Fakten, Gesetze und Prinzipien genau der Idee entsprechend, die man übermitteln will, zusammenzufassen. Dieses Zeichen, der wahrhaftige Widerschein der natürlichen Zeichen, heißt ein „Pentakel". Der Begriffsumfang und der Gebrauch der Pentakeln entspricht den *Prinzipien* oder dem superlativen Sinn in der Rangordnung der Drei. Wir müssen zum Gegenstande dieser rätselhaften Figuren zwei Dinge wissen, zunächst ihren Aufbau, danach und vor allem ihre Deutung. Wir haben die Reduktion der Smaragdtafel in geometrischen Figuren bereits gegeben. Es ist ein wirkliches Pentakel, das wir so konstruiert haben. Indessen wollen wir zur größeren Klarheit noch ein anderes aufbauen. Das verborgenste, das okkulteste Geheimnis des Tempels war, wie wir wissen, der Beweis der Existenz eines universellen Agens, das eine Unmenge Namen führt, und die praktische Betätigung der durch sein Studium erworbenen Kräfte. Wie müßte man es anfangen, um diese Kraft mit einem einzigen Zeichen auszudrücken? Studieren wir dazu ihre Eigenschaften! Vor allem ist diese einzige Kraft wie ihr Schöpfer, den sie bilden hilft, mit zwei polarisierbaren Beschaffenheiten begabt; sie ist aktiv und passiv, anziehend und abstoßend, zugleich positiv und negativ. Wir haben eine Menge Arten, das Aktiv darzustellen. Wir können es mit der Ziffer 1 bezeichnen und das Passiv mit der Zahl 2 anmerken, was uns für Aktiv-Passiv die Zahl 12 ergeben würde. Dies ist das Vorgehen der Pythagoräer. Wir können es weiters mit einem senkrechten Balken und das Passiv mit einem waagrechten bezeichnen. Wir werden dann ein Kreuz haben, ein anderes Bild für das Aktiv-Passiv. Dies ist das Vorgehen der Gnostiker und Rosenkreuzer. Aber diese beiden Bezeichnungen kennzeichnen wohl das *Aktiv-Passiv,* erwähnen jedoch nichts vom Positiv und Negativ, vom Anziehenden und Abstoßenden. Um unser Ziel zu erreichen, müssen wir mit unserer Darstellung im Reich der Formen, in der Natur selbst auf die Suche gehen, wo das Positiv durch ein Volles, das Negativ durch das Gegenteil davon, d. h. durch ein Hohles dargestellt sein wird. Von dieser Art Erfassung des Aktivs sind alle phalloiden Bilder des Altertums abgeleitet.

Also ein *Volles* und ein *Hohles* sind die Elemente, dank deren wir die ersten Qualitäten der universellen Kraft ausdrücken. Aber diese Kraft ist weiters mit einer ständigen Bewegung begabt, u. zw. in solchem Maße, daß Louis Lucas sie deshalb mit diesem Namen bezeichnet hat. Die Idee einer zyklischen Bewegung entspricht in der qualitativen Geometrie dem Kreis und der Zahl 10.

Ein Volles, ein Hohles und ein Kreis. Jetzt haben wir den Ausgangspunkt unseres Pentakels. Das Volle wird durch den Schwanz einer Schlange dargestellt sein, das Hohle durch ihren Kopf und der Kreis durch ihren Körper. Das ist der Sinn des antiken ουροβορος.

Die Schlange ist in sich selbst gerollt, derart, daß ihr Kopf (hohl – anziehend – passiv) unaufhörlich ihren Schwanz (voll – abstoßend – aktiv) zu verschlingen sucht, der in ewiger Bewegung flieht. Da haben wir die Darstellung der Kraft. Wie werden wir ihre Gegensätze ausdrücken? Diese sind, wie wir wissen, harmonisch und folglich im Gleichgewicht. Sie sind in der Welt durch den Osten als Positiv des Lichtes dargestellt, der durch den Westen als Negativ des Lichtes oder Positiv der Dunkelheit ausgeglichen wird; durch den Süden als Positiv der Wärme, der durch den Norden als Negativ der Wärme oder Positiv der Kälte ausgeglichen wird. Licht und Wärme, die sich einander in Positiv und Negativ gegenüberstellen, um einen Vierer zu bilden – da haben wir das Bild der Gesetze der Bewegung, bezeichnet durch ihre equilibrierten Kräfte. Ihre Darstellung wird das Kreuz sein.

Wir werden also zwischen Maul und Schwanz der Schlange oder neben ihr das Bild des die Bewegung regierenden Gesetzes, den Vierer, hinzufügen. Wir kennen die universelle Kraft, ihre Darstellung und die ihrer Gesetze. Wie werden wir ihren Weg ausdrücken? Wir wissen, daß diese Kraft Lebensströme entwickelt und andauernd entwickelt, die sich verstofflichen und dann wieder vergeistigen, die unaufhörlich von der Einheit ausgehen und wieder in sie eintreten. Einer dieser Ströme, der von der Einheit zur Vielheit geht, ist also passiv absteigend, der andere, der von der Vielheit zur Einheit geht, ist aktiv aufsteigend. Es werden uns also mehrere Mittel gegeben sein, um den Weg der universellen Kraft darzustellen. Wir werden ihn durch zwei Dreiecke bezeichnen konnen, das eine schwarz und absteigend, das andere weiß und aufsteigend. Dies ist der Vorgang nach dem Pentakel der Martinisten.

Wir werden ihn mit zwei Kolumnen bezeichnen können, einer schwarzen und einer weißen (Vorgang bei der Freimaurerei, die Kolumnen *Jakin* und *Bohas*)

oder durch Armstellungen einer Person, der eine Arm zur Bezeichnung des aufsteigenden Stromes emporgehoben, der andere zur Erde hin gestreckt, um den absteigenden Strom zu kennzeichnen. Vereinigen wir wieder all diese Elemente, und wir werden die Figur erscheinen sehen, die den 21. Schlüssel des Tarot, das Abbild des Absoluten bildet. Die Schlange repräsentiert die universelle Kraft, die vier symbolischen Tiere das Gesetz der von dieser Kraft ausgeströmten equilibrierten Kräfte, die beiden Kolumnen im Zentrum der Schlange den Gang der Bewegung und das junge Mädchen die Schöpfung, die aus allem resultiert: das Leben. Der ουροβορος, allein betrachtet, ohne seine Entwicklung, drückt also eins der allgemeinsten Prinzipien aus, die es gibt. Er wird das Abbild sein:

In der göttlichen Welt:	Von der Wirkung des Vaters auf den Sohn.
In der intellektuellen Welt:	Von der Wirkung d. Freiheit auf d. Notwendigkeit.
In der materiellen oder physischen Welt:	Von der Wirkung der Kraft auf den Widerstand.

Die Figur ist noch einer Menge Anwendungen fähig. Mit einem Wort, es ist ein Pentakel, ein Bild des Absoluten.

Erläuterung der Pentakel – Diese Figuren, die auf den ersten Blick so mysteriös scheinen, werden indessen in der Mehrzahl der Fälle verhältnismäßig leicht auslegbar. Hier einige allgemeinste Regeln, die man für diese Erläuterung aufstellen kann:

1. Die Figur in ihre Elemente zerlegen.
2. Die Lage betrachten, die diese Elemente in Beziehung zueinander in der Figur einnehmen.
3. Die Wissenschaft suchen, mit der sich das Pentakel am nächsten verbindet.

I.
Zerlegung der Figur in ihre Elemente

Jedes Pentakel, und scheine es noch so komplex, läßt sich in eine bestimmte, zur qualitativen Geometrie in Beziehung stehende Zahl von Elementen zerlegen (siehe IV. Kapitel). Wir wollen eine gewisse Zahl von Elementen durchgehen, dank deren sich die Arbeit sehr abkürzen wird. Zunächst jedoch bin ich dafür, ein Mittel anzugeben, das man immer verwenden soll, wenn die Bestimmung der Elemente schwierig ist: in diesem Falle soll man sie zählen. Man findet sie dann zu drei, sieben oder zwölf geordnet. Sind sie zu drei gereiht, so besteht die enthaltene Idee im Aktiv-Passiv-Neutrum und deren Konsequenzen. Sind sie zu sieben gereiht, so beziehen sie sich bald auf die sieben Planeten, bald auf die Farben des hermetischen Werks, und die dritte Betrachtung (Wissenschaft suchen, auf die sich die Figur bezieht) erhellt dann die Beschreibung. Bei Reihung zu zwölf schließlich drücken sie jede zodiakale Bewegung und im besonderen die der Sonne aus. Nach Beseitigung dieser Schwierigkeit schauen wir uns einige der Hauptelemente an: Das *Kreuz* bedeutet den Gegensatz paarweiser Kräfte zur Hervorbringung der Quintessenz. Es ist das Bild der Wirkung des Aktiven auf das Passive, des Geistes auf die Materie.

Natürlich regiert der Kopf den Körper, der Geist die Materie. Wenn die Hexenmeister ihre Ideen in einem Pentakel ausdrücken wollen, so formulieren sie ihre Verwünschungen durch Zerstörung der figuralen Harmonie. Sie stellen *das Kreuz auf den Kopf* und drücken damit folgende Ideen aus:

Die Materie beherrscht den Geist; Das Böse steht über dem Guten; Die Finsternisse sind dem Lichte vorzuziehen; Der Mensch muß sich einzig von seinen niedrigsten Instinkten führen lassen und alles tun, um seine Intelligenz zu zerstören etc. etc.

Wir wissen, daß das Kreuz aus dem Grunde seine Ideen ausdrückt, weil es aus einem senkrechten Balken (Bild des Aktivs) und einem waagrechten (Bild des Passivs) samt allen an diese Begriffe geknüpften Analogien gebildet ist. Das *Quadrat* bedeutet den Gegensatz der Ideen und Kräfte Aktiv-Passiv zur Bildung des Gleichgewichts. Deshalb ist es besonders das Bild der Form.

Das *Dreieck* drückt je nach den Stellungen seines Scheitels verschiedene Ideen aus.

An sich ist das Dreieck aus zwei gegenübergestellten Linien, Abbild der Zwei und des Gegensatzes, gebildet, die sich im Unendlichen verlieren würden, ohne sich je zu begegnen, wenn nicht eine dritte Linie die beiden verbinden und so unter Bildung der ersten geschlossenen Figur zur Einheit zurückführen wollte.

△

Das *Dreieck mit der Spitze oben* vertritt alles, was von unten nach oben steigt.

Es ist im besonderen Symbol des Feuers, des Warmen.[1] „Es ist das hierarchische Mysterium des Lichtes und der Grundmaterie des Elementarfeuers; es ist das formende Prinzip der Sonne, des Mondes, der Sterne und des ganzen Naturlebens. Dieses Urlicht trägt alle Erscheinungen seines Könnens zur Höhe, weil es, von der Einheit des ungeschaffenen Lichtes geläutert, sich immer zu dieser Einheit hinstürzt, der es seinen Brand entlehnt."[2] Das Dreieck mit der Spitze unten repräsentiert alles, was von oben nach unten hinabsteigt.

Es ist im besonderen Symbol des Wassers, des Feuchten „Es ist das überhimmlische Wasser oder die metaphysische Materie der Welt, die vom Urgeist ausgegangen ist; die Mutter aller Dinge, die aus der Zweiheit die Vierheit schafft. All diese Bewegungen streben zur Tiefe, und daher kommt es, daß sie die einzelnen Materien und die Körper aller Dinge individualisiert, indem sie ihnen Existenz verleiht."[3] *Die Verbindung zweier Dreiecke* repräsentiert die Verbindung von Wärme und Feuchte, von Sonne und Mond, das Prinzip jeder Schöpfung, den Kreislauf des *Lebens* vom Himmel zur Erde und von der Erde zum Himmel, die Entwicklung der Hindus.

Diese Figur, genannt *das Siegel Salomonis,* repräsentiert das Universum und seine beiden Dreiheiten: *Gott* und die *Natur*; sie ist das Bild des Makrokosmos. Sie erläutert die Worte des Hermes in der Smaragdtafel: „Es steigt von der Erde zum Himmel empor und von neuem zur Erde herab und empfängt die Kraft der höheren und niederen Dinge." Sie repräsentiert auch die Fähigkeiten (η βασιλεια και η δοξα η δυναμις), die in den zeugenden Zyklen (εις τους αιωνας) verbreitet sind – nach dem okkulten Text des „Vaterunser" vom Hl. Johannes, den noch die orthodoxen Priester zitieren. „Es ist die Vollendung des Universums im mystischen Werk der sechs Tage, wo man der Welt das Oben und das Unten, den Osten und den Westen, den Norden und den Süden anweist.

✡

„Also enthüllt diese Hieroglyphe der Welt die sieben Lichter im Mysterium der sieben Tage der Schöpfung, denn das Zentrum des Sechsers macht den Siebener, auf dem die Natur rollt und ruht und den Gott zur Heiligung seines anbetungswürdigen Namens gewählt hat. Ich sage also, daß das *Licht* der Welt vom Siebener ausgeht, weil man von ihm zum Zehner aufsteigt, dem Horizont der Ewigkeit, von dem alle Freude und Fähigkeit der Dinge entstammt."[3] Der Leser muß selber imstande sein, nach den vorhergehenden Fingerzeigen diese Stellen einer Schrift reinster Mystik zu verstehen.

2.
Lagerung der Elemente

Die ein Pentakel zusammensetzenden Elemente zu bestimmen, ist ja ein wichtiger Punkt, doch darf sich die Forscherarbeit darauf nicht beschränken. Die Stellung, die die Elemente einnehmen, wirft eine lebendige Helligkeit auf die dunkelsten Punkte, und diese Stellung ist verhältnismäßig leicht durch die Methode der Gegenüberstellungen zu bestimmen. Diese Methode besteht darin, zum Verständnis eines dunkel gebliebenen Elements die Kennzeichnung anzuwenden, die dem ihm gegenüber plazierten Element entgegengesetzt ist. Nehmen wir folgendes Beispiel:

P. ∴

L. ∴ D. ∴

Es sind die drei Buchstaben der Devise Cagliostros. Ich bin dazu gekommen, nehmen wir an, den Sinn des ersten Wortes wiederzufinden, und sehe, er bezeichnet „Liberté" (Freiheit). Ich habe meine Annahme durch das Dreieck mit der Spitze oben – dargestellt durch die drei Punkte neben dem Buchstaben – bekräftigt gesehen und suche nun die Bedeutung des anderen Buchstabens

„D". Nach der Methode der Gegenüberstellungen weiß ich, daß dieser Buchstabe, dem ersten entgegengesetzt, einen zum ersten Sinn: Liberté, reziproken Sinn haben wird. Dieser Sinn muß in der Idee „Necessité" (Notwendigkeit) enthalten sein. Aber das Dreieck mit der Spitze unten zeigt mir alsbald, daß diese „Necessité" in ihren Äußerungen passiv ist, und die Idee „Devoir" (Müssen, Pflicht) wird sogleich für den Buchstaben D eintreten. Die Reaktion des „L" auf das „D" ergibt das „Pouvoir" (Können). Dieses sehr einfache Beispiel liefert das Verständnis für die Angaben der Methode der Oppositionen, die von so großem Nutzen bei Erläuterung der rätselhaften Figuren ist. Die Methode ist immer verwendet worden, sei es, indem man die Gegensätze durch verschiedene Farben – wie die beiden Kolumnen der Freimaurer, die eine rot, die andere blau – sei es, indem man sie durch verschiedene Formen bezeichnete – wie das Maul und der Schwanz der Schlange als Bilder des Aktivs und des Passivs oder die Zeugungssymbole auf den maurerischen Kolumnen – sei es weiters, indem man ihnen die verschiedenen Richtungen gab – wie im Siegel Salomos (den beiden Dreiecken mit entgegengesetzten Scheitelpunkten) oder im Kreuz (Opposition von Linien).

$$\text{Entgegengesetzte} \begin{cases} \text{Farben,} \\ \text{Formen,} \\ \text{Richtungen} \end{cases}$$

Das sind die drei Arten, unter denen die Gegensätze in den Pentakeln kenntlich gemacht werden. Wir finden neuerlich die Anwendung davon in den verschiedenen Arten der Darstellung des Vierers als Bild des Absoluten. (Vgl. II. Kapitel, Zyklus der Zahlen). Buchstäblich wird der Vierer durch vier hebräische Buchstaben bezeichnet:

יהוה

Der erste Buchstabe י (iod) repräsentiert das Aktiv. Der zweite ה (hé) ist das Bild des Passivs. Der dritte ו (Vav) repräsentiert das Band, das alle bei-de verbindet. Der vierte endlich, ה (hé) ist die Wiederholung des zweiten und zeigt die Unaufhörlichkeit der Schöpfungen von Osiris-Isis an. Zur Niederschrift nach Art der Eingeweihten muß man diese Buchstaben folgendermaßen in Kreuzform anordnen:

In diesem Fall zeigt die Richtung die Bedeutung der Bestandteile an, denn die aktiven Elemente (iod, vav) sind auf derselben Vertikal-, die passiven auf derselben Horizontallinie. Man kann diesen Vierer gleicherweise durch verschiedene Formen bezeichnen.

Der *Stab,* Bild des Aktivs, wird das iod (׳) repräsentieren.
Der *Pokal,* hohl, Bild des Passivs, wird das erste hé (ה) repräsentieren.
Das *Schwert,* Bild der Verbindung von Aktiv und Passiv, oder
Das *Kreuz* wird das vav (ו) repräsentieren.
Die *Scheibe* wird zwei Becher übereinander und folglich 2 x 2 repräsentieren, indem es die Wiederholung des hé (ה) anzeigt.

Stab oder Treff (Kreuz, Eichel)	Das sind die Elemente, Bilder des Absoluten, die die Spielkarten bilden.
Becher oder Coeur (Herz, Rot)	
Schwert oder Pique (Pik, Grün)	
Scheibe oder Carreau (Karo, Schellen)	

Diese Elemente sind auf zwei entgegengesetzte Arten (*rot* und *schwarz*) gemalt, um zu zeigen, daß der Vierer durch die paarweise Opposition zweier uranfänglicher Kräfte gebildet ist, einer aktiven: rot, der anderen, passiven: schwarz. Hier die geometrische Zusammenfassung dieser Art Betrachtung des Vierers:

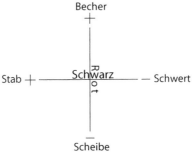

Betrachten Sie den 21. Schlüssel des Buches des Hermes, und Sie werden all das in den vier symbolischen Tieren wiederfinden. Zusammengefaßt, besteht die zweite Erläuterungsmethode darin, den Oberteil der Figur mit dem Unterteil, die rechte mit der linken Seite in Gegensatz zu bringen, um daraus die zur Erläuterung notwendigen Aufklärungen zu ziehen. Es ist selten, daß der Sinn einer Figur, und wäre sie noch so rätselhaft, nicht in Erscheinung träte, wenn man die erste Methode (Trennung der Elemente) mit dieser letzteren hier verbindet. Alle diese Betrachtungen über die Erläuterung der Figuren werden manchen Lesern vielleicht sehr nichtig erscheinen; wenn sie jedoch bedenken, daß das antike Wissen nahezu völlig in den Pentakeln ruht, dann werden sie zweifellos die Monotonie dieser Ausführungen entschuldigen. Finden wir denn nicht die Anwendung dieser Angaben in der Schreibweise der drei Ursprachen Chinesisch, Hebräisch und Sanskrit wieder?[4] Chinesisch wird von oben nach unten, d.h. vertikal, und von rechts nach links geschrieben. Hebräisch horizontal von rechts nach links. Sanskrit horizontal von links nach rechts. Nach Saint-Yves d'Alveydre[5] würde die Richtung der Schrift den Ursprung der Belehrung der Völker anzeigen. Wenn wir das auf die vorhergehenden Schriften anwenden, werden wir finden, daß: alle Völker, die wie die Chinesen schreiben, also vom Himmel zur Erde[6] einen Ursprung besitzen, der der Urquelle sehr nahe kommt (Die Chinesen sind die einzigen, die noch eine ideographische Schrift besitzen!). Alle Völker, die wie die Hebräer von Osten nach Westen schreiben, haben ihre Bildung von einer östlichen Quelle. Endlich alle Völker, die wie im Sanskrit von Westen nach Osten schreiben, erhalten ihr Wissen von den Urheiligtümern des Westens und vor allem von den Druiden. Danach könnte man das Chinesische als eine Urwurzel betrachten, die, vom Himmel ausgegangen, als Schößling Hebräisch oder Sanskrit ergeben würde, je nachdem man sie als aktiv oder passiv, als östlich oder westlich fassen wollte. All das wird in folgender Anordnung zusammengefaßt:

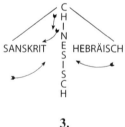

3.
Wissenschaft, an die sich das Pentakel knüpft

Es ist ja viel, eine Figur in ihre Elemente zergliedert und den Sinn dieser Elemente mit der Methode der Gegensätze gefunden zu haben. Aber darauf darf sich die Forscherarbeit keineswegs beschränken. Nehmen wir an, es sei uns gelungen, sieben Elemente einer schwierigen Analyse zu den sieben Planeten in Beziehung zu bringen. Dürfen wir es damit genug sein lassen? Bei diesem Thema kann das allein der allgemeine Sinn des Pentakels erhellen. Handelt es sich um Astrologie, so wird der den Planeten erteilte positive Sinn genügen. Handelt es sich um Alchymie, so wird allein der komparative Sinn brauchbar sein, und die Planeten werden die Farben des Werks bezeichnen[7]. Steht schließlich Magie in Frage, so werden sich die Planeten auf die Namen der sie lenkenden Intelligenzen beziehen. Man sieht, wie wichtig die Sinnbestimmung eines Pentakels ist und wie diese Bestimmung nur durch Kombination der beiden ersten Methoden: *Zerlegung in Elemente* und *Gegenüberstellung der Elemente,* erzielt werden kann. Endlich wollen wir es noch aussprechen, daß diese Spezialisierung des Sinnes der rätselhaften Figuren bei den antiken Figuren fast niemals existiert, daß diese vielmehr die den drei Welten entsprechenden drei Bedeutungen analog zum Ausdruck bringen. Verwenden wir jetzt die vorhergehenden Angaben zur Erläuterung der Symbolbilder, denen man beim Studium der okkulten Wissenschaft am ehesten begegnet. Ich werde mir die Analyse der Erläuterungen des öfteren ersparen, denn der Leser wird sie nach den obenstehenden Methoden ebenso leicht auffinden wie ich.

Die Sphinx

Die Religionen folgen auf Erden einander, die Geschlechter vergehen, und die Letztgekommenen vermeinen in ihrem Stolz, die Kenntnisse des Altertums verlachen zu können. Über allen Sekten, über allen Streitigkeiten, über allen Irrtümern richtet sich unbeweglich die Sphinx auf und hält den Unwissenden, die die Wissenschaft lästern, ihr verwirrendes „Was bin ich?" entgegen. Die Tempel können zerstört werden, die Bücher verschwinden – die von den Alten erworbenen hohen Kenntnisse können gleichwohl nicht vergessen werden. Die Sphinx bleibt, und das genügt. Symbol der Einheit, faßt sie in sich die fremdartigsten Formen zusammen. Symbol der Wahrheit, zeigt sie den Grund aller Irrtümer gleichfalls in ihren Kontrasten. Symbol des Absoluten, offenbart sie den rätselhaften Vierer. Meine Religion allein ist wahr! ruft der christliche Fanatiker. Die Eure ist das Werk eines Betrügers! Meine allein kommt von Gott! erwidert der Jude. All eure heiligen Bücher sind Nachbildungen unserer Offenbarung! versetzt der Hindu. Alle Religionen sind Lüge! Nichts existiert außer der Materie! Die Prinzipien aller Kulte kommen von der Betrachtung der Gestirne! Die Wissenschaft allein ist wahr! behauptet der moderne Gelehrte. Und die Sphinx richtet sich über allen Erörterungen auf, unbeweglich, Zusammenfassung der Einheit aller Kulte, aller Wissenschaften. Sie zeigt dem Christen den Engel, den Adler, den Löwen und den Stier, diese Begleiter der Evangelisten. Der Jude erkennt in ihr das Traumbild des Juden Ezechiel wieder. Der Hindu die Geheimnisse des Adda-Nari. Und dem modernen Gelehrten vergeht die Geringschätzung, wenn er unter all diesen Symbolen die Gesetze der vier Elementarkräfte: Licht – Wärme – Elektrizität – Magnetismus wiederfindet.

Unentschlossen über seinen Weg im Leben, wendet sich ein angehender Initiierter fragend an die Sphinx, und die Sphinx spricht:

„Betrachte mich! Ich habe ein Menschenhaupt, darin der Sitz des Wissens, wie dir's die Ornamente des Eingeweihten anzeigen, die es verzieren. Das Wissen führt meinen Weg im Leben, aber für sich allein ist es eine schwache Hilfe. Ich habe Löwenkrallen an meinen vier Gliedern; ich bin zur Tat gerüstet, ich mache mir nach rechts und links, nach vorwärts und rückwärts Platz. Nichts widersteht der vom Wissen geführten Kühnheit.

Aber diese Tatzen sind nur so fest, weil sie auf meine Stierflanken gepfropft sind. Wenn ich einmal eine Tat in Angriff genommen habe, so verfolge ich arbeitsam, mit der Geduld des Rindes, das die Furche zieht, mein Ziel.

In Augenblicken der Schwäche, wenn mich Entmutigung überfallen will, wenn sich mein Kopf nicht mehr stark genug fühlt, um mein Sein zu lenken, entfalte ich meine Adlerflügel. Ich erhebe mich ins Reich der Intuition, ich lese im Herzen der Welt die Geheimnisse des universellen Lebens, dann kehre ich zurück und setze schweigend mein Werk fort.

Mein Kopf		das Wissen.
Meine Pranken	empfehlen dir	das Wagen.
Meine Flanken		das Wollen.
Meine Flügel		das Schweigen.

Folge meinen Ratschlägen, und das Leben wird dir recht und schön erscheinen!"

„Die Menschenstirn der Sphinx spricht von Gedanken,
Die Brust von Liebe, und von Kampf die Pranken,
Traum, Hoffnung, Glaube wohnen in den Schwingen,
Der Stierleib rät geduldiges Vollbringen.

Kannst du dich wehren, glauben, lieben, schaffen,
Vermögen Sorgen nicht, dich hinzuraffen,
Will nur dein Herz, versteht nur klar dein Geist,
Bist König du, dem Thebens Krone gleißt."[8]

(Eliphas Levi)

          Kopf
         Flügel
              Flanken
     Klauen   Klauen

In diesem Symbol Sphinx zeigen sich zwei große Gegenüberstellungen. Vorn: Der *Kopf* (d. Wissen) in Gegenstellung zu den Klauen (d. Kühnheit). Hinten: Die *Flanken* (Arbeit), gleichfalls in Gegenstellung zu den Klauen (d. Kühnheit). Zwischen beiden besteht die *Intuition* (Flügel), die sie regelt.

Die betätigte Kühnheit – Vordertatzen – wird sich wirksam erweisen, wenn das Wissen sie immer genügend beherrscht, um sie zu führen – Kopf. Die Kühnheit im Studium – Hintertatzen – wird von Erfolg gekrönt sein, wenn sie sich von Arbeit und Ausdauer – Stierflanken – leiten läßt. Endlich müssen Exzesse im Tun und Studieren durch den Gebrauch der Einbildungskraft – Adlerflügel – gemäßigt werden. Eine andere Gegenüberstellung wird sichtbar: die von Oben und Unten, durch die Mitte in Harmonie gebracht.

     Oben: Kopf   Flügel
     Mitte: Stierflanken
     Unten: Vordertatzen Hintertatzen
              +   –

Oben sitzen Wissen und Imagination, unten Betätigung, Betätigung im Wissen (Vordertatzen), Betätigung in der Einbildungskraft (Hintertatzen). Die Theorie soll die Praxis immer beherrschen und leiten; wer die Wahrheiten der Natur lediglich durch materielles Experiment entdecken will, gleicht einem Manne, der seinen Kopf zur Betätigung seiner Glieder entbehren kann.

     Keine Theorie ohne Praxis.
     Keine Praxis ohne Theorie.

     Keine Theorie }
     Keine Praxis   } ohne Arbeit

Das ist es, was uns die Sphinx weiter sagt. Fassen wir all das nach den soeben gefundenen Hinweisen in einer Figur zusammen.

     Vorn   Menschenkopf   = Aktiv   +
     +   Vordertatzen   = Passiv   –

     Hinten Adlerflügel   = Aktiv   +
     –   Hintertatzen   = Passiv   –

     Mitte   Zwischen den beiden und sie verbindend die
     ∞   Stierflanken   = Neutrum   ∞

Wir werden das aktive Vorn der Sphinx mit einem senkrechten Balken bezeichnen, das passive Hinten mit einem waagrechten Balken, und werden folgende Figur bekommen:

oder zusammengefaßt:

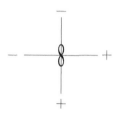

Diese letzte Figur zeigt uns die Gesetze der von der universellen Kraft ausgesandten Elementarkräfte an.

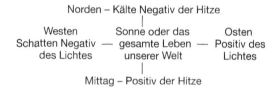

Dies eine weitere Bedeutung der Sphinx.

Die Pyramiden

Die Sphinx ist nicht das einzige symbolische Denkmal, das uns Ägypten hinterlassen hat. Die Spuren der alten Einweihungszentren dauern auch noch in den Pyramiden fort. „Im Gesichtskreis von Kairo trägt das Plateau von Gizeh, das sich sporulörmig von der lybischen Kette abhebt, noch auf dem linken Nilufer drei Denkmäler, die dem Werk der Zeit und der Menschen getrotzt haben: die Pyramiden. Diese drei Massen auf quadratischen Grundflächen, ein wenig ungleich an Größe, bilden durch ihre Lage zueinander ein Dreieck, dessen eine Seite nach Norden, dessen andere nach Westen und dessen dritte nach Osten schaut. Die größte, am Nordwinkel und gegen das Delta zu gelegen, symbolisiert die Kraft der Natur; die zweite, im Südwesten aufsteigend, auf Pfeilschußweite von der ersten entfernt, ist das Symbol der Bewegung; und die dritte, im Südosten von ihr erbaut, auf Steinwurfweite von der zweiten entfernt, symbolisiert die Zeit. Südlich von dieser letzten, in mäßiger Entfernung, auf einer Linie, die sich von Osten nach Westen fortsetzt, erheben sich drei andere Pyramiden, minder beträchtliche Massen bildend, in deren Nähe sich unzählige kolossale Steinblöcke anhäufen, die man als Trümmer einer siebenten Pyramide auffassen könnte. Die Annahme ist in der Tat erlaubt, daß die Ägypter in sieben Spitzen oder flammenförmigen Konoiden die sieben Planetenwelten darstellen wollten, deren Genien unser Universum regieren und deren Offenbarer Hermes war." (Christian: *Geschichte der Magie*, S. 99 und 100). Jede Pyramide ist auf einer quadratischen Basis errichtet und symbolisiert dadurch die Materie, die Form, das Zeichen, die Anpassung.

Jede Seite erhebt sich als Dreier und symbolisiert die Idee, die Theorie. Was will diese Überlegenheit des Dreiers über den Vierer sagen? Der Dreier beherrscht den Vierer, das heißt:

> Die Idee beherrscht das Zeichen,
> der Geist die Materie,
> die Theorie die Praxis.

Die Gesamtheit der Pyramide ist aus der 4 und der 3 gebildet, d. h. aus der 7, dem Symbol des Bundes zwischen Idee und Zeichen, Geist und Materie, Theorie und Praxis; es ist die Verwirklichung. Oben zeigt uns die Pyramide einen mathematischen Punkt (ihr Scheitel), von dem vier Ideen ausgehen (vier Dreiecke). Diese vier Ideen wollen sich auf eine einzige Form gründen (die Basis) und dadurch ihre Gemeinschaftlichkeit zeigen. Wir finden im Studium der Pyramiden das mysteriöse Tetragramm wieder.

Das Pentagramm

Das Pentagramm oder der fünfstrahlige Stern, der Flammstern der Freimaurer, ist ein weiteres Pentakel, u. zw. eines der vollkommensten, die man sich vorstellen kann. Seine Bedeutungen sind vielfältig, sie lassen sich jedoch alle auf die uranfängliche Idee der Verbindung von Vierer und Einheit zurückführen.

Diese Figur bezeichnet vor allem den Menschen, und gerade diese Annahme wollen wir jetzt studieren. Die Spitze oben repräsentiert den Kopf, die vier anderen Spitzen die Glieder des Menschen. Man kann dieses Pentakel auch als Bild der fünf Sinne betrachten, aber diese zu positive Betrachtung soll uns nicht aufhalten. Ohne an dieser Stelle vollkommen die Geheimnisse der Figur erläutern zu wollen, können wir zeigen, wie leicht die Auslegung ist, die zu ihrer praktischen Anwendung führen kann. Tatsächlich bedienen sich die Magier zur Einwirkung auf die Geister des Pentagramms mit der Spitze oben, die Hexenmeister des Pentagramms mit der Spitze unten. Das Pentagramm, Kopf oben, bezeichnet den Menschen, bei dem der Wille (Kopf) die Triebe (Gliedmaßen) führt. Da die Idee durch 3 und die Materie (Dyade) durch 2 dargestellt wird, kann man durch solche Zerlegung des Pentagramms diese Herrschaft des Geistes über die Materie demonstrieren.

Das Pentagramm, Kopf unten, repräsentiert dieselbe Figur wie das umgekehrte Kreuz; es ist der Mensch, bei dem die Triebe den Willen hinter sich herziehen, es ist der passive Mensch, der Mensch, der seinen Willen von den bösen Geistern unterjochen läßt; es ist das Medium. In dieser Lagerung bezeichnet das Pentagramm die Verstofflichung des Geistes, den Menschen, der einwilligt, seinen Kopf hinunter und seine Beine in die Luft zu strecken.

Das Pentagramm kann also das Gute wie das Böse darstellen, je nach der Richtung, die es einschlägt, und eben deshalb ist es das Bild des Menschen, des Mikrokosmos, der imstande ist, nach seinem Willen das Gute oder das Böse zu tun.

Das rechtwinkelige Dreieck

Es gibt ein seit den ältesten Zeiten in China bekanntes Pentakel: das rechtwinklige Dreieck, dessen Seiten eine besondere Länge besitzen. Sie haben wechselseitig die Längen 3, 4 und 5, so daß das Quadrat der Hypotenuse 5 x 5 = 25, gleich der Summe der Quadrate der anderen Seiten 3 x 3 = 9 und 4 x 4 = 16 ist. 16 + 9 = 25. Aber darauf beschränkt sich der diesem Pentakel zugeteilte Sinn nicht. Die Zahlen haben in Wirklichkeit eine rätselhafte Bedeutung, die man folgendermaßen auslegen kann: 3, die Idee, verbunden mit 4, der Form, sind im Gleichgewicht in 5, dem Pentagramm oder dem Menschen. Oder in einer anderen Auslegung: Der absolute Wesensgehalt 3 plus dem Menschen 4 ergibt das Gleichgewicht zum Übel 5. Man sieht, daß sich diese letzte Auslegung von der ersten nur durch die Anwendung derselben Prinzipien in einer niederen Welt unterscheidet, wie aus folgender Anordnung ersichtlich wird:

Idee	–	Wesensgehalt
Form	–	Mensch
Mensch	–	Übel

Zur Erläuterung dieser anscheinenden Widersprüche braucht man übrigens nur das Pentagramm zu studieren. Ich bringe als Merkwürdigkeit das chinesische Buch *Tshen-Pey,* das auf obenstehenden Angaben aufgebaut ist. Es ist ein Auszug aus den „Lettres édifiantes" (Band XXVI, S. 146, Paris 1783). Der Missionär, der es übersetzt hat, erklärt es als vor dem Bücherbrand, 213 v. Chr., entstanden. Claude de Saint-Martin hat darüber einen mystischen Kommentar in seinem *Zahlentraktat* veröffentlicht. (Dentu, Paris 1863). Ersichtlich ist dieses Buch auf den 22 Schlüsseln des Hermes basiert.

Die 22 Sprüche des chinesischen Buches Tshen-Pey

1.
In alter Zeit fragte Tcheu-Kong den Chang-Kao und sagte: Ich habe sagen hören, Ihr seid in den Zahlen bewandert, man sagt, daß Pao-Hi Regeln zur Messung des Himmels angab.
2.
Man kann nicht zum Himmel steigen, man kann nicht mit Fuß und Daumen die Erde messen; ich bitte Euch, sagt mir die Fundamente dieser Zahlen!
3.
Chang-Kao sprach:
4.
Das Yu-en (Kreis) kommt vom Fang (Quadrat) 4 = 10.
5.
Das Fang kommt vom Ku.

6.

Das Ku kommt von der Vervielfachung der 9 mit 9, das macht 81.

7.

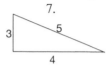

Wenn man das Ku in zwei trennt, macht man das breite Keou von drei und ein langes Kou von vier. Eine Linie King verbindet die beiden Seiten, Keou-Kou bildet einen Winkel, das King ist aus fünf.

8.

Seht, die Hälfte des Fang!

9.

Das Fang oder die Fläche macht die Zahlen 3, 4, 5.

10.

Zwei Ku machen ein langes Fang von 25, das ist das gesamte Tsi-ku der Ku (5 x 5 = 25).

11.

Durch die Kenntnis der Rechnungsgrundlagen hat Yu das Reich in guten Stand gebracht.

12.

Tcheou-Kong sagte: Das ist groß! Ich möchte nun wissen, wie man sich des Ku bedient. Chang-Kao erwiderte:

13.

Das geebnete und geeinte Ku ist zur Gleichmachung der waagrechten Fläche. Das Yen-Ku ist um das Oben oder die Höhe zu sehen.

14.

Das Fou-Ku ist zur Messung der Tiefe.

15.

Das Go-Ku ist, um das Entfernte zu wissen.

16.

Das Ouan-Ku ist für die Rundung.

17.

Das Ho-Ku ist für das Fang.

18.

Der Fang ist das Gebiet der Erde. Der Yu-en ist das Gebiet des Himmels, der Himmel ist Yu-en, die Erde ist Fang.

19.

Die Rechnung des Fang ist Dein. Vom Fang kommt das Yu-en.

20.
Die Figur Ly ist, um den Himmel darzustellen, zu beschreiben, zu beobachten. Man bezeichnet die Erde mit einer braunen und schwarzen Farbe. Man bezeichnet den Himmel mit einem Farbgemisch aus Gelb und Hochrot. Die Zahlen und die Rechnung für den Himmel sind in der Figur Ly. Der Himmel ist wie eine Hülle, die Erde befindet sich unter dieser Hülle, und diese Figur oder Instrument dient dazu, die wahre Lage von Himmel und Erde kennen zu lernen.

21.
Wer die Erde kennt, heißt weise und geschickt. Wer den Himmel kennt, heißt sehr weise, ohne Leidenschaften. Die Kenntnis des Keou-Ku gibt die Weisheit, man kennt mit ihm die Erde. Durch diese Kenntnis der Erde gelangt man zur Kenntnis des Himmels und ist sehr weise und ohne Leidenschaften, man ist Ching. Die Seiten Keou und Kou haben ihre Zahlen; die Kenntnis dieser Zahlen beweist die aller Dinge.

22.
Tcheou-Kong sagte: Es gibt nichts Besseres!

*

Die maurerischen Grade –
Progressive Bildung der 33 Stufen des Schottentums

Es genügt nicht, die Zusammenfassung der Geschichte der verschiedenen Riten zu kennen. Man muß weiter in ihre Kenntnis eindringen und unbeschadet der Tatsache, daß ich mir eine vollkommene, ins einzelne gehende Studie des Maurertums und seiner Symbolik für eine spätere Arbeit aufspare, allen denen, die sich für die Maurerei oder das Illuminaten – oder auch das Martinistentum interessieren, wenigstens eine Vorstellung vom wirklichen Charakter der Riten unter dem Gesichtswinkel der Tradition geben. Zu allererst wollen wir die Leser vor den Studien warnen, die von den Klerikalen stammen. Ich habe bereits an anderer Stelle von der Tendenz dieser letzteren gesprochen, das Illuminatentum und die Maurerei zu verwechseln. Von der vorgefaßten Idee ausgehend, in den Logen interveniere der Satan, haben die dem Klerikalismus nahestehenden Schriftsteller die Analyse der maurerischen Ritualien mit Hintergedanken und persönlichen Bemerkungen lächerlichster Art untermengt. Unter dem Anschein unparteiischer Analyse lassen sie von Zeit zu Zeit einen kleinen Kommentar einleiten, dazu bestimmt, den vertrauensvollen Leser irrezuführen. Indem sie so handeln, bleiben sie in ihrer Rolle, die ich persönlich aus Erfahrung kenne, und so waren sie dessen wert, das Feuer Leo Taxils zu reizen, der sich über sie mit so viel Geschick lustig gemacht hat, daß sie den Mann beleidigten, seine Ideen jedoch über die geheime Rolle des Okkultismus in unserer Epoche sorgfältig verschwiegen. Wir wollen die Umwandlungen des Rituals analysieren und zunächst einen ganz allgemeinen Blick auf seine historische Entwicklung werfen. Das erste maurerische Ritual, das die Maurer des Geistes mit denen der Materie verbindet, wurde von den erleuchteten Brüdern des Rosenkreuzes aufgestellt, unter ihnen am bekanntesten Robert Fludd und Elia Ashmole.[9]

Schlüssel der symbolischen Grade
Lehrling

Die ersten drei Stufen waren auf dem an den Zehner angewandten Viererzyklus errichtet, d. h. auf der *hermetischen* Quadratur des Zirkels.

Der Lehrlingsgrad sollte das erste Kreisviertel entschleiern, lehren und wieder verschleiern, der Gesellengrad das zweite und der Meistergrad die beiden letzten Viertel und das Zentrum. Die jedem Grad vom Entschleiernden zugeteilte Bedeutung floß direkt aus der Gesamtbedeutung des Kreises und ihrer besonderen Anpassung. Also: wenn sich die Anpassung des Kreises auf die Bewegung der Erde um sich selber bezieht, wird das erste Kreisviertel symbolisch den Ausgang der Nacht von 6^h früh bis 9^h das zweite den Aufstieg von 9^h bis Mittag beschreiben und die beiden letzten den Abstieg zur Nacht hin oder von Mittag bis Abend. In diesem Falle wird der Lehrling Mensch des Morgens oder der steigenden Sonne sein, der Geselle Mensch des Mittags oder der vollen Sonne, der Meister Mensch der sinkenden Sonne. Wenn sich die Anpassung des Kreises auf den (scheinbaren) Gang der Sonne im Jahre bezieht, werden die Kreisviertel den Jahreszeiten entsprechen und abwechselnd Frühling, Sommer, Herbst und Winter repräsentieren. Der Lehrling wird dann der aufkeimende Same sein, der Geselle die blühende Pflanze, der Meister die reifende Pflanze und die Frucht, die niederfällt, um durch die befreiende Befruchtung aller in ihr enthaltenen Samen neue Pflanzen zu zeugen. Jede dieser Anpassungen kann auf die physische, die moralische und die spirituelle Welt angewendet werden, und so versteht man, wie wahre Erleuchtete die zur Initiation gerufenen Profanen wirklich zum Licht der Wahrheit hin, „zu diesem Licht, das jedermann erleuchtet, der in diese Welt kommt", führen konnten. Dafür aber mußte der grundlegende hermetische Schlüssel der Stufen und ihrer Anpassung von einer *okkulten Hochschule* bewahrt werden. Das war die Rolle, die sich die Rosenkreuzer und die jüdisch-christlichen Eingeweihten vorbehalten hatten. Sie besitzen immer jene Schlüssel, von denen die rein maurerischen Schriftsteller nur die Anpassungen gesehen haben, und die vorliegende Arbeit wird trotz gedrängter Zusammenfassung die Augen derer, die Augen zum Sehen und Ohren zum Hören *haben*, über dieses Thema öffnen. Wenn uns die anderen beschimpfen und verklagen, Teufelsanbeter und Jesuitendiener zu sein, nun, so lassen wir sie reden und zucken wir die Achseln!

Unter alchymistischem Gesichtswinkel repräsentierten die ersten drei Grade die Vorbereitung des Werkes: die Arbeiten des Lehrlings symbolisieren die materiellen Arbeiten, die des Gesellen vertreten die Suche nach dem wahrhaftigen philosophischen Feuer, und der Meistergrad entspricht der Unterbringung des Mercurius Philosophorum im Athanor und der Hervorrufung der schwarzen Farbe (Rabenkopf!), aus der die leuchtenden Farben hervorgehen sollen.

Man muß sich wahrhaftig jedem Eingehen auf die Ideen und Arbeiten der hermetischen Rosenkreuzer verschließen, um nur ja nicht zu sehen, daß wahre Okkultisten ihren Initiationsrahmen nach den genauen Regeln der Anpassung der Prinzipien aufstellen werden, und daß die Rache eines abgewiesenen Bewerbers nur eine sehr nebensächliche Rolle in der Angelegenheit spielen wird. Vom Kreis der profanen Welt kommend, kehrt der Lehrling später, im Meisterstadium, dorthin zurück, nachdem er die Initiation erworben hat. So ist der hermetische Merkurstab gestaltet, der den wirklichen Schlüssel der symbolischen Grade liefert.

Martines kannte ihn, wie jeder Illuminat, denn er hat seine Initiation nach dem „*Kreisviertel*" eingeteilt. Man kann nur von einer Ebene zur anderen schreiten, wenn man das Reich der Dunkelheit und des Todes durchquert. Das ist die erste Lehre, die das Betrachtungszimmer samt seiner Symbole dem künftigen Eingeweihten andeutet. Der Lehrling kann nichts allein beginnen, bei Strafe schwerer Unfälle; er muß sich also sichtbarer Führer versichern, die bereits Erfahrung erworben haben. Das ist die Lehre, die aus den Gesprächen und Fragen hervorgeht, an denen der künftige Eingeweihte von seinem Eintritt in die Loge an teilnehmen soll. Aber diese mündlichen Lehren wären ohne Erfahrung wertlos. Das ist das Ziel der „Reisen" und der „Prüfungen" der verschiedenen Grade.

Geselle

Der Lehrling *„wächst"*, ohne die Ebene zu wechseln. Er schreitet von den materiellen Arbeiten zu den Arbeiten, betreffend die *astralen Kräfte*. Er lernt die Werkzeuge handhaben, die es gestatten, die Materie unter der Wirkung der physischen, von der Intelligenz gehandhabten Kräfte zu verwandeln, er lernt auch, daß es außer den physischen Kräften solche einer höheren Ordnung gibt, bildlich dargestellt durch das Flammen des Sterns: die *astralen Kräfte,* die man ihn durch den Anblick des Flammsterns ahnen läßt, ohne sie zu nennen. Der Lehrling wird so Geselle und wird über die Grundlagen der *Geschichte* der Tradition unterrichtet.

Meister

Der Geselle, der Meister werden will, muß sich darauf vorbereiten, das Planum zu wechseln. Er wird also von neuem ins Reich der Dunkelheit und des Todes gehen (Betrachtungszimmer; s. o.); aber diesmal wird er allein gehen und ohne einen Führer zu brauchen; er wird im Betrachtungszimmer *bewußt* tun, was er als Lehrling dort unbewußt getan hat. Vorerst aber wird er den Schlüssel für die drei Grade und ihre Beziehungen erhalten, wie er in der Geschichte des *Hiram* und seiner drei Mörder enthalten ist. Wie ich in einer früheren Arbeit dargelegt habe[10], ist die Sonnenanpassung der Legende nur *eine* Anpassung eines weit allgemeineren Prinzips: der Zirkulation des Kreises im Vierer mit ihren beiden Phasen der Evolution und der Involution. Für den Augenblick jedoch ist festzuhalten, daß der Eingeweihte diese Legende nicht nur hören soll, er soll sie *erleben* und die Hauptperson ihrer Nachbildung werden. Hier tritt ein sehr bemerkenswertes Verfahren in Erscheinung, das Ashmole eingeführt hat, der diesen Grad 1649 stiftete (die des Lehrlings und des Gesellen waren nacheinander 1646 und 1648 gestiftet worden). Um dem Eingeweihten die Geschichte der Tradition in wirklich nützlicher Weise beizubringen, *will man sie ihn neuerlich erleben lassen.* Das wird der Schlüssel für die späteren Grade und ihr Ritual sein. Diese Feststellung muß man sich immer geistig gegenwärtig halten, wenn es sich darum handeln soll, die Rituale zu reformieren, indem man sie neuen Epochen anpaßt, ohne sich von ihrem Entstehungsprinzip zu entfernen.

Zusatz der Templergrade
Ramsay

Um jede Dunkelheit oder jede trockene Aufzählung zu vermeiden, will ich in der Entwicklung der Maurergrade fortfahren. Den drei rein symbolischen Graden des Lehrlings, Gesellen und Meisters fügt Ramsay 1738 drei neue Grade, die sog. *Schotten, Novizen* und *Tempelritter* hinzu. Diese Grade sind *ausschließlich templerisch* und haben zum Ziel, den Aufzunehmenden neu durchleben zu lassen:

1. Die Entstehung und Bildung des Tempelordens, der den Tempel Salomos fortsetzt.
2. Den Verfall des Ordens nach außenhin und seine geheime Erhaltung.
3. Die Rachenahme an den Urhebern der Vernichtung des Ordens.

Dies ist der Schlüssel der drei Grade, die an die Legende von Hiram angepaßt wurden und so den Tempel von Jerusalem mit dem Orden des Jacobus Burgundus Molay verbanden. Die Maurer, die die höheren Grade erwerben wollten, mußten sich im Okkultismus unterrichten, weiters in den ersten Grundlagen der Kabbala. Auch lernte der *Novize* (später zum Royale Arche = Königliche Arche geworden) folgende göttliche Namen:

Iod (Principium – Prinzip)	י
Iaho (Existens – Der Seiende)	יהו
Iah (Deus – Gott)	יה
Eheieh (Sum, Ero – Ich bin, Ich werde sein)	אהיה
Eliah (Fortis – Der Starke)	אליה
Jahib (Concedens – Der Gewährende)	יהכ
Adonai (Domini – Herren; Plur. majest.)	אדני
Elchanan (Misericor Deus – Gott-Erbarmer)	אלחנן
Isobel (Jubilans – Der Jubilierende)	יוכל

Man ließ ihn gleichzeitig die Beziehungen der Buchstaben und die ersten Elemente der Symbolik der Formen lernen. Im folgenden Grade, *Schotte* (später Großschotte), verband man mit diesen ersten Studien andere, tiefere, über die *Korrespondenzen* in der Natur. So wird die folgende Tabelle der Entsprechungen der Edelsteine im Brustschilde des Hohenpriesters und der göttlichen Namen die ersten Grundlagen dieser Studien kundtun.

Steine des Hohenpriesterbrustschildes	Eingegrabener Gottesname	Bedeutung
Sardonyx (Karneol)	Melech	Rex
Topas	Gomel	Retribuens
Smaragd	Adar	Magnificus
Karfunkel	Joha	Deus Fortis
Saphir	Hain	Fons
Diamant	Elohai	Deus Vivens
Synkurus	Elohim	Dii (die Shin, die Götter)
Achat	El	Fortis
Amethyst	Iaoh	IAω
Chrysolith	Ischljob	Pater Excelsus
Onyx	Adonai	Domini (Pl. maj.)
Beryll	Jeve	Sum qui sum

Die Initiation in diesen beiden Graden entwickelte die Vereinigung zwischen dem Tempel Salomos und den Templern und vollzog sich in Kellerorten, um die Dürftigkeit darzulegen, auf die der Orden reduziert worden war. Erst im Grade des „Tempelritters" (später teilweise der „Kadosch") wurde der Aufzunehmende wahrhaft zum lebenden Rächer des Ordens geweiht. Man bildete also die Initiation in einen politischen Krieg um, dem die Martinisten immer den Anschluß verweigert haben. Die folgenden, auf das symbolische Grabmal Molay's eingegrabenen Worte zeigten ferner an, daß die Verfahren, die darauf abzielten, bis zur Schwelle des zweiten Todes heranzureichen, den Angehörigen dieses Grades bekannt waren:

„ *Wer die Schrecken des Todes wird besiegen können, wird aus dem Schoß der Erde auferstehen und das Recht haben, in die großen Mysterien eingeweiht zu werden.* "

Das einzelne der Einweihung des Kadosch mit seinen vier Zimmern – das schwarze, wo der Großmeister der Templer präsidiert, das weiße, wo Zarathustra regiert, das blaue, wo das Haupt des Gerichtshofes der „*Heiligen Feme*" herrscht, und das rote, wo „Friedrich" die Arbeiten leitet – tut kund, daß dieser Grad die Zusammenfassung aller Arten Rache und auf Erden die Materialisation jenes schrecklichen Blutbuches ist, das sich allzu oft im Unsichtbaren öffnet, wenn Gott den Niederen erlaubt, sich zu manifestieren. Gerade dieser Grad ist immer von den Martinisten zurückgewiesen worden, die das Gebet der politischen Rache vorzogen und die gesetzestreue Soldaten dessen sein wollen, der gesagt hat:

„ *Wer das Schwert zieht, wird durch das Schwert umkommen!* "

Der Templerritus umfaßte nicht allein diese vier Grade von Ramsay, sondern gut acht Grade, die M. Rosen in seinem *„Satan ohne Maske"* (an dem irgend ein guter Klerikaler mitgearbeitet haben muß, denn der Autor ist ein viel zu unterrichteter Mann, um all die Naivitäten gesagt zu haben, die in diesem Werk enthalten sind) meiner Ansicht nach zu Unrecht mit den Schottengraden 19 bis 28 verbindet.

Grade des Templerritus

1. Lehrling oder Eingeweihter
2. Geselle oder Eingeweihter des Inneren
3. Adept
4. Adept des Orients
5. Adept des Schwarzen Adlers von St. Johannes
6. Vollkommener Adept des Pelikans
7. Schildknappe
8. Garderitter des inneren Turms

Der Ritus der Perfektion
Analyse seiner Grade

Eben diesen Templergraden wurde die Bildung des Perfektionsritus (1758) als folgendermaßen geordnete Vervollständigung des gesamten maurerischen Systems hinzugefügt:

1. Eine Geschichts- und Moralsektion, in der der Aufzunehmende die Geschichte des ersten Tempels von Jerusalem neuerlich erlebt, danach seinen Bau bis zu seiner Zerstörung. Sodann nimmt er an der Entdeckung des Wortes teil, das sich inkarniert, um das Christentum und das Neue Jerusalem erstehen zu lassen, dessen Ritter der Aufzunehmende wird. In analoger Weise erlaubt diese historische Sektion tiefe Erörterungen über den Sündenfall und die natürliche Reintegration des menschlichen Wesens.

2. Eine hermetische Sektion, die der Entwicklung der übersinnlichen Fähigkeiten des menschlichen Wesens geweiht war und mit Einweihungszeremonien die Phasen der astralen Spaltung und der alchymistischen Anpassungen nachbildete. Diese Sektion war einzig in zwei Graden des Perfektionsritus eingeschlossen: dem Prinz-Adepten und dem Prinzen des königlichen Geheimnisses.

3. Zu diesen beiden Sektionen trat, wie gesagt, die Templersektion. Analysieren wir rasch die 25 Stufen des Perfektionsritus, um die vorhergehende Klasseneinteilung weiter zu erhellen. Vom 4. bis zum 15. Grad repräsentiert der Vorsitzende der Loge bald Salomo, bald einen seiner Helfer oder Vasallen.

Man beschäftigt sich entweder mit dem Bau des Tempels oder mit Hirams Rache oder dem Ersatz dafür. Gerade diese Racheidee hat Rosen[11] zu dem Glauben gebracht, die Auserwähltengrade bezögen sich auf die *Heilige Feme*. Das ist ein Irrtum, der einem Illuminaten nicht hätte unterlaufen können. Die Heilige Feme ist eine germanische Anpassung an die Pythagaräischen Rächer gewesen, die ihrerseits wieder die Rächer des Osiris nachgeahmt haben, wie das der Autor des *Thuileur de l'Ecossisme* sehr wohl gesehen hat. Aulnaye ist jedoch über die kleinen Mysterien nicht hinausgegangen und hat in der Initiation nur die naturalistische Seite und die sexuelle Ebene erfaßt, wie es heute die Klerikalen machen. Der folgende Auszug wird uns zu diesem Thema Licht bringen: „Wenn uns der erste Grad der Maurerei, der des Meisters, das Gemälde des Todes von Hiram, genannt *Baumeister des Tempels,* oder vielmehr des Todes des Osiris, des Pan, des Thammuz, des Großbaumeisters der Natur, darbietet, ringt sich mit dem ersten Auserwählten der erste Schrei nach Rache los, wie sie Horus gegen die Mörder seines Vaters, Jupiter gegen Saturn etc. übte. Dieses große dauernde System der Rache, das sich mehr oder minder klar ausgedrückt in einer Menge von Graden und namentlich im Kadosch wiederfindet, geht bis auf die frühesten Zeiten zurück. Unabhängig von der Auslegung, die man dafür in den Werken der Natur selbst finden kann, die zwischen den Polen des Zeugungs- und Zerstörungsprinzips eine Folge von Kampf und Abwehr darstellten, ist es besonders der Theokratie eigentümlich, der ältesten der Regierungsformen. Je nach den verschiedenen Umständen, unter denen sich die Gründer der geheimen Gesellschaften befunden haben, je nach dem besonderen Geist, der sie beseelte, haben sie diese Rache an die oder die Legende, an das oder jenes historische Faktum geknüpft. Daher die Unterschiede in den Riten. Aber die grundlegenden Prinzipien sind immer dieselben[12].

Im 17. Grade (Ritter des Orients und des Okzidents) begegnen wir der Einnahme Jerusalems durch die Römer und der Zerstörung des Tempels. Da erst finden wir den wirklich christlichen Grad der Maurerei, diesen Grad, dem die Rosenkreuzer den Namen ihres Ordens gegeben und in dem sie den reinsten Teil der Überlieferung verschlossen haben. Die Materialisten, die davon überhaupt nichts mehr verstehen, werden sagen, dieser Grad sei eine Schöpfung der Jesuiten, und die Jesuiten werden in ihrer Aufregung darüber, in einem maurerischen Tempel das Kreuz und den glorreichen Christus zu sehen, behaupten, dieser Grad sei eine Schöpfung des Satans. Wie man sieht, ist für jeden Geschmack gesorgt. Der maurerische Rosenkreuzergrad ist die physische Übersetzung der Mysterien, die zum Titel des „erleuchteten Bruders vom Rosenkranze" führten, einem Titel, der nicht der Freimaurerei, sondern seiner Schöpferin angehört, der Gesellschaft der Illuminaten. Ein Maurer-Rosenkreuzer kann, wenn er seinen Grad wohl versteht, als Illuminatenlehrling betrachtet werden und besitzt alle Elemente einer hohen geistigen Entwicklung, wie wir durch Analyse dieses Grades sehen wollen.

Der maurerische Rosenkranz

Die Initiation für den Grad des maurerischen Rosenkreuzes verlangt vier Zimmer: das grüne, das schwarze, das astrale und das rote, die man in der Praxis gemeinhin auf drei reduziert, indem man das erste ausläßt. Das Thema des Grades besteht darin, daß das Wort, das die Erbauung des Tempels erlauben soll, verlorengegangen ist. Der Aufzunehmende findet es wieder, es ist der Name von N. S. Jesus Christus: INRI, und dank dieses Wortes durchquert er die astrale Region in ihrer untern oder höllischen Sektion und erreicht das Zimmer der christlichen Läuterung und der Wiedereinsetzung.

Unter alchymistischem Gesichtswinkel ist es die Schaffung des Steins in Rot durch die Entdeckung der astralen Kräfte, das Heraustreten aus dem Rabenkopf und der Übergang zum Phönix oder zum Pelikan. Unter moralischem Gesichtswinkel ist es im Menschen das Freiwerden des göttlichen Funkens des göttlichen Wortes, der in seiner Seele eingeschlossen war, durch Übung des Gebetes, der Nächstenliebe, des Opfers und der Unterwerfung unter Christus. Also bitte, machen Sie das einem Weinhändler klar, Wahlagenten und Würdenträger des Grand'Orient13, oder einem R. P. Jesuiten. Der erstere wird Glauben, Hoffnung und Nächstenliebe durch seine Lieblingsdevise „Freiheit, Gleichheit, Brüderlichkeit .... oder der Tod! ..." ersetzen, und der zweite wird unbedingt Anagramme finden wollen, die den Namen Christus in den des Fürsten der Welt umwandeln, denn er kann nicht begreifen, daß man den Christus erfassen könne, ohne durch das kostbare Intermedium derer zu schreiten, die denken, sie seien der einzige göttliche Klerus auf Erden. Für den Klerikalen ist all das „Gnostizismus", und er versteht unter diesem Wort alles, was er nicht versteht. Kehren wir zur Analyse der Initiation zurück. Das grüne Zimmer mahnt zur ersten Entwicklung des in die symbolischen

Grade Aufzunehmenden. Das schwarze Zimmer soll ihm die Tore des zweiten Todes öffnen. Es soll ihm einen Planwechsel anzeigen. Es ist in Schwarz mit Silberträne gehalten. Die Zerstörung des ersten Tempels ist durch am Boden verstreute Säulentrümmer und Bauwerkzeuge dargestellt. Drei Säulen bleiben allein aufrecht, und das Transparent, das sie beherrscht, zeigt die Inschrift: Glaube (im Südosten), Hoffnung (im Südwesten) und Nächstenliebe (im Nordosten). Im Osten befindet sich eines der tiefsten Symbole, vor allem ein Tisch, mit einem schwarzen Tuch bedeckt, und darauf befinden sich außer den Werkzeugen des materiellen Baues (Kompaß, Winkelmaß, Triangel) das Symbol der Erschaffung des eigenen geistigen Wesens durch den Menschen: das Kreuz, das auf der Unterteilung jedes seiner Arme eine Rose trägt. Dieser Tisch steht vor einem großen Vorhang; zieht man diesen weg, so erscheint der gekreuzigte Christus, beleuchtet von zwei sonnenfarbenen Wachskerzen.

*

Dort also wird der Aufzunehmende das „verlorene Wort" wiederfinden, nachdem er zuerst in sich den *Glauben*, gegründet auf die persönliche Arbeit, dann die *Nächstenliebe*, die ihm in voller Weite die Tore der *Hoffnung*, der *Unsterblichkeit* eröffnet, neu geschaffen hat. Von dieser Unsterblichkeit soll er unmittelbar die symbolische Gewißheit erwerben, denn das Gesicht mit schwarzem Schleier bedeckt, tritt er, *geführt von zweien, die es vor ihm durchgemacht haben,* in das Zimmer ein, das ich das Astrale nenne und das man gemeinhin das Höllische nennt. Sagen wir bei dieser Gelegenheit, und um Antonini[14] ein Vergnügen zu bereiten, daß das, was die Katholiken Hölle nennen, bei den Okkultisten niedere astrale Ebene heißt. Um in den Himmel zu kommen, muß man die astrale Ebene durchschreiten und durch seine moralische Lauterkeit und geistige Erhebung über die diese Region des Unsichtbaren bevölkernden Larven und Wesen triumphieren. Seinen Auserwählten schickt der Himmel Führer zur Durchquerung dieser Region, und der Autor der „*Pistis Sophia*" gibt interessante Lehren über diesen Gegenstand. Die Okkultisten aber setzen die Larven und Dämonen an ihren wahren Platz und beten sie nicht an, behalten vielmehr ihre Gebete für Christus oder die Jungfrau vor.[15] Man muß über die Dämonen triumphieren, um den Himmelsplan zu gewinnen, und man triumphiert über sie nur, indem man im Abendlande: die Vorschriften der Evangelien, oder im Morgenlande: die Verkündigungen der Meister befolgt. Jeder gute Mensch, sei er Christ, Muselman oder Buddhist, kommt in den Himmel, wenn er das Wort Gottes befolgt hat, und jeder Verbrecher, sei er Papst, katholischer, jüdischer, protestantischer Geistlicher oder einfacher Laie welcher Religion immer, muß mit den Wesen der Astralebene Bekanntschaft machen, wofern nicht das göttliche Mitleid den Abdruck seiner Fehler (im Unsichtbaren!) auslöscht. Dies der Grund, warum Dante mehrere Päpste in der Hölle gesehen hat. Dieses Astralzimmer ist von einem Transparent gebildet, das an jedem Ende ein Skelett trägt, wohl um anzudeuten, daß der Tod die einzige Eintritts- oder Ausgangspforte dieses Zimmers ist. Auf dem Transparent sind irgendwelche Larven und astrale Wesen aufgemalt, die der Aufzunehmende bemerkt, wenn er den sein Haupt verhüllenden Schleier lüftet. Er kommt so ins rote, von 33 Lichtern erhellte Zimmer. Im Osten unter einem Baldachin bemerkt der Einzuweihende ein bewundernswertes Symbol: oben ein Flammstern, der den Buchstaben ש (Shin) umgekehrt trägt, um die Inkarnierung des göttlichen Wortes in der menschlichen Natur anzuzeigen. darunter befindet sich ein offenes leeres Grab, um zu zeigen, daß Christus über den Tod triumphiert hat, wodurch allen, die zu folgen willens sind, der Weg kundgetan wird. In derselben Richtung befindet sich die Fahne des Kapitels mit der Zeichnung des Pelikans am Rande seines Nestes, wie er seine sieben Jungen mit seinem Blute nährt, das er fließen läßt, indem er sich die Seite mit dem Schnabel durchbohrt. Dieser Pelikan trägt auf der Brust das Rosenkreuz. Das ist das Symbol des wahren Christusritters, das ist die Darstellung des unaufhörlichen Werkes des göttlichen Lichtes, das selbst denen das Leben gibt, die in seinem Namen Frevel begehen, wie die Sonne die Guten und die Übeltäter bescheint, die über die sieben Planetenregionen ihres Systems verbreitet sind. Die Inschriften der Säulen „Unendlichkeit" und „Unsterblichkeit" charakterisieren die das schwarze Zimmer erleuchtende geistige Umwandlung der Fähigkeiten. Diese Initiation stützt sich auf fünf Lehrpunkte, die nacheinander den Aufzunehmenden zum „Ritter von Heredom", „Garderitter vom Turm" und „Rosenkreuzer" umwandeln. Diese Lehren beziehen sich auf folgende Punkte: 1. Meisterschaft; 2. Zahlen 9. 7. 5. und 3.; 3. Eckstein; 4. Mysterien der Arche und der Unsterblichkeit (Enoch und Elias); 5. die Gebirge des Heils, der Moria und der Kalvarienberg (in allen Ebenen); 6. der hermetische Athanor; 7. die von der spirituellen Kraft geborenen moralischen Fähigkeiten; 8. der Widerstand gegen die Leidenschaften (Garde des Turmes); 9. die astrale Symbolik; 10. die allgemeine Symbolik; 11. die Zahlensymbolik; 12. das christliche Jerusalem und der neue universelle Tempel; 13. die drei christlichen Lichter Jesus, Maria, Josef; 14. das verlorene Wort; 15. „Consummatum est". Endlich hatten die Illuminaten der Maurerei in diesem Grade ihr System der kabbalistischen Reduktion der Namen auf deren Konsonanten und die fünf Punkte der bildlichen Darstellung der Lehrzeit des Illuminatentums weitergegeben.

*

Die folgenden Grade: 19. Großpriester; 20. Großpatriarch; 21. Großmeister vom Schlüssel; 22. Fürst des Libanon – setzen die Betätigung der historischen Überlieferung fort. Dieser letzte Grad, Fürst des Libanon, ist später zum „Königlichen Ritter-Axt des Schottentums" geworden, und er bildet den Anfang der wahrhaft hermetischen, der Entwicklung der spirituellen Fähigkeiten geweihten Grade. Das Initiationsthema dieser hermetischen Grade zielt auf jenen Teil des Lebens Salomos ab, in dem er sich den Studien der Magie und Alchymie gewidmet hat. Man sieht also Salomo den Prüfungen des zweiten Todes, des Ablassens vom wahren Gott zugunsten der Götzen, unterworfen und durch das Wissen zum wahren Glauben zurückkehren. Es ist eine Wiederholung der historischen Allegorie der vorhergehenden Grade auf einer anderen Ebene. In der Perfektionsmaurerei waren die hermetischen Grade in folgenden Stufen enthalten: 22. Fürst des Libanon; 23. Prinz-Adept; 24. Fürst des königlichen Geheimnisses. Wir werden in diesem Grade des Prinz-Adepten, der zum 28. Grade des Schottenritus, zum „Ritter der Sonne" wurde, die theoretischen Studien wiederfinden, die die Grundlage jeder wirklichen Praxis bilden. Mit Rücksicht auf das Schottentum und wegen der Entwicklungen, die es in diesen hermetischen Graden gegeben hat, wollen wir diese Sektion detailliert studieren. Wie man sieht, enthielt der Perfektionsritus das ganze maurerische System, und die Umwandlungen, die es künftighin erfährt, werden nur auf die Entwicklung von Graden abzielen, die bereits im „Rate der Kaiser des Ostens und des Westens" existieren. Gehen wir also zum Schottentum über. Vorher aber wollen wir die sieben Klassen aufzählen, die die Grade dieses Ritus begreifen.

1. Klasse	Grade	1.	2.	3.		
2. Klasse	Grade	4.	5.	6.	7.	8.
3. Klasse	Grade	9.	10.	11.		
4. Klasse	Grade	12.	13.	14.		
5. Klasse	Grade	15.	16.	17.	18.	19.
6. Klasse	Grade	20.	21.	22.		
7. Klasse	Grade	23.	24.	25.		

Für weitere Einzelheiten wird man sich auf die Tabelle der Riten am Ende dieses Kapitels beziehen können.

Das Schottentum – Daseinsberechtigung seiner neuen Grade – Illuminatentum, Reintegration und Hermetismus

Wir kommen nun zum Schottentum im eigentlichen Sinne, d. h. zur Entwicklung der letzten Grade des Perfektionsritus. So, wie wir es gesagt haben: Die Mysterien der bewußten Spaltung des menschlichen Wesens, das, was man *das bewußte Austreten des Astralkörpers* genannt hat und was die *„Taufe"* in den alten Tempeln charakterisierte, diese Mysterien waren entwickelt worden, um die schottischen Grade zu bilden, die um 1802 vom obersten Rat von Charleston dem von Morin vorgelegten System beigefügt wurden. Es ist also nicht richtig, in diesen Graden nur unnütze Überreife zu sehen. Sie vollenden den Fortschritt der Entwicklung des menschlichen Wesens, indem sie ihm den Schlüssel zum Gebrauch der übermenschlichen Fähigkeiten wenigstens im gegenwärtigen Leben geben. Ich sage: den *Schlüssel* – denn eine Initiation kann nichts anderes geben. Was tut's demnach, daß diese Lichter Menschen gegeben sein mögen, die darin nur lächerliche Symbolik sehen, oder daß sie Klerikale blenden, die darin, ihrer löblichen Gewohnheit gemäß, nach Phallus und Kteis suchen werden; denn die haben so ein Hirn, daß sie durchaus nur das sehen – und mit irgend einem Teufel als Dirigenten dazu! – Arme Leute! ...

Die Initiation soll die verschiedenen Phasen der bewußten Durchquerung der Astralebene mit ihren Gefahren, ihren Klippen und ihrer Krönung: das Überschreiten der astralen Hölle, um sich, wenn die Seele dessen würdig ist, in die verschiedenen himmlischen Regionen zu erheben, die Initiation also soll das alles nachskizzieren. Das Thema wird, wie gesagt, den Aufzunehmenden mit dessen persönlicher Beteiligung an den Arbeiten unter dem Bilde Salomos in seiner okkultistischen Phase darstellen, wie er Hiram Weisungen erteilt.

Der 22. Grad, *„Königl. Ritter-Axt"*, bezieht sich auf die materiellen Vorbereitungen der Arbeiten, die durch das Fällen der Zedern auf dem Libanongebirge und die geweihte Axt abgebildet werden.

Der 23. Grad, *„Oberhaupt des Tabernakels"*, bezieht sich auf die Hinweise bezüglich der Ebene, in der man arbeiten soll, d. h. die astrale Natur. Der Saal ist vollkommen rund, von sieben Hauptleuchtern und neunundvierzig (= 13, theosophisch reduziert! Zahl des Durchganges zum Astralen) Nebenleuchtern erhellt. Das heilige Wort ist I E V E, und der Feldruf ist der Name des Feuerengels, der dem Arbeiter zu Anfang seiner Prüfungen wird beistehen müssen: *Uriel.* Dieser Grad zeigt den Irrtum der Arbeiter, die zum schnellen Vorwärtskommen die niederen Kräfte des Astralen anrufen und Gefahr laufen,

den Zusammenhang mit dem Himmel zu verlieren, indem sie sich vom Dämon täuschen lassen, hier abgebildet durch die Idole, denen Salomo opferte. Der Aufzunehmende soll aus dieser ersten Berührung mit der Astralregion als Triumphator hervorgehen. Dann erreicht er die Ebene, in die die *astralen Abdrücke* eingezeichnet sind. Er sieht das Wort Gottes, das der zwölf Gebote und das der Evangelien, die im ewigen Buche eingeschrieben stehen, und er vollendet dann die erste „*Reise in Gott*". Dies der Feldruf (24. Grad). Das ist der Punkt, an dem er die Ebene der Ekstase erreicht, in der sich Moses befand, als er den brennenden Busch aufleuchten sah. Er hat den Astralplan verlassen, er nähert sich dem göttlichen Plan und hat die erste Offenbarung der göttlichen Harmonie (25. Grad). Der Aufzunehmende hat als Zeichen das Kreuz, das heilige Wort heißt Moses, der Feldruf INRI, um die Verbindung der beiden Testamente anzudeuten. Die Ketten, die den Aufzunehmenden umwinden, symbolisieren die Gewichte der Materie und der Schalen, die die Wirkung des Geistes in der göttlichen Ebene aufhebt; die eherne Schlange, um das Kreuz geschlungen, besagt die Beherrschung des Astralplans (Schlange) durch den von Christus (Kreuz) neugestalteten Menschen. Die Klerikalen haben in diesem Grade zu ihrem großen Bedauern den Teufel nicht finden können. Also übergehen sie ihn gemeinhin mit Schweigen. Bei seiner weiteren Entwicklung im unsichtbaren Planum erreicht der Aufzunehmende die verschiedenen Ebenen der Himmelsregion (26. Stufe, „Schottentrinitar" oder „Fürst der Barmherzigkeit"). Er soll den ersten, zweiten und dritten Himmel durchschreiten und an Stelle der Dämonen des Astralplans mit den Geistern der Luft und der Himmelstore in Berührung treten. Man muß sich nur die ironischen Glossen der Ignoranten anschauen, wenn sie sich mit diesem Grade beschäftigen, und die heiteren Kommentare der Klerikalen! Aber fahren wir fort!
Der Aufzunehmende erhält „Flügel" als Marke seines Aufstiegs bis zur göttlichen Ebene. Der Katechismus enthält folgende charakteristische Sätze:
„Lehrer: Seid Ihr Meister-Schottentrinitar?
Recipiend: Ich habe wie Ihr das ‚Große Licht' gesehen und bin wie Ihr ein ‚*Sehr Vortrefflicher*' durch den dreifachen Bund des Blutes Christi, dessen Merkmal wir beide, Ihr und ich, tragen.
Lehrer: Welches ist dieser dreifache Bund?
Recipiend: Der, den der Ewige mit *Abraham* durch die Beschneidung schloß; der, den er mit seinem Vater in der Wüste durch Moses' Vermittlung schloß; und der, den er mit den Menschen durch den Tod und das Leiden seines lieben Sohnes Jesu Christi schloß."

In der folgenden Stufe (27.), „Großkommandeur des Tempels", wird der Aufzunehmende „*im himmlischen Hofe*" zugelassen, und das Juwel trägt die hebräischen Buchstaben, יר״י d. h. I N R I, das Zeichen ferner besteht darin, auf der Stirn des Bruders, der Fragen stellt, ein Kreuz zu schlagen. Wir kommen so zu dem Grad, der ursprünglich alle vorhergehenden umfaßte, zum Grade des *„Ritters der Sonne"* (28.), dem alten „Prinz-Adepten" des Perfektionsritus. Dieser Grad repräsentiert die Reintegration des Geistes im Adam-Kadmon, als er von Gott dessen würdig befunden wurde. Der Aufzunehmende findet sich in den intrazodiakalen Raum übersetzt, wo sich der Mensch vor dem Sündenfall befand, und macht die Bekanntschaft der sieben Planetenengel, die seit dem Sündenfall die Schicksale der sieben Regionen leiten, denn der Aufzunehmende wird als in der Sonne befindlich angenommen. Er wird damit beginnen, mit den von diesem Zentrum ausgesandten Kräften Bekanntschaft zu machen. Hier vor allem die in diesem Grad gelehrten Korrespondenzen, dessen Feldruf, rein alchymistisch, „Stibium" (Antimon) lautet.

Michael	Pauper Dei	Saturn
Gabriel	Fortitudo Dei	Jupiter
Uriel	Ignis Dei	Mars
Chamaliel	Indulgentia Dei	Venus
Raphael	Medicina Dei	Merkur
Tsaphiel	Absconditus Deus	Mond

Der 29. Grad („Großschotte von St. Andreas") ist im wesentlichen alchymistisch. Der Adept, dies die Annahme, ist nach seinem Aufstieg in die Welt der Prinzipien auf die Erde zurückgekehrt und ist imstande, das große Werk zu verwirklichen. Diesem Grad hat man als heiliges Wort einen Racheschrei beigegeben, der zeigt, daß man gewisse Punkte des Templerritus mit der hermetischen Lehre vermengt hat. Hier die Feldrufe dieses Grades, die recht klar über diesen Gegenstand sind.

Feldrufe des 29. Grades

Ardarel	Engel des Feuers	Casmaran	Engel der Luft
Tallind	Engel des Wassers	Furlac	Engel der Erde

Unter den die Verwaltung betreffenden Graden 31, 32, 33 wollen wir vor allem den 32. hervorheben, den alten 25. des Perfektionsritus: *„Prinz des königl. Geheimnisses"*. Den falschen „Friedrich" dieses Grades muß man ebenso beiseite lassen wie den der 21. Stufe („Noachit"); es ist eine einfache historische Nachbildung der Heiligen Feme. Was uns interessiert, ist das

Bild dieses Grades, „das Siegel", an dem wir fünf Lichtstrahlen sehen, die einen Kreis umgeben und selbst in einen anderen Kreis eingezeichnet sind, der seinerseits von einem Dreieck umschlossen ist, um das sich ein Fünfeck befindet. Das Ganze ein Abbild der Analyse von Sphinx, Stier, Löwe, (zweiköpfigem) Adler und geflügeltem Flammenherzen, beherrscht vom kubischen Stein. Rund um das Siegel befinden sich die „*Lagerplätze*" zur Abbildung der maurerischen Verwirklichungszentren. Die 33. Stufe ist zum Teil die alchymistische Entwicklung des „Prinzen des königl. Geheimnisses", zum Teil eine Zusammenstoppelung à la Friedrich, die uns nicht interessiert. Sie bildet den Verwaltungsgrad der Maurerzentren, die sich an irgend einen Illuminismus anschließen können.

Allgemeine Zusammenfassung und Wiederholung der Maurergrade

Der Blick, den wir soeben auf die Rangseinteilung der Maurergrade geworfen haben, zeigt uns, daß sie eine wirkliche harmonische Progression bilden, in der man notdürftig auf einige Anomalien trifft, wie etwa die noachitischen Grade, die außerhalb der Tätigkeit der Gründer des Maurersystems aufgestellt worden sind. Die symbolischen Grade enthalten wohl im *Keim* das ganze System, die Hochgrade entwickeln jedoch diesen Keim harmonisch, vor allem unter historischem Gesichtswinkel, indem sie zunächst das jüdische Volk, dann das Christentum danach das Geheimtribunal, die Orden des Rittertums und die Templer durchmustern. Das System wäre unvollkommen ohne die wahrhaft okkulte Krönung, die dem Eingeweihten neue Ausblicke auf das Heil des menschlichen Wesens durch Gebet, Gelübde (18. Stufe) und Nächstenliebe eröffnet. Diese führen ihn zu den Prüfungen des zweiten Todes und zur Erfassung der göttlichen Ebene, nachdem er über die höllischen Versuchungen des Astralplans triumphiert hat. Die Illuminaten haben also ihrem Werk alle seine Entwicklungen in persönlicher Weise gegeben, wie sie es auch neu zu schaffen wissen werden, wenn es im niedrigen Materialismus und Atheismus zu Ende gehen sollte. Die folgende Tabelle soll den allgemeinen Sinn der verschiedenen Grade zusammenfassen. Die Progression in der Entwicklung der Grade erscheint uns dann folgendermaßen:

1. Drei symbolische Grade.
2. Drei templerische Hochgrade, von Ramsay, die bei den Graden 13, 14 und 30 ihre Stelle haben.

3. Bildung der historischen Grade, Entwicklung d. Geschichte Salomos u. d. Jerusalemer Tempelbaus – 4 bis 15 – Zerstörung des Tempels u. Wiederherstellung des neuen Jerusalem durch das Christentum – 15 bis 22.
4. Krönung der historischen Grade durch die Grade des Hermetismus, die ein Tor zum christlichen Illuminatentum eröffnen – 22 bis 25. Dies ist die Zusammenfassung des Perfektionsritus. An seinen 25 Stufen hat der Oberste Rat von Charleston folgende Änderungen vorgenommen:

Symbolische Grade: { Synthetische Geschichte
1, 2, und 3.   des Menschen.

Historische Grade:
4 bis 22
{ Bau des Jerusalemer Tempels.
Gefangenschaft.
Befreiung.
Sturz Jerusalems und Zerstörung des Tempels.
Das Christentum.
Neu-Jerusalem.

Templergrade: { Geheimgericht.
21, 13, 14, 30.   Ritter und Templer.

Hermetische Grade:
22 bis 33.
{ Erste Prüfungen zum Adeptentum.
Der Adept tritt mit der Astralschlange in Berührung.
„Spaltung" (Dédoublement).
Der Adept triumphiert über die Astralschlange und erhebt sich zum göttlichen Planum.
Der hermetische Triumph.
Reintegration und bewußte Rückkehr zum physischen Planum.

Mehrere neue Grade wurden hinzugefügt, u. zw. 23. „Oberhaupt des Tabernakels", 24. „Prinz der Barmherzigkeit", 25. „Ritter der ehernen Schlange", 26. „Kommandeur des Tempels" und 27. „Ritter der Sonne". Der „Prinz des königl. Geheimnisses" besetzte die Grade 28, 29, 30, 31 und 32, Kel adosh die 28. Stufe und der „Regierende General-Groß-Inspektor" die 33. und letzte.

Bei der Ankunft von Grasse Tilly in Paris wurde eine neue Einteilung angenommen, die noch das Schottentum regiert. Hier in großen Zügen: Der „Prinz der Barmherzigkeit" (24.) wurde „Prinz des Tabernakels"; der „Kommandeur des Tempels" (26.) wurde „Schottentrinitar"; der „Ritter der Sonne" wurde 28. Grad und wurde durch den „Großkommandeur des Tempels" ersetzt; der 29. Grad wurde zum „Großschotten von St. Andreas", und der „Kadosch", ehemals 24. Grad des Perfektionsritus und 28. von Charleston, wurde endgültig der 30. Grad. Der 31. war der „Großinspektor"; der „Prinz-Adept" bildete den 32. und der „Regierende General-Groß-Inspektor" den 33. und letzten Grad. Endlich ersetzte ein noachitischer Grad, der 21., überall den „Großmeister vom Schlüssel" im Perfektionsritus.

1)	Lehrling	......	(Perfektionsritus).........................
2)	Geselle	......	(Perfektionsritus).........................
3)	Meister	......	(Perfektionsritus).........................
4)	Meister	......	Geheimmeister ....
5)	Meister	......	Vollkommener Meister....................
6)	Meister	......	Geheimsekretär...........................
7)	Meister	......	Vorsteher und Richter.....................
8)	Meister	......	Gebäudeverwalter........................
9)	Meister	......	Auserwählter der Neun....................
10)	Meister	......	Auserwählter der Fünfzehn................
11)	Meister	......	Erlauchter Auserwählter...................
12)	Ramsay	......	Großmeister Architekt.....................
13)	+ Schotte	......	Königliche Arche (ehem. vollkommener Meister)
14)	+ Novize	......	Großmeister Auserwählter ....
15)	+ Novize	......	Ritter vom Schwert........................
16)	+ Novize	......	Prinz von Jerusalem ....
17)	+ Novize	......	Ritter des Morgen- und Abendlandes..........
18)	+ Novize	......	Ritter Rosenkreuzer ....
19)	+ Novize	......	Großpriester ....
20)	+ Novize	......	Großpatriarch ....
21)	+ Novize	......	Großmeister vom Schlüssel ....
22)	+ Novize	......	Prinz vom Libanon ....
23)	+ Novize	......	Prinz vom Libanon ....
24)	+ Novize	......	Prinz vom Libanon ....
25)	+ Novize	......	Prinz vom Libanon ....
26)	+ Novize	......	Prinz vom Libanon ....
27)	+ Novize	......	Prinz vom Libanon ....
28)	+ Novize	......	Prinzadept[23] ....
29)	+ Novize	......	Prinzadept[23] ....
30)	+ Tempelritter ...		Ritter, Kommandeur v. weißen u. schwarz. Adler
31)	+ Tempelritter ...		Ritter, Kommandeur v. weißen u. schwarz. Adler
32)	+ Tempelritter ...		Regierender Prinz der Maurerei. Erhabener Kommandeur des Königlichen Geheimnisses
33)	+ Tempelritter ...		Regierender Prinz der Maurerei. Erhabener Kommandeur des Königlichen Geheimnisses

(Oberster Rat von Charleston)   .....   (Lausanner Konvent)
(Oberster Rat von Charleston)   .....   (Lausanner Konvent)
(Oberster Rat von Charleston)   .....   (Lausanner Konvent)
(Oberster Rat von Charleston)   .....   (Lausanner Konvent)
(Oberster Rat von Charleston)   .....   (Lausanner Konvent)
(Oberster Rat von Charleston)   .....   (Lausanner Konvent)
(Oberster Rat von Charleston)   .....   (Lausanner Konvent)
(Oberster Rat von Charleston)   .....   (Lausanner Konvent)
(Oberster Rat von Charleston)   .....   (Lausanner Konvent)
(Oberster Rat von Charleston)   .....   (Lausanner Konvent)
(Oberster Rat von Charleston)   .....   (Lausanner Konvent)
(Oberster Rat von Charleston)   .....   (Lausanner Konvent)
(Oberster Rat von Charleston)   .....   (Lausanner Konvent)
Perfektion   .....   (Lausanner Konvent)
Ritter des Ostens   .....   (Lausanner Konvent)
Ritter des Ostens   .....   (Lausanner Konvent)
Ritter des Ostens   .....   (Lausanner Konvent)
Ritter des Ostens   .....   (Lausanner Konvent)
Ritter des Ostens   .....   (Lausanner Konvent)
Großmeister aller Logen   .....   Verehrt. Großmeister d. Logen
Noachitischer Patriarch   .....   Noachit
Königl. Axt od. Prinz von Libanon .....   Ritter – Königliche Axt
Chef des Tabernakels   .....   Chef des Tabernakels
Prinz der Bermherzigkeit   .....   Prinz des Tabernakels
Prinz der ehernen Schlange   .....   Ritter der ehernen Schlange
Kommandeur des Tempels   .....   Triniatarschotte
Ritter der Sonne   .....   Großkommandeur d. Tempels
Kadosch   .....   Ritter der Sonne
Kadosch   .....   Großschotte von St. Andreas
Prinz d. Königlichen Geheimnisses .....   Kadosch
Regierender General-Groß-Inspektor .....   Großinspektor
Regierender General-Groß-Inspektor .....   Erhabener Prinz d. Königl. Geheimnisses
Regierender General-Groß-Inspektor .....   Regierender General-Groß-Inspektor

III. Teil

DIE ANWENDUNG

Einführung zum dritten Teil

Die vorhergehenden Kapitel haben dem Leser den Schlüssel zum rätselhaften Tore geliefert, das die sichtbare Welt von der unsichtbaren trennt. Wir haben die Art gesehen, wie die Wissenschaft verborgen war, weiters die Art, wie sie verbarg, was sie gefunden hatte; sehen wir jetzt, was sie über das Objekt selbst all dieser Vorsichtsmaßregeln: die Welt des Unsichtbaren – aussagen kann.

Öffnen wir das Tor und seien wir von der herausdringenden Lichtflut nicht geblendet! Haben wir keine Furcht zu sagen, *was gesagt werden muß,* weil die Meister selbst gewollt haben, daß gewisse Mysterien in unserem Jahrhundert enträtselt werden sollen. Mag es auch noch so leuchtend zu Tage treten, für die Profanen und die engen Geister wird ja doch alles okkult bleiben! Was bemerken Sie also in dieser okkulten Seite des Universums?

Eine okkulte Wissenschaft, die die profane Wissenschaft beherrscht, wie die Sonne in der exoterischen Wissenschaft ihr Gefolge von Planeten beherrscht: die Wissenschaft der Seele, ohne deren Hilfe die des Körpers unklar bleibt. Eine okkulte Geschichte, die der manifesten Geschichte der Historiker vorausgeht und sie schafft, wie der unter der Rinde verborgene Saft den manifesten Blättern und Blüten vorausgeht und sie schafft.

Eine okkulte Kunst, die Seele zu binden und zu lösen. Der höchste Erhebungspunkt, den ein leiblicher Mensch erreichen kann. Aber über diesen Gegenstand darf man nur äußerst vorsichtig sprechen.

Was jedoch über das Unsichtbare und seine Rätsel gesagt werden kann, das will ich alles sagen. Unter anderen Rätseln erstreckte sich die Initiation auf: Die Geschichte der Erde und ihrer Umwandlungen durch Enthüllung der wirklichen Evolutions- und Involutionsgründe der Kontinente, Rassen und Völker. Die Geschichte der menschlichen Seele und ihrer Umwandlungen. Die Geschichte des Universums und der Natur-, Menschen- und Gotteskräfte in Einwirkung auf dieses Universum.

Jede Lehre umfaßte drei Stufen:

Die positive Stufe oder das Studium der Physis.
Die superlative Stufe oder Studium des Metaphysischen.
Die komparative Stufe oder Studium des Analogen als Mittelglied zwischen den beiden vorhergehenden Stufen.

Nehmen wir ein Beispiel. Das Studium des Himmels umfaßte:

1. Das physische Studium, ungefähr dem entsprechend, was wir heute die Astronomie nennen würden.
2. Das metaphysische Studium, d. i. die esoterische Astrologie oder *„Genealogie"* mithin den *theoretischen und höchsten Teil* dieser Wissenschaft.
3. Analogisches Studium oder Studium der *Einflüsse*, durch die sich die Astrologie wieder mit der Wissenschaft vom Temperament, mit der Naturgeschichte und der Medizin verband. Es ist sehr leicht, selbst in unseren Tagen, diese beiden Teilungen jeder wahrhaft synthetischen Wissenschaft wiederzufinden; denn lediglich in der Renaissanceepoche sind alle menschlichen Wissenschaften entzweigeschnitten worden. Der physische und materielle Teil jeder Wissenschaft ist seit damals etwas gänzlich Abgetrenntes geworden, das mit dem prunkvollen Namen der „exakten oder positiven Wissenschaft" getauft wurde. Der metaphysische und analogische Teil jeder Wissenschaft ist verachtet und verworfen und unter die „okkulten Wissenschaften" eingereiht worden. Die Historiker haben sogar die Kühnheit gehabt, zu behaupten, der metaphysische Teil habe nur das erste Auftreten und das Stammeln jeder Wissenschaft gebildet. Aber die Tatsachen häufen sich heutzutage, um uns den großen Irrtum besagter Historiker zu zeigen. In der folgenden Tabelle bringen wir also einige Namen dieser so verstümmelten Wissenschaften: Aufmerksame Leser dieser Tabelle werden sich über den Raum Rechenschaft geben, den man zur Entwicklung jedes der Elemente brauchen würde. Ich will hier diese Entwicklung nicht durchführen, ich will einfach dem Leser zeigen, wie man ihn getäuscht hat, als man ihm sagte, der *sichtbare Teil* bilde alle Wissenschaft, ihm jedoch systematisch verbarg, mehr noch: ihm beibrachte, den ganzen *unsichtbaren Teil* zu verachten – diesen einzig lebendigen! Daher die Entwicklung dieser toten Wissenschaften, die den Ingenieur, der in ihrem Besitz die technische Hochschule verläßt, in den Zustand ständiger Unterlegenheit – vom Standpunkte erfinderischer Anpassung aus – dem Arbeiter oder Ungelernten gegenüber versetzen, der

sich von seinen intuitiven Fähigkeiten führen läßt. Übrigens haben alle Eingeweihten den Grund dieses Irrtums kenntlich gemacht, und Claude de Saint-Martin, „Le philosophe inconnu", erzählt in seinem „Krokodil"[1], wie die goldenen Schlüssel den Gelehrten verlorengingen. Malfatti de Montereggio gibt in seiner „Mathesis"[2] das Mittel, das gerissene Band neu zu knüpfen, und – noch näher zu uns – entwickelt ein einfacher Bauer, Lonis Michel (de Figanières) in inspiriertem Zustand die höchsten Ideen über die lebendige Wahrheit und die Wissenschaft des universellen Lebens.[3] Wie dem immer sein mag, die okkulte Wissenschaft ist die Synthese dieser Wissenschaften, und man muß sich hüten, sie mit dem zu verwechseln, was die Wörterbücher die „okkulten Wissenschaften" nennen, die die beiden höchsten Sektionen jeder Wissenschaft umfassen; aber die haben, gesondert genommen, nicht den einheitlichen, synthetischen Charakter der okkulten Wissenschaft. Ich denke, es wird von Nutzen sein, eine Zusammenfassung der traditionellen Hochlehren wenigstens über die Punkte zu geben, die man unbedingt kennen muß. Im einzelnen will ich folgende Themen in Angriff nehmen, während ich alles übrige für eine ausgedehntere Studie zurückstelle:

1. Die Erde und ihre geheime Geschichte.
2. Die weiße Rasse und die Bildung ihrer Tradition.
3. Die Entwicklung des unsterblichen Geistes des Menschen und seine verschiedenen Existenzebenen.
4. Die unsichtbaren Wesen, mit denen der Mensch in diesen verschiedenen Ebenen in Beziehung ist.

Sichtbares		Unsichtbares	
Körperliche oder materielle Sektion der Wisenschaften Positiver Teil		Lebendige oder seelische Sektion Analogischer Teil	Geistige oder metaphysische Sektion Kausaler Teil
Physik		Naturmagie	Metaphysik
Chemie		Alchymie	Hermetische Philosophie
Astronomie		Astrologie als Studium der Einflüsse	Genealogie (Studium der spirituellen Ursachen; Mythologie)
Mathematik	Zahlen (arithmetische)	Einfluß und lebendige Beziehungen der Zahlen. Magie	Schaffung der Zahlen
	Formen (geometrische)	Einfluß und lebendige Beziehungen der Formen. Analytative Geometrie	Schafung der Formen. Thorah
	Zeichen (Algebra und Zeichenkunst)	Einfluß und lebendige Beziehungen der Formen. Analytative Geometrie	Schafung der Zeichen. Pythagorismus
Naturgeschichte	Zoologie	Lebendige Natur. Heilige Therapeutik	Prinzip der Natur
	Botanik		
	Mineralogie		
Anatomie	Physiologie	Psychurgie	Theurgie
	Psychologie		

VII. Kapitel

Die Erde und ihre Geheimgeschichte

Wenn wir einen Erdglobus mit seiner Wiedergabe des gegenwärtigen Zustandes der Festländer und Meere betrachten und uns auf die *physische* Beschreibung dessen festlegen, was wir sehen wollen, so werden wir es dem Analysierenden gleichtun, der das Äußere eines Buches, sein Gewicht etc. beschreibt, ohne vom Inhalt etwas zu wissen. Wenn wir uns im Glauben, weiter zu kommen, an den Geologen wenden, so wird uns der die physikalische und chemische Geschichte *der Stoffe* erzählen, die zum Bau unseres Buches gedient haben. Das wird schon interessanter, aber nur wenig vollkommener sein. Wenden wir uns an den Eingeweihten und fragen wir ihn nach dem Schlüssel dessen, was in diesem gewaltigen, von der Erdkugel verkörperten Buche geschrieben steht. Und der Eingeweihte wird uns antworten: „I E V E". I E V E, das will sagen: Der Zyklus der Zahl Vier und wird in astronomischer und physikalischer Sprache geschrieben als Osten – Westen – Süden – Norden. Die Erde beherbergt derzeit einen einzigen, keineswegs vollkommenen Kontinent: Europa. *Alle anderen Gebiete sind nur Überreste verschwundener oder in Umwandlung begriffener Kontinente.* Nun, Europa – das will sagen: Norden und die weiße Rasse, und das zeigt an, daß diese Rasse andere Rassen und demzufolge vollständige Kontinente zu Vorläufern gehabt hat, *denn jede wirklich differente Menschenrasse ist das Entwicklungsprodukt eines wirklich persönlichen und differenten Kontinents.* Es gibt also eine Südrasse, die schwarze, deren Ursprungsort heute Afrika, eine Westrasse, die rote, deren Ursprungsort Amerika, eine Ostrasse schließlich, die gelbe, deren Ausgangspunkt Asien repräsentiert. All das nach dem Zyklus Osten – Süden – Westen – Norden, der vom geschichtlichen Standpunkt aus besser als Westen Osten – Süden – Norden übersetzt wird.

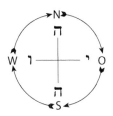

Denn man muß weiters eine Hauptanmerkung im Gedächtnis halten: *Bei jedem Schwinden oder Evolution eines Kontinents lebt die Stelle dieses Kontinents weiter, die der für den besagten Kontinent charakteristischen Menschenrasse die Entstehungsbasis abgab, und bleibt als Zeuge auf dem Planeten.* Dies der wirkliche und philosophische Daseinsgrund dieser Erdmassen, von denen uns der Geograph nur den Körper, der Geologe nur das Leben erzählt. Der Eingeweihte allein kann uns ihren Geist geben. Die Erde ist also nacheinander von vier großen Rassen beherrscht worden:

>Der gelben Rasse.
>Der roten Rasse.
>Der schwarzen Rasse.
>Der weißen Rasse.

Jede dieser Rassen hat von ihrem *persönlichen Gesichtspunkt* aus eine intellektuelle Evolution durchgemacht, gekrönt von einer Wissenschaft und einer Tradition und gesegnet von der *Involution der Gottheit* in ihr. Jede Rasse hat weiters besondere Verfahren verwendet, um sich aus dem Instinktzustand in den Zustand göttlicher Erleuchtung zu erheben. Daher der anscheinende Unterschied der verschiedenen Überlieferungen, unter denen man immer *eine Einheit* wiederfindet, die in ihrer ganzen Reinheit allein der Initiierte erfassen kann. Wir werden von diesen Traditionen später sprechen. Kehren wir jetzt zur Geschichte der Erde zurück.

*

Alles in der Natur ist lebendig. Die Erde ist ein Wesen, ein lebendes Wesen mit demselben Recht wie ein Hund, Baum, Mensch, Stein oder die Sonne[1]. Diese Lebensgesetze der Erde sind samt ihren Ursachen und Wirkungen von der positiven Wissenschaft unter dem Namen „Erdmagnetismus, Elektromagnetismus" undeutlich wahrgenommen worden. Die Neigung der Erde zur Ekliptik und die periodischen Verlagerungen des Erdpols bestimmen das platonische Jahr (ca. 25.000 Jahre). Läge der Äquator mit der Ekliptik in einer Ebene, so wäre die Erde hinsichtlich der Jahreszeiten und Klimate im Zustand physikalischer Harmonie, was sie vollkommen vermissen läßt. Diese Harmonie existiert nicht. Die Erdpole oszillieren periodisch, und von dieser Schwankung kommen die Umbildungen, denen die Kontinente unterliegen und die sich in die Erinnerung der Menschen unter der Form von geologischen Kataklysmen und Sintfluten eingegraben haben. Jeder Erdpol kann nach der geheimen Überlieferung (aber nicht mehr nach der Wissenschaft der Gegenwart) *acht* aufeinanderfolgende *Lagerungen* in Beziehung zum Äquator einnehmen. Gerade dieses *Gesetz der acht Erdpole* wollen wir zu nennen versuchen, bevor wir weitergehen. Woher kommt diese Neigung der Ekliptik in Beziehung auf den Äquator? Alle Initiationen sind in dieser Hinsicht eines Sinnes: das kommt *vom Mond.* Der Mond war ursprünglich dazu bestimmt, einen integrierenden Teil der Erde zu bilden, wurde aber dann in den Raum geworfen, und diese Projektion hat das erstaunliche Kataklysma bestimmt, das unter dem Namen der universellen Sintflut bekannt ist, denn damals ist die Neigung gegen die Ekliptik aufgetreten, und die Polwässer sind über alle bewohnten Kontinente weggefegt. Louis Michel gibt *den Schlüssel* zu diesem Mysterium; er erzählt, die Erde sei von vier in Desintegration begriffenen Planeten gebildet worden, die zu Erdkontinenten geworden seien, und der Mond, der ebenfalls zur Bildung eines Kontinents bestimmt war, habe es verweigert, mit den anderen Planeten zusammen eingeschaltet zu werden, und sei auf seinen eigenen Wunsch dazu verdammt worden, sich als einfacher Satellit zu desintegrieren. Vergessen wir nicht, daß es Völker gab, deren Nennworte anzeigen, daß sie den Mond nicht gekannt haben. Der Leser soll von diesem Mysterium lediglich eine Ahnung bekommen, und so wollen wir es in dieser Frage damit bewenden lassen. Sobald jeder Kontinent seine Menschenrasse zur Zivilisation geführt hatte, hat die entwickelte Rasse jedesmal die großen Geheimgesetze der Natur wiedergefunden. Unter diesen Gesetzen haben die, die sich auf das Erdenleben und seine Phasen beziehen, zur Entdeckung der *Zyklen* geführt. Der Mensch beweist seine Lebensfunktionen nach außenhin durch die Herzschläge (60–70 in der Minute) und die Atemzüge (20 in der Minute). Die Herzstöße manifestieren gleichmäßig die beiden Zeiten der Zusammenziehung (Systole) und Erweiterung (Diastole) des Herzens. Weiters durchläuft der Mensch seine vier Alter: Kindheit, Jugend, Reife und Greisentum in einer Aufeinanderfolge von Wach- und Schlafperioden, die im allgemeinen Tag und Nacht entsprechen. Dies als rasche Zusammenfassung dessen, was man die Zyklen des menschlichen Lebens nennen könnte, vom Puls angefangen bis zur großen Periode der 20 Jahre, die jedes der vier Alter (Kindheit, Jugend etc.) des Menschen umfaßt. Die Eingeweihten, die wußten, daß der Mensch in Fleisch und Blut lediglich im kleinen die Gesetze des großen Himmelsmenschen widerspiegelt, sind dahin gebracht worden, zunächst für die Rassen, dann für die irdische Menschheit, danach endlich für das Universum selber die den menschlichen analogen Zyklusperioden zu suchen, die in ihrer Entwicklung die Erde ebensogut wie jedes der Völker und jede der Rassen umgreifen. So ergab die Reaktion von Tag und Nacht, die aus der gegenseitigen Lage von Erde und Sonne hervorging, den irdischen Tag und die irdische Nacht, die beide zusammen die Diastole und Systole des Planeten manifestieren und von denen jedes einen Morgen, Mittag, Nachmittag und Abend umschließt, Ausdruck der örtlichen Pulsationen des Erdenkörpers, gerechnet in Stunden, Minuten und Sekunden. Die gegenseitigen Stellungen von Erde und Mond schufen eine Periode, die für die Erde war, was für den Menschen die Ein- und Ausatmung. *Ein Monat*, geteilt in vier Wochen. Zwei Einatmungen (Neumond und Vollmond) und zwei Ausatmungen (Vollmond und Neumond). Die Bewegung der Erde um die Sonne (nach der gegenwärtigen Theorie) schuf für die Erde unter dem Namen *Jahr* das, was für den Menschen der Tag war, und das Jahr umfaßte eine Periode der Tätigkeit (Frühling, Sommer), entsprechend der ansteigenden (Mitternacht – Mittag) und eine Periode der Auswirkung und der Ruhe (Herbst, Winter), entsprechend der absteigenden Tagesperiode (Mittag – Mitternacht). Diesen Perioden wäre hinzuzufügen: Die elektromagnetische Periode von 520 Jahren (in unseren Tagen von Bruk wiederentdeckt).[2] die für die Erde das ist, was für den Menschen das Jahr, und das große platonische Jahr von 25.000 Kalenderjahren, das für die Erde das ist, was für den Menschen eines der vier Alter.

Man erlaube mir hier eine kurze Abschweifung, dieses Gesetz der Vierheit betreffend, von dem ich bereits im Verlauf meiner Arbeit gesprochen habe und von dem ich an dieser Stelle eine Anwendung vornehme. Das allgemeine Gesetz bietet sich uns unter der Form zweier großer Perioden, einer des Anstiegs und einer zweiten des Abstiegs, die durch eine charakteristische Periode getrennt werden, den Index dafür, daß der Lauf die Richtung wechseln wird. Wir haben also für den Tag des Menschen folgendes Bild:

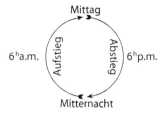

Diese Figur ist als Bild der Zirkulation auf alle, selbst die kleinsten Perioden anwendbar. In der Tat: Diastole und Systole sind jede von der anderen durch eine Herzruhe getrennt.

Dieses Gesetz ist also ein wirklich universelles Gesetz und läßt sich ebenso auf die Evolution und Involution der göttlichen Kraft im Universum, wie auf die Zirkulation der lebendigen, im menschlichen Organismus vom Blut getragenen Kraft anwenden. Die alten Initiationsschulen hatten auch für jede Menschenrasse und jedes Volk zyklische Perioden aufgestellt, während derer diese Rasse und dieses Volk ihre Phasen der Kindheit, Jugend, Reife und Vergreisung durchmachen. Die indischen Brahmanen, Erben der schwarzen und eines Teils der gelben Tradition, besitzen gleicherweise Großperioden von 432.000 Jahren, die auf die Menschenrassen anwendbar sind. Nun darf man nicht vergessen, daß in einer Familie, wenn der Großvater schon dem Grabe nahe kommt, das Enkelkind erst im Stadium der Kindheit heranwächst. Wollte man auf dieses Enkelkind die Gesetze anwenden, die sich auf den Großvater anwenden lassen, so würde man sich gewaltig täuschen. Also:

Jede der Erdhemisphären hat Evolutions- und Involutionsgesetze, die einander gegenseitig ergänzen, und wenn die Menschheit einer Hemisphäre im Stadium erfahrungsvollen Greisentums ist, ist die Menschheit der anderen Hemisphäre im Stadium der Kindheit und *umgekehrt.*

Derzeit ist der Osten und vor allem Asien in der Epoche der Weisheit und des Alters, während Europa als Mittelstützpunkt das Jünglingsalter begreift und Amerika im Stadium der Kindheit und beinahe Jugend aus dem Grabe aufersteht. Die indischen Brahmanen wissen sehr wohl, daß Europa vor kaum 20 Jahrhunderten seinen eigenen Messias gehabt hat, während Asien den seinen vor mehr als 87 Jahrhunderten hatte, und doch möchten gewisse abendländische Schriftsteller die zyklischen Gesetze, die den Osten regieren, auf unsere Hemisphäre anwenden und wagen die Behauptung, wir seien im Stadium des *Dunkelwerdens und der Involution* (Kali-Yoga). Das ist ein gewaltiger Irrtum, vor dem sich alle abendländischen Okkultisten hüten müssen. Denn er hätte große Gefahren für das geistige Gesicht unserer Rasse. Wenn ein Kontinent auf Erden zerfällt, entsteht ein anderer auf der entgegengesetzten Seite, und es hieße alle Gesetze der Schöpfung verkennen, wollte man auf den werdenden Kontinent die Gesetze des sterbenden anwenden. Nun, das ist für eine Rasse und ein Volk ebenso wahr wie für einen einzelnen Menschen. Vermeiden wir also einen derartigen Irrtum sorgfältig und glauben wir nicht; daß die brahmanischen Zyklen auf Europa oder Amerika anwendbar seien. Zumindest sind sie es nicht in der Art, wie man sie anwenden will!

„Die Brahmanen selber loben heutzutage das Satya-Yoga (schwarze Alter) und schmähen das gegenwärtige Zeitalter, und das ihren eigenen Annalen zum Trotz, die das dritte Zeitalter als das glänzendste und glücklichste ankündigen. Das war das Zeitalter ihrer Reife. Sie leiden heute an Altersschwäche, und ihr Rückschauen richtet sich wie das der Greise auf die Zeit ihrer Kindheit."[3] Mit diesen Angaben bewaffnet, können wir jetzt furchtlos an die Geschichte der Rassen gehen, die auf Erden dominiert haben.

Haben die gelbe, rote, schwarze und weiße Rasse ihre Entwicklung nacheinander auf einem und demselben Planeten vollbracht oder ist jeder Kontinent nur die Kristallisation eines anderen Planeten? Haben die Überreste von vier dieser Planeten die Erde gebildet, so wie es die von Louis Michel de Figanières gezeichnete hohe Verkündigung lehrt? Ist der Mond einer dieser Kontinente, die bestimmt waren, die Erde zu bilden, und hat er sich freiwillig von den anderen getrennt und so die irdische Nicht-Harmonie bestimmt, indem er nicht ein normaler Satellit, sondern eher ein Krebs der Erde wurde? Es sind das zu hohe und zu schwerwiegende Fragen, um in einigen Seiten behandelt zu werden. Neugierige mögen über dieses Thema die Werke von Louis Michel de Figanières lesen, trotz deren anscheinenden Schwierigkeit.[4] Betrachten wir einfach das Problem als gelöst, beginnen wir unsere Geschichte von dem Zeitpunkt an, da die Erdkontinente gebildet sind, und folgen wir der Methode Fabre d'Olivets, ohne weiter oder höher zu gehen. Wir wollen also die Geschichte der gelben, der Ostrasse, beiseite lassen, deren Überreste wir mit Fo-Hi einfach wiederfinden wollen.

Von der Westrasse, der roten Rasse, die auf Erden das Zepter der Zivilisation vor den Schwarzen geführt hat, wollen wir uns die schönen Kolonien in Großbritannien, in der Bretagne, in Spanien (und den Baskenlanden), in Italien, wo die Etrusker eine rote Kolonie waren, und schließlich in Ägypten in Erinnerung rufen, wo die rote Rasse die atlantische Kolonie gründete, die nach der großen Katastrophe den anderen Rassen die hohen Wahrheiten der Initiation überlieferte. Erst jetzt dämmert auch im Abendlande langsam das Wissen auf, daß Ägypten eine Kolonie der Roten war, deren schönste Überreste in Peru wiedergefunden wurden[5]. Das Verschwinden der Atlantis ließ das Zepter der Macht in die Hände der schwarzen Rasse übergehen, die alsbald die ganze damals bewohnbare Erde erobert hatte. Damals entstand die weiße Rasse in der Umgebung des Nordpols.

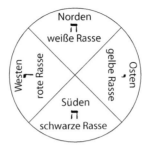

„Ich will mich in eine von der unseren recht entlegene Epoche versetzen, ich will meine Augen kräftigen, die ein langes Vorurteil geschwächt haben könnte, und quer durch die Dunkelheit der Jahrhunderte hindurch den Augenblick festhalten, wo die weiße Rasse, von der wir abstammen, sich anschickte, auf der Weltbühne in Erscheinung zu treten. In dieser Epoche, deren Datum ich später zu bestimmen versuchen will, war die weiße Rasse noch schwach, roh, ohne Gesetze, ohne Künste, ohne Kultur irgendwelcher Art, bar aller Erinnerungen und zu sehr alles Verständnisses beraubt, um selbst eine Hoffnung zu begreifen. Sie wohnte in der Gegend des Nordpols, wo sie entstanden war. Die schwarze Rasse, älter als sie, herrschte damals über die Erde und führte das Zepter des Wissens und der Macht. Sie hatte ganz Afrika und den größten Teil Asiens in Besitz, wo sie die gelbe Rasse versklavt und unterdrückt hatte. Einige Trümmer der roten Rasse schmachteten dunkel auf den höchsten Gebirgen Amerikas und überlebten die schreckliche Katastrophe, die sie getroffen hatte. Diese schwachen Trümmer waren unbekannt. Die rote Rasse, zu der sie gehört hatten, hatte vordem die westliche, die gelbe Rasse die östliche Hemisphäre der Erdkugel in Besitz gehabt. Die schwarze Rasse, damals an der Herrschaft, breitete sich im Süden über den Äquator aus. Und wie ich soeben gesagt habe, die weiße Rasse, die gerade erst entstanden war, irrte in der Gegend des Nordpols umher"[6]. Es sei mir verstattet, Gerechtigkeit zu üben und all unsere Bewunderung dem Initiierten auszudrücken, der, den Entwicklungen der zeitgenössischen Geschichtskritik vorauseilend, die Geschichte unserer Rasse dem Astralplan, wo sie fixiert war, zu entreißen wußte. Alle abendländischen Initiationsschüler müssen den Autor der *„Histoire philosophique du Genre humain", Fabre d'Olivet,* als einen der größten Meister ehren, die die Vorsehung geschickt hat. Zwischen

Ehrfurcht und Bewunderung geteilt, steht der Schüler vor der Arbeit dieses großen Geistes, und der Eingeweihte grüßt in der Sprache der Geister ihn, der sich bei Gebet und Ekstase die Schlüssel holte, die seine Vorgänger wirr und verständnislos liegen gelassen hatten. – Verehrter Meister, welche Schläge immer die Verleumdung der Institute und Akademien gegen Euch führen mag, seid versichert, in alle Zukunft im Herzen eines jeden wahrhaften Zöglings der abendländischen Tradition eine Zufluchtsstätte zu finden! Fabre d'Olivet war das Licht des pythagoräischen Stroms, und so legt sein prachtvolles Werk nur eine Seite der Offenbarung bloß: die enzyklopädische. Einem anderen, ebenso berühmt als Initiierter wie als großherziger Mensch, *Saint Yves d'Alveydre,* verdanken wir die Bekanntmachung und Rechtfertigung des anderen Stromes: des Stromes der Patriarchenkirche, der Propheten und Jesu Christi, d. h. die lebendige Seite und den Pol der schöpferischen Liebe und der Offenbarung, zu der wir am Schluß dieses Traktats gelangen werden. Und nun will ich nach bestem Können die Geschichte unserer Rasse zusammenfassen, wie sie uns Fabre d'Olivet übermittelt hat, dessen Werke das *Vademekum* jedes wahren Okkultisten vom Anfang seiner Studien an sein sollen.

*

Die weiße Rasse, in der Gegend des Nordpols geboren, war anfangs im Zustand der Wildheit und des Irrtums; sie wußte nicht, daß es andere Menschenwesen auf Erden gäbe. Gefördert von ihrem Klima, wuchsen die Weißen an Zahl und Kraft. Dann begann die fortschreitende Abwanderung nach Süden hin, quer durch die unermeßlichen Wälder des Landes der Pferde, „Roß-Land" (derzeit Rußland), die die Weißen zu den höheren Gebieten „Poll-Land" (Polen) und von da zu den Hochgebieten „Teuts-Land" (Mitteleuropa) führten, begrenzt im Norden von der Grenze der Seelen, „D'Ahn-Mark", und im Westen von den tieferen Ländern „Holl-Land" und „Gholl-Land" (Gallien). Dort erfolgte das Zusammentreffen der weißen und der schwarzen Rasse. Die Weißen, schwach und ohne ernstliche Waffen, wurden massenhaft in die Sklaverei geschleppt und mit Grubenarbeiten und Befestigungsbauten beschäftigt. Aber im Leiden lernten sie die von ihren Feinden zur Vollkommenheit gebrachten Waffen benutzen, und dank der undurchdringlichen Wälder vervollkommneten sie sich in der Kunst, die Schwarzen zu schlagen. Trotz allem hätten die Weißen, einzig auf ihre physischen Kräfte angewiesen, ohne den Beistand der göttlichen Vorsehung, die mit ihrer Rasse große Ziele verfolgte, keine raschen Fortschritte erzielt. Immer war seit Anbeginn das

Weib vom Unsichtbaren auserwählt, um auf die weiße Rasse prophetisch zu wirken, und einer Prophezeiung des Weibes im Zustand der Ekstase, der „Voluspa", verdankten wirklich die Weißen ihr Heil. Zwei weiße Häuptlinge wurden in dem Augenblick, wo sie miteinander handgemein werden wollten, von der Voluspa benachrichtigt, daß die schwarzen Krieger, die zahlreich in der Umgebung verborgen waren, nur das *Ende* des Kampfes unter den Weißen abwarteten um die Überlebenden zu überfallen und zu vernichten. Über diese übernatürliche Verkündigung arg betroffen, einigten sich die beiden Häuptlinge und rotteten zusammen die Schwarzen aus. Voller Erkenntlichkeit jedoch für die Prophetin schufen sie von diesem Tage an die Priesterinnenkollegien, und das Ansehen der Druidinnen wuchs rasch. Sie verloren jedoch bald jede wirkliche Verbindung mit dem himmlischen Unsichtbaren, und so führten sie zur Verkleidung ihrer Schwäche die Menschenopfer und die Herrschaft des Schreckens in der weißen Rasse ein. So provozierte das damals allmächtige Weib die schreckliche Reaktion, die ihm für lange Zeit jede Freiheit nehmen sollte. Ein Teil der Kelten hatte bereits ihr Vaterland verlassen, um vor dem Despotismus der Druidinnen zu flüchten (etwa 10.000 v. Chr.), und hatte quer durch die von den Schwarzen besetzten Regionen die Gegend des späteren Arabien erreicht. *Das sind die schweifenden Kelten oder Bodhonen, von denen ein Teil später nach tausend Wechselfällen zum hebräischen Volk wurde*[7]. Und das ist auch der Ursprung der inferioren Stellung der Frau bei den Juden.

Kehren wir nun zu unseren in Europa unter der Tyrannei der Druidinnen verbliebenen Kelten zurück. Die weiße Rasse sollte durch eine weitere schreckliche Geißel niedergeschmettert werden: die *Lepra*, die durch den Verkehr mit den Schwarzen erworben wurde und erschreckende Fortschritte machte – trotz der Häufung der Menschenopfer, die die Druidinnen dem Gotte Thor und der Göttin Freya darbrachten. Diesmal wandte sich die göttliche Vorsehung an einen genialen Mann: den Druiden Ram. Ram litt seelisch darunter, einerseits die Verheerungen, die die Lepra in den Körpern der Weißen anrichtete, andererseits die nicht minder schrecklichen Verheerungen zu sehen, mit denen die Erpressungen der Druidinnen die Geister heimsuchten. Voll so trüber Gedanken schlief der junge Druide am Fuße einer Eiche ein, und bald offenbarte sich seinem Lichtkörper der Astralplan. Ram sah die Sammelseele seiner Rasse, den großen Ermann, erscheinen, der ihm entdeckte, daß die Mistel der Eiche, auf bestimmte Art zubereitet, das Heilmittel der Lepra und das Mittel sei, dem Druidenkollegium das Ansehen wiederzugeben, das ihm die Druidinnen geraubt hatten. Ram verkündete diese Offenbarung dem Oberhaupte seines Kollegiums, und die Erfahrung bestätigte das Sachliche der Vision. Die Druiden behielten das Geheimnis der Mistelzubereitung für sich, und ein Gedenkfest übertrug das große Ereignis von Geschlecht zu Geschlecht. Dieses Fest war die Ernte der Eichenmistel, alljährlich zur Zeit der Wiedererneuerung der Erdenkräfte (Weihnachten).

Fabre d'Olivet erzählt nach seinen eigenen astralen Visionen, wie die Druidinnen verzweifelte Anstrengungen machten, um ihre ihnen entgleitende Autorität zurückzuerhalten. Ram wurde berufen, „eine Botschaft zu den Ahnen zu tragen", d. h. auf dem Altar geopfert zu werden. Ram weigerte sich und verließ, um einen Bürgerkrieg zu vermeiden, mit einigen tausend Kelten, die sich seinem Schicksal verbunden hatten, die Heimat (ca. 6700 v. Chr.). Er wandte sich gegen Südosten und hielt sich entlang dem Kaspisce, verweilte mehrere Jahre am Fuße des Uralgebirges, wo er sein Heer mit all den Weißen verstärkte, die sich schon früher und seit langem in diesen Gegenden niedergelassen hatten, und als er seine Kräfte endgültig organisiert hatte, nahm er die Eroberung Indiens in Angriff, das damals in der Gewalt der Schwarzen war[8]. Er überschritt zu diesem Zweck die Kette des Ural und schlug sein erstes Lager zwischen Kaspi- und Aralsee auf. Von dort aus trieb Ram, bald unter seiner eigenen Führung, bald durch seine Stellvertreter, die Schwarzen bis zur Insel Lanka (Ceylon) zurück, wo der schwarze Pha-Rawon endgültig aufs Haupt geschlagen wurde und sein Leben verlor[9]. Die indische Dichtung des *Ramayana* erzählt einen Teil dieser Großtaten. In dieser Epoche beginnt das *Reich des Ram,* das einen solchen Einfluß auf alle Überlieferungen der weißen Rasse hatte. Ich wage kaum, hier zu sagen, wieviel Jahrhunderte die Chronologen zählen. Ich habe bereits gezeigt, daß man mittels astronomischer Berechnungen die Epoche des Ram um nahezu 5000 Jahre über unsere Zeitrechnung zurückversetzen kann, wenn man annimmt, daß es im runischen Kalender keine Korrekturen gegeben hätte. Aber wer will behaupten, es habe deren keine gegeben! Arian, der zweifellos nach den Originalüberlieferungen geschrieben hat, berichtet, daß man von diesem Theokraten Ram bis Sandrokothes, der von Alexander besiegt wurde, 6402 Jahre zählte. Plinins stimmt mit Arian vollkommen überein, obwohl er ihn nicht abgeschrieben zu haben scheint. Nun, jeder weiß, daß der Zug Alexanders nach Indien 326 v. Chr. stattfand, woraus hervorgeht, daß man von Ram bis 1821[10] eine Dauer von 8550 Jahren aufstellen kann.

```
Von 1926 zu Christus . . . . . . . .  1926
Von Christus zu Alexander . . . .   326
Von Alexander zu Ram . . . . . . .  6402
                                    8654
Und vor Christus . . . . . . . . . .  6728
```

Meister jener Welt, die über die Zivilisation seiner ganzen Rasse herrschen sollte, organisierte Ram sein Reich nach theokratischen und religiösen Formen. Er errichtete in Tibet den Sitz des Fürst-Priesters, änderte seinen Kriegernamen Ram (Widder) in den des Priesters, der er gewesen war, Lam (Lamm), und gründete den Lamakult, diesen Kult des *mystischen Lamms,* den wir als Charakteristikum der arischen Rasse wiederfinden. Hier erst beginnt die Geschichte bei den profanen Historikern. Sie sehen wohl die weiße oder arische Rasse von Indien ausgehen, um von da die weiße Tradition über die ganze Erde zu tragen, aber sie wissen nicht, daß die Weißen anderswoher, nämlich von Westen nach Indien gekommen sind. Alles, was wir hier vorbringen, wird vielleicht als reiner Roman betrachtet werden, und doch habe ich die Gewißheit, daß in 30 Jahren alle ernstlichen Geschichtsschreiber keine anderen Grundlagen haben werden als die vom großen Meister Fabre d'Olivet angegebenen.[11] Ich könnte, streng genommen, hier in meiner historischen Abschweifung innehalten und auf die Historiker verweisen. Ich ziehe es jedoch vor, in einigen Seiten die wichtigsten Punkte zusammenzufassen, die jeder wahrhafte Okkultist zu behalten hat. Ram fällt der Welt durch seine wirklich von der Vorsehung bestimmte Führung derart auf, daß alle weißen und einige andersfarbige Völker den Heros in ihre Annalen setzten, wo er unter folgenden Personen leicht zu erkennen ist:

```
Hindus . . . . . . . . . . Rama
Tibet . . . . . . . . . . . Lama
China . . . . . . . . . . Fö
Arier  . . . . . . . . . . Dionysos
Japan  . . . . . . . . . Pa
Nordasien  . . . . . . Pa-Pa, Pa-di-Shah oder Pa-si-Pa
Persien und Iran  . . Giam-Shyd
```

Diese Namen allein werden genügen, um inmitten der Verschiedenartigkeit der auf Ram bezüglichen historischen Mythen die Einheit wiederzufinden. Fügen wir zu diesen Namen noch *den Zodiakus,* mit dessen Zeichen Ram seine eigene Geschichte vermengt hat, wie es später Moses für die Geschichte der Erde tun wird, und wir werden auch die Anpassung des mythischen Teils der Astronomie finden. Die zodiakalen Zeichen, 12 an der Zahl, sind das

Bemerkenswerteste auf dem Himmelsglobus. Die anderen dienen gerade nur dazu, den dreifachen Ausdruck dafür zu entwickeln. An die Auffindung dieser Zeichen hat Ram die ganze Kraft seines Genies gesetzt. Das, das seinen Namen trägt, muß als erstes betrachtet werden. Aber welchem Teil des Jahres soll es entsprechen? Wenn es am Anfang steht, wie es sicher erscheint, muß man es in das Wintersolstitium versetzen, in diese „Nacht-Mutter", von den Kelten „Modra-Nect" genannt. Prüft man nun den Himmelsstand, so werden wir heute sehen, daß diese Nacht auf den Sagittarius fällt, was ein Rückschreiten um nahezu vier Zeichen oder 120 Grad ergibt. Berechnet man nun diese 120 Grad, so finden wir für das Alter des Zodiakus genau 8640 Jahre, was sich nicht allzu weit von der Chronologie des Arian fernhält, die ich bereits angeführt habe. In Verfolg dieser Hypothese findet es sich, daß das Zeichen der Waage ins Sommersolstitium fiel und das Jahr in zwei gleiche Teile teilte. Da Ram mit der Sonne verwechselt worden ist, die man gleichfalls mit dem Symbol des Widders bezeichnet hat, so war es ganz simpel, wie es eine Menge von Schriftstellern wirklich getan hat, den Weg dieses Gestirns und seine verschiedenen Einflüsse, die durch die zwölf von ihm durchlaufenen Zeichen charakterisiert werden, namhaft zu machen. Überlegt man sich aber die Geschichte des berühmten Theokraten, wie ich sie erzählt habe, so sieht man, daß sie recht gut durch die Figuren ausgedrückt wird, die diese Zeichen begleiten. Zuerst kommt ein fliehender Widder, das Haupt nach hinten gedreht, der Blick fest an dem Lande hängend, das er verläßt. Das ist Rams Lage bei Verlassen seines Vaterlandes. Ein wilder Stier scheint sich seinem Weg entgegenstellen zu wollen. Allein die in eine Vase gezwängte Hälfte seines Körpers hindert ihn, sein Vorhaben auszuführen. Er stürzt in die Knie. Das sind die Kelten, durch ihr eigenes Symbol bezeichnet, die trotz ihrer Anstrengungen als Rams Unterworfene enden. Die Zwillinge, die nun folgen, drücken nicht schlecht sein Bündnis mit den wilden Turaniern aus. Der Krebs bedeutet seine Überlegungen und seine Rückkehr zu sich selber. Der Löwe seine Kämpfe und besonders die Insel Lanka, die mit diesem Tier bezeichnet wird. Die geflügelte Jungfrau mit der Palme in der Hand symbolisiert seinen Sieg. Ist nicht durch die Waage die Gleichheit charakterisiert, die er zwischen Siegern und Besiegten aufrichtete? Der Skorpion kann eine Meuterei, einen Verrat nachzeichnen und der Schütze die Rache, die er dafür nahm. Steinbock, Wassermann und Fische reichen mehr an die moralische Partie seiner Geschichte. Sie malen Ereignisse seines Alters nach, und vielleicht hat er durch die beiden Fische die Art ausdrücken wollen, in der, wie er glaubte, seine Seele mit der seines Nachfolgers verkettet sein würde. Da die Emblemfiguren der Himmelskugel in der Umgebung von Balk gegen den 37. Breitengrad aufgefunden worden sind, konnten die Astronomen sehen, daß der von der Seite des Südpols durch die Konstellationen des Schiffes, des Walfisches, des Altares und des Zentauren abgesteckte Kreis und das freie Feld zwischen ihnen in den älteren Himmelsgloben genau den Horizont dieser Breite zeichnen und folglich den Ort ihrer Auffindung angeben.[12] Die orthodoxe Initiation der weißen Rasse war immer durch die *weiße Farbe* charakterisiert, Symbol der Kraft, des Mannes. Das Reich des Ram dauerte ungefähr 35 Jahrhunderte, und dann begann die langsame Verlagerung des Pols der Zivilisation von Indien weg, wohin sie Ram geführt hatte, bis in das Keltenland, wo sie ursprünglich hätte festgehalten werden sollen. Dies ist der Schlüssel für das „weibliche Schisma", den Fabre d'Olivet nicht hat angeben *wollen*, denn gekannt hat er ihn. Tatsächlich war die *sichtbare* Ursache der Verlegung des Ramschen Reiches das Schisma derer, die, in Anknüpfung an die Musik, das Passive über das Aktive stellen wollten. Aber die *unsichtbare* Ursache war weitaus höher. Ich habe sie soeben angedeutet. Diese Abtrünnigen nahmen als Zeichen des Widerspruchs die *rote Farbe* zum Sinnbild, und so datiert von ihnen der Ursprung des Purpurs als Abzeichen der Macht. Sie wurden mit verschiedenen Namen bezeichnet: Hirten, Yonis, Yonijas, Palliphönizier. Um 3200 v. Chr. von Indien ausgegangen, trafen sie um 2700 in Ägypten ein (Invasion der Hirten), nachdem sie zuvor Arabien und fast ganz Kleinasien erobert und die Fundamente zu den Großreichen Phönizien und Assyrien gelegt hatten. Wie war also die Situation Ägyptens in dieser Epoche? Ägypten hatte, wie wir später gelegentlich in der Geschichte der Tradition sehen werden, die alte atlantische, von der roten Rasse stammende und von der schwarzen Rasse überlieferte Tradition nahezu unberührt erhalten. Weiters hatte das Reich des Ram einen großen Einfluß auf Ägypten gehabt, wo die Regierung, durch die Pha-Rawone in theokratischer Form, gediehen war. Bis zu der Epoche, bei der wir stehen, hatte es in Ägypten 14 Dynastien gegeben. Das alte Reich war mit der 10. Dynastie zu Ende gegangen; es hatte von 5004 bis 3064 v. Chr. gedauert, also bis zur Verlegung des Ramschen Großreiches. Vielleicht ist sogar eben dieser Verlegung das Auftreten der ersten diospolitanischen Dynastie (der elften Ägyptens) zuzuschreiben. Wie dem auch immer sein mag, um 2600 mußte wohl Ägypten von der Horde der asiatischen Eindringlinge bedroht worden sein, denn tatsächlich schufen in diesem Augenblick – es war zur Zeit der 13. Dynastie – die Priester, die

die Gefahr merkten und ihre Folgen voraussahen, die großen Mysterien, um die rote Tradition vor jedem Flecken rein zu bewahren. Um 2200 v. Chr. jedoch fielen die Hirten in Ägypten ein und richteten dort zahllose Blutbäder und Metzeleien an. Da sie aber Gegenmaßregeln der in Indien gebliebenen Orthodoxen befürchteten, sah man diese Asiaten ihre neue Eroberung gegen Arabien zu befestigen, was alle profanen Historiker, die den Schlüssel zu diesem freilich so einfachen Rätsel nicht besitzen, in Erstaunen setzt. Hören wir bei dieser Gelegenheit, was Marius Fontanes sagt.[13] „Die Legende hat aus diesem Einfall eine Entfesselung von Schrecken gemacht. Man versicherte lange Zeit und ohne Bedenken, Ägypten sei systematisch ausgeplündert, zugrundegerichtet, von Eisen und Feuer verwüstet worden. Ein Teil der männlichen Bevölkerung sei dem Rasen der ‚niedrigen Asiaten' ausgeliefert gewesen und in diesen Metzeleien gefallen, ‚der andere Teil' sei in der Sklaverei zusammengeschmolzen."

*

Die Invasion ist sicher; außer Frage auch das Reich des Shalif, mit dem eine Dynastie, die fünfzehnte, beginnt. Viel weniger sicher ist die Herkunft dieser Eindringlinge die, von Manethon als „niedrige Asiaten" angegeben, nach demselben Historiker gleichwohl alsbald daran gehen, „Ägypten gegen die Asiaten zu verteidigen."[14] Da die Historiker nicht verstanden haben, daß diese Asiaten Empörer waren, die die Gegenmaßnahmen der anderen, orthodox gebliebenen Asiaten zu fürchten hatten, ist für sie dieser Geschichtspunkt dunkel geblieben. Hören wir jetzt Manethon, der meine Ansicht bestätigt. Manethon nennt die Eindringlinge beim Namen. „Ihr ganzes Volk", sagt er, „wurde *Hyksos* genannt, das heißt König-Hirten, denn Hyk bedeutet in der geweihten Sprache König und Sos im Volksmund Hirt oder Hirten. Daher das zusammengesetzte Wort Hyksos. „Es gibt Leute", fügt Manethon hinzu, „die behaupten, es wären Araber". Wir wissen, warum man sie für Araber halten konnte; denn sie kamen aus Arabien, nachdem sie dieses Land erobert und die wahren Araber in die Wüste vertrieben hatten, von denen ein Teil den Namen Hebräer, das heißt *„Umherirrende"*, annahm. Dies ist so wichtig, daß ich Fabre d'Olivet wörtlich zitieren will. „Die abtrünnigen Inder kamen, wie das von allen Sanskritlegenden festgestellt wird, niemals dazu, im eigentlichen Indien selbst große Fortschritte zu machen. Aber das hindert nicht, daß sie andernorts äußerst mächtig wurden. Ihre erste erwähnenswerte Niederlassung vollzog sich vor allem in der Gegend des persischen Golfs.

Von dort gingen sie in den Yemen, dessen Eroberung sie trotz des heftigen Widerstandes, den sie dort fanden, durchführten. Die bodhonischen Kelten, seit langem die Herren Arabiens, widerstanden, solange sie konnten; Als sie aber genötigt waren, dem Schicksal zu weichen, zogen sie den Verlust der Heimat der Unterwerfung vor. Ein großer Teil ging nach Äthiopien, der Rest breitete sich über die Wüste aus und teilte sich dort in umherirrende Völker, die man aus diesem Grunde *Hebräer* nannte.[15] Doch gaben ihm die Phönizier, die die Beherrschung des Meeres, das Arabien von Ägypten trennt, an sich gerissen hatten, ihren eigenen Namen und besetzten darauf, wie es Herodot erzählt, das Gestade des Mittelländischen Meeres, wo sie den Sitz ihres Reiches errichteten[16]. In dieser Epoche wurde das chaldäische Reich gestürzt. Einer der Führer der Phönizier, bekannt unter dem Namen Bâlli, vollführte die Eroberung von Plaksha, Kleinasien, und baute an den Ufern des Euphrat die berühmte Stadt Babel, der er seinen Namen gab. Dieser Bâlli, bei den Griechen *Belos* und bei den Römern *Belus* genannt, war also der Gründer des berühmten Reiches, das man bald Babylonien, bald Syrien oder Assyrien genannt hat. Die Hebräer, unversöhnliche Feinde der Phönizier, da sie ja Abkömmlinge jener bodhonischen Kelten waren, die von den Hirten aus dem glücklichen Arabien vertrieben worden und in den Wüsten umherzuirren gezwungen waren, die Hebräer, sage ich, gaben diesem Bâlli den Namen Nembrod (Nimrod), um die Gewalttätigkeit und Tyrannei seines Thronraubs auszudrücken. Aber sie versuchten vergeblich die Flut aufzuhalten, die sich über sie ergoß. Vom Nil bis zum Euphrat unterwarf sich in wenigen Jahrhunderten alles dem Joch dieser fürchterlichen Hirten, die im Besitze von Thronen waren und dennoch gerade diesen Namen in Schutz nahmen, den man ihnen eigentlich zu Schimpf gegeben hatte. Oberägypten widerstand lange Zeit ihren Anstrengungen, da die Partei des männlichen Prinzips unter dem Namen Iswara, Israel oder Osiris kräftige Führer hatte. Aber schließlich trug die Partei des weiblichen Prinzips durchaus den Sieg davon, und die Göttin Isis bei den Thebaïten und die Göttin Myliddha bei den Babyloniern wurden gleicherweise über Adonis gestellt. In Phrygien beraubte die ‚gute Mutter *Ma*', die *Dyndimene* oder *Kybele* der Griechen, den regierenden ‚*Vater Atis*' seiner männlichen Kraft, und seine Priester konnten sich nur dadurch erhalten, daß sie ihm gerade eben das zum Opfer brachten, woraus anderswo die Orthodoxie das Sinnbild seines Kultes machte."[17] Wir wollen uns jetzt all die Anstrengungen ansehen, die die Initiierten gemacht haben, um die Folgen dieses weiblichen Kirchenschismas gutzumachen, deren Anhänger die Farbe „Rot" angenommen hatten. Lassen wir Indien beiseite, wo Krishnen (Gopalla) (2600 v. Chr.) und später Foe (Sakya) (1600 v. Chr.) sich bemühten, die verlorene Einheit wiederzufinden. Versetzen wir uns nach Osten in die ehemals von der gelben Rasse aufgeklärten Länder. Dort knüpfte ein Eingeweihter von Genie die gesprengten Bande neu und rettete nicht nur die gelbe Rasse vor dem Verschwinden, zu dem sie berufen war, sondern er gab ihr überdies den notwendigen seelischen Antrieb zu einer neuen, fruchtbaren Laufbahn. Dieser Mann wurde unter dem Namen Fo-Hi bekannt, und er schuf seinen Wirkungskreis in derselben Epoche, wie Krishnen in Indien wirkte und die großen Mysterien in Ägypten geschaffen wurden, also zwischen 2700 und 2600 v. Chr., zur selben Zeit, als der erste Zoroaster in Persien erschien[18]. Fabre d'Olivet sagt zu diesem Thema: „Unter den Völkern, die jenseits des Ganges wohnten, behauptete ein anderer Theosoph, nicht minder kühn (als Zoroaster), genannt *Fo-Hi,* das erste Schisma der Pallis sei aus einem Mißverständnis entstanden, und man hätte es leicht vermieden, wenn man sich Rechenschaft darüber gegeben hätte, daß die beiden geschlechtlichen Anlagen auf die beiden weltschöpferischen Prinzipien Iswara und Pracriti schlecht übertragen worden seien." Zur Datierung der analytischen Geschichte von diesem Moment an kann man jeden besseren Historiker heranziehen. Halten wir also an diesem Punkte inne. Wir wollen die Geschichte jetzt neuerlich vornehmen, aber in synthetischer Form und vor allem in ihren Beziehungen zur *esoterischen* Tradition.

Die großen Gottesboten

Die alten gelben, roten und schwarzen Zivilisationen haben der weißen Rasse historische, wissenschaftliche und religiöse Kenntnisse vermacht, deren Gesamtheit eine Tradition bildet, die den Völkern gemäß, die mit dieser Überlieferung betraut worden sind, auf mehrere Arten und auf verschiedenen Wegen überliefert worden ist. Wir haben in den ersten Kapiteln dieses Buches die Hauptverfahren sehen können, die zur *Verhüllung* und *Entschleierung* der esoterischen Lehre verwendet wurden. Nehmen wir nun die Anwendung unserer vorhergehenden Belehrungen vor. Der Mensch ist in der Laufbahn, die er vollbringt, nicht einsam verlassen. Wenn ihn das Schicksal zwingt, zuweilen Leid und Erniedrigung auf sich zu nehmen, so kann doch sein freier Wille kostbare Lehren von seiten der Vorsehung empfangen. Die Vorsehung kann auf die Menschen nur durch andere Menschen einwirken, und das sind *die großen Eingeweihten,* die, entweder von traditionshütenden Brüderschaften oder von persönlichem, dem Gebet oder der Ekstase verdanktem Aufstieg ausgegangen, in den Epochen des Zweifels und der Verwirrungen damit beauftragt sind, den Menschen ihren göttlichen Ursprung und ihr Ziel hier unten ins Gedächtnis zu rufen. Gelegentlich der menschlichen Seele und ihrer Geschichte werden wir später den *unsichtbaren* Ursprung dieser großen Eingeweihten sehen, von denen wir hier nur die tatsächliche und sichtbare Seite behandeln. Was die meisten Historiker gehindert hat, diese Blütezeiten von Eingeweihten zu bemerken, ist die Gewohnheit, die Geschichte jedes Volkes abgesondert zu schreiben, ohne sich über die Geschichte der Erde als Ganzes in einer gegebenen Epoche zu beunruhigen. Gerade diese letztere Methode hat uns kostbare Lehren geliefert. Ich will absichtlich die frühere Epoche beiseite lassen und mit der Ankunft Rams in Asien beginnen. Das gestattet uns noch immer, bei etwa 6700 v. Chr. anzufangen. Das Reich des Ram dauerte 35 Jahrhunderte, und 3200 v. Chr. bricht in Indien die große Kirchenspaltung aus, die die keltische Zivilisation an ihren Ursprungspol zurückführen sollte. Der ionische Strom der Hirten, *ein wesentlich exoterischer Strom,* verlangt das Auftreten einer Blüte von Eingeweihten, die damit beauftragt sind, den von den Ioniern geschaffenen Dualismus zur Einheit zurückzuführen. Diese Blüte bricht um 2700 v. Chr. auf und bringt hervor: *Fo-Hi* in China, *Krishnen* oder Krischna oder Gopalla in Indien, den *ersten Zoroaster* im Iran, und *Sanchoniaton* in Tyrus – zur selben Zeit, da in Ägypten die *großen Mysterien* errichtet werden. Wie kommt es, daß es keinem Historiker auch nur im Traume eingefallen ist, diese glänzende von der Vorsehung bestimmte Bewegung zu sehen, die eine einfache Tabelle klar erkennen läßt?! Aber ist das die einzige Bewegung in der Geschichte? – Ganz und gar nicht! Die Moral der Rasse geht dermaßen abwärts, die Kasten, die allenthalben an der Macht hängen und die Autorität zerstören, vollführen solche Ausschreitungen, daß um 1600 v. Chr. der von der Vorsehung bestimmte Geist sich noch einmal offenbart und alsbald die Erde mit seinen Strahlen erleuchtet. *Foe (Sakya)* in Indien, der *zweite Zoroaster* im Iran, *Moses* in Ägypten und *Orpheus* bei den Thrakern erinnern neuerlich die Rasse an ihre göttlichen Ursprünge und weisen den Menschen wiederum das wahre Reich Gottes, das Reich, von dem sie sich entfernten[19]. Was bedeutet es uns, daß es nur göttliche Anwendungen waren, die zu der von einer und derselben Himmelsebene ausgegangenen Offenbarung gegeben wurden! Was bedeutet es uns, daß es verschiedene Mittel waren, die jeder einzelne Eingeweihte verwandte, um diese einzige

Offenbarung zu übersetzen! Wir wissen, die Sphinx hat vier Modalitäten, auf deren jede man sich stützen kann, um das Rätsel zu lösen, das die Zierde des Sanktuars bildet!

Foe wird vor allem intellektuell sein, Zoroaster magisch und naturalistisch, Moses allein wird dank einem seinem Volke auferlegten ehernen Joch die Rasse zur Rechtgläubigkeit der Roten und des Ram zurückführen. Orpheus, Initiationskamerad von Moses, im selben Tempel des Osiris erzogen, wird die Thraker dadurch entzücken, daß er von der Einheit der Esoterik *„Idee"* unter der Vielfältigkeit *der Formen* ihrer unendlichen Offenbarungen singt und die Hierarchie der Hauptkräfte, die Sanchoniaton nur gerade hatte ahnen lassen, klar verkündet. Zwar werden sich das die Überlebenden der keltischen Initiation der Druidinnen von ihm aneignen wollen, aber seine Idee wird nur schöner und bildet von nun an den Leuchtturm, der das werdende Griechenland zu seiner ruhmreichen Zukunft führen soll. Aber die Epoche der großen Umwandlungen nähert sich mit starken Schritten, kaum sechs Jahrhunderte trennen uns vom Christentum, und die Vorsehung bereitet die Wege vor. Um 500 v. Chr. sehen wir die ausgebreitetste und schönste der göttlichen Blütezeiten angehen. Die großen Boten häufen sich, und die ganze Erde horcht auf die Stimmen aus der Höhe.

In China ist es *Lao-Tse* und *Kong-Tse*, in Japan *Son-Mou*, in Indien der *vierte Buddha* (den man nicht mit seinem Vorgänger Sakya verwechseln darf), in Persien *der letzte Zoroaster*, der Hauptverfasser des Zend-Avesta, in Ägypten kommt die Großuniversität unter dem Namen *Hermes* zum Vorschein, bei den Juden erneuert *Esra* den Sepher dank dem Chaldäer Daniel, in Griechenland und im ganzen Abendlande ist es die mächtige Stimme des *Pythagoras*, die dem Westen das Prinzip seiner kommenden Entwicklung verkündet, und im werdenden Rom sogar verknüpft *Numa* die rote etruskische Tradition mit den von den jüngsten Meistern der Welt gebrachten Fabeln.

Welcher Historiker ist jetzt noch blind genug, um nicht zu sehen und nicht zu verstehen! Sollen wir von den Jahren sprechen, die dem Christentum vorangingen? Muß man erst an die buddhistischen Missionen erinnern, die die *Schule von Alexandria* betrafen und Wurzeln bis zu den Essenern trieben, muß man unter diesen die Namen *Hillel* und *Johann den Täufer* nennen, diese beiden großen Stimmen, die dem fleischgewordenen Wort vorangingen, muß man erst den göttlichen *Sokrates*, das übermenschliche Genie *Plato* und den weisen *Aristoteles* anführen, die alle bemüht sind, das große Mysterium zu verkünden, das sich vorbereitet?!

Aber hier schweigen mit einem Schlage die Orakel. Die große Verderberin Schlange scheint endgültig die Menschheit in ihre schwarzen Ringe einzuschließen, und indessen die Propheten und die Seher zusammenzucken, entzündet sich das geheime Licht der Natur am göttlichen Feuer. Die seit langem angekündigten rätselhaften Bilder erscheinen im Astralen, und die gesamte unsichtbare Welt zittert bestürzt, denn die Königin der Sternbilder, sie, die über die Verbindung aller himmlischen Seelen und Boten herrscht, die Jungfrau des Himmels, hat ihr irdisches Bild geschaffen, und das Wort des Vaters ringt sich langsam hervor und bedeckt sich mit Fleisch, um bis zur Erde zu gelangen ... Mysterium der Mysterien, I E O U ... Sebaoth der Gute gießen ihr himmlisches Licht aus, die Erzengel und die Throne, die Herrschaften und die Engel nehmen Kunde von dieser Welt, die selbst ihrem Wesen so fern ist, und offenbaren sich der Lichtjungfrau. Dann machen sich die Eingeweihten der Chaldäer, die Magier, auf den Weg, und ihre Lichtkörper folgen bei ihrer Ankunft dem göttlichen Funken, der auf die Erde fällt ... Auf daß das intellektuelle Licht sei, wie sich im Prinzip das physikalische Licht offenbarte! Der Messias der weißen Rasse ist unter uns gekommen ... *Christ ist Fleisch geworden!*

Kein Vergleich kann zwischen dem *WORT* und den Erlösern der anderen Rassen angestellt werden, die sich, im Mysterium, zu seiner Rechten befinden. Aber die wahrhaften Eingeweihten allein verstehen dieses Mysterium, und hier ist nicht der Ort, mehr davon zu sprechen.

Zur selben Zeit wie *DAS WORT* eroberten zwei große Boten die Erde, und wenn Christus durch seine Vermenschlichung des Göttlichen (indem er das ש in die Mitte von יהוה stellte, was seinen kabbalistischen Namen יהשוה bildete) die intellektuelle Ebene der Menschheit entwickelte, trugen zwei große Geister zu ganz menschlichen Werken bei, *Apollonius von Thyana* durch Entwicklung der Instinktebene und Odin durch Entwicklung der Seelenebene dieser selben irdischen Menschheit.

Dieser synthetische Blick auf die Geschichte soll uns das Verständnis dessen gewähren, was wir jetzt von der eigentlichen Tradition zu sagen haben.

VIII. Kapitel

Die weiße Rasse und die Bildung ihrer Tradition

§ I. Vorbemerkungen

Die Tradition, die wir heute besitzen, entspringt aus zwei wohl unterschiedenen Quellen:
1. Unter dem Namen der hermetischen Philosophie, der Kabbala und anderer Bezeichnungen gleicher Art besitzen wir eine Tradition, die direkt von den *Roten* und *Schwarzen* ausgegangen und von Moses, den ägyptischen Initiierten, von Pythagoras, der Alexandriner Schule, den Gnostikern, den jüdischen Kabbalisten, den Alchymisten und den Rosenkreuzern auf das Abendland angewendet worden ist.
2. Unter dem Namen der orientalischen Tradition, Taoismus, Brahmanismus, Buddhismus und anderen Bezeichnungen gleicher Art können wir ebenso gewisse Punkte der *schwarzen Tradition* studieren, verknüpft mit der gelben Tradition und modifiziert von den in Indien niedergelassenen Kelten. Diese, dem Niveau der orientalischen Rassen von Ram, Krischna, den Buddhas einerseits, von Fo-Hi, Kong-Tse, Son-Mou und den Zoroastern andererseits angepaßte Tradition lehrt dieselben Wahrheiten wie die Westtradition, jedoch in einer unserm Hirn wenig eingänglichen Art.

Ich will allenfalls für Weiterstrebende ein allgemeines Bild entwerfen und muß mir die Entwicklung von Einzelheiten für eines meiner nächsten Werke, *„Die Geschichte der esoterischen Tradition"*, vorbehalten.

3. Schließlich haben die beiden Traditionsströme im Laufe der Geschichte mehrfach zusammengefunden, wie sie sogar heute wieder zusammenfinden. Von ihnen sind mehrere Nebenströme abgegangen, unter denen ich besonders bezeichnen will: Odin, von Zoroaster eingeweiht und Schöpfer der *teutonischen Tradition*, wie sie in unsern Tagen von Wagner allgemein verbreitet worden ist; gewisse Gnostikersekten und die Templer etc.

4. Endlich muß man diesen Traditionsströmen anfügen: Die im Volk verbreiteten Erinnerungen (Folklore), für das Altertum die *druidische Tradition* nebst ihren für die *weiße Rasse* geschaffenen Neubeiträgen der Vorläufer Christi, den Messias und seine Verkündiger, d. h. das ganze Christentum, die Gnosis, den Islam und den Babysmus, gar nicht zu rechnen die Annexoffen-

barungen, wie die von Louis Michel und andere ähnliche. Man sieht, welche Umsicht man bewahren muß, um sich in all diesen Strömen zurechtzufinden, die den *wahren Saft* des historischen Baums der weißen Rasse bilden. Ebenso hat man sich über den wechselseitigen Wert der verschiedenen Traditionen in bezug auf unsere gegenwärtige Geistesverfassung klar zu werden.

Für uns Kelten und Abendländer ist die wirklich unserm Geist entsprechende Tradition die vom Christentum regenerierte kabbalistische Tradition, die seit ihrer Entstehung Hunderte von Abgesandten und Eingeweihten für unseren Intellekt assimilierbar gemacht und durchgearbeitet haben. Diese Tradition ist klar verständlich geworden, und ihre Lehren können dank der Mühe ihrer Verkünder in jeder unserer europäischen Sprachen wiedergegeben werden. Diese Lehre muß also die Basis jeder westlichen Initiation bilden. Das will aber nicht besagen, daß es nicht sehr nützlich sei, auch die anderen Traditionen zu studieren, *doch soll das erst geschehen, wenn wir die westliche Tradition fest genug innehaben.*

Wollte man einen anderen Weg einschlagen, bestrebte man sich, an Stelle der Tradition unserer Rasse die östliche Tradition zu lehren, so machte man es wie der Redner, der zu einer Versammlung von Deutschen Chinesisch sprechen wollte. Man wird von drei Orientalisten verstanden werden. Die anderen Zuhörer werden den Rücken kehren. Man muß also auch hinzufügen, daß die Traditionen des Ostens, dem Christentum fremd, die wirkliche Größe Christi und seines Werkes nicht verstehen können und über dieses Oberhaupt viel Geist auf falschen Weg weisen.

Etwa über den zeitlichen Vorrang der einen oder der anderen von den beiden Traditionen Erörterungen anzustellen, hieße nur für Ignoranz und Sektentum arbeiten. Alle beide stammen von der roten wie der gelben wie der schwarzen und sind Ergebnis einer zeitlich mehr oder minder fern liegenden Durchmischung. Überdies hat eine Tradition nur Wert, sofern sie alle paar Jahrhunderte von einem neuen Himmelsgesandten erneuert wird, und unter diesem Gesichtspunkt hat die westliche sogar weitaus den Vorrang. Und so wird die Zusammenfassung, die ich jetzt vornehme, hauptsächlich von dieser Tradition handeln.

*

Ägypten war, das vergesse man nicht, das letzte Gebiet, das unter der Herrschaft der Atlantiker verblieb. Es behielt also immer die Erinnerung an diese Völker. Und selbst dann, als es unter die Gewalt der phönizischen Hirten kam, blieb es im Besitz zweier wichtiger Überlieferungen: der ersten, die ihm ursprünglich von jener Südrasse überkommen war, zu der seine Einwohner gehört hatten, und der zweiten, die es von der Nordrasse erworben hatte, unter deren Kult und Gesetze es später getreten war. Es konnte vermittels der ersten Tradition sogar auf eine noch frühere zurückgehen und eine Vorstellung von der Australrasse festhalten, die der Südrasse vorangegangen war. Diese erste Rasse, der vielleicht der ursprüngliche Name „Atlantisch" angehörte, war mitten in einer schrecklichen Sintflut, die die Erde, alles bedeckend, von einem Pol zum anderen verwüstet und die von dieser Rasse jenseits der Meere bewohnte prachtvolle Rieseninsel versenkt hatte, zur Gänze zugrunde gegangen. Zu dem Zeitpunkt, da diese Insel mit allen sie bewohnenden Völkern verschwunden war, hatte die Australrasse die Weltherrschaft in der Hand und war Gebieterin der Südrasse, die gerade aus dem Stadium der Barbarei hervortrat und sich noch in der Kindheit des Gesellschaftsstaates befand. Die Sintflut, von der die Atlantis vernichtet wurde, war so gewaltsam, daß von ihr nur eine wirre Erinnerung im Gedächtnis der die Katastrophe überlebenden Südleute haften blieb. Diese Südleute verdankten ihre Rettung nur ihrer äquatorialen Lage und den Gebirgsgipfeln, die sie bewohnten. Denn gerade nur die, die so glücklich waren, sich auf den höchsten Spitzen zu befinden, konnten dem Wellentode entrinnen. Da die ägyptische Priesterschaft nahezu im Alleinbesitz der Traditionen war, hatte sie mit Recht eine Überlegenheit über die anderen.[1]

Rufen wir uns vor allem den unterscheidenden und charakteristischen Zug jeder Tradition ins Gedächtnis. Die rote Tradition wird sich immer durch die Zahl ankündigen, die Form wird der Zahl durch die Geometrie unterworfen sein, und die Zeichnungen der Menschen selber werden dreieckig und geometrisch sein (Dreiecksfiguren der Ur-Etrusker, Hieroglyphen, Pyramiden etc. etc.).

Die gelbe Tradition wird ihren Charakter durch die alles, selbst die Form regierende Idee markieren (Ideographische Schrift; China, Ägypten).

Die schwarze Tradition wird dagegen der phantasiegeführten Form die erste Rolle einräumen; die Ornamente, die Adjektiva, die Beschreibungen charakterisieren alle Schöpfungen der schwarzen Rasse.

Die Weißen schließlich, die letzten und jüngsten, werden ihre eigene Tradition durch Gewicht, Zahl und Maß bilden, ausgedehnt auf alle vorhergehenden Traditionen. Die westliche Tradition ist von Moses dadurch gebildet worden, daß er die reinen Traditionen der roten Rasse, die er in Ägypten aus den Großen Mysterien, und die geheimsten Traditionen der schwarzen Rasse, die er bei Jethro im Tempel der Wüste geschöpft hatte, in einer großartigen Synthese verband.

§ 2. Moses – Die Kabbala

Moses, am Hofe des Pharao erzogen, ägyptischer Initiierter der heiligen Mysterien, ging wegen eines von ihm begangenen Totschlages rechtzeitig nach Äthiopien. Dort lernte er die Urtradition der Atlantiker über die göttliche Einheit kennen und fand einen Teil jener arabischen Völkerschaften wieder, die die phönizischen Hirten aus dem Yemen verjagt hatten, wie ich es bereits erzählt habe. Diese aus einer Mischung von Atlantikern und bodhonischen Kelten hervorgegangenen Araber hatten reichlich genug Beweggründe, jene Hirten zu verwünschen, die bei ihnen immer nur „Philister" hießen. In Äthiopien wie Ägypten zerstreut, waren sie dort sehr unglücklich. Moses war unter ihnen geboren worden. Ein Umherirrender wie sie, wurde er von ihnen aufgenommen. Das Mißgeschick verband sie. Man weiß zur Genüge, wie dieser göttliche Mensch, von der Vorsehung zu so hohen Geschicken berufen, gezwungen war, die Herden Jethros zu hüten, dessen Tochter Zipporah er heiratete.

Jethro war einer von den Priestern jener außer Landes gegangenen Araber, die ich bereits erwähnt habe. Man hieß sie aus dem von mir genannten Grunde Hebräer. Jethro kannte die Überlieferungen seiner Vorfahren. Er lehrte sie Moses. Vielleicht hielt er irgendwelche auf die Atlantiker bezügliche genethliatische Bücher in Verwahrung; er gab sie ihm. Das Buch *der Geschlechter Adams*, das *der Kriege des Ihôa*, das der *Prophezeiungen* werden von Moses zitiert. Der junge Theokrat vertiefte sich in all diese Dinge und sann lange darüber nach. Während er in der Wüste war, erhielt er endlich seine erste Inspiration. Der Gott seiner Väter, der sich selbst Ihôa, das „seiende Sein" nennt, ließ ihn seine innere Stimme aus einem brennenden Dornbusch vernehmen.

Ich will mich nicht bei dem rätselhaften Geheimsinn des *„Sepher"* von Moses aufhalten, da ich anderenorts viel über dieses Thema gesagt habe.[2] Was ich hier hinzufügen will, weil es sich besonders auf die Materie bezieht, die ich behandle, ist die Tatsache, daß Moses nach seinem Bericht der Legende von *„Elohim"*, dem Wesen der Wesen, die von *Noah*, der Ruhe der Natur; die von *Abraham*, dem erhabenen Vater; die von *Moses*, dem Geretteten, mit der er geschickt seine eigene vermengt, berichtet und die Sorge, sein Werk zu vollenden, dem überläßt, den er sich theokratisch zu seinem Nachfolger erwählt hat: *Josua*, dem Befreier. So daß die Ursprünge, die er seinem Volke zu geben scheint, und die er sich selbst durch die Art gegeben hat, wie er diese Legenden mit seiner eigenen Person verknüpft, rein allegorisch sind, sich an unendlich wichtigere kosmogonische Objekte anschließen und auf unendlich entlegenere Epochen zurückgehen.

Das war die Methode, die die Weisen des Altertums befolgten, das war ebenso die des Moses. Das Sepher dieses außergewöhnlichen Mannes, dank des dreifachen Schleiers, mit dem er es umgeben hat, zur Gänze bis auf uns gekommen, *hat uns die älteste Tradition gebracht, die es heutzutage auf Erden gibt.* Sie erstreckt sich nicht nur bis zur Epoche der ursprünglichen Atlantiker, sondern sie erhebt sich über die Katastrophe hinaus, deren Opfer sie wurden, und eilt quer durch die Unermeßlichkeit der Jahrtausende bis zu den ersten Prinzipien der Dinge, die sie unter dem Bilde des göttlichen, der ewigen Weisheit entströmten Beschlusses erzählt.[3]

Die Kabbala

Moses teilte seine Lehre in zwei, durch einen dritten wiederum verbundene Teile:

1. Ein geschriebener Teil: Der Buchstabe, aus dreisinnigen ideographischen Zeichen geformt und *den Körper* bildend.
2. Ein oraler Teil: Der Geist, der den Schlüssel zum vorhergehenden Teil bildet.
3. Zwischen beiden Teilen ein Gesetzbuch von Vorschriften bezüglich der gewissenhaften Bewahrung des Textes, das mit der Jurisprudenz als belebendem Prinzip, das *Leben* der Tradition bildet.

Der *Körper* der Tradition nahm den Namen *„Massora"* an, die Mashora.

Das *Leben* der Tradition teilte sich in *„Mischna"* und *„Gemara"*, deren Wiedervereinigung der *„Talmud"* darstellt.

Der *Geist* der Tradition endlich, der geheimste Teil, bildete den *„Sepher Jezirah"*, den *„Sohar"* mit dem *„Tarot"* und den *„Kleinen Schlüsseln"* als Annexen.

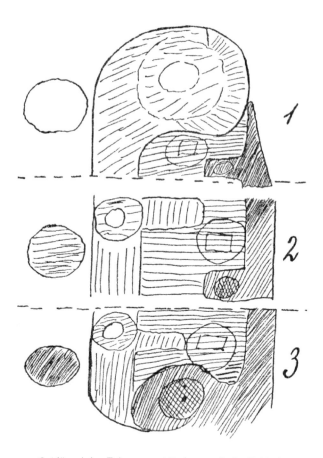

Schlüssel des Zehners und Dreiers nach der Kabbala

Die Gesamtheit von alledem bildet die *Kabbala*. Die Kabbala oder mündliche Überlieferung ist also der lichtbringende Teil einer von Moses auf der Ebene der geschaffenen Wesen gebildeten Seinsform. Unseres Wissens ist sie die einzige Tradition, die sich uns mit diesem tiefgründigen und synthetischen Charakter darstellt, und das ist der Daseinsgrund ihrer Einheit und ihrer leichten Anpassung an unsere abendländische Geistesart. Die Kabbala ist die Wissenschaft von der Seele und von Gott und allen ihren Korrespondenzen. Sie lehrt und beweist, daß *alles in einem und eins in allem* vorhanden ist, und erlaubt dank der Analogie vom Bild aufs Prinzip hinauf- oder sogleich vom Prinzip zur Form wieder hinabzugehen. Für den Kabbalisten ist ein hebräischer Buchstabe ein Universum im kleinen mit all seinen Korrespondenzebenen, wie das Universum ein kabbalistisches Alphabet mit all seinen lebendigen Beziehungsketten ist. Und so ist nichts leichter zu verstehen, aber auch nichts schwerer zu studieren als die heilige Kabbala, der wahrhafte Kern der ganzen okzidentalen Initiation.

Drei Existenzebenen, *DIE DREI WELTEN* genannt, offenbaren die schöpferische Einheit außerhalb ihrer selbst. Diese drei Welten werden wir allenthalben wiederfinden, in Gott, wie im Universum, wie im Menschen, von denen jedes das dreifache Existenzplanum aufweist. Wir werden es unversehrt in einem Getreidekorn wie in einem Planeten, in einem Erdwurm wie in einer Sonne, in einem menschlichen Wort wie in einem Schriftzeichen wiederfinden. Und so ist es nicht erstaunlich, daß die Kabbalisten Jahrhunderte hindurch von den Schulfuchsern und Ignoranten als erfinderische Träumer und von den Eingeweihten als außerordentliche Gelehrte betrachtet worden sind. Der Besitz der kabbalistischen Schlüssel öffnet jeder Religion oder jeder Eingeweihtenbrüderschaft die Zukunft, den Erfolg und den Himmel. Der Verlust dieser Schlüssel verurteilt die, die das köstliche Licht haben erlöschen lassen, zum Tode. In der Epoche des Ptolemäus können die Juden den Sepher des Moses nicht mehr übersetzen; sie verlieren alsbald ihre Unabhängigkeit, und nur die Essener, die die Schlüssel der Kabbala besitzen, pflanzen ihren Geist dank dem Christentum fort.

Heute ist die Apokalypse für die römischen Katholiken ebenso wie für die evangelischen Protestanten, für die Orthodoxen ebenso wie für die Armenier verschlossen; die Schlüssel sind verloren.

In den Maurerlogen hat man von der Akazie keine Kenntnis mehr, das Herz Hirams in der mystischen Vase ist nicht verwahrt worden, Atheisten, ehrgeizige Ignoranten sagen *INRI* und ritzen *IEVE* auf die Stirnseite ihrer Tempel. Sie sind noch beklagenswerter als die Geistlichkeiten, über die sie schmähen, denn diese letzteren haben wenigstens das Gelübde bewahrt, das Heilige heranbildet, während sie die Tradition verloren haben, die Initiierte macht.

Das ist der Grund, weshalb man notgedrungen noch ein wenig von der Kabbala zu sprechen hat, obwohl ich einige ihrer Grundzüge bereits in einem der vorhergehenden Kapitel dargestellt habe.

Betrachten wir also der Reihe nach: Einige Einzelheiten über die drei Welten an sich, d.h. in ihren Bildungsprinzipien wie in ihrem dreifachen Offenbarungsplanum; die ideellen Ebenbilder dieser Gesetze, Beziehungen,

Prinzipien bildlich dargestellt durch die ideographischen Buchstaben der hebräischen Sprache; die zehn geheimen Zählungen oder Sephiroth und die Operationen der heiligen Arithmetik.

*

Die Kabbala stellt zunächst ein allgemeines Gesetz auf, dessen ganze Schöpfung nur eine Anwendung sein wird. Dieses Gesetz ist die Dreifaltigkeit, die von einer ursprünglichen Einheit abgeleitet ist, wenn man ihre Ursprünge, die zum Aufgehen in der Einheit strebt, wenn man ihre Endpunkte, und die sich zu einem Viererzyklus entwickelt, wenn man ihr Leben, d. h. ihre Zustandsperiode prüft. Diese Dreifaltigkeit besteht zunächst im ersten Prinzip jeder Schöpfung und wird folgendermaßen bildlich dargestellt:

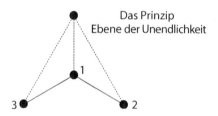

Jedes der Bildungselemente dieser Dreifaltigkeit besitzt das Schöpfungs- und Zeugungsvermögen, das das erste Prinzip besaß. Aber dieses Vermögen ist in jedem Element abgeleitet, von einem besonderen Charakter gefärbt, den man Verwandtschaft oder „den höheren Wirkungsfeldern folgendes Geschlecht" nennen wird. Es gibt tatsächlich drei Wirkungsfelder, in denen – und in denen allein! – die Aktivität jeder Kreatur sich entfalten kann. Diese drei Ebenen oder Hierarchien werden von der Kabbala „DIE DREI WELTEN" genannt und sind im geringsten wie im gewaltigsten der Geschöpfe dargestellt. Also: ein hebräischer Buchstabe ist ein intellektuelles Geschöpf, das die drei Welten unter dem Aspekt der drei hierarchischen Bedeutungen enthält. Ein Blutkörperchen ist ein Lebensgeschöpf, das die drei Welten durch drei Zentren manifestiert (Hülle, Zellsubstanz, Kern). Der physische Leib des Menschen ist ein physisches Geschöpf, das ebenfalls die drei Welten durch seinen Aufbau offenbart (Kopf, Brust, Bauch).

Diese drei Welten werden gebildet:

1. Von einer höheren Welt,
2. von einer mittleren Welt,

3. von einer niederen Welt, die ganz verschiedene Namen bekommen werden, je nach der Kreatur, an der man sie betrachten will. Hier liegt die Quelle einer Menge von Dunkelheiten und Irrtümern für die Studierenden, Irrtümern, die die Kabbalisten jedoch nach besten Kräften zu bannen versucht haben.

In einem Blutkörperchen also werden die drei Welten durch die im Kern wirksame Seele des Körperchens, durch das in seiner Zellsubstanz wirkende Leben und – für den Körper – durch seine Grenzhülle dargestellt.

Im Menschen wird die höhere Welt der *Geist* oder das unsterbliche Wesen sein, der das willkürliche Nervensystem benützt, das *Leben* oder das belebende Prinzip, das das Nervensystem des Sympathikus und die Blutgefäße benützt, wird die mittlere und der *Körper*, der Erneuerer und Träger aller Materie, die untere sein.

Es ist jedoch leicht ersichtlich, daß der Körper seinerseits eine Repräsentation der drei Welten ist, das Leben gleicherweise eine Dreifaltigkeit widerspiegelt, der unsterbliche Geist desgleichen den drei Ebenen Ausdruck verleiht. Wie all das darstellen, ohne sich in Auslegungsirrtümer und Dunkelheit zu verlieren?

Man wird jede Welt durch einen von zwei Horizontalen abgegrenzten Raum darstellen, die obere Horizontale wird unmittelbar an die höhere Welt streifen, die untere Horizontale unmittelbar an die niedere Welt, und die drei Welten werden also übereinander gelagert sein:

Höhere Welt
Mittlere Welt
Niedere Welt

Jede Welt hat jedoch in der anderen einen Reflex oder Vertreter ihrer selbst. So besitzt das willkürliche Nervensystem, obwohl im Kopfe zentralisiert, Emanationen in Brust und Bauch. Das sympathische und Blutsystem, obwohl in der Brust zentralisiert, entsendet Arterien und Venen überall hin in die anderen menschlichen „Welten", ebenso wie das Verdauungs- und Lymphsystem, obwohl im Bauch zentralisiert, gleicherweise Gefäße und Körperchen zur Zirkulation durch den ganzen Organismus ausschickt. Drei neue Unterteilungen in jeder Welt werden all das leicht anzeigen:

Höhere Welt	Lokalisierung des Höheren
	Widerschein des Mittleren
	Widerschein des Niederen

Mittlere Welt	Widerschein des Höheren
	Lokalisierung des Mittleren
	Widerschein des Niederen

Niedere Welt	Widerschein des Höheren
	Widerschein des Mittleren
	Lokalisierung des Niederen

Um jedoch gut anzuzeigen, daß diese Welten und ihre Reflexe sich wechselseitig durchdringen, haben die Kabbalisten Vertikallinien oder Kolumnen dazugenommen, die, mit jeder eine jede der drei Welten durchsetzend, auf den ersten Blick die Beziehungen dieser verschiedenen Rangordnungszentren wechselseitig untereinander anzeigen, wie man es in der folgenden Figur sehen kann:

		Höheres	
Höhere Welt	Höherer Widerschein	Lokalisierung	Höherer Widerschein
Mittlere Welt	Mittlerer Widerschein	Mittlerer Widerschein	Mittlere Lokalisierung
Niedere Welt	Lokalisierung Niederes	Niederer Widerschein	Niederer Widerschein

Dies das Wirkungsfeld, in dem die Geschöpfe tätig sein werden, und es ist klar, daß dieses Wirkungsfeld gleichzeitig mit dem in ihm enthaltenen Geschöpf

den Namen ändern wird. Für den Menschen also werden wir in der höheren Ebene oder Welt (Kopf) zu sehen haben:
1. Den Geist, der dort lokalisiert ist,
2. das Leben, das dort reflektiert wird,
3. den Körper, der dort gleicherweise reflektiert wird. In der mittleren Ebene oder Brust wird es sich ebenso verhalten. Es wird dort geben:
1. Den Widerschein des bewußten Geistes,
2. die Lokalisierung des Lebens,
3. den Widerschein des materiellen Körpers. Endlich werden wir auch in der niederen Ebene oder Abdomen diese dreifache Teilung wiederfinden. Kreise werden uns jedes Element anzeigen, und so werden wir ganz leicht folgende Figur erhalten:

Kopf Nerven	Geist	Psychiches Wesen Intellektuelles Leben
Brust Blut	Gefühl	Organisches Leben
Bauch Lymphe	Instinkt	Zellenleben

Vergessen wir jedoch nicht, daß diese neun Zentren von einem großen, unendlichen Prinzip ausgegangen sind, das die erste Dreifaltigkeit hat entstehen lassen. Unsere Figur wird also nur vollkommen sein, wenn sie über der höheren Welt dieses erste Schöpferprinzip und unter der niederen Welt den direkten Widerschein dieses Prinzips abbildet, das Element, durch das sich die zweite Schöpfung oder Geschlecht vollziehen kann, und wir werden – immer den Menschen als Vorbild genommen – folgende Figur haben:

	Schöpferprinzip Gott	
Kopf	Geist	Psychiches Wesen
Brust	Empfindung	Organisches Leben
Bauch	Instinkt	Zellenleben
	Zeugung Widerschein des Schöpferprinzips in der Materie	

Man mag sich wohl erinnern, daß diese Figur, die wir soeben auf den ganzen Menschen angewendet haben, ebensogut auf die anatomische, d. h. konstitutive Analyse anwendbar wäre Das bedeutet, daß diese Figur wohl der absolute Ausdruck des allgemeinen Konstitutionsgesetzes ist, und daß man nur die Namen der Elemente zu ändern braucht, um unmittelbar den Namen der Ebenen der korrespondierenden Welten zu erhalten, oder umgekehrt. Und dank dieser Figur könnte man durch den Schlüssel „Zehn" (drei übertönte Dreiheiten) die fernsten Teilungen der Zelle ebensogut analysieren, wie wir die des gesamten Menschen analysiert haben.

		Mesoderm	Entoderm Befruchtetes Ei Ektoderm	
Kopf Ektoderm	{	Nerven	Gehirn	Nervenfluida
Brust Mesoderm	{	Gefäße	Herz	Blut
Bauch Entoderm	{	Eingeweide	Magen	Lymphe

Die Kabbalisten brauchten dieses allgemeine Gesetz, das sie festgestellt hatten, nicht durch die Wahl eines beliebigen Beispiels zu verdunkeln. Man hatte nur jedem Begriff dieses Gesetzes eine genugsam allgemeine Benennung zu geben und vermied damit jede Verwirrung, und so wurde in der Figur, die als Beispiel für alle Anwendungsfiguren dienen sollte, jeder der Begriffe „Numerierung" genannt, denn es gibt keinen allgemeineren Ausdruck als die Zahl. Das ist der Ursprung dessen, was man in der Kabbala die „Zehn Sephiroth" oder die „Zehn Numerierungen" nennt. Jede dieser Sephiroth oder Numerierungen wurde auf eine der Qualitäten Gottes im ersten Anwendungsbeispiel angewendet, und man erhielt so die klassische Tabelle, von der ich meines Wissens zum ersten Male in den wenigen vorhergehenden Seiten die Entstehungsgeschichte und den Konstruktionsschlüssel gebe. Diese zehn, auf jedes beliebige reale Objekt anwendbaren Analysenelemente sind jedoch nicht voneinander isoliert. Außer ihren Kolumnenbeziehungen gibt es „Verbindungswege" unter ihnen, die „Kanäle" heißen und die Elemente wieder miteinander vereinigen. Jeder dieser Kanäle ist von einer Realität gebildet, die durch ein intellektuelles, vitales oder materielles Wesen geschaffen ist, je nach der Welt, der das Geschöpf angehört, auf das man die Figur der Numerierungen anwendet. Wie die *Numerierungen* jedes der Bildungselemente unserer allgemeinen Figur bedeuteten, ebenso bedeuteten die hebräischen Buchstaben jeden einzelnen der mystischen Wege, auf denen sich diese Elemente verbinden. Hier hatte man wieder das Dreifaltigkeitsgesetz zu befolgen, und die Kabbalisten haben es an der Ausbildung dieses wunderbaren Instruments, des hebräischen Alphabets, nicht fehlen lassen. Das hebräische Alphabet besteht aus 22 hieroglyphischen Buchstaben, von denen jeder ein intellektuelles, der tiefsten Auslegungen fähiges Geschöpf ist. Diese Buchstaben entsprechen folgendermaßen den drei Welten:

- Drei Mutterbuchstaben, das A (Aleph) Nr. 1, das M (Mem) Nr. 13 und das Sh (Shin) Nr. 21 vertreten die höhere Welt.
- Sieben doppelte Buchstaben vertreten die mittlere Welt.
- Zwölf einfache Buchstaben vertreten die niedere Welt.

Da jede der Welten in der anderen repräsentiert wird, werden wir jede Art Buchstaben in jeder Welt finden. Also wird die höhere Welt einen Mutter-, drei doppelte und vier einfache Buchstaben besitzen, die ihre Kanäle bilden, die mittlere Welt einen Mutter-, zwei doppelte, sechs einfache, die niedere Welt einen Mutter-, zwei doppelte, sechs einfache Buchstaben aufweisen. Für die Zahlen und Namen dieser Buchstaben siehe die klassische Tabelle der Kabbalisten. Das ist das statische Bildungsgesetz des Systems der Sephiroth: der dreifache Dreiklang mit seinen beiden Übertönungen, einer oberen und einer unteren, und die durch hebräische Buchstaben manifestierten Kanäle, die die verschiedenen Zentren verbinden. Aber das ist, wie gesagt, nur die Statik, die Anatomie des Systems, und man darf nicht vergessen, daß dieses System das genaue Bild des im ganzen Universum verbreiteten Lebensgesetzes ist; und so werden die verschiedenen Elemente, die wir soeben gesehen haben, durch ihre mannigfachen Kombinationen eine Unendlichkeit neuer Gesetze ergeben, die ihrerseits die Einzelheiten der Aufteilung der zentralen Kraft bis in die letzten Splitter der verschiedenen Welten lenken. So oft man das große sephirotische Schema auf ein neues System von Realitäten anwendet, werden sogleich die Bedeutungen der Zentren und Wege ihren Charakter ändern, und das ist die Straße, die die Kabbalisten gegangen sind, um die Faulen und die Profanen irre zu führen. Die symbolische Bedeutung der hebräischen Buchstaben ist *in mehreren verschiedenen Systemen, in mehreren Anwendungen auf Realitäten verschiedener Ebenen* herangezogen worden, und deshalb beziehen sich dann gewisse Buchstaben auf den Menschen, wie das *Kaph*, das die geballte Faust zeigt, während andere sich auf die Natur beziehen, wie das *Samech*, das die Astralschlange bezeichnet. In Wahrheit gibt es *keinen vollkommenen, schriftlich niedergelegten Schlüssel* für den tatsächlichen Wert der hebräischen Buchstaben in einer einzigen Anwendungsebene, und es ist Sache jedes Studierenden, sich selber einen derartigen Schlüssel, und zwar für jedes Realitätssystem aufs neue, herzustellen; denn nur so wird der Forscher lernen, die Analogie wirklich zu handhaben und das mit sieben Siegeln verschlossene Buch zu öffnen.

Wie muß man die Kabbala studieren?

Man wird begreifen, daß ich in diesen kurzen Angaben nicht auf vielfältige Einzelheiten betreffs der Kabbala, dieser tatsächlichen Basis der westlichen Tradition, eingehen kann. Ich habe soeben die Konstruktion der Sephiroth klar genug ausgeführt und auch einige Worte über die hebräischen Buchstaben gesagt. Ich habe also jetzt nur noch denen, die ihre Studien vertiefen wollen, einige Ratschläge zu geben. Hier vor allem, was man so ziemlich unerschütterlich wissen muß und was das Abc der Frage bildet:

1. *Die zehn Sephiroth* in ihrer Anwendung auf die göttliche Manifestation.
2. *Die 22 Buchstaben*, ihr Name, ihr Platz, ihre Zahl und ihre Hieroglyphe im traditionellen Alphabet.
3. Die „Schemoth" oder Gottesnamen, die die Seele der als göttliche Fähigkeiten betrachteten Sephiroth bilden.
4. Kennt man das genau, so mag man mit Nutzen das Buch der Entstehung, den analogischen Schlüssel des Lebensgesetzes oder „Sepher Jezirah" studieren.[4]
5. Dann erst wird man vor allem bei Agrippa (Plilos 0phia Occulta, II. Buch) und weiters bei den Klassikern die Kunst der Übertragungen oder „Ghematria", die Kunst der Bestimmung des Charakters der Zeichen oder „Notaria" und schließlich die Kunst der Verwandlungen und Kombinationen oder „Themuria" erfassen können.
6. Diese Vorstudien sind notwendig, um mit Erfolg die Lektüre jenes rätselhaften und erhabenen Buches aufzunehmen, das das *Buch des Lichtes, das Buch des himmlischen Wagens* ist, der „Sohar", der uns in die Mysterien der Verarbeitung des Universums durch den Himmelsmenschen und der Konstitution des Adam Kadmon einweiht.
7. Die Werke des *Eliphas Levi* und auch die von *Louis Michel de Figanières*

("Schlüssel des Lebens", "Das universelle Leben") sind als Kommentare und Zusammenfassung aller Lehren besonders angezeigt.

Man sieht jetzt, warum das Studium der Kabbala immer als eine der schönsten Anstrengungen betrachtet worden ist, denen sich der menschliche Intellekt widmen kann. Man wird die Elemente alles dessen in den folgenden Tabellen und gewisse Entwicklungen in meinem *„Traité méthodique de Science occulte"* wie in den bemerkenswerten und sehr persönlichen Werken von *Stanislas de Guaita* finden.

Die Sephiroth
in ihrer Anwendung auf die göttliche Manifestation

Einige Anmerkungen zur Hochkabbala

Die kabbalistische Abhandlung über den *Umsturz der Seelen*, ungedruckte Übersetzung und Kommentare von Dr. Marc Haven, einem der tiefgründigsten zeitgenössischen Kabbalisten, gibt gerade über die höchsten Punkte dieser Doktrinen gewisse Lehren, deren Kenntnis zu um so größerem Nutzen verbreitet werden sollte, als sie von den Kommentatoren der Kabbala sehr oft in nur unvollkommener Weise geboten worden sind. Fassen wir nach Dr. Marc Haven diese Lehren zusammen, so werden wir gleichwohl noch gewisse Fragen mit dem Schleier bedeckt lassen, den nur die Geduld und persönliche Mühe des Studierenden lüften soll. Und darum will ich im folgenden nur separierte Bemerkungen liefern.

Die 22 Buchstaben

Platz im Alphabet und Charakter		Name	Bild	Gebräuchliche Hieroglyphe	Wert
Mutter	1	Aleph	א	Der Mann	1
Doppel	2	Beth	ב	Der Mund des Menschen	2
Doppel	3	Ghimel	ג	Die greifende Hand	3
Doppel	4	Daleth	ד	Der Schoß	4
Einfach	5	He	ה	Der Atem	5
Einfach	6	Vav	ו	Das Auge – das Ohr	6
Einfach	7	Zaîn	ז	Pfeil	7
Einfach	8	Heth	ח	Ein Feld	8
Einfach	9	Teth	ט	Eine Bedachung	9
Einfach u. Prinzip	10	Iod	י	Der Zeiger	10
Dopel	11	Kaph	כ	Die Hand beim Händedruck	20
Einfach	12	Lamed	ל	Der Arm beim Strecken	30
Mutter	13	Mem	מ	Die Frau	40
Einfach	14	Noun	נ	Eine Frucht	50
Einfach	15	Samech	ס	Schlange	60
Einfach	16	Haîn	ע	Stoffliches Band	70
Doppel	17	Phe	פ	Der Mund und die Zunge	80
Einfach	18	Tzade	צ	Dach	90
Einfach	19	Coph	ק	Axt	100
Doppel	20	Resch	ר	Der Kopf des Menschen	200
Mutter	21	Schin	ש	Pfeil	300
Doppel	22	Thav	ת	Der Schoß	400

Die zehn Gottesnamen

1. Eheieh
2. Iah
3. Iehovah
4. El
5. Elohah

6. Elohim
7. IEVE Sabaoth
8. Elohim Sabaoth
9. Shadaï
10. Adonaî

Die Welten[5]

Die kabbalistischen Welten sind drei an Zahl, tonalisiert von einer vierten; es sind das:

1. Die Welt der *Emanationen* oder Aziluth.
2. Die Welt der *Schöpfungen* oder Briah.
3. Die Welt der *Formen* oder Jezirah.
4. Die Welt der *Fakten* oder Asiah.

Die Personen
In jeder dieser Welten gibt es fünf mystische Personen in folgender Anordnung:

	Makroprosope
	oder Langmütiger
Der Vater	Die Mutter
Mikroprosope oder	
Jähzorniger	Die Gattin

Der Widerschein dieser mystischen Personen von oben nach unten erzeugt die zehn Zephirim. Im Menschen werden die Personen also repräsentiert[6]:

Chajah	Jechidah
Neschamah	Ruach
Νους	Επιθυμια
	Nephesch
	Ψυχη

*

Adam
Adam manifestiert sich in drei Ebenen:

Adam-Kadmon
Adam-Belial
Adam-Protoplast

Adam-Kadmon ist der Adam, der dem Sündenfall voranging, Adam-Belial ist der Adam der Schlacken und Schalen, Adam-Protoplast ist das Prinzip der differenzierten Seelen (was Fabre d'Olivet den „universellen Menschen" nennt). Adam-Kadmon manifestiert sich in den fünf wiederaufgerichteten Prinzipien der Welten und Belial in den fünf gestürzten Prinzipien (das ist ein Mysterium).

*

Die Seelen
Die Seelen sind von der Differenzierung des Adam-Protoplast ausgegangen. Sie sind 60 Myriaden an Zahl und erzeugen sich nach folgenden mystischen Zahlen:

3 – 12 – 70 – 613 – 60 Myriaden

Dort und nirgendwo anders liegt der Ursprung der 613 Vorschriften des Gesetzes. Die Embryonalanlage der Seelen oder עיבור Ibbur ist zwiefach, je nachdem die Seele neu oder wiederverkörpert ist. Der Umschwung der Seelen oder גילגול Gilgul vervollständigt das Mysterium des menschlichen Schicksals. Die Kenner dieses Mysteriums wissen, wer der Mensch ist, der 13 Jahre und einen Tag hat.

*

§ 3. Das Hellenentum

Zur selben Zeit, da Moses die nach Einheit strebende, dorische Seite der Tradition entwickelte, die männliche Seite der Gottheit, entwickelte Orpheus die ionische Seite besagter Tradition, die Vielfältigkeit, die weibliche Manifestation der Gottheit; daher der *Polytheismus*. Es bestanden jedoch allenthalben *Mysterien*, um die Eingeweihten zu belehren, daß beide Aspekte sich zu einer erhabenen Einheit ergänzen. Und so brachten die Mysterien der Isis den wilden Schülern des Mann-Gottes die Wege der Intuition bei, während die Mysterien des Mithra und Apollo die erfinderischen Schüler des weiblichen Gottes über die Wege der psychischen Vereinheitlichung belehrten. Und so versteht man auch, daß uns die Geschichte die Esoterik der ägyptischen Mysterien treuer überliefert hat als die der ionischen. Und doch – wieviel Schönheit und Tiefe ist unter dem anmutigen Schleier der Fabeln des Hellenentums verborgen![7]

Schaffung Griechenlands – Der Polytheismus

Europa stand wie der ganze Rest unserer Hemisphäre unter der Abhängigkeit vom Indischen Reiche. Als das Schisma der Hirten ausbrach, wurde der Vasallenerdteil mit einem Schlage von seinem Herrschaftszentrum abgetrennt und geriet unter die Gewalt der Phönizier mitsamt den Mittelmeergebieten Asiens und Afrikas. Diese Völker, sehr geschickte Schiffer und wagemutige Kaufleute, durchstreiften die Küsten, bemächtigten sich bereits bestehender Kolonien, errichteten weitere andere und drangen, so weit sie konnten, in die Binnenländer ein. Die Namen, die sie ihren Niederlassungen gaben, waren alle aus der Mythologie oder den Symbolen ihres Kultes gezogen. Die blühendste und ausgebreitetste ihrer Kolonien umfaßte die Thraker, die Daker, die Tosker und die Etrusker zugleich, lauter Namen, die nur durch den Dialekt voneinander abweichen und auf dasselbe zurückzuführen sind, nämlich auf den ursprünglichen Namen Thrazien, was im Phönizischen *„ätherischer Raum"* bedeutet. Griechenland (Graecia) war anfangs von Thrazien (Thracia) nicht unterschieden, es war derselbe Name, nur wegen des abweichenden Anlauts enger genommen und weniger emphatisch. Der Name Ionien, den es in der Folge erhielt und der das besondere Symbol der ionischen Sekte bezeichnete, war ihm mit allen phönizischen Besitzungen in Europa wie in Asien gemeinsam.

Autonomie Griechenlands

Die Ionier, die mit Recht über eine Doktrin (Anlage von Tetrakorden), deren Streben auf Verminderung ihres Einflusses ausging, beunruhigt waren und ob so vieler Risse das Schwachwerden, ja den völligen Einsturz ihres Reiches fürchteten, wollten sich dem Weg dieser Doktrin entgegenstellen. Allein es war zu spät. Vergebens schleuderte der oberste Priester Bannflüche. Ganz Griechenland stand auf und begann seit damals sich vom eigentlichen, der Metropole treu gebliebenen Thrazien abzusondern. Man richtete Altar gegen Altar auf, und da man es künftighin ablehnte, den Fürst-Priester anzuerkennen, der auf den heiligen Bergen Thraziens residierte, so wählte man zum Ersatz dieses Gebirges den Berg Parnassus und erbaute dort die Stadt Delphi, mit der Bestimmung, unter dem Namen „Pytho" die heilige Stadt zu sein. Dorthin also versetzte die neue Sekte, die von sich selbst behauptete, sie sei vom universellen Geiste „Oleu" geführt, den berühmten Nabel, das Symbol des göttlichen Hermaphroditismus, und deshalb nahm sie dort Sonne und Mond, die anfangs in einem und demselben Wesen unter dem Namen „Oetolinos" vereinigt waren, zum Gegenstand ihres Kults. Diese Umwälzung, die Griechenland für immer von Phrygien schied, dieses letztere von Thrazien isolierte und den größten Einfluß auf die Geschicke Europas ausgeübt hat, wird verdientermaßen eines Tages die Griffel der Geschichte beschäftigen.[8 u. 9]

Orpheus

Orpheus ist bei den Griechen der erste Mann, der epochal gewirkt hat, indem er sich in den Mittelpunkt einer Moralsphäre stellte, deren Einfluß noch heute, nach 33 Jahrhunderten, unter uns fühlbar ist. Von den Ägyptern ausgebildet und in ihre geheimsten Mysterien eingeweiht, erhob er sich in Griechenland zum Range des Propheten und obersten Priesters. Zwanzig feindliche Völkerschaften, die ebenso durch ihre religiösen Meinungen wie ihre bürgerlichen Gesetze voneinander geschieden waren, verstand er auf einen und denselben Kult zu einigen und gründete jenen wunderbaren amphiktyonischen Bund, dessen Beschlüsse der Sanktion des regierenden Priesters von Delphi unterworfen waren. Er allein ist der Schöpfer dieser großartigen griechischen Mythologie, die trotz der verdoppelten Anstrengungen einer unduldsamen und fanatischen Sekte noch durch die lächerlichen Fetzen hindurchglänzt, mit der man sie umhüllt hat, all unsere Künste belebt und in unserer Poesie regiert.(8 u. 9)

Musen

Die Ägypter scheinen nur drei Musen an Zahl gehabt zu haben: *Milete, Mneme, Oede*, d. h. die Schaffende oder Zeugende, die Bewahrende oder Aufzeichnende, die Idealisierende und Erklärende. Die Griechen brachten diese Zahl bis auf neun, indem sie die Attribute deutlicher unterschieden. Sie nannten die Musen „Töchter des Zeus und der Mnemosyne", d. h. des ewig lebendigen Seins und der Erinnerungsfähigkeit, und gaben ihnen die Namen *Kleo*, die Preisende, *Melpomene*, die Sängerin erinnerungswürdiger Taten, *Thalia*, die Aufblühende, die Vergnügensuchende, *Euterpe*, die Bezaubernde, *Terpsichore*, die Reigenfreudige, *Erato*, die Liebende, *Kalliope*, die Erzählerin hervorragender Taten, *Urania*, die Himmelsbetrachterin, und *Polyhymnia*, die Erklärerin der verschiedenen Künste. Die neun Musen erkannten als ihr Oberhaupt *Apollo* an, den allumfassenden Erzeuger, und nahmen manchmal den *Herakles* zum Führer, den Herrn und Meister des Universums.[10]

Pythagoras – Die Geheimüberlieferung

Als Pythagoras, reich an allen Leuchten Afrikas und Asiens, rund neun Jahrhunderte nach Orpheus in Griechenland erschien, fand er die Erinnerung an diesen Philosophen aus dem Gedächtnis der Menschen nahezu ausgelöscht und seine schönsten Lehren entweder verkannt oder phantastischen Ursprüngen zugeschrieben. Der erbärmliche Stolz, sich autochthon zu nennen und den Nachbarvölkern nichts zu verdanken, hatte alle Ideen durcheinandergeworfen. Des *Zeus* – des ewig lebendigen Gottes! – Grab versetzte man nach Kreta. Man wollte mit aller Gewalt den *Dionysos* – den göttlichen Geist! – in einem kleinen Marktflecken Böotiens und den *Apollo* – den allumfassenden Vater! – auf einer kleinen Insel des Archipels zur Welt gekommen sein lassen. Man sprengte tausend Ungereimtheiten dieser Art aus, und das Volk, das zur Regierung gekommen war und den Unfug glaubte, machte anmaßend seinen Glauben den stärksten Köpfen zur Pflicht. Die Mysterien, die eingerichtet waren, gaben die Kenntnis der Wahrheit einer viel zu großen Zahl von Initiierten preis und verloren ihren Einfluß. Die Hierophanten, eingeschüchtert oder bestochen, verharrten in Schweigen und weihten so die Lüge. Die Wahrheit mußte damit zwangsläufig entweder ganz zugrunde gehen oder eine andere Erhaltungsart als die bisherige finden. Pythagoras war der Mann, dem dieses Geheimnis offenbart wurde. Er tat für die Wissenschaft, was Lykurg für die Freiheit getan hatte. Dieser hatte als Gesetzgeber an einem Punkte Griechenlands einen Kriegerkonvent gebildet, an dem sich der persische Despotismus brechen sollte. Jener als Philosoph bildete eine geheime Versammlung weiser und religiöser Männer, die in Europa, Asien, ja Afrika Ausbreitung fand und überall gegen die Unwissenheit und Gottlosigkeit, die allgemein zu werden drohten, den Kampf aufnahm. Die Dienste, die er so der Menschheit leistete, waren unermeßlich. Die Sekte, die er schuf, die wie ein Lichtstreifen alle auf uns durch das Hereinbrechen der Barbaren, durch den Sturz des römischen Imperiums und durch die zwangsläufige Errichtung eines unduldsamen und abergläubischen Kults gehäuften Finsternisse durchbrochen hat und selbst heute noch nicht völlig erloschen ist, hat die Restaurierung der Wissenschaften tausendmal leichter gemacht, als es ohne sie der Fall gewesen wäre, und hat uns mehrere Jahrhunderte Arbeit erspart. Halten wir diese Angabe Fabre d'Olivets gut im Gedächtnis! Neben dem kabbalistischen Strom, der durch Moses von den Ägyptern rein auf uns gekommen ist, werden wir später in Europa einen pythagoräischen Initiationsstrom finden. Den ersten wird man immer an seinen religiösen und tiefgründigen Zielen wiedererkennen; er macht *„Kohanim"*, Priester. Den zweiten erkennt man dagegen an seinem wissenschaftlichen, wiewohl gleichfalls immer sehr tiefgründigen Streben; er macht Gelehrte und Weise. Durch die Verschmelzung beider Ströme in bestimmten Epochen und durch ihre wechselseitige Erleuchtung haben die schönsten initiatorischen Bruderschaften des Abendlandes ihre Kraft und ihre Wirkungsmittel in Zeit und Raum wachsen sehen.

§ 4. Das Christentum
Der Strom der lebendigen Liebe

Wenn man selbst mit der größten Hochachtung den Strom von Licht und Wissen betrachtet, der sich von der Kabbala und, dank Orpheus, Pythagoras und Plato, ja ein wenig auch dank Aristoteles, vom Hellenentum herleitet, so muß man sich doch sehr in acht nehmen, nicht in einen schweren Irrtum zu verfallen und den großen religiösen Erleuchtungsstrom an Bedeutung damit etwa auch nur gleichzustellen, ihn, der jenseits alles Wissens und über aller deduktiven Lehre auf der reinen Pflege der göttlichen Eigenschaften des Menschen basiert ist. Wenn wir den Schlüssel zur irdischen Schatzkammer dem vorhergehenden Strome verdanken, so stellen die Patriarchen, die Propheten in Israel, der Christus, die Apostel, gewisse große Lehrer der Gnostik, die Heiligen des Christentums und die erleuchteten christlichen Theosophen jenen glänzenden Strom dar, dem wir den Schlüssel zur himmlischen Schatzkammer verdanken. Und es ist interessant, festzustellen, daß, wenn Fabre d'Olivet der erhabene Verkünder des ersten dieser Ströme gewesen ist, Saint-Yves d'Alveydre den tiefgründigen Apostel des zweiten verkörpert hat. Nur aus einem sehr großen Irrtum heraus könnte man in diesen beiden großen Geistern eine gleichartige Folge sehen, während sie, jeder von seiner Seite, uns die beiden Pole kundtun wollen, deren Vereinigung die ewige Wahrheit bildet. Ich bin glücklich, Saint-Yves d'Alveydre hier in sein wahres Licht und seinen richtigen Platz wiedereinzusetzen, diesen Ritter Christi und der Patriarchen, der, obwohl im Besitz aller Initiationen, doch Vorkämpfer der Vereinigung mit Gott durch das Leben und die Liebe zu bleiben gewußt hat, die im Himmel nur ein einziges Prinzip bilden: die lebendige Liebe. Und so hat der Autor der „Missionen", Mission der Herrscher, Mission der Juden, Mission der Franzosen, angesichts des rein wissenschaftlichen Stroms des Enzyklopädismus die christlebendige Synarchie geschaffen und kann auf die Gerechtigkeit zählen, die seiner großen Arbeit und seinen mutigen Bemühungen widerfahren wird.

Das Christentum

Die Historiker sind dem Irrtum, auf den ich kurz zuvor hingewiesen habe, nicht aus dem Wege gegangen, und dieser Fehler ist dadurch noch gewichtiger geworden, daß eine moderne Scheinkritik unter dem Einfluß materialistischer Ideen die mysteriösen Verwirklichungen der göttlichen Ebene auf ihren eigenen engen Gesichtskreis hat reduzieren wollen. Man muß wirklich Historiker von Beruf sein, um sich über die Selbstverständlichkeit im unklaren zu bleiben, daß eine und dieselbe Ursache doch nur immer gleichartige Wirkungen hervorbringen kann. Wenn das Christentum lediglich das Werk eines unbestimmt erleuchteten Menschen wäre, wie hätte es dann ein Organisator vom Schlage des heiligen Paulus unterstützt, und aus welchen Gründen hätte gerade dieser Mensch Wirkungen hervorgebracht, die von denen so verschieden sind, die alle seine erleuchteten Vorgänger erzielt haben? Die Geschichte bekennt einstimmig, daß der jüdische Prophet *Hillel* mehrere Jahre vor Jesus von Nazareth ein ähnliches Werk versucht hat. Weiters ist erwiesen, daß Hillel über ebenso wirksame Mittel zum Erfolge verfügte wie Jesus. Wenn die menschlichen Mittel genügten, woher kommt dann das Versagen Hillels, den man uns so vorhält?! „Ein sanftmütiger Armer, der 36 Jahre vor Jesus aus Babylonien nach Jerusalem kam, ist Hillel von einem seltsamen Sagenkranz umstrahlt. Eines Tages stürzt er müde, erstarrt, sterbend in Jerusalem nieder, wird ins Leben zurückgebracht, obwohl man den Sabbath feierte und erwirbt sich bald die allgemeine Sympathie. Später sucht man ihn wegen der Leichtigkeit seines Wortes, der Feinheit seiner Reden, des Reizes seiner kleinen, hellen Stimme, der Fremdartigkeit seiner Bescheidenheit auf. Es gelang niemandem, ihn in Zorn zu bringen. Ein abfälliges Urteil hörte man von ihm nur über die Händler. Als „Erkenntnis" ließ er nur die Thora zu. Er hing an nichts – er besaß weder Gut noch Weib noch Familie – nur am ‚Lernen'. Er hatte gesagt, das ganze Gesetz lasse sich in den einen Satz zusammenfassen: Was du nicht willst, daß man dir tu, das füg auch keinem anderen zu! Sein Einfluß breitete sich rasch aus. Man ernannte ihn zum Vorsitzenden des Synhedrions"[11]. Darauf bezieht man sich also und behauptet, Jesus war ein Nachahmer Hillels. Aber diese Gewohnheit, nie nach der geheimen Seite der Geschichte zu forschen, hat – und in diesem Falle wiederum – sehr viele Schnitzer begehen lassen. Dieses Herabsteigen des Himmels zur weißen Rasse wird von einigen Initiationsbüchern gelehrt. Unter ihnen nimmt die „Pistis Sophia"[12], dieser Edelstein des Valentinus, auf den ich die Initiierten verweise und auf den gestützt ich manche Erklärungen versucht habe, den ersten Rang ein.

Schaffung des Christentums
Involution der himmlischen Prinzipien zur Bildung der
das Christentum schaffenden Individualitäten

Der Mensch besitzt das Prinzip seines eigenen Aufstiegs in sich selber. Er vereinige durch ein beliebiges Mittel seinen unsterblichen Geist mit der Virtus Coelestis, jenem „Ebenbild Gottes", das ihn während seines körperlich physischen Lebens begleitet, und er wird *„Teilhaber am ersten Mysterium"* – möchte Valentinus – *„ein Heiliger"* – der Katholizismus – *„ein Chrestos oder ein Christos"* – möchten die Initiationsschulen der Elementarstufe – *„er wird nicht mehr wiedergeboren werden, er wird am Nirvâna teilhaben"* – die

Orientalen und die brahmanischen Schulen sagen. Nun, hier verbirgt sich eine fürchterliche Falle, auf die ich unbedingt aufmerksam machen muß. *Jede Evolution setzt eine oder zwei Involutionen voraus.* Jeder Mensch, der Gott wird, verlangt einen Gott, der sich zum Menschen macht, wie die Evolution eines Nährstoffs im Darm das Herabsteigen von zwei höher entsprungenen Kräften verlangt: des Bluts und der Nervenkraft. Mangels dieses Hinweises auf den *Opfer-* und *Liebesstrom,* der dem rauhen Weg der Initiation und der Evolution der menschlichen Seele vorangeht, haben die naturalistischen Initiationen des Orients viele ihrer Schüler zu dem Glauben verführt, das Christusstadium sei eine psychische Existenzebene, die jeder Mensch erreichen könne und die keine Dauteranstrengung des Christus-Himmels-Prinzips verlange, wiewohl dieses allein fähig ist, entwickelte Seelen durch seine Involution sich zuzuführen. So wie der Komet, ein echtes Blutkörperchen des Universums, um ein Wort Michel de Figanières zu gebrauchen, in bestimmten Perioden das Leben den höheren Zentren seiner Sonnenfamilie zurückgeben soll, ebenso muß *außer dem ständigen Strom* göttlicher Involution und menschlicher Seelenevolution in bestimmten Epochen ein großer Herabstieg des Göttlichen, gefolgt von einem mächtigen Seelenaufschwung, stattfinden, damit Gott Gelegenheit geboten sei, seine absolute Liebe dadurch zu manifestieren, daß er der Reintegrationszeit der gesamten Menschheit vorauseilt. Die Existenz der Lichtjungfrau, des Christus und der anderen Prinzipien nicht *als himmlische Individualitäten* anzusehen, heißt auf dem Wege einhalten, in der *Mentalebene* stehen bleiben, die zum materialistischen Pantheismus führt; mehr noch: heißt mit Willen die Augen vor der Existenz der *himmlischen Ebene* verschließen, die von den Tugenden des Herzens, der Liebe und dem Gebet, doch wesentlich schneller erreicht wird als von den Mentalkräften Kritik und Überlegung. Die himmlische Liebe, offenbart durch Gnade und Erlösung, und die Liebe des Menschen zum Himmel, offenbart durch Gebet und Opfer, miteinander verbunden zu haben, das ist das ganze Geheimnis der Macht der Christen, der Weißen, der von Christus Erleuchteten, die dazu berufen sind, am Tage, da sie das Gesetz der Gewalt durch das der Duldsamkeit und Liebe ersetzen werden, die gesamte Erde zu lenken[13]. Valentinus mag uns das Herabsteigen der himmlischen Prinzipien beschreiben, die das Heil der weißen Rasse durch Bildung des Christentums vorbereiten sollen. All das ist ein Kapitel jener *„Geheimgeschichte"* des Erlösers, die in den ersten Jahrhunderten unserer Zeitrechnung den höchsten Initiationen vorbehalten blieb. (Siehe dazu im folgenden die *„Inkarnation Jesu"*).

Jesus von Nazareth

Es gibt Dinge, die man ohne viel Nachdenken und mit Hilfe einer mittelmäßigen Bildung behandeln kann. Es gibt andere, für deren Darstellung die Furcht, Intellekte in Irrtum zu stürzen, ein oft unübersteigliches Hindernis bietet. Wenn man die intellektuelle Entwicklungsphase durchmacht, wo der Materialismus die unangreifbare Wahrheit scheint, schwatzt man mit derselben Leichtigkeit über die Frage nach Christus, wie über die nach der Existenz Zoroasters. Man ist in diesem Augenblick furchtbar stolz und weiß von der Wahrheit um so viel weniger, als man sich einbildet, mehr davon zu besitzen. Dann bemerkt man einmal eine Ecke der lebendigen Wissenschaft, man durchsucht ganze Stöße von Büchern, man häuft Berge von Auskünften auf über alle religiösen, abergläubischen, literarischen oder wissenschaftlichen Traditionen, die man sich zu eigen machen kann. Man hat Vorstellungen geschaffen, die man für originell hält, während sie nur Sammelergebnis der verschiedenen Lektüren sind. Man scharrt den Staub der Gräber zusammen, um daraus seinen Kleinkinderbau aufzuführen. Man nährt sich von den Ideen anderer und lebt noch nicht aus eigener Kraft. In diesem Entwicklungsmoment scheint die Niederschrift einer Arbeit über den Christus mit so viel tausend Schwierigkeiten umgeben, daß man von einer Wiederholung des hundertmal Versuchten absteht. Noch später schreitet die Entwicklung fort, man wird sich des Lebens auf den verschiedenen Ebenen bewußt, bewußt nicht mehr bloß intellektuell, sondern auch *experimentell*; man kommt aus der Metaphysik und ihren unfruchtbaren Klasseneinteilungen heraus; man verläßt den Gräberstaub, um das Prinzip selber zu atmen, das einst die Gebeine belebte, und dabei stellt sich die Einsicht in einen bisher unbekannten Faktor ein: die *tatsächliche Verantwortlichkeit* jedes Schriftstellers für die geistige Entwicklungslinie seines Lesers, *eine schreckliche Verantwortlichkeit*, die jeder auf sich nimmt, der sich für einen Meister des Wortes und in diesem Glauben für berechtigt hält, das Ergebnis seiner Studien zu veröffentlichen. Dann aber, im Anblick der Prinzipien des nunmehr unmittelbar erfaßten Lebens, strebt man mit Rücksicht auf die tatsächliche Verantwortlichkeit, zu der auch das allergeringste Können verpflichtet, nur noch danach, ein armer, kleiner, bescheidener Zögling zu werden, von den Höhen herabzusteigen und liebevoll zu ehren, was ehrenswert ist. In seiner Anrufung des Vaters sagt Jesus: *„Dein Name werde geheiligt!"* Heißt das nicht, dieser der Alltagssprache entzogene Name dürfe nicht profaniert werden?! Er solle nur in den geläuterten Zentren, in Sanktuarien verkündet werden?! Mag nun das Sanktuar ein Sünderherz oder ein Leserauge sein, es tut wenig zur Sache. Die Profanierung darf in einem Zentrum ebensowenig möglich sein, wie im anderen. Und der Geistliche, der sich dieses geheiligten Namens bedient, um damit Geld herauszuschlagen, wird vielleicht ebenso streng gerichtet werden wie der Magier, der ihn dazu benützt, um mit seiner Hilfe die zur Befriedigung niedriger Instinkte notwendigen Geister zu zähmen. Ich sage „vielleicht" – denn wir haben nicht das Recht, unseren Bruder selbst zu richten, da wir nicht wissen, ob wir nicht selbst all die Sünden begangen haben, für die wir Verdammnis fordern. Das ist der Grund, warum die Frage nach dem Christus um so schwieriger zu behandeln ist, je mehr man von der Ebene der lebendigen Wissenschaft selbst als dürftiger Schüler erfaßt hat, und das auch der Grund, weshalb Renan sich seelenruhig unterfängt, das Golgatha mit seinem Regenschirm zu messen – um ein Wort des Autors der „Missionen" zu gebrauchen, – während Saint-Yves d'Alveydre das Jesus gewidmete Kapitel der „Mission der Juden" als immer noch unzulänglich zerreißt und erst nach fünfzehn Jahren unter Schmerz, Meditation und ehrfürchtiger Anbetung von neuem schreibt. Und so will ich für meine Person die Gelegenheit ergreifen, die mir geboten ist, meine Ideen über die Frage nach Christus darzulegen, zunächst um ihn zu verteidigen, wie ein armer Soldat in einem Winkel der Schlacht verloren seine Fahne verteidigt, dann aber auch um meinen Lesern einmal recht zu erläutern, wie man versuchen kann, ein Soldat Christi zu sein, ohne doch in Klerikalismus oder Bigotterie zu entarten, und weiters, warum die echten Rosenkreuzer und die Martinisten immer die absolute Identität des ewigen *WORTES*, des Logos, mit dem Individuum behauptet haben, in dem sich das *WORT* als die Person des Jesus von Nazareth, des fleischgewordenen Gottes, inkarniert hat. In unserer Epoche verlangt diese Behauptung jedoch erst folgende Vorstudien:

1. Hat die Persönlichkeit Christi auf Erden existiert?
2. Ist Jesus ein entwickelter Mensch oder das inkarnierte Wort Gottes?
3. Hat Jesus nur eine metaphysische Existenz oder ist er ein lebendiges, in bezug auf unsere irdischen Handlungen und auf die Geschichte der Völker tatsächlich wirksames Prinzip?
4. Was ist das esoterische Leben Jesu und was kann man über sein Leben jenseits des allgemein Bekannten sagen? Dies die tiefen Fragen, über die ich mich freilich nur kurz äußern kann, da eine vollkommene Studie einen zu großen Rahmen verlangen würde.

1. Hat die Persönlichkeit Christi auf Erden existiert?

Ich nehme an, ich spreche zu Profanen, für die man Beweise aus der physischen Ebene braucht, denn einem Eingeweihten, der dieses Titels würdig ist, wäre es ebenso unmöglich, das Feuer zu leugnen, das den Himmelsplan erleuchtet, wie ein Nicht-Blinder außerstande ist, die Sonne dieser Erde abzustreiten. Ich will also die Beweise der Geschichte heranziehen und mich bemühen, heikler zu sein als die anspruchsvollsten Kritiker. Infolge eines Artikels von H. P. Blavatsky über die Existenz der Persönlichkeit Christi, die von ihr geleugnet wurde, ist mir das Vergnügen zuteil geworden, diese außerordentliche Frau kennen zu lernen, und ich hatte Gelegenheit, in London lange Stunden mit ihr dieses Thema zu erörtern. Frau Blavatsky, die die christliche Esoterik bei einem Athosmönch studiert hat, nahm die beiden Prinzipien „Chrestos" und „Christus", die einen der Schlüssel dieser Esoterik bilden, vollkommen an. Was jedoch von ihr bei der höflichen Auseinandersetzung, die ich mit ihr hatte, mehr temperamentvoll als argumentenreich bekämpft wurde, stammte gerade von der Tatsache, daß ich als Martinist Ansichten über den Christus besaß, die von denen der meisten Mitglieder der damaligen theosophischen Gesellschaft grundverschieden waren. Nun, für die Behauptung einer persönlichen Existenz Christi will ich in Anbetracht der Kritik ausschalten:

1. Die Evangelien. Sie liefern nach kritischen Gesichtspunkten für dieses Thema keine Belege, während wir sie als lebendiges Licht für alle anderen Punkte betrachten werden.

2. Die Theologen u. Kirchenväter mit all ihren metaphysischen Argumenten.

3. Die Werke der Gnostiker und aller an der Behauptung der irdischen Existenz des Gotteswortes interessierten Christen. Was bleibt uns noch? Die Werke der Heiden und die der Gegner Christi, der Juden. Man behauptet, gestützt auf Josephus, Tacitus, Sueton, die Erdenexistenz Christi, was mir sehr angenehm ist, da wir es hier mit sehr ernsten Argumenten zu tun haben. Man darf jedoch nicht vergessen, daß gewisse unredliche Kritiker den Satz aufgestellt haben, diese Stellen seien *eingeschobene* Fälschungen. Eingeschobene Fälschungen – das ist in den Akademien ein sehr gebräuchliches Argument. Ich erinnere mich nicht mehr, wer der Ägyptologe war, der im Unvermögen, mit seinem System eine Hieroglyphe zu erklären, während alle übrigen des Monuments damit leicht verständlich wurden, sich fragte, ob besagte Hieroglyphe nicht

eine eingeschobene Fälschung sei! Eine in zehn Meter Höhe auf einem Obelisken eingemeißelte Interpolierung! Wie hübsch!! Nun, ich will auf einen einigermaßen bekannten Text hinweisen, den man nicht als eingeschobene Fälschung betrachten kann, da er nur in den Werken der Gegner Jesu, der Talmadisten, eine Rolle spielt und da er sich lediglich auf eine Frage des Gerichtsverfahrens bezieht. Dies der Text:

„,Talmad Bably' (Synhedrion S. 67) und ‚Talmud Jeruschalmi' (Sanhedrin VII, XVI, S. 25) handeln von der Art der Zeugenschaft in Strafprozessen; sie legen diese letzteren als traditionelles Gesetz dar und zitieren dafür einzig den *Prozeß Jesu*, in dem dieses Verfahren zur Anwendung gekommen ist." (Vgl. dazu Grätz: Sinaï und Golgatha S. 338). Dieser Text hat kapitale Wichtigkeit, da er unumstößlich die Existenz der Person beweist, die das Objekt dieses ganz speziellen Gerichtsverfahrens abgab. Außer diesem Dokument ist jedoch noch ein anderes vorhanden, auf das sich Eliphas Levi gestützt hat und das man für essenisch hält. Es ist ein von den Rabbinern der Synagoge gegen Christus verfaßtes Buch und heißt „Das Buch vom Betrüger", hebräisch *„Sepher Toldos Jehoschouah"*. Sein Stil ist ganz pharisäisch und absolut antichristlich. Alle niedrigen Geschichten und Verleumdungen, die man gegen Jesus und seine Familie vorgebracht hat, sind aus dieser Sammlung geschöpft. Aber so schlecht sie sein mag, so behauptet sie doch durch das Zeugnis der Gegner Christi selbst zwei wichtige Tatsachen:

1. Die individuelle Existenz Christi.
2. Die Wirklichkeit seiner Wunder.

Zusammengefaßt: Wenn wir den Krittlern die Evangelien, die Theologen, die Kirchenväter und die Gnostiker wie alle Christen überhaupt überlassen, so bleibt uns der absolute Beweis der historischen Existenz gleichwohl noch geliefert, u. zw.:

1. Von den Heiden,
2. von den zeitgenössischen Rabbinern,
3. vom Talmud.

               Das genügt uns.

*

2. Ist Jesus ein entwickelter Mensch oder
das inkarnierte Wort Gottes?

In allen mehr oder minder an die orientalische und folglich nicht-christliche Tradition angelehnten Schulen, wie in vielen pythagoräischen Zentren sagt man den Neulingen folgendes: „Jeder Mensch besitzt in sich einen göttlichen Funken, der vom Logos oder *WORT GOTTES* stammt. Diesen Funken braucht man nur zu entwickeln, um ein Christus zu werden. Jesus hat es so gemacht und ist ein maximal entwickelter Mensch. Das ist das Ganze." Nach dieser Tradition hätte sich Jesus im Orient nach einem Zentrum umgetan, das imstande gewesen wäre, ihm seinen göttlichen Funken zu entfachen. Nach meiner Ansicht jedoch und nach der aller Lehren der echten Rosenkreuzer und der abendländischen Brüderschaften ist das ein Irrtum. Für die erleuchteten Hermetisten, wie etwa für Jakob Böhme, Swedenborg und Claude de Saint-Martin, ist Jesus das involvierte, d. h. fleischgewordene Prinzip-Gotteswort und nicht ein Stück vergöttertes Menschenfleisch. Ihre Ansicht über dieses Faktum ist, abgesehen von dem Ergebnis der direkten Visionen im Unsichtbaren, von denen ich hier grundsätzlich nicht spreche, auf der Tatsache aufgestellt, daß Jesus als einziger von allen Verkündern, die dieser Erdball getragen hat, durch den Tod gegangen, *im selben Körper, der das irdische Sterben erlitten hatte, wiedergekehrt ist* und so die Nichtigkeit der menschlichen Schrecken vor diesem Durchgang von einer Ebene zur anderen gezeigt hat. Weder Moses, noch Buddha, noch irgend ein anderer, von allen denen, die man mit dem Mittler hat in Parallele stellen wollen, und die für sich höchstentwickelte Menschen waren – kein einziger von ihnen hat die Pforte der Toten überschreiten und in derselben fleischlichen Hülle wiederkehren können. Durch die Reinkarnation, durch die Ersetzung der Körper ist es möglich, ein physisches Leben fortzusetzen, wie das der Dalai-Lama getan hat. Aber nur das Prinzip der Existenz kann einen verwundeten, zu Tode gefolterten Leib wiederbeleben. Und nur um diese Neubelebung handelt es sich hier – durchaus nicht um eine willkürliche Starre, wie es die durch diese Auferstehung aus dem Gleichgewicht gebrachten Kritiker zu unterstellen versucht haben. Nach Erledigung dieses Punktes muß ich noch über den Einwurf sprechen, das Absolute könne nicht zu einem Einzelding werden und das Gotteswort sich nicht in einem Punkt des Raumes und einem Zeitzyklus inkarnieren. Dieser Einwurf könnte vielleicht einen Wert haben, wenn Zeit und Raum, wie sie der inkarnierte Mensch erfaßt, auch für das Absolute existierten und wenn nicht Jakob Böhme selbst immer und immer wieder eindringlich erklärt hätte, was er mit den Formen der irdischen Zeit, des irdischen Raums beschreibe, vollziehe sich im Absoluten ganz ohne einen dieser Faktoren. Das *WORT* kann sein Prinzip in einem Raumpunkt manifestieren, ohne deshalb auch nur im geringsten aufzuhören, im Absoluten vorhanden zu sein, denn dieser Sonderpunkt geht zu allen Momenten in ihm selbst auf. Claude de Saint-Martin hat lange Seiten dem Nachweis gewidmet, daß der leibliche, durch den Sündenfall des Adam-Kadmon stoffgewordene Mensch „in seinem Wesen nur durch ein nicht-menschliches, mit seiner Natur verschmelzungswilliges Prinzip wiederhergestellt werden könne". Und durch dieses Verschmelzen nimmt das Prinzip alle Bedingungen irdischer Existenz an, inbegriffen das Vergessen des göttlichen Plans und die Angst, von Gott-Vater verlassen zu werden. Um das ganze Problem richtig zu lösen, müßte man wissen, ob ein einziger physischer Körper für die Kraft und Betätigung eines Menschengeistes ausreicht, und das wissen wir nicht. Ich werde später auf den aus der Geschichte Krischnas geholten Einwand antworten, einen Einwand, für dessen Erledigung der „Archeometer" Saint-Yves d'Alveydres alle Schlüssel liefert. Zum Nachweis der Nichtigkeit von Zeit und Raum in einer gewissen Ebene hat Dr. Philippe von der Lyoner Schule folgenden Versuch angestellt: Er hat einen Gewehrschuß auf einen Baum zu abgeben lassen. In der Schußrichtung war weit und breit kein Lebewesen vorhanden; dagegen sank ziemlich weit hinter dem Schützen ein Vogel getroffen zu Boden, wie wenn man im diametral entgegengesetzten Sinne gezielt hätte. Dr. Philippe hat mir übrigens während einer meiner letzten Reisen erlaubt, ein junges Mädchen, dessen kranke Schwester sich in zwei Kilometer Entfernung befand, an der Stirn zu berühren und mit diesem Verfahren die Kranke zu heilen. Diese Wirkung in die Ferne ist vielen Magnetiseuren bekannt, gehört aber noch zu den ganz unausgebildeten Fähigkeiten. Für das Thema, das uns hier beschäftigt, ist die zu diesem Vermögen gehörige Theorie das einzige Interessante.

> 3. Hat Jesus nur eine metaphysische Existenz oder
> ist er ein lebendiges, in bezug auf unsere irdischen Handlungen
> und die Geschichte der Völker tätig wirksames Prinzip?

Viele stellen sich das *WORT* als ein über den Wolken schwebendes Prinzip vor, zu dem man selten und nur auf Knien spricht und dem man Worte sagt, die man mit dem Herzen aufsagt, ohne sie zu bedenken und vor allem ohne nachzusehen, ob sie wohl unseren Gedanken recht entsprechen. Andere, fleißige Kirchenbesucher, denken, es habe, seit es auf die Erde gekommen sei, alle Macht den Priestern – und im besonderen den katholischen Priestern – übergeben, und denen nicht gehorchen, hieße Gott nicht gehorchen. Die aufgeklärteren Geister schließlich lassen wohl eine Einwirkung der Himmelsebene auf die guten Handlungen und guten Gedanken zu, aber weiter gehen sie nicht. *Lacuria* gibt in den „Harmonien des Seins, ausgedrückt durch Zahlen" mit seinem Kapitel über die Persönlichkeit Jesu sehr wichtige Erklärungen. Man habe vor allem gesehen, daß das schöpferische Wort ein mit allen lebendigen Offenbarungen der Natur innig gebundenes Prinzip sei und nichts ohne dauerndes Opfer des *Vaters* das Leben, nichts ohne dauerndes Opfer des *WORTES* die Fähigkeit von Wirkung und schöpferischem Widerschein, nichts ohne ununterbrochene Einwirkung des göttlichen *Geistes* das Licht des Empfindungsvermögens und des Intellekts erhielte. Damit man mich nicht des Pantheismus beschuldige: Diese Einwirkungen und Beistände des Göttlichen erfolgen außerhalb seiner eigenen Persönlichkeit, wie die Mutter, die ihr Kind stillt, nicht gezwungen ist, der Intellekt dieses Kindes zu sein, das ihr doch zur Gänze Leben und Wachstumsfähigkeit verdankt.

Daraus geht hervor, daß Christ sein nicht heißt: einmal wöchentlich einem Pfarrer oder Pastor zuzuhören und die andern sechs Tage seine Brüder durch Hunger oder Verleumdung umzubringen; weiters nicht: in einer Kirche fromme Augen zu machen und Gebete zu murmeln. Sondern daß es heißt: die Lehren Christi als Einzelperson wie als Gesellschaft tatsächlich und so zu leben, wie sie seit Erschaffung der Erde im unsichtbaren Licht geschrieben stehen. Die Frau aus dem Volke, die nur eine Suppe hat, sie aber doch mit den hungerschreienden Kindern ihrer Nachbarin teilt, ist christlicher als die Dame von Welt, die in die Messe geht, um eine schöne Toilette zu zeigen, und beim Verlassen der Kirche dem armen Diener ein Kupferstück gibt. Da aber alles lebendig ist, unsere Handlungen wie unsere Gedanken und unsere Wünsche, so wird im Erkrankungsfalle das Kind der Frau aus dem Volke auf die geringste Bitte hin geheilt werden, während das Kind der Dame von Welt nahezu unmöglich zu retten sein wird, trotz aller neuesten Mittel, Bischofsegen und Konsultierung der Medizinprofessoren. Denn das Prinzip, das sich in Jesus von Nazareth inkarnierte, hat die physische Ebene, sei sie irdisch oder anders, nicht verlassen und ist immer da, die Frau aus dem Volke zu heilen, die in aller Unwissenheit und Einfalt sein Kleid berührt. Ebenso verhält es sich im Sozialen. Ein Volk, das ein anderes erwürgt, ist ein Straßenräuber im großen, der vor dem Lebensprinzip eine schreckliche Verantwortlichkeit auf sich lädt. Die Völker aber, die den Schwachen erwürgen lassen, sind fast ebenso schuldig wie der Mörder, und jeder Angehörige dieser Völker wird mit seiner persönlichen Gesundheit, der seiner Kinder und mit seinem Schicksal verantwortlich sein, denn der Himmel hat für die Scheinheiligkeit, die hinter der Abgestumpftheit der Regierenden die Arme verschränkt, kein Verständnis. Wenn der Krieg die Verheerungen, die er in Südafrika angerichtet hat, bei uns anrichten wird, wird es für Klagen zu spät sein. Wir Europäer alle werden es so gewollt haben, weil wir Zeit zu gewinnen meinten und jeder seinem Nachbarn einen feinen Possen zu spielen glaubte. *Wer Augen hat, zu sehen,* mag aufschauen, und er wird im Unsichtbaren den Namen des Prinzips lesen, das einer Handvoll christlicher Bauern den Widerstand gegen die Soldaten und Kanonen der Finanzleute Europas ermöglichte und ihnen erlaubte, auf die Barbareien und Flüche der Eindringlinge mit Milde und Gebet zu antworten. *Wer Ohren hat, zu hören,* der horche ins Unsichtbare hinein, und er wird die Stimme des Herrn der Erde vernehmen, der die Mächtigen und Starken zu Hilfe ruft[14]. Aber lassen wir diese Dinge! Ich habe damit keine Demonstration bezweckt, sondern nur auf die dauernde Einwirkung dieses Prinzips aufmerksam machen wollen, weil dieser Hinweis einen kleinen Teil vom wirklichen esoterischen Leben Jesu bildet.

4. Was ist das esoterische Leben Jesu und was kann man über sein Leben jenseits des allgemein Bekannten sagen?

Als die Erde geschaffen und zur Bevölkerung mit Menschen geeignet war, erhielt jede Rasse das Versprechen einer Befreiung von ihren Fesseln und ihren Fleischeshüllen – durch das Eingreifen des Schöpferprinzips. Im Unsichtbaren ist der Name des Mittlerprinzips seit Bildung unseres Planeten verzeichnet. Der „Archeometer" Saint-Yves d'Alveydres stellt genau fest, daß dieser Name in allen Zivilisationen Jesus heißt. In Indien – so zeigt uns der Archeometer – war der Name des Prinzips „Ishwa", der Retter, davon *Ishwa-Ra,* der Retter-König, was später durch Analogie der Kontraste zu Shawi und Shiva wurde. In Ägypten nannte man es „*Oshi",* der Herr, *Oshi-Ri,* der Herr-König. Die Heiden kannten es unter dem Namen „*Iaccos".* Ich will aber hier der Abschweifung Einhalt tun, um gegen die bewundernswerte Arbeit, mit der sich der Graf von Saint-Yves seit mehreren Jahren vorzüglich beschäftigt, und die wahrhaft den Schlüssel zum tätigen Gotteswort bilden

wird, nicht indiskret zu sein. Es war also für einen echten Seher oder wahren Propheten welcher Religion immer unmöglich, in der unsichtbaren Seele unseres Planeten zu lesen, ohne den Namen des Mittlers und die Geschichte seines Erlösung bringenden Opfers dort vorzufinden. Jede Rasse hat ihren Initiationszyklus durchgemacht, der sie zur Kenntnis dieser Mysterien des Gotteswortes vor seiner Leibwerdung führte. Der Zyklus begreift drei Phasen:
1. Instinktphase. Initiation durch die Seher.
2. Intellektuelle Phase. Initiation durch die Propheten und Rechtskundigen.
3. Herzensphase. Initiation durch einen Abgesandten vom Sitz des *WORTES* oder durch das inkarnierte Wort. Schließlich über diesen Zyklus hinaus Wiedervornahme der in der letzten Verkündigung noch nicht genügend faßlichen Elemente durch eine andere Initiation. Diese drei Phasen sind richtig, weil sie sich überall, selbst in der Entwicklung des menschlichen Körpers, der Embryologie, wiederholen, wo wir das Ekto- und Entoderm vor dem Mesoderm, und Oberarm und Hand vor dem Unterarm entstehen sehen, was wohl darauf hindeutet, daß der intermediäre oder Herzzyklus in allen Phasen als letzter entsteht. Wenn wir nur zwei Rassen betrachten, die gelbe und die weiße, so finden wir, daß für die erste der Instinktzyklus in der Vor-Vedaperiode, der intellektuelle Zyklus in der Vedaperiode mit den Gesetzen des Manou (Manou – Minos – Numa – Moses – Emanuel: verschiedene Namen dieses Zyklus) und der Zyklus der Verkündigung des Gotteswortes in der Periode des Krishna und des letzten Buddha enthalten ist. Bei der weißen Rasse bestand der Zyklus der direkten Offenbarung in dem der Patriarchen mit Abraham und Melchisedek, der intellektuelle Zyklus in dem des Moses und der Zyklus des WORTES in dem von Jesus. Mahomet und der Islam haben dann in ihrem Werke die Plazentarelemente aller Rassen, der schwarzen, gelben und weißen, die auf Abwege geraten waren, später aber doch in den Zyklus des *WORTES* wiedereintreten müssen, aufs neue vorgenommen. Lange Ausführungen darüber, daß jeder Rassenteil die Wiederholung der allgemeinen Embryologiegesetze an sich selber erlebt, halte ich für überflüssig. Zum Beweis dafür verweise ich nur auf die Druiden, die Etrusker etc. Nur wenn man die Existenz dieser Zyklen nicht kennt und die Entwicklung einer Rasse mit der einer anderen zusammenwirft, gelangt man zu dem Versuch, eine Parallele oder eine Rangsordnung unter den verschiedenen Verkündigern aufzustellen und sich über die Frage herumzustreiten, ob Manou höher stehe als Moses oder Numa. Für den Eingeweihten, der weiß, daß diese verschiedenen Manifestationen vom Sitz desselben Prinzips entsandt sind, ist das eine unsinnige

Frage. Ebenso bezüglich Jesu, der sich bei den verschiedenen Rassen Schritt für Schritt bis zu dem Augenblick angezeigt hat, wo er sich persönlich der weißen, der synthetischen Rasse manifestiert. Jesus als einen bis zum Gotteswort-Zentrum hinauf entwickelten Menschen zu betrachten, der getan hat, was auch andere auf Erden getan haben und noch tun werden, hieße als Profanphilosoph, als Freund mehr der Sophistik, denn der Sophia handeln, ja kindische Exegese betreiben; denn das führt dazu; mysteriös zu lehren, Jesus habe sich nach reiflichem Erwägen reinkarniert, um im Körper eines Gelben die Leitung einer anglo-amerikanischen Gesellschaft zu übernehmen. Das ist Entartung und Narretei; denn der Mittler der weißen Rasse braucht sich nicht zu involvieren, um das schon einmal früher von einem Abgesandten seiner Ebene verrichtete Werk zu wiederholen. In der Tat zeigt uns die Geschichte, daß jede zyklische Offenbarung gleichzeitig für alle Erdenrassen erfolgte, denn wir sehen einen ersten Zyklus mit dem gleichzeitigen Auftreten von Krishna, dem ersten Zoroaster, Fo-Hi, Abraham und Sanchoniaton, einen zweiten mit Foe (Sakya), dem zweiten Zoroaster, Orpheus und Moses, und einen dritten mit Son-Mou in Japan, Lao-Tse und Kang-Tse in China, dem vierten Buddha (Gautama) in Indien, Daniel und Esra bei den Hebräern, Pythagoras in Griechenland und Numa in Rom. Die Historiker mögen diese Koinzidenzen ignorieren. Die eingeweihten Brüderschaften kennen sie, und das genügt. *Einzig der Zyklus Jesu ist auf eine Person beschränkt:* kein anderer Verkünder entsteht gleichzeitig in den anderen Rassen. Wenn der König selbst kommt, wird die Vielzahl der Gesandten überflüssig[15]. Wer Auge und Ohr offen hat, der sehe und horche ins Unsichtbare, und er wird verstehen! Das von Jesus in der „Aura des materiellen Universums" erzeugte Licht ist so groß, seine Wirkung, den Geistern in den zodiakalen Schranken einen Weg eröffnet zu haben, für jeden Illuminaten so offensichtlich, daß jede Rasse ein wenig von dieser Wirkung als von ihr stammend an sich hat reißen wollen. Daher die Anmaßung der Gelben, Jesus habe sich bei ihnen die Initiation geholt. Das mögen sie Historikern oder Auslegern aus Liebhaberei erzählen, nicht aber Mitgliedern von Schulen, wo man die Geschichte im Unsichtbaren nachprüfen lernt und die Behauptungen von Leuten, die nur in einer Ebene leben, auf ihren einzigen, den irdischen Wert reduziert. In Wahrheit hat jede Rasse ihre eigenen Entwicklungsgesetze, da sie an einen Kontinent gebunden ist, dessen Lebens- und Untätigkeitsphasen sie mitzumachen hat. Wenn ein Kontinent im Westen zugrunde geht, entsteht im Osten ein anderer, und nicht, um lediglich den Dichtern ein Vergnügen zu bereiten, erhellt die Sonne jede

Erdhälfte gesondert, nein – um im vorhinein den angeblichen, sogenannt „esoterischen" Offenbarungen zu erwidern, die uns für Andere aufgestellte Glaubenslehren schlucken lassen möchten. Jawohl, die Gelben sind die irdischen Initiatoren gewesen. Sogar unter der direkten Leitung Jesu-Ishwa-Ra: als vor 20.000 Jahren die Schwarzen und die Roten, die dann von den Weißen verdrängt werden sollten, aus dem Dunkel hervortraten. In dieser Epoche war Asien tatsächlich das große Initiationszentrum, und dort ruhte der Magnetpol der Erde. Aber seither ist dieser Pol gewandert und mit ihm das echte Zentrum der Offenbarung. Ist es Schall und Rauch, ist es vielleicht gar von dieser spaßigen „Loge der Unsichtbaren" hervorgebrachte Schwarzkunst, daß man nach den irdischen Hochflächen den Lichtpol sukzessive in Persien, Ägypten, Griechenland, Rom und Frankreich sah? Derzeit ist er auf Amerika zu gerichtet. Ist es gar so nichtig, zu glauben, die Hindus seien in der Kali-Yoga-Periode, im schwarzen Alter, da sie unter dem Joch der Weißen sind und ihr Land von den „abendländischen Barbaren" besetzt ist?! Wie die Sonne nicht gleichzeitig Morgen- und Abendland bescheint, so sind deren Entwicklungsgesetze verschieden. Wir sind dank Christus in Evolution, unser Weg zum Licht des Geistes führt noch durch Morde, Kriege und Schlachten hindurch, aber den Gesetzen der Gelben sind wir nicht unterworfen; ich achte ihre Weisheit und ihr intellektuelles Museum, aber ich spreche ihnen jeden Einfluß auf unsere Rasse absolut ab. Das ist der Grund, weshalb Jesus nichts bei ihnen zu tun hatte. Das Prinzip jedes Lichtes, jeder Form, jedes Wortes brauchte nicht wiederum mit seinem eigenen Wesen in Beziehung zu treten und von ihm selbst früher entwickelte Rassen aufzusuchen. Es sollte die von der weißen Rasse bewohnten verschiedenen irdischen Zentren durcheilen, und es tat das während seiner bis dahin noch nicht historisch in Erscheinung getretenen Existenzperiode. Ich habe nicht das Recht, des längeren darüber zu sprechen, ja ich bin vielleicht schon zu geschwätzig gewesen, und so wäre ich glücklich, sehe ich die für die Lektüre der „kamamanasischen" Abdrucke Interessierten meine Darstellung fortfahren. Sie werden dann verstehen, wie ein Abendländer wahre Meister haben, ja auch wie er Christ sein kann, ohne gewaltsam klerikal oder jesuitisch zu sein. Zur Vervollständigung dieser Ideen müßte man prüfen, ob nicht der Einfluß Jesu auf die physische Ebene sowohl von Geistern, die von seinem Sitz gekommen wären, als auch von demütigen und bescheidenen Menschen, die sich auf dem Wege der Angst und des Schmerzes bis zu ihm erhoben hätten, Fortsetzung erfahren habe. Wir hätten zu forschen, was ein wahrer Ritter Christi jenseits von allem Klerikalismus sein könne, und das würde uns zum Anblick des Grundes führen, warum alle Initiationen der Rosenkreuzer ein streng christliches Ritual besitzen, obwohl sie erklären, der Papst sei öfter die Stellvertretung des Antichrists als jedes anderen Prinzips. Doch würde das alles diese Studie zu sehr verlängern. Es ist einem Soldaten verboten, die Vermengung der Feinde mit seinen eigenen Truppen zuzulassen, und bei Strafe schwerer persönlicher Verantwortung muß er Alarm schlagen. Und so bin ich gezwungen gewesen, meinen Lesern meine Ideen über dieses brennende und lebendige Thema recht klar auszuführen. Am Schluß dieser Studie sehe ich mich zu der Erklärung veranlaßt, daß die von mir dargelegten Ideen meine eigenen, persönlichen sind und ich allein außerhalb jeder Gesellschaft oder Bruderschaft die ganze Verantwortung dafür zu tragen habe. Der Martinistenorden ist bestrebt, Christusritter zu bilden; er ist nicht dogmatisch, und jeder entwickelt dort frei sein Gewissen und sein Herz. Meine Leser müssen jedoch begreifen, daß seine Mitglieder keine Existenzberechtigung hätten, wenn sie nicht mit allen Kräften versuchten, dem Mittler, dem Führer der Menschheit zum Vater, Christus, den Ruhm, die Ehre und das Verdienst zu erwerben, die man ihm in allen Ebenen schuldet. Indem ich das tue, erfülle ich nur meine Pflicht den Gegnern Christi gegenüber. Ich darf sie weder richten, noch gar verdammen. Ich kann sie nur in die Ebene des Lichtes geleiten, und der Himmel soll das übrige tun.

*

Inkarnation Jesu

„Danach also begab es sich, daß ich auf Befehl des ersten Mysteriums in die Tiefe zur Welt der Menschheit hin blickte. Ich fand Maria, die man dem stofflichen Körper zufolge meine Mutter nennt. Auch sprach ich zu ihr unter der Gestalt Gabriels, und als sie sich zur Höhe gegen mich hin wandte, da warf ich in sie die Virtus prima, die ich aus der Hand Barbilos erhalten hatte, d. h. den Körper, den ich zur Höhe getragen habe, und anstatt der Seele[16] warf ich in sie die Fähigkeit, die ich aus der Hand des großen Sabaoth des Guten erhalten hatte, von ihm, der auf der rechten Seite (Gottes) vorhanden ist." (Pistis Sophia, übersetzt von Amelineau.)

*

Die Jungfrau Maria

Es ist die *Lichtjungfrau*, von der Maria, Jesu Mutter, ausgegangen ist. „Du, o Maria, die Du in Barbilô Form gefaßt hast, bist nicht nur an Stoff, sondern auch an Licht der Lichtjungfrau gleichgeworden, und ihr seid eins. Du (die

Schmerzensreiche) und sie, die Glückstrahlende. Deinetwegen hat das Dunkel existiert, und abermals von Dir ist der Urstoffkörper ausgegangen, den ich geläutert habe." Der Mensch Jesus lebte reines Erdenleben bis zum Alter von 12 Jahren. Erst in diesem Alter nahm seine göttliche Fähigkeit tatsächlich sein physisches Wesen in Besitz. Die Adepten der naturalistischen Initiationsschulen werden darin die Verbindung der niederen und höheren Prinzipien des Menschen zur Bildung des Christus erblicken. Man möchte sagen, der gnostische Lehrer habe den Irrtum, der in diesem Falle zu vermeiden ist, quer durch die Jahrhunderte vorausgesehen, denn er beschreibt sorgfältig mit vollen Einzelheiten die Involution, den Herabstieg jedes der himmlischen Prinzipien, das sich verstofflichen soll, um ein irdisches Wesen zu bilden.

*

Inkarnation des Geistes Jesu

Maria nimmt das Wort und spricht: „Mein Herr, Deine Fähigkeit hat durch David das Wort prophezeit, auf daß wir wissen: Das Erbarmen und die Wahrheit sind einander begegnet, die Gerechtigkeit und der Friede haben sich geküßt, die Wahrheit ist auf Erden zur Blüte gelangt und die Gerechtigkeit hat von der Höhe des Himmels zugeschaut. Dein Vermögen hat ehedem dieses Wort über Deine eigene Person prophezeit. Es war, bevor noch der Geist zu Dir heruntergekommen war, Du warst klein und befandest Dich mit Josef in einem Weingarten, da stieg der Geist von den Höhen herab und kam zu mir in mein Haus, von Aussehen wie Du, und da ich ihn nicht erkannte und vermeinte, Du seist es, sprach er zu mir: ‚Wo ist mein Bruder Jesus, auf daß ich ihm begegne?' Und als er mir das gesagt hatte, war ich in Verlegenheit und dachte, es sei ein Gespenst, das mich versuchen wolle. Und so nahm ich ihn und band ihn an der Bettstatt fest, die in meinem Hause war, bis daß ich ausgegangen wäre, Euch im Weingarten zu finden. Josef war damit beschäftigt, im Weingarten Rebenstöcke aufzustellen. Es begab sich nun, daß Du mich diese Angelegenheit dem Josef erzählen hörtest; Du verstandest sie und freutest Dich und sagtest: ‚Wo ist er, daß ich ihn sehe? Nein, ich will hier auf ihn warten!' Und es geschah, daß Josef sehr in Verwirrung geriet, als er Dich diese Worte sprechen hörte, und wir gingen zusammen, traten ins Haus, fanden den Geist an das Bett gebunden, und wir beobachteten Dich und ihn und fanden, daß Du ihm gleichschienst. Und er, der ans Bett gebunden war, machte sich los, umarmte und küßte Dich, und auch Du küßtest ihn, und i*hr wurdet beide ganz und gar eine und dieselbe Person*. Dies ist die Tatsache und ihre Erklärung: Das Mitleid ist der Geist, der durch das erste Mysterium aus den Höhen gekommen ist, um Mitleid dem Menschengeschlecht zu erweisen. Das erste Mysterium hat seinen Geist entsandt, um die Sünden der ganzen Welt zu lösen, auf daß den Menschen das Mysterium würde, auf daß sie das Reich des Lichts zum Erbe erhielten. Die Wahrheit sodann ist die Fähigkeit, die, von Barbilo gekommen, in mir gewohnt hat. Sie ist Dein Urstoffkörper geworden und hat den Herold an der Wahrheit Stätte gemacht. Die Gerechtigkeit ist Dein Geist, der alle Mysterien zur Höhe geführt hat, um sie den Menschen zu geben. Der Friede sodann ist die Fähigkeit, die der Welt zu Liebe in Deinem Urstoffkörper gewohnt hat, diesem Körper, der das Menschengeschlecht getauft hat, um es der Sünde fremd zu machen und in den Frieden Deines Geistes zu versetzen, auf daß Friede sei zwischen ihm und den Ausstrahlungen des Lichts, d. h. auf daß Gerechtigkeit und Friede sich küssen. Und gemäß Ihm, der gesagt hat: Die Wahrheit hat auf Erden geblüht – ist die Wahrheit Dein Urstoffkörper, der aus mir auf die Erde der Menschen getreten ist, der den Herold an der Wahrheit statt gemacht hat. Und wiederum gemäß Ihm, der gesagt hat: Die Gerechtigkeit hat außerhalb des Himmels geblüht – ist die Gerechtigkeit die Tugend, die vom Himmel geblickt hat, sie, die die Lichtmysterien dem Menschengeschlecht geben wird, und die Menschen werden gerecht werden, sie werden gut sein und das Reich des Lichtes erben!" (S. 62 ff.)

*

Die zwölf Apostel

Ebenso, wie die Seele Christi und Mariä, kommen die Seelen der zwölf Apostel nicht aus der Welt der Archonen, sondern gleich von der Himmelsebene, wie uns das die folgenden Auszüge versichern: „Freut euch also, seid heiter! Denn wie ich zur Erde gekommen bin, habe ich seit Anbeginn zwölf Kräfte mit mir geführt, wie ich es euch von je gesagt habe; ich habe sie aus der Hand der 12 Retter des Lichtschatzes erhalten, nach dem Befehl des ersten Mysteriums habe ich diese Mächte seit meiner Ankunft in der Welt in den Schoß eurer Mütter geworfen, und sie sind jetzt in euren Körpern. Und die zwölf Fähigkeiten der zwölf Retter des Lichtschatzes, die ich aus den Händen der zwölf Dekane der Mitte erhalten hatte, warf ich in die Sphäre der Archonen, und die Archonen mit ihren Liturgen dachten, es seien Seelen von Archonen und die Liturgen führten sie. Ich verband sie mit den Körpern eurer Mütter, und als eure Zeit erfüllt war, sandte man euch in die Welt, ohne daß ihr in euch Seelen von Archonen hattet."

Rolle der Apostel

„Wahrlich, wahrlich, ich sage euch: Ich werde euch vollkommen machen in allen Vollkommenheiten, von den Mysterien des Inneren bis zu den Mysterien des Äußeren, ich werde euch erfüllen mit Geist, derart, daß man euch nennen wird aller Vollkommenheiten vollkommene Kinder des Pneuma. Und wahrlich, wahrlich, ich sage euch: Ich will euch geben alle Mysterien aller Himmel meines Vaters und aller Orts der ersten Mysterien, *damit der, den ihr auf Erden einführen werdet, ins Licht der Höhe eingeführt werde, und damit der, den ihr auf Erden verwerfet, im Reiche meines Vaters, der im Himmel ist, verworfen werde*" (S. 32). Also drückt sich der Lehrer der Gnosis, Valentinus, aus, der Autor der Pistis Sophia. Alle irdischen Manifestationen, von denen die Geburt des Christentums regiert wurde, sind Personen der Himmelsebene. Die Evolution der Seelen wurde durch eine erhabene Involution des Göttlichen ermöglicht. Das ist der hohe und besondere Charakter des Christentums, der Ursprung seiner tiefen Mysterien. Jede menschliche Rasse kann Gegenstand eines besonderen Messianismus sein, aber jedem neuen Messianismus bietet sich die neue Rasse auf einer höheren Ebene der Entwicklungsspirale. Die weiße Rasse ist die, die zur letzten göttlichen Offenbarung Anlaß gegeben hat. Ist es nicht gerade nach den Gesetzen der Entwicklung in Zeit und Raum gerecht, daß diese Offenbarung höher war als die vorhergehenden und daß sie folglich eine Involution gleichfalls höherer Ordnung in sich trug? Ich gebe diese Ideen denen zum Nachsinnen, die wirklich wissen, was analogische Methode ist, und die mysteriösen Gesetze kennen, die sie überträgt. Jesus kam aus einer zu hohen Ebene, als daß er sich zu so feilen Mitteln erniedrigt hätte, wie sie die Menschen verwenden, um ihre Macht aufzurichten, und Fabre d'Olivet stellt mit Recht folgende Überlegung an: „Es ist an dieser Stelle zu bemerken, daß Jesus unweigerlich die Eroberung Asiens durchgeführt hätte, wenn er nur den Weg der Eroberer hätte einschlagen wollen, der offen vor ihm lag, als die Völker Galiläas ihm die Krone anboten und als er sich an die Spitze der Juden gesetzt sah, die einen Eroberermessias erwarteten. Europa jedoch hätte ihm widerstanden, und da er hauptsächlich in Europa seinen Einfluß ausüben sollte, sah er sich veranlaßt, einen vorerst wohl weniger leuchtenden, in Zukunft aber um so stärkeren Sieg zu wählen und sich lieber für die Überwindung der Schicksalsnotwendigkeit zu entscheiden als ihr zu dienen."[17] Und doch folgt der große Meister noch immer in solchem Maße dem historischen und vor allem kritischen Wege, daß er zur Verkennung der geheimen Kräfte gelangt, die sich in den zwölf Aposteln offenbaren: „Diese zwölf Apostel, die Jesus verlassen hatte, besaßen keineswegs die erforderliche Kraft, um ihr Apostolat zu erfüllen. Das Christentum verdankte seine moralische und dogmatische Kraft und seine spirituelle Lehre dem heiligen Paulus. Dieser erhielt seine geheiligten Riten und seine Theosophenformen erst später unter dem Namen Ammonius von der Alexandriner Schule."[18] Gewiß, von dieser Seite des Vorhanges aus ist das ja alles wahr, aber was den Eingeweihten interessieren soll, ist gerade die Gegenseite. Es sind die tätigen Kräfte der andern Seite, die feinen Triebfedern, dank deren der wissenschaftliche, philosophische – und sagen wir es laut – religiöse Riese Paulus in wenigen Jahren zum Einsturz brachte, was an Polytheismus in seinem Prinzip war, und das unter dem Druck der Leute von geringem Wissen, aber glühendem Glauben: der ersten Christen. Später nimmt dann dank gewisser Bischöfe von Rom der Imperialismus seine Rache. Aber die reine Idee beherrscht immer die vorübergehenden Irrtümer, und die mystischen Ströme werden von bestimmten religiösen Orden sorgfältig gepflegt. Wir verdanken dem Hellenismus Wissenschaft und Kunst. Vergessen wir nun nicht, daß wir dem Christentum die lebendige Liebe verdanken. Gerade das zu lehren, war das Bemühen Saint-Yves d'Alveydres.

*

§ 5. Einfluß Zoroasters – Odin

Wir haben soeben die langsame Bildung der Tradition der Weißen, ihre Anlehnung an die alten Rassen, ferner Christi persönliches in sie verströmtes Leben gesehen, und doch ist es gerade nur eine Skizze des Monuments und wir müssen unsere Untersuchung weiter fortsetzen. Kaum will das Christentum sein Werk in Rom beginnen, als der verwüstende Strom der Barbaren über das Kaiserreich hereinbricht und alle wissenschaftliche Tradition in den Orient zurückwirft, während er die religiöse Tradition so gut als möglich seiner Geistesart anpaßt. Die Barbaren sind unsere Ahnen. Es sind wilde, ungezähmte Abkömmlinge der Kelten, die nicht nach Indien oder Ägypten um Wissen ausgegangen waren. Aber dieses Wissen hat indessen einen Zweig zu ihnen hin getrieben. Ein Eingeweihter der Zoroastertradition, *Odin* oder Frighe, entschleierte den Kelten die Wahrheit ferner Heiligtümer, paßte jedoch seine Verkündigung dem wilden Charakter seiner Schüler an. Frighe war Anhänger der Zoroastersekte; er kannte im übrigen alle Traditionen der Chaldäer und Griechen, was mehrere Einrichtungen, die er in Skandinavien zurückgelassen hat, zwingend beweisen. Er war in die Mithrasmysterien eingeweiht.[18] Man könnte glauben, die von Odin gebrachte Tradition habe in Anbetracht seiner zeitlichen Entfernung nur einen schwachen Einfluß auf unsere Rasse gehabt. Die folgenden Auszüge werden alle Zweifel in dieser Hinsicht zerstreuen und deutlich machen, wie sehr die angelsächsischen Völker noch heute von dieser Offenbarung durchsetzt sind, die Wagners Genie so hoch gefeiert hat. Die Umwandlungen, die Frighe an der alten Keltenreligion vornahm, waren unbeträchtlich. Die größte bestand in der Ersetzung Teutads, des großen Ahnvaters der Kelten, durch einen obersten Gott, *Wod* oder *Goth* genannt, dessen Name in der Folge die ganze gothische Nation erhielt.[19] Es war dasselbe, was Zoroaster „die grenzenlose Zeit", „die große Ewigkeit" nannte, das „Boudh" der Inder, das Ram allenthalben in Asien als bekannt vorgefunden hatte. Von diesem Gottesnamen, „höchster Wod", auch „Vater des Weltalls", „lebendiger Gott", „Schöpfer der Welt" genannt, erhielt Frighe den Namen Wodan, aus dem wir Odin gemacht haben, d. h. der Göttliche. Der Gesetzgeber der Skandinavier vereinigte also mit viel Scharfsinn die Lehre der alten Kelten mit der Zoroasters. Er brachte in seine Mythologie einen Genius des Bösen namens *Loke*[20], ein Name, der den Arhimans genau übersetzt, gab dem Menschengeschlecht den alten Bore zum Ahnen und basierte fortgesetzt alle Tugenden auf den kriegerischen Wert. Er lehrte bestimmt, und das war das Hauptdogma seines Kults, daß nur die Helden sich in *Walhalla*, dem Palast der Tapferkeit, aller Fülle himmlischer Glückseligkeit erfreuen würden.[21] Wir wollen die Reformatoren nicht verlassen, ohne ein Wort über Apollonius zu sagen. Während sich ein ganz intellektueller, der Herrschaft der Vernunft bestimmter Kult in Judäa vorbereitete, während sich eine aufs Gefühl gerichtete, in ihren Vorschriften gewalttätige Lehre in Skandinavien aufrichtete, lediglich um die Wege zu diesem Kult vorzubereiten und seine Verbreitung zu begünstigen, durchzog ein besonders instinktbegabter, überaus willensstarker Mann das römische Imperium mit der Lehre, das Leben sei nur eine Züchtigung, ein peinliches Mittelding zwischen zwei an sich indifferenten Zuständen: Zeugung und Tod. Dieser Mann, *Apollonius* mit Namen, folgte in der Doktrin des Pythagoras dem, was diese Doktrin an Positiverem besaß.[22]

§ 6. Die Araber

Der Sturzbach der Barbaren hat das römische Imperium überschwemmt und die Intelligenz der weißen Rasse auf Konstantinopel zurückgeworfen. Die Wohltat dieser langsamen intellektuellen Zivilisation soll nicht verlorengehen. Wenn das reine Samenkorn des Christentums die Einsamkeit der Seele braucht, um seine ersten Sprossen zu treiben, wird in dem Augenblick, da diese Sprossen stark sind, der neue, rein intuitive und mystische Strom mit dem alten enzyklopädischen und rationalistischen Strom in Verbindung treten müssen. Dies ist später die Arbeit der Araber. Sie bringen zunächst dem Westen die ägypto-griechische Tradition, die er verloren hatte, und so entsteht das erste Glimmen der christlichen Wissenschaft. Später stürzen sich die Christen ihrerseits wie die Irren auf Jerusalem, im Glauben, sie würden die vom Blute Christi genetzten Gebiete ins Erbgut der Rasse zurückbringen. Sie stoßen jedoch dort unten vor allem auf die antike Initiation mit ihren Prüfungen und ihrer schrittweisen Erleuchtung. Als Kreuzfahrer ausgezogen, kehren sie meist als Templer zurück und gießen aufs neue die Mysterien der Kabbala und der Gnosis in die Rasse. So wurden die Araber die Hüter des rationalen Stroms (übrigens wohl wider ihren Willen), als die Christen noch zu schwach waren, um dieses großartige Gut in Empfang zu nehmen, und später wurden die Araber der Damm, der sich dem Einfall nach Asien entgegenstemmte und diese selben Christen zwang, in jenem Europa zu verbleiben, das die Vorsehung als ihren Entwicklungsort bezeichnet hatte und aus dem sie immer entfliehen wollten. Jesus war in der Inspiration der Nachfolger des Moses. Mahomed folgte der Inspiration des Moses und der des Jesus nach, die er gleicherweise als göttlich erkannte. Nur behauptete er, die Anhänger Moses hätten sich von dessen Lehre entfernt und die Schüler Jesu hätten die Lehren ihres Meisters schlecht verstanden[23]. Er stellte folglich neuerlich die Lehre von der Einheit Gottes auf, wie sie die Hebräer von der atlantischen Tradition erhalten hatten, und schloß seine ganze Religion in die wenigen Worte: *Es gibt nur einen Gott und Mahomed ist sein Prophet!* Er postulierte im übrigen mit dem größten Nachdruck die Unsterblichkeit der Seele und das Dogma von den Züchtigungen und den den Opfern und Tugenden der Menschen gemäßen künftigen Belohnungen[24]. „Ach, wenn die Männer der Schrift den Glauben und die Furcht des Herrn hätten, so wollten wir auslöschen ihre Sünden und sie führen in die Gärten des Paradieses! Wenn sie einhielten die fünf Bücher Moses und das Evangelium und die Bücher, die der Herr ihnen gesandt hat, so sollten sie sich erfreuen an Gütern, die sich finden unter ihren Schritten und über ihren Häuptern! Es gibt unter ihnen welche, die recht tun. Aber ach, wie sind der meisten Taten abscheulich!" (Koran, Kap. V/70)

„Die, so gläubig sind, die Juden, die Sabäer, die Christen, die an Gott glauben und an den Jüngsten Tag, und sind tugendhaft gewesen in ihrem Tun:

die sollen ausgenommen sein von jeder Furcht und sollen nicht heimgesucht werden" (Koran, Kap. V/173). Ich will nicht daran erinnern, was ohnedies meine Leser wissen, an den Einfluß der Araber im intellektuellen Erwachen der Rasse. Unterstreichen wir nur noch die Anmerkung, daß dieses Erwachen unmöglich gewesen wäre, hätte nicht vorher längst das Christentum die keltische Seele geformt.

§ 7. Einige Worte über die orientalische Tradition

In mehreren Wiederholungen haben die initiierten Erleuchter des Orients bald durch ihre Sendboten, bald durch ihre Schriften die ersten, einst von Ram hergestellten Bande neu geknüpft. In Assyrien, Ägypten, Chaldäa, dann zur Zeit des Christentums in Alexandria traten die abgesandten Missionen dieser Orientzentren mit den Weißen in Berührung. Seit der Eroberung Indiens durch die Christen wurde dieser Kontakt noch enger, und wir sahen zu Anfang dieses Kapitels, wie die Besiegten ihren Überwindern die Orientzyklen hatten auferlegen wollen und wie es sich bei genauem Studium dieser Zyklen für mich zu zeigen geziemte, daß sie nur auf die Ost-Hemisphäre der Erde anwendbar sind und unsere Rasse persönliche Entwicklungszyklen besitzt, die in Zeit und Raum von den indischen Zyklen durchaus verschieden sind. Man brauchte einen ganzen Band, um ordentlich über den Orient und die Offenbarungen zu sprechen, die sich dort seit Ram manifestiert haben. Ich habe weiter oben die historische Seite dieser Frage zusammengefaßt. Für die philosophische Seite muß ich meine Leser auf die Arbeiten *Colebrookes* und besonders auf das exzellente Werk von M.G. de Lafont[25] verweisen, die beste Schrift seit langem über diese Frage. Man wird dort eine sehr gelehrte Geschichte der Reliquien Indiens finden, die man nur mit der Meinung Fabre d'Olivets zu korrigieren braucht, um die lauterste Wahrheit zu erhalten.

Sagen wir es hier gerade heraus, daß die meisten Geschichten über Buddhas Flucht aus seiner Familie und seinem Palast mit den sieben Ringmauern Allegorien sind, die bedeuten, daß der Gründer des Buddhismus seine Initiationsfamilie: die Hochfakultät des Brahmanentums verlassen hat, bevor er noch den vollen Zyklus der Initiation vollendet hatte. Deshalb wurzelt die Buddhalehre in den moralischen Fähigkeiten des Menschen und nicht geradeswegs in der Verbindung des Menschen mit dem Göttlichen. Es gibt in Indien nur eine einzige traditionell reine Einweihung: die brahmanische, deren Lehrzentren, obwohl vor den Augen der Profanen, Weißen wie Gelben, verborgen, noch heute existieren. Die restlose Initiation kann nur in diesen Zentren verliehen werden, und nicht einmal alle Brahmanen sind dort zugelassen. Die initiierten Brahmanen allein besitzen den Umkehrungsschlüssel vom Sanskrit zum Hebräischen und vom Hebräischen zum Chinesischen, d. h. die ersten Schlüssel der Bildersprache, und diese Schlüssel sind hieroglyphisch und hermetisch. Jeder, der behauptet, er sei in irgend einem Zentrum Indiens eingeweiht worden, und der diese Schlüssel nicht besitzt, ist entweder ein simpler Possenreißer oder Opfer einer Mystifikation oder Zögling eines Buddhaordens, wo man keine anderen Entwicklungsebenen kennt als die Mentalebene – mit der „Pille" als geheimem Bilokationsinstrument. Ich garantiere für die Wahrheit dessen, was ich vorbringe, und habe nicht die geringste Furcht davor, von denen widerlegt zu werden, *die sich in der Lichtwelt auskennen*. Was die andern anbelangt, so wird die Antwort für mich die Zeit auf sich nehmen.

Hier jedoch die großen Linien der Offenbarung in bezug auf die Prinzipien des Universums, wie sie in den Gebieten des Orients zuhause ist.

1. Periode:

Iswara, das Absolute nach den Atlantikern { Iswara
Israël
oder
Osiris
der Ägypter.

2. Periode:

Das Irschu-Schisma beruht auf der Unterscheidung der beiden göttlichen Fähigkeiten, der die Vorherrschaft des weiblichen Prinzips folgte.

Iswara
als Quelle der zeugenden und
lebensspendenden Macht
betrachtet (Bidja). } und { Prakriti
als Quelle der empfangen-
den und formenden Macht
betrachtet (Sakti).

Die ionischen Initiationen nehmen überall diese Zweiteilung an, die wir dann bei Sanchoniaton unter den Namen

Hypsistos und Berouth
Der sehr Hohe Die Schaffung der Natur

und bei den Griechen unter den Namen[26] finden:

Saturn und Rhea

3. Periode:
Die Eingeweihten suchen die Zweiheit auf die Dreiheit und von da durch die Vierheit auf die Einheit zurückzuführen (4 = 10 = 1), was folgende Lehren entstehen läßt:

a) *Zarathustra*, der erste Zoroaster, bildet im Iran das System aus.[27]

b) Fo-Hi, der Zivilisator von China, stellt seine Lehre also auf:

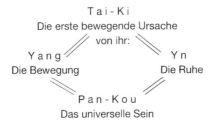

Nach *Fo-Hi* sind die beiden Mittelprinzipien *Yn* – Ruhe und *Yang* – Bewegung, beide von einem einzigen Oberprinzip namens *Tai-Ki* – erste bewegende Ursache ausgegangen. Aus der gegenseitigen Einwirkung der beiden Prinzipien *Yn* und *Yang* entsteht als drittes das Bindeprinzip *Pan-Kou* – universelles Sein. Es gibt sodann drei Gewalten mit den Namen *Tien-Hoang*, *Ti-Hoang*, und *Gin-Hoang*, was so viel wie das himmlische, das irdische und das menschliche Reich bedeutet, oder anders gefaßt: Vorsehung, Schicksal und menschlicher Wille, dieselben Begriffe, die ich am Anfang dieses Werkes aufgestellt habe. Der Ahnenkult wurde in der Religion des Fo-Hi noch ausdrücklicher angenommen als in der Zoroasters[28]. Hier einige anschauliche Auszüge aus den heiligen Büchern Chinas in Anlehnung an d'Olivet: „Das

Y besitzt den großen Begriff, es bringt das Paar I hervor. Vom Paar stammen die vier Bilder und davon die sieben Symbole" (Buch Hi-Tse). „Der große Begriff ist die große Einheit und das große Y; das Y hat weder Körper noch Bild, und alles, was Körper und Bild hat, ist von dem gemacht worden, was weder Körper noch Bild hat" (Lo-Pi's Kommentar zum Satze Hi-Tse's). „Der große Begriff oder die große Einheit umfaßt drei. Eins ist drei und drei sind eins" (Die Überlieferung). „Das Wesen, das weder Bild noch Ton hat, ist die Quelle, aus der alle materiellen Wesen und alle wahrnehmbaren Töne hervorgegangen sind" (Hoai-Nan-Tse). „Das Zeichen Y bezeichnet hier keineswegs ein Buch namens Y; sondern man muß wissen, daß schon seit jeher im Anfang, als es noch keinen großen Begriff gab, eine wirkende, unerschöpfliche Vernunft existierte, die kein Bild darstellen, kein Name nennen kann, die in allen Arten unendlich ist und der man nichts hinzufügen kann." (Vang-Chin)

*

Um die Allverbreitung dieser Lehre zu zeigen, wollen wir nach Fabre d'Olivet nur auf folgende Vierheiten hinweisen:

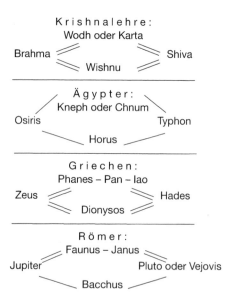

Man soll nicht glauben, daß die von Moses in der Genesis genannten Kräfte nicht von denselben Prinzipien abstammen. Die folgende, der „Geschichte der alten Völker" von Fourmont (Paris, 1828) entnommene Tabelle ist in dieser Hinsicht recht klar:

Hebräer Moses		Chaldäer Buires	Phönizier Sanchoniaton
1. Adam		1. Alorus	1. Protogonos – Aîon
2. Kain-Abel	2. Seth	2. Alasparus	2. Genos – Genea
3. Henoch	3. Henos	3. Amelon	3. Fôs – Pûr – Phlose
4. Omis	4. Kaimans	4. Amenon	4. Kassios – Libanos
5. Omis	5. Malaleil	5. Megaloros Megaleres Megalanos	5. Memroumos – Ousôos
6. Irad	6. Jared	6. Daorus	6. Agios – Alieus
7. Maviaêl	7. Henoch	7. Aldorachus	7. Krusor und Ephaisos
8. Mathusael	8. Mathusala	8. Amphis	8. Akos – Akteros
9. Jabel, Jubal Tubel-kaîn	9. Lamech	9. Otkarte	9. Amuntis – Magis
	10. Noah	10. Xixouthros od. Sisuthius	10. Misor und Suduka

Zusammenfassung
des Kapitels VIII

Wenn man sich nur einen Augenblick von den geschichtlichen Einzelheiten freimacht, eine Gesamtübersicht der weißen Tradition vornimmt und so sich bemüht, die langsame Entstehung dieser Tradition nachzubilden, so entbehrt unleugbar das Schauspiel, das sich dabei abrollt, nicht der Größe. Durch eigene Schuld außerstande, die animische und intellektuelle Offenbarung in ihrem eigenen Verbreitungsgebiet zu erhalten, sind die Weißen um den Preis eines doppelten Exodus gezwungen, im Orient, tief in Asien, durch Anleihen bei den vorhergehenden Rassen die Elemente dieser Tradition zu bilden. Die großen Gottesboten arbeiten mühsam an der Geistesart der Rasse, Orpheus verbreitet den ionischen Strom, während Moses unter eiserner Zucht den Rest der ersten, ehemals nach Arabien gekommenen und seither örtlich vermischten Weißen bändigt, um daraus das hebräische Volk zu bilden, den Hüter der kabbalistischen Tradition. Pythagoras führt im Abendlande seine Initiationsbrüderschaften ein, und die Gärungsarbeit beginnt, unterstützt vom Zuschuß aller Lehren, die sich in Alexandria treffen. Die Sendboten häufen sich, und einer der größten unter den Schülern Zoroasters, Frighe, mit dem Beinamen Odin, sät die ersten Körner des Geistes in jenen Teil der Weißen, die in ihrem Ursprungsgebiet verblieben waren. Dann ist die Rasse reif für die erste große und persönliche Offenbarung, und der Christus erscheint, er sendet die Apostel des Gotteswortes dorthin, wohin Pythagoras einstmals die Sendboten der Wissenschaft ausgeschickt hatte, und ermöglicht es dank dem verwüstenden Strom der wilden Schüler Odins der Seele der Rasse, sich langsam mit dem Licht des Herzens vollzusaugen. Sobald diese Entwicklung weit genug vorgeschritten ist und nun seinerseits das Hirn nach Nahrung verlangt, flutet aus dem Orient die Welle der Araber, der freiwilligen Exilierten von einst, und bringt mit der Eroberung Einweihung, Künste und Industrie. Von nun an geht der Strom gebahnte Wege, der Funke wird zur Flamme, und die Kette der Astrologen und Alchymisten knüpft neuerlich die geheimen Bande, welche die Welt der Antike durch die Gnostiker, Neuplatoniker und Nachfolger des Pythagoras mit ihren Nachfahren eint. Die Templer ihrerseits bringen vom Orient die Künste und die hermetischen Formeln, die Troubadoure sind die lebendigen Glieder dieser Kette von Initiierten, und selbst nach dem Verschwinden des Tempels haben sich die Einweihungszentren im Abendland nie mehr geschlossen. Von der mystischen Taufe soll die weiße Rasse durch die Vereinigung mit den materiellen Kräften die Prüfungen der Kriege, der Heere, der materialistischen Wissenschaft und Praxis und des Skeptizismus durchmachen, um sich aus der Tiefe der Materie wieder zu erheben und von Gott die Hochzeit der Jungfrau und des Lamms zu verlangen, die Offenbarung der dritten Person, die nach neuen, schrecklichen Prüfungen für die Rasse das Reich des Heiligen Geistes anzeigen wird. Dann wird die Tradition der weißen Rasse die schönste aller derer sein, die auf Erden in Erscheinung getreten sind. Aber sie skizziert sich gerade erst, und wieviel Geduld haben wir doch schon haben müssen, um nur ihr Werden von ihrem ersten Auftreten bis in unsere Tage zu verfolgen! Wir sind jetzt imstande, uns eingehender mit dem menschlichen Leben und seinen Möglichkeiten zu beschäftigen.

IX. Kapitel

Die Konstitution des Menschen

Im Verlauf der ersten Kapitel dieses Werkes findet man eine ziemlich klare Zusammenfassung der Konstitution des Menschen aus drei Prinzipien. Das ist die grundlegende, wahre Lehre. Um jedoch den Leser zum Verständnis zu befähigen, bis zu welchen Feinheiten der Analyse gewisse Autoren gekommen sind, wollen wir diese drei Prinzipien und ihre Entwicklung eingehender studieren. Der Mensch ist im wesentlichen gebildet:
1. Aus einem materiellen, der physischen Welt entstammenden Prinzip, dem *Körper oder Kadaver;*
2. aus einem lebendigen, der universellen Natur entstammenden Prinzip, dem *Astralkörper;*
3. aus einem geistigen, der göttlichen Welt entstammenden Prinzip, dem unsterblichen Geist, in der Philosophie gemeinhin Seele genannt.

Der Mensch besitzt also in sich Manifestationen der drei Welten oder Ebenen, der physischen, astralen und göttlichen, und trägt folglich in sich auch *alle Gesetze*, die in diesen drei Welten wirken; und so hat man ihn mit Recht Mikrokosmos oder die kleine Welt genannt, weil er das ganz genaue Spiegelbild des Makrokosmos oder der großen Welt ist. Man kann mithin durch das *Studium lediglich des Menschen* zur Kenntnis aller physikalischen, astralen und göttlichen Gesetze gelangen. Daher das γνῶθι σεαυτόν der Griechen und der Grundsatz Claude de Saint-Martins, die Natur durch den Menschen und nicht umgekehrt den Menschen durch die Natur zu studieren. Die Inkarnation jeder menschlichen Seele wiederholt im *kleinen* die Geschichte vom Sündenfall Groß-Adams mit ihren beiden Phasen:
1. Sturz der Gotteswelt zur physischen Welt;
2. neuer, abermals möglicher Sturz, wenn die inkarnierte Seele der Anziehung der Tiefe nicht widersteht.

Diesen Schlüssel muß man unbedingt verstehen, denn die naturalistischen Initiationen des Orients haben trotz Häufung der Analysen über die Konstitution des Menschen die Leitlinie seiner analogischen Beziehungen zu den anderen Ebenen derart verloren, daß sie in der astralen und göttlichen Welt nur *Ähnlichkeiten* der Gesetze des menschlichen Lebens sehen, ohne daran zu denken, daß der Mensch ein *analoges* Ebenbild der universellen Gesetze, wenn auch unter physischem Bilde ist. Sehen wir nun, wie man die drei, den Menschen konstituierenden Prinzipien analysiert hat. Diese Prinzipien wirken aufeinander wie elektrische Ströme mit entgegengesetzten Vorzeichen, deren Begegnung einen Funken hervorruft. Dieser Funke dauert gerade nur so lange wie der Kontakt der drei Prinzipien, d. h. im allgemeinen eine Erdenexistenz. Man kann also dieser vorübergehenden Schöpfung nicht *den Namen Prinzip* gewähren, und die Christen mit St. Paulus haben Recht, wenn sie sagen, der Mensch sei im *wesentlichen* aus drei Prinzipien: *Spiritus, Anima* und *Corpus* zusammengesetzt, das übrige seien *vergängliche*, von der Wechselwirkung dieser Prinzipien hervorgerufene *Schöpfungen*. Wie in jedem der drei Abschnitte (Kopf, Brust, Bauch) des physischen Körpers die anderen Abschnitte vertreten sind, repräsentieren sich gleicherweise, wofern die Inkarnation vollzogen ist, in jedem einzelnen Prinzip die beiden anderen. So stellt sich im Bauch die Brust durch die Gefälle und der Kopf durch die Nervengeflechte dar, die als Involutionswege des Blutes und der Nervenkraft in das Abdomen hinabsteigen, um dort die Evolution der verdauten Substanzen zu ermöglichen. Im physischen Körper haben Astralkörper und Geist „Bilder" ihrer selbst, und ebenso verhält es sich mit jedem der drei Prinzipien. Man braucht nur auf mein Kapitel über die Kabbala und die Schöpfung der Sephiroth zurückzugreifen, um das Aktionsgesetz zu besitzen, das wir hier rasch wiederholen wollen.

Analyse

		Der Geist selbst
	Der Geist	Reflex des Astralkörpers im Geist
		Reflex des physischen Körpers im Geist
		Reflex des Geistes im Astralkörper
Prinzip	Der Astralkörper	Der Astralkörper selbst
		Reflex des physisch. Körp. im Astralkörper
		Reflex des Geistes im Physischen
	Der Körper	Reflex des Astralkörpers im Physischen
		Der physische Körper selbst

So bieten uns die drei Prinzipien, in ihrer analytischen Zerlegung betrachtet, *neun Manifestationen,* und daher kommt die gewöhnlich von der Kabbala angestellte Analyse. Doch bedeutet diese Analyse nur die statische Zerlegung des menschlichen Wesens. Studiert man den Menschen in Bewegung, zeigen sich uns die verschiedenen Manifestationen auf der dynamischen oder physiologischen Ebene, so stellt man fest, daß bestimmte von ihnen miteinander verschmelzen und der Mensch uns dann durch diese Verschmelzung verschiedener Spiegelungen von *sieben* statt von neun *Manifestationen* gebildet erscheint. Zum Beweis für die Wahrheit des Vorhergebrachten wollen wir hier zu einem der gewöhnlichsten Beispiele greifen, dank dessen sich alles erklären und sehr vereinfachen wird. Eine Kutsche setzt sich aus drei Bildungsprinzipien zusammen: Wagen, Pferd, Kutscher. Der Wagen, passiv und bewegt, ist Bild des physischen Körpers. Das Pferd, passiv, aber bewegend, Bild des Astralkörpers. Der Kutscher, aktiv und lenkend, Bild des Geistes. Der Kutscher setzt sich jedoch seinerseits wieder aus drei Teilen zusammen: Kopf, Arme, Körper. Ebenso das Pferd aus drei Teilen: Kopf, Körper, Beine. Desgleichen der Wagen aus drei Teilen: Sitz, Wagenkörper, Räder. Also neun Prinzipien, die vorhanden sind, wenn der Wagen im Schuppen, das Pferd im Stall und der Kutscher in seinem Zimmer ist. Verbinden wir jedoch die drei ersten Elemente und sehen wir, was daraus wird. Die *Arme des Kutschers* werden mit dem *Kopf des Pferdes* zusammentreten, um die Zügelführung, das Lenksystem der Kutsche, zu bilden. Anderseits vereinigt sich der Pferde- mit dem Wagenkörper mittels der Deichsel, um das Bewegungssystem der Equipage zu bilden. Es reduzieren sich so die neun Elemente auf folgende sieben:

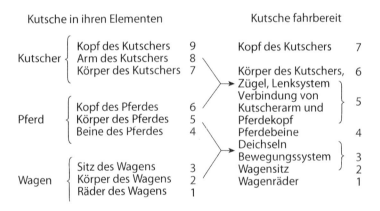

So nebenbei eine ergötzliche Anmerkung: Je nachdem, wie man die Sache betrachten will, können Zügel und Deichsel, Nr. 5 und Nr. 3, in der Aufzählung bald zwischen 1 und 3, bald zwischen 2 und 4 bezüglich der Deichseln, und bald zwischen 5 und 7, bald zwischen 6 und 8 bezüglich der Zügel Platz finden. Und so ist es belustigend, zu bemerken, welche Mühe die Autoren, die den Menschen als ein Zusammentreten von *sieben Prinzipien* lehren, ohne Spiegelbilder und wirkliche Prinzipien auseinander zu halten, es ist belustigend, sage ich, zu sehen, welche Mühe diese Autoren haben, ihr drittes und fünftes Prinzip unterzubringen. Der Platz wechselt mit den Autoren, aber meine Leser kennen jetzt den Schlüssel dieser Torheiten. Greifen wir auf unsere Analyse des Menschen zurück und wenden wir genau das Beispiel von der Kutsche an. Wir wollen also ganz einfach die neun Elemente auf sieben reduzieren.

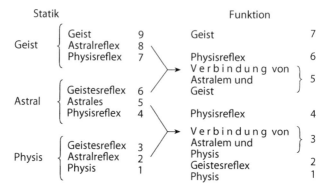

Entsprechend dem kurz zuvor Gesagten kann man die Verschmelzung auch in folgender Einreihung der vereinigten Prinzipien betrachten:

   7) Geist
  * 6) Verbindung Astrales-Geist: *Höheres Astrales*
   5) Physisreflex im Geistigen
   4) Physisreflex im Astralen
   3) Geistesreflex
  * 2) Verbindung Astrales-Physis: *Niederes Astrales*
   1) Physis

Die beiden transitorischen Elemente, die als Bindeglieder der drei Prinzipien dienen, bilden die Funken*, von denen ich weiter oben gesprochen habe, und verlieren bei Stromunterbrechung ihre Existenz, d. h. der niedere Funke „Verbindung Astrales-Physis" beim ersten oder irdischen Tod und der höhere Funke „Verbindung Astrales-Geist" beim zweiten oder astralen Tod, der Flucht über den Strom der Geschlechter hinaus, dem Eintritt in den Himmel, wie man ihn wohl initiationsgemäß nennen möchte[1].

Es ist besonders festzuhalten, daß ein Verständnis für die wirkliche Konstitution des Menschen ganz unmöglich wird, wenn man nicht von der Tatsache ausgeht, daß der Mensch eine aus einer Dreiheit gebildete Vierheit ist, indem der zweite Begriff der Dreiheit verdoppelt wird, genau wie beim großen Tetragramm יהוה IHVH) dessen zweiter Begriff, das He, doppelt ist. Die Verdoppelung des zweiten Begriffs bringt die Erklärung für die Ergänzung der Geschlechter, Neigungen und Seelen sowie für die Art, wie sich die Prinzipien untereinander verbinden.[2] Beim Analysieren der drei großen Bildungsprinzipien des Menschen kann man 7, 9, ja bis zu 21 Konstitutionselemente bestimmen. Doch muß man sich sorgfältig hüten, die Siebenheit als einzigen Ausgangspunkt zu nehmen, denn dann zeigt man seine völlige Unkenntnis der Lehren der geheiligten Arithmetik, man verdunkelt absichtlich die klarsten Fragen und wird unfähig, eine ernste, methodische Analogieleiter aufzustellen, was doch zu den Anfangsgründen jedes nur einigermaßen geschulten Studiums des Okkultismus gehört.

Konstitution des Menschen in der *Drei-Einheit*
Unwandelbare Lehre der Tradition über dieses Thema

Alle höheren Initiationen sind über das Thema der Konstitution des Menschen aus drei Prinzipien mit Verdoppelung des zweiten Prinzips eines Sinnes. Folgende Zitierungen werden den Leser über diesen Punkt endgültig aufklären:

Konstitution des Menschen nach den alten *Ägyptern:*
(XVIII. Dynastie, 1500 v. Chr.)

1. Der Körper oder Khat
2. { Der Doppelgänger oder Ka (Astralophysis, niederes Astrales)
   { Die Inellektsubstanz oder Khou (Astralospirit, höheres Astrales)
3. Das Lichtwesen oder Ba-Baî
   (Vgl. Marius Fontanes: *Les Egyptes*)

Konstitution des Menschen nach *Zoroaster:*

1. Der physische Körper
2. { Das Djan   { bewahrt die Form des Körpers u. unterhält in al-
                { len seinen Teilen Ordnung u. Harmonie
   { Die Seele   { oder menschliche Persönlichkeit umfaßt Intellekt
   { (Ferrouer) { (Boc, Urteilskraft und Phantasie (Rouan) und die
                { eigentliche Substanz der Seele (Ferrouer)
3. Das Akko   { Göttliches Prinzip, das uns über d. Gute aufklärt,
               { das zu tun, über d. Böse, das zu meiden ist, und uns
               { nach diesem Leben ein besseres Leben verheißt.

Konstitution des Menschen nach der *Kabbala:*

1. Der physische Körper
2. { Nephesch   Der plastische Vermittler
     Rouach   Die Seele
3. Neschamah   Der reine Geist

Konstitution des Menschen nach *Ovid:*

1. Das Fleisch   wird zu Staub
2. { Der Schatten   geistert um das Grab
    Die Manen   sind in der Unterwelt (Infera)
3. Der Geist   schwingt sich zum Himmel

Konstitution des Menschen nach *Paracelsus:*

1. Elementarkörper
2. { Astralmensch   { Archea oder Mumie
    Evestrum   Animalischer Geist
3. Spirituelle Seele

Analyse der drei Prinzipien

Wir wollen uns die Analyse der drei Prinzipien des Menschen in Erinnerung rufen, mit den analogischen Beziehungen zu Natur und Gottheit, wie wir sie in dem *Wissen der Magier* entwickelt haben und die wieder vor die Augen der Leser zu rücken nützlich sein wird.

Der Mikrokosmos oder der Mensch

Nichts erscheint beim ersten Anblick verwickelter als der Mensch. Wie alle Einzelheiten der anatomischen und physiologischen Konstitution dieses Wesens analysieren – von der psychologischen Konstitution ganz zu schweigen?! Die Esoterik sucht vor allem nach der Synthese und überläßt das Studium der Einzelheiten den kräftigen Bemühungen der analytischen Wissenschaften. Sehen wir nach, ob es überhaupt möglich ist, synthetisch die Prinzipien zu bestimmen, die den Menschen konstituieren. Gemeinhin zeigen sich uns alle Organe, die dieses menschliche Wesen bilden, in voller Tätigkeitsperiode. All das funktioniert, bewegt sich, offenbart sich uns unter tausend Aspekten, und nur mit der größten Schwierigkeit kann man durch die Vielfältigkeit der Wirkungen hindurch die an Zahl geringen Ursachen feststellen. Allein der Abend kommt, die Glieder ermatten, die Augen schließen sich, die Außenwelt wirkt nicht mehr auf den Menschen und er nicht mehr auf die Außenwelt; er schläft. Benützen wir seinen Schlaf, um unser Studium zu beginnen. Der Mensch schläft, und doch schlagen seine Pulse, sein Herz funktioniert, das Blut kreist. Seine Verdauungsorgane setzen ihre Arbeit fort, seine Lungen atmen die lebenspendende Luft ein und aus. Aber das, was wir Mensch nennen, ist während des Schlafes weder einer Bewegung, noch einer Wahrnehmung, noch eines Gedankens fähig; es kann weder lieben, noch hassen, weder glücklich sein, noch leiden; seine Glieder ruhen untätig, sein Gesicht ist unbeweglich, und doch funktioniert sein Organismus, wie wenn gegenüber dem Wachzustande nichts Neues eingetreten wäre[3]. Wir sind also zwangsläufig dazu geführt, im Menschen zu betrachten:

1. Einen maschinellen Teil, der seine Tätigkeit im Schlaf wie im Wachen fortsetzt; das ist der Organismus im engeren Sinne.

2. Einen anderen, intellektuellen Teil, der nur im Wachzustande in Erscheinung tritt; es ist das, was wir Bewußtsein, Geist, nennen. Der Bereich des Organismus erscheint also ebenso entschieden und umgrenzt wie der des Geistes. Was aber geht in diesem Organismus vor? Alles, was vom Geist abhängt, Glieder, Gesicht und Gesichtsorgane, ja bis zu gewissem Grade die allgemeine Empfindungsfähigkeit selbst, all das ruht, wie wir gesehen haben. All das aber umgibt das menschliche Wesen, all das ist peripher. Im Inneren des Stammes, in den drei Segmenten, die ihn aufbauen, Bauch, Brust, Kopf, laufen die schöpferischen Phänomene der menschlichen Maschine automatisch ab. Wie jede Art Maschine besitzt der menschliche Organismus bewegte Organe, eine bewegende Kraft und ein Unterhalts- und Erneuerungszentrum dieser bewegenden Kraft. Wenn wir also, um ein sehr materielles Beispiel zu nehmen, eine Lokomotive betrachten, so finden wir dampfbewegte Stahlorgane, und die Erneuerung des Dampfes wird durch beständige Wärmefreimachung unterhalten. Ebenso finden wir im menschlichen Organismus Organe besonderer Bildung (Organe mit glatter Muskelfaser), Arterien, Venen, Verdauungsorgane etc., die von der auf dem Netzwerk des Vago-Sympathicus herangebrachten Nervenkraft in Bewegung gesetzt werden. Diese Kraft wie auch das Sonderleben jeder einzelnen von den die Organe aufbauenden Zellen wird vom arteriellen Blutstrom unterhalten. Organe als Tätigkeitszentren der verschiedenen Kräfte, Nerventriebkraft und belebende Kraft des Blutes sind also die wesentlichen Prinzipien, aus denen die menschliche Maschine in Tätigkeit gebildet ist. Der Mensch erwacht jedoch. Irgend etwas weiteres

kommt zu den vorhergehenden Kräften hinzu. Das Gesicht belebt, die Augen öffnen sich, das Wesen, das hingegossen dalag, strafft sich und spricht. Ein neues Leben beginnt, während das organische Leben mechanisch in seiner Arbeit fortfährt. Das Prinzip, das jetzt zum Vorschein kommt, unterscheidet sich wesentlich von den vorhergehenden Prinzipien. Es hat im Körper seine besonderen Arbeitsorgane (Organe mit quergestreifter Muskelfaser), es hat ein spezielles Nervensystem, es bedient sich des Körpers, wie sich der Arbeiter des Werkzeugs, der Maschinist der Lokomotive bedient. Es regiert all jene Zentren und peripheren Organe, die noch vor kurzem ruhten. Dieses Prinzip nennen wir den bewußten Geist. Fassen wir die vorhergehende Darstellung zusammen, so finden wir im Menschen drei Prinzipien:

Die Unterlage des Ganzen, den physischen *Körper*.

Das Belebende und Bewegende des Ganzen, die beiden Pole eines und desselben Prinzips, die *Seele*.

Das Regierende endlich des Gesamtwesens, den *Geist*.

Der physische Körper, der doppelt polarisierte plastische Vermittler oder Seele und der bewußte Geist sind die drei Generalprinzipien, die das menschliche Wesen konstituieren. Beachtet man, daß der plastische Vermittler ein Doppelding ist, so kann man sagen, der Mensch sei aus drei organischen Prinzipien zusammengesetzt, einem *tragenden*, einem *belebenden*, einem *bewegenden*, d. i. Körper, Astralkörper und psychischem Wesen, die durch ein bewußtes Prinzip, das *lenkende*, den Geist, zur Synthese gebracht und zur Aktionseinheit geführt werden. Da haben wir ein Beispiel dafür, was man im Okkultismus die Dreifaltigkeit in der Einheit oder die Drei-Einheit nennt.

Die drei Prinzipien

Das menschliche Wesen ist also aus drei Prinzipien zusammengesetzt: dem physischen Körper, dem plastischen Vermittler oder Seele und dem bewußten Geist. Der letzte Begriff bringt die vorhergehenden Begriffe zur Synthese und bildet die organische Dreifaltigkeit zur Einheit um.[4] Ich will nochmals daran erinnern, daß die Okkultisten aller Zeitalter und aller Schulen über diese Grundteilung in drei Prinzipien eines Sinnes sind. Jedoch hat die Analyse dieser Prinzipien, das Studium ihrer physischen, leidenschaftlichen oder intellektuellen Tätigkeit, ihrer anatomischen oder psychologischen Lokalisierung verschiedene Schulen zu – übrigens rein analytischen – *Unterteilungen* geführt. Die unwandelbare Basis der esoterischen Lehre ist aber

immer die Doktrin von den drei Prinzipien.[5] Der physische Körper *trägt* alle
Konstitutionselemente des leiblichen Menschen; der Astralkörper *belebt* alle
Elemente des leiblichen Menschen, er hat sein Aktionszentrum in der Brust
und bildet das Prinzip der Kohäsion der Teile; das psychische Wesen setzt
alle Konstitutionselemente des leiblichen Menschen *in Bewegung;* ausgenommen sind nur jene, die unter die Abhängigkeit vom Geiste gestellt sind. Es
hat sein Aktionszentrum im hinteren = unteren Teil des Kopfes[6]. Der Geist,
der die vorhergehenden drei Prinzipien in sich zur Synthese bringt, *lenkt,*
vom Verstand erhellt und vom Willen bedient, den gesamten Organismus.
Der Geist hat seinen Haftpunkt in der Hirnmaterie, ist jedoch bis auf seltene
Ausnahmen im Menschen nicht vollkommen inkarniert.[7]

Der physische Körper

Der physische Körper ist der *Träger* aller Bildungselemente des menschlichen
Wesens während der Erdenzeit. Er liefert seiner eigenen Konstitution das Skelett, die Muskeln und Verdauungsorgane samt allem Zubehör. Er liefert dem
Astralkörper die Blutstoffe und die Zirkulationsorgane samt allem Zubehör.
Er liefert dem psychischen Wesen alle materiellen Prinzipien des ganglionären Nervensystems. Er liefert endlich dem Geist alle materiellen Prinzipien
des willkürlichen Nervensystems. Die materiellen Elemente des Menschen
erneuern sich unter dem Einfluß der Nährstoffe, die der Verdauungsapparat
in Chylus umwandelt. Das Erneuerungs- und Aktionszentrum des physischen
Körpers ist also im Bauch untergebracht. Der physische Körper verbreitet
sich im Organismus durch das System der Lymphgefäße, in deren Verlauf
Knoten als materielle Reservezentren eingeschaltet sind. Er wird bei seinem
organischen Ablauf vom *Instinkt* geleitet und manifestiert sich im bewußten
Geist durch die Bedürfnisse.

Der Astralkörper

Der Astralkörper belebt alle Konstitutionselemente des menschlichen Wesens.
Er ist das genaue Ebenbild des physischen Körpers und bildet eine organische
Realität, besitzt physische Organe, Aktionszentren und Lokalisierungen. Die
physischen Organe, die zum Astralkörper eine besondere Affinität besitzen,
sind die Atmungs- und die Kreislauforgane samt allem Zubehör. Das Aktionszentrum des Astralkörpers befindet sich also in der Brust. Seine organischen
Funktionen ziehen ihren Unterhalt aus der atmosphärischen Luft, die vom

Atmungsapparat in vitale Kraft umgewandelt und (als Oxyhämoglobin) an das Blutkörperchen gebunden wird[8]. Der Kreislaufapparat verbreitet diese vitale Kraft über alle Punkte des Organismus und liefert dem psychischen Wesen die notwendigen Prinzipien zur Ausarbeitung der Nervenkraft[9]. Der Astralkörper wird von der Empfindung gelenkt und manifestiert sich im bewußten Geist durch die Leidenschaft.

Das psychische Wesen

Das psychische Wesen bewegt alle Konstitutionselemente des menschlichen Organismus. Es ist genau genommen das Sublimierungs- und Verdichtungszentrum des Astralkörpers. Wie physischer und Astralkörper, hat es seine Verbreitungs- und Aktionsorgane. Die physischen Organe, die zum psychischen Wesen eine besondere Affinität besitzen, sind die das ganglionäre Nervensystem mit allem Zubehör bildenden Organe (Kleinhirn, *Vago-Sympathicus*, vasomotorische Nerven).[10]

Das Aktionszentrum des psychischen Wesens sitzt im Kopfe (im hinteren = unteren Teil). Seine organischen Funktionen werden unter dem Einfluß der vitalen Kraft unterhalten, die vom Blut herangebracht und von der Kleinhirntätigkeit in Nervenkraft umgesetzt wird.[11]

Der nervöse Apparat des organischen Lebens verbreitet die Bewegung über alle Punkte des Organismus und liefert dem bewußten Geist die notwendigen Elemente zur Ausarbeitung des Gedankens.[12] Das psychische Wesen offenbart sich, von der Intuition geleitet, im Geiste durch die Inspiration.[13]

Der bewußte Geist

Das, was das gesamte menschliche Wesen lenkt, was fühlt, denkt und will, was die organische Dreifaltigkeit zur Einheit des Bewußtseins zurückführt, ist der unsterbliche Geist.

Der Geist besitzt im menschlichen Wesen einen wohl abgegrenzten Bereich mit einem Aktionszentrum, Organen und besonderen Leitern.

Die physischen Organe, die zum Geist eine besondere Affinität besitzen, sind die das willkürliche Nervensystem bildenden Organe mit allem Zubehör.

Der Geist hat also den Kopf zum Aktionszentrum. Der physische Körper liefert ihm die Materie des willkürlichen Nervensystems, der Astralkörper die diese Materie belebende vitale, das psychische Wesen die zu seiner Aktion nötige nervöse Kraft. Weiters steuert jedes der bereits besprochenen drei

Prinzipien dem Geiste eines oder mehrere Sinnesorgane bei[14]. So stammen vom physischen Körper Gefühl und Geschmack, vom Astralkörper der Geruch, vom psychischen Wesen Gehör und Gesicht. Diese verschiedenen Sinne setzen den Geist mit der Außenwelt in Beziehung. Der Geist ist aber andererseits auch mit dem inneren Sein in Rapport, das sich ihm als Empfindungs-, Leidenschafts-oder Intellektsimpuls kundtut. Die Verbindung mit jedem der drei organischen Zentren des Menschen: Bauch, Brust, Kopf, wird durch das Rückenmark hergestellt. Das Wesentliche des bewußten Geistes beruht in seiner Freiheit, den Impulsen des menschlichen Inneren nachzugeben oder zu widerstehen. In dieser Urfähigkeit wurzelt in der Hauptsache der freie Wille. Da aber der Geist, wiewohl an sich unabhängig, wenn auch nicht unmittelbar, so doch mittelbar auf die drei organischen Zentren einwirkt, muß er sich in gewisser Beziehung nach ihnen richten. Darüber hinaus ist er absolut. Er kann zwar die Tätigkeit der Verdauungsorgane nicht direkt ändern, aber er hat volles Vermögen in der Auswahl der Nahrungsmittel, und der Mund als Eingangstor zum Abdomen steht mit dem Geschmack als Beihelfer aus der Sinnessphäre unter der ausschließlichen Abhängigkeit vom Geiste.

Er kann auch die Tätigkeit der Zirkulationsorgane nicht direkt ändern, aber er hat volles Vermögen in der Auswahl der Atemgebung, und die Nase als Eingangstor zur Brust steht mit dem Geruch als Beihelfer aus der Sinnessphäre unter der ausschließlichen Abhängigkeit vom Geiste.

Daraus folgt, daß der Geist die Konstitution des physischen Körpers willkürlich wandeln kann, indem er nach Belieben die Nahrungsmittel (erste Phase der praktischen Magie) ändert, und daraus folgt weiter, daß der Geist auch auf den Astralkörper einwirken kann, indem er den Atmungsrhythmus in Zucht nimmt und durch besondere Düfte die eingeatmete atmosphärische Luft ändert (zweite Phase der praktischen Magie). Schließlich erlaubt die Aktion des Geistes auf Auge und Ohr die Entwicklung von bewußtem Hellsehen und -hören (dritte Phase der praktischen Magie). Durch die Nahrungsmittel, die eingeatmete Luft und die Eindrücke wirkt der Geist auf das innere Sein, durch die Glieder auf die Natur.

Kehlkopf, Auge und Mund, jetzt als Ausdrucksorgan betrachtet, dienen ihm neben den Gliedern als weitere Werkzeuge zur bewußten Einflußnahme auf die anderen Menschen und die Außenwelt, auf das Nicht-Ich.

Zusammengefaßt reduzieren sich die Funktionen des Geistes auf folgende Angaben:

Philosophische Anatomie und Physiologie		Dank der von den drei Prinzipien des inneren Seins gelieferten materiellen, vitalen und psychischen Elemente besitzt der Geist besondere Wirkungsmittel
Fühlen	Er erhält	Vom inneren Sein Empfindungs-, Belebungs- und Intellektimpulse; Vom Nicht-Ich mannigfache Eindrücke
Denken		Er nimmt Vorstellungen auf, die von diesen verschiedenen psychischen Zuständen stammen, vergleicht sie, teilt sie ein, zieht daraus sein Urteil und formuliert schließlich seinen Willen
Wollen	Er wirkt in der Folge	Auf das innere Sein durch die unter seiner Botmäßigkeit stehenden Eingangspforten der drei Zentren und durch die in jedes Zentrum eingeführten Elemente; Auf die Peripherie seines Wesens, jeweils durch die Glieder; Auf das Nicht-Ich durch die unter seiner Gewalt stehenden Glieder und durch gewisse andere Ausdrucksorgane, wie Stimme, Blick, Geste, etc.

Fühlen und Wollen sind mit den körperlichen Organen in direkter Beziehung, das Denken dagegen ist den Organen übergeordnet.

Aus der Einwirkung des Abdomens auf das Nicht-Ich resultiert der Chylus, aus der Einwirkung der Brust auf das Nicht-Ich der Dynamismus des Blutes, aus der Einwirkung des Kopfes auf das Organ (Empfindung, Eindruck) die Idee. Was ergibt sich also aus der Aktion des bewußten Geistes sowohl auf das innere Sein als auch auf die Außenwelt?

Vom Schicksal

Der Mensch als Ganzes schafft durch die freie Verwendung, die sein Wille über die ihm anvertrauten Elemente ausübt, günstige oder ungünstige Vorbedingungen für seine künftige Entwicklung. Der freie Wille ist es, der aus sich heraus das Schicksal der menschlichen Monade lenkt.[15]

Der Makrokosmos oder die Natur

Der Mensch hat stolze Niederlassungen gebaut, um seine Städte dehnen sich wohlbebaute Felder, weiden buntfleckige Herden in beschaulicher Ruhe, eine menschliche Gemeinschaft mit ihren sozialen Organen und nationalen Fähigkeiten hat sich im Wunderland Ägypten festgesetzt. Allein die Magnetachse der Zivilisation ist um einen Grad weitergewandert, Krieg und Feuersbrunst haben ihre Verheerungen in die Städte getragen, an Stelle der stolzen Niederlassungen trauern Ruinen, auf den einst so gepflegten Feldern wuchern wilde Pflanzen, Bestien und Giftschlangen sind die Nachfolger der fetten Herden, nichts mehr erzählt in diesen Ödländern von menschlicher Gemeinschaft. Welche rätselhafte Macht hat so restlos die Werke des Menschen zerstört, wer ist der verborgene Gegner, der Schritt für Schritt von seinem Gut Besitz ergreift, seitdem der Mensch den Kampf aufgegeben hat? Es ist die Natur. Die Natur, das ist die Schicksalskraft, die alles regiert, was der Mensch um sich herum im Universum wahrnimmt, von der Sonne bis zum Grashalm. Nur um den Preis fortwährenden Krieges, nur durch unablässige Entfaltung all seiner Willensanstrengungen vermag er es, die Natur zu beherrschen und zu einer köstlichen Hilfe auf seinem Weg in die Zukunft zu machen. Der menschliche Wille ist ebenso mächtig wie die Schicksalshaftigkeit der Natur. Es sind die beiden höchsten kosmischen Kräfte, die sich im Absoluten offenbart haben. Betrachten wir irgend eine Stelle unseres Planeten, an der die Natur, von menschlichem Handeln unbeeinträchtigt, ihre Macht kundtut, und untersuchen wir, ob wir nicht dabei Prinzipien und allgemeine Gesetze wiederfinden, die unter der augenblendenden Vielfältigkeit verborgen liegen. Nehmen wir eine Stelle im tropischen Urwald. Das Erdreich und seine geologischen Schichten, durchzogen von Metalladern, bilden die Basis, die Unterlage von fast allem, was wir wahrnehmen können. Ein Bach zieht schweigend seinen Weg inmitten der Bäume und Pflanzen, die allenthalben aufragen. Ohne das befruchtende Wasser, das im Planeten wirkt wie der Chylus im Menschen, triebe nichts auf der ausgedörrten Erde. Unter diesen Gewächsen krabbeln rasch und geschäftig ob des Daseinskampfes die Insekten, auf diesen Bäumen hüpfen die Vögel von Ast zu Ast, und aus den Tiefen des Urwaldes dringt das Zischeln der Schlangen und das Röhren des Rotwildes, das Brüllen der Tiger und das Geschrei der Affen. Über all diesen pflanzlichen und tierischen Lebewesen kreist ein feines, unsichtbares, ungreifbares Fluidum, die atmosphärische Luft, der Ursprung der vitalen Bewegung, die alle belebte Natur in Umschwung setzt. Am Himmel oben schließlich schleudert die Sonne ihre sengenden Strahlen auf diesen Erdenwinkel. Die Sonnenstrahlen bringen die Bewegung für den gesamten Planeten, die Bewegung, deren mehr oder minder innige Kombination mit der Materie alle vorhandenen physikalischen Kräfte hervorbringt. Das Tagesgestirn verwandelt sich in die Substanz der Bäume, daraus der Mensch später durch Verbrennung des Holzes oder der Kohle die

Wärme extrahiert, und die sonnenentstammte Bewegung verdichtet sich unter der Erde in Form von Magnetismus und offenbart sich auf der Erdoberfläche in Form von molekularer Anziehung. Fassen wir zusammen: Von der Erde das *tragende*, von Wasser und Luft das *belebende*, vom Sonnenfeuer das *bewegende* und dadurch alle physischen Kräfte schaffende und von der Fatalität, der Schicksalshaftigkeit, der Unausweichlichkeit, das *lenkende* Moment des Gangs all dieser Kräfte und Wesen – das also lehrt uns die Betrachtung dieses Erdenwinkels.

Ist das alles?

Nein. All diese Kräfte, all diese Elemente zirkulieren durch drei Reiche hindurch. Die Minerale spalten sich langsam durch die Arbeit der Pflanzenwurzel, von der sie assimiliert und in Pflanzensubstanz umgewandelt werden. Diese wieder wird von den Sonnenstrahlen mit dynamischen Prinzipien geladen und von der Luft belebt. Aber die Pflanzensubstanz ist noch nicht das Endziel der Zirkulation; sie geht als Nahrung in den Tierkörper ein, wird dort verdaut und in tierische Substanz umgesetzt. Und das universelle Leben, für alle Wesen identisch, kreist quer durch alle Reiche und belebt ebenso den Grashalm wie das Gehirn des großen Vierhänders. Drei Reiche bilden den materiellen Körper jedes der Kontinente unseres Planeten, und jedes der drei Reiche offenbart ein Sonderzentrum des Erdenorganismus. Das Mineralreich ist sein Knochenbau, sein Verdauungs- und Ausscheidungszentrum, das Pflanzenreich ist sein belebendes Zentrum, wo das Mineral verwandelt und unablässig die für alle Wesen unentbehrliche Luft gereinigt wird. Das tierische Reich endlich ist sein intellektuelles Zentrum, das in mühevollem Aufstieg Instinkt und Intelligenz zum Bewußtsein hin entwickelt.[16] Der *Träger* aller tätigen Prinzipien auf dem Planeten ist die Erde mit ihrer dreifachen: mineralischen, vegetabilen und animalischen Entwicklung. Das *Belebende* sind Wasser und Luft, das Wasser, indem es in der Natur wirkt wie der flüssige Teil des Blutes im Menschen, und die Luft, indem sie in der Natur die Rolle einnimmt, die das rote Blutkörperchen im Menschen spielt. Das *Bewegende* sind die physikalisch-chemischen Kräfte, die aus den Kombinationen der Sonnenstrahlung mit der organischen oder anorganischen Materie hervorgehen, die Bewegung in ihrem eigentlichen Wesen, die die Alten „Feuer" nannten. Erde, Wasser, Luft und Feuer, das sind die vier Prinzipien, die wir in der Natur wirken sehen, wenn wir das Feld der Analyse verlassen, um auf dem wesentlich allgemeinen Gebiet zu bleiben. Ich fürchte also nicht, als unwissend eingeschätzt oder vom Fluch der Lächerlichkeit getroffen zu werden, wenn ich es solcherart wage, am Beginn des 20. Jahrhunderts zu den vier Elementen der alten Physik der Initiierten zurückzukehren. Das Ergebnis unserer Analyse, die physikalisch-chemischen Prinzipien Luft, Wasser und Erde bilden einheitlich die in dem Teil der Natur tätigen Prinzipien, der uns unmittelbar umgibt, in dem, was die Alten die Elementarwelt nannten. Setzen wir unsere Analyse fort. Die von uns festgestellten Tatsachen bezogen sich freilich nur auf einen kleinen Teil unseres Planeten; die Verwendung der Analogie gewährt uns jedoch die Sicherheit, es müsse ebenso wie ein gleiches Gesetz den Gang der Zelle und den eines Organs lenkt, ein identisches Gesetz den Gang eines Kontinents und den des ganzen, als eines besonderen organischen Wesens aufgefaßten Erdballs lenken. Im Raume isoliert, badet unser Planet abwechselnd den größten Teil je einer seiner Hemisphären in der Sonnenflut. Daher das Vorhandensein von Tag und Nacht, die einer Ein- und einer Ausatmung des Menschen entsprechen. Im letzteren kreist das erfrischende Fluidum, das Blut, durch alle Organe und durchspült sie. Im Organismus des Sonnensystems hingegen kreisen die Organe selbst, die Planeten, im erfrischenden Sonnenfluidum. Die Erde atmet die Bewegung durch den Äquator ein und durch die Pole aus.[17] Unser Planet erhält von der Außenwelt drei besondere Einflüsse:

1. Den der Sonne;
2. den des Mondes, des Erdsatelliten;
3. den der anderen Planeten des Sonnensystems.

(Wir betrachten die Fixsterne als zu entfernt, um auf die Planeten eine besondere Ingerenz zu üben). Das Studium dieser Fluidströme und ihrer physiologischen Wirkungen bildet die Astrologie. Unsere Erde macht jedoch auch ihrerseits mehrere Fluida frei:

1. Sie ist von einer speziellen atmosphärischen Schichte unmittelbar umgeben;
2. sie ist, von anderen Planeten gesehen, leuchtend;
3. sie besitzt eine besondere Anziehungskraft, die sowohl auf die an der Oberfläche des Planeten befindlichen Körper wie auf den Mond und speziell auch auf die anderen Planeten des Systems wirkt. Der Mond, kosmisches Erdzubehör, folgt der Anziehungssphäre unseres Planeten, und dieser bildet mit seinem Trabanten zusammen ein Planetensystem. Der Mond erfüllt der Erde gegenüber die Aufgabe, die dem Nervus sympathicus im menschli-

chen Organismus zufällt; er regelt und verteilt die dynamische Kraft und beherrscht damit Zu- und Abnahme aller lebendigen Organismen auf der Erde. Allein die Erde und ihr Satellit bilden nur eins der Organe unseres Sonnensystems, das für sich allein ein All, einen speziellen Organismus im Universum darstellt. Ein Sonnensystem setzt sich aus materiellen Organen zusammen, die in drei Kategorien geordnet sind:

1. Die Satelliten, die der Anziehung eines Planeten gehorchen;
2. die Planeten, die der Anziehung einer Sonne gehorchen;
3. die Sonne, die der Anziehung eines Sonderzentrums gehorcht.

Zwischen den Trabanten und Planeten wirken die physikalisch-chemischen Kräfte und die sogenannten elementaren Fluida. Zwischen der Sonne und den Planeten wirken die kosmischen Kräfte und die sogenannten astralen Fluida. Zwischen der Sonne und dem höheren Anziehungszentrum wirken die psychischen Kräfte und die sogenannten prinzipiierenden Fluida. Für einen Planeten eines Sonnensystems wirkt der oder die Trabanten wie der Bauch, die Sonne wie das Herz, das Anziehungszentrum wie der Kopf im Menschen. Zusammengefaßt umspannt ein Sonnensystem drei Prinzipsordnungen:

Eine *tragende*; die Organe des Systems: Trabanten, Planeten und Sonne.
Eine *belebende*; das von der Sonne ausgestrahlte dynamische Fluidum.
Eine *bewegende*; Anziehungskraft, in den Trabanten des Planeten und der Sonne lokalisiert und vom Anziehungszentrum der Sonne ausgestrahlt.

Die *Lenkung* liegt bei der kosmischen Macht, genannt Natur oder Bestimmung. Die alte Physik der Hermetisten betrachtete das Universum als aus drei Ebenen oder Welten aufgebaut:

1. Die Elementarwelt, gebildet von den auf unserem Planeten wirkenden Kräften, auch sublunare Welt genannt. Ihr Bereich erstreckte sich von der Erde zu deren Trabanten, dem Mond (Bereich der physikalisch-chemischen Kräfte).
2. Die Welt der Kugeln, gebildet von den im Sonnensystem wirkenden Kräften. Ihr Bereich erstreckte sich von der Sonne zu den Planeten des Systems (Bereich der astralen Kräfte).
3. Die Feuerwelt, gebildet von den im ganzen Universum wirkenden Kräften. Ihr Bereich erstreckte sich vom Anziehungszentrum unserer Sonne

(wissenschaftlich noch wenig determiniert) zu den in derselben Anziehungssphäre gelegenen Sonnen (Bereich der prinzipiierenden Kräfte). Und diese drei Ebenen bildeten nicht etwa streng abgegrenzte Aktionszentren. Ebenso, wie man beim Menschen in allen Teilen Lymphe, Blut und Nerventätigkeit vorfindet, obgleich Bauch, Brust und Kopf die Ebenen sind, in denen die Aktion der drei Elemente zentralisiert ist, ebenso trifft man im geringsten Planeten auf physikalische, Lebens- und Anziehungskräfte als jeweilige Manifestation der elementaren, der Kugel- und der Feuerwelt.

Der Urtypus

Wenn wir den Menschen bildlich darstellen wollen, so drängt sich unserem Geiste zuerst gewöhnlich der Eindruck seines physischen Körpers auf. Und doch brauchen wir nur ein wenig nachzudenken, um uns klarzumachen, daß dieser physische Körper den wahren Menschen, den Geist, nur trägt und manifestiert. Man kann an ihm Millionen von Zellen durch Amputation eines Gliedes entfernen, ohne daß die Einheit des Bewußtseins dadurch im geringsten berührt würde. Der intellektuelle Mensch in uns ist an sich von den Organen unabhängig; sie sind für ihn nur Unterlagen und Verbindungsmittel. Es ist jedoch nicht minder wahr, daß diese physischen Organe für uns in unserem gegenwärtigen Stadium von größtem Nutzen, ja unentbehrlich sind, um uns den Weg zur Aktion des Geistes und ihrem Verständnis freizumachen. Ohne diese ganze physische Basis müssen unsere Deduktionen den unbestimmten, mystischen Charakter von ausschließlich metaphysischen Angaben annehmen. Allein nur eine ganz oberflächliche Analyse kann uns dazu verleiten, den intellektuellen mit dem organischen Menschen zu verwechseln oder den Willen völlig mit dem Gang der Organe in Einklang zu bringen. Nun, wenn es sich darum handelt, die Frage nach Gott zu behandeln, verfällt man gewöhnlich in einen der Exzesse, auf die ich soeben hinsichtlich des Menschen hingewiesen habe. Die Gesamtheit der vorhandenen Wesen und Dinge trägt und offenbart die Gottheit, wie der physische Körper des Menschen den Geist trägt und offenbart. Von Gott handeln wollen, ohne sich auf all seine physischen Manifestationen zu stützen, hieße Gefahr laufen, sich in den Wolken der Metaphysik zu verlieren, hieße ferner für die meisten Intellekte unverständlich bleiben. Wir wollen uns also jetzt, gestützt auf die Konstitution des Menschen einerseits und auf die des Universums andererseits, bemühen, uns eine Vorstellung von Gott zu machen.

Im Menschen haben wir ein physisches oder vielmehr organisches Wesen gesehen, das maschinenartig sowohl im Wachen wie im Schlafen funktioniert. Oberhalb dieses organischen Wesens haben wir ein anderes bestimmt, das intellektuelle Wesen, das nach dem Erwachen in Tätigkeit tritt und sich nahezu ausschließlich im Wachzustande offenbart. Der organische Teil des menschlichen Wesens entspricht der Vorstellung, die wir uns von der Natur gemacht haben. Es ist dasselbe schicksalhafte und regelmäßige Gesetz, das den Gang des organischen Menschen wie den des Universums leitet, welch letzteres aus kosmischen Organen, statt des aus menschlichen Organen geformten Wesens gebildet ist. Das intellektuelle Wesen im Menschen wird folglich, wenn auch in sehr elementarer Art, der Vorstellung entsprechen, die wir uns von Gott machen können. Die Beziehungen des physischen zum intellektuellen Menschen werden uns über die Beziehungen von Natur und Gott aufklären, wie die Rapporte zwischen physischem Sein und Geist im Menschen uns logisch über die Beziehungen des Menschen zu Gott aufklären können. Dadurch vermögen wir von nun an, die Richtigkeit unserer Analogie angenommen, im Prinzip aufzustellen, daß Gott, wiewohl durch die Menschheit und die Natur manifestiert, wiewohl auf die beiden großen kosmischen Prinzipien einwirkend, doch eine eigene, unabhängige Existenz besitzt. Aber die erste Einheit nach dieser Auffassung hat in den Gang der Naturgesetze ebensowenig einzugreifen, wie der bewußte Geist des Menschen bei normalem Befinden nicht in den Gang des Herzens oder der Leberzelle eingreift. Der Mensch ist der einzige Schöpfer und einzige Richter seines Schicksals. Es steht ihm frei, im Kreise seiner Notwendigkeit auf seine Art zu handeln, so wie ein Reisender in einem Zuge oder einem Überseedampfer in seinem Abteil oder in seiner Kabine nach seinem Belieben handeln kann. Gott kann ebensowenig zum Mitschuldigen der menschlichen Fehler gemacht werden, wie der Zugsführer oder der Schiffskapitän nicht für die Phantasien der von ihnen beförderten Reisenden verantwortlich sind. Man muß also, um künftig jeden Irrtum auszuschalten, wohl unterscheiden, daß Gott, wie er von allem Anfang an in Erscheinung tritt, die Gesamtheit alles Existenten ist, ebenso wie der Mensch die Gesamtheit aller Organe und aller Fähigkeiten ist, die in erster Linie in Erscheinung treten. Allein der echte Mensch, der Geist, ist vom physischen Körper, ist vom Astralkörper, ist vom psychischen Wesen wohl unterschieden; sie sind seine Perzeptions- und Herrschaftsobjekte. Grob gesprochen, ist die Natur der Körper, die Menschheit das Leben Gottes, doch gerade nur so, wie der materielle Leib der Körper und der Astralkörper und das psychische Wesen die vitalen Prinzipien des Menschen sind: es handelt sich dabei um den Menschen als Organismus und nicht um den Menschen als Geist, der – noch einmal gesagt – von diesen Prinzipien nur als Manifestationsmittel Gebrauch macht[18]. Es ist jedoch nicht minder wahr, daß der Geist des Menschen durch den inneren Sinn mit der kleinsten Zelle seines Organismus in Beziehung steht, einem Teilchen, auf das er wohl nicht wirken, das sich ihm aber durch Leiden offenbaren kann. Ebenso ist Gott mittelbar oder unmittelbar im kleinsten Teilchen der Schöpfung gegenwärtig, er ist in jedem von uns, wie das menschliche Bewußtsein als Empfänger und Beweger in jeder unserer Körperzellen gegenwärtig ist. Natur und Mensch handeln also allseitig frei, umgeben von der umspannenden göttlichen Tätigkeit, die das Universum zum Fortschritt bringt, ohne despotisch in die Naturgesetze oder menschlichen Handlungen einzugreifen. So gleitet der Kapitän mit seinem Dampfer direkt, nur auf den Kurs seines Schiffes bedacht, zum Reiseziel, ohne in die Einzelheiten der bewegenden Maschinerie (Bild der Natur) oder in die Beschäftigung der Passagiere einzugreifen. Der Kapitän lenkt umspannend das ganze System. Mit den Vorgängen im Inneren der Kabinen hat er nichts zu schaffen. Indessen wirkt sich seine Tätigkeit wenn auch nicht unmittelbar, so doch mittelbar aus:

1. auf die Maschinenanlage durch das Sprachrohr,
2. auf die Reisenden durch die von ihm erlassenen Bordvorschriften.[19]

In der Kabbala nennt man „Vater" das den allgemeinen Gang des Universums beeinflussende, „Sohn" das in der Menschheit tätige, und „Heiliger Geist" das in der Natur wirksame Prinzip. Diese mystischen Ausdrücke bedeuten also die verschiedenen Anwendungen der universellen Schöpferkraft.[20]

Die Einheit

Das Universum, als ein belebtes All aufgefaßt, setzt sich aus drei Prinzipien zusammen: Natur, Mensch und Gott, oder – um in der Sprache der Hermetisten zu sprechen: Makrokosmos, Mikrokosmos und Archetypus[21]. Der Mensch heißt Mikrokosmos oder kleine Welt, weil er die das Universum regierenden Gesetze *analog* in sich enthält. Die Natur bildet den allgemeinen Manifestationsstütz- und Mittelpunkt der anderen Prinzipien[22]. Der Mensch wirkt auf die Natur durch die Tätigkeit, auf die anderen Menschen durch das Wort, er erhebt sich bis zu Gott durch das Gebet und die Ekstase und bildet so das Band, das die Schöpfung mit dem Schöpfer eint. Gott, der mit seiner providentiellen Tätigkeit die Bereiche umhüllt, in denen die anderen Prinzipien frei schalten, beherrscht das Universum, dessen gesamte Elemente er zur Einheit von Richtung und Handlung zurückführt. Gott manifestiert sich im Universum durch das Walten der Vorsehung, die den Menschen in seinem Gange aufklärt, die sich aber dynamisch keiner der beiden anderen Urkräfte widersetzen kann[23]. Der Mensch manifestiert sich im Universum durch das Walten seines Willens, der ihm erlaubt, gegen das Schicksal anzukämpfen und es zum Diener seiner Gedanken zu machen. In der Anwendung seiner Willensakte auf die Außenwelt hat der Mensch die Freiheit, die Leuchten der Vorsehung anzurufen oder ihr Wirken gering zu schätzen. Die Natur manifestiert sich im Universum durch das Walten des Geschicks, das in unwandelbarer Art und genau bestimmter Ordnung, in der die Basis seines Waltens liegt, die Grundtypen fortpflanzt. Die *Fakten* gehören zum Bereich der Natur, die *Gesetze* zum Bereich des Menschen, die *Prinzipien* zum Bereich Gottes. Gott schafft immer nur im Prinzip. Die Natur entwickelt die geschaffenen Prinzipien, um die Fakten zu bilden, und der Mensch stellt durch den Gebrauch, den sein Wille von seinem Besitz an Fähigkeiten macht, die Beziehungen auf, die die Fakten mit den Prinzipien verbinden, und verwandelt und vervollkommnet diese Fakten durch die Schaffung der Gesetze. Mag aber ein Faktum noch so einfach sein, so ist es doch immer nur die Übersetzung eines von Gott emanierten Prinzips durch die Natur, und der Mensch kann immer das Band herstellen, das das sichtbare Faktum wieder mit dem unsichtbaren Prinzip verknüpft, und das durch den Ausdruck eines Gesetzes (Grundlage der Analogiemethode).

*

Ein Dampfschiff wird auf den gewaltigen Ozean abgelassen und wogt dem zum Reiseziel bestimmten Ufer entgegen. Alles, was der Dampfer in sich birgt, wird mitgetragen. Und doch steht es jedem frei, seine Kabine nach seinem Gefallen einzurichten. Jeder kann, wenn es ihm beliebt, auf die Brücke steigen und die Unendlichkeit betrachten oder in den Schiffsraum hinabgehen. Der Fortschritt nach vorwärts vollzieht sich täglich für die gesamte Masse, aber jeder einzelne vermag auf seine Weise in dem Aktionskreis zu wirken, der ihm zuteil geworden ist. Alle sozialen Klassen sind auf dem Schiffe vorhanden, vom armen Auswanderer, der völlig angezogen in einem Sack schläft, bis zum reichen Yankee, der eine Luxuskabine innehat. Und die Geschwindigkeit ist für alle gleich, Reiche, Arme, Große und Kleine langen gleichzeitig am

Reiseziel an. Eine Maschine ohne Bewußtsein, die nach genauen Gesetzen funktioniert, bewegt das gesamte System. Eine blinde Kraft, der Dampf, in Röhren und Metallorganen kanalisiert und durch einen besonderen Faktor, die Wärme, erzeugt, belebt die gesamte Maschine. Ein Wille, der sowohl den Schiffsorganismus als auch die Gesamtheit der Passagiere beherrscht, lenkt alles: der Kapitän. Gleichgültig für das Sondertum jedes Passagiers führt der Kapitän, die Augen auf das gesteckte Ziel gerichtet, die Hand am Schranken der Kommandobrücke, den Ozeanriesen zum Fahrtende, indes er dem Heer von Köpfen, das ihm gehorcht, Befehle erteilt. Der Kapitän kommandiert die Schiffsschraube, die den Dampfer bewegt, nicht direkt, seine unmittelbare Einwirkung beschränkt sich auf die Lenkung und *Steuerung*. So kann man das Universum mit einem überdimensionalen Dampfer vergleichen, in dem das von uns „Gott" Genannte die Führung innehat. Die Natur ist die Maschinenanlage, die in der Schiffsschraube zum prägnanten Ausdruck kommt und mit ihr blind nach strikten Gesetzen das ganze System in Gang bringt, und die Menschen sind die Passagiere. Der Fortschritt ist vorhanden, er ist allgemein für das ganze System gültig, aber jedes menschliche Wesen ist in dem ihm vom Schicksal zugewiesenen Kreise absolut frei. Dies ist das Bild, das die Lehren des Okkultismus über diese Frage klar genug wiedergibt.

Involution und Evolution der Prinzipien

Die drei Prinzipien kommen jedes aus einer verschiedenen Welt oder Ebene und kehren kürzere oder längere Zeit nach dem Tode dahin zurück. Der physische Körper, der Kadaver, bezieht seine Bildungselemente aus der materiellen Ebene, zu der sie einige Zeit nach dem physischen Tode zurückkehren. Man kann diese Reintegration durch Feuer beschleunigen (Verbrennung) oder aber durch Substanzen verlangsamen, die die materiellen Zellen des Kadavers in Katalepsie versetzen (Mumifizierung). All das hängt von dem Zweck ab, den der verfolgt, der sich einer dieser Maßnahmen ausliefert. Der Astralkörper, der aus der Welt der Kugeln kommt, der Ebene des Schicksals, aus der Sphäre der Archonen, wie Valentinus in der *Pistis Sophia* sagt, teilt sich nach dem Tode, der Magnetisierung entsprechend, die ihm während der Inkarnation verliehen wurde. Ist das Wesen nicht durch Leiden und Opfer geläutert, so bleibt der Astralkörper bis zum zweiten Tode an das höhere Prinzip geknüpft.[24] Das Wesen bildet dann einen Elementaris, den man unter gewissen Bedingungen herbeirufen kann. (Vgl. vorne das Kapitel über Magie).[25] Das Schicksal des Geistes hängt von der Magnetisierung ab, die ihm verliehen wurde. Wurde er ständig von den materiellen Vergnügen und den egoistischen Befriedigungen angezogen, so ist er mit Schlacken behaftet und muß diese Schlacken in den astralen Strudeln ablösen. War er jedoch zum Altruismus und den rauhen Pfaden des Opfers und des Schmerzes hin entwickelt, so ist er ganz vorbereitet, den Strom der Generationen zu fliehen und durch Verschmelzung mit der Schwesterseele das erste göttliche Reintegrationselement einer Seelenreihe zu werden.[26]

Das Menschenreich

Man soll den Menschen nicht im Zustand isolierten Seins betrachten, denn in diesem Zustand bildet er nur eine Zelle der gesamten Menschheit. Die Kenntnis der Bande, die die Zelle „Mensch" mit der Menschheit einen, mit dem, was Fabre d'Olivet das *Menschenreich* nennt, bildet die Basis der Moral, die die Beziehungen der Menschen auf Erden untereinander regelt. Aus folgenden Auszügen der Lehren Fabre d'Olivets wird das klar hervorgehen: „Ich betrachte den Menschen nicht in seiner individuellen Abgeschlossenheit, sondern in der Gesamtheit seiner Art, die ich *„Menschenreich"* nenne. Dieses Reich bietet sich mir immer als ein einheitliches Wesen, das eine übersinnliche, durch Individualisierung sinnfällig werdende Existenz genießt. Wenn die Philosophen gesagt haben, die Natur schaffe nur Individuen, so haben sie bei Anwendung dieses Axioms auf die physische Natur Recht gehabt, sie haben jedoch Unsinn gesprochen, wenn sie es auf die intellektuelle Natur ausgedehnt wissen wollen. Diese höhere Natur schafft im Gegenteil nur Reiche, die von der niederen Natur zuerst in Arten, dann in Geschlechter und Individuen modifiziert werden. Im Menschenreich bestehen die Arten in Rassen, die an Farbe, Körperbildung und Geburtsstätte verschieden sind, die Geschlechter in Nationen oder Völkern, die sich durch Sprache, Kult, Gesetze und Sitten unterscheiden, die Individuen in Menschen, die sich durch ihre jeweilige Stellung in diesen Nationen oder in diesen Rassen sondern und in diese Stellung ihre eigenen Fähigkeiten und ihren individuellen Willen mitbringen: lauter Menschen, die ein rationales Wesen zusammensetzen, dessen sensible Glieder sie sind. Dieses rationale Wesen, das man *„politischer Körper", „Volk"* oder *„Nation"* nennt, besitzt eine zwiefache Existenz, eine moralische und physische, und kann, wie der individuelle Mensch, in der dreifachen Hinsicht nach Körper, Seele und Geist als körperlich-instinktiv, seelischleidenschaftlich und geistig-intelligent betrachtet werden. Diese zwiefache Existenz ist nicht immer harmonisch proportioniert, denn oft ist die eine stark, die andere schwach, die eine lebendig, die andere tot. Dieselbe Ungleichheit, die unter den Menschen vorhanden ist, besteht auch unter den Völkern: bei den einen sind die Leidenschaften mehr entwickelt als bei den anderen, es gibt rein instinktive und rein intellektuelle. Nun existieren zwei große Ausgestaltungsmittel, die trotz ihrer verschiedenartigen Verwendung und Benennung doch nur von einer und derselben Ursache ausgehen, um zu einem und demselben Ergebnis zu gelangen. Diese beiden Mittel sind:

Die Einheit und die Teilbarkeit, die unter den *Prinzipien*,
Die Anziehung und die Abstoßung, die unter den *Elementen*,
Die Formation und die Dissolution, die in der *politischen Sphäre*,
Das Leben und der Tod, die unter den *Individuen* wirken.

Mittels der *Formation* strebt das Menschenreich danach, seine Bestandteile, die Individuen, als ausgesprochenste Einzelpunkte, d. h. den Zustand individueller Abgeschlossenheit, in dem der Mensch nur sich selbst kennt, ja nicht einmal eine Ahnung vom ersten aller Bande, der Ehe, hat, zugunsten einer gesellschaftlichen Universalisierung zu vernichten, wo alle Menschen im selben Kult, in denselben Gesetzen, in derselben Sprache verbunden sind. Mittels der Dissolution findet die gegenteilige Bewegung statt: das Menschenreich stürzt, nachdem es die Früchte der sozialen Universalisierung gepflückt hat, in die vollkommene Zersplitterung zurück, wobei es alle politischen Phasen durchschreitet, vom allumfassenden Imperium bis zur engsten Individualisierung des Wilden.

So enthält also das Menschenreich das ganze Universum in sich. Darüber hinaus gibt es wirklich nur noch das göttliche Gesetz, den Bildner des Menschenreichs, und die erste Ursache, aus der dieses Gesetz hervorgegangen ist. Die erste Ursache heißt *Gott*, und das göttliche Gesetz führt den Namen *Natur. Gott ist Eins.* Da aber die Natur zunächst ein zweites, von Gott verschiedenes Prinzip darzubieten scheint und selbst eine dreifache Bewegung enthält, aus der für das Auge drei Naturen hervorgehen, eine providentielle, eine wollende und eine schicksalhafte, so folgt daraus, daß der individuelle Mensch nichts erfassen kann, was nicht zwiefach in seinen Prinzipien oder dreifach in seinen Fähigkeiten wäre. Kommt er nun durch eine große Anstrengung seiner Intelligenz zur wahren Vorstellung *Gottes*, so erreicht er die berühmte Vierheit des Pythagoras, jenseits deren es nichts gibt.

Die *providentielle* Notwendigkeit wirkt durch Zustimmung, die *schicksalhafte* Notwendigkeit durch Empfindung. Das Gefühl, das vom Willen

	Die Seele (unsterblich)				**Der spirituelle Körper** (bleibt zum Teil, und zwar in der oberen Hälfte, nach dem Tode erhalten)	
	Anzestralseele "Seb" der Ägypter	Formgeber des Körpers "Äußerer Geist" bei Swedenborg	Seele im eigentlichen Sinne "Innerer Geist" bei Swedenborg	Der Geist (Höhere Seele)		
Mittlerer (Höherer)	—	Kama Rupa (Animalische Seele)	Khi (Lebensodem)	—	Umwandlung der physischen in psychische Kraft	Umwandlung des Aktionsprinzipes in aktive Kraft
Höherer	Neschamah	Niederes Manas – Höheres Manas	Thân (Licht und Wärme)	—	Perzeption des höheren Erregungsprinzipes (Bewußtwerden der Betätigung der Äthermaterie)	Der Gedanke als Aktionsprinzip
			Thân-Ki (Passage von Khi zu Thân)		Gefühl (Feststellung der Qualität und Quantität der wirkenden Kraft)	Gedanke in Spannung oder Handlungsbereitschaft (Wollen, Wunsch)
	Chayah	Buddhi (spirituelle Seele)	Thin (Gedanken-Assoziation)		Perzeption der höheren Form oder Prinzip der wirkenden Kraft	Innere Form des Gedankens oder Wortes
	Yeshida	Atma (Reiner Geist)	Wum (himmlischer Wille)		Perzeption der Einheit der wirkenden Kraft, die ihre Beziehung zur individuell betätigten Einheit ergibt	Gedanke in seinem Prinzip

Tabelle der menschlichen Konstitutionen nach Barlet

Der physische Körper (sterblich)

	Anatomie			Physiologie	
	Kabbala	**Hindus**	**Chinesen**	Von außen nach innen (Lesen: von oben nach unten) Passivität	Von innen nach außen (Lesen: von unten nach oben) Aktivität
Der Kadaver (Gewebe und Gerippe)	Gaph oder Gapha	Pupa oder Sthula Sharia	Xaong (die oranische Substanz)	←	→
Die Lebenskraft (Blut und Fiber)	Nephesch Chajini oder Koach ha gaph	Prana oder Ivatma (Lebensodem)	Mau (Das Blut)	Physiko-chemische Aktion ←	Entwicklung der Kraft im gereizten Muskel (mit Wärmefreiwerden) →
Die Empfindungskraft (Nervenzelle)	Nephesch	Linga Shariva (Astralkörper)	Than (Die Bewegung)	Muskelerregung durch Reizbarkeit ←	Anregung der Lebenskraft oder Reizbarkeit →
– (Das Phantom)				Empfindung durch die Nerven ←	Erschütterung der Äthermaterie des Körpers (Nervenschwingen) →
Niederer			Thân-Thuy (Passage von Khi zu Thân)	Perzeption der Empfindung durch die in Aktion gesetzte Äthermaterie (Exteriorisierbare Empfindung) ←	Aktionsbefehl an die Äthermaterie (äußere Form des Gedankens) →

abhängig ist, haftet frei an einer oder der anderen der beiden Notwendigkeiten. Man weist gleicherweise beide ab, um in seinem Zentrum zu bleiben. Der Wille kann so lange in seinem Seelenzentrum bleiben, als er sich nicht teilt". Fabre d'Olivet hat so die festesten Unterlagen angegeben, die die pythagoräische Tradition schaffen konnte. Nimmt man die Frage in ihren lebendigen Prinzipien von neuem vor und erhellt man sie mit der Leuchte der Patriarchenkirche und der funkelnden christlichen Offenbarung, so hat der Autor der „Missionen"[27], der Graf Saint-Yves d'Alveydre, den einzigen mit der Initiation verträglichen politischen Weg den Intellektuellen angegeben: die *Synarchie*. Dank dieses sozialen Lichtes haben meine Freunde Barlet und Lejay[28] die Gesetze des Lebens, Wachstums und Todes der Gesellschaft, wenn man sie als einen Organismus mit der Fähigkeit der Schaffung und Vernichtung seiner Organe auffaßt, genauestens bestimmen können. Das ist der Weg, der allen vorgezeichnet ist, die jenseits der unfruchtbaren Kämpfe der Parteien die heilige Kunst der Organisierung von menschlichen Sammelgemeinschaften kennenlernen wollen.

X. Kapitel

Das Astrale

Im Allgemeinen ist meine Aufgabe, eine elementare Darstellung der okkulten Wissenschaft zu geben, mit den bisherigen Ausführungen abgeschlossen. Da man aber weder das Individuum noch den Sammelbegriff „Mensch" als von der gesamten übrigen, sichtbaren wie unsichtbaren, Natur gesondert betrachten darf, scheint es mir unentbehrlich, gerade nach dieser Hinsicht etwas ausführlicher zu werden und einige Erläuterungen über den unsichtbaren Komplex der Natur anzufügen, Dinge, die zum stets gegenwärtigen Wissensschatz jedes geschulten Okkultisten gehören sollen. Genauere Einzelheiten findet der Leser vor allem in der sehr bemerkenswerten Arbeit von Stanislas de Guaita, *La clef de la Magie noire*[1] der besten bisher über dieses Thema publizierten Arbeit, ferner in meinen eigenen Aufsätzen *Traité de Magie pratique* und besonders *La Magie et l'hypnose*. Die folgenden Anmerkungen sind also nur eine gedrängte Übersicht, dazu bestimmt, die Hauptmomente festzuhalten. Der sichtbare Teil des Menschen manifestiert uns den nicht sinnfälligen, wie der Empfangsapparat des Telegraphen die aus der Ferne gesandte Depesche wiedergibt. In der Natur existiert nach der Lehre des Okkultismus gleichfalls ein unsichtbarer Teil neben den physischen Objekten und Kräften, die unsere Sinnesorgane beeindrucken. Ebenso wie im Inneren des Menschen, dem Auge unsichtbar, Fluida und Zellen (Blut- und Nervenfluida, rote und weiße Blutkörperchen), unablässige Bildner des Organismus kreisen, zirkulieren in dem für das Auge unsichtbaren Teil der Natur Kräfte und Wesen, unablässige Bildner der physischen Ebene.[2] Der Okkultist, der im Menschen das Vorhandensein eines Astralkörpers als Bildner und Bewahrer der organischen Formen festgestellt hat, kann im Studium der Natur nicht bei der Konstatierung von physikalisch-chemischen Kräften oder von Entwicklungsergebnissen stehen bleiben; diese sinnfälligen Dinge sind – ich wiederhole – nur Resultate der für unsere physischen Sinne nicht faßbaren Prinzipien. Erinnern wir uns, daß der unsichtbare Teil des Menschen zwei große Prinzipien umfaßt: den Astralkörper und das psychische Wesen einerseits und den bewußten Geist andererseits. Die Natur, als ein besonderes Existens aufgefaßt, begreift gleicherweise in ihrem unsichtbaren Teil eine Astral- und eine psychische Ebene einerseits und ein göttliches Planum andererseits. Die Kenntnis der Astralebene ist unerläßliche Voraussetzung für das Verständnis der Theorien, die der Okkultismus zur Erklärung einer Reihe von anscheinend befremdenden, von besonders entwickelten Menschen aber doch produzierbaren Phänomenen zu bieten hat. Das Thema ist an sich sehr dunkel, doch braucht man sich nur so gut als möglich auf die Konstitution des Menschen zu stützen, um mir weiterhin begrifflich folgen zu können. Was versteht man unter diesem offenbar so seltsamen Ausdruck „Astralebene"? Ich will mich einiger wohl ziemlich großer, aber dafür auch sehr eindringlicher Vergleiche bedienen, um einer faßlichen Determination des Ausdrucks den Weg zu ebnen. Ein Bildhauer habe die Absicht, eine Figur zu modellieren. Was braucht er zur Verwirklichung seiner Idee? Material, etwa ein wenig Ton! Ist das alles? Auf den ersten Blick zweifellos ja. Aber nehmen Sie an, der unglückliche Künstler sei einarmig oder gelähmt. Zu welchem Ergebnis wird man dann gelangen? Doch wohl, daß seine Vorstellung von der Figur in seinem Gehirn ebenso möglich wie klar ist. Weiters ist der Ton vorhanden. also die Masse, die vollkommen imstande wäre, die geplante Form anzunehmen und zum Ausdruck zu bringen. Aber da das Mittelglied, die Hand, dem Gehirn nicht mehr gehorcht und somit nicht auf das Material einwirken kann, entsteht nichts. Dafür, daß die Idee des Künstlers stofflich ausgedrückt werden könne, ist die Existenz eines Mittelgliedes zwischen Vorstellung und Stoff notwendig. Um an einen unserer bekanntesten Vergleiche zu erinnern, ist der Künstler mit dem Lenker einer Kutsche und das Material mit dem Wagen gleichzusetzen. Das Mittelglied zwischen Kutscher und Wagen ist das Pferd. Ohne Pferd kann der Kutscher am Bock auf den Wagen ebensowenig einwirken, wie der Bildhauer ohne Hand nicht den Ton modellieren kann. Das ist die Rolle des Intermediums in den vorhergehenden Vergleichen. Kehren wir zu unserem Künstler und seiner Figur zurück. Nehmen wir an, das Material habe sich, von der Arbeit bezwungen, den Impulsen der knetenden Hand angeschmiegt und das Figürchen sei fertig. Was ist im großen ganzen das Figürchen? Ein physisches Bild der Vorstellung, die der Künstler in seinem Gehirn trägt. Die Hand hat den Dienst einer Matrize geleistet, die das Material in Form zwingt, und das ist so wahr, daß der Künstler, wenn ein Unfall das irdene Figürchen zertrümmert, immer die ursprünglich in seinem Gehirn vorhandene Form wiederfindet und eine neue Figur nachschaffen kann, ein mehr oder minder vollkommenes Ebenbild der Vorstellung, die zum Modell dient. Es gibt jedoch ein Mittel, um dem Verlust der erst einmal fertigen Statuette zuvorzukommen: man macht einen Abguß des Figürchens.

Dadurch erhält man ein Negativ des Reproduktionsgegenstandes, so wie das Material, das aus dem Abguß herauskommt, immer die ursprüngliche Form zeigt, ohne daß der Künstler je wieder eingegriffen hätte. Man braucht dann also nur das Vorhandensein eines einzigen Negativs der Originalidee, um eine Menge positiver Abbilder, und zwar immer untereinander identischer Abbilder, durch die Wirkung dieses Negativs auf die Materie entstehen zu lassen. Nun, jede organische oder anorganische Form, die vor unsere Sinne tritt, ist Figur eines großen Künstlers, der Schöpfer heißt; richtiger: der aus einer höheren Ebene kommt, die wir die Schöpfungsebene nennen. In dieser primordialen Schöpfungsebene gibt es jedoch nur Ideen, Prinzipien, genau wie im Gehirn des Bildhauers. Zwischen dieser höheren Ebene und unserer physischen Welt existiert eine *mittlere Ebene*, die zur Aufnahme der Eindrücke aus der höheren Ebene und zu deren Verwirklichung durch Einwirkung auf den Stoff dient, so wie die Hand dazu dient, die Eindrücke des Gehirns in Empfang zu nehmen und in der Materie festzuhalten. Dieses Bindegliedplanum zwischen dem Prinzip der Dinge und den Dingen selbst ist das, was man im Okkultismus die Astralebene nennt.[3] Man stelle sich jedoch nicht vor, diese Astralebene liege in einer metaphysischen, höchstens durch Überlegung erfaßbaren Region. Ich kann nicht oft genug wiederholen, daß alles in der Natur eng ineinandergewoben ist, genau wie im Menschen, und daß mithin jeder Grashalm seine Astral- und seine göttliche Ebene in sich trägt. Nur der Zwang der Analyse bringt uns dazu, restlos verflochtene Dinge auseinanderzulegen. Wir haben soeben den *intermediären* Charakter dieser Astralebene bestimmt. Aber das ist nicht alles. Hat man den Vergleich wohl verstanden, so kann man sich jetzt leicht eine Vorstellung davon machen, was der Okkultismus unter der zweiten Eigenschaft der Astralebene, der Formenschaffung, versteht. Jedes Ding wird zuerst in der göttlichen Welt, *„im Prinzip"*, d. h. in der Möglichkeit, zu sein, geschaffen, analog der Idee beim Menschen. Das Prinzip gelangt dann in die Astralebene und manifestiert sich hier im Negativ, d. h. alles, was im Prinzip leuchtend war, wird dunkel und umgekehrt alles, was dunkel war, wird leuchtend. Es manifestiert sich nicht das genaue Abbild des Prinzips, sondern die Gußform dieses Ebenbildes. Ist diese Gußform einmal erhalten, so ist die Schöpfung „im Astralen" fertig.[4] Danach erst beginnt die Schöpfung in der physischen Ebene, in der sichtbaren Welt. Die *astrale Form* wirkt auf die Materie und läßt damit die physische Form entstehen, wie die Gußform die Figürchen entstehen läßt. Das Astrale kann die Typen, mit denen es arbeitet, ebensowenig ändern wie die Gußform das Abbild, das sie reproduziert. Zur Änderung der Form muß man eine neue Gußform herstellen, und das können Gott unmittelbar und der Mensch mittelbar.

Die Fluida

Außer den schöpferischen Fluida des Archetypus und den erhaltenden des Astralen gibt es besondere fluidtreibende Agentien. In unserem vorhergehenden Vergleich vertreten die Finger des Schaffenden, die tausend Zellen, die das Leben und die Bewegung dieser Finger unterhalten, die Agentien, von denen ich spreche. Nehmen wir als gegeben an, daß alles Sichtbare nur eine Kundmachung und Verwirklichung einer unsichtbaren *Idee* sei, so lehrt der Okkultismus, es existiere in der Natur eine Rangordnung psychischer Wesen, ebenso wie es im Menschen von der Knochenzelle durch das rote Blutkörperchen hindurch bis zur Nervenzelle eine echte Rangordnung geformter Elemente gibt. Die psychischen Wesen, die die Region bevölkern, in der die physikalisch-chemischen Kräfte wirken, haben den Namen *Elementales* oder Geister der Elemente bekommen. Sie sind den festen Bestandteilen des Blutes und besonders den menschlichen Leukozyten analog. Diese Elementales sind in den niederen Schichten der Astralebene in unmittelbarer Beziehung mit der physischen Ebene tätig. Die Frage nach ihnen, die jedem Willen folgen, der sie zu lenken versteht, sei er nun gut oder böse, und die trotz ihrer Intelligenz für ihre Handlungen unverantwortlich sind, hat in letzter Zeit seltsam-komische Polemiken aufgewirbelt. Die Zitate aus den alten Autoren, die ich weiter unten bringe, werden den Beweis fahren, daß der Okkultismus die Existenz dieser astralen Wesenheiten seit langem gekannt und gelehrt hat[5]. Übrigens braucht man nur daran zu denken, daß in unserer physischen Ebene ein sehr intelligentes Tier, der Hund, dieselbe Rolle spielt. Wird nicht der Hund eines Räubers auf Zuruf seines Herrn einen ehrenwerten Menschen angehen und der eines Bauern sich auf den Dieb stürzen, der sich ins Gehöft zu schleichen sucht?! In beiden Fällen weiß der Hund nicht, ob er es mit einem anständigen Manne oder einem Banditen zu tun hat; er ist für seine Handlungen unverantwortlich und begnügt sich damit, seinem Herrn zu gehorchen, der allein zur Gänze die Verantwortung zu tragen hat. Das ist die Rolle der Elementales im Astralen.[6] Elementargeister zähmen, das kann man nur mit dem Wirken der militärischen Disziplin vergleichen. Der Heerführer hat es verstanden, bewußte, verantwortliche Wesen aus Ergebenheit oder Furcht um sich zu scharen, Männer, die gutwillig oder gezwungen ihren Willen dem des Feldherrn unterordnen. Diese zweite Wirkung ist sehr viel schwerer als die auf den Hund. Ebenso verhält es sich im Astralen, wo der Elementargeist nur aus Ergebenheit oder Furcht gehorcht, immer jedoch die Freiheit hätte, dem Willen des Nekromanten zu widerstehen. Die Elementales kreisen nahezu ununterbrochen in den Fluida des Astralen. Außer diesen Wesen gibt es nach Ansicht aller Seher noch andere. Das sind die *richtunggebenden Intelligenzen*, die von den Geistern solcher Menschen gebildet werden, die eine besonders hervorragende Entwicklung genommen haben. Diese den Nervenzellen der Sympathicuszentren des Menschen analogen Wesen haben in allen Kosmogonien der Alten, wenn auch unter sehr verschiedenen Namen, ihren Platz. Ich will mich damit begnügen, auf ihr Vorhandensein hinzuweisen. Außerdem findet man nach der Lehre der Kabbala in der Astralebene noch Wesen, die mit Bewußtsein begabt sind, die Reste von Menschen, kurz nach deren Tode, ohne daß deren Seele alle ihre Evolutionen durchgemacht hätte. Diese Wesen entsprechen dem, was die Spiritisten „*Geister*" nennen und was bei den Okkultisten den Namen „*Elementaris*" führt[7]. Die Elementares sind also entwickelte menschliche Wesen, während die Elementales die Stufe „Menschheit" noch nicht passiert haben, ein wichtiger, wohl zu behaltender Punkt.[8]

Das astrale Abbild

Die Theorie der astralen Abbilder ist unter denen, die der Okkultismus zur Erklärung der besonders fremdartigen Phänomene aufgestellt hat, eine ganz spezielle, und so will ich sie nach bestem Können zusammenfassen. Hinsichtlich unseres Beispiels vom Künstler und Figürchen haben wir gesehen, daß eine der Funktionen der „Astralebene" darin bestand, die Typen der physischen Formen zu bewahren und sie zu reproduzieren, wie die Gußform die Gestalt unseres Figürchens bewahrt und reproduziert. Diese Eigenschaft rührt von der Tatsache her, daß die Astralebene als Spiegel der göttlichen Welt betrachtet werden kann, der die Idee-Prinzipien, diesen Ursprung der künftigen physischen Kräfte, im Negativ festhält und reproduziert. Nun lehrt der Okkultismus, daß ebenso, wie jedes Ding, jedes Wesen auf die physische Ebene einen Schatten wirft, auch alles auf die Astralebene einen *Reflex* wirft. Wenn ein Ding oder ein Wesen verschwindet, so bleibt sein Reflex im Astralen bestehen und reproduziert das Abbild dieses Dinges oder Wesens, genau wie es im Augenblick des Verschwindens war. Jeder Mensch läßt also „im Astralen" einen Reflex, ein charakteristisches Abbild. Im Tode unterliegt das menschliche Wesen einem Zustandswechsel, der durch Zerstörung der Kohäsion gekennzeichnet ist, die während des Erdenlebens Ursprungsprinzipien und Richtungsstreben verbunden hält. Der physische Körper oder die fleischliche Hülle kehrt zur Erde, zur physischen Welt zurück, von der er gekommen ist. Der Astralkörper und das psychische Wesen, die durch das Gedächtnis, die Intelligenz und den Willen über die Erinnerungen und irdischen Handlungen aufgeklärt sind, gehen in die Astralebene über, besonders in deren gehobenste Regionen, wo sie einen Elementaris oder einen „Geist" bilden. Der Inbegriff der edelsten Bestrebungen des menschlichen Wesens, von der Erinnerung an die Erdendinge entbunden, wie der Somnambule der Erinnerungen des Wachzustandes ledig ist, mit einem Wort: *das Ideal*, das sich der Mensch während des Lebens geschaffen hat, wird ein dynamisches Wesen, das nichts mit dem gegenwärtigen *ICH* des Individuums zu tun hat und in die göttliche Ebene übergeht. Dieses mehr oder weniger hohe Ideal wird zur Quelle der künftigen Existenzen und bestimmt deren Charakter. Wenn sich der Seher mit den „astralen Abbildern" in Verbindung setzt, findet er die ganze Geschichte der erloschenen Zivilisationen und der verschwundenen Wesen wieder. Die Entdeckung der *Psychometrie* hat gezeigt, daß diese Behauptungen des Okkultismus, die man für bare Metaphysik nehmen konnte, absoluten Wirklichkeiten entsprechen. Nehmen Sie an, Ihr Reflex verharre mit seinen Farben, seinen Ausdrücken und allen Erscheinungen von Wirklichkeit nach Ihrem Weggang in einem Spiegel, und Sie haben eine Vorstellung dessen, was man unter dem „astralen Abbild eines menschlichen Wesens" zu verstehen hat. Die Alten kannten diese Gegebenheiten und Bezeichnungen ganz genau. Sie nannten das astrale Abbild, das sich in den tiefsten Regionen der Astralebene entwickelt: *„den Schatten"*; die persönliche Wesenheit, das *ICH*, das sich in den hoheren Regionen des Astralen entwickelt: *„die Mane"*; das Ideal des Wesens schließlich *„Geist"* im eigentlichen Sinne. Zweifler, oder solche, die sich einbilden, der Okkultismus sei eine moderne Erfindung, mögen auf Ovid hören![9] Bei der Beschwörung eines Verstorbenen muß man also wohl acht haben, ob man es mit seinem „astralen Abbild" oder mit seinem echten *ICH* zu tun hat. Im ersten Falle wird sich das beschworene Wesen wie der Reflex in einem Spiegel benehmen: es wird sichtbar sein, gewisse Gesten machen können, photographierbar sein. Aber es wird nicht sprechen. Das ist das Phantom Bankos in *Macbeth*, das, nur für den König sichtbar, kein einziges Wort hervorbringt. Im zweiten Falle wird das beschworene Wesen *sprechen* und gleichzeitig für mehrere Sterbliche sichtbar sein. Das ist der Fall des bei Shakespeare in *Hamlet* auftretenden Phantoms. Shakespeare war sehr bewandert in den Lehren des Okkultismus. Die spiritistischen Phänomene der sogenannten „Materialisation" waren zu allen Zeiten bekannt. Agrippa (16. Jahrhundert) gibt in seiner „Philosophia occulta" nach dem Okkultismus eine vollständige Theorie für sie. Wenn jedoch das 16. Jahrhundert unserer Zeit noch zu nahe erscheinen sollte, so kann der Leser mit Erfolg alle Einzelheiten einer Beschwörung nach dem Okkultismus bei Homer nachlesen, u. zw. Odyssee, II. Gesang, wo das astrale Abbild Eädwlon heißt.[10]

Zusammenfassung

Zusammengefaßt enthält die Astralebene als Bindeglied zwischen physischem Planum und göttlicher Welt:

1. Richtunggebende Wesenheiten, die dem Werdegang alles dessen vorstehen, was sich im Astralen entwickelt. Diese psychischen Wesenheiten werden von höheren Menschen früherer Geschlechter gebildet, die sich aus eigener Kraft in der Entwicklung hochgebracht haben (Lenkgeister der Kabbala).
2. Besondere Fluida, aus einer der Elektrizität analogen Substanz geformt, aber mit psychischen Eigenschaften begabt: das Astrallicht. In diesen Fluida kreisen verschiedene Wesen, empfänglich dafür, dem Einfluß des menschlichen Willens *zu gehorchen: die Elementales, die oft von vitalisierten Ideen des Menschen* gebildet werden.
4. Außer diesen der Astralebene eigenen Prinzipien finden wir dort noch:
a) Die Formen der Zukunft, die bereit sind, sich in der physischen Ebene zu manifestieren, und Formen, die durch die Widerspiegelung der schöpferischen Ideen aus der obersten, der göttlichen Welt im Negativ gebildet sind;
b) die astralen Abbilder der Dinge und Wesen, Widerspiegelung der physischen Ebene im Negativ;
c) vom menschlichen Willen oder von der göttlichen, das Astrale in Betrieb setzenden Welt ausgesandte Fluida;
d) Astralkörper von allzusehr im Stofflichen haftenden Wesen (Selbstmördern), von in Evolution begriffenen Wesen (Elementares) und von menschlichen Wesenheiten, die das Astrale durchqueren, sei es um eine leibliche Hülle anzunehmen (Geburt), sei es nach Abwerfen derselben (Tod). Auch den Astralkörpern von gerade experimentierenden Adepten oder Schwarzmagiern kann man dort begegnen.

Zur Weiterführung und Anwendung der vorhergehenden Angaben will ich dieses Kapitel mit einer Anleihe bei einer vollendeten Studie über das *Astrale* beschließen, die Meister F.Ch. Barlet veröffentlicht hat und die ganz besondere Aufmerksamkeit von seiten jedes ernstlich Studierenden verdient.

Notizen über das Astrale
Von F. Ch. Barlet[11]

Die Seele, die irgend einen Wunsch formuliert hat und in ihrem eigenen Organismus auf die Suche nach dem zur Wunschfixierung nötigen Äther ausgeht, findet, was sie braucht, wenn sie auf das Phantom oder den niederen Teil ihres Astralkörpers *(Linga Sarira, Than, Nephesch)* durch Vermittlung ihres zentralen magnetischen Prinzips *(Kama Khioder Rouach)* einwirkt. Sie ist dann imstande, wie ich es beschrieben habe, ihren Wunsch am materiellen Körper mit Unterstützung der vitalen Kraft, die ihn gleichzeitig mit dem Astralkörper durchdringt, in Handlung oder Geste zu übersetzen. Aber mag nun die Seele nicht können oder nicht wollen – genug daran: sie erreicht diese äußere Verwirklichung nicht immer, obwohl sie davon nicht ablassen kann. In diesem Falle kann sie wenigstens die astrale Skizze exteriorisieren und zu diesem Zweck den umgebenden Äther mit einer ihrer Begierde entsprechenden Intensität ansaugen, ihn durch ihr Wort in einen kernlosen astralen Wirbel hineinformen, diese Form mit ihrem eigenen Magnetismus durchdringen und ihn durch ihr intermediäres Zentrum, so wie ich es gesagt habe (durch die Seele des spirituellen Körpers, *Kama, Khi, Rouach)*, auf die Suche nach einem Organismus loslassen, der der erträumten Verwirklichung fähiger ist als der ihrige.[12] Weiters gibt es in der astralen Atmosphäre ein Wesen nach Art des Elementalis, dem die Hinduphilosophie den sehr ausdrucksvollen Namen „*Kama-manasisch*" gibt, da es dem Manas (menschliche Seele, Sitz des Verlangens) unter Mitwirkung des *Kama* (magnetische Kraft) entspringt.[13] Um ein vollkommenes Wesen zu sein, dazu fehlt ihm der Körper aus protylen Atomen, den sein Gebilde erwartet und den es nach seiner ganzen Herkunft mehr oder minder brennend begehrt; es bildet im Astralen eine bewegliche *potentielle Kraft*.[14] die sich in lebendige Kraft übersetzt, sobald sie nur auf die für diese Energieumwandlung geeigneten Bedingungen trifft. Man übersetzt sie schon, wenn man sich die Elementales als unschuldige, aber existenzbegierige Wesen auf der Suche nach leiblichen Individualitäten vergegenwärtigt, von denen sie sich eine körperliche Wirklichkeit borgen können, wobei sie sich an sie mit der ganzen Gier nach Besitz heften, echte Vampire der Seele. Diese ätherischen Wesen können von ihrem Schöpfer mittels bestimmter Bedingungen ein genaues Ziel bekommen; das erklärt beispielsweise die Wirkung der Segnungen, der Verfluchungen, der Bannungen aller Art. Gewöhnlich aber fehlt ihnen diese Zielstrebigkeit, sie haben nur einen unbestimmten Impuls, der sie im astralen Gedränge mitten unter den Lebendigen, nach denen sie lüstern sind, sozusagen aufs Geratewohl umherirren läßt, Wesen, die durch ihre Herkunft nur für die Anziehung von Wünschen, Kräften und Elementales derselben Art empfänglich sind. Gedanken sind also von dem Augenblick an, wo sie *ausgesprochen*, d. h. von ihrem Urheber exteriorisiert sind, mit Eigenexistenz begabte Wesenheiten.[15] Durch analoge Sympathien nach dem mechanischen Gesetz der Kräfte gleicher Richtung zusammengeballt, vervielfachen sie sich bei Konzentrierung auf eine gemeinsame Resultante. Dann empfindet alle Welt in mehr minder dunklem Bewußtsein, daß eine Idee „in der Luft liegt", oder sie werden doch wenigstens von den Sensitiveren wahrgenommen und zuweilen als eine schon sichergestellte Wirklichkeit verkündet, während sie doch für den Augenblick noch unsichtbar, noch im Werden sind. Man erhält dann von ihnen eine Vorahnung, ein Vorhersehen künftiger Dinge, ein Orakel. Der Menschen Wünsche sind nicht die einzigen Bildner solcher Elementales. Die meisten Tiere bringen derartiges, der Natur ihrer Wünsche Angepaßtes, vielleicht sogar vom Anblick der vollkommeneren Organe, die sie bei den anderen Erdenwesen funktionieren sehen, Inspiriertes zum Ausdruck. So kann man die Überfülle isolierter Organe und ungetümer Organverbindungen erklären, die beinahe allen Anfängern in Hellsichtigkeit im Astralen treibend erscheinen. Es sind die vom Universum noch nicht erfüllten Wünsche des niederen Seins in idealem Streben nach neuen Vollkommenheiten, die Anstrengungen der *Natur*, sich zur Macht und Einheit des Seins zu erheben, Anstrengungen, die von den differentiellen Wandlungen übersetzt werden, deren Verständnis uns Darwin so vortrefflich nahegebracht hat. Endlich wird das astrale Meer, das diese unzählige Bevölkerung schützend beherbergt, gleichzeitig selber von Wellenbewegungen anderer Herkunft in Aufruhr gebracht: die Handlungen, die Erregungen der leiblichen Wesen, ja die Wünsche und die daraus folgenden Bewegungen der ätherischen Wesen bringen ebensoviele Licht-, Wärme-, Elektrizitäts- und besonders magnetische Schwingungen hervor, die sich, wie man weiß, in diesem Medium fortpflanzen und einander unbeschadet durchkreuzen, die sich dort erhalten, zum Teil von der Hülle des höheren Wirbels zurückgebrochen werden und eine ihrer Intensität und Feinheit entsprechende Weile persistieren. So hat also die ätherische Form oder der Akt, der sie in der Materie verwirklicht, wie sie selbst, nur eine begrenzte Dauer. Die Kraft, die sie geschaffen hat, erschöpft sich bei der Arbeit an der Masse, in die sie getaucht ist. Sie vergehen sozusagen, zerlaugt von den Wogen des unermeßlichen Meeres, dem sie entstammen, aufgesogen im astralen Feuer. Der Einfluß aber, den sie erzeugt haben, überlebt sie, als Schwingungen persönlichen Charakters im Astralen fortgepflanzt. Sie modifizieren die Herrschaft des gemeinsamen Mediums durch Schaffung von *Kraftlinien*, von neuen *Gewohnheiten* und mit ihnen von neuen Wünschen. Derart gibt es kein Wesen, keine Geste, keine Handlung, keinen einzelnen Gedanken, der nicht sein Teil dazu beitrüge, den Astralkörper des Planeten und mit ihm die Strebungen seiner Bewohner umzuformen. So trägt also das Astrale alle unsere Lebensäußerungen gleichsam in ein Verzeichnis ein und bildet in der Biologie unseres Gestirns zum größten Vorteil der Evolution, die wir hier vollziehen sollen, die Funktion des Gedächtnisses.

Beziehungen der menschlichen Seele zum Erdenastralen

Stellen wir uns nun die inkarnierte Seele vor, wie sie in diesem Medium untergetaucht ist, von dem der ganze Planet durchdrungen ist. Denn es ist Allgemeingesetz, daß das Feinere das angrenzende Dichtere durchdringt.

Ich sagte, das Zentralorgan unserer Konstitution *(Rouach, Kama* oder *Khi)* sei imstande, jedes ätherische Produkt, Schwingung wie Verdichtung, sowohl auszusenden als auch aufzunehmen. Es ist das Empfangs- wie Sendeorgan des Erdenastralen[16]. Wir werden dank ihm besonders von einer echten Nahrungsassimilation durchdrungen, da es seine Fluten alsbald allenthalben in der animalischen Seele und im Astralkörper verbreitet. Lebenspendend oder vampirisch durchsetzen mit ihm die Astralmikroben unseren gesamten körperlichen wie seelischen Organismus, bringen ihm Leben oder träufeln in ihn das Gift der Begehrlichkeit. Mit seiner Hilfe überschüttet uns der Therapeut mit vitalisierenden Strömen, die den wohltätigen Quellen der Natur entlehnt sind, mit seiner Hilfe mordet uns der Schwarzmagier schändlich durch Übertümpelung mit unsichtbaren Feindeskräften. Abermals durch dasselbe magnetische Organ dringt ein Schwall von Wünschen, tatgierigen Leidenschaften in uns ein, verbreitet sich mittels der leidenschaftlichen bis zum Grunde unserer spirituellen Seele und will sie mit ihrer Unrast verwirren und ihren Befehlen unterjochen. So wird also unsere menschliche Seele *(Neschamah, Manas, Than)* nach drei verschiedenen

Richtungen zur Tat gereizt, die den drei Welten entsprechen, in denen wir gleichzeitig leben. Die Eindrücke der physischen Welt werden von unserem Körper aufgenommen und bewirken dort eine Einstellung, die, wie wir sahen, durch das Bindeglied der tierischen Seele bis zum Willen dringen und ihn mächtig bestimmen kann, indem sie ihm sozusagen die angereizte Geste, fix und fertig vorbereitet, zur Reflexaktion anbietet. Die hypnotische Suggestion ist nur die experimentelle, übertriebene Hervorrufung dieser Wirkung. Am Gegenpol das Glühen unserer Phantasie, die mit ätherischen Formen erfüllt ist, Geschöpfen unserer Erregungen, ja der aus höheren Welten herabgestiegenen Intuitionen. Sie wird von der animalischen Seele und dem Astralkörper bis an unsere vitalen Kräfte übermittelt, um sie zu provozieren. Endlich die Erregungsströme, die wir von außen erhalten. Sie prallen, wie wir eben sahen, durch das magnetische auf jedes unserer beiden anderen Zentren auf und erzeugen dort andere Kräfte, andere Virtualitäten auf der Suche nach Verwirklichung. Gegen all diese Brände soll die Kraft unserer leitenden Monade, unseres Willens, der allein unser wahres *ICH* ist, beständig ankämpfen, seinerseits Unordnung regeln, Widerstand oder Zustimmung kommandieren, seine Oberhoheit den Kräften aller untergebenen Monaden entgegenstellen, aus denen sein Reich gebildet ist. Wie aber kann sich diese Herrschaftsgewalt glücklich auswirken? Wie kann sie über alle Umsturzversuche triumphieren, wie namentlich dem inneren oder äußeren Astralen gebieten? Wir wissen es nur allzu gut. Wir sind viel häufiger das Spielzeug als der Meister unserer Regungen. Weitaus die meisten unserer Handlungen sind nur Reflexe. Sehr oft werden wir uns dessen gar nicht bewußt, wie sehr die ätherischen Kräfte, die uns überfallen, über uns Gewalt haben. Immer ist es die Hauptmonade, der Wille, die den Akt befiehlt, selten aber ist es unser eigener. Am häufigsten gehorchen wir fremdem Wollen. Damit das unsrige überwiege, braucht es einen Energiezuwachs, was Schopenhauer in seiner gefeilten Sprache vollkommen zum Ausdruck bringt, wenn er sagt, wir *wollten* immer eine Handlung, es bleibe nur die Frage, *ob wir wollen wollten*. Er schließt auf „Nein" und behauptet, es sei der *universelle Wille*, der in uns wolle. Sophismus reinster Art, den aufzuzeigen sehr wichtig ist, da sich die pantheistische Philosophie mit Vorliebe dort einschließt. Es ist wahr, es ist der universelle Wille, d. h. *Gott*, der in uns will, wenn unser Ich alles Niedere befehligt, man muß jedoch hinzufügen, es geschieht mit unserem Einverständnis, mit unserer Zustimmung, und nur mit ihr! Anders gesagt: Wenn sich unser *Wille* tatsächlich auswirkt, ist er das Instrument des göttlichen

Willens auf Erden, und umgekehrt kann er anderem Wollen nur unter der Bedingung, mit dem göttlichen Willen eins zu sein, der „*gute Wille*" zu sein, Befehle geben.[17] Das ist unser oberstes Gesetz, weil unser Zweck, die Daseinsberechtigung des Erdenmenschen, darin besteht, auf dem Planeten am großen Werk der Verlebendigung des Nichts zu wetteifern und in seiner Sphäre wie jede andere Monade durch die Erhebung niederer Wesen den göttlichen *Willen* zu erfüllen.[18] Im Gegensatz zu den Willensträgern, die ihm in der Kette der Entwicklung vorangehen, besitzt lediglich der Mensch die Freiheit, diese erhabene Rolle anzunehmen oder seine Mitwirkung dabei zu verweigern, freilich mit der Bedingung, daß sein Schicksal von seiner Wahl abhängt. Entzieht er sich aber gar der Wahl weil er behauptet, sein eigenes Können sei unabhängig und zu allem fähig, so stürzt er in unverzeihliche Fehle. Er muß nachgeben oder verschwinden! In diesen beiden Fällen der Weigerung ist die Quelle alles irdischen Übels enthalten. Menschliche Möglichkeiten. Betrachten wir jedoch mit einigen Einzelheiten den Ablauf des Kampfes unter den blinden Instinkten der Natur, des Nichts, im Verlangen nach unmittelbarer Macht, dessen Feld die menschliche Seele ist, und befassen wir uns auch mit den von der Vorsehung geschaffenen Reizen für die endgültigen Anstrengungen ihrer Befreiung. Der Preis ist die Unsterblichkeit. Dieses Kampfes sind sich die meisten von uns kaum bewußt. Wir leben fast alle noch instinktiv, träge eingewiegt durch die Fingerzeige der Vorsehung. Selbst unter denen, die sich dessen einigermaßen bewußt werden, namentlich unter denen, die für die astralen Einflüsse eine Empfindung besitzen, gibt es immer noch sehr wenige, die sie erfassen und Nutzen daraus ziehen können. Diese letzteren, mit denen allein wir uns beschäftigen wollen; teilen sich in vier Klassen, zwei aktive oder männliche und zwei passive oder weibliche. In jeder der beiden Klassen findet sich eine besonders für höhere und eine besonders für niedere Kräfte empfindliche Unterklasse. Alle zusammen sondern sich von der Allgemeinheit durch einen Überfluß an ätherischem Fluidum in ihrer Konstitution, aber die einen sind besonders geeignet, dieses Übermaß in sich zurückzuhalten oder es nach außen zu projizieren, so oft und wohin sie wollen, bei den anderen dagegen entweicht es dauernd in Wellen ohne besondere Zielrichtung, um neuen Fluten Platz zu machen. Ihre Wünsche überragen ihre Konzentrationsfähigkeit. Anstatt den umgebenden Äther abzuschleudern, wie es die Vorhergehenden tun, saugen sie ihn an, um ihr allmähliches Schwächerwerden auszugleichen. Sie sind die „*Medien*" aller Arten, die wahrsagen, Barden, ja Propheten werden können, wenn sie einer Sphäre angehören, die hoch genug ist, um den von den höheren Kräften dynamisierten Äther anzuziehen. Jene sind die *Magnetiseure*, wenn die Fluida, die sie konzentrieren und projizieren, zu den körperlichen Kräften gehören; sie sind die *Eingeweihten* aller Grade, wenn sie imstande sind, den von den seelischen und den Kräften höherer Ordnung ausgearbeiteten Äther zu nutzen. Umstehende sehr einfache Tabelle wird die sehr deutliche Klasseneinteilung mit einem Blick übersehen lassen. Das sind keine überflüssigen Unterscheidungen, denn sie werden uns den Begriff dafür ermöglichen, was die Beziehungen des Menschen zum Astralen sein können und müssen. Zum Verständnis der Verwirklichungen, deren die menschliche Konstitution durch die Beziehung zum Astralen fähig ist, muß man sich daran erinnern, daß unser magnetischer Apparat *(Rouach, Kama oder Khi)* ein im wesentlichen zentrales Organ ist, das sich hierhin und dorthin, zum Körper oder zur Seele hin verbreiten und derart das Gleichgewicht unserer Konstitution bis zu deren völliger Umgestaltung verändern kann. Diese Kraft, eine Art Generalreserve, steht der Hauptmonade, dem *Ich*, zur Verfügung, anders gesagt: dem *Willen*, der individuellen Spontaneität. Jedenfalls aber entschlüpft sie durch ihre äußerste Beweglichkeit gern dieser Herrschaft, sei es nun ob konstitutioneller Fehlerhaftigkeit, sei es unter dem Einfluß beträchtlicherer Kräfte wie ich es weiter oben dargelegt und in der vorhergehenden Tabelle zusammengefaßt habe.

	Niedere Kräfte	**Höhere Kräfte**
Passiv (absorbierend und schwächend)	Medien, namentlich solche mit physischen Wirkungen	Psychische Medien, bis zu Barden-, ja Prophetentum entwickelt
Aktiv (konzentrierend und aussendend)	Magnetiseure (Heikünstler etc.)	Eingeweihte und Adepten (Therapeuten, Alchymisten, Theurgen)

In seine Bewegungen zieht dieses ätherische Organ immer einen Teil von einem der beiden zum spirituellen Körper extreme Elemente (das *Phantom, Nephesch, Linga Sarira* oder *Thân* und Anzestralseele, *Neschamah, Manas* oder *Thân*), ja von allen beiden. Die Umstellung, die bald zum Körper, bald zur Seele, bald nach außen hin erfolgen kann, hängt an Quantum und Richtung entweder vom Willen des Ichs oder von einer äußeren Kraft ab. So wirkt z. B. der Magnetiseur direkt auf diesen Schwerpunkt des Organismus und bringt dadurch an seiner Versuchsperson alle bekannten Phänomene hervor: heilende, wenn er die Generalreserve in Richtung auf die vitale Kraft zwingt, womöglich noch einen Teil seiner eigenen dazutut, bezaubernde und betäubende, wenn er die Anzestralseele auf Kosten des Phantoms zusammenfaßt, eine Operation, die Eliphas Levi in packender Art durchgeführt und uns als eine Astrallichtrunkenheit dargestellt hat. Mit Hilfe dieses zwiefachen Schlüssels, mit der Unterscheidung der verschiedenen Konstitutionsarten an Ätherfluidüberschüssen und mit dem Spiel des lenkbaren magnetischen Zentrums, werden wir die vom Unsichtbaren hervorgerufenen Erscheinungen leicht verstehen. Betrachten wir zunächst die passiven Konstitutionen, die zufolge ihrer eigenen Schwächungen auf Ätheraspiration angewiesen sind. Die einander im umgebenden Äther kreuzenden Kräfte oder dynamisierten Atome stoßen auf ihr magnetisches Zentrum und verrücken es andauernd; daher ihre übertriebene Eindrucksfähigkeit. Wenn ihre moralische Konstitution, ihre seelischen Gewohnheiten diese Verrückung zu den körperlichen Organen hin erleichtern, wobei gleichzeitig das Bestreben besteht, sie mehr oder minder von den wenig mitgezogenen spirituellen Organen zu isolieren, so wird der Sensitive ein Medium mit physikalischen Wirkungen, ein magnetisierbares Subjekt, zugänglich für Suggestion, Obsession und Lethargie.[19] Wenn die Verrückung mehr Streben zur seelischen Region hin zeigt, so bekommt der niedere Geist *(Chayad, Buddhi, Thin)*, der stärker die Anzestralseele *(Neschamah, Manas, Thân)* festhält, ein gewisses mehr oder weniger klares Bewußtsein, je nach der Spiritualität der Kräfte, die ihn bestürmt haben. Wir stehen dann vor den Klarheitsphänomenen wie Hellsehen, Hellhören, Vorhersehen, vielleicht sogar Prophetie.[20] Diese Phänomene bieten eine Menge feiner Abstufungen, entsprechend der Stärke des äußeren Einflusses, der konstitutionellen Beweglichkeit und dem Grade der Vergeistigung des Subjekts. So wird einer dort nur die nächsten Wesen sehen, wo andere die fernsten bemerken, der eine wird nur materielle Objekte wahrnehmen, ein anderer genau die Astralwesen und die Ätherschwingungen unterscheiden. Es kann vorkommen, daß sich diese Verrückungen unter dem Einfluß zufälliger Kräfte vollziehen, d. h. von Kräften, die kein besonderer Wille in Richtung setzt. In diesem Fall resultieren daraus nur einfache Halluzinationen, die zufällig den Anschein eines Gedankens ergeben. Umgekehrt kann sich des Subjekts ein dem eigenen Willen bedeutend überlegener Wille bemächtigen. Er braucht dazu nur dessen Magnetzentrum mit Beschlag zu belegen. Dann steht man vor den kläglichen Phänomenen der *Obsession*, ja selbst des *Besessenseins*, für die das Medium nur allzu oft das gefährliche Beispiel liefert. Das ist der Fall bei den Erscheinungen, wo ein Unsichtbares gemeinhin Unbekanntes vom Phantom, ja der Seele des in Lethargie versunkenen Mediums Besitz ergreift, um sich in greifbaren und handelnden Manifestationen bemerkbar zu machen. Endlich wird der Passive, wenn er mit der absorbierenden Fähigkeit seiner Konstitution auch noch eine große Begehrlichkeitsenergie verbindet (die aus der Vorherrschaft der Anzestralseele oder dem niederen Manas hervorgeht), ein wahrhafter astraler Vampir für alle, die sich ihm nähern, weil er die Wirkung ihres Willens auf sich selber zieht. So erklärt sich die besondere, oft überraschende Wirkung gewisser Frauen auf die Männer. Ebenso erklärt sich auch in einer höheren Stufe der weibliche Liebreiz im allgemeinen. Die Alten hatten für den speziellen Einfluß gerade auf die männlichsten Seelen in der Herrschaft der Venus über Mars, der Dalilah über Simson und analogen Legenden ausgezeichnete Symbole.

Betrachten wir jetzt das aktive Temperament!

Es ist ziemlich überflüssig, das von uns bereits Gesagte zu wiederholen, daß man nämlich Magnetiseur oder Psychologe wird, je nachdem das Magnetzentrum des Aktiven zum Körper oder zur Seele hin rückt, und daß der Psychologe über diese Verrückung nach seinem Belieben verfügt. Was wir besonders gut kennen lernen müssen, ist der Gebrauch, den er von der Kraft machen kann, die er so zu absorbieren, zu sammeln und in Richtung zu setzen versteht. Er kann sie zunächst auf passivere Nebenmenschen zwangsweise projizieren, indem er sozusagen ihr Magnetzentrum überrumpelt und mit dessen Mithilfe von ihnen Besitz ergreift. Sie weisen dann eine Art von mehr oder minder unwiderstehlicher Obsession auf, wofür Donato gegen Ende des 19. Jahrhunderts wohlbekannte öffentliche Proben geliefert hat. Schmach und Unglück über den, der diese verhältnismäßig leichte Möglichkeit mit dem Zweck benützt, seinem Nebenmenschen zu schaden! Außer der Herabwürdigung seiner Seele setzt er einen echten Choc en retour aufs Spiel, eine der Einwirkung gleiche Rückwirkung, die auf den Urheber des Anschlags unsichtbar, zuweilen zu seiner großen Überraschung, zurückfällt. Das ist der Fall der Bannung, deren Möglichkeit und Mechanismus nach dem Vorangegangenen leicht zu verstehen ist. Der Aktive kann umgekehrt die magnetischen Ausstrahlungen derer, die er influenziert, dazu zwingen, eine

Richtung zu nehmen, die ihm erlaubt, sie für sich selbst zu absorbieren. Das ist der Magnetismus durch Anziehung, ein Reiz, der schwerer zu handhaben, aber mächtiger und wirksamer ist als sein Gegensatz, der Magnetismus durch Zwang. Er besitzt die Kraft der Liebe, die die ganze Schöpfung beherrscht. In sehr erhabenem und entsprechend sehr schwierigem Grade verleiht diese Praxis dem Ausübenden die Gabe des Gedankenlesens, wobei er im allgemeinen sein Gegenüber völlig im Unbewußten über die Vertraulichkeiten läßt, die er entschleiert[21]. Man begreift leicht, daß diese Übung ebensoviel Geistes- wie Willenshöhe verlangt, weil sie die Übertragung der zentralen Kraft in einen sehr entwickelten niederen Geist voraussetzt. Es ist eine der Spitzenleistungen des Psychologen. Anstatt auf seine Nebenmenschen kann der Aktive auch auf sich selbst wirken. Richtet er seine magnetischen Kräfte auf seinen körperlichen Organismus, so bringt er dort alle Heilwirkungen hervor, bis hinauf zu den Wundern, in denen die Fakire Asiens und Afrikas berühmt sind und die in der augenblicklichen Heilung der schwersten Verletzungen bestehen. Er kann sich weiters allein durch seinen Willen in somnambulen Zustand jeden Grades versetzen und darin sogar Austreten des Astralkörpers vollziehen, wobei der gesamte spirituelle Körper beteiligt ist (Phantom, magnetisches Zentrum und Anzestralseele) und selbst einen Teil des inneren Geistes *(Chayah, Buddhi* oder *Thin)* nachzieht, derart, daß er völliges Überallsein verwirklicht, mit allen menschlichen Fähigkeiten an einem beliebigen Orte erscheint, fern der Stelle, wo sein schlafender Körper liegt. Die Schwierigkeiten solcher Vollkommenheiten begreift man leicht. Die Willenskraft genügt da nicht immer, um den Angriffen unsichtbarer Wesen mit noch höherem Willen zuvorzukommen, die begierig darauf aus sind, die verlassene Körperform mit Beschlag zu belegen. Es kann daraus bald eine organische, sehr oft tödliche Störung hervorgehen, wenn der Operateur sich allzu plötzlich der sterblichen Hülle entledigt, bald wenigstens *Wahnsinn* (alienum in mente), wenn er in sie nicht wieder eintreten kann. Außerdem muß man wohl bedenken, welche psychische Entwicklung notwendig ist, um eine geistige Tatkraft zu realisieren wie die, die für gewolltes Überallsein Grundvoraussetzung ist. Ebenso hoch steht die Ekstase, mit der die Seele bis zu den Regionen des Jenseits dringen kann. Es sind das den geschultesten Adepten vorbehaltene Phänomene. Gewährt nun zufällig der Gedanke des Bösen einem so mächtigen Intellekt, wie er dafür angenommen werden muß, die Kraft dazu, so müssen wir bitterlich die Seele beklagen, die derartiges Können also ausübt! Endlich kann der Aktive seine Magnetströme auf die unsichtbaren Wesen, ja auf die Naturkräfte selbst richten. Er produziert dann Phänomene magischer Art. So vermag der Mensch beispielsweise das Wachstum der Pflanzen zu beschleunigen, ein Tun, das man häufig bei gewissen Fakiren trifft. Oder er kann umgekehrt der Pflanze, ja dem Tier einen Teil ihrer Magnetströme entziehen, die mit deren eigener Lebenskraft geladen sind, um sie nach seinem Belieben fortzutragen. Er kann bis zu den physischen Kräften ändernd eingreifen, derart z. B., daß er sich in der Atmosphäre unsichtbar macht, daß er sich durch das Wunder der Levitation in die Luft erhebt, daß er meteorologische Phänomene hervorbringt oder modifiziert, daß er die Materie zerlegt, indem er sie auf ihr Ätherschema reduziert und so unsichtbar und undicht macht, um sie nachher nach Belieben in ihren alten Zustand zurückzuführen, und andere Operationen gleicher Kategorie. Die Alchymie gehört, wie man sieht, zu dieser Art Phänomene. Das gibt einer sehr wichtigen Allgemeinbetrachtung Raum. Es ist ein allgemeines Gesetz, daß das einem Geschöpf bewilligte Kraftfeld genau proportional seinem Vorwärtskommen auf der unendlichen Straße ist, die sich vom Nichts zu den vollbewußten Glückseligkeiten des Seins spannt. Die Leistungen der Natur, die größtenteils vom Geiste selbst bewirkt werden, weil das Nichts noch zu schwach ist, um dabei genügende Triebkraft zu besitzen, die kosmischen Funktionen besonders, die physikalisch-chemischen, die meteorologischen, die universellen Ranges sind und daher alle angehen, können nicht Geschöpfen überlassen werden, die noch ebensowenig imstande sind, deren Zweck wie deren Ablauf zu verstehen, besonders aber nicht imstande sind, sie ohne persönliches Interesse zu vollfahren. Die Befehlsgewalt über die Kräfte und die Geister der Natur gehört also denen, die sich der größten moralischen Vollkommenheit, der höchsten Geistigkeit befleißigen, weiters denen, die sie als vom göttlichen Willen angenommene Hilfskräfte nur im Dienste des universellen Guten ausüben. Es handelt sich da um die Kategorie der theurgischen Phänomene, die ebenso selten wie erhaben sind, weil sie eine der allgemeinen Menschheit bereits überlegene Seele voraussetzen, die für die himmlischen Regionen fertig ist. Indes, der Ehrgeiz und der Stolz des Menschen sind so groß, daß es wenig Fähigkeiten gibt, die er so heftig begehrt wie gerade diese, wenn er glaubt, sie sich anmaßen zu können. Und das kann er in der Tat. So groß ist die Reichweite, die ihm sein Schöpfer gelassen hat. Aber auf welche Gefahren hin?

Wir wollen sie nennen. Diese gewaltsame Aneignung bildet das *Opus magicum*, das magische Werk, die Beschwörung der Naturkräfte, bis hinunter zu den Werken der Hexerei. Nach den vorhergehenden Erklärungen können einige Worte zu seiner Begriffsbestimmung genügen.

Die zeremonielle Magie ist ein Vorhaben, durch das der Mensch eben mit dem Spiel der Naturkräfte die unsichtbaren Gewalten der verschiedenen Kategorien zu zwingen sucht, so zu handeln, wie er es von ihnen heischt. Zu diesem Zweck packt, überrumpelt er sie sozusagen, wobei er durch die Wirkung der *Korrespondenzen*, die die Einheit der Schöpfung voraussetzt, Kräfte projiziert, deren er zwar nicht Meister ist, denen er aber außergewöhnliche Bahnen öffnen kann. Daher die Pentakeln, die besonderen Substanzen, die strengen Bedingnisse von Zeit und Ort, die er bei Strafe der größten Gefahren beobachten muß, denn wenn die dirigierte Richtung nur im geringsten fehlgeht, ist der Tollkopf der Wirkung von Gewalten ausgesetzt, vor denen er nur ein Staubkorn ist. Die zeremonielle Magie gehört in genau die gleiche Gruppe wie unsere technische Wissenschaft. Unsere Gewalt ist nahezu Null vor der des Dampfes, der Elektrizität, des Dynamits, und doch konzentrieren wir sie, indem wir ihnen durch geeignete Kombinationen gleich mächtige Naturkräfte entgegenstellen. Wir speichern sie auf, wir zwingen sie, Massen, vor denen wir ein Nichts sind, vom Fleck zu bewegen oder zu zerschmettern, in wenigen Zeitminuten Entfernungen zu bewältigen, die wir nur in mehreren Jahren durchlaufen könnten, kurz, uns tausend Dienste zu leisten. Die Magie setzt also ein wagemutiges Vertrauen in die Wissenschaft voraus, und in sie allein. Sie erfordert nur Intelligenz und Kenntnis der unsichtbaren Kräfte. Sie eignet sich deren Gebrauch gewaltsam an, der doch denen vorbehalten bleiben soll, die die Liebe zum Sein zur Höhe des Opfers seiner selbst erhoben hat (12. Geheimnis des Tarot). Deshalb stellt sie uns das *„Licht Ägyptens"* mit Recht als den Selbstmord der *weiblichen* Elemente der menschlichen Seele dar. Die Alten hatten das im Aufruhr und der Fesselung des Prometheus symbolisiert.

Jawohl, Prometheus hatte das Wissen erobert, das seinen Stolz ausmachte. Aber wieviel arme, unwissende Magiestümper, erbärmliche Gaukler des Astralen, die keine blasse Ahnung von den Abläufen besitzen, von denen sie sich lediglich die Geläufigkeit erworben haben, und die sich an seinen Feuern grausam verbrennen, wieviele von denen kommen auf einen Prometheus! Der zweite Seitenweg, der zur Hervorbringung von Wundern führt, ist der der Bändigung der Naturkräfte. Weit entfernt von irgend einer Forderung nach Wagemut, ist er ganz passiv, wiewohl gleichfalls intellektuell. Gegenteil des

Vorhergehenden, kann man ihn als Selbstmord der *männlichen* Elemente der Seele darstellen.

Er besteht darin, sich den Naturgeistern zu unterwerfen, anstatt sie zu beherrschen. Das ist das Verfahren vieler Fakire und Medien aller Arten.

Es ist klar, daß man damit ebenso wie die Geister, ja besser als sie, da man ihnen eine höhere Kraft leiht, alles hervorbringen kann, was ihr Vermögen mit Hilfe eines leiblichen Organismus erzeugen kann: Schnellwachstum von Pflanzen, augenblickliche Heilungen, Halluzinationen durch mächtige *kama-manasische* Elementarströme auf die Magnetzentren der Zuschauer und andere gleichwertige Wunderwerke, mit denen sich, besonders in Indien, eine Menge Praktiker niederen Ranges vergnügen. Diese Handlungen sind nicht ohne Verlockung: man braucht dabei notwendig eine bestimmte Religion, eine bestimmte Gesundheit, eine augenscheinliche Vergeistigung, um sich den oft sehr mächtigen Unsichtbaren in ihrer Sphäre zu unterwerfen und ihre Mitarbeit dadurch zu erhalten. Was aber ist der Preis dieser unnützen Eitelkeiten?

Die Naturgeister anbeten, sich mit ihnen identifizieren, ihnen den menschlichen Organismus herborgen heißt, einen widernatürlichen Rückschritt machen. Heißt, den von Lamartine besungenen Sturz des Engels genau wiederholen. Zweifellos fördert man die Wirkung dieser niedergeordneten Geister mächtig, und ihre Wirkung ist universell wie die unsere, aber eben nur dadurch, daß man seine eigene bewußte Persönlichkeit zerstört, um auf ihr Niveau herabzusteigen. Das ist gleichzeitig ein Akt krassen Undanks gegen die Vorsehung, deren göttliche Hilfe den Menschen bis zu den Pforten des Himmels geführt hat. Endlich kann man nicht umhin, in dieser Anpassung eines armseligen Ehrgeizes eine Art von Tiefe zu erkennen, die noch unter den wenigstens edelmütigen Verwegenheiten der zeremoniellen Magie steht. Die *Hexerei* ist eine andere Form dieser Passivitäten, aber noch widerlicher, was die Schwäche des Vorgangs anbelangt, denn sie tut die Schmach und Niedertracht des Bösen dazu, das sich versteckt, und das, um die feilsten Triebe zu sättigen. Es ist vollkommen unnötig, dabei an die furchtbaren Rückwirkungen zu erinnern; man ermißt sie genugsam, wenn man nur an die Geister denkt, denen der Hexenmeister seine Seele ausliefert.

Folgerungen

Wenn wir jetzt mit einem Blick all die aktiven und passiven Möglichkeiten überfliegen, die die Serie der sogenannten Phänomene umfassen, so werden wir mit Leichtigkeit sehen, welche wünschenswert sind und was sie voraussetzen. Das *Medium* wird uns mehr beklagens- als ermutigenswert erscheinen, wofern es nicht von irgend einem Initiierten höheren Ranges und reichen Wissens, der imstande ist, es den verderblichen, die Passivität bedrohenden Einflüssen zu entreißen, geleitet, ja betreut wird, wofern es weiters nicht selber eine genugsam entwickelte Vergeistigung besitzt, um den niederen Einflüssen möglichst zu entgehen. Dann, und nur dann kann es als Seher, als Erforscher des Unsichtbaren bei dem Mangel an Adepten einigermaßen dahin nützlich sein, das den Initiierten Fehlende zu ergänzen. Aber seine Forschungsergebnisse werden immer einen Kommentar erfordern. Auf seiner höchsten und reinsten Stufe wird es wohl gar zum Propheten. Wir erinnern uns jedoch pflichtgemäß, daß die Prophetie ein absolut von selbst eintretendes, zufälliges Geschenk des Universellen ist. Auf eine regelmäßige Schulung kann man dabei nicht hoffen. Seien wir übrigens gegen die spiritistischen Medien gerecht, anerkennen wir nicht nur den guten Glauben, sondern auch die moralische Lauterkeit, ja die Aufopferung der meisten von ihnen. Mag sich Eigenliebe oder irgend ein Ehrgeiz bei den Triebfedern finden, die ihr Auftreten bestimmen, immer kommt es gerade bei den bedeutendsten dazu, daß sie in der Ausübung ihrer Fähigkeiten viel mehr Ermattung, üble Folgen, Rückschlag als Ermunterung erfahren, und häufig setzen sie ihr Auftreten um den Preis ihrer Gesundheit fort. Außerhalb der Bedingungen höchster Moralität, wovon wir soeben gesprochen haben, können wir den Visionen, Gesprächen, ja Erscheinungen, die uns die Medialität liefert, keinerlei Verläßlichkeit zubilligen. Wir wissen genau, daß sie entweder Produkt einfacher Halluzinationen oder Ausdruck der hungrigen Wünsche *(„Kama-manasischen Elementales"),* die in unserer Umgebung (unsichtbar) herumschwirren, oder aber auch die Manifestation einer von Feuerdrachen in die dichte Astralatmosphäre strafweise eingeschlossenen armen Seele sein können. Das Medium kann uns schließlich noch – und fast mit mehr Grund als in früheren Fällen! – die unbewußten Eingebungen seines eigenen Geistes als himmlisch angeben, die durch die spirituelle Seele und das magnetische Organ dem von uns gezeichneten Weg gemäß bis zum gesprochenen, geschriebenen oder gemimten Ausdruck herabgestiegen sind. Wir wissen auch, daß die Gedanken, die Wünsche gleicher Kategorie, sich vervielfältigen, sich zu einem Körper zusammenfinden, der oftmals mächtig genug ist, eine starke, genau bestimmte Persönlichkeit zu bilden. Sie produzieren dann auf der Astralebene unserer Medien das verwirklichte Bild dessen, was in der ätherischen Atmosphäre nur flüchtiges Potential ist[22]. Es ist so, daß die Epochen, die wie die unserige von unbestimmten öffentlichen Bangigkeiten von vielfachen Strebungen verwirrt sind, reich an falschen Prophezeiungen sein können, dem Ausdruck der Befürchtungen und der mannigfachen Verlangen der nationalen Seele. Das Evangelium sagt es uns, sie sind Vorläufer der Zeiten hoher Vergeistigung, aber sie kündigen sich nur durch den Wunsch der Geschöpfe an, die sie vorstellen, nicht durch die direkte Eingebung des göttlichen Universellen, das uns mit den wirklichen Prophezeiungen die Segnung höchster Hoffnung bringt. Wir werden dieselbe Zurückhaltung bei den hypnotischen und magnetischen Betätigungen zeigen müssen, die nicht ausschließlich den Nutzen unseres Nebenmenschen bezwecken. Bei dieser Kategorie erfordert das Experiment, das von der Wissenschaft gerechtfertigt ist, außerordentliche Klugheit und Menschlichkeit. Nur der intellektuelle Zustand unserer Zeit kann es entschuldigen. Was zeremonielle Magie und Beschwörung der Naturkräfte anbelangt, so können wir sie nur verurteilen, sowohl wegen ihrer Überflüssigkeit, als auch wegen der furchtbaren Gefahren, die sie mitbringen, und wegen des Seelenzustands, den sie zur Voraussetzung haben. Merken wir jedoch genau die Grenzen dieser Verurteilung an: sie erstreckt sich keineswegs auf die Verwendung der magischen Hilfsmittel (Pentakeln, Korrespondenzen etc.) durch den Initiierten hohen Grades. Mitarbeiter und Beauftragter des göttlichen Willens, unternimmt dieser dabei nur das Beobachten universeller Gesetze und tut es in universellem Interesse. Sein Wirken bildet die *Theurgie* und nicht die *zeremonielle Magie*. Unter dieser letzteren Bezeichnung versteht man in Wirklichkeit die Operation, bei der der *menschliche Wille* und der *menschliche Intellekt* allein in Ausübung sind, sogar ohne die Mitwirkung des Göttlichen. Das ist die Unterscheidung, die die Geschichte zwischen Moses und den Zauberern des Pharao und noch deutlicher zwischen dem heiligen Paulus und Simon Magus gemacht hat, wenn sie uns diesen letzteren vorstellt, wie er vom Apostel verlangt, er möge ihm das Geheimnis seiner Macht verkaufen. Wäre er Magier statt Zauberer gewesen, so hätte er gewußt, daß es sich um Gewalten handelt, die nur die Heiligkeit eines *„Vollkommenen"* verschaffen kann. Es erübrigt für uns nur noch, an die Vollendungen des Anziehungsmagnetismus zu erinnern, der Gedankenlesen hervorbringt. An den Automagnetismus, der entweder die spirituellen Fähigkeiten der Klarheit bei vollem Bewußtsein oder die Ekstase im besonderen magnetischen Schlaf mit der direkten Erkenntnis entwickelt. Weiters noch an die gewollten Wirkungen auf die Naturkräfte, wovon die Alchymie eine der bekanntesten Manifestationen ist. Alle Wunderwerke dieser Art haben, wie wir betont haben, einen Moralzustand höchsten Ranges und reinsten Willen zur Voraussetzung. Alle benötigen die Vergeistigung, mehr noch, die Heiligkeit, die mehr oder minder innige Verbindung mit dem Universellen, mit dem göttlichen Willen. Auch sehen wir, daß die mystische Heiligkeit, d. h. diese Verbindung allein, ohne jede besondere Übung, bereits die meisten jener Gaben verleiht, denen die ehrgeizige Eitelkeit der Zauberer sehr oft vergeblich nachläuft: die Klarheit des Gedankenlesens, die Gabe des Heilens, das Überallsein, die Ekstase, die direkte Erkenntnis. Der Initiierte lernt sie durch geeignete Übungen vervollkommen, aber er vervollkommnet sie nur; es gibt nur die mystische Gottesliebe, und die schenkt sie ihm *„noch obendrein"*. Das ist es, was Amo mit ebenso viel Richtigkeit wie Vernunft ausdrückt, wenn er die Liebe als Erheberin zur leitenden *Einheit* aller Kräfte der Welt empfiehlt. Der Grund dafür muß uns klar erscheinen, wenn wir uns des Ursprunges und Zieles des Universums erinnern, wie es uns die herrlichen jüngsten Theorien des Gelehrten *P. Leray* vor Augen stellen. Gott hat uns geschaffen, damit wir in ihm die Spiritualisierung des Nichts vollziehen. Mit seiner providentiellen Hilfe bis zu den Grenzen des Nichts gelangt, wo die Seele sich noch in den verworrenen Schatten des Schicksals bewegt, im Besitz der Freiheit, im Anblick des Lichts und der *Einheit,* bei der alle Einheiten sich in den Verzückungen der Liebe zusammenfinden, haben wir nur ein Ziel: uns der Schicksalshaftigkeit zu entreißen und mit uns zusammen die ätherische Welt, die wir über die Ringe des Drachen hinaus mitnehmen sollen, daraus auferstehen zu lassen. Wir haben nur ein Mittel: durch unseren Willen den Willen Gottes verständnisvoll und bereitwillig zu erfüllen. Wenn wir ob unserer Schwäche dem noch nicht nachkommen können, so tritt ergänzend die Vorsehung durch, die Züchtigungen oder die Reizungen des gewöhnlichen Lebens ein, das vor den schrecklichen Astralkräften geschätzt verläuft. Den Mutigsten bietet sie einen rascheren, aber auch viel mühseligeren Weg, den des dreifachen mystischen Lebens, an dessen Ende sie gewaffnete Ritter der Himmelstruppe und Meister der Fähigkeiten sind, die dieser Zustand mitbringt: Handhabung der plastischen Kraft des Kosmos, des Astralen, unter dem Gesichtspunkt der Zusammenarbeit mit dem Ewigen. Für die Ehrgeizigen aber, die Unklugen, die Entarteten ist die mildeste Antwort, die die Vorsehung geben kann, der Blitzschlag, der sie ihren gottlosen Werken entreißt, noch bevor sie Zeit hatten, dabei zu verweilen oder gar ihre Unsterblichkeit zu verlieren.

Wissenschaftliche Fakten und psychische Tatsachen

Wer über die wissenschaftliche Praxis wenig auf dem laufenden ist, bildet sich gern ein, wenn ein Faktum von einem Gelehrten konstatiert wurde, der dieses Titels würdig ist, so müßten sich die Akademien beugen und die Behauptung des Gelehrten als Realität hinnehmen. Das ist ein Irrtum: und er ist in den verschiedensten Kreisen derart verbreitet, daß es mir nützlich erscheint, seinen Ursprung und seine Tragweite aufzuzeigen. Der Irrtum stammt von zwei falschen Auffassungen, einmal bezüglich der Rolle der Akademien, dann aber auch über den Charakter der Fakten, die geeignet sind, von den besagten Akademien widerspruchslos akzeptiert zu werden. Es ist bald geschehen, die offiziellen gelehrten Körperschaften mit Sarkasmen zu überhäufen und an ihre vielfachen Schnitzer, industrielle wie wissenschaftliche Neuerungen betreffend, zu erinnern. Nun, wenn man nur etwas genauer überlegen will, so bemerkt man leicht, daß die Rolle der Akademien darin besteht, die von ihnen endgültig angenommenen Ideen oder Fakten „klassisch" zu machen, also zum Schulgebrauch bestimmt, und diese Vornahme ist für die Universität analog das, was für die katholische Kirche die Heiligsprechung ist. Diese wartet gemeinhin erst hundert Jahre ab, bevor sie jemanden heilig spricht, und die Akademie wartet, alle Verhältnisse berücksichtigt, eine gleichwertige Zeit ab, bevor sie sich von der Neuerung durchdringen läßt. Anfangs sind wohl die Akademien geschaffen worden, um den Fortschritt zu unterstützen, aber sie sind sehr bald in die Rolle einer Gesellschaft zur Verzeichnung genau unterstützter Tatsachen geraten. Ein sehr charakteristisches Beispiel für diesen Werdegang ist die Geschichte des Collège de France, das von François dem Ersten dem Griechischen zuliebe gegründet wurde, weil die Sorbonne diese Sprache nicht lehren wollte; die Anstalt wurde also ursprünglich als ein Institut des Fortschritts errichtet, ist aber dann doch bis auf wenige seltene Ausnahmen zur Zufluchtsstätte für die Invaliden gerade der Sorbonne geworden. Es sind freie Gesellschaften, wie etwa die Schule der Hochstudien oder die regionären wissenschaftlichen Kongresse, an die sich zunächst die Vorreiter des Neuen wenden müssen und denen der unabhängige Forscher an erster Stelle seine neuen Ideen vorlegen mag, und freie wissenschaftliche Gesellschaften sind es, die die psychischen Fakten, heutzutage wieder Gegenstand so ausgedehnten Interesses, kontrollieren und überwachen sollen. In der Tat hat sich vor der pflichtgemäßen Gleichgültigkeit der offiziellen Gelehrten die Öffentlichkeit an die mannigfachsten Quellen wenden müssen, um diese psychischen Fakten kennen zu lernen. Dabei sah man Journalisten, die noch nie ihren Fuß in ein wissenschaftliches Laboratorium gesetzt hatten, ihre Beschlagenheit improvisieren – und Gott weiß wie! Junge Leute, die von berühmteren Diplomierten gerade den Namen und von Studienzentren nur die äußere Tür kannten, schüttelten zwischen einem Aufsatz über das Korsett und einer Plauderei über das Kleid der autolenkenden Frau eine Unterhaltung über die Mysterien der Psychologie aus dem Handgelenk. Die Gelehrten, soweit sie dieses Titels würdig waren, wurden von den schönen Damen gequält, ihre Meinung über Fakten abzugeben, die von solchen Eltern patronisiert wurden, flüchteten darob entsetzt und kehrten zu ihren nicht psychischen, dafür aber verständlichen Experimenten in ihre Laboratorien zurück, deren Tore vom rigorosen Wächter der Prüfungen bewacht werden. Die Öffentlichkeit hat jedoch ein Anrecht auf ernstliche Informationen und muß vor den Anschuldigungen gewarnt werden, die gegen die Wissenschaft von denen erhoben werden, denen in ihrer Unkenntnis ein Urteil überhaupt nicht zukommt. Sehen wir also, worin sich das von uns „psychisches Faktum" Genannte vom wissenschaftlichen Faktum unterscheidet.23

Beginnen wir mit dem letzteren!

Ein deutscher Gelehrter entdeckt, daß unter bestimmten Bedingungen die Ampulle von Crookes Strahlen aussendet, die mit besonderen physikalischen Eigenschaften begabt sind, und nennt sie *X-Strahlen,* wobei er die Art anzeigt, wie man sie erhält. Sogleich wird das Originalexperiment in allen physikalischen Kabinetten wiederholt, die im Besitz der notwendigen Instrumente sind, und überall, in Europa wie in Amerika, ergibt es die angekündigten Resultate. Das also werde ich als wissenschaftliches *Faktum* bezeichnen. Es besteht im wesentlichen darin, daß es zu *willkürlicher* Wiederholung geeignet ist, wenn man sich unter dieselben Bedingungen versetzt wie der erste Experimentator. Nehmen wir nun ein ganz differentes Beispiel: Herr v. Rochas erzählt uns, eine hypnotische Person könne vom somnambulen Stadium in das des magnetischen Rapports wandern, und in diesem letzteren Stadium sei die *Sensibilität* vom Körper an die Außenwelt abgegeben, „exteriorisiert". Wenn man sich nun unter die von Rochas aufgezählten Bedingungen versetzt, wird man in gewissen Augenblicken mit gewissen Personen Glück haben, in anderen Augenblicken mit anderen Personen jedoch vollständigen Mißerfolg erleben. Mit einem Wort: Vor Beginn eines Experiments mit einer nicht geübten Person wird man nie behaupten können, was das Endergebnis sein werde.

Das also nenne ich ein *psychisches Faktum.* Ich nenne es so, weil seine Hervorbringung nicht mehr von physikalischen Instrumenten und Bedingungen, sondern von psychischen Instrumenten und Bedingungen abhängt. Und gerade diese menschlichen Instrumente und Bedingungen sind es, die die Wissenschaft zur äußersten Reserve bis zu dem Augenblick verpflichten, wo das psychische Faktum zu einem wissenschaftlichen Faktum geworden ist. Der Unterschied bekommt einen noch weit ausgesprocheneren Charakter, wenn es sich um Experimente handelt, die mit spiritistischen oder anderen Medien angestellt werden. Dasselbe Medium, das zwei Tage vorher sehr beweisende Phänomene hervorgebracht hat, wird morgen vielleicht von Experimentatoren, die unter genau den gleichen Bedingungen arbeiten wie die ersten, auf frischer Tat beim Betrug ertappt. Man muß in dieser Hinsicht die Forscher hoch beglückwünschen, die in den Experimenten mit dem berühmten Medium Eusapia Palladino alles aufgeboten haben, um so weit als möglich den strengsten Bedingungen von Kontrolle und Sicherheit nahezukommen. Wenn diese Fakten noch nicht wissenschaftlich sind, so kommt das von der Kürze der Zeit, die den objektiven Gelehrten für ein von allen Hypothesen und Sentimentalitäten der spiritistischen und sonstigen Vereinigungen unbeeinflußtes Studium zur Verfügung stand. Wie die Elektrizität bis zu dem Augenblick, da besondere, zu ihrer Messung bestimmte Instrumente zu Tage traten und das Volt und das Ampere die ersten Dunkelheiten zerstreuten, ziemlich verworren und in ihren Wirkungen unbestimmt blieb, ebenso wird die psychische Kraft erst an dem Tage in den Laboratorien ihren Einzug halten, wo diese Strahlung der menschlichen Batterie ihr Voltmeter und ihr Amperemeter gefunden hat, wo man also ihre Projektionskraft wie ihre Intensität wird messen können. An diesem Tage wird die Exteriorisation des Empfindungsvermögens und der bewegenden Kraft auf ihre wirkliche Korrespondenz mit der organischen Arbeit zurückgeführt werden, und die „Geister" werden ihrer wahren Wirkungsebene näher verwiesen werden. Deshalb hieße es allzu leichtfertig handeln, wollte man die offiziellen gelehrten Körperschaften zur Annahme von Fakten verpflichten, *die nicht beliebig reproduziert werden können,* obwohl sie von ganz hervorragenden Mitgliedern dieser Körperschaften festgestellt wurden. Es bedeutet ein Mißverstehen und ein überhastetes Vorgehen, wenn man der Wissenschaft Phänomene aufbürden will, die meiner Meinung nach zwar vollkommen real, für die wissenschaftlichen Organe aber noch nicht assimilierbar sind. Die Wissenschaft ist eine junge, sehr heikle Dame und kann sich weder mit dem Magnetismus, noch mit dem Spiritismus, noch selbst mit dem Okkultismus verloben. Jedoch verpflichtet mich meine Schuldigkeit als Okkultist zu der Feststellung, daß es die für Anfänger so kompliziert erscheinenden okkultistischen Theorien sind, die den Gelehrten von selbst instandsetzen werden, bei seinen Unternehmungen den rationellen Weg zu finden. Eröffnen wir also freie Zentren und ernstzunehmende Laboratorien jenseits der offiziellen Schulen, schaffen wir die Vorhut von Freischützen, die mit der wissenschaftlichen Erforschung des Unsichtbaren beauftragt sind, fordern wir jedoch von denen, die an diesen Untersuchungen teilnehmen wollen, gültige Befähigungsnachweise für die Eignung zum Experimentator, wie sie durch Universitätsdiplome oder durch die Prüfungsergebnisse unserer persönlichen Zentren garantiert sind. Das ist der Geist, der die Schaffung der Fakultät der hermetischen Wissenschaft auf der Höhe ihrer Blüte beherrschte, derselbe, der mich zur Bildung der *Societé des Conférences Spiritualistes* geführt hat, deren Erfolg meine kühnsten Hoffnungen noch übertraf.

Die psychischen Fakten

Unbestreitbar wird das Studium der psychischen Fakten derzeit von einer Menge Gesellschaften in allen Ländern verfolgt, und wir besitzen bereits eine Sammlung von Phänomenen, die es jedem gewissenhaften Experimentator erlauben, ein wenig klarer in dieses noch mangelhaft erforschte Reich zu schauen. In Wahrheit ist das 20. Jahrhundert nahe daran, die Existenz intelligenzbegabter Kräfte wissenschaftlich festzustellen, eine Entdeckung, die in ihren Folgen gewaltig sein wird. Da diese Art Kräfte den Okkultisten bekannt ist, kann ich mich darüber auf einige Worte beschränken und für Einzelheiten auf die zahlreichen, bereits erschienenen Sammlungen psychischer Fakten hinweisen. Die gegenwärtig in den physikalischen Kabinetten studierten Kräfte werden im allgemeinen von mechanischen Apparaten erzeugt oder sind geeignet, von derartigen Instrumenten registriert und kontrolliert zu werden. Die neue Kraft, die wir – um kein Wortmonstrum zu schaffen – „psychisch" nennen wollen, wird von physiologischen Apparaten erzeugt, die lebenden, intelligenten Wesen angehören. Anders gesagt: Die Lebewesen und im besonderen der Mensch sind imstande, eine noch wenig erforschte Kraft zu erzeugen, die unter bestimmten Bedingungen in die Umgebung der Physis des produzierenden Wesens strahlt. So aktiv aber strahlt diese Kraft nicht in allen Augenblicken. Im Normalzustand saugt der Mensch aus der Atmosphäre eine Kraft an, die er in seinem Organismus festhält und für seine physiologischen Bedürfnisse benutzt; er ist dann bezüglich des umgebenden Mediums passiv, er absorbiert und verbraucht das Absorbierte in sich ohne oder fast ohne die geringste Abgabe an die Außenwelt. Die Arbeiten von *Louis Lucas, Abbé Fortin* und *Dr. Baraduc* über die Biometrie, sowie die experimentellen Forschungen des Herrn *v. Rochas* und des Herrn *Durville* werden es den Forschern gestatten, dieser Frage tiefer nachzugehen. Fahren wir also fort: Um zu strahlen, anstatt nur zu absorbieren, muß der Mensch entweder in sich einen Enthusiasmus entwickeln, der groß genug ist, um absolute Aktivität des Individuums zu schaffen, wobei es die Aussendung dieser Kraft bei vollem Bewußtsein kontrolliert – darin besteht das magische Verfahren der Okzidentalen und die Yogha der Inder – oder es muß sich dem Schlaf überlassen, wobei es noch passiver wird als im Normalzustande, um so die Kraft, die für die organischen und besonders die Hirnfunktionen des laufenden Lebens benützt worden wäre, nach außen frei werden zu lassen. Das ist der Zustand der Medialität und Hypnose mit all ihren verschiedenen Abstufungen. Schließlich will ich noch hinzufügen, daß eine heutige Gemütsbewegung oder eine plötzliche Hirnspannung diese Freilassung der Kraft unversehens bewirken und die Erregungsmittel wie Alkohol, Haschisch und Opium dasselbe provozieren können, und damit wird man den Umfang des zu studierenden Problems erfassen. Um sich zunächst einmal über die Tatsächlichkeit dieses Freiwerdens Rechenschaft zu geben, kann man entweder die Ergebnisse der Biometrie von Fortin oder von Baradac oder noch einfacher die photographischen Aufnahmen zu Rate ziehen, die *Major Darget* („Tegrad") so trefflich studiert und der Öffentlichkeit übergeben hat. Diese sehr leicht zu reproduzierenden Experimente zeigen, daß die photographische Bromsilbergelatineplatte für die Ausstrahlungen des Gehirns empfindlich ist und daß diese Ausstrahlungen wie X-Strahlen Papier und Holz durchsetzen, ja – im Gegensatz zu den X-Strahlen – durch die Metalle hindurch wirken. In der Tat, legt man eine, in einer Metallkassette verschlossene, mit mehreren Hüllen schwarzen Papiers umwickelte Platte zehn Minuten lang auf die Stirn, so kann man bei geübter Konzentration des Willens auf einen Gegenstand oder eine Idee feststellen, daß die Platte ohne anderen Effekt bloß verschleiert ist oder aber sogar Abdrücke zeigt, die die Form des gedachten Gegenstandes, ja die vorgestellten Worte wiedergeben. Auf das Hirn von Tieren gelegt, die vom Geruch oder Anblick des Schlachthauses erschreckt sind, ist die Platte ebenfalls verschleiert oder beeindruckt, was man nachweisen kann, wenn man alle notwendigen Vorsichtsmaßregeln ergreift, um die Tatsächlichkeit des Faktums mittels peinlich genauer Untersuchungen und Testplatten zu prüfen. Wenn ich bei diesen Experimenten länger verweile, so deshalb, weil die Gesellschaften für psychische Studien fast alle falsche Wege gegangen sind, indem sie auf das Studium der Medien die Zeit und Geduld verwendet haben, die sie auf die biemetrischen und photographischen Registrierungen dieser psychischen Kraft hätten verwenden sollen.

Wie immer die Art ihres Freiwerdens sein mag, aktiv oder passiv, so läßt diese Kraft doch ungefähr analoge Phänomene entstehen, deren hauptsächlichste ich hier zusammenfassen will. Sie wirkt, ohne sich durch materielle Hindernisse aufhalten zu lassen, und ohne andere besondere Leiter zu brauchen, als den Willen oder den Wunsch oder die psychischen Leiter. Sie kann anscheinend die Gesetze der Schwere zunichte machen und mehr oder weniger gewichtige Gegenstände ohne Kontakt mit physischen Stützen aufheben.

Sie kann einen Gegenstand auf den Atomzustand reduzieren, ihn durch eine Mauer hindurchgehen lassen und ihn in seinen ersten Zustand rekonstruieren. Schließlich kann sie die Gedanken der Anwesenden, die seit kürzerer oder längerer Zeit eingegrabenen Gehirnbilder wiedergeben und echte Zeichen von Intelligenz kundtun.

Gewisse von diesen Phänomenen können außerirdischen Wesen zugeschrieben werden, aber sie sind sehr selten, und die meisten produzierten Fakten hängen einzig von der Wirkung eines Mediums oder eines sonstigen Erzeugers von psychischer Energie ab, wobei die Anwesenden als Wegweiser oder Beherrscher dieser Kraft fungieren.

Für etwaige besondere Interessenten an diesen Fakten will ich folgende Übersicht aufstellen:

1. Im Wachzustande produzierte Fakten:
   Intuitionen – Vorahnungen – Telepathie – Prophetische oder andere Visionen – Psychometrie – Die Experimente des Freiherrn v. Reichenbach – Wirkungen auf die Photoplatte.
   Aktiv produzierte hypnotische und magnetische Fakten: Verschiedene dem Unbewußten zugeschriebene Wirkungen wie mechanisches Schreiben, medianime Zeichnungen etc.
2. Im Zustand natürlichen Schlafs produzierte Fakten:
   Träume – Halluzinationen – Visionen – Verdoppelung und Fernwirkungen.

3. Im Zustand künstlichen Schlafs produzierte Fakten:
   Medialität ohne Tiefschlaf – Suggestibilität – Vision – Intuition – Typtologie und Massenmagnetismus.
4. Provozierter Schlafzustand:
   Fernvisionen – Exteriorisierung – Inkarnation und Leuchtkraft – Wechsel der Persönlichkeit.
5. Tiefe Lethargie und „Trance"-Zustand:
   Motorische Exteriorisierungen oder solche mit motorischen Effekten – Berührungen durch Verdoppelung – Abdrücke – Materialisierte Formen – Apporte (gewisse neuere Experimente zeigen, daß man durch den Magnetismus den Fluidweg zwischen Abgangs- und Ankunftspunkt eines Apports nachziehen kann) – Entmaterialisierung eines Mediums.
6. Das Medium:
   Die Medialität muß unter physiologischem Gesichtspunkt studiert werden. Sie stammt gemeinhin von der mehr oder weniger jähen Überladung an nervösem Fluidum in einem der drei Geflechte (Plexus cervicalis, cardiacus oder solaris) des Sympathicusnerven. Ihre Hervorbringung ist an die Störung des Gleichgewichts zwischen Produktion und Verbrauch der vom Organismus fixierten kosmischen Kraft geknüpft – Behandlung der Medialität, wenn sie für die Gesundheit gefährlich wird – Psychologie des Mediums – Studium der Betrügereien – Wunderbarer Wert des Gebetes bei den psychischen Aktionen.

Studienarbeiten zum Thema der psychischen Fakten:
ad 1. Camille Flammarion: *L'Inconnu* – Sédir: *Resumé de Psychométrie* – Phaneg: *La vision psychométrique* – De Rochas: *Expériences de Reichenbach*.
ad 2. Papus: *Magie et Hypnose*.
ad 3. Gabriel Delanne – Gibier Moutin: *Oeuvres*.
ad 4. De Rochas: *États superficiels et états profonds de l'Hypnose* – Cahagnet: *Magie magnétique* – Chardel: *Oeuvres* – Erny: *Oeuvres*.
ad 5. De Rochas: *Exteriorisation de la Sensibilité et de la Motricité* – Papus: *Lumière Invisible* – Id: *Médiumnité et Magie* – Id: *Théorie des divers sommeils* – Gabriel Delanne: *Oeuvres*.
ad 6. Flournoy: *La planète Mars et l'écriture martienne* – Dr. Paul Joire: *Étude des Médiums* – Papus: *La fraude et la médiumnite* – Sedir: *Les Incantations*.

XI. Kapitel

Die okkulte Wissenschaft und die zeitgenössische Wissenschaft –
Die Phantasie und der Realismus –
Bacon, Trousseau, Claude Bernard (Zitierungen) –
Die Initiationsgesellschaften im 19. Jahrhundert –
Der Martinismus – Die Meister – Die Wunder der Einheit

Wir sind nun ans Ziel gelangt, das wir uns vorgezeichnet hatten. Einige streng authentische Texte alter Autoren haben uns eine experimentell und besonders theoretisch ebenso reiche Wissenschaft verkündet als die unsere. In wißbegierigem Vordringen haben wir diese Wissenschaft bis in die Heiligtümer der ägyptischen Initiation verfolgt. Wir haben das große Geheimnis wiedergefunden, das man dort verwahrt hielt: die Existenz und Betätigung eines universellen Agens, einzig in seiner Wesenhaftigkeit, dreifach in seinen Manifestationen. Einmal mit den Elementen der Theorie bekannt, haben wir wissen wollen, wie man sie in die Praxis umsetzte. Dabei erschien uns die antike Wissenschaft in ihrer Vollständigkeit, bewehrt mit ihren besonderen, auf der Verwendung der Analogie basierten Methoden und ihren verschiedenen Ausbreitungsmitteln. Der ägyptische Priester enthüllte uns, mit welcher Kunst die symbolische Geschichte die großen Geheimnisse des Hermetismus den Geschlechtern überlieferte. Die Tabellen der Korrespondenzen lieferten uns die Schlüssel zur theoretischen Magie. Die Pentakeln schließlich und ihre Erklärung brachten den dreifachen Schleier vor uns zum Fallen, hinter dem sich die Geheimnisse des Heiligtums verbergen konnten. Die drei ersten Kapitel machten uns mit der Theorie bekannt, die drei folgenden mit der Verwirklichung, der dritte Teil endlich zeigte uns die Anwendung der antiken Wissenschaft. Ich glaube, ich habe die Gründe zur Genüge gezeigt, die mich zur Proklamation der Existenz einer wirklichen Wissenschaft außerhalb des Bereichs der zeitgenössischen Wissenschaften geführt haben. Darauf darf sich jedoch unser Studium nicht beschränken. Betrachten wir die Lage, die die beiden Wissenschaften in bezug aufeinander einnehmen. Wir wissen bereits, daß beide Wissenschaften in Wirklichkeit nur die entgegengesetzten Aspekte einer und derselben Wissenschaft sind. Die eine von ihnen, die okkulte Wissenschaft, beschäftigt sich vor allem mit dem Allgemeinen und der Synthese, die andere, die zeitgenössische Wissenschaft, hauptsächlich mit dem Besonderen und der Analyse. Diese Überlegungen genügen an sich schon, um klar die gegenseitige Stellung der beiden Aspekte der Wahrheit zu zeigen. Immer noch, wenn die experimentelle Wissenschaft mit ihren Methoden eine Synthese hat aufstellen wollen, ist sie, gemessen an der aufgewandten Arbeit, nur zu wahrhaft lächerlichen Resultaten gekommen. Dann hat sie das Studium des Allgemeinen den Träumern jeder Richtung anheimgestellt und sich mit der Kenntnis der sinnfälligen Welt zufrieden gegeben. Indes macht sich das Fehlen eines Bandes zwischen den beiden Zweigen des Wissens tagtäglich fühlbarer. Die von den hervorragendsten Gelehrten aller Länder studierten Phänomene, die Fernsuggestion, die Manifestationen einer noch unbekannten Kraft bei den Spiritisten, haben die Wissenschaft von der Materie zwangsläufig in den Bereich des Geistes geführt. Die letzten Skeptiker wollen aus Furcht, gewaltsam überzeugt zu werden, die noch unerklärten Erscheinungen nicht mehr sehen und glauben damit, die Wahrheit am Entstehen zu verhindern. Sie berufen sich in jeder Hinsicht auf die Meinung des Begründers der experimentellen Methode, *Bacon*, der ihnen jedoch klar vorausgesagt hat, zu welchem Selbstbetrug die allzu unüberlegte Verwendung des „Mathematischen" führen würde: „Statt die Gründe für die himmlischen Phänomene darzulegen, beschäftigt man sich nur mit Beobachtungen und mathematischen Demonstrationen. Nun, diese Beobachtungen und Demonstrationen können wohl eine geistvolle Hypothese liefern, um all das im eigenen Kopfe zu ordnen und sich eine Vorstellung von dem angehäuften Stoff zu machen, nicht aber, um im Grunde zu wissen, wie und warum sich all das wirklich in der Natur so verhält. Sie zeigen also höchstens die sichtlichen Bewegungen, die künstliche Stoffansammlung, die willkürliche Kombination all dieser Phänomene, nicht aber die wahrhaften Ursachen und das Tatsächliche der Dinge. Im Hinblick darauf wird die Astronomie mit sehr wenig Recht unter die mathematischen Wissenschaften eingereiht. Diese Klasseneinteilung tut ihrer Würde Abbruch" (Bacon: De Dign. et Increm. Scient. I. III. C. IV). Alle großen Männer sagen, das Studium des Sichtbaren genüge nicht, gerade das Unsichtbare enthalte die für die Erkenntnis wertvollsten Wahrheiten. Aber sie sprechen in den Wind! Dem wunderbaren Scharfsinn der antiken Initiationen war die Gefahr der einseitigen Begünstigung des Phänomenalen nicht entgangen, und sie verstanden es mit großer Kunst, dem Strebenden den Unterschied zwischen der sinnfälligen und der intelligiblen Welt zu zeigen: „Vor der Eröffnung der Isismysterien gab man dem Neu aufzunehmenden eine kleine Büchse aus hartem Stein, die äußerlich ein symbolisches Tier, ein armseliges kleines Insekt, einen Skarabäus, abbildete. Pah! hätte ein moderner Skeptiker gesagt. Aber beim Öffnen der bescheidenen Hieroglyphe fand man innen ein Ei aus lauterem Golde, das, in Edelsteine graviert, die Kabiren, die offenbarenden Götter, und ihre zwölf heiligen Häuser einschloß. Das war die erlesene Methode, nach der die antike Weisheit die Kenntnis der Wahrheit fromm im Wort und im Herzen verwahrte, und diese verschleierte Symbolik, dieser dreifach versiegelte Hermetismus wurde weiser und weiser, je mehr sich der Grad des Wissens dem göttlichen Mysterium des universellen Lebens näherte."[1] Allseits stoßen die Wissenschaften auf die Welt der ersten Ursachen, da sie aber ihrem wissenschaftlichen Erforschen ausweichen, lähmen sie den Fortschritt. Das tritt bei einer für die Menschheit besonders wichtigen Wissenschaft unangenehm klar in die Erscheinung, einer Wissenschaft, die man überdies eine Kunst zu nennen gezwungen ist: bei der Medizin. Die Medizin muß die unsichtbare Welt, die ersten Ursachen, so in der Nähe studieren, daß sie früher oder später ihr Gebiet erreichen wird. In den letzten hundert Jahren hat sie sich allerdings kopfüber in den Materialismus gestürzt, und mit gutem Grund gegen die Träumereien der Metaphysik protestiert, zu der sie früher hingravitierte. Die pathologische Anatomie hat dem Anruf kühner Neuerer siegreich geantwortet und mit Entdeckung über Entdeckung den Parteigängern eines unverstandenen Animismus oder eines Vitalismus, der erst später und dank der homöopathischen Wundermethode zulässig sein wird, den Mund verschlossen. Nach Auffindung der nervösen Zentren und endlich bewirkter enger Bindung von Klinik und physiologischen Demonstrationen konnte die materialistische Medizin in berechtigtem Stolze über ihr Werk sich am Ziele glauben und schickte sich an, ihren Sieg laut hinauszurufen, als diese Welt des Unsichtbaren, die man für immer verbannt hatte, aufs neue Zeichen ihrer Existenz von sich gab. Die Fernsuggestion, unbestreitbar trotz des systematischen Widerspruchs der Hemmenden, die immer größere Wahrscheinlichkeit des Vorhandenseins eines anfangs mit solcher Erbitterung geleugneten Fluids, die von den Spiritisten produzierten, von den offiziellen Gelehrten aller Länder studierten und als tatsächlich anerkannten Phänomene zwingen, wie von mir bereits erwähnt, die unparteiischen Forscher, an den Bereich des Immateriellen heranzutreten und dadurch die Elemente der künftigen Synthese zu vermehren, die das Phänomen mit dem Numen wieder vereinigen wird. Nun, ich scheue vor der Behauptung nicht zurück, daß man, möge man was immer zum Ausbau von Neuforschungen unternehmen, möge man den Resultaten was immer für Namen verleihen, doch zwangsläufig ins Reich der antiken okkulten Wissenschaft wiedereintreten wird. Was kann sich daraus ergeben? Eine noch größere Reaktion gegen den Materialismus, als man je gesehen hat, und da es schwer ist, eine rechte Mitte zu halten, eine Reaktion zum Mystizismus hin. Deshalb möchte ich zeigen, daß weder das eine noch das andere Extrem die Wahrheit fördern kann, und deshalb möchte ich allen die hohe Idee verständlich machen, die in dem als Epigramm für diese Abhandlung dienenden Satze von *Louis Lucas* enthalten ist: „Die Tiefe der theoretischen Ansichten des Altertums mit der Richtigkeit und Macht des modernen Experimentierens versöhnen" – darin liegt alles. Wenn ich so zwei Bereiche aufstelle, zu denen die Medizin gravitieren soll, den Idealismus und den Materialismus, so glaube man nicht, das seien meiner Phantasie entsprungene Träumereien. Alle Meister haben diese zwei Bereiche gefühlt, und diejenigen, welche behaupten, die Hypothese habe in der Wissenschaft nichts zu suchen, verkennen *Trousseaus* schöne Bemerkung: „Sobald Sie ein Faktum haben, ein einziges Faktum, so verwenden Sie all Ihre Intelligenz darauf, prüfen Sie es nach seinen bemerkenswerten Seiten hin, rücken Sie es ans Licht, ergehen Sie sich in Hypothesen, stürmen Sie vorwärts, wenn es sein muß!"[2] Trousseau hatte die Nutzlosigkeit der medizinischen Studien für die meisten von denen wohl verstanden, die sich ganz den zeitgenössischen Methoden hingeben, und ich müßte ihn seitenlang zitieren, wollte ich beweisen, in welchem Maße er sich darüber erregt: „Wie kommt es denn, daß die Intelligenz um so träger wird, je mehr sich die wissenschaftlichen Aufzeichnungen häufen, ganz zufrieden damit, nur zu bekommen und zu genießen, um Ausarbeiten und Gebären aber wenig bekümmert."[3] „Sie, in deren Kreisen die Mittel im Überfluß vorhanden sind, die Sie verwöhnt, entnervt, durch das Übermaß des Ihnen Gebotenen übersättigt sind, Sie können nur in Empfang nehmen und verschlingen, und Ihre träge Intelligenz erstickt vor Beleibtheit und stirbt unproduktiv. Mit Verlaub, etwas weniger Wissen und etwas mehr Kunst, meine Herren!"[4] Diesen Aspekt hatten für den großen Meister die beiden Gebiete angenommen, von denen ich kurz zuvor gesprochen habe, und sie hatten bei ihm die Namen „medizinische Kunst" – entsprechend dem „Idealismus" – und „medizinische Wissenschaft" – entsprechend dem „Realismus". Alle Denker, ich wiederhole es, verstanden diese Unterscheidung. Hören wir nach dem Neurologen Trousseau den Physiologen *Claude*

Bernard, wie er von seinem Fach aus ebenfalls die Einheit von Phantasie und Wissenschaft proklamiert: „Die Wissenschaft steht zu den Beobachtungen und Angaben der Kunst nicht im Widerspruch, und deshalb kann ich der Ansicht derer nicht beipflichten, die behaupten, der wissenschaftliche Positivismus müsse die Inspiration töten. Meiner Meinung nach wird notwendig das Gegenteil eintreten. Ich hege die Überzeugung, daß Dichter, Philosoph und Physiologe bei genügender Vorgeschrittenheit der Physiologie alle einander verstehen werden."[5] Mag man wie immer über Claude Bernard urteilen, man kann ihm unmöglich die vollste Anerkennung für den wunderbaren Scharfsinn in der Art der Führung seiner Untersuchungen versagen. Er empfand die Wahrheit in bewundernswerter Weise, und es ist seltsam, festzustellen, mit welcher Genauigkeit er die Vergeblichkeit des experimentellen Materialismus gesehen hat, wenn er spricht: „Wenn es mich nicht vom Ziele meiner Untersuchungen ablenken würde, könnte ich leicht zeigen, daß der Materialismus in der Physiologie zu nichts führt und nichts erklärt."[6] „Die materiellen Eigenschaften der Gewebe bilden die zum Ausdruck der Lebenserscheinungen notwendigen Mittel; keineswegs aber können uns diese Eigenschaften die erste Ursache der funktionellen Anordnung der Organapparate geben. Die Muskelfaser erklärt uns durch die ihr eigentümliche Eigenschaft, sich zu verkürzen, lediglich das Phänomen der Muskelkontraktion, aber diese Eigenschaft der Kontraktionsfähigkeit, die immer die gleiche ist, lehrt uns nichts darüber, warum es verschiedenartige Bewegungsapparate gibt, von denen die einen zur Hervorbringung der Stimme, die anderen zur Betätigung der Atmung konstruiert sind, etc. Der strenge Materialist müßte folglich sagen, die Muskelfaser der Zunge und die des Kehlkopfes hätten die Eigenschaft, zu sprechen oder zu singen, und die des Zwerchfells die Eigenschaft, zu atmen! Nicht anders verhält es sich mit den Hirnfasern und -zellen; sie besitzen die allgemeinen Eigenschaften der Innervation und Leitungsfähigkeit, doch könnte man ihnen trotzdem nicht die Eigenschaft zuteilen, zu denken, zu fühlen oder zu wollen. Man muß sich also wohl hüten, die Eigenschaften der Materie mit den Funktionen zu verwechseln, die sie erfüllen" (Cl. Bernard: La Science expérimentale. S. 429). Ich habe so einige Zitate bringen wollen, um zu zeigen, daß man, ohne Phantast zu sein, die Materie mit der Idee und die Wissenschaft mit der Kunst verbinden kann, mehr noch, daß die allgemeinen Wissenschaften, die zum Bereich des Okkultismus gehören, sehr stark in das Studium der speziellen Wissenschaften eintreten müssen, die von der sinnlichen Welt abhängig sind. Die okkulte Wissenschaft hat also dabei praktischen Wert. Übrigens werden, denk ich, die Anwendungen, die Louis Lucas vorgenommen hat, zur Überzeugung selbst der Ungläubigsten genügen. Wir müssen uns nun mit den Schwierigkeiten, die das Studium der okkulten Wissenschaften bietet, und mit den vorhandenen Schulmöglichkeiten vertraut machen. Man wird bemerken, daß ich bei den praktischen Anwendungen der okkulten Wissenschaft nur wenig von den außerordentlichen Gewalten, die man durch Gebrauch dieses Wissens erlangen kann, oder von der Herstellung des Goldes durch den Stein der Weisen gesprochen habe, und das einfach deshalb, weil ich den Okkultismus gegenwärtig nur als eine unserer zeitgenössischen Wissenschaften betrachte und dafür bin, mich auf Angaben zu stützen, die, wenn auch noch nicht zugegeben, so doch wenigstens für die Majorität der Zeitgenossen annehmbar sind. Aus diesem Grunde will ich von der Praxis dieser Wissenschaft hier absehen und lediglich von den Schwierigkeiten bei der Erwerbung ihrer Theorie sprechen. Schauen Sie die Schranken, die sich am Eingang aller modernen Wissenschaften aufrichten, versuchen Sie Physik oder Astronomie zu studieren, wenn Sie von Mathematik nichts verstehen, wagen Sie sich in die klinischen Fächer der Medizin, ohne die schrecklichen Hindernisse der anatomischen Nomenklatur bewältigt zu haben – überall werden Sie den Weg um so fester verrammelt finden, je weniger die bereits ans Ziel Gelangten auf künftige Konkurrenten Wert legen! Wenn Sie nun ein gesundes Urteil über diese Schwierigkeiten haben, so betrachten Sie die okkulte Wissenschaft und prüfen Sie dreist, ob man zur Erlernung der großen Gesetze der Dreiheit und der universellen Einheit langer Studien bedarf?! Die wahre Wissenschaft muß für alle zugänglich sein, aus dem Tageslicht allein kann man die Wahrheit erlernen, während die Bücher allzu oft nur zur Züchtung von Großtuern nütze sind. Bildung durch Erziehung ist eine schöne Sache, ich bin der erste, das anzuerkennen; aber sie reicht nicht aus; richtig geleitetes Studium in der Natur führt rascher zum Ziele als das Studium in den Büchern. Wie aber dieses Studium leiten? Das ist der Punkt, wo man von den Initiationsgesellschaften sprechen muß. Ehemals beschränkte sich der Lehrer darauf, dem Neuling seinen Lieblingsweg zu weisen, nachdem er ihn zuvor mit den zur Erklärung seines Wegs ausreichenden Kenntnissen ausgerüstet hatte. Diesen Zweck erfüllten die kleinen Mysterien. Heute weichen die Unterrichtsmethoden davon ab; der Mensch, der sich allein zu entwickeln sucht, wird als Deklassierter betrachtet und verdient alsbald das – für den, der es zu schätzen weiß – schmeichelhafte Beiwort eines Originals. Die Erziehung des Altertums ging nahezu einzig darauf aus, die Leute zu „Originalen" zu machen, die moderne Erziehung dagegen strebt nach Gruppierung der Intelligenzen in große Klassen. Und darum: Wehe den Deklassierten! Worin bestehen nun also die Mittel, die ein Wißbegieriger derzeit zur Erlernung der antiken oder okkulten Wissenschaft verwenden kann? Diese Mittel sind zwiefacher Kategorie. Erstens persönlicher Unterricht, zweitens Unterricht durch Gesellschaften. Der persönliche Unterricht ist der einzige wahrhaft nützliche, die Arbeit der Gesellschaften muß sich lediglich auf die Anleitung des Bewerbers beschränken. Man erlangt die Belehrung durch Natur- oder, einmal im Besitz gewisser Angaben, auch Bücherstudium. Diese Angaben bilden den Untergrund aller Initiationen, und diese Darstellung verfolgt nur den einen Zweck, die Aufgabe der Neulinge und der Lehrer nach meinen besten Kräften zu erleichtern. Ich gebe mich über die meiner Arbeit anhaftenden Mängel angesichts der Schwierigkeit des Unternehmens keiner falschen Einbildung hin. So oder so, der gewissenhafte Sucher zögert immer, den Ratschlägen von Büchern zu folgen, ein lebendiger Führer scheint ihm weit erstrebenswerter als alle Bibliotheken der Welt! Dann eben mag er sich an die Initiationsgesellschaften wenden. Die erste sich ihm bietende ist die Freimaurerei. Der Gedanke liegt mir fern, diese weitverbreitete Gesellschaft als bar jedes Interesses hinsichtlich der okkulten Wissenschaft zu betrachten, wie es manche moderne Autoren tun. Die Freimaurerei, wie ich sie im *Traité méthodique de Science occulte* entwickelt habe, besitzt sehr hohe Symbole und Geheimnisse; aber ohne daß ihre Mitglieder davon etwas wüßten. Die haben den Schlüssel verloren, der den Sinn des rätselhaften Wortes *INRI* öffnet, und die Rosenkreuz-Freimaurer mögen diesen Verlust dauernd beweinen. Einige umfassende Intelligenzen, unter anderem Ragon, machten mutige Anstrengungen, die Intellektualität der Gesellschaft in okkulter Hinsicht wieder zu wecken. Wie aber den erhabensten Teil des Wissens Leuten beibringen, die nicht einmal die Grundbegriffe besitzen! Das Licht, das die Freimaurerei ihren Adepten unter dem Siegel drückender Eidesverpflichtungen verspricht, kann sie nur denen geben, die unterrichtet genug sind, es allein zu erlangen, und die es folglich nicht nötig haben, ihre Freiheit zu verpfänden. Der Wißbegierige, der bei ihnen wirklich initiiert werden will, verliert also – theoretisch gesagt – seine Zeit, obwohl es die einzige Gesellschaft in der Welt ist, die ihm so überreiche Hilfsquellen für die tägliche Praxis des Lebens liefert. Wir schulden demnach der Freimaurerei für die Dienste, die sie durch

Agitation gegen die Sektiereien und den Despotismus jeder Epoche dem Gedanken geleistet hat. unsere volle Anerkennung. Wird sie aber ihren Weg fortsetzen können, ohne selbst Sekte zu werden?! ... Wohin muß man sich also wenden, um beim Versagen der Freimaurerei lebendige Führer im Studium des Okkultismus zu finden?

Die Initiationsgesellschaften

Vermerken wir zunächst, daß manche Maurerriten des Auslandes großen Symbolwert bewahrt haben; in Frankreich selbst erhebt sich vor den unwissenden Politikern, die in die Tempel eingedrungen sind, der ganz kabbalistische Ritus der „Misraîm" wieder als treuer Hüter der hohen symbolischen Lehren. Die Freimaurerei wurde jedoch von den *illuminierten* Rosenkreuzern geschaffen[7], um als Kultur- und Ergänzungszentrum für die reinsten und höchsten Orden zu dienen. Wenn die Jünger ihren Meistern Gegenvorstellungen machen und die traditionellen Symbole zertrümmern, um ihrer Umgebung angepaßte zu erfinden, dann überlassen die Meister die Toren ihrer raschen Auflösung, geben den hohen Bruderschaften Auftrag, aus dem Schatten der geheimen Heiligtümer hervorzutreten, und ermächtigen sie, weltliche Zirkel zu schaffen; denn die *Supérieurs Inconnus* sind immer da. Die echten Initiierten des Orients wie des Okzidents erkennen einander immer wieder und verstehen das Abendmahl aus der gleichen Hand zu nehmen. Denn alle beide kennen die göttliche Sendung Christi. Gewisse Europäer jedoch haben eine eigensinnige Flickarbeit widerstrebendster, allenthalben hergeholter Elemente als eine reine orientalische Initiation bieten wollen. Das gerade war einer der größten Fehler der *„theosophischen Gesellschaft"*, denn deshalb zogen sich aus ihr alle französischen Initiierten jäh zurück. Niemand achtet eine ehrliche Überzeugung höher als der Autor der vorliegenden Arbeit, niemand erkennt williger an als er, daß es im Orient Eingeweihte hervorragendsten Wissens gibt, aber diese Eingeweihten sind mit den geheimen Sanktuarien des Brahmanismus und nie mit denen des Buddhismus in Verbindung. Einige wenige unter den Brahmanen sind in die großen Mysterien eingeweiht, und diese erkennen sich unmittelbar am Besitz des Schlüssels zur atlantischen Ursprache, dem *Watan*, das als Grundwurzel für Sanskrit, Hebräisch und Chinesisch ebenso wie für die Hieroglyphenschrift dient. Wenn ich nun auch sage, die von der *theosophischen Gesellschaft* verbreiteten Lehren seien nicht Ergebnis einer Initiation, sondern einer Sammelarbeit, so will ich doch damit weder die

Existenz einer Initiation noch die einer Esoterik im Orient leugnen, noch weniger gar irgend eine Parallele ziehen. Ich behaupte nur, diese Gesellschaft repräsentiert nicht ein Initiationszentrum des Orients, und ich behaupte das, weil ich wahre orientalische Initiierte *gesehen* habe, die mir dadurch, daß sie mir dank des Watans den tatsächlichen Schlüssel zum Arkanum *AZT* gaben, den Beweis erbrachten, daß Initiation und Sammelwerk zweierlei Dinge sind.[8] Darüber hinaus anerkenne ich in vollem Bewußtsein die Bemühungen dieser Gesellschaft, im Abendlande das Studium der Sanskrit-Terminologie zu fördern. Die zugänglichsten abendländischen Initiationsgesellschaften, die man ohne Vertrauensmißbrauch nennen kann, sind:

Das Rosenkreuz;
Der Martinistenorden.
Die vom Martinismus abgeleiteten oder ihm angegliederten alchymistischen, astrologischen und hermetistischen Gesellschaften.

Der *„kabbalistische Orden vom Rosenkreuz"* liefert seine Grade ausschließlich auf Prüfung hin. Er ist derzeit vollkommen geschlossen.

Der *Martinistenorden* ist ein aktives Zentrum für Initiationsvorbereitung. Er ist zur raschen, möglichst ausgedehnten Verbreitung der Lehren des Okkulten und der großen Linien der abendländisch-christlichen Tradition aufgestellt und durch einen obersten Rat von 21 Mitgliedern mit dem Sitze in Paris straff zentralisiert. Die allgemeinen und besonderen Delegierten, die Logen, die Gruppen und die freien Initiatoren des Martinistenordens dehnen ihre Wirksamkeit über Frankreich und ganz Europa, ja über Afrika und die beiden Amerika aus. Keine Initiationsgesellschaft besitzt im Abendlande die Zahl von Logen und Mitgliedern, die der Martinistenorden aufzuweisen hat, der dank seiner Verbrüderungen in fortlaufenden Beziehungen zu den Babysten Persiens, den Gesellschaften für Okkultismus Chinas und allen religiösen Gesellschaften des Islam wie zu mehreren Zentren Indiens steht. Dem Orden unterstellt, ist die *„Unabhängige Gruppe für esoterische Studien"* mit ihren 104 Fächern und korrespondierenden Mitgliedern und parallel mit dem Orden die *„Fakultät der hermetischen Wissenschaften"* in Funktion, die in ihrem Zentrum Paris und in ihren Filialschulen Lüttich, Madrid, Bern und Buenos Aires im Ausland und Lyon und Bordeaux in Frankreich einen progressiven Lehrgang abhält, der nach Prüfung zum Diplom des Baccalaureus, Licentiaten und Doktor der hermetischen Wissenschaften führt. Überdies werden die Spezialstudien der Alchymie auch unter Leitung der

Société alchimique de France betrieben, die von einem Komitee maßgebender Forscher geleitet wird. So erhebt sich die spiritualistische und hermetische Lehre angesichts der atheistischen und materialistischen Lehre, so bildet sich der Stab von Intellektuellen, die im Falle einer Gesellschaftskrise das Gut der ihnen anvertrauten Wahrheiten hüten werden. Darüber hinaus ist in der letzten Zeit ein noch beträchtlicherer Anlauf genommen worden: Unter dem Namen „*Union Idealiste Universelle*" haben sich alle Führer der großen philanthropen Bewegungen Europas und Amerikas zusammengefunden und stellen in einem einzigen Verbande eine Armee von 30.000 Intellektuellen nebst Zeitschriften in allen Sprachen dar.

Die Meister

Die Initiationsgesellschaften bezwecken hauptsächlich die Entwicklung der menschlichen Natur und ihre Ausbildung zur Aufnahme direkter Einflüsse aus den höheren Ebenen. Sie fördern vor allem die Intellektualität, vernachlässigen aber darüber keineswegs die Spiritualität. Nach dem Grundsatze: „*Die Initiation muß immer individuell sein*" – fühlt sich die Gesellschaft nur dazu berufen, die Wegrichtung anzudeuten und die Vermeidung gefährlicher Nebenpfade zu ermöglichen. Gibt es in Europa neben, außerhalb oder im Innern der Initiationszentren eigentliche „*Meister*"? Auf diese Frage will ich mit einem klaren „Ja" antworten. In Frankreich gibt es echte Meister intellektuellen wie spirituellen Ranges. Derzeit leben mitten in der Gesellschaft zwei solche Männer. Freilich unterscheidet sich ihre Lebensführung beträchtlich von der der Menge, und deshalb will ich das Porträt jedes einzelnen kurz skizzieren. Zunächst aber muß ich auf einen Einwurf mancher Unwissender erwidern, die behaupten, ein wahrer Meister könnte weder in unserer physischen noch sozialen Atmosphäre leben. Das würde für einen Meister des Egoismus stimmen, der in seiner Entwicklung gerade nur bis auf die Mentalebene gekommen ist und die Kraft für das notwendige Opfer, sein selbstgeschaffenes ätherisches Paradies zu verlassen und an dem Leiden und vergifteten Leben der Geschöpfe, die er retten will, teilzunehmen, nicht in sich fühlt. Solche Meister begnügen sich damit, *inspirativ* auf die Gehirne gewisser Menschen einzuwirken, die diese Eindrücke dann mehr oder minder genau übersetzen, und so ist das Sache verfeinerten Hirns, nicht aber gänzlicher Hingabe. An der Schwelle des neuen Lebens für den Okzident erhebt sich eine Gestalt, erhabenes, übermenschliches, nein: göttliches Beispiel für alle Handlungen: *Christus.* Die Person des Gott-Erlösers hatte das furchtbarste Leiden zu erdulden. Es sind nicht die allzu menschlichen Martern des Passionsweges und der Kreuzigung, es ist das völlige Herabsteigen in die Materie, es ist die Begrenzung des Prinzips aller Ausdehnung, es ist die ständige Unterwerfung des spirituellen Prinzips unter die Anmaßung des fleischlichen Körpers, der das Erdendasein an das Keimen im Mutterleibe knüpft, es ist der Verlust des Zusammenhanges mit der göttlichen Ebene bis zur Wiedererlangung der Vereinigung mit dem göttlichen Vater und deren Aufrechterhaltung drei Jahre des irdischen Lebens hindurch, es ist das absolute Leiden, an das kein Fakir, kein Entwickelter heranreicht, gehöre er welcher Ebene immer an. Und darin liegt ein so furchtbares, aber auch so lichtvolles Mysterium, daß die, die nicht wissend sind, mit Zorn, mit Wut die Möglichkeit leugnen, ein übermenschliches Wesen könne mitten im Physischen leben, und daß sie des göttlichen Wesens Begrenzung in Zeit und Raum, für das Diesseits und Jenseits immer verknüpft sind, gar nicht verstehen können. Man sieht nun ein, warum ich es für richtig gehalten habe, diesen Einwurf zu erledigen, bevor ich nun daran gehe, ein paar Worte über die beiden Meister zu sagen. Von diesen zwei Männern, die ich zum Beispiel gewählt habe, stellt der eine die vollkommene Meisterschaft der Intellektualität, der andere die der Spiritualität dar. Der intellektuelle Meister ist ein Mann mit weißen Haaren, dessen Gestalt Güte atmet und dessen ganzes Wesen Ruhe und Seelenfrieden strahlt. Sein Initiationsweg war immer der des Schmerzes und des Opfers. Er wurde in die westliche Tradition durch die höchsten Zentren, in die östliche von zwei der größten Würdenträger der brahmanischen Kirche eingeführt, von denen der eine Brahatma der heiligen Zentren Indiens war. Wie alle Zöglinge der echten orientalischen Initiation besitzt er alle Lehrhefte, deren jede Seite von dem für die Überlieferung des heiligen Wortes verantwortlichen Brahminen gegengezeichnet ist. Das Lesen dieser Hefte erfordert die tiefgründige Kenntnis nicht nur von Sanskrit und Hebräisch (was die initiierten Hochgradbrahminen gründlichst beherrschen), sondern auch der Ursprachen, deren Anpassungen die Hieroglyphen und das Chinesische sind. Außer den Kenntnissen der Vedas und folglich der heiligsten Mantras, der sieben Bedeutungen des Sepher und der kabbalistischen Schlüssel besitzt der intellektuelle Meister den tatsächlichen Beweis seines Grades, den *„lebendigen Schlüssel"*, der die Umwandlung dieser Kenntnisse in unmittelbarer Anpassung auf den Menschen, die Kunst, die Gesellschaft erlaubt, Kenntnisse, die ohne diesen Schlüssel eine Enzyklopädie schöner, aber toter und eisiger Dinge bilden würden, also das, was die Eigentümlichkeit der Akademien ausmacht, nicht aber die echter Initiierter. Unter seinen Fingern bilden sich die Rhythmen der alten druidischen Gesänge und treten wundersam und verwirrend zu Tage, nehmen die Geheimnisse der altgotischen Formen und der künftigen Bauarten aus Eisen und Glas Gestalt an und übersetzen die lebendigen Worte Christi, die Engel der Verkündigung, in die Sprache der Bauwerke. Und so könnte ich noch Seiten um Seiten fortfahren, ohne auf den Grund dieses wunderbaren Wissens zu kommen, das nur so ist, weil es lebendig ist, und nur lebt, weil es aus dem Prinzip der Liebe quillt. Anzugeben, um den Preis welcher bitteren Leiden dieser intellektuelle Meister unter uns weilt, während die Hälfte seiner Seele bereits die Reintegration erreicht hat, hieße die Menschen zum Zittern bringen, die die Mysterien der *„dwidjas"* nur dem Namen nach kennen, ein Wort, das man exoterisch mit *„zweimal Geborene"* übersetzt, dessen richtige Übersetzung aber *„auf zwei Ebenen zugleich lebend"* lauten muß. Nun zum spirituellen Meister! Er stieg herab, während der erste hinaufstieg; er weiß alles, lehrt jedoch, herabzusteigen und die Gewißheit zu erlangen: Nur der Mensch, der weiß, daß er nichts weiß, beginnt Verständnis für wirkliches Wissen zu bekommen, nur der, der nichts besitzt als ein elendes Bett, aber dies sein elendes Bett einem leiht, der nicht einmal das hat, ist reicher als alle Reichen. Will der spirituelle Meister unterrichten, so kann er das entweder durch sein Wort, was bei ihm selten, oder dadurch, daß er den Menschen *die Augen öffnet,* was das Gewöhnlichere ist. Besitzer physischer Güter, die ihm gestatten würden, in Muße zu leben, widmet er sein ganzes Leben der Heilung der Armen und der Aufrichtung der Bekümmerten. Diese Heilungen zeigen sogar dem Blindesten, aus welcher Ebene der Geist stammt, der Herr über Krankheit, ja über Tod ist. In den Straßen der Stadt, in der er wohnt, sieht man ihn umhergehen, ein Niedriger unter Niedrigen, und so kennen ihn einzig die armen Leute und segnen ihn. Da ein Arbeiter, der ihn achtungsvoll grüßt, verdankt ihm sein Bein, das man ihm amputieren wollte; aber der Meister heilte ihn in einer Stunde. Dort eine Frau aus dem Volke, die seinen Weg kreuzt, suchte ihn auf, als ihr Kind schon röchelte, und der Meister sprach: „Weib, ihr seid durch Eure unaufhörliche Ergebung und Euren Mut vor den Prüfungen reicher als die Reichsten der Erde. Geht, Euer Kind ist geheilt!" Und nach Hause gekommen, stellte die Mutter das Wunder fest, das die Ärzte völlig aus der Fassung brachte. Da, die Handwerkerfamilie, eilte zu ihm, als seit achtzehn Stunden die einzige Tochter tot war, er kam, und vor zehn Zeugen lächelte die Tote und schlug die Augen neuerlich zum Licht auf. Fragen Sie alle diese Leute nach dem Namen dieses Mannes, und sie werden sagen: Er ist der *Vater der Armen*. Wenden Sie sich an diesen Mann; fragen Sie ihn, wer er sei, woher er diese seltsamen und furchtbaren Gewalten habe, und er wird erwidern: „Ich bin geringer als ein Stein; es gibt so viele Wesen auf dieser Erde, die etwas sind, während ich glücklich bin, nichts zu sein; ich habe einen Freund, der für seine Person etwas ist. Seien Sie gut, geduldig in den Prüfungen, den sozialen und religiösen Gesetzen ihres Vaterlandes gehorsam, nehmen Sie Anteil und geben Sie, was Sie haben, wenn Sie Brüder finden, die in Not sind, und mein Freund wird Sie lieben. Was mich betrifft, einen armen Abgesandten, ich schreibe in das Führungsbuch, so gut ich kann, und bete zum Vater, wie es einst unser Heiland Christus tat, der auf Erden und in den Himmeln in Glorie strahlt und zu dessen Herz man durch die Gunst der Lichtjungfrau gelangt, Mariä, deren Name gesegnet sei!" Ich will diese Seiten, die durch meine Anerkennung so freundlich wirken, nicht mit der Erinnerung an die Unbill und die Sarkasmen schließen, mit denen die Gelehrten, die Selbstzufriedenen, die Kritiker den Meister überhäufen. Er übersieht sie, verzeiht ihnen und betet für sie. Das genügt. Dieser Mann, dessen Charakter ich soeben im Hinblick auf seine Höhe nur recht linkisch skizziert habe, ist gleich dem vorhergehenden nicht eine Sage, ein nebelhaftes, irgendwo in der Tiefe eines unzugänglichen Landes verlorenes Wesen, nein, er ist ein Mensch von Fleisch und Blut und lebt das Leben der Gesellschaft, dessen ganze Lasten und mehr noch er auf sich genommen hat. In Erinnerung daran, daß außer während des Fastens in der Wüste das Vorbild der weißen Rasse, Christus, sich sein Erdenleben lang trug wie die meisten Menschen, lebt der Meister wie all seine Menschenbrüder. Deshalb will ich nur von den menschlichen Werken sprechen und die Versetzungen in die anderen Existenzphasen, die augenblicklichen Verbindungen mit ihnen jenseits von Zeit und Raum und die Direktion über die Geister mit Stillschweigen übergehen. Nur ein wirklich freier Mann hat das Recht, ins Buch des Lebens zu schreiben; die anderen lesen bloß darin. Lernen Sie also lesen, bevor Sie schreiben wollen!

*

Ich wiederhole, es ist nicht nötig, sich irgend einer Gesellschaft anzuschließen, um den Okkultismus zu erlernen. Jeder kann allein dazu kommen, und die Gesellschaften können und sollen nur zur Andeutung des Weges dienen, den der Studierende dann selbst gehen muß. Dieser Traktat wird, hoffe ich, trotz seiner Unvollkommenheiten ausreichen, um die modernen Autoren okkulter Wissenschaft, deren Werke ich in der kleinen Bibliographie „Der zeitgenössische Okkultismus" veröffentlicht habe[9], klar und leicht verständlich zu machen. Man wird dabei erkennen, daß die Gesetze, die uns das Altertum in seinen Symbolen überliefert hat, nicht eitel sind und daß von der Politik bis zur Philosophie Aktiv und Passiv, Autorität und Machtgewalt, Glaube und Wissen Gegensatzstellung einnehmen, um sich zur Zeit der Wiedergeburt der wissenschaftlichen, gesellschaftlichen und religiösen Synthese besser zu vereinen. Zu allen Zeiten hat es die Gewalt verstanden, daß sie die Menschen nur lenken kann, wenn sie sich ihrer Intellektualität bemächtigt. Die Lehre dem ausschließlichen Nutzen seiner Ideen dienstbar zu machen, das ist das Ziel jedes Despotismus. Zu allen Zeiten haben sich Ablehner gefunden, die die Lehre der unversehrten Einheit der Stücklehre des Despoten entgegenstellten. Die Gewalt an der Verknechtung der Initiation zu hindern, das ist das ewige Ziel der Autorität. Der Kampf zwischen Autorität und Machtgewalt ist der Schlüssel der Geschichte. Die Gewalt merkt, daß sich die Autorität gegen ihre Herrschaft stellt, und verfolgt sie deshalb überall, wo sie ihrer habhaft werden kann. Die Autorität umgibt unter den Verfolgungen der Despoten ihre Lehren mit dem tiefsten Geheimnis. Das Altertum zeigt uns die despotischen Könige in ihrer vergeblichen Anstrengung, gegen das in den ägyptischen Mysterien gelehrte Wissen anzukämpfen. In späterer Zeit verstehen die jüdischen Priester, die Schüler des ägyptischen Priesters Moses, nicht mehr die unversehrte Wahrheit, deren Verwahrer sie sind, und wollen sich darum der Lehre des Gottsohnes widersetzen. Danach bemächtigt sich die Kirche der Gewalt. Im Namen des Glaubens verfolgt die Inquisition alle als Häretiker, die ihre verkürzte Lehre erweitern wollen. Die Autorität, vertreten durch die gnostischen Templer, dann durch die Alchymisten, danach durch die Freimaurer, stellt den Verfolgern ihre Mysterien entgegen. In der Französischen Revolution gelangt die Freimaurerei zur Macht. Der christliche Dreiklang „Glaube – Hoffnung – Liebe" wird durch sein maurerisches Äquivalent „Freiheit – Gleichheit – Brüderlichkeit" ersetzt. Treu dem ewigen Gesetz, kämpft die Freimaurerei heute gegen die Kirche im Namen der Wissenschaft. Sie will alles verschwinden lassen, was sich ihrer unvollständigen Lehre widersetzt. Wehe dem, der die beiden Untrennbaren vereinen will, das Wissen und den Glauben. Die Fanatiker des Glaubens verketzern ihn, weil er sich an die Wissenschaft anlehnt, die Fanatiker der Wissenschaft, weil er sich auf den Glauben beruft. Und dennoch: Sieht man nicht immer, wie sich Licht und Dunkel im

Halbdunkel, Mann und Weib in der Liebe vereinen?! Die gesamte Geschichte ruft uns zu, daß der Palast niemals ungestraft den Tempel unterdrücken, der Tempel nie Bestand haben kann, wenn er außer der Autorität auch noch Macht beweisen will. Im menschlichen Körper, dieser Übersicht der Welt, wird die Macht vom Herzen, die Autorität vom Hirn ausgeübt. Das Herz hört sofort mit seiner Bewegung auf, wenn es dem Nerveneinfluß entzogen wird. Der Papst, der das Zeitliche mit dem Spirituellen, der König, der das Königtum mit der Religion verbindet, sind widernatürliche Mißgestalten, und ihr Werk wird früher oder später vom Tode ereilt. Mißgestalten bringen nur traurige Sprößlinge hervor. An der Schwelle unserer Geschichte erhebt sich ein Priester des Osiris, der von der Vorsehung beauftragt ist, der ewigen Religion einen neuen Kult zu geben. Moses kündigt so, getreu den in den Tempeln empfangenen Lehren, das Gesetz der Politik an. „Auf das Reich gerechten Willens folgte das der Willkür, dessen charakteristischer Name „Tigerweg" heißt, „Nimrod", der Cäsarismus. Dieser Regierungstyp wollte den irdischen Gesellschaftsstaat mit kriegerischer Gewalt beherrschen, wie der Nordpol auf dem Planeten dominiert. In diesem Typus widersetzt sich der Regierungspol, die anarchische oder persönliche Gewalt, dem Reiche Gottes, der sozialen Ordnung, die in der Menschheit das Spiegelbild des Antlitzes *IEVE's* ist. Daher der Grundsatz der Orthodoxen: Nimrod, die Herrscherwillkür und alles, was darauf Bezug hat, ist das Gegenteil, der Antipode des Reiches Gottes, der Widersacher, der das Antlitz *IEVE's* daran hindert, sich im sozialen Staat zu spiegeln."[10] Heute wie immer gibt es Menschen, die die Einheit der Wissenschaften und der Kulte erfassen. Erhaben über allen religiösen Fanatismus, beweisen sie, daß alle Kulte nur Dolmetscher einer und derselben Religion sind. Erhaben über allen philosophischen Fanatismus, beweisen sie, daß alle Philosophien nur Ausdruck einer und derselben Wissenschaft sind. Wenn man dem Katholiken, dem Juden und dem Hindu gezeigt hat, daß ihre Kulte im Grunde dieselben, von Christus wiederbelebten Symbole bergen, wenn durch sie allen verständlich geworden ist, daß Jehova, Jupiter, Osiris, Allah nur verschiedene Auffassungen eines und desselben Gottes sind, wenn aus ihnen die Einheit des Glaubens offenbar geworden ist, dann sprechen sie zum Philosophen. Sie zeigen dem Materialisten, daß er nur eine Seite der Natur gesehen hat, daß jedoch seine Beobachtungen richtig sind. Sie zeigen dem Idealisten, daß auch er nur eine Fläche der Wahrheit gesehen hat, daß er jedoch seinerseits ebenfalls recht hat. Sie idealisieren den Materialismus und materialisieren den Idealismus und proklamieren so die Einheit der

Wissenschaft im Gleichgewicht, das sich aus der Analogie der Kontraste ergibt. Danach, noch höher steigend, öffnen sie die Augen dafür, daß Polytheismus und Monotheismus nur zwei verschiedene Auffassungen eines und desselben Glaubens sind, ebenso wie Idealismus und Materialismus nur zwei verschiedene Auffassungen einer und derselben Wissenschaft darstellen. Da weiters Wissenschaft und Glaube nur zwei verschiedene Auffassungen der einzigen, ewigen Wahrheit sind, proklamieren sie die Einheit von Religion und Philosophie in der gleichen Synthese, deren Devise sie also aussprechen:

> WAS OBEN IST, IST WIE DAS, WAS UNTEN IST,
> UM DAS WUNDER DER EINHEIT ZU VOLLBRINGEN!

Die verschiedenen Schulen

Auf zahlreiche Bitten hin, in einigen Worten die Unterschiede zwischen
1. Okkultismus und Spiritismus,
2. den mannigfachen, dem Okkultismus nahekommenden Traditionsströmen festzulegen, habe ich mich bemüht, mit aller Zurückhaltung eine Erläuterung zu geben. Ich will jedoch ausdrücklich meine Leser darauf hinweisen, daß ich kein Recht habe, Andersdenkende abzuurteilen oder bei ihnen Anstoß zu erregen, und deshalb mag jeder Leser meine Anmerkungen als rein sachliche Daten kontrollieren und durch seine eigene Meinung korrigieren. Da die persönliche Erfahrung das einzig Nützliche ist und jede Existenz, selbst die, die uns schädlich erscheint, vor dem Vater ihre Daseinsberechtigung hat, darf man einem Schriftsteller immer erst nach Prüfung seiner Angaben Glauben schenken. Ich lade also meine Leser ein, mir ihre Ansicht über diesen Teil meiner Arbeit bekanntzugeben.

Okkultismus und Spiritismus

Der Okkultismus ist eine Überlieferung sehr hohen Alters, deren Theorien in ihrer wesentlichen Grundlage seit mehr als 30 Jahrhunderten unverändert geblieben sind. Der zeitgenössische Spiritismus bildet einen einzigen Abschnitt (Nekromantie, Unterteil der Psychurgie) der alten okkulten Studien. Der Okkultismus nimmt wie der Spiritismus die theoretische Möglichkeit der Verbindung zwischen dem sichtbaren und dem unsichtbaren Planum an. Wenngleich aber der erstere vollkommen die Existenz von „Geistern" zugibt, so beschränkt er doch ihre tatsächliche Einwirkung auf sehr wenige der Phänomene, die den „Geistern" von den Spiritisten zugeschrieben werden.

Mögen in der Tat gewisse Phänomene wirklich durch die Tätigkeit unsichtbarer Wesen hervorgebracht werden, so ist doch der größte Teil Ergebnis anderer Einflüsse, die alle von den Medien und den Anwesenden ausgehen (Exteriorisationen, Mentalwirkungen Bildung von Sammelwesen etc). Das Studium des Spiritismus ist für jeden Okkultisten unentbehrlich, während der Spiritist vom Okkultismus gar nichts zu wissen braucht, da sein Gebiet eine vorzügliche experimentelle Grundlage hat, wenn es mit Ruhe und Geduld und ohne Scheuklappen studiert wird. Die Spiritistenschulen suchen bei ihren Adepten die mediale Veranlagung zu entwickeln, während der Okkultismus seine Jünger ermahnt, niemals passives Instrument zu werden. Das theoretische Studienfeld des Okkultismus ist viel ausgedehnter als das des Spiritismus und verlangt daher viel längere und vor allem viel schwerere Arbeit. Auch geht der Okkultismus darauf aus, eher Kritiker, als Experimentatoren oder Medien zu erziehen. Gemeinsam mit der großen Mehrheit der spiritistischen Schulen ist ihm die Lehre von der Existenz eines Mittelprinzips zwischen unsterblichem Geist und materiellem Körper, das Überleben des Geistes nach dem Tode, die Wiedergeburt, die Möglichkeit der Verbindung zwischen Unsichtbaren und Sichtbaren etc., und so gibt es bei Kongressen und anderen spiritualistischen Kollektivkundgebungen immer Bündnispunkte zwischen den verschiedenen spiritistischen Gruppierungen und den okkultistischen Formationen. Vom Organisationsstandpunkt aus bilden die Okkultisten Gesellschaften mit Rangsklasseneinteilung und zentraler Leitung (Martinistenorden, Hermetische Schule, Esoterische Gruppe etc.), während die Spiritisten eine Menge unabhängiger Vereinigungen aufstellen, die man jetzt jedoch zu einem Bund mit gewählten Deputierten zusammenzuschließen bestrebt ist.

Die christlich-okkultistische Tradition und die
nichtchristlichen Traditionen
Orient und Okzident

Der Okkultismus, der in seinen theoretischen Studien auf der Kabbala basiert ist, hat durchaus christlichen Charakter und betrachtet Christus als fleischgewordenen Gott (in der Kabbala das ש im Zentrum von יהוה zur Bildung der Inkarnation, daher יהשוה der mystische Name Christi, wie ihn die gesamte Überlieferung der Hermetisten und Rosenkreuzer – vgl. dazu Khunrath und alle hermetistischen Kabbalisten wie alle Alchymisten – und die echten, d. h. christlichen Theosophen: der Deutsche Jakob Böhme, der Franzose Claude de Saint-Martin etc. verwenden).

Die Okkultisten, die sich der orientalischen Tradition nähern, betrachten Christus als ein metaphysisches Prinzip, (Chrestos oder Christos), das jeder Mensch in sich entwickeln kann. Sie stellen Jesus als Verkünder in denselben Rang wie Buddha, Krishna und Moses und verneinen die Möglichkeit der persönlichen Verkörperung Gottes in einem menschlichen Wesen. Weiter halten sie sich obendrein ganz an die der Mentalebene entstammenden Lehren. Der christliche Okkultismus ist streng hierarchisch und methodisch wie im alten Ägypten geblieben. Kein Teil der Bildungsprinzipien der Natur oder des Menschen wird studiert, bevor nicht die okkulten Gesetze der Zahlenprogression bekannt sind. Die Einheit kündigt sich in der Drei-Einheit an, und diese manifestiert als sekundäre Anpassung die Siebenheit.

Der physische Körper des Menschen ist eins, er hat nicht sieben, sondern drei Teile (Bauch, Brust, Kopf). Jedes einem dieser Teile zugehörige Glied (Bauch-, Brust-, Kopfglied) hat gleicherweise drei Teile – und nicht sieben – und *das Sichtbare ist immer die Manifestation des Unsichtbaren.* „Was oben ist, ist wie das, was unten ist".

Das menschliche Wesen wird also im Unsichtbaren wie im Sichtbaren aus *drei Urprinzipien* gebildet, wie alle Farben von drei leitungsfähigen Grundfarben (gelb, rot, blau) abstammen. Diese drei Prinzipien verteilen jedoch ihre Tätigkeit auf die rechts, links und die lediglich in der Mitte liegenden Organe und lassen so *sieben Kombinationszustände* entstehen, die von den sieben Höhlen des Gesichts kundgetan werden.

2 – Zwei Augen für ein zweiteiliges Gehirn,
2 – Zwei Ohren für das zweiteilige Kleinhirn samt Bulbus (Kopf),
2 – Zwei Nasenlöcher für zwei Lungenflügel (Brust),
1 – Ein Mund für einen einzigen Magen (Abdomen).
7 Manifestationen der Einheit über die Dreiheit hinweg.

Die Behauptung, der Mensch sei aus sieben Prinzipien zusammengesetzt, ist Produkt der Ebene mentaler Täuschung, nicht aber der experimentellen Schauens. Die Siebenheit bietet sich in der Zahlennatur nirgends als Grundschöpfung; sie ist das Ergebnis einer Dreiheit, in Gegenstellung zu sich selber, und zur Einheit in Synthese gebracht.

•

| Positive | Negative | Schöpferische | Siegel |
| Einheit | Einheit | Einheit | Salomons |

Die Brahmanen, Verwahrer einer auf der Zahl basierenden Tradition, haben nie gegen die Beobachtung dieses Gesetzes verstoßen. Vielfache Anwendungen wird man in den Werken von Subba-Raow finden, die großenteils in der „Entschleierten Isis" der Frau Blavatsky und in den Revuen von 1876-1887 veröffentlicht und zusammengefaßt worden sind. Dadurch, daß man einfache Reflexe oder Funken, wie sie während der irdischen Inkarnation und für die Dauer dieser Inkarnation geschaffen werden, zum Range von „Prinzipien" erhob, hat man in eine der einfachsten Fragen übermäßige Verwicklungen und Dunkelheiten hineingetragen. Die ins einzelne gehende Analyse der drei ersten Prinzipien ergibt beim Studium ihrer Konstitution nach Belieben fünf, sieben, neun oder einundzwanzig Tätigkeitszentren, die in die menschliche Konstitution eintreten.[11] Wenn die Methode des westlichen Okkultismus auf den Zahlen ruht, als der positiven ersten Grundlage, so wird sie noch mit der ganzen Strenge der bei den europäischen Forschern gebräuchlichen Überlegung vervollständigt. Und so wird ein kabbalistischer Okkultist nicht zulassen, daß in sein intellektuelles Gepäck Worte einer anderen Sprache Einlaß fänden, ohne daß er selbst in den Lexika dieser Sprache den wirklichen Wert jedes einzelnen Wortes überprüft hätte. Deshalb ist die Lektüre der Worte und Werte der hebräischen Buchstaben von grundlegender Bedeutung bei den zur Heranbildung kritischer Okkultisten bestimmten Studien in der Abteilung der Kabbala, ebenso wie die ganz elementare Kenntnis des Sanskrits unentbehrlich ist, um sich nicht von Schriftstellern etwas vormachen zu lassen, die mit der Spitze ihrer Feder Sanskritbegriffe in Reih und Glied richten und ihnen nun einen um so bizarreren Sinn geben, je unfähiger sie sind, den Wert dieser Begriffe in einem Wörterbuch von Burnouf oder jedem anderen Klassiker zu überprüfen. Dann bleibt als Hilfsquelle die Behauptung, der dem Wort verliehene Sinn finde sich nicht in den Wörterbüchern, weil er „Esoterisch" sei ... Wie die Algebra für die Rothaut! Wenn man sich also von den Illusionen der Mentalebene fernhalten will, muß man die Gesetze befolgen und sich die Mühe nehmen, das Alphabet einer Sprache lesen zu lernen, die man verwendet, um die arme Welt „paff zu machen". Deshalb gibt es einen Sanskritkurs an der hermetischen Schule und ein Kompendium: Erste Elemente des Lesens der Sanskritsprache zum Gebrauch unserer bescheidenen Schüler. Vertreter einer alten Tradition, müssen die Hermetisten mehr nach der Vorzüglichkeit als nach der Menge streben; daher die Genauigkeit, die ihnen in den verschiedenen Einzelheiten ihrer Studien beigebracht wird. Der christliche Okkultismus läßt jedoch die Läuterung nur auf einer einzigen Ebene nicht zu, aus dem guten Grunde, weil der Mensch individuell nicht besser ist als der andere, sein Bruder, und so muß man gleichzeitig das Physische, Astrale und Psychische entwickeln und sich dabei erinnern, daß kein Baum Blütenschäfte zum Licht der Sonne treibt, ohne im entgegengesetzten Sinne harte Wurzeln in die finstere Erde zu senden. Wenn das Mentale nicht vor allem durch das Fehlen von Mißgunst und Haß- oder Eifersuchtsgedanken geläutert ist, wenn das Spirituelle nicht von Nächstenliebe und *Gebet* gestärkt ist, so nützt es nichts, den physischen Körper mit gefühlvollem Vegetarismus zu reinigen, einer Ernährungsart, von der die echten Verkünder übrigens nie länger als in Perioden von vierzig Tagen Gebrauch gemacht haben, und auch das niemals als bestimmendes, sondern immer nur als ergänzendes Moment der übrigen, rein zentralen Läuterungen.

Zusammengefaßt:

Alle Macht in allen Ebenen sei Christus, dem Leibgewordenen! Und nun: Einrichtung von Gewicht, Zahl und Maß als Urgrundlage jedes methodischen Studiums in der Mentalebene. Lehre von der Wiedergeburt, von der Notwendigkeit der Demut, des Gebets und des Ablassens von Wünschen, die dem Eingehen in den Willen des himmlischen Vaters widerstreben. (Betzimmer als Ergänzung der Werkstatt). Das ist der Charakter der okkultistischen Tradition quer durch Ägypten, den Islam. die Alchymie und das Rosenkreuz hindurch. Mit den vorhergehenden Regeln wird der Studierende ganz allein die Reste der ophitischen, pythagoräischen und heidnischen Traditionen wiedererkennen, die, noch verbreitet, sich rasch an ihrem Schauder vor dem leibgewordenen Gotteswort und vor dem Gebet erkennen lassen. Der menschliche Aberwitz ist eben nicht umzubringen.

*

Es genügt nicht, den Einfluß des Okkultismus auf die Philosophie zu behaupten, man muß diesen Einfluß durch Daten und Namen auch besonders beweisen. Ich will also die hauptsächlichsten unter den Philosophen aufzählen, die die Okkultisten als zu sich gehörig betrachten, und will einfach daran erinnern, daß man die Eingeweihten und Schüler der esoterischen Tradition an ihrer Dreifaltigkeitslehre und an der Annahme einer Mittelebene oder von Mittelwesen zwischen dem Physischen und dem Göttlichen erkennt (der Astralebene des Paracelsus und der Martinisten). Es gibt, wie gesagt, zwei Hauptströme in der westlichen Tradition: erstens der pythagoräische und platonische Strom mit sehr gebildeten und gelehrten Männern, die aber im allgemeinen der christlichen Mystik widerstreben und – für die Menschen unserer Zeit – eher heidnische Tendenzen zeigen, und zweitens der christliche Strom, der fast alle Enzyklopädisten des Okkultismus und seine größten Verwirklicher enthält. Ich bin zu einer vielleicht eintönigen Aufzählung genötigt, sie wird jedoch die bibliographischen Nachforschungen bestens unterstützen und so eine Mühe unnötig machen, der ich mich noch ausgiebig unterziehen mußte.

Der pythagoräische und platonische Strom

Aus der ursprünglichen, direkt von Ägypten und der atlantischen Tradition herrührenden pythagoräischen Schule will ich namhaft machen: Pythagoras, Cherondas, Lysis, Aristeus, Alkmeon, Timaios von Lokris, Oinopidos, Archytas von Tarent, Philolaos, Stesimbrotos von Thasos. Aus der „Akademie" muß man folgende Namen besonders behalten: Plato, Speusippos, Phormion, Krates, den Eingeweihten Axiotheus, und speziell Xenokrates, der sich besonders um die Herstellung der Beziehungen des Platonismus zum Pythagorismus bemühte, weshalb er die Ideen auf die korrespondierenden Zahlen reduzierte. Es ist dieselbe Vorstellung, die ein Jahrhundert v. Chr. Antiochus von Askalon aufweist. Aristoteles will ich nicht besonders anführen, weil er, wiewohl Initiierter, schriftlich nur das Exoterische entwickelt und die Esoterik für die mündliche Belehrung auserlesener Schüler, unter anderem Alexanders des Großen, aufgehoben hat. Seine Apologeten haben ohne einen Schimmer von der Existenz der Esoterik Aristoteles derart umgewandelt, daß ich kein einziges Mitglied des Lyzeums als echten Initiierten betrachten mag.

Deshalb will ich zum Neupythagorismus des 1. Jahrhunderts übergehen mit Euxenes von Heraklea und besonders seinem erleuchteten Schüler Apollonius von Thyana und dessen Nachfolgern: Anaxilas von Larissa, Moderatus, Nikomachus von Gerassa (2. Jahrh.) und Nearch, dem Initiator Katos. Als unvergleichlich will ich den erleuchteten Apulejus angeben, einen der letzten Initiierten der großen Mysterien und einen der wenigen Verkünder

der Esoterik. Kommen wir zu den Neuplatonikern, bei denen wir besonders erleuchtete Kenner der Astralebene und -geister finden! Unter ihnen wollen wir festhalten: Areios Dydymos (unter der Regierung des Augustus), Thrasyllus (unter Tiberius, der ihn töten ließ), Plutarch, Schüler des Ammonius von Alexandria, der in seiner Abhandlung „Isis und Osiris" unter anscheinendem Scherz tiefe Wahrheiten enthüllte, Albinus, einer der Initiatoren des Galienus, Maximus von Tyr, Taurus Cavisius, der Aulus Gellius unter seinen Schülern zählte, Ptolemäus von Alexandria, und um die weiblichen Initiierten nicht ganz zu vergessen: Arria. Aus der Schule von Alexandria müßte ich alle anführen. Nach Numesius von Apanea will ich besonders beim Namen eines der größten unter den Initiierten verweilen: Ammonius Saccas. Ammonius gilt dafür, das Christentum mit seinem ganzen, im Prinzip aus dem Mazdaismus gezogenen Ritual ausgestattet zu haben, und hat einen derart glänzenden Kranz von Schülern ausgebildet, daß die Menschheit schon deshalb seinen Namen behalten sollte. Unter diesen Schülern befindet sich – ich zitiere nach Herenius und Origines – auch Plotin, der seinerseits zwei große Traditionsströme entsandte, einen westlichen, der Porphyrius, und einen östlichen, der Amelius anvertraut war, dem Entwickler besonders der mystischen Praxis. Porphyrius hatte in der Leitung der Schule den erleuchteten Jamblichus zum Nachfolger, auf den Adhesius im 6. Jahrhundert folgte, der seinerseits vom Leiter der in Kappadozien gegründeten Schule, Eusthatius, gefolgt war. Halten wir die Gründung einer neuen Schule in Athen durch Plutarch von Athen (356-436) fest, der seine Tochter Asklepigeneia initiierte, die selbst Lehrerin der Einweihung war. Was diese vorzügliche Schule betrifft, aus der unter anderem Syrianus, Schüler des Proklus, genannt sei, so will ich schließlich nur erwähnen, daß sie bestrebt war, die Mysterien zu verbreiten, und erinnere in diesem Zusammenhange an Hierokles, an Hypathia, der die Initiation zum Verhängnis wurde, an Olympiodor und Damascius, lauter Namen, die den Ruf der Schule im 5. und 6. Jahrhundert aufrechterhielten. Ich will den rein alchymistischen Strom übergehen, um zum 15. Jahrhundert zu kommen, wo ich Nikolaus von Cusa anzuführen habe (1401–1464), weiters Marsilius Ficinus (1433–1499), den Lehrer Picos von Mirandola, Patrizius Patrizzi (1526–1567) und Giordano Bruno (1548 bis 1601), den Inspirator von Descartes, Spinoza, Leibnitz, Schelling und sogar Hegel. Spinoza (1632–1677) eröffnet die Reihe der Philosophen; seine Inspiration entstammt hauptsächlich dem nichtmystischen Teil der jüdischen Kabbala und zeigt einen Weg, der von seinen Schülern Cuper, Culaeler, Parker, Law und Watchter mehr oder minder glücklich fortgesetzt wird. Die neuzeitlichen Vertreter des pythagoräischen Stroms sind Hamann (1730–1788), Baader, Statler, Friedrich Schlegel und Weishaupt, der Realisator der Gesellschaft der „Illuminaten", der 1748–1830 lebte. Beschlossen sei diese Liste mit dem Namen des Engels dieses Stroms von Philosophie und Bildung. Ich habe ihn bereits oft und oft genannt: es ist Fabre d'Olivet, einer der gelehrtesten Männer, die der Okkultismus je hervorgebracht hat.

Mystisch-christlicher Strom

In diesem Strom begegnen wir den echten Meistern des zeitgenössischen Okkultismus, aber auch den berühmtesten Hermetisten aller Zeitalter. Deshalb kann ich nur bei den wichtigsten von ihnen stehen bleiben. Richtig verstanden, eröffnen die Gnostiker den Reigen, weshalb ich meine Anführungen mit ihnen beginnen muß. Simon Magus, Cerinthus, besonders aber Saturninus, einer der Kabbalisten der Gnosis, dann Bardesanus, Basilides und endlich Valentinus, der Autor der „Pistis Sophia", und das Haupt der Gnostikerschule von Alexandria, der bei den Okkultisten sehr geschätzte Karpokrates, ferner Marcion und Manes bilden den Heerkörper der Christen, die um die Vereinigung des Glaubens mit Philosophie und Wissenschaft bemüht sind. Unter den Mitgliedern der Kirche nehmen die Okkultisten den heiligen Johannes und den heiligen Paulus für sich in Anspruch. Der letztere ist derjenige, der zur Ausbreitung der Lehre von der Dreifaltigkeit des Menschen aus spiritus, anima und corpus am meisten beigetragen hat. Um zur regelmäßigen Folge des christlich-okkulten Stromes zu finden, will ich mit einem Sprung zu Tauler übergehen (1290–1361), weiters zu Eckart (1260–1328), dem Gründer der Mystik in Deutschland, und seinem Schüler Suso (1300–1365), dem Schöpfer der Bruderschaft „Gottesfreunde" (Amici Dei). Alle sind sie Gegner der Scholastik, dieser heidnischen Schöpfung der aristotelischen Exoterik unter der Farbe christlicher Orthodoxie. Dieses heidnischen Grundcharakters wegen sind alle Initiierten, seien sie nun mündlich belehrt worden, wie Gerson (1362–1429), der kühne Verteidiger der Dreifaltigkeitslehre des Menschen, und Petrarca, oder seien sie durch direkte Vision erleuchtet worden wie Ruysbroek, genannt der Bewundernswerte, Gegner der Scholastik gewesen, und dieser Gegnerschaft haben sich alle echten Gelehrten und die Reformatoren angeschlossen. Ich erinnere an Angus Politicus, Rudolf Agricola und Luther. Wir gelangen jetzt zu den Enzyklopädisten und Realisatoren des Okkultismus, den einzigen, die von Kritikern wie Historikern ohne

Meinungsverschiedenheit als Okkultisten betrachtet werden. Ich zitiere ungefähr in der Reihe der Jahreszahlen: Reuchlin (1455–1522), Johann Picus von Mirandola und seinen Sohn Franz, Cornelius Agrippa, den Ratgeber Karls V. und Autor der *„Philosophia Occulta"*, der ersten richtigen Enzyklopädie über dieses Thema. Agrippa lebte 1486–1535. Weiters seien erwähnt: Recci, Leo Hebräus und vor allem Paracelsus, der gewaltige Realisator und Großmeister des wissenschaftlichen Okkultismus, der Schöpfer der Homöopathie und zugleich derjenige, der den Astralkörper und die Astralebene studiert hat; er gab ihnen ihre Namen. Seine Lebenszeit: 1493–1541. Ferner Cardanus, der bescheidenste und gelehrteste der Erleuchteten (1501–1576), Wilhelm Postel, der Auferstandene (1510–1581), Michael Servet (1509–1553), Amos Camenius (1592–1671); Bayer, Mennens und Valentin Weigel, Schüler von Tauler und Paracelsus, vervollständigen diese Liste, die sich mit Jakob Böhme fortsetzt, dem Inspirator und Führer fast aller Erleuchteten; weiters gehört hierher Robert Fludd (1574–1637), Enzyklopädist und Realisator, auf Befehl der Rosenkreuzer auch Gründer der Freimaurerei, Pordage (1625–1698), erst Lehrer, dann Schüler von Jeanne Leade, endlich Van Helmont-Vater (1577–1644), der Paracelsus des 17. Jahrhunderts, und sein Sohn Franz (1618 bis 1699), der einen großen Einfluß auf Leibnitz und Goethe ausübte und zur Publikation der *„Kabbala denudata"* verhalf. Angelus Silesius (1624–1677) und Poiret (1646 bis 1719) leiten uns zu Swedenborg (1688–1771) über. Dieser ist wohl als Philosoph und Seher besonders bekannt, man nimmt aber dabei auf seine Verwirklichungsarbeit keine Rücksicht, die doch ganz großartig war. An Swedenborg schließen sich tatsächlich alle christlichen Bruderschaften des Okzidents, denn er war der Inspirator von Martinez de Pasqually (1715–1799), der seinerseits Claude de Saint-Martin initiierte (1743–1801) und Haupt des seither zu solcher Bedeutung gekommenen Martinistenordens war. Lavater (1741–1801), der als einer der Vorläufer des Spiritismus betrachtet werden kann, de Malstre (1753 bis 1821), de Bonald (1753–1840) und Ballanche (1776–1847) führen uns zu Wronsky und Eliphas Levi (Abbe Constant), denen sich mit Louis Lucas fast alle zeitgenössischen Okkultisten anschließen. Bevor ich jedoch auf die neueste Zeit übergehe, muß ich noch einmal umkehren und die Namen mehrerer Okkultisten nennen, die in dieser vor allem den Philosophen vorbehaltenen Liste keinen Platz finden konnten. Ich will also in Erinnerung bringen: den Astrologen d'Ailly, Albertus Magnus, Bischof von Regensburg und Lehrer des heiligen Thomas, den angeblichen Verfasser eines Zauberbuchs, wiewohl seine uns überkommenen Schriften nichts Hexenmeisterliches enthalten. Weiter seien genannt: Albumazar, ein Astrolog des 9. Jahrhunderts, der berühmte arabische Seher Apomazar, Peter von Apona, bekannt als Magier (1270), Marquis d'Argens, geb. 1704 in der Provence und Autor der *Lettres kabbalistiques,* der durch Tasso berühmt gewordene Armid, der Alchymist und Astrolog Arnaldus de Villanova, Roger Bacon, Basilias Valentiaus Jean Bodin, Henri Boguet, Balthasar Bekker, Männer, die sich mit dem Okkulten vom juristischen Standpunkt aus beschäftigten, Borri, Alchymist der Königin Christine, Thomas Bungey, und nicht zu vergessen: Cagliostro, der über hervorragende magnetische und nekromantische Kenntnisse verfügte. Er schuf die praktischen Grundlagen der großen Französischen Revolution, deren Organisation er begonnen hatte. In alphabetischer Reihenfolge seien weiter zitiert: Dom. Calmet, Autor der Dissertation über die *Revenants und Vampyre,* Thomas Campanella, Katharina von Medici und Karl von England, erstere mit Hexerei, letzterer mit Alchymie beschäftigt, Bartholomäus Cocles, der berühmteste Chiromant des 16. Jahrhunderts, der Dämonograph Peter Delancre, der Jesuit Delrio, Autor der „Magischen Untersuchungen", die Besessene Didyma, der deutsche Seher Engelprecht (gest. 1642), der berühmte Etteila, mit seinem wahren Namen Aliette, Erneuerer der Kartomantie, Abbe Faria, der Entdecker der Verbalsuggestion, Falgenhaver, ein Seher des 16. Jahrhunderts, der Alchymist Fioraventi, Autor des *Tresoro della vita humana* (1570), Nicola Flamel, der nach sagenhafter mündlicher Überlieferung noch in Kleinasien am Leben wäre und einer der höchsten Adepten war, der große Kabbalist Jakob Caffarelli, Garinet, Autor der *Geschichte der Magie in Frankreich,* Gaufredi, ein armer Geisteskranker, den man 1611 als Hexenmeister verbrannte, der Astrologe Luc Gauric, in den Katharina von Medici großes Vertrauen setzte (geb. 1476), Urbain Grandier, Hexenmeister wider Willen, der auf Grund von Aussagen einiger Hysterikerinnen hingerichtet wurde; unter den Schriftstellern des Okkultismus auch die Figur eines Papstes, Gregar VII., der spanische Magier Grillandus, der Alchymist Gustenhover, die beiden Isaak von Holland, Johann de Meung, Autor des *Romans von der Rose,* den Dante durch den *Roman vom Kreuz* ergänzte, und der heilige Jerôme, die letzten sieben nach der Liste von Ferdinand Dénis als Okkultisten betrachtet. Ganz besondere Erwähnung verdient der Jesuit Anastasius Kircher, der so geschickt war, seine Werke vom Vatikan drucken zu lassen; unter dem Vorwand, den Okkultismus anzugreifen, liefert er eine ganz komplette enzyklopädische Darstellung. Kircher ist als Erfinder

der Laterna magica bekannt. Er starb 1680 in Rom. Ich fahre in der Zitierung der hauptsächlichsten Namen fort: Der populäre Astrologe Mathias Laensberg, Langley-Dufresnoy, Autor der *Geschichte der hermetischen Philosophie,* die noch heute in den Schulen des Okkultismus klassisch ist, Marquis le Gendre, Autor des *Traité de L'Opinion,* der Dämonograph Pierre de Loyer, der Barde des 5. Jahrhunderts Merlin, der Chiromant Moreau, den Napoleon befragte, Gabriel Naude, Nostradamus, bisher der berühmteste Prophet aller Zeiten, Gilles de Retz, ein Wahnsinniger, der zur Legende vom Blaubart Anlaß gab und 1440 lebendig verbrannt wurde, Cosme Ruggieri, ein anderer Astrolog Katharinas von Medici, Raymundus Lullius, mit Recht als einer der Großmeister des Hermetismus betrachtet, der Graf von Saint-Germain, eine Einzelpersönlichkeit und nicht etwa ein Sammelbegriff für jene Illuminaten, die Cagliostro mit seiner Sendung betrauten, der Hexenmeister Trois-Echelles, der unter Karl IX. verbrannt wurde, der Abbé de Villars, der wegen Enthüllung gewisser geheimer Praktiken der Rosenkreuzer unter Mörderhänden endete – er wurde 1673 auf dem Wege nach Lyon getötet – und zum Abschluß dieser Liste der Schüler Agrippas, Johannes Wier, der wichtige Arbeiten über Dämonographie veröffentlichte. Man ersieht aus allen diesen Namen, welche Wichtigkeit der Okkultismus zu allen Zeiten erlangt und welche Wirkung er auf die höchsten Geister ausgeübt hat. Einen besonderen Abschnitt müßte man dem Einfluß der okkulten Wissenschaft auf die Literatur widmen. Wenn ich daran erinnere, daß Shakespeare initiiert war, Goethe den Hermetismus praktizierte, daß – näher zu uns Balzac Martinist und E.A. Poe einer pythagoräischen Gruppe angeschlossen war, so habe ich die großen Linien dieses Einflusses gerade nur angedeutet.

Die Meister der hermetischen Tradition
(Auszug einer Liste aus den Archiven des Martinistenordens)

1131 Averroes	1225 Thamas von Aquino
1182 Robert de la Châtre	1235 Raymundus Lullius
1192 Roger Bacon	1245 Arnaldus von Villanova
1198 Allain de l'Ille	1249 Pierre de Villeneuve
1193 oder	1250 Vincent de Beauvais
1205 Albertus Magnus	1260 Christophle de Paris
(Geburtsdatum umstritten)	1272 Alfonso, König von Kastilien

1274 St. Thomas
1279 Jean de Meung
1295 Alfonso, König von Kastilien!
1298 Allain de l'Ille
12.. Peter von Apona
12.. Jakob von Toledo
13.. Johann Kremer,
  Abt von Westminster
1334 Papst Johann XXII.
1350 La Roquetaillade (Rupexissa)
13.. Richard von England, Kanonikus
13.. Peter Toletan
13.. Kardinal Jan Dastin, England
13.. Pietro Bono, der Lombarde
1330 die „Margherita preciosa"
  des Pietro Bono
1330 Odomare
1357 Nicolas Flamel
1358 Dr. Orthoulin
1378 Rosenkreuz
1379 Rabbi Canches, Arzt von Leon,
  Spanien
1386 Johann Dumbeler
1406 Bernhard von Treviso
1423 Basilius Valentinus
1448 Johann Laniori
1449 Thomas Norton
1459 Johannes Lacini
1460 Kardinal Nikolaus de Cusa
1480 Georges Riplee
1482 Pico della Mirandola
1484? Tod des Gründers der
  Rosenkreuzer
1486 C. Agrippa
1488 Vinzenz Roffsky
1489 Paul Eck von Sulzbach
1491 Marsilius Ficinus

1493 Paracelsus
1500 Johann Lucianus
1500 Philipp Ulstad
1510 Wilhelm Gravarolle
1510 Denis Zachaire
1514 Sidrach
1514 Johann Aurel Augurellus
1515 Diego Alvarez Ohacam
1516 Johann Trithemius
1518 Johann Augustin Panthus
1520 Regnier de Snoy
1521 Gilles de Gue
1528 Adam von Bodenstein
1530 Gaston le Doux des Bois
1531 Georg Agricola
1545 Franz van den Brosse
1548 Johann Braceschi
1550 Gerhard Dorn
1550 Alexander Sethon
1551 Cornelius Dreppels
1552 Philippe Rovillac oder
  Rouillac
1552 Vinceslas Lavinius
1559 Nicolas de Mousseaux
1559 Jean Chrysippe du Faine
1560 Leonhard Thurr
1561 Alexander von Suchten
1561 Robert vom Tal
1565 Michel Sendivogius
1568 Edward Kelley
1570 Salomo von Trismos
1571 Johann Mathis
1572 Sennert
1572 Johann Baptist Nazari
1572 Jakob Gohory
1574 Dominico Pizimenti
1577 J. B. van Helmont

1577 Lodovico Lazarelli
1578 Roger de Baillif
1580 David Beuther
1583 Menardo Campecho
1587 F. Evangelista Qua. dremme
1588 Josse Grever
1590 Gaston le Doux von Kleve
1591 Bernhard Gabriel Penot
1592 Francois Antoine
1594 Thibald von Hoggelande
1596 Blasius von Vignerere
1597 Andreas Libavius
1598 Johann Grassee
1599 Justus von Balbian
1599 Heinrich Kunrath
1599 Nicolas Barnaud
1600 Johann Ernst Burggraf
1601 David Lagneau
1603 Gustenhover
1604 Wilhelm Menens
1604 Jean Antarvet
1605 Ulisses Aldrobandi
1608 Jean d'Espagnet
1609 Der kaiserliche Ritter
1610 Michel Potier
1610 Christof von Gamon
1611 Angus Sala
1612 Der Philalethes
 (Eurenens Philopponos)
1613 Georges Béat
1613 Henricus Nollins
1614 Philipp Müller
1614 Michael Maier
1616 Cäsar Longiaus
1616 Konrad Schüler
1617 Robert Fludd
1620 Johann Daniel

1620 Nuisement
1620 Rene de la Chatre
1621 Anton Günther Billig
1621 Johann Thornburg
1622 Melchiar Adam
1623 Gabriel Maude
1623 Jacopo Gafarelli
1624 Orthel
1625 Hermann Grandressier?
1627 Daniel Stole von Stockenberg
1627 Baron von Beausoleil
1628 P. J. Fabre de Castelnaudary
1629 Lazarus Eckern
1629 Hermann Friedrich Feichtmeyer
1629 Andreas Fenzel
1630 Jean Cottepon de St. Didier
1630 Samuel Norton
1631 Adrian von Mynsich
1631 Johann Nikolaus Fürich
1632 Kasper Amthor
1632 Johann Pages
1633 Jean Saignier
1634 Joh. Heinr. Freitag
1636 Joseph Duchesne de la Violette
1640 Alvarez Alfonso Barba
1642 Signora Isabella Cortesa
1643 Andreas Bacc
1645 Giacinto Grimaldi
1645 Abt Albert Belin
1648 Richthausen
1651 Joh. Rud. Glauber
1651 Isaak Chartier
1652 Elia Ashmole
1653 Peter Borel
1656 Michel J. B. Morin
1658 Johann Harprecht
1658 George Starckey

1658 Baron de Chaos
1659 Solin Sabzhall
1659 Nicolas de Lafevre
1661 Lodovico Conti
1664 De Villeneuve-Monpezat
1665 Jean de Locques
1666 Abbe Jean Aubri
1667 Moras des Respour
1667 Salomon von Blauenstein
1668 Olaus Borrichius
1670 Georg Wolfgang Wedel
1672 D'Astremont
1672 Claude Germain
1674 Christian Adolf Balduin
1674 J. B. Maringue
1676 Pantaleon
1678 Mathurin Eyquem
1681 Joh. Helfried Juncken
1684 Josef Weidenfeld
1686 Edmund Dickinson
1687 Jakob Foll
1689 Jacques Barnier
1692 Samuel Reyher
1698 Joh. Konr. Barchusen

1701 Abbe de Villars
1706 Joh. Mich. Faust
1706 Delille
1710 Joh. Freind
1712 Joh. R. V. Naxagore
1712 Peter Wolfart
1714 Robert Boyle
1720 Friedrich Rottsehotz
1721 Richard Bradley
1721 Christof Ferdinand von Sabor
1722 Crausset de la Haumerie
1723 Georg Ernst Stahl
1725 Lansac
1729 Andreas Halluys
1727 Franz Ernst Bruckmann
1729 Kaspar Friedrich Hofmann
1734 Emanuel Swedenborg
1737 Joh. Christ. Kunst
1738 Heinr. Lott
1742 Lenglet du Fresnoy
1743 Francesco Onofrid
1744 Johann Andreas Cramer
1751 Paul Ernst Jablonski
1758 Dom Pernety

Ende der Liste

*

Wie ich Okkultist wurde
Notizen einer intellektuellen Autobiographie

An Camille Flammarion

Viele unabhängige Schriftsteller, einige Philosophen und manche Chronisten haben sich oft gefragt, wie es geschehen konnte, daß junge Leute, in den Grundsätzen der „gesunden Vernunft" erzogen, vor „Aberglauben" geschützt, plötzlich diese positiven Lehren verlassen und sich auf „mystische" Studien stürzen, sich mehr für religiöse und philosophische Probleme als politische Vorgänge interessieren und die Verstiegenheit bis zu Forschungen über die okkulten Wissenschaften und die Magie treiben, Forschungen, die – wenn schon nicht eine völlige Verirrung – so doch mindestens eine gewissen Schwäche der intellektuellen Anlage bekunden. Diese Bewegung der zeitgenössischen Jugend zum Okkulten hin beunruhigt die ältere Generation und verwirrt ihre Erwartungen. Will man einem alten Parteigänger der materialistischen Lehren, einem Arzt, der in den dem Positivismus teuren Prinzipien erzogen ist, erlauben, einige Züge seiner intellektuellen Entwicklung zu erzählen und zum mindesten einen Fall dieser fremdartigen „mystischen" Vergiftung von ihrem Beginn bis zu ihrer akuten Krise zu zeigen? Wenn sich die Philosophen für dieses Material nicht interessieren, so wird es vielleicht für die Irrenärzte von Nutzen sein; denn man ist ja in gewissen Kreisen übereingekommen, alle Spiritualisten als Degenerierte, wenn nicht gar als Narren zu betrachten. Es ist das erste Mal, daß ich die Autobiographie meines geistigen Werdeganges in Angriff nehme, und ich werde mir Mühe geben, so knapp als möglich zu sein. Zu allererst erkläre ich meinen Fachgenossen, die vielleicht aufgefordert werden, meine Angaben zu verfolgen, daß ich nie mit Religionslehrern in Berührung stand. Alle meine Studien, von der Volksschule bis zum medizinischen Doktorat, Vorschul, Untergymnasiumszeugnis und Abiturium inbegriffen, habe ich in weltlichen Anstalten oder im Collège Rollin absolviert. Man braucht also nicht zu den Lehren der Kindheit zu gehen und von dort eine krankhafte Prädisposition abzuleiten. 1882 begann ich meine Medizinstudien und fand an der Pariser Schule alle wichtigen Lehrkanzeln mit Materialisten besetzt, die die Lehren vortrugen, die ihnen unter der Flagge des Evolutionismus teuer waren. Ich wurde also ein glühender „Evolutionist", nahm am materialistischen Glauben teil und förderte ihn nach Kräften. Es existiert nämlich solch ein materialistischer Glaube, und ich betrachte ihn als notwendig für jedes entwicklungsfähige Gehirn. Der Materialismus, der die Arbeit für die Gesamtheit ohne Hoffnung auf Belohnung lehrt, da es keine andere Unsterblichkeit gebe als die durch die *Erinnerung* an Persönlichkeit und Wirken, diese Weltanschauung, die das Herz vertrocknet und nur die Hochachtung für die im Kampf ums Dasein Starken predigt, hat dennoch eine mächtige Wirkung auf den Verstand, und das wiegt seine Wirrungen und Gefahren ein wenig auf. Man weiß, welchen Nutzen der Materialismus aus der Lehre von der Entwicklung zu ziehen verstanden hat. Und doch war es das vertiefte Studium der Evolution, das mir die Schwäche des Materialismus und seine Auslegungsirrtümer zeigen sollte. Man hatte mir gesagt: Die Mineralsalze, die Erde, die von der Pflanzenwurzel langsam zerlegt und assimiliert werden, *entwickeln sich* und werden Pflanzenzellen. Diese Pflanze wieder, die von den Säften und Fermenten des Tiermagens umgewandelt wird, wird zu Chylus und verwandelt sich in Zellen dieses Tieres. Nachdenken ließ mich jedoch bald erfassen, daß man bei der Lösung des Problems einen wichtigen Faktor vergaß. Jawohl, das Mineral entwickelt sich und seine wesentlichen Prinzipien werden die materiellen Elemente der Pflanzenzelle. Aber unter der einen Bedingung, daß die physikalisch-chemischen Kräfte und die Sonne selbst dem Phänomen zu Hilfe kommen, d. h. unter der Bedingung, daß entwicklungsmäßig höhere Kräfte sich für die Entwicklung niederer Kräfte opfern. Jawohl, die verdaute Pflanze wird zwar die materielle Grundlage einer Tierzelle, aber unter der Bedingung, daß Blut und Nervenkraft (d. h. auf der Stufenleiter der Entwicklung *höhere* Kräfte) sich für die Entwicklung der Pflanzenzelle und ihre Umwandlung in Chylus opfern. Kurz, jeder Aufstieg in der Reihe, jede Entwicklung verlangt das Opfer einer oder noch öfters zweier höherer Kräfte. Die Lehre von der Entwicklung ist unvollständig: sie stellt nur eine Seite des Faktums dar und vernachlässigt die andere. Sie rückt das Gesetz vom „*Kampf ums Dasein*" ins Licht, aber sie vergißt das „Gesetz des Opfers", das alle Phänomene beherrscht. Besessen von dieser Idee, die ich zu Tage gefördert hatte und die mir am Herzen lag, beschloß ich, meine Entdeckung nach besten Kräften zu vertiefen, und verbrachte meine Tage in der Nationalbibliothek. Ich blieb den Spitälern fern; ein, zwei Jahre Arbeit hätten es mir ermöglicht, Assistent zu werden und eine vielleicht fruchttragende ärztliche Laufbahn durchzumachen. Ich habe diese Jahre dem Studium der Werke der Alchymisten, der alten magischen Zauberbücher und der Elemente der hebräischen Sprache gewidmet, gerade die Jahre, die meine Kollegen mit dem Studium der Arbeiten der Examinatoren verbrachten, und von diesem Augenblick an war meine Zukunft vorgezeichnet. Jene Entdeckung, für deren Urheber ich mich hielt, fand ich in den Werken von Louis Lucas, in den hermetischen Texten, in den indischen Überlieferungen und in der hebräischen Kabbala wieder. Nur die Sprache war verschieden; wo wir HCl schreiben, zeichneten die Alchymisten einen *grünen Löwen,* und wo wir die Formel aufstellen:

$$2\,HCl + Fe = Fe(Cl)2 + 2\,H,$$

malten die Alchymisten einen Krieger (Mars, das Eisen), der vom grünen Löwen (der Säure) gefressen wird. In einigen Monaten war die Lektüre der berüchtigten Zauberbücher für mich ebenso leicht wie die der wesentlich dunkleren Arbeiten unserer zeitgenössischen pedantischen Chemiker, mehr noch, ich lernte die Beherrschung der wunderbaren analogischen Methode, die – bei den modernen Philosophen wenig oder gar nicht bekannt – die Bindung aller Wissenschaften in einer gemeinsamen Methode gestattet und überdies zeigt, daß, kritisch betrachtet die Alten ganz einfach verleumdet worden sind, als ihnen die in historischen Dingen geradezu unqualifizierbare Ignoranz der heutigen Kathedergötter eine unserer Wissenschaft gegenüber inferiore Stellung zuweisen wollte.

*

Beim Studium der hermetischen Bücher hatte ich die ersten Offenbarungen über die Existenz eines im Menschen tätigen Prinzips, das so leicht alle hypnotischen und spiritistischen Fakten erklärt. Ich hatte in der klinischen Vorlesung gelernt, daß jede Krankheit einer Zellenschädigung entspreche und keine Funktion ohne Zellarbeit vor sich gehen könne. Alle psychischen Phänomene, alle Fakten des Denkens und Wollens, alle Tatsachen des Gedächtnisses entsprächen einer Arbeit bestimmter Nervenzellen, und die Moral, die Vorstellung von Gott und dem Guten wären mechanisches Produkt der Wirkungen der Vererbung oder der Umgebung auf die Entwicklung der Nervenzellen. Was die sog. „spiritualistischen" Philosophen und die „Theologen" anbelangt, so mußten sie entweder als bar jeder Kenntnis der Anatomie und Physiologie oder als je nach dem Fall mehr oder weniger kranke Narren betrachtet werden. Ein Buch über Psychologie hatte nur dann einigen Wert, wenn es von einem Arzt stammte und wenn dieser Arzt zur Schule der „unterrichteten" und verständigen Leute gehörte, d. h. zur offiziellen materialistischen Fahne hielt. Den Naiven, die noch an die Seele glaubten, sagte man: „Die Seele ist uns noch nie unter unserem Skalpell begegnet!" Das ist in wenigen Worten der Kern der philosophischen Ansichten, die man uns beibrachte. Nun hatte ich von je den gefährlichen Wahn, eine Idee immer erst nach eigener gründlicher Überprüfung all ihrer Seiten anzunehmen, und so kam ich trotz aller anfänglichen Begeisterung für die Lehren der Schule allmählich dazu, mir einige Zweifel zu erlauben, die ich gern darlegen möchte. Die Schule lehrte, nichts vollziehe sich ohne die Betätigung um so zahlreicherer Organe, je besser die *„Arbeitsteilung im Organismus"* durchgeführt sei. Nun, nach dem Brande des Pariser Krankenhauses hat man Gelähmte, deren Beine atrophiert waren und deren Nerven nicht mehr im Zustande von Organen existierten, ganz plötzlich den Gebrauch der bis dahin nutzlosen Glieder wiedererlangen sehen. Aber das war ja noch ein schwaches Argument. Die Experimente von Flourens hatten bewiesen, daß unsere Zellen sich alle in einer Zeit erneuern, die beim Menschen drei Jahre nicht überschreitet. Wenn ich einen Freund drei Jahre nach einem früheren Besuch wiedersehe, so gibt es weder in ihm noch in mir auch nur eine einzige der materiellen Zellen, die ehedem vorhanden waren. Und doch sind die *Formen* des Körpers gewahrt, die Ähnlichkeit, die mir meinen Freund von anderen zu unterscheiden verstattet, existiert immer. Was ist also das Organ, das diese Wahrung der Formen regiert, als kein Organ des Körpers dem Flourensschen Gesetz entging? Dieses Argument ist eins von denen, die mich immer am meisten betroffen gemacht haben. Aber ich mußte noch weiter gehen. Claude Bernard war beim Studium der Beziehungen zwischen Hirntätigkeit und Gedankenentstehung zur Feststellung gelangt, daß das Auftreten einer Idee immer den Tod einer oder mehrere Nervenzellen hervorruft, so daß diese famosen Nervenzellen, die stets der Wall der Beweisführung der Materialisten waren und noch sind, nach diesen Forschungen ihre wahre Rolle wiederbekommen, die nämlich von *Instrumenten* und nicht die von schöpferischen Agentien. Die Nervenzelle war das Manifestationsmittel der Idee und erzeugte diese Idee durchaus nicht selbst. Eine neue Feststellung stützte noch den Wert dieses Arguments. Alle Zellen des Menschen werden in einer bestimmten Zeit ersetzt. Wenn ich mich nun einer zehn Jahre zurückliegenden Tatsache erinnere, so ist die Nervenzelle, die seinerzeit das Faktum aufgezeichnet hatte, hundert- oder tausendmal ersetzt. Wie hat sich die Erinnerung an das Faktum unberührt durch diese Hekatombe von Zellen hindurch erhalten? Was wird hier aus der Theorie von der erzeugenden Nervenzelle? Sind weiters selbst diese Nervenelemente, die man eine solche Rolle bei den Tatsachen der Bewegung spielen läßt, eben bei dieser Bewegung gar so unentbehrlich, wenn uns die Embryologie lehrt, daß jene Gruppe von Embryonalzellen, aus denen später das Herz wird, schon zu einer Zeit rhythmisch schlägt, wo die Nervenelemente des Herzens noch gar nicht gebildet sind?! Diese auf gut Glück unter einer Unmenge von Tatsachen herausgegriffenen Beispiele hatten mich zu dem Schluß geleitet, daß hier der Materialismus seinen Adepten noch den falschen Weg weist, da er das tote Instrument mit dem effektiven Wirkungsagens verwechselt. Der Beweis dafür, daß das Nervenzentrum die Idee herstellt – so sagt uns der Materialist – ist die Tatsache, daß jede Verletzung des Nervenzentrums auf die Fakten der Vorstellungsbildung zurückprallt und daß Sie bei eintretender Schädigung Ihrer dritten linken Stirnhirnwindung sprachlos werden, u. zw. sprachlos in einer besonderen Art, entsprechend der Nervenzellengruppe, die von der Läsion betroffen wurde. Diese Beweisführung ist ganz einfach unsinnig, und um das zu zeigen, wollen wir dieselbe Überlegung auf ein beliebiges Beispiel anwenden, etwa den Telegraphen. Der Beweis dafür, daß der telegraphische Apparat die Depesche produziert, besteht darin, daß jede Beschädigung des telegraphischen Apparates auf die Übermittlung der Depesche zurückprallt, daß also beim Durchschneiden des Telegraphendrahts die Depesche nicht mehr durchgehen kann. Das ist genau der Wert der materialistischen Argumentation. Sie vergessen den Telegraphisten oder wollen von seinem Vorhandensein nichts wissen. Das Gehirn hat für ein in uns existentes spirituelles Prinzip lediglich den Wert des Übertragungsapparates in der telegraphischen Anlage. Der Vergleich ist alt, aber immer vorzüglich. Der Materialist wird uns sagen: „Nehmen wir an, der Telegraphist existiere nicht, und überlegen wir, wie wenn er nicht existierte." Dann stellt er eine dogmatische Behauptung auf: „Der telegraphische Übermittler geht ganz von selbst und bringt die Depesche nach einer Reihe von mechanischen Bewegungen hervor, deren Urheber die Reflexe sind". Ist das einmal angenommen, so geht auch alles andere „ganz von selbst". Der Materialist schließt also fröhlich, es gebe keine Seele, das Gehirn produziere aus sich heraus Ideen, wie der telegraphische Apparat Depeschen produziert. Wehe dem, der an diese Beweisführung zu rühren wagt! Sie ist ein *positivistisches Dogma,* das ebenso fanatisch gelehrt und verteidigt wird wie ein Dogma der Religion. Ich weiß, was es mich gekostet hat, die Nichtigkeit derartiger Argumentation aufzudecken! Man hat mich der *Gaukelei* angeklagt, weil man vorausgesetzt hat, daß ein Materialist, der „Mystiker" wurde, nur ein *Gaukler* – oder ein Verrückter – sein könne. Vielen Dank meinen Gegnern, daß sie wenigstens noch den ersteren Ausdruck gewählt haben! Doch gehen wir weiter! Ebenso, wie wir feststellen können, daß die materiellen Zellen des Körpers einfach die Werkzeuge von *irgendetwas* sind, was die Formen des Körpers über allen Zerfall dieser Zellen hinaus bewahrt, ebenso können wir sehen, daß die Nervenzellen nur *Werkzeuge* eines Etwas sind, das diese Zentren als Betätigungs- oder Empfangsinstrumente benutzt. Der mit seinem Skalpell bewaffnete Anatom wird beim Sezieren einer Leiche ebensowenig die *Seele* entdecken wie der mit seinen Kneipzangen bewaffnete Arbeiter nicht den Telegraphisten, wenn er den Telegraphenapparat, oder den Pianisten entdecken wird, wenn er das Klavier abmontiert. Es ist, denke ich, überflüssig, noch weiter die Hohlheit der Beweisführung zu demonstrieren, die die nur so genannten positivistischen Philosophen ihren Gegnern immer entgegenhalten. Bevor ich diese Zeilen schließe, möchte ich die Aufmerksamkeit nur noch auf zwei Tricks lenken, deren sich die Materialisten in den Diskussionen und gemeinhin immer dann bedienen, wenn sie sich ihren Gegnern unterlegen fühlen. Der erste Trick ist der „des Hinweises auf die Spezialwissenschaften und die weniger bekannten Abhandlungen", die man sich als dem naiven Gegner unbekannt denkt. „Wie, Herr Papus, Sie wagen über Hirnfunktionen zu sprechen und wissen nicht von der Kristallographie?!" „Sie wagen diese Frage zu behandeln und haben nicht den letzten Aufsatz des Herrn Zipfelhuber über die Hirnfunktionen des Menschen der Tertiärzeit und des Rotfisches gelesen?! Gehen Sie in die Schule, mein Herr, und unterhalten Sie sich mit mir erst wieder, bis Sie die Elementarbegriffe der von Ihnen angeschnittenen Frage ‚können'!" Diejenigen, die uns diese Faseleien vorhalten, sind im allgemeinen glänzende Schüler der medizinischen Fakultät, die – zum Staunen! – von der Psychologie und Philosophie wenn schon nichts anderes mehr, so doch noch immer den Namen kennen! ... Der zweite Trick besteht darin, uns unter der Lächerlichkeit zu zermalmen, weil wir die Kühnheit besitzen, eine Meinung zu haben, die das Gegenteil von der des Herrn X ist, der einen *höheren Titel* trägt als wir. „Wie, Sie sind nur ein einfacher Doktor der Medizin und wollen sich auf einen Zusammenstoß mit den Ansichten des a. o. Professors, Herrn O., oder des berühmten Professors Z. einlassen?! Werden Sie zuerst, was diese Herren sind, und dann wollen wir weiter sehen!"

All das sind falsche, aber so oft verwendete Ausflüchte, daß man sie auch einem Brunetière vorhielt, der das Wort *„Wissenschaft"* auszusprechen wagte, wiewohl er nicht einmal Arzt war ... Schrecklich!!!! Wenn man aber schon Arzt ist, muß man a. o. Professor sein, und wenn man a. o. Professor ist, muß man o. ö. Professor sein, und wenn man o. ö. Professor ist, muß man zum Institut de France gehören, und wenn endlich ein Mitglied der Akademie der Wissenschaften seinen Glauben an Gott und die Unsterblichkeit der Seele zu versichern wagt, wie es Pasteur getan hat, so sagt man dann, er sei *betagt* und die Hirnerweichung erkläre solche Lehren. Das etwa sind die üblichen Ausflüchte der Materialisten, die man nur zu kennen braucht, um sie auf ihren richtigen Wert zu bringen. Es geht nicht immer an, zu sagen, *der Glaube* sei eine besondere, nur wenigen Naturen verliehene Gnade. Ich bin nach dem, was ich meine persönliche *Entwicklung* nennen möchte, der festen Überzeugung, daß man den Glauben wie alles andere durch Studium erwirbt. Trotz alledem hat die materialistische Impfung eine große Bedeutung: sie erlaubt tatsächlich, an die Psychologie und die Seelenprobleme auf der Basis der Physiologie heranzutreten, und verleiht damit der Lehre von den drei Prinzipien des Menschen und dem, was man in der Geschichte der Philosophie die Theorie vom plastischen Vermittler nennt, sogar eine sehr große Bedeutung.

Diese Theorie nimmt zwischen physischem Körper und Anatomie einerseits und unsterblichem Geist und Psychologie andererseits ein Mittelprinzip an, das mit der Sicherstellung der Beziehungen der beiden Extreme beauftragt ist und in den Bereich der Physiologie gehört. Dieses Prinzip, das heute unter dem Namen „das organische Leben" bekannt ist und seine Wirkung durch Vermittlung des Nervus sympathicus ausschließlich auf die Organe mit glatter Muskelfaser ausübt, besitzt meiner Ansicht nach eine genau definierte Existenz und gehört in keiner Weise zu metaphysischen Deduktionen. Die alten Hermetisten nannten es den formenden oder den *Astralkörper* und schrieben ihm Wahrung und Unterhalt der *Formen des Organismus* zu. Nun, ich kann sagen, daß das Studium des Astralkörpers, das ich seit gut zehn Jahren verfolge, es mir ermöglicht hat, eine sehr wissenschaftliche Erklärung der fremdartigen hypnotischen und spiritistischen Phänomene aufzustellen, die in unseren Tagen die Herren der Lehrkanzeln so sehr in Aufregung, nein: aus dem Gleichgewicht bringen. Mehr noch, eine ernste Prüfung aller zur Erklärung dieser Fakten gebotenen Theorien erlaubt mir die Behauptung, daß die des Hermetismus über die Konstitution des Menschen, eine Theorie, die seit der 18. ägyptischen Dynastie, d. h. seit 36 Jahrhunderten, keine Wandlung erfahren hat, die einzige ist, die in logischer und zufriedenstellender Weise allen beobachteten Fakten Rechnung trägt. Man kann mit ihr auch an das Studium des Problems des Todes und der Postexistenz der Persönlichkeit herantreten, und dieses Studium muß doch wohl ein gewisses Interesse bieten, weil viele der „jungen" Zeitgenossen, die zur intellektuellen Klasse gehören, diese Untersuchungen den Lächerlichkeiten der Politik und der Parteikämpfe vorziehen.

Ein andermal werde ich vielleicht von meinem esoterischen Wege sprechen. Für den Augenblick habe ich einfach die *exoterisch* verfolgte Richtung von meinen materialistischen Überzeugungen an bis zu meinen gegenwärtigen okkulten Studien zeigen wollen.

Esoterik des „Vaterunser"

Das „Vaterunser" wurde immer als eines der am meisten esoterischen unter den christlichen Gebeten betrachtet. Nach der Überlieferung habe Christus im Augenblick der Opferung diese wunderbare Anrufung an seinen himmlischen Vater gerichtet, und allen Okkultisten ist die Arbeit von Eliphas Levi über den okkulten Sinn des „Vaterunser" gegenwärtig.

Wie immer der wirkliche Ursprung dieses Gebets sein mag, sein hoher initiatorischer Gehalt ist leicht schon durch eine summarische Analyse zu bestimmen. Ich will versuchen, meinen Lesern in wenigen Seiten einen ersten Überblick über meine Forschungen zu diesem Gegenstande zu bieten. Ich zweifle nicht, daß in diesem Thema besser vorbereitete Geister als der meinige ein Studium, das ich nur obenhin behandle, viel weiter bringen werden. Im „Vaterunser" muß man betrachten:
1. Das Gebet an sich.
2. Die Abschnitte, die es enthält, und ihren Zweck.
3. Die Anwendungen des Gebets nach den Prinzipien der Analogie.

Das Gebet

Das „Vaterunser" umfaßt zwei Teile:
1. Einen *exoterischen* Teil, der allein der Allgemeinheit,
2. einen *esoterischen* Teil, der den Kirchen des Orients bekannt und den auszusprechen den Priestern vorbehalten ist.

Der exoterische Teil umfaßt die Offenbarung der Kräfte, die in den drei Welten wirken, und die Analyse ihrer Wirkungsmittel. Der esoterische Teil bindet durch die Offenbarung der Mysterien des Arcanum magnum diese Kräfte wieder an ihr Prinzip. Er ist die Synthese der Lehren, deren Analyse im ersten Teil enthalten ist. Als Gedächtnishilfe sei zuerst der deutsche Text der beiden Teile angegeben.

Exoterischer Teil

Vater unser, der Du bist im Himmel,
Geheiliget werde Dein Name,
Dein Reich komme zu uns,
Dein Wille geschehe, wie im Himmel, also auch auf Erden.
*
Gib uns heute unser tägliches Brot
Und vergib uns unsere Schulden,
Wie auch wir vergeben unseren Schuldigern!
Führe uns nicht in Versuchung,
Sondern erlöse uns von allem Übel!

Esoterischer Teil

Denn Dein ist das Reich und die Ordnung und die wirkende Kraft in Ewigkeit!
(Wörtlich: in den Äonen, d. i. den zeugenden Zyklen).

Dies der Text des Gebets, in dem ich übrigens bereits die Abschnitte angezeigt habe, auf die ich bald zurückkommen werde. Für den Augenblick mag uns die Feststellung genügen, daß alle verwendeten Worte sehr allgemein sind. *Vater, Name, Reich, Wille, Himmel, Erde, Brot, Vergebung, Schuld, Versuchung, Sünde.* Wir ahnen von jetzt an, daß wir es dabei mit *Gesetzen* zu tun haben, d. h. daß nach der bei den Alten beliebten Methode jedes dieser Worte ein *allegorischer Schlüssel* ist, der die Anpassung des verkündeten Gesetzes auf eine ganze Reihe von Tatsachen erlaubt. Einem Aufsatz über einige dieser Anpassungen will ich meine nächsten Studien widmen. Kehren wir zu den Hauptabschnitten zurück, die man zwischen den Sätzen machen muß.

Teilung der Sätze

Wir wissen, daß der Okkultismus ohne Unterschied von Zeit und Schule die Existenz dreier Welten lehrt:
1. Die göttliche Welt.
2. Die moralische oder astrale Welt.
3. Die physische Welt.

Amélineau beharrt in seiner gelehrten Arbeit über die ägyptische Gnosis auf dem Faktum, daß *alle gnostischen Schulen* über die Existenz der drei Welten eines Sinnes sind. Ebenso verhält es sich mit allen kabbalistischen, alchymistischen und theurgischen Schulen. Nun, die drei ersten Sätze entsprechen der göttlichen Welt, charakterisiert durch drei Begriffe: *Vater, Name, Reich* – und zur Synthese gebracht durch den Begriff *„Wille"*. *Erde, Himmel* dienen als Band zwischen den beiden Welten. *Brot, Vergebung, Schuld* entsprechen der Welt des menschlichen Willens. *Versuchung* und *Sünde* schließlich beziehen sich auf das Fleisch und die physische Welt.

Göttliche Welt

Gott wird unter seiner dreifachen Offenbarung analysiert: Der Vater („Vaterunser"), als *in allen Himmeln* existent betrachtet, d. h. in allen Ebenen, wo unser Ideal zum Vorschein kommen kann, sei es in der physischen, astralen oder göttlichen. Dieser Vater offenbart sich in zwei weiteren Aspekten: a) dem Wort („Dein Name"), dessen wahre Kenntnis dem Initiierten vorbehalten bleiben muß, um nicht profaniert zu werden („werde geheiliget"); b) dem heiligen Geist („Dein Reich"), der lebendigen Verwirklichung des Göttlichen in allen Inkarnationen, dessen gänzliches Kommen der Initiierte überall anruft („komme"). Endlich zeigt sich die göttliche Einheit in der mysteriösen Invo-Evolution des Willens („Dein Wille"), dessen Liebesstrom die ganze Schöpfung von der Materie („Erde") in allen ihren Ebenen bis zum Geist, dem Ideal („Himmel") in allen seinen Rangordnungen durchläuft. Es ist der rätselhafte Strom, von Hermes zu Beginn seiner Smaragdtafel ausgesprochen, der die göttliche Welt mit der menschlichen verbindet, die wir nun betrachten wollen.

Menschliche Welt

In jedem Augenblick will der Strom der göttlichen Liebe in uns eindringen und uns das geistige *Brot* bringen, dessen heilsame Einflüsse wir täglich in uns verarbeiten sollen. Allzu häufig jedoch verschließen wir unsere Seele dem göttlichen Einströmen, das so, gleich der erderhellenden Sonne, nicht bis zur Tiefe der Höhle dringen kann, die wir selbst in uns graben, wenn wir in der Materie versinken, statt uns zum Geiste hin zu entwickeln. Worin besteht also das Mittel, unser Sein dem täglichen Brot der Geistigkeit zu öffnen?

Der folgende Satz will es uns lehren.

Jeder Verstoß gegen unsere göttliche Unsterblichkeit ist eine *Schuld*, die wir aus freien Stücken gegen uns selbst eingehen, und die wir mit den Leiden der nächsten Inkarnation werden tilgen müssen. So wie es Pythagoras lehrte, schaffen wir durch den Gebrauch, den unser Wille von der Gegenwart macht, unablässig unsere Zukunft. Nun, es gibt ein Mittel, rasch die Pforte unseres inneren Himmels aufzuschließen: ein wenig von unserer *Ichheit* opfern zugunsten einer Kleinigkeit von unserer *Universalität*. Unser *egoistisches*

Leben ist *in uns,* unser *moralisches in den anderen.* Nur wenn wir zu Nutzen der *anderen* wirken, sind wir im Sinne der Evolution tätig, während wir bei eigennützigem Handeln im Sinne der Involution, der Verdunkelung, wirken. Wenn mich jemand beleidigt, geht er mit mir eine moralische Schuld ein, deren Begleichung ich frei nach meinem Belieben verzögern kann. Durch sein Tun wird er mein Sklave. Blicke ich auf das Gehässige seiner Handlung und sinne ich auf Rache, so werde ich *egoistisch* und erzeuge freiwillig das Übel, das mich geistig tötet; *verzeihe* ich jedoch, so universalisiere ich mich, ich handle im Sinne Gottes und vernichte nicht nur das Übel, das ich mir durch egoistische Einstellung angetan hätte, sondern auch jenes, das mein Feind mir und sich selbst zufügte. *Ich bringe* nach Maßgabe meiner Mittel die Entwicklung der gesamten Menschheit *vorwärts,* indem ich zwei Seelen, die einander vielleicht Jahrhunderte lang *zurückgestoßen* und so die schließliche Reintegration verzögert hätten, attraktiv mache. Freiherzige Verzeihung ist also wohl die wundervollste Art, die uns je offenbart worden ist, die Vorsehung anzurufen. Daher das Hauptgewicht dieses Wortes vom Standpunkte der dem Menschen bewußten Schaffung seiner Unsterblichkeit aus.

Physische Welt

Die Schaffung der Sünde, d. h. des Bösen für uns selbst, ist in Wirklichkeit der Schlüssel unserer Inkarnation in der Welt des Fleisches, in dieser Welt der *physischen Versuchung.* Der spirituelle Adam schuf dereinst durch sein Verlangen nach Eins-Sein mit der Materie in der Hoffnung, dann Gott an Stärke zu übertreffen, in seinen Molekülen, d. h. in uns, die Versuchung zur Welt der Tiefe hin. Unser Zeitalter krankt schwer an einem Irrtum, der aus der gleichen Quelle entspringt. Zwischen zwei Mächte gestellt, die reine *Idee,* der keine sichtbaren Kräfte zur Verfügung stehen, und das augenscheinlich als Hebel der Welt so bedeutsame *Geld,* läuft der Alltagsmensch dem Mammon nach und kommt nicht darauf, daß gerade diese Macht nur Selbstbetrug ist und daß der Goldhaufen in dem Maße abnimmt, je größer die Menge ist, in der man seinen Einfluß verbreiten will. Die Idee dagegen vervielfacht sich durch die Zahl der Wesen, die sich zu ihrem Träger machen, ja, sie wächst überdies mit der Zeit. Zwischen dem Geist, dem unfaßbaren Ideal, und der Materie, der unmittelbaren Manifestation, wählte Adam die letztere. Daher das Übel, die Sünde, die Inkarnation, die jedes der adamischen Moleküle, d. h. jedes Menschenwesen *töten* muß, indem es zur Vereinigung mit der Idee-Vorsehung durch fortschreitende Opferung der Materie-Schicksal ruft. Der

Schlüssel dieser ganzen Entwicklung, dieser möglichen unio Dei et hominis, ist in einem einzigen Prinzip enthalten: der *Verzeihung*. Wenn man nur die beiden ersten Stufen der Einweihung besitzt, kann man hier das „Vaterunser" schließen. Allein die Verehrer des „Pneuma" wollen noch weiter gehen und das große Mysterium der göttlichen Konstitution beschwören. Lüften wir darum den Schleier, soweit es ohne Gefahr geschehen kann, durch folgende Parallele.

	Denn Dein ist
Das Reich	Prinzip des Vaters
Die Ordnung	Prinzip des Sohnes
Die Kraft	Prinzip des Geistes
	in
den Äonen (Ewigkeiten)	Schöpferprinzipien des Himmels, des Menschen und der Erde, d. h. der drei Welten. Manifestationen des göttlichen Willens (die Äonen entsprechen den Elohim Moses').

Fassen wir also in einer abschließenden Tabelle unsere bisherige Determinierungsarbeit zusammen und verschieben wir das so interessante Studium der Anwendungen des „Vaterunser" auf den folgenden Artikel.

Göttliche Welt	Vater Unser, der Du bist im Himmel, Geheiliget werde Dein Name, Dein Reich komme zu uns.	Vater Wort Heiliger Geist
Invo-, Evolution (Band)	Dein Wille geschehe, wie im Himmel, also auch auf Erden.	Übergang vom Göttlichen zum Moralischen
Moralische Welt (Mensch)	Gib uns heute unser tägl. Brot Und vergib uns unsere Schuld, wie auch wir vergeben unseren Schuldigern.	Ständ. Einfluß der Vorsehung auf uns Selbstschaffung unserer Zukunft durch unsere Gegenwart
Physische Welt	Führe uns nicht in Versuchung, sondern erlöse uns von dem Übel.	Zerstörung des Bösen durch unser Bündnis mit Gott
Synthese	Denn Dein ist das Reich und die Ordnung und die wirkende Kraft in den Ewigkeiten (d. i. in den zeugenden Zyklen). Amen!	Esoterischer Teil Schlüssel der Offenbarung Das Arcanum magnum

*

Die vorstehende, August 1894 in der *„Initiation"* erschienene Studie versuchte die Analyse des Gebetes Christi unter zwei Aspekten:
1. Die Konstitution des Gebets an sich.
2. Die geheimen Abschnitte und ihr Zweck.

Die Studie der *Anwendungen des „Vaterunser"* hatte ich zurückgestellt. Ich habe in der Tat lange gezaudert, bevor ich mich entschloß, die Ergebnisse meiner diesbezüglichen Untersuchungen zu veröffentlichen. Denn angesichts der Größe des zum Ausgangspunkt genommenen Vorbildes schien mir die Arbeit nie vollendet genug. Eine wichtige Erwägung erlaubt mir jedoch heute, meine Versuche der Öffentlichkeit vorzulegen: die Zuversicht, daß diese Versuche bei all ihrer Unvollkommenheit denen, die weiterhin ebenso merkwürdigen wie interessanten Anpassungen nachgehen wollen, wenigstens den Weg andeuten werden. Ich will also an meine Feststellung erinnern, daß die Ausdrücke des *Vaterunser* eine Reihe von Gesetzen darbieten, die mannigfach in den drei Welten angewendet werden können. Weiters habe ich angedeutet, daß dieses wunderbare Gebet den Schlüssel der göttlichen Wirkung an sich in der moralischen und materiellen Welt und den der Reaktion des Menschlichen auf das göttliche Mittel des großen Gesetzes der *Verzeihung* mit all seinen okkulten Konsequenzen liefert.

Alle sonstigen theoretischen Erwägungen kann ich beiseite lassen, und so will ich heute einfach das Ergebnis einiger Anwendungen der Ausdrücke *Vater, Name, Reich, Wille, Erde, Himmel* etc. vorlegen, die die allgemeinen Gesetze bilden, auf denen besagte Anwendungen aufgestellt sind.

Anpassung an das Ideal
(Bild des Vaters in der moralischen Welt)

Verwirklichendes Ideal,
Das Du in meinem inneren Himmel bist,
Dein Name werde uns offenbar,
Durch die Demut,
Dein entwickelnder Einfluß werde verwirklicht,
Dein Reich breite sich in meinem Leibe aus,
Wie es in meinem Herzen ausgebreitet ist.
Offenbare mir täglich Deine sichere Anwesenheit.
Verzeihe meine Schwächen,

Wie ich die der schwachen Sterblichen, meiner Brüder, verzeihe.
Bewahre mich vor den Spiegelungen der entarteten Materie,
Und befreie mich von der Verzweiflung.

Denn Dein ist das Reich	in der Ewigkeit
Und das Gleichgewicht	meiner
Und die Kraft	Intuition

Anpassung an die Wahrheit
(Bild des Vaters in der intellektuellen Welt)

Lebendige Wahrheit,
Die Du bist in meinem unsterblichen Geist,
Dein Name werde kundgetan durch die Arbeit,
Deine Kunde werde enthüllt,
Dein Gesetz komme in die Materie,
Wie sie in den Geist gekommen ist.
Gib uns täglich die schöpferische Idee,
Vergib mir meine Unwissenheit,
Wie ich die der Unwissenden, meiner Brüder, vergebe.
Bewahre mich vor unfruchtbarer Verneinung
Und befreie mich vom tödlichen Zweifel.

Denn Du bist das Prinzip	in der Einheit
Und das Gleichgewicht	meiner
Und die Ordnung	Vernunft

Anpassung an das Leiden
(Väterliches Erlösungsprinzip in der materiellen Welt)

O wohltätiges Leiden,
Das Du bist in der Wurzel meines leiblichen Seins,
Dein Name werde geheiliget
Durch den Mut in der Prüfung.
Dein Einfluß werde erfaßt,
Dein reinigendes Feuer durchglühe meinen Leib,
Wie es meine Seele durchglüht hat.
Entwickle täglich meine stumpfe Natur,
Vernichte meine Trägheit und meinen Stolz,

Wie Du die Trägheit und den Stolz meiner sündigen Brüder vernichtest.
Bewahre mich vor den Niederträchtigkeiten,
Die mich verlocken könnten, Dich beiseite zu schieben.
Denn Du allein kannst mich von dem Übel befreien,
Das ich geschaffen habe.

Denn Du bist das Läuternde	im Zyklus
Und das Ausgleichende	meiner
Und das Erlösende	Existenzen

Kabbalistische Anpassung

O schöpferisches Iod,
Das Du bist im *Ain-Soph*,
Kether, Dein Wort, werde geheiliget,
Tiphereth, der Glanz Deines Reiches, sende aus seine Strahlen,
IHVH, Dein zyklisches Gesetz, regiere in *Malchuth*,
Wie es regiert in *Kether*.
Gib der *Neschamah* täglich die Erleuchtung einer der 50 Pforten von *Binah*,
Setze das unendliche Mitleid von Chesed den Schlacken entgegen,
Die ich in meinem „Ebenbilde" schuf,
Als ich, einen der 32 Wege der *Chochmah* mißachtend,
Die Strenge des Ruach gegen meine Brüder ausströmte.
Bewahre *Neschamah* vor den Anziehungen des *Nephesch*
Und befreie uns vom *Nachasch*.
Denn Dein ist:

Resch – das Prinzip	oder *El*	In
Tiphereth – der schöpferische Glanz	oder *Iod*	den
Jesod – der Muttersoff	oder *Mem*	Elohim

Der Weg der Mystik

Es gibt ein Entwicklungsgesetz in der Natur, das ein nur halbwegs gewissenhafter Beobachter unmöglich übersehen kann. Es lenkt alle Naturwesen vom Mineral bis zur höchstkomplizierten Zelle des Menschen, ja sein Bereich erstreckt sich sogar auf den Geist in allen seinen Manifestationsebenen. Leider vergißt man in der Geschichte der Philosophie dieses Gesetz allzusehr. Ein

Intellekt, der sich nach seinem Prinzip hin konzentriert, wird sich zuerst seiner persönlichen Wirkungsmittel bewußt. Er weist alle Ideen zurück, die man ihm ohne die Kontrolle seiner Vernunft hat aufpfropfen wollen. Er bekommt Verständnis für seine Ungebundenheit und entfaltet sich zum freien Denker. Diese Entwicklungsphase ist freilich oft die letzte Grenze, die niederen Intelligenzen erreichbar ist. Daher der enge Sektarismus der Freidenker, die die Verneinung alles dessen, was ihnen überlegen ist, als Pflicht und den atheistischen Positivismus als Dogma betrachten. Es ist ersichtlich, daß diese Denker, ledig der Last dessen, was sie intellektuell nicht verdauen können, um eine Linie höher stehen als jene Wesen ohne Persönlichkeit, die alles, was man ihnen erzählt, widerspruchslos hinnehmen. Der Freidenker verwechselt jedoch oft die Phase, die seinem Stadium vorhergeht, mit der, die ihm folgt. In der Tat kann der Geist, der Ideen, die er nicht assimiliert hätte, über Bord geworfen hat, mit einem schönen Stein verglichen werden, den man aus einer Kräuter- und Mooshülle herausgeschält hat. Solch ein nackter Stein kann aber noch verziert und gemeißelt werden und wird dann nur um so schöner. Ebenso kann sich der Geist nach der kritisch-negativen Phase der Wiedergewinnung seiner Persönlichkeit noch weiter entwickeln, und dann entsteht ein System, wo gemeinhin der Pantheismus im Vordergrunde steht, d. h. nachdem erst einmal so ein Geist das physische Planum durch den Naturalismus erfaßt hat, wird er der Ebene des universellen Lebens und der Welt der Gesetze durch den Pantheismus inne. In diesem Augenblick ist er für die unverständlich, die in der niederen Ebene verblieben sind, und genau so verhält es sich, wenn jemand in normaler Entwicklung über den Pantheismus hinaus zur Mystik emporwächst; er ist für die, die im Aufstieg nicht mitgegangen sind, unverständlich und wird von ihnen als halber oder ganzer Narr betrachtet. Das ist keine leere Behauptung, denn die Mystik wird eben von den kritischen Philosophen, die nicht weiter können als bis zu diesem Punkt, ungefähr so behandelt wie der Pantheismus von den Materialisten: als ein sanfter Wahnsinn, wiewohl die Großartigkeit gerade dieser Geistesentwicklung eben nur von Mystikern verstanden werden kann. Ich will versuchen, die Zugangspfade dazu, wenn auch nur sehr unvollkommen, zu kennzeichnen. Wenn der Geist die nahezu gänzliche Entfaltung seines Verstandesapparates (im Gehirn lokalisiert) erreicht hat, wird er sich ganz plötzlich einer anderen Organreihe bewußt, die zum ersteren die Ergänzung bildet und in den Sympathicuszentren und hauptsächlich im Herzgeflecht mit Brücken zu den bewußten Zentren des Hirns hin lokalisiert ist. Diese Organreihe ist zur Betätigung von Fähigkeiten bestimmt, die sich von den zerebralen grundlegend unterscheiden und deren Wirkungen unter den Bezeichnungen „direktes Schauen, Intuition, geistige Verbindungen etc." bekannt sind. Der *mentale oder Hirnweg* besitzt seinen äußersten Entwicklungspunkt in der Ausübung der zeremoniellen Magie, die ausschließlich Hirntraining und Hirnkenntnisse erfordert, während dieser andere Weg, den ich den kardialen nennen will, sich in der Theurgie konzentriert und zum Ausdruck kommt. Während die Magie den persönlichen Willen, ja oft den Stolz züchtet, tötet die Theurgie den letzteren, um die Demut zu entwickeln und den Befehl und die Aufträge, die die zeremonielle Magie den willigen Geistern erteilt, durch das Gebet und den Appell an die Engel des göttlichen Planums zu ersetzen. Zwischen den beiden Wegen läuft ein dritter, gemischt, oft lichtscheu, der den Geist zu jenem schlimmen Hochmut treibt, sich selbst für Gott zu halten, der das Gebet und die demütige Anrufung der höheren Kräfte verachten lehrt und zwischen den Übungen astraler Gymnastik als vermeintlichem Entwicklungsmaximum und dem naivsten Glauben an persönliche Wiedergeburt und an die Macht von ebenso unbestimmten wie unbekannten Wesenheiten hin- und herpendelt. Dieser Weg hat je nach den Epochen verschiedene Namen bekommen. Mögen sie nun Pythagoräer oder Philosophen des 17. und 18. Jahrhunderts, Adepten Cagliostros oder moderne Antichristen sein, immer erkennt man sie an ihrem Geist der Verkleinerung und Anschwärzung, an ihrer Liebe für Geschwätz und persönlichen Klatsch, an tausend anderen Zeichen, die Saint-Martin ebensowenig täuschten, als man ihm die Wunder der Schule des Nordens berichtete, wie sie etwa einen zeitgenössischen Martinisten oder sonst irgend einen Adepten einer wahren Schule der Theurgie irreführen können. Es gibt nun auch Entwicklungsphasen in der Mystik, wie es deren auf jedem philosophischen Wege gibt, und es war das Unrecht der Kritiker, alle Mystiker in die gleiche Kategorie zu stellen, ohne die absolut notwendigen Unterschiede zu machen. So ist Martines vor allem Magier, Magier mit Bewußtsein für die großen Geistesprobleme und die Prädominanz Christi im Unsichtbaren, aber schließlich und endlich doch Magier mit seinen Kreisen, Lichtern, Gottesnamen und Zeremonien. Claude de Saint-Martin ist von Natur und Temperament Theurg. Er bevorzugt die passiv-beschauliche Seite der Theurgie, die ja auch andere Aspekte bietet, und baut auf Gebet und Demut seine größten Trostgründe. Für den Theurgen ist das Gebet nicht etwa eine mehr oder minder verlängerte Lippenübung. Es ist die Anwendung der lebendigen Hirnkräfte, die durch die Ausübung der physischen, moralischen und intellektuellen Nächstenliebe und die Unterwerfung unter Prüfungen erst geschaffen sein müssen. Jede Strafe, jede Arbeit, jedes Leiden ist ein Gewinn, den das Gebet dem Schwachen, dem Verzweifelten zukommen läßt. Dann nämlich geht das Unsichtbare mit einem Vertreter auf Erden ein Bündnis ein und leitet ihn Schritt für Schritt. Er wird ein Illuminat. Sei nun dieser Erleuchtete ein indischer Brahmine, ein französischer Mönch oder ein afrikanischer Marabut, die betätigten Fähigkeiten sind immer dieselben, und alle erkennen sich durch die wahre Demut und Nächstenliebe als Brüder in Gott. Man muß sich sehr hüten, den *Illuminaten*, der die völlige Kontrolle über all seine Hirnfähigkeiten bewahrt und den Reizungen des Unsichtbaren nach Belieben folgen kann oder nicht, mit dem *Medium* zu verwechseln, diesem passiven Instrument und Gefangenen jener selben Kräfte, das gutwillig oder gezwungen den Mächten gehorchen muß, die es unter ihren Schlägen halten. Sokrates war ein Erleuchteter, und kein ernsthafter Geist würde es sich einfallen lassen, ihn mit einem Medium, heiße es wie immer, zu verwechseln. Man erkennt, wie umsichtig man in der Welt der Mystik den Weg einhalten muß, und warum die Philosophen bei ihrem kritischen Betrachten so viel Mühe haben, klar zu sehen.

Die aktiven Verbindungen
Der Illuminismus

Nach Abgrenzung der verschiedenen Bereiche menschlicher Geistesentwicklung, die Mystik inbegriffen, wird es angebracht sein, einige Worte über die Verbindungsarten zwischen der sichtbaren und der unsichtbaren Ebene durch die bewußte Praxis und ohne jeden Bewußtseinsverlust zu sagen, welch letzterer zum Bereich der Medialität gehören würde. Ein Illuminat ist tatsächlich für den, der weiß, und nicht für einen, der bloß krittelt, ein Wesen, das in bewußte Beziehung mit der unsichtbaren Ebene treten kann. Diese Beziehungen schwanken je nach dem seelischen Temperament der Person und der größeren oder geringeren Entwicklung ihrer übersinnlichen Fähigkeiten. Der erste Zusammenstoß zwischen dem Astralplanum der Schöpfung und der Mentalebene der Person erfolgt jäh mit starker direkter Vision – wie im Falle Jakob Böhmes oder Swedenborgs – oder langsam und fortschreitend mit Hören, Schauen und sukzessiven Herzempfindungen – wie im Falle Gichtels und Claude de Saint-Martins. Der erste Erleuchtungsweg ist der seltenere. Er wird dann eingeschlagen, wenn das Unsichtbare direkt auf das Wesen seiner Wahl einwirkt, ohne darum gebeten oder erwartet zu werden.

Der Fall von Swedenborg und der von Jeanne d'Arc sind diesbezüglich typisch. Nach einem ersten Zusammenstoß, der die Beziehung zwischen den beiden Ebenen herstellt, erfolgt einfach die Verbindung, immer aber unter der Leitung des Unsichtbaren, und ohne daß die Person nur eine Sekunde lang die Kontrolle über ihre Fähigkeiten verlöre. Der zweite Erleuchtungsweg ist leichter, um so mehr, als er methodisch entweder allein oder unter Leitung lebender Meister verfolgt werden kann. Wenn ich „leichter" sage, so müßte ich hinzufügen: zu beginnen – denn wie jeder Weg der Mystik ist auch er voll von Prüfungen, Erniedrigungen, fortwährenden Opfern, wodurch anfangs selbst die Eifrigsten entmutigt werden. Die Geschichte der Freunde Gichtels ist in dieser Hinsicht besonders bezeichnend. Ihrer zwanzig hatten sich entschlossen, alles zu tun, um diesen Weg einzuhalten, und bei den ersten Prüfungen von Ruin, Geldverlust und betrogenen Hoffnungen fielen neunzehn ab: Gichtel blieb allein und gelangte als einziger zum Ziel.[3] Viele Initiationsbruderschaften führen ihre Mitglieder auf diesen Weg. Man beginnt mit der körperlichen Läuterung einer im allgemeinen vegetarischen Ernährung und mit geistiger Schulung. Hier liegt jedoch ein winziger Anfang der Gefahr des Egoismus, der das Subjekt dazu treibt, sich für *reiner* zu halten als die anderen Menschen und die eigene *Reinheit* nicht durch astral oder physisch untergeordneten Verkehr zu beschmutzen. Der Unglückliche, der sich auf solche Ideen einläßt, gerät aus der Bahn. Er verläßt die Ebene der Liebe und Nächstenliebe zugunsten der stolzgeblähten Mentalebene, und wird in das Astralgebiet geführt, wo ihn die Schlange Pantheismus nach ihrem Belieben narrt. Für eine so vom Herzwege abgekommene Person ist die astrale Gymnastik alles, Gebet und Ebene der göttlichen Persönlichkeit existieren nicht. Ihr Stolz verleitet sie, alles zu leugnen, was sie nicht wahrnehmen. Solch einen Anfänger muß man beklagen und ihm möglichst helfen, ohne ihn zu richten, denn das ist verboten, wenn man nicht selbst gerichtet werden will. Kommt man über diesen ersten Schritt hinaus und triumphiert man über die Täuschungen der Astralschlange, so kann man das nur mit Hilfe einer unsichtbaren Macht aus der Gottesebene. Nenne man sie Schutzengel, Lichtempfänger, Gesandten der Himmelsjungfrau oder ganz anders, das tut wenig zur Sache. Das Faktum allein ist wichtig. Die Vorstellung von der eigenen wirklichen Niedrigkeit, verstärkt durch die deutliche Vorstellung von Wesen, die nicht wie wir von Dämonen heimgesucht sind, bringt das Subjekt dazu, sich *durch inbrünstiges Gebet* in die Arme des Erlösers zu werfen, der alles ist, während das Subjekt selbst nichts ist, bringt es weiters dazu, sich darin zu üben, daß es von den armen Mitbrüdern nicht mehr übel rede, noch sie richte oder gar verdamme. Dann entwickeln sich direktes Hören durch das Herz oder direktes Schauen durch die Zirbeldrüse und ihre Adnexe oder auch Berührungssinn auf Distanz durch die Zentren des Sonnengeflechts, lauter Fähigkeiten, die – um mit Saint-Martin zu sprechen – unseren Dutzendphysiologen unbekannt sind. In dieser Entwicklungsphase bedeutet die Art der Ernährung so gut wie gar nichts. Die Gotteskräfte, die im Subjekt entstehen, um in ihm die mystische Hochzeit des Lamms – d. h. die Vereinigung seines erleuchteten Astralen und seines erleuchtenden Geistes – zu feiern, sind zur Ausglühung jeder körperlichen Unreinlichkeit stark genug, und das Gebet ersetzt jede Diät – wohlverstanden unter der Bedingung, daß die extraphysischen Sinne nicht von materiellen „Geistern" wie dem Wein und ähnlichem getrübt werden, „Geistern", die das Subjekt wieder ins niedere Astrale schleudern. Der heilige Paulus hat übrigens die Stolzen, für die die Ernährungsart dogmatisch war, sehr trefflich auf ihren Platz verwiesen. Ein so entwickeltes Wesen fürchtet selbst unter Unreinen nicht den Verlust seiner Reinheit. Wie Christus unter Leidenden und Niedrigen den Weg lebendig gezeigt hat, ebenso mischt sich der christliche Illuminat unter die Kranken, die Verzweifelten, die Armen. Durch die ständige Bemühung, das, was er hat, mit dem zu teilen, der nichts hat, stärken sich seine Bestrebungen und seine Verdienste gleichzeitig mit seinen Fähigkeiten. Dann wird die Wahrnehmung der göttlichen Persönlichkeiten schärfer, die Nachrichten kommen ständig, und die Person kann sich furchtlos der Leitung des Vaters, der ihm das Leben, des Sohnes, der ihm durch das Wort und die Liebe den intellektuellen Fortschritt gibt, und des Geistes überlassen, der ihn erleuchtet. Das muß man wissen, um Claude de Saint-Martin zu verstehen. Außer diesen allgemeinen Wegen gibt es noch viele andere, die durch sonstige Verbindungsarten charakterisiert sind, wie etwa die symbolischen Nachrichten im Traum, verstärkt durch bewußte Visionen. Das Studium des Lebens von Cazotte ist diesbezüglich sehr instruktiv. Man findet in den Schriften und Übersetzungen von *Paul Sédir* eine Menge köstlicher Hinweise auf dieses Thema, auf die ich jene Leser aufmerksam mache, die mehr darüber erfahren wollen. Die verschiedenen Arten, den Tod und seine Folgen aufzufassen, stammen direkt von der Lösung, die jeder Mensch folgendem Problem gibt: *Warum kommt man auf die Welt, warum lebt man auf Erden?* Die Erde ist in der Tat eines der physischen Zentren, wo infolge der großen adamischen Spaltung die egoistischen und verstofflichenden Kräfte den altruistischen und vergeistigenden die Wage halten.⁴ Wenn der Mensch all seine Erdenbemühungen der Erwerbung von Gütern gewidmet hat, die zum Reich des Fürsten dieser Welt, des irdischen Mammon, gehören, ist der Tod für ihn ein entsetzlicher Riß, und der Unglückliche gleicht dem reichen Geldmann, der gezwungen ist, seinen Palast und seine prächtigen Kleider mit einer Gefängniszelle und einer Sträflingsjacke zu vertauschen. Wenn dagegen der Mensch all seine Bemühungen der Erwerbung geistiger Güter gewidmet hat, die zum Reich des Herrn unserer Welt, Unseres Herren, gehören, dann ist der Tod die ersehnte Krönung einer ständigen Mühe, und weit davon entfernt, schmerzlich zu sein, bringt er vielmehr Glück und Freude. Einige Betrachtungen über den Mechanismus dieser beiden Tendenzen, zwischen denen es viele Mittelglieder gibt, sollen gewisse Punkte aufhellen, die bei dieser wichtigen Frage dunkel bleiben könnten. Was die Mystiker den Sündenfall genannt haben, ist kein der menschlichen Natur so fern liegendes Ereignis, daß nicht jedem Geist die Möglichkeit gegeben wäre, seine persönliche und erfahrungsmäßige Meinung darüber beizusteuern. Tatsächlich gibt es zwei Fortschrittsgesetze, in denen sich die Analogie der Gegensätze genau verwirklicht. Das eine ist das der Materie, die durch fortschreitende Verdunkelung des Geistes wächst, das andere ist das des Geistes, der durch fortschreitende Erleuchtung der Materie und ihre Erhebung auf die Stufe aktiver Kraft wächst. Der Weg der Verblendung benutzt die Sucht nach verstofflichenden Genüssen, die Pflege des Dünkels, des Reichtums an sich und des Egoismus in allen seinen Formen. Da Adams Verfehlung in dem Irrwahn bestand, der Mensch werde, wenn er das Leben der Keimkraft der Materie überantworte, einen *festeren Halt* finden, als ihn der reine Geist zu bieten schien, wandert jeder Geist neuerlich durch die Phasen, die Adam-Kadmon, der universelle Menschengeist, kennengelernt hat. Und so wird das Ebenbild des großen Sündenfalls durch die Inkarnation, also die Neueinkleidung des Geistes in einen fleischlichen Körper, immer wieder genau reproduziert⁵. Dieser einmal inkarnierte Geist wird jedoch von selbst instand gesetzt, durch seine eigene Erfahrung über die Tat Adam-Kadmons zu urteilen. Das Alter der Vernunft erlaubt ihm, der beiden Gattungen wohl unterschiedener Kräfte, die in ihm wirksam sind, inne zu werden. Einmal sind das die egoistischen Kräfte, die ihn dazu treiben, sich als Mittelpunkt des Weltalls zu betrachten und alles auf sich zu beziehen, da er ja das Recht habe, das Glück lediglich für seine eigenen Vergnügungen und zur Befriedigung seiner Eigenliebe auszunützen, wenn er nur nach Bedarf ein paar Messen und Gebete an geistliche Diener bezahlt, deren Pflicht es ja ist, ihm Feinde jenseits des Grabes vom Halse zu halten; andererseits sind das die brennenden Kräfte der Liebe und Nächstenliebe, die ihn dazu treiben, sich im Universum lediglich als einen armen Gesandten eines anderen Landes zu betrachten, das Glück, das ihm lächeln mag, nur für die Stiefkinder des Schicksals zu verwerten, und auch das mehr als Kassierer denn als ausschließlicher Besitzer, und endlich mit den Wesen der unsichtbaren höheren Ebene, die die wahren Bindeglieder zwischen diesem Leben und dem nächsten Stadium sind, in Berührung zu treten. Je nach der Entscheidung, die der Geist zwischen den beiden Wegen trifft, kommt er entweder zum zweiten Sündenfall oder zur ersten Reintegration. Für die Aufklärung über seine Pflichten stehen ihm die religiösen Offenbarungen – seien sie, wie immer, sie streben alle zum selben Ziel – und vor allem die praktischen Lehren der himmlischen Mutter durch die Liebe zur Verfügung. Die Liebe, die alle von den Cliquen und den großen Zivilisationen aufgerichteten Schranken gründlich niederreißt, ist der große Appell des Schöpfers an seine Geschöpfe. Plato hat Allertiefstes offenbart, als er zeigte, daß die Liebe des Mannes zum Weibe, die die verhärtetsten Herzen zum universellen Leben erweckt, das erste Stammeln der Liebe des Menschen zu seinem Gott ist. So hat jedes Wesen, das geliebt hat, am höheren Leben teilgenommen, und so sagt Christus; Ihr wird viel vergeben werden, denn sie hat viel geliebt. Zum größten Entsetzen der Egoisten ist die Liebe bereits der Ruf zu einem Leben zu zweien und zeigt den Weg, der dazu führt, sein Leben dem anderer zu widmen, ein Weg, der von der Karitas gekrönt ist. Wenn der Geist diesen zweiten Weg wählt, verschwinden für ihn alle die zweifelhaften Wirklichkeiten der Materie. Geld, Stellen, Ehren gelten einer Seele, die nach Erfassung höherer Kräfte, nach Vereinigung mit ihrem himmlischen Erlöser, nach der Vision der Sophia coelestis strebt, nur mehr als schwache Anziehungen. Dem Menschen geht durch das Gebet mehr und mehr der Sinn für das Leben des Unsichtbaren auf, sein Geist verläßt oft diese Welt, um von den leuchtenden Führern in die andere „Wohnung" eingelassen zu werden, und kehrt er hier unten zurück, so nur als Schauspieler, der für die Galerie eine Rolle mimt, während sein wirkliches Leben anderswo abläuft. Je häufiger die Beziehungen zwischen den beiden Ebenen werden, desto näher fühlt sich der Geist dem Ziele, und der Tod ist die einfachste, ja glücklichste Sache von der Welt, er ist die endgültige Rückkehr in jene wahre Heimat, die man als Erdenpilger nur heimlich besuchen konnte. Dazu erfolgt diese Heimkehr auf Wegen, die durch jene heimlichen Gänge vertraut sind. Der Initiierte, der für die Erde stirbt, hat einige Augenblicke lang die Empfindung eines köstlichen Schwebens, er schaukelt, von lieblichem Nachen getragen, auf einem sanft fließenden Strom, wobei er unmerklich in die Himmelsunermeßlichkeit gleitet. Das ist die Belohnung derer, die auch nur ein einziges Mal in Beziehung mit Unserem Herrn standen. Der Tod ist die Rückkehr nach Hause. Wozu jetzt die Ängste derer beschreiben, die ihr Haus einzig im Lande des Fürsten dieser Welt erbauten! Warum an das Entsetzen des Geistes erinnern, der ohne andere Wohnung als einen Holzkoffer oder einen Friedhof erwacht und um seine irdischen Reichtümer weint, die eitle Phantome wurden! Muß man auf den stechenden Schmerz hinweisen, der durch den Anblick der Zersetzung des Körpers hervorgerufen wird, dieses Körpers, den man zum einzigen wahren Tempel und Anbetungsmittelpunkt gemacht hatte! Aber wofür sollte das gut sein! Besser erinnert man an die unendliche Güte des Vaters, der niemanden je gerichtet hat, und seine friedfertigen Türhüter schickt, um ihn dem Stadium der Verwirrung bis zu dem Augenblick zu entreißen, wo die himmlische Jungfrau über ihn das Mitleid ausbreiten wird, dessen ihr Herz für alle Blinden und Sünder voll ist. Der Tod ist nur für die schrecklich, die ihn nicht kennen, und von allen Fleischgewordenen, so viele ihrer aus dem Gottesplanum zur Erdenebene gekommen sind, ist kein einziger, weder Buddha noch Krishna noch Moses noch Mahomed, durch die Pforte des Todes zurückgekehrt. Sie hatten wohl alle Gott offenbart und in ihren Herzen einen seiner würdigen Altar errichtet, sie waren göttliche Menschen, aber eben Menschen. Gott allein, Unser Herr Jesus Christus, ist nach Beendigung seines Erdenweges aus dem elfenbeinernen Tor wieder hervorgetreten, hat diesen Körper, an dem sich die Gesetze des Zerfalls vergeblich versucht hatten, neuerlich angenommen und ausgerufen: „O Grab, wo ist dein Sieg, o Tod, wo ist dein Stachel!" Das steht nicht allein im irdischen Buch der Evangelien geschrieben, das steht in unauslöschlichen Bildern im ewiglebendigen Buche, in dem mich mein Meister – gepriesen sei sein Name! – die Visionen buchstabieren ließ, die fließend zu lesen ich allzu unwürdig bin. Für Claude de Saint-Martin freilich genügte es, einen Vorhang aufzuheben, um von einer Welt in die andere zu treten; das dankte er den Führern, die ihm unser Erlöser gab und denen Gott selbst den Weg wies. Ich aber bin voller Mängel und buchstabiere nur mühsam das Wort des heiligen Paulus heraus:

„O Grab, wo ist dein Sieg, o Tod, wo ist dein Stachel!"

*

Nach Durchschreiten der verschiedenen in diesem Buche aufgenommenen
Stoffe richtet sich vor dem Leser, der weiter kommen und sich aus eigenem
Urteil über die Vorzüge und vielleicht auch über die Nachteile der okkulten
Wissenschaft klar werden will, eine Frage folgenden Inhalts auf: *Wie in den
Tempel eindringen, wenn fast alle Fachschriften nur den Vorhof andeuten?*
Meine Arbeit wäre unvollkommen, ließe ich nicht den Neuling in- solchen
Studien ehrlich an der Erfahrung teilnehmen, die ältere Schüler erwarben.
Deshalb will ich ganz kurz die drei Hauptwege einer Musterung unterzie-
hen, die, von der Tempelschwelle ausgehend, durch vielfache Gefahren und
Labyrinthe zum Allerheiligsten hin führen. Diese drei Wege sind:

Der instinktive oder experimentelle Weg.
Der zerebrale oder mentale Weg.
Der kardiale oder sentimentale Weg.

Alle drei zur Synthese gebracht im vereinheitlichenden Wege. Vor allem aber
will ich dem Leser die Hauptfrage zu Bewußtsein führen, die ihn in stand
setzen wird, sich unmittelbar über den Charakter der drei Wege klar zu werden.

Warum interessiert Sie der Okkultismus?
Aus dem Grunde, um tiefer in die Kenntnis des menschlichen Wesens und
seiner sozialen Beziehungen einzudringen? – Dann genügen Ihnen die
grundlegenden divinatorischen Künste und das auf einige physiologische
Kenntnisse gestützte Studium des Temperaments.

Aus dem Grunde, um über die Existenz der universellen Ebene und der
Fortsetzung des Lebens jenseits des Grabes ins reine zu kommen? – Dann
ist der experimentelle Weg mit seinen schrecklichen Gefahren und Fallen
für Sie angezeigt.

Aus dem Grunde, um neue Kenntnisse über die Geschichte der Menschheit, über die öffentlichen oder geheimen Religionslehren, über die Philosophien und Systeme zu erwerben, die die Konstitution oder den Daseinsgrund
Gottes, des Menschen und der Natur erklären oder zu erklären behaupten?
– Dann haben Sie die Wahl unter den Tausenden von Bänden und Dokumenten
des mentalen Weges, und erfahrene Führer sind recht angebracht, um einen
sonst unvermeidlichen gewaltigen Zeitverlust zu ersparen.

Aus dem Grunde, um sich selbst, mehr noch moralisch als physisch, zu
vervollkommnen, aus dem Grunde, um für die anderen mehr noch als für Sie
selbst zu wirken und nach Maßgabe Ihrer Schwäche an der menschlichen

Erlösung teilzunehmen? – Dann sind bis auf die Evangelien und die Worte der wahren Propheten alle Bücher nutzlos, der Weg des Illuminismus soll Ihr Los, das Gebet Ihr Mittel sein. Treten wir nun an die allgemeinen Bedingungen über jeden dieser Wege und an ihre wechselseitige Wirkung heran, denn man vermischt sie gemeinhin.

Der mentale Weg

„Und ihr werdet Göttern gleich sein, ihr werdet selbst Götter sein!" Das ist das Wort, das die christliche Mythologie der Schlange der Genesis, der Quelle aller falschen Wahnvorstellungen des Menschen, der *„Nachasch"* in den Mund legt.

Das Hirn schafft gar nichts im Menschen; es reflektiert das lebendige Licht des Herzens, und obwohl nur Spiegel, bemüht es sich doch in seiner Anmaßung, nicht nur zu glauben, der Reflex sei seine Schöpfung, sondern sogar zu behaupten, es lege alle Schöpfungsgesetze dar. Wie jeder Sektierer, verträgt das Hirn keinen Widerspruch und liebt seine Spiegelbilder, denen jede positive Existenz fehlt, um so mehr, als es sich in allen Ebenen einen alten Grundstock an Zärtlichkeit für seinen guten Freund, die Schlange, bewahrt hat. Wenn also der junge Forscher bei seinen Arbeiten über Okkultismus Lehrzentren sich auftun sieht, wo jeder Anwesende behauptet, mit tiefer Wissenschaft durchtränkt und im Besitz der einzigen unversehrten Wahrheit zu sein, wenn er bemerkt, daß diese Wahrheit unter den verschrobensten, dunkelsten, jeder Klarheit feindlichen Namen verborgen ist. wenn er schließlich verstehen lernt, wie die berüchtigte Nachasch das Wort zur Klagebeantwortung gegen Gott und vor allem gegen Christus ergreift, dann nehme sich der Studierende in acht, er ist soeben bei den Adepten des Mentalweges eingetreten. Habe ich das Recht, sie zu richten? Ich ebensowenig wie andere! Sie haben ihren Nutzen, denn sie allein haben von Haus aus Täuschungen genug aufzuweisen, um das positive Hirn des modernen Mannes der Wissenschaft und Materialisten von gestern zum Okkulten hinzuleiten.

Für die Mentalebene faßt sich das Ideal der Entwicklung der menschlichen Fähigkeiten im bewußten Vortretenlassen des „astralen Doppelgängers" zusammen. Der Akrobat der Physiologie, dem dieses grundlegende Experiment gelingt, wird in irgend einer barbarischen Sprache mit dem Meistertitel geziert, dafür aber verbringt man Jahre harter Diät und Übung, um bis zu solcher wirklichen Nebensächlichkeit, wie es das vereinzelte persönliche Hervortreten des Astralkörpers ist, zu gelangen! Man braucht nur eine einzige Minute wirklich in die Astralebene zu schauen, um sich über die Großmannssucht des angeblichen „Adepten" herzlich zu belustigen, der unter der Führung lediglich seines Dünkels und seiner „stolzen Abgeschlossenheit" in einem Lande spazieren gehen will, wo alles zu Verbänden zusammengeschlossen und in Rangsklassen eingeteilt ist. Die Güte des Vaters ist freilich so groß, daß sie diese angeblichen Götter der Menschheit auf der eitlen Promenade bei den Tigern des Jenseits mit ihren unsichtbaren Schützern umgibt. Habe ich vielleicht schon zu lange bei diesen Mängeln verharrt, so will ich nun einige Worte über die tatsächlichen Werte sagen, die der Mentalweg für den hat, der weiß, daß er weder richten noch sich für besser als seine Brüder halten darf.

Auf die physische Ebene angewandt, gewährt der Mentalweg die Kritik und die Theorie der verschiedenen Experimente. Er bildet erfahrene Kritiker, die vielleicht die Psychologie der Zukunft aufstellen werden. Auf die Gefühlsebene angewandt, analysiert und umgrenzt er die Theorie der Intuitionen und Offenbarungen. In seiner eigenen Ebene kritisiert und erhellt er die verschiedenen Überlieferungen durch vergleichende Methoden. In der Ebene der Synthese endlich bemüht er sich, das philosophische „Organon", die universelle Lehre zu bilden, die jede Tradition zu besitzen glaubt und die doch nur im geheimen Licht der Natur geschrieben steht. Die Gefahr des Mentalweges besteht außer im dünkelhaften Glauben, man wisse etwas, im Fassungsunvermögen des Gehirns für die Gesetze des lebendigen Wortes, das einer ganz anderen Wegrichtung folgt, und damit im Verdorren und Mangel an Herzensliebe. Er ist jedoch der Weg, der zu Beginn aller okkulten Studien am meisten benützt wird.

Der experimentelle Weg

Von sehr ehrenwerten Männern hört man häufig den Ausruf: Sähe ich ein einziges wirklich okkultes Phänomen, so wollte ich nicht mehr zögern, an alle diese Theorien zu glauben! Nun, so ein Mann wird einige Zeit später Objekt einer unbezweifelbaren telepathischen Manifestation. Glauben Sie, daß er dann von der Wirklichkeit der unsichtbaren Welt überzeugt sein wird? Keineswegs! Er wird diskutieren, streiten und hundert Gründe für einen finden ... um das nächste Phänomen abzuwarten. In Wahrheit kann der experimentelle Weg nur Körner zur Entwicklung bringen, die im Intellekt bereits gesät sind; schaffen kann er sie nicht. In den spiritistischen Zirkeln, wo dieser Weg das einzige Propagandamittel scheint, sind es die mehr der Theorie als den medianimen Tatsachen zugewandten Forscher, die am ernstlichsten von den Beziehungen mit der unsichtbaren Ebene überzeugt sind. Ja gerade von langen und oft unfruchtbaren Versuchen mit den Medien ausgehend, haben viele der meistvorgeschrittenen Okkultisten das ernste Studium der hermetischen Tradition begonnen. Der Okkultist soll dem ausschließlich experimentellen Weg mißtrauen, unter der Bedingung jedoch, daß er dessen Mysterien vollkommen kennt, wie der Polizeimann die Schliche der Landstreicher kennen muß. Die Anleitung eines sicheren, echten Meisters ist unentbehrlich; man kann sich dann in aller Ruhe über die Existenz und Handhabung der astralen Abdrücke und über die höheren Ebenen der Natur klar werden, da der Meister stets zur Stelle ist, um uns an die Niedrigkeit unseres Sünderzustands zu erinnern und uns durch das Gebet zu behüten. Es kann keinen wirklichen Okkultisten geben, der nicht die Handhabung der astralen Kräfte kennt. Es ist das notwendig, um die armen Opfer böswilliger Magier und ländlicher Hexenmeister zu schützen Je mehr man sich jedoch in die Geheimnisse des positiven Experimentalweges vertieft, desto mehr wird man sich der Minderwertigkeit dieses Wegs bewußt, mißt man ihn an dem der Demut und des Gebets. Ein anderer Irrtum, den man vermeiden muß, besteht darin, die Adepten einer Schule des Okkultismus, für die man keine Neigung hat, zu beschuldigen, sie trieben „schwarze Magie". Man erlebt mitunter, wie gebildete, angeblich aberglaubensfreie Leute zitternd diese Anklage vorbringen ... und entsetzt die Gegenwart des beschuldigten Forschers fliehen. Diese Ängstlichen richten sich solcherart selbst und beweisen zur Genüge, daß ihnen der experimentelle Weg fremd ist. Es sind Soldaten, die sich die Generalslitzen verleihen, ohne sich je an eine große Schlacht, sei es auch nur in den Herbstmanövern, herangewagt zu haben. Man muß sie beklagen und darf sie nicht richten, wie sie es mit den anderen tun. Der experimentelle Weg ist glücklicherweise für den bescheidenen Forscher ohne Furcht vor gefährlichen Rückschlägen zugänglich, wenn er sich an die grundlegenden Experimente der Psychometrie und der Künste divinatorischer Deduktion hält[6]. Auf die Ebene der materiellen Natur angewandt, resümiert sich dieser Weg in einer Serie sehr einfacher physikalischer Experimente, von denen die Hypnose eine der Phasen bildet. Auf die Intuitivebene angewandt, liefert er den Schlüssel zur Psychometrie (Studien von Buchanan in Amerika, übersichtlich dargestellt von Sedir und Phaneg in Frankreich). Er erlaubt auch die Praxis der Fernheilung und öffnet mit positiven Intuitionen die Pforte zum Gebet. Auf die Mentalebene angewandt, ermöglicht er das Studium der Gedankenübertragung, der Photographie von Vorstellungen und von Formen des Astralen, endet aber auch manchmal bei den dünkelhaften Verrücktheiten der zeremoniellen Magie. Kein Weg verlangt dringender als dieser nach Rat und Erklärung. Auch kann ich dem Studierenden nicht eindringlich genug hinsichtlich jeder Lehre und jeder Gesellschaft das größte Mißtrauen empfehlen, wo man das Gebet verachtet und den Menschen als Gott betrachtet, während er leider sein Gegenteil ist.

Der Weg des Herzens oder der Weg der Mystik

Ich kenne einen einfachen Mann, der nie ein geschriebenes Buch gesehen hat und doch die schwersten Probleme der Wissenschaft besser lösen kann als irgend ein berühmter Akademiker; es gibt arme Leute, die weder Diplom noch auch nur Studienjahre aufzuweisen haben und denen doch der Himmel so offen steht, daß die Kranken auf ihre Fürbitte hin genesen und selbst die Unmenschen bei ihrer Annäherung ihr Herz in einer Art Nächstenliebe schmelzen fühlen. Jeanne d'Arc hatte nie eine Abhandlung über Strategie gelesen, noch je eine Schlacht gesehen, und doch schlug sie auf den ersten Hieb die besten Hauptleute ihres Jahrhunderts! Warum? ... Weil sie sich auf Gottes Willen verließ und das Unsichtbare nicht in Zweifel zog, wie es ein Adept der Mentalebene getan hätte. Man muß nur gesehen haben, mit welchem Erstaunen der Kritikus diese Wesen studiert, die vom „lebendigen Licht des Vaters" belebt sind und gemeinhin Quietisten oder Mystiker heißen. Er versteht sie nicht, weil er universelle Fähigkeiten mit seinen beschränkten zerebralen Fähigkeiten messen will. Da verachtet und beleidigt der Kritikus den Mystiker, und dieser betet für seinen Beleidiger und setzt sein Werk der Ergebung fort. Die Linie der spirituellen Entwicklung ist einfach und klar: Immer für die anderen leben, nie für sich selbst. In allen Ebenen dem anderen tun, was man sich selbst getan wünscht. Von Abwesenden nie schlecht reden. Eher tun, was Mühe kostet, als was gefällt. Das sind so einige der Formeln dieses Wegs, der bei Demut und Gebet endet.

Es gibt eine physische Reinigung, die der Adept des Mentalplanums gern hat: das ist der Vegetarismus, der die Stärke der materiellen Anziehung herabsetzt. Aber diese Reinigung heißt gar nichts, wenn sie wohl den Körper von animalischen Einflüssen, nicht aber gleichzeitig das Astrale von egoistischen und den Geist von denen des Hochmuts reinigt, die alle hundertmal gefährlicher sind, als die Antriebe, die vom Fleischgenuß herrühren. Wenn ein Mensch etwas zu wissen glaubt und sich den Göttern gleichsetzt, für sein persönliches Heil arbeitet und sich in einen elfenbeinernen Turm zurückzieht, um sich zu läutern, warum sollte man ihm da etwas geben, da er ja hat, was er braucht, und da er sich ja in seinen eigenen Augen als lauteres, gelehrtes Wesen vorkommt!

Wenn aber ein Mensch einfach und von seiner Schwäche überzeugt ist, wenn er weiß, daß sein Wille nichts bedeutet, es sei denn, er wirke im Sinne des himmlischen Vaters, wenn er sich nie mit seiner persönlichen Reinheit beschäftigt, noch mit seinen Sorgen, wohl aber mit den Leiden der anderen, dann erkennt der Himmel in ihm eines seiner kleinen Kinder und Christus verlangt, daß man es zu ihm kommen lasse.

Eine Mutter, die gewacht und ein ganzes Leben der Hingebung verbracht hat, um nicht nur ihre eigenen Kinder, sondern auch die von noch ärmeren als sie selbst aufzuziehen, ist vor der Ewigkeit größer als der pedantischste Theologe und der auf seine Reinheit stolzeste sog. Adept. Da liegt eine instinktive Wahrheit, die der Masse auch ohne Notwendigkeit besonderer Beweise eingeht, weil sie für alle Ebenen wahr ist. Der Studierende halte sich also immer lieber an das Einfache als an die Pedanten und mißtraue Menschen, die sich ihm als vollkommen vorstellen, denn man stürzt immer nur von seiner Höhe. Der Weg der Mystik braucht also zu allen Augenblicken in allen Entwicklungs- und Wahrnehmungsstadien einen Beistand. In der physischen Ebene den Beistand der Kameraden und Meister, die durch das Beispiel belehren, in der Astralebene den der Gedanken von Hingebung und Nächstenliebe, die den Weg erleuchten und dank des Herzensfriedens die Prüfungen ertragen lassen, in der spirituellen Ebene endlich den der Schutzgeister, der vom Mitleid mit allen Sündern, von der Nachsicht mit allen menschlichen Schwächen und vom Gebet für alle Blinden und Feinde unterhalten wird. Dann löst sich das irdische Dunkel allmählich, der Vorhang schiebt sich für Sekunden beiseite, und das göttliche Gefühl des erhörten Gebets erfüllt das Herz mit Mut und Liebe.

Der Mystiker, der diese Periode erreicht hat, kann nicht verstehen, daß es sogar im Okkultismus gelehrt genannte Gesellschaften und so vielfältige Bücher zur Darstellung so einfacher Dinge gibt. Er mißtraut den Gesellschaften und Büchern und zieht sich täglich mehr in die Gemeinschaft mit den armen Verlassenen und den Leidenden jeder Art zurück. Er wirkt, obwohl er das Lesen verlernt hat, er betet, er verzeiht und hat keine Zeit, zu urteilen noch zu kritisieren.

Der Intellektuelle, der solch ein Wesen sieht, fragt sich zuerst, durch welche Bücher es wohl dahin hat kommen können; dann, welcher Tradition es sich anschließt; schließlich, in welche Klasse man es einordnen muß um es zu beurteilen. Er sucht die „magischen Worte", die es verwenden mag, um die widerspenstigsten Krankheiten durch bloßen Befehl zur Heilung zu bringen, die Art Hypnose, die ihm verstattet, selbst auf Entfernung derart die Gehirne zu „suggestionieren", und das „bezweckte Ziel", das wohl diese Handlungen leiten kann. Da er in den Büchern keine Antwort auf diese Fragen findet, sein Gehirn jedoch eine Erklärung braucht, um ruhig schlafen zu können, so sagt er gewichtig bei sich selbst oder im Kreise seiner Bewunderer „Hysteriker", „Mystiker" oder „Suggestator", – und damit ist alles gesagt. Der Intellektuelle wird dabei ein klein wenig hochmütiger und der Mystiker eine Spur noch demütiger. Erfordert der Fortschritt auf dem Mentalwege Studien, Bücher und Zeit, so braucht man zum Vorwärtskommen auf dem Wege der Mystik nichts von alledem. Man kann ihn fast vollständig in einer Stunde Erdenzeit durchlaufen, wie Swedenborg am ersten Tage seiner Vision oder wie Jakob Böhme, oder man kann neunzehn Jahre darauf warten, bevor man sein Eintreten bemerkt, wie Willermoz und viele Okkultisten. Das hängt davon ab, daß das Tor zu diesem Wege nicht vom Strebenden geöffnet wird, sondern wohl von seinen unsichtbaren Führern und von der Spannkraft seines spirituellen Körpers. Und so gibt es nichts Leichteres, aber auch nichts Schwereres, als die Zurücklegung dieses Wegs. Er steht jedem offen, der guten Willens ist, und doch ist kein Mensch seiner wert. Das Tor ist derart niedrig, daß nur die ganz kleinen Kinder eintreten können, und es sind doch gemeinhin große und stolze Menschen, die sich darbieten und die es als Stoß gegen ihre Würde finden, klein zu werden. Deshalb bleibt ihnen der Eingang lange Zeit unsichtbar.

Der vereinheitlichende Weg
Die Ratschläge der Erfahrung

Wie der Mensch auf Erden mit drei Wirkungszentren versehen ist, so muß er bei jedem Studium schrittweise in sich die jedem der drei Wege entsprechenden Fähigkeiten entwickeln; darin besteht die synthetische und vereinheitlichende Methode, die sehr heikel in der Handhabung ist, aber sichere Resultate liefert. Ein vollkommen organisiertes Zentrum okkulter Studien müßte seinen Schülern vor allem einige experimentelle Angaben ermöglichen und sie so dahin führen, daß sie im stande sind, die Praxis genügend zu erfassen, um unwissende Opfer zur Not zu schützen. Man müßte dann den kritischen Sinn der Schüler zur Genüge entwickeln, um ihnen zu ermöglichen, daß sie klar sehen, welche Traditionen wirklich esoterisch sind, endlich, als Krönung des Ganzen, müßte man den Studierenden bis zur Ebene des Illuminismus führen, wo er im lebendigen Licht sieht, was an den Lehren des Mentalen wahr ist und was man beiseite lassen soll. Viele Gruppen und Gesellschaften arbeiten an der Verwirklichung der verschiedenen Punkte dieses Programms. Der *Martinistenorden* bildet eine christliche Ritterschaft aus Laien, wo die Studierenden sich in Studienzirkeln gruppieren, die *„freie Hochschule der hermetischen Wissenschaften"* sucht die Mentalebene mit dem Licht der spirituellen Bemühungen in einer Gruppierung der Studenten nach dem Grade ihrer Fortgeschrittenheit zu erhellen. Schließlich soll jeder Neuling sorgfältig jede Gruppe, jeden angeblichen Meister und jedes Zentrum, das sich ihm bietet, bei sich prüfen. Zur Erleichterung dessen will ich alle vorhergehenden Empfehlungen in einigen einfachen Ratschlägen zusammenfassen.

Ratschläge für den Neuling, der das Okkulte studieren will

1. Immer ein Zentrum wählen, wo das Gebet – Kult Nebensache – gepflegt wird.
2. Eingedenk sein, daß die wahrhaften Meister keine Bücher schreiben und Einfachheit und Demut über alles Wissen stellen. Priestern und Profanen mißtrauen, die sich für vollkommen erklären.
3. Nie seine Freiheit für einen Eid veräußern, der das Individuum entweder an eine Geistlichkeit oder an eine geheime Gesellschaft kettet. Gott allein steht es zu, einen Eid passiven Gehorsams zu empfangen.
4. Eingedenk sein, daß alle unsichtbare Macht von Christus stammt, dem quer durch alle Ebenen leiblich zur Erde gekommenen Gotte. Nie im Unsichtbaren mit einem astral-spirituellen Wesen in Beziehungen treten, das nicht dieser Art Christus bekennt. Nie nach dem Besitz von „Kräften" suchen; ruhig warten, daß der Himmel sie uns gibt, wenn wir ihrer würdig sind.
5. Nie über die Handlungen anderer urteilen, noch gar unseren Nächsten verurteilen. Jedes durch Prüfungen und Leiden oder durch ein Leben der Hingebung vergeistigte Wesen kann sein Heil finden, wie immer seine Kirche oder seine Philosophie sei. Sei er Christ, Jude, Muselmann, Buddhist oder Freidenker – jedes Menschenwesen besitzt die Möglichkeiten, die notwendig sind, um sich bis zur Himmelsebene zu entwickeln. Das Richten gehört dem Vater und nicht den Menschen.

6. Die Gewißheit haben, daß der Mensch nie vom Himmel verlassen ist, nicht einmal in seinen Momenten der Verneinung und des Zweifels, und daß wir in der physischen Ebene für die anderen da sind und nicht für uns.
7. Eingedenk sein, daß die physische Reinigung durch die Ernährungsart eine Kinderei ist, wenn sie nicht von der astralen Reinigung durch die Nächstenliebe und das Schweigen und von der geistigen Reinigung durch das Bemühen, von Abwesenden nicht schlecht zu denken oder zu sprechen, unterstützt wird. Wohl wissen, daß das Gebet, das den Frieden des Herzens schenkt, aller Magie vorzuziehen ist, die nur dünkelhaft macht.

Der Studierende überlege sich diese Ratschläge, die Früchte einer sicheren Erfahrung, und tue nichts Wichtiges, ohne die Bitte, nicht den Himmel zu beleidigen. Er wird später von selbst darauf kommen, ob ich gut daran getan habe, ihn von Anfang an darauf aufmerksam zu machen.

*

Methodisches Studium des Okkultismus
(Progressiver Studienplan)

Erster Zyklus
Anwendung
Astronomische Anwendung: Das Universum

I.

Aufbau des Universums nach der Astronomie und nach dem Okkultismus. Die drei Welten. Die drei Ebenen. Die Sonne und die Planeten. Der Zodiakus. Ein Planet umfaßt für den Astrologen das ganze Influenzsystem eines Spatiums im Tierkreis. Die sieben Einflußsphären der Sonne haben ihre Anziehungsgrenze. Die Planeten. Freundschaften. Feindschaften. Entsprechungen. Die 12 Zeichen. Quadraturen. Wohnhäuser der Planeten. Gegenseitiger Einfluß von Planeten und Zeichen. Die Häuser des Horoskops.

II.

Theorie des Horoskops. Konjunktionen. Oppositionen. Quadrate. Zeichnung der Horoskope: Kreis- oder Quadratform.

III.

Aufstellung von individuellen und kollektiven Horoskopen. Onomantische Methode. Astronomische Methode. Lesen der Horoskope.

Studienwerke: ad I. Agrippa, *Okkulte Philosophie*; Michel de Figanières, *Das universelle Leben*; Fomalhaut, *Astrologie*; Haatan, *Astrologie*; Papus, *Praktische Magie* (2. Teil); ad II. Christian, *Geschichte der Magie, Der rote Mann der Tuilerien*; Selva, *Astrologie*.

**Anwendung an Physik und Naturwissenschaften.
Das Universum**

I.

Die physikalischen Kräfte und die Entwicklungsgesetze, der Transformismus und seine noch unbekannten Schlüssel. Rolle des Astralen in der Evolution und in der Involution. Das Mineral-, Pflanzen-, Tier-, Menschenreich. Die nach Elementen geordneten Wesen: Erd-, Wasser-, Luft- und Feuerwesen. Vertretung der Wesen eines Elementes in den anderen Elementen. Organe, nach Elementen geordnet. Vergleichende Anatomie und Physiologie.

II.
Die Erde ein lebendiges Wesen; ihre Physiologie. Naturgeschichte des Astralen. Die Entsprechungen in der Natur.

III.
Psychometrie. Elementare Magie. Einiges über Theurgie. Das Gebet.

Studienwerke: ad I. Louis Lucas, *Neue Medizin*; Dr. Fabre, *Werke über die Naturwissenschaften*; Sédir, *Magische Pflanzen*. ad II. Lenoir, *Religion der Ägypter*; Michel de Figanières, *Werke*. ad III. *Almanach du Magiste* (2. Jahrgang); Phaneg, *Psychometrie, Die magischen Pflanzen*.

Chemische Anwendung. Das Universum.

I.
Unentbehrliche chemische Kenntnisse. Anorganische und organische Chemie. Die Atomgewichte. Einfache Körper und Verbindungen der Materie. Gesetze von Mendelejeff. Studium von Crookes. Anpassung an die Alchymie. Was ist das Salz, der Merkur, der Sulfur eines Körpers? Die vier Elemente und die vier Zustände der Materie. Die Quintessenz. Die Aktiva der Alchymisten. Der Athanor und seine modernen Anpassungen. Das Laboratorium und das Betzimmer.

II.
Beziehungen zwischen Alchymie und Astrologie. Alchymistische Operationen. Das magnum opus minerale. Das magnum opus vegetabile. Das magaum opus hominis. Farben: Werk – Multiplikationen – Projektionen.
Die alchymistische Nomenklatur unserer derzeitigen chemischen Körper.

III.
Erste alchymistische Operationen. Zirkulation durch das Wasser, die Säuren, den Alkohol und den Äther. Destillation und Filtration. Zerlegung der zusammengesetzten Körper in Salz, Sulfur und Merkur. Fermentationen.

Studienwerke: ad I. Louis Lucas, *Die neue Chemie, Der chemische Roman*; Poisson, *Werke*; Castellot, *Werke*, Zeitschrift *Die Hyperchemie*; Papus, *Der Stein der Weisen*; Barlet, *Synthetische Chemie*; Dr. Marc Haven, *Arnaldus von Villanova*; Guaita, *Kapitel über Alchymie*. ad II. Glauber, *Theatrum chemicum*. ad III. Basilius Valentinus, *Werke*; Strindberg, *Chemische Werke*; Jakob, *Skizze des Weltalls*.

Zweiter Zyklus
Theorie
Wiederherstellung: Elemente des Hebräischen und des Sanskrit
Das Universum

Aufbau des Universums. Die drei Welten. Studium jeder Ebene für sich. Wesen, Kräfte, Ideen der physischen Ebene: die Reiche. Wesen, Kräfte, Ideen der Astralebene: Elementales und Astralwesen. Wesen, Kräfte und Ideen der Gottesebene: Genien und Gesandte. Wechselseitiger Einfluß der verschiedenen Ebenen. Das Physische im Astralen und im Göttlichen oder die Ebene der Körper. Das Astrale im Physischen und Göttlichen oder die Ebene der Seelen. Das Göttliche im Physischen und Astralen oder die Ebene der Geister. Das Universum in Bewegung. Rangordnung der Planetenwesen. Erschaffung des Universums nach der esoterischen Übersetzung des Sepher Bereschith von Moses. Endgesetze des Universums.

Dritter Zyklus
Verwirklichung
Universum

Universum an sich. Praktisches Studium gewisser okkulter Kräfte. Der Magnetismus im Universum. Die drei Ströme: positiv, negativ, neutral. Der wahre Magnetismus ist der Schlüssel des magnum opus minerale. Praktische Versuche über Palingenese. *Das Universum in seinen Beziehungen zum Menschen.* Wirkung der sichtbaren und unsichtbaren Kräfte des Astralen auf den Menschen. Die Schlacken und die Krankheiten. Die universelle Medizin. Die schwarze Sonne und ihre Wahrnehmung. Das magnum opus hominis. Das Gebet und der Beistand der Genien. *Das Universum in seinen Beziehungen zu Gott.* Die Gotteskräfte im Universum. Die Genien und die Abgesandten. Die Rangordnungen in der Gottesnatur.

Erster Zyklus
Anwendung
Physiologische und psychologische Anwendung
Der Mensch
I.

Elemente der synthetischen Physiologie: Anatomische Konstitution des Menschen. Die drei Fabriken: Verdauung, Kreislauf, Atmung. Innervation.

Einheit des Zirkulationsgesetzes. Die Nervenzentren und die Psychologie. Instinkt und Empfindung. Gefühl und Erregung. Vorstellung und Gedanke.

II.

Entsprechungen im Menschen. Die Entwicklung der Stadien des Menschenwesens. Geburt, Leben, Krankheit, Todeskampf. Der Tod. Die Welt der Geister. Die Wiedergeburt.

III.

Hygiene: physisch und intellektuell. Die Ernährungsart und die Genußgifte (Experimente). Divinatorische Künste: Chirognomonie, Physiognomonie, Chiromantie, Graphologie. Die Temperamente.

Studienwerke: ad I. Malfatti de Montereggio, *Mathesis*; Dr. Gérard Encausse (Papus!), *Synthetische Physiologie*. ad II. Papus, *Konstitution des Menschen*. ad III. Papus, *Praktische Magie* (Einführung zum 1. Teil); Sédir, *Temperamente und psychische Kultur*; d'Arpentigny, *Chirognomonie*; Desbarolles, *Chiromantie*; Polti und Gary, *Die Theorie der Temperamente*; Papus, *Chiromantie*.

Zweiter Zyklus
Theorie
Der Mensch

Der Mensch als Individuum. Seine Konstitution (Prinzipien). Studium jedes Prinzips. Der Körper, die Seele, der Geist. Okkulte Kräfte der Seele. Ihre Evolutionen und Involutionen. Wiedergeburt. Ergänzende animische und psychische Phänomene jedes Prinzips und jedes Individuums. *Der Mensch und die Familie.* Eingehendes Studium der ergänzenden Bestandteile. Die Liebe und ihre Rätsel: Individuelle Liebe, Menschenliebe, Liebe zur gesamten Menschheit, Liebe zu Gott. Der menschliche Pol und der Instinkt für Ergänzungen. Kenntnisse in Embryologie, Embryogenie und Embryotechnik. Übergang vom Menschen zur Natur und von der Natur zum Menschen. *Der Mensch als Sammelbegriff.* Was ist die Gesellschaft? – Ein Organismus, dessen Organe der Mensch geschaffen hat (Barlet und Lejay). Die Gesetze sozialen Aufbaus. Kleine und große Gesellschaften. Evolution und Involution der sozialen Organe. Geschichte der Traditionen und der sozialen Organe. Öffentliche und geheime Gesellschaften. Rolle der Einweihungsbrüderschaften.

Dritter Zyklus
Verwirklichung
Der Mensch

Beziehungen des Menschen zu sich selbst. Wiederholung der menschlichen Konstitution. Spezialstudium der Psychologie. Die Empfindungen, die Gefühle, die Ideen. Wechselseitige Einflüsse. Die Empfindungen entwickeln die Ideen, von denen nur der Keim mitgeboren ist (Saint-Martin). Konstitution der individuellen Aura. Praktische Erzeugungsübungen von Ideenkraft. Anderen tun, was man sich selbst erwiesen wünschte. Tun, was Mühe kostet, und nicht, was gefällt. *Beziehungen des Menschen zur Natur.* Verwirklichung der Natur im Menschen. Entwicklung der Naturkräfte durch den Menschen. Wirkung auf die Minerale (magnum opus), auf die Pflanzen und auf die Tiere. Wirkung auf die Elemente und auf die Astralwesen. Die astralen Abdrücke. *Beziehungen des Menschen zu Gott.* Die Kenntnis der Minderwertigkeit des menschlichen Wesens durch seinen verkehrten Willen. Nützlichkeit und Notwendigkeit des Gebets. Appell an die göttliche Einwirkung. Wirkung des Gebets auf die astralen Abdrücke. Die Gebetsketten und die Gefahren der verschiedenen Klerikalismen. Praktische Übungen, Bedrückten beizustehen.

Anhang zum Kurs über Gesellschaftslehre

Geschichte: Über die Tradition oder Kabbala. Über die Bildung der Einweihungsbrüderschaften bis zum 16. Jahrhundert. Über die Freimaurerei. Über die Alchymie und den Hermetismus. Über die Astrologie. Über öffentliche und geheime Gesellschaften der Gegenwart. *Studienwerke*: Saint-Yves d'Alveydre, *Werke*.

Erster Zyklus
Anwendung
Mathematische Anwendung
Die Gottesebene

I.

Die Zahlen und die Formen. Innige Beziehungen zwischen Einheit und Vielfalt. Über die Einheit des Vielfältigen und umgekehrt. Schlüssel der vier Regeln, des Quadrats, der Kuben und der Wurzeln. Die Zahlen und die Töne. Von der Einheit zur Zehnheit mit den entsprechenden Formen. Dynamik und Statik. Spezialstudien: Einheit. Die Zweiheit. Die Dreiheit. Die Vierheit.

Die Fünfheit. Die Sechsheit. Die Siebenheit. Die Zehnheit. Entsprechende geometrische Figuren.

II.

Der Tarot und sein Aufbau. Schlüssel zu 4, 7, 10, 16 und 22. Die großen und die kleinen Arkana. Einzelstudien über die 22 großen Arkana. Einzelstudien über die 56 kleinen Arkana durch die Vierheiten.

III.

Anwendung der Zahlen auf die Geschichte. Elemente der Uomantie. Providentielle Funktion der Daten und der Zahlen.

Studienwerke: ad I. Euklid, *Bücher über Arithmologie*; Malfatti de Montereggio, *Mathesis*; Jakob, *Weltall*; Eckartshausen, *Studie über die Zahlen*; Saint-Martin, *Über die Zahlen*; Agrippa, *Okkulte Philosophie*; Eliphas Levi, *Dogma*; Wronski, *Messianismus*; Lacuria, *Die Harmonien des Seins, ausgedrückt in Zahlen*; Papus, *Traité élémentaire*. ad II. Eliphas Levi, *Dogma und Ritual, Schlüssel der großen Mysterien*; Papus, *Der Tarot*. ad III. Saint-Yves d'Alveydre, *Der Archäometer, Die kabbalistische Tradition, Die Mission der Juden*; Christian, *Der rote Mann der Tuilerien*.

Zweiter Zyklus
Theorie
Die Gottheit

Die universelle Kabbala. Konstitution Gottes. Seine vom Universum und dem Menschen unabhängige Persönlichkeit. Die drei Personen in der göttlichen Einheit. Warum die Martinisten Christen sind und eine christliche Laienritterschaft außerhalb von allem Klerikalismus bilden. Weder Materialismus noch Pantheismus.

Die Sephiroth. Die 32 Wege der Weisheit und der *Sepher Jezirah*.
Die Gottesnamen.
Elemente des Hebräischen.
Die christliche Kabbala. Tätigkeit Christi.
Untersuchung dieser Tätigkeit.
Die Gottesebene und ihr besonderes Studium.
Das Reich nach der *Pistis Sophia*.
Der Schlüssel der Evangelien.
Die Abgesandten der Gottesebene.

Dritter Zyklus
Verwirklichung
Die Gottheit
Kurs über Mystik

Gott an sich. Die Gottespersonen. Vita – Verbum – Lux (Lacuria). *Gott in seinen Beziehungen zum Menschen.* Der Sündenfall und die Reintegration. Dauernde Erlösung durch die Einwirkung Christi. Verbindung der Bekenner Christi, des lebendigen Gottes. Unheilvolle Wirkung der Geistlichkeiten auf die menschliche Mentalität. Gefahr des Klerikalismus in allen Ebenen. *Gott in seinen Beziehungen zum Universum.* Verwirklichung der Entsprechungen. Die wahre Symbolik. Wirkung der Gottesnamen und Christi auf die sichtbaren und unsichtbaren Wesen in allen Ebenen.

Ende

XII. Kapitel

Nachwort des Übersetzers

Meine eigentliche Aufgabe als Übersetzer, die immer sinn- und womöglich wortgetreue Übertragung des französischen Standardwerks in unsere deutsche Muttersprache, kann mit dem Bisherigen als beendet gelten. Die alchymistische Studie des Philippus Gabellus, die Papus seiner Arbeit angeschlossen hat, habe ich weggelassen, weil sie in allzu dunklem Ton gehalten ist, um ohne weitschweifige Kommentare verständlich zu sein, mithin den Leser, der durch die Ausführungen des Elementartraktates eben erst zu einer gewissen Klarheit über Umfang und Stoff des Okkultismus gelangt ist, nur unziemlich verwirren würde. Überdies gehört ebendiese hermetistische Schrift nicht gerade zum Besten dessen, was uns an derartiger Literatur überkommen ist. Warum Papus sie durchaus weiteren Kreisen zugänglich machen wollte, ist mir also nicht recht erklärlich. Aus Gründen historischer Wahrhaftigkeit habe ich auch davon Abstand genommen, das kleine Gebet, mit dem Papus den Elementartraktat beschließt, dem deutschen Leser zu übermitteln. Es gibt sich als Schöpfung des Rosenkreuzers Philemon aus und ist mir schon deshalb suspekt. Der Leser wird meine Bedenken verstehen, wenn er das tiefschürfende Quellenwerk Waites „The Brotherhood of the Rosy Cross" oder auch nur die sehr instruktiven Aufsätze durchstudiert, die F. S. Sindbad über die Bruderschaft des Rosenkreuzes im 1. Jahrgang der vorzüglichen okkulten Zeitschrift „Mensch und Kosmos" (Herausgeber Karl Frankenbach, Verlag Andreas Pichl, Wien) veröffentlicht hat. Er wird daraus entnehmen, daß man rosenkreuzerischen Publikationen nicht kritisch genug gegenüberstehen kann. Man findet sich immer vor der Frage „echt oder unecht" – und da ich auch im Falle des obenerwähnten Gebetes in dieser Hinsicht keine klare Antwort zu geben vermag, habe ich mir nicht das Recht zugemutet, dem deutschen Leser zweifelhafte historische Produkte vorzusetzen, und es für besser gehalten, auf die für das eigentliche Ziel, die Elementardarstellung der okkulten Wissenschaft, recht belanglose Beigabe lieber ganz zu verzichten.

Wenn ich mich jetzt trotzdem nicht im bequemen Sessel erfüllter Pflicht behaglich zurechtsetze, wenn ich sogar aus der Unpersönlichkeit des Übersetzers hervortrete und für mich selbst das Wort ergreife, so leitet mich dabei nicht eitle Schwatzsucht, sondern eine Überlegung der Billigkeit. Man kann ohne Übertreibung sagen, daß das Gebiet des Okkultismus den meisten modernen Menschen eine Terra incognita, unbekanntes Neuland, ist. Die Eindrücke, die sich ihnen dort entgegenstellen, sind seltsam, ja abenteuerlich. Wenn es sich um Erzeugnisse der schönen Literatur handelte, etwa um einen Roman, so wüßte der Leser von Anfang an, welche Haltung er solchen Angaben gegenüber einzunehmen habe. Sind sie ihm gar zu unwahrscheinlich, so beruhigt er sich bei dem Gedanken, die bizarren Kinder einer freischaffenden Phantasie vor sich zu haben, denen eben nur eine Bildexistenz zukomme.

Ganz anders jedoch verhält es sich mit den Behauptungen, die der Okkultismus vor ihm aufstellt. Sie erheben den Anspruch auf Wissenschaftlichkeit, wollen also ernst genommen werden, wiewohl sie ganz augenscheinlich mit allem in Widerspruch stehen, was der Mensch von heute in der Schule lernt. Und nun gerät dieser Zeitgenosse in einen ganz eigentümlichen Konflikt. Sprächen die Thesen des Okkultismus nur zu seinem Hirn, so fiele ihm die Antwort leicht; gestützt auf sein Schulwissen, könnte er sie bedingungslos ablehnen. Nun hat er aber selbst schon einmal ein Erlebnis gehabt, für dessen Verständnis die apodiktische Doktrin der Schule nicht ausreiche, weshalb er einen gewissen Beigeschmack des Unheimlichen nicht loswerden konnte, oder er hat wohl auch nur von solchem Erlebnis gehört, der Sache jedoch Glauben geschenkt, weil ihm die Überbringer wahrhaft genug erschienen. In beiden Fällen geht er nun gewöhnlich mit dem schon banal gewordenen Satz: „Es gibt viele Dinge zwischen Himmel und Erde, von denen sich unsere Schulweisheit nichts träumen läßt" zur Tagesordnung über (in seinem Bewußtsein dennoch nach wie vor von der Vortrefflichkeit dieser Schulweisheit durchdrungen). Trotzdem aber kann er eine leichte affektive Störung, eine kleine Unsicherheit des Gefühls nicht verhindern. Er wagt sie freilich nicht sich einzugestehen, denn er fürchtet sich vor dem skeptischen Lächeln seines eigenen Intellekts; sie gewinnt aber sofort an Intensität, ja sie legt den sonst so allmächtigen Intellekt an einer bestimmten Stelle, am kritischen Vermögen lahm, wenn wiederum ein nicht auf den ersten Blick restlos erklärbares Ereignis in den Umkreis des Individuums tritt. Der Verstand möchte anstandslos negieren, das Gefühl aber nach der früheren Erfahrung eher anerkennen. Das Resultat ist Trübung, ja Unvermögen des Urteils. In diesem Dilemma wird normalerweise der vernünftige Mensch seinen Nachbar aufsuchen und ihm die Frage vorlegen: „Was halten Sie davon?" Die Antwort wird den Erfahrungen und dem geistigen Habitus dieses Nachbars entsprechen, aber wegen der Seltenheit der Personen, die sowohl mit dem Schulwissen als auch mit den Ansichten des Okkultismus genügend vertraut sind, nur in vereinzelten Fällen befriedigend ausfallen.

Nichts liegt näher als der Schluß, der Leser werde sich, seinem eigenen Urteil mißtrauend und der Überlegung folgend, daß einer, der ein Werk über Okkultismus übersetze, auch die nötige Sachkenntnis dafür aufbringen müsse, mit der Schicksalsfrage an mich wenden: „Was halten Sie davon? Sind Sie mit allen oder doch den meisten von Ihnen übersetzten Lehren einverstanden und wie erklären Sie die offenkundigen Widersprüche zwischen diesen Behauptungen und denen unserer offiziellen Wissenschaft? Mit einem Wort: Identifizieren Sie sich mit den Meinungen des Herrn Papus und sind Sie bereit, im Verneinungsfalle zu den zwischen Ihnen bestehenden Differenzen Stellung zu nehmen?" Diese Frage muß ich erwarten, und diese Erwartung ist es, die mich nach Abschluß der eigentlichen Übersetzung hier noch zu einigen kurzen persönlichen Bemerkungen nötigt.

Um in klaren Linien Auskunft zu geben, sei hier vorweg betont, daß ich die Grundlehren des Okkultismus, also das Gesetz von den drei Ebenen, das von der Allverbundenheit und der aus ihr erfließenden Analogiemethode und das des universellen Lebens rückhaltlos vertrete. Es wäre ja doch widersinnig oder gar fraudolos, wollte ich durch meine Übersetzungsarbeit meinen Mitmenschen ein System näherbringen, dessen Prinzipien ich nicht teile. Wie Papus dargelegt hat, ist in diesen allgemeinen Linien die „okkulte Wissenschaft" zusammengefaßt, die nicht mit den „okkulten Wissenschaften", also den mit Hilfe dieser Hauptthesen gewonnenen Spezialkenntnissen, zu verwechseln ist. Was nun diese Kenntnisse anbelangt, so sind sie im einzelnen objektiv nachzuprüfen. Halten sie unserer gewohnten kritisch-experimentellen Forschungsweise nicht stand, so muß das nicht unbedingt in ihrer Fehlerhaftigkeit, es kann auch in falscher Versuchsanordnung unsererseits begründet sein. Was aber dann unsere geläuterte Untersuchung bestanden hat, muß als Tatsache hingenommen werden. Das gilt für alchymistische, astrologische und magische Phänomene ebenso wie für die heutzutage so beachteten psychischen Erscheinungen. Was aber noch lange nicht akzeptiert zu werden braucht, ist die Theorie, die von den Okkultisten dafür gegeben wird. Ich sage „den Okkultisten" und schließe in dieser Hinsicht auch den von mir hochverehrten Papus nicht völlig aus. Der Okkultismus liefert diese Theorien nicht, er begnügt sich mit einer ganz allgemein gehaltenen Doktrin, so allgemein gehalten, daß sie aus Furcht vor Mißverständnissen nur den erlesensten Köpfen preisgegeben werden konnte. Was er in seinen Lehrsätzen aussprach, waren durchwegs genau dieselben universellen, unpersönlichen Agentien des Weltgeschehens, die auch unsere heutige Wissenschaft beschäftigen. Da man aber die großen Massen doch nicht dumpf dahinvegetieren lassen wollte – schon deshalb nicht, damit sie nicht in Unverstand und Bestialität einmal die Hüter des kostbaren Wissensgutes, die Tempel, zerschlügen – mußte man sich wohl oder übel dazu entschließen, die eine oder die andere Erkenntnis zu profanieren, und man mußte sich dabei einer Sprache bedienen, die möglichst allen verständlich war. Nichts war dazu geeigneter, als das Abstrakte durch Konkretes zu ersetzen, das Unpersönliche zu personifizieren. So entwickelte sich eine Bildersprache, ein okkultistisches Idiom, dessen Ausdrücke aus durchsichtigen Gründen zu absoluten Wirklichkeiten hinaufgewertet wurden und den Charakter des Dogmatisch-Fehlerlosen erhielten. Dieser Vorgang wurde noch wesentlich durch die Tatsache gefördert, daß der Orient, diese Hauptentstehungs- und Entwicklungsstätte der okkulten Weltbetrachtung, für die bildliche Darstellungsweise eine besondere Vorliebe hegt. Sprach also die okkulte Doktrin abstrakt-unpersönlich, so sprachen doch die Okkultisten um so konkret-persönlicher. Die Folge waren die zahllosen Engel und Teufel, die Genien und die Dämonen, die Planetengeister und die Vampire, die Astralschlange und die Hölle ... und so fort ad infinitum, Gestalten, wie sie nur die überhitzte Phantasie klimatisch ungemäßigter Breiten ersinnen kann.

Selbst der ärgste Skeptiker wird die hohe Wahrscheinlichkeit zugeben müssen, daß die uns bekannten Kräfte nur einen geringen Teil der Energieformen ausmachen mögen, die das All erfüllen. Das ergibt sich schon aus der Tatsache, daß das Leben vielfach unberechenbar verläuft. Wir behelfen uns zur Erklärung unerwarteter Geschehnisse mit dem „Zufall", was wieder nur das Eingeständnis dessen bedeutet, daß uns gewisse Glieder in der Kausalkette undurchsichtig oder verborgen, „okkult" geblieben sind. Wir gehen mit der Annahme bestimmt nicht fehl, an solchen Stellen auf die Wirkungen eben jener ansonsten unbekannten Energieformen gestoßen zu sein. Warum sie nicht bereits in den Bereich unseres Wissens eingetreten sind, das mag seinen Grund in der durchschnittlichen Organisation der Gattung Mensch haben. Wir können ja über die Welt nur so weit Auskunft geben, als sie uns irgendwie beeindruckt. Fehlt uns das rezeptive Organ, so ist damit die Existenz einer Kraft zwar für uns, aber durchaus nicht überhaupt negiert. Nehmen wir an, die Sonnenenergie wäre lediglich Licht, so würde der Blindgeborene vom Vorhandensein unseres Zentralgestirns an sich keine Ahnung haben und es ohne die Belehrung Sehender vollständig ignorieren, aber die tatsächliche

Existenz der Sonne berührte das natürlich nicht im geringsten. Ich wiederhole, an der Realität zahlreicher uns unbekannter Energieformen ist nach alledem nicht zu zweifeln.

Nun zeigt uns aber die tägliche Erfahrung, daß trotz durchschnittlicher Gleichartigkeit der Organkonstruktion der Menschen die organischen Leistungen grundverschieden sind. Einer verfügt über besonders gute Sinne, ein anderer über vorzügliches Funktionieren des Intellekts, ein dritter über spezielle künstlerische Begabung etc. Es ist also durchaus zuzugeben, daß gewisse Individuen für jene oder wenigstens einen Teil jener Energieformen das Organ besitzen, das dem Durchschnitt mangelt. Je nach der Deutlichkeit und Intensität, deren dieses Organ aufnahmsfähig ist, werden sich die Wahrnehmungen klarer oder weniger klar zu Bewußtsein bringen. Solche Individuen hat es immer gegeben, wenn auch in relativ sehr geringer Zahl, und wird es auch immer geben, wobei zu erwarten steht, daß ihre Zahl mit fortschreitender Entwicklung des Menschen zunehmen wird. Ihren Aussagen verdanken wir überhaupt die Bekanntschaft mit solchen für die Allgemeinheit „okkulten" Kräften. Da aber die Sprache der Menschen eben nur für den Durchschnitt geschaffen ist und folglich nur das verläßlich ausdrücken kann, was allen zugänglich ist, sind jene besonderen Individuen für die Darstellung ihrer Sensationen auf Schwierigkeiten gestoßen, die sie dadurch zu umgehen versuchten, daß sie zu Bildern und Vergleichen aus der Sphäre des allen Bekannten und Vertrauten griffen. Hier sprudelt eine weitere Quelle jener Konkretionen, von denen die Abstrakta der okkulten Wissenschaft ersetzt, ja verdrängt wurden.

Im Schwung des Schreibens hat auch Papus an verschiedenen Punkten seiner Darstellung solchen Anthropomorphismen Raum gewährt, und so könnte vielleicht der Anschein entstehen, als dürfe man sie für bare Münze nehmen. Das wäre natürlich grundfalsch. Man muß sich nur immer vor Augen halten, daß man es bei Papus mit einem gründlich geschulten, mit dem modernen biologischen Denken bestvertrauten Arzt zu tun hat. Nun ist vorauszusehen, daß eine um jeden Preis auf Ablehnung gestellte Kritik sich gerade solcher Stellen bemächtigen und unter dem Deckmantel der Objektivität die ganze Arbeit in Bausch und Bogen als unsinnige Phantastereien abtun werde. Um dieses Unrecht zu verhüten, möchte ich hier die psychologische Begründung für das Zustandekommen dieser Schatten in dem sonst so lichtvollen Werke mit ein paar kurzen Strichen versuchen.

Analysiert man die Persönlichkeit Papus, so wird man eine gewisse Zwiespältigkeit nicht übersehen können. Neben der ausgesprochenen Begabung für wissenschaftliche Forschung, nüchterne Sachlichkeit und tiefstes Eindringen in innerste Zusammenhänge, immer geleitet vom Wunsche nach kristallener Klarheit, finden wir einen stark betonten Hang zu mystischem Erleben, zu subjektiver Durchdringung der ewigen Wahrheiten. Papus geht also auf zwei Wegen seinem Ziele zu, wissenschaftlich und religiös. Dort wo dieses Ziel in die Erkenntnisbreite des Menschen fällt, überwiegt der Wissenschaftler; wo es aber über jenen Bereich hinausgeht, wo also der Nur-Wissenschaftler schweigen und sich für inkompetent erklären würde, treibt den Franzosen sein religiöser Elan zur Äußerung von Urteilen, die ihrem Wesen nach natürlich nie objektiv-allgemeingültig sein können und darum Angriffsflächen bieten müssen. Der weise Satz des Pythagoras, Transzendentales, nur durch inneres Erleben Erfaßbares vom Lehrgut für andere auszuschließen, konnte bei Papus schon deshalb nicht den geeigneten Boden finden, weil sein religiöses Temperament von Natur aus mit einer gewissen Neigung zum Doktrinarismus gepaart war. Was ihn persönlich als Wahrheit erfüllte, war ihm wirkliche, für alle gültige Wahrheit, und da ihn unendliche Güte und Menschenliebe auszeichneten, hätte er es für pflichtvergessene Eigensucht gehalten, für ihn so kostbare Güter nicht mit seinen Brüdern zu teilen. Was also objektiv an seinem Werk als Schwäche erscheinen kann, ist in Wirklichkeit Ausfluß bester menschlicher Tugenden. Es würde zu weit führen, wollte ich hier auch noch auf die Grundbedingungen eingehen, deren Folge das bemerkenswerte Nebeneinander von Tatsachenfreude und Wunderseligkeit in Papus war, und so möchte ich nur kurz andeuten, daß die letztere wohl Erbgut seiner Mutter, einer Spanierin und durch seinen Lehrer im Okkultismus, den fast ekstatisch-mystisch eingestellten Saint-Yves d'Alveydre, besonders entwickelt worden war. Man wird nach diesen psychologischen Hinweisen ohne Schwierigkeit feststellen, daß die Kritik überall dort Haftpunkte finden mag, wo ihrem Wesen nach unbeweisbare, schon rein äußerlich mit unseren gewöhnlichen Sprachmitteln schwer zu bemeisternde, im rein Religiösen liegende Dinge zur Erörterung gelangen. Wenn sich z. B. Papus mit klarer Offenheit zu Gott bekennt, so ist das ebenso mutig wie sympathisch in einer Zeit, in der der Atheismus nicht weniger intolerant regiert als die Kirche im Mittelalter, wenn auch die Leugner seines Dogmas nicht mehr mit dem Scheiterhaufen, sondern mit dem Anathema der Lächerlichkeit verfolgt werden. Ich anerkenne also die Stellungnahme Papus', und das um so unzweideutiger, als ich sie selbst teile. Wenn er jedoch behauptet, den zwingenden, allgemeingültigen Beweis für die Existenz Gottes als eines persönlichen, außerhalb der Welt stehenden Wesens erbracht zu haben, so sprechen da doch wohl nur die eben analysierten psychischen Züge. Wir wissen seit Kant, daß man weder die Existenz noch die Nicht-Existenz Gottes beweisen kann. Vor den klaren Deduktionen des Königsberger Philosophen ist der Spuk der scholastischen Geistestänze ein für allemal in nichts zerstoben. Gott existiert für den, der ihn glaubt in dieses Wortes tiefster Bedeutung und ihn in sich realisiert – das ist alles.

Nicht viel anders verhält es sich, wenn Papus seine Darstellung für den genauen Ausdruck der okkulten Doktrin hält. Die okkulte Wissenschaft lehrt nur ganz allgemeine Prinzipien, wie ich sie oben kurz skizziert habe. Über Aufbau und Wesen Gottes äußert sie sich mit keinem Worte. Das blieb vielmehr einer ihrer Disziplinen, der Theurgie, vorbehalten, der in gewissen Zügen unsere heutige Theologie entspricht. Die von der Theurgie gefolgerten Erkenntnisse wurden zwar von allen anderen in der okkulten Hochschule vertretenen Fakultäten akzeptiert und dem Schüler als echte, unantastbare Wahrheiten eingeprägt, aber sie waren eben doch schon Folgerungen aus den universellen, vollkommen unpersönlichen Grundthesen. Gott ist – in den selteneren Fällen – das tief im Herzen sitzende Ergebnis mystischen Erlebens oder – gewöhnlich! – ein Gedächtnisrest aus der Religionsstunde. Das war immer so und wird wohl immer so sein. Mit den Urlehren der okkulten Wissenschaft hat er nur indirekt zu schaffen. Wer sich an den schönen Grundsatz hält „tout comprendre, c'est tout pardonner" – alles verstehen heißt alles verzeihen – der wird in sich gewiß nicht das Talent zum Kritikaster verspüren, auch wenn er den Anschauungen von Papus in diesen Punkten nicht die objektive Beweisbarkeit zubilligen kann. Er wird einsehen, daß hier die religiöse Persönlichkeit entscheidend ist, und die entzieht sich der Kritik, diesem echtesten Kind des Intellekts. Diese religiöse Persönlichkeit manifestiert sich nach außen als überzeugter Martinist. Das bedeutet nicht nur das rückhaltlose Bekenntnis zu einem welterfüllenden Spirituellen, dem Heiligen Geist, und seinem handelnd schöpferischen Pol, Gott-Vater, sondern auch das unbedingte Eintreten für seinen leidend-vergehenden Aspekt, Gott-Sohn. Aber in dieser Form ist das nicht mehr Okkultismus, Aktion allgemein-unpersönlicher Prinzipien, sondern seine christliche Fassung. Es ist christliche Mystik, nicht Mystik schlechthin, oder wenn man lieber so will: christian science, christliche Wissenschaft, nicht Wissenschaft schlechthin. Nach der christlichen Darstellung involviert sich Gott in der Person Christi, lebt das Erdenleben, durchschreitet körperlich die Pforte des Erdentodes von und zu diesem Erdenleben und erlöst durch sein Leiden die Menschheit vom Sündenfall, d. h. vom Sturz aus den reinen Sphären des Geistigen in die trüben des Materiellen. Was uns Papus über Christus berichtet. hält sich getreu an diese Auffassung. Auch hier wird man zugeben müssen, daß alles, was er an Material beibringt, um die leibgewordene Göttlichkeit Christi zu beweisen, letzte Einwände nicht unmöglich macht. Ich verkenne die Bedeutung eines Valentinus durchaus nicht und zolle seiner Pistis Sophia alle Anerkennung und die Achtung vor ihrem ehrwürdigen Alter, aber Beweiskraft besitzt sie ganz und gar nicht. Sie ist das Werk eines Menschen und bringt die Vorstellungen zum Ausdruck, die sich dieser Mensch über Gott und die Person Christi gemacht hat, nicht weniger, aber auch nicht mehr. Die Berufung auf einen Lehrer der Gnosis, und sei er noch so intellektuell hochstehend, noch so persönlich integer, ist also kein Argument. Christus als leibgewordene Gottheit ist ebensowenig erweisbar wie Gott als Persönlichkeit. Darüber helfen alle noch so gut gemeinten Ausführungen, noch so klugen Hinweise und Vergleiche, noch so gehaltvollen Andeutungen nicht hinweg. Was ich oben über Gott gesagt habe, gilt ebenso für Christus: als leibgewordene Gottheit existiert er für den, der ihn glaubt in dieses Wortes tiefster Bedeutung und ihn in sich realisiert. Für alle anderen bleibt er eine mehr oder minder umstrittene geschichtliche Figur, jedenfalls aber ein vorbildlicher Mensch. Wie aus den seitenlangen Zitaten erhellt, hat Papus selbst der Pistis Sophia die stärkste Beweiskraft für seine Stellungnahme beigemessen. Fehlte schon diesem Bollwerk das Fundament, so fehlt es den sonstigen Argumenten erst recht. Die Feststellung, daß die Proletarierin, die ihr karges Mahl mit den hungernden Kindern ihrer noch ärmeren Nachbarin teilt, höher stehe als die Dame von Welt, die sich die Seligkeit durch eine gleichgültige und für ihre Lebenshaltung belanglose Spende in den Klingelbeutel zu erkaufen wähnt, ansonsten aber unempfindlich für das Geschick ihrer Nebenmenschen und nur auf Luxus und Vergnügen bedacht ist, diese Feststellung wäre an sich lediglich banal; sie kann aber unter Umständen direkt gefährlich werden, wenn man bedingungslos nun die Folgerung annimmt, Gott-Sohn Christus lasse im Krankheitsfalle das Kind der Armen ohne weiteres genesen, während das Kind der Reichen trotz Bischofsegens, Professorenbeistands und kostbarer Medikamente die Gott- und Gedankenlosigkeit seiner Mutter mit dem Leben bezahlen werde. Ich glaube mich nicht zu täuschen, wenn ich in dieser Stelle nur ein *Versagen der Sprache als Ausdrucksmittel* sehe. Was Papus sagen wollte, ist mir und dem aufmerksamen Leser des Elementartraktates ohne weiteres klar. In einer Weltbetrachtung, für die Gedanken genau so reale Kräfte sind wie die uns bekannten physikalischen Energieformen, wird man konsequenterweise auch die Wirkungen dieser Kräfte nicht in Abrede stellen dürfen. Es ist überdies selbstverständlich, daß der sittlich hochstehende Gedanke eine reinere psychische Atmosphäre und damit im Erkrankungsfalle von Haus aus günstigere Heilungsbedingungen schaffen wird als der sittlich tiefer stehende. Das wird wohl kein vernünftiger Mensch mit normaler Beobachtungsgabe in Abrede stellen, denn die Erfahrung bestätigt es. Pflegen doch die Menschen mit seelischer Sauberkeit gleichzeitig auf ihre körperliche Reinheit bedacht zu sein und folglich auch die von Materialisten anerkannten hygienischen Bedingungen zu erfüllen. Und wenn solche Kraft und Auswirkung bereits für den sittlich hochstehenden Gedanken gilt, um wieviel mehr erst für die sittlich hochstehende Tat, die ja für jedermann unbestritten als Realität gilt und deren Aktionsfähigkeit in der Kette des Kausalgeschehens darum niemand bezweifelt! Wie gesagt, ich bin der festen Überzeugung, daß Papus das und nur das mit seinem Beispiel hat ausdrücken wollen, aber die Form, in der er es gesagt hat, ist doch wohl wenig gelungen. Sie läßt die Befürchtung zu, daß sie der Gedankenlose allzu wörtlich nimmt und die primitivsten Vorsichtsmaßregeln vernachlässigt, und ermöglicht es dem Skeptiker, mit sarkastischem Lächeln über einen Mann wie Papus die Achseln zu zucken. Wie denn auch nicht! Schon ein oberflächlicher Blick in die Gesundheits- und Sterbestatistiken zeigt, daß die Erkrankungs- und Todesziffer Jugendlicher um so höher wird, je ärmlicher das Milieu ist. Nicht anders sind die Schlüsse zu beurteilen, die Papus aus den Schicksalen von Kollektivitäten (Völkern, Staaten) für das Walten Christi im Geschichtsgeschehen zieht, um seine reale Gottheit zu erweisen. Er führt als Beispiel für christuswidriges Verhalten die Vergewaltigung der Buren durch England und die Indifferenz der europäischen Mächte an, mit der sie diesem Unrecht tatenlos zusahen, und sagt voraus, daß die Finanziers Europas und ihre duldsamen Zuschauer der immanenten Gerechtigkeit nicht entgehen würden, da derjenige, der ein Verbrechen geschehen lasse ebenso schuldig sei wie der eigentliche Täter. Solche Schlüsse sind die logische Fortentwicklung der Anerkennung jener Kräfte, die unseren Gedanken und Handlungen innewohnen, aber sie sind kein absoluter Beweis für die reale Gottheit Christi, denn der liegt, wie wiederholt betont, außerhalb unserer intellektuellen Möglichkeiten.

Derartige mangelhafte Beweisversuche könnte ich noch manche anführen, da das in Rede stehende Kapitel überreich damit versehen ist, möchte es aber mit den bisherigen Fingerzeigen genug sein lassen. Ich wiederhole und betone: es fällt mir gar nicht ein, gegen jene zu polemisieren, die Christus als leibgewordenen Gott verehren, oder für die einzutreten, die ihn als „göttlichen", als vollendeten, nachahmenswerten Menschen aufgefaßt wissen wollen, ich wende mich lediglich gegen die Affirmationen des Papus, seine Darlegungen über Christus seien der Inbegriff des Okkultismus und an ihrer buchstäblichen Wahrheit dürfe nicht gezweifelt werden. In Wirklichkeit sind sie ein Kapitel spezieller, christlicher Mystik, über dessen Wahrheitsgehalt nur das persönliche Erleben des einzelnen urteilen kann. Es erübrigt sich noch für mich, auf eine Frage einzugehen, die heutzutage auch außerhalb des Okkultismus vielfach die Geister beschäftigt; ich meine die Palingenesie, die Lehre von der Wiedergeburt, synonym: die Lehre von der Reinkarnation, von der Seelenwanderung, die Migrationstheorie. Auch sie ist in den wenigen Hauptsätzen der okkulten Wissenschaft ursprünglich nicht enthalten, sondern erst von der Theurgie gefolgert und von den anderen okkulten Fächern akzeptiert. So fremdartig sie anfangs den modernen Denker anmutet, so hat sie doch mit den Lehren der offiziellen Wissenschaft von heute ausgiebige Berührungsflächen. Wir sprechen nicht von „Seelenwanderung" oder „Wiedergeburt", wir nennen das Ding „Vererbung", aber im Wesen sind das sehr verwandte Begriffe. Nur verlangt die moderne Lehre eine an das Plasma, die Keimmaterie geknüpfte Kontinuität des Seelisch-Geistigen, während die okkulte Tradition die materielle Basis wie gewöhnlich souverän vernachlässigt, also auch auf ein Kontinuum, eine laufende Geschlechterfolge, keinen Wert legt. Daraus ergeben sich so weitgehende Differenzen, daß darüber das Gemeinsame anscheinend ganz verschwindet. Der Unterschied tritt besonders zu Tage, wenn die Reihe der Generationen aus Mangel an Nachkommenschaft aufhört. Für den modernen Menschen ist damit die Möglichkeit der Wiedergeburt ausgeschaltet, für die Migrationstheorie ist sie es nicht. Bedenkt man aber, daß die leiblichen Überreste des Menschen nach der Bestattung in andere Formen des Organischen übergehen und in dieser transformierten Gestalt persistieren, etwa in dem Grashalm, der auf dem Grabhügel wächst, oder in dem Wurm, der sich am Leichnam nährte, so sieht man auch hier noch eine „Migration", ein Wiederkehren, eine „Wiedergeburt", freilich nicht mehr in individuell-menschlicher Erscheinung. Damit ist jedoch das Ende der stofflichen Wanderung noch lange nicht erreicht; Wurm und Grashalm finden ihre Vertilger und diese wiederum ihre Vertilger und so fort, eine unendliche Kette, die über kurz oder lang doch einmal beim Menschen anlangt und in seine Generationen übergeht. Die Wissenschaft nennt dies das „Gesetz von der Erhaltung der Materie", das mit dem „Gesetz von der Erhaltung der Energie" parallel geht, so mannigfach auch die Umwandlungen sein mögen, die Materie und Energie im Laufe der Zeiten erfahren. Erinnert man sich nun, daß auch nach der Palingenesie die Seele auf ihrer Wanderung die mannigfachsten körperlichen Gewandungen erhalten kann, dann wird die alte okkulte Theorie nicht mehr gar so absurd erscheinen, ja sie wird um so mehr an Geltungskraft gewinnen, als sie nur ein Spezialausdruck eines allgemeinen Migrationsprozesses zu sein scheint. Panta rhei, alles ist in Fluß – hat schon der griechische Weise gesagt, und gerade unsere neuesten wissenschaftlichen Ergebnisse bestätigen diese Philosophie. Die Erfahrungen mit dem Radium, die unsere gesamten Begriffe von den Elementen umstürzten, die Experimente Rutherfords, der mit seiner Atomzertrümmerung diese Erkenntnisse vertiefte, die Herstellung von Gold aus Quecksilber durch den Berliner Physiker Miethe, die die angeblichen Hirngespinste der Alchymisten schlagend bestätigte, all das zeigt uns, wie unsere gesamte Körperwelt in einer ständigen Umsetzung begriffen ist. Sie wandert, und zwar die organische wie die unorganische, und ihre Wanderung zeigt unverkennbar die Richtung vom Einfachen zum Komplizierten, vom Niederen zum Höheren, vom Gröberen zum Feineren. Lediglich der Mensch sollte von dieser Wanderung ausgeschlossen sein? Dazu kommt, daß nicht nur Pythagoras, ein wohl gewiß vollkommen einwandfreier Mann, von sich behauptet, er könne sich seiner früheren Inkarnationen genau erinnern, sondern auch der bekannte Schriftsteller Lafcadio Hearn in seinen Japanbüchern eine Reihe von diesbezüglichen amtlichen Urkunden beibringt, in denen authentisch festgestellt ist, daß Kinder, die nachweisbar nie ihre engere Heimat verlassen hatten, in Einzelheiten gehende, genaue Angaben über ihre frühere Existenz an ganz entfernten Orten Japans machten und diese Angaben sich bei behördlicher Prüfung als in allen Punkten wahr herausstellten. Kann man die Versicherungen des Pythagoras noch als Selbsttäuschungen auffassen – wenn man es nicht überhaupt vorzieht, sie als Interpolierungen von Traditoren zu betrachten, die an der Verbreitung der Migrationstheorie ein Interesse hatten und die überragende Autorität des samischen Philosophen diesem Interesse durch solche unlauteren Manipulationen nutzbar machen wollten – so entfällt dieser Einwand in den von Hearn angeführten Fakten. Die Zeit, in der sie sich zugetragen haben, liegt nicht im Dunkel historischer Ferne, das Kriterium objektiver Überprüfung ist durch die amtlichen Erhebungen gegeben, das Resultat in staatlich gesiegelten Urkunden aufgezeichnet und die Persönlichkeit des Berichterstatters genau bekannt.

Es sei schließlich noch auf ein weiteres Moment hingewiesen, das vor einer bedingungslosen Verwerfung der Migrationstheorie warnt; das ist ihre Logik. Die offiziellen monotheistischen Religionen postulieren wohl auch eine Existenz der Seele jenseits des Grabes, aber sie sprechen nur von dieser Postexistenz. Danach ist jedes neue Individuum auch mit einer neuen Seele ausgestattet; nach dem Tode zerfällt der Leib, die Seele bleibt erhalten. Diese Auffassung steht in offenem Widerspruch zum Gesetz von der Erhaltung der Energie, nach dem die Energiegesamtsumme der Welt immer gleich bleiben muß, und kommt auf die Behauptung heraus, daß aus nichts etwas werde. Demgegenüber fügt sich die Migrationstheorie, wie wir gesehen haben, auch unserer wissenschaftlichen Erkenntnis zwanglos ein, ja konsequent und logisch erfüllt sie auch die Forderung allen Werdens, das Vorhandensein eines früher Gewordenen, da sie nicht nur die Post-, sondern auch die Präexistenz lehrt, eine Logik, deren Fehlen in den monotheistischen Doktrinen viele dazu gebracht hat, den Negierern eines Jenseitslebens beizupflichten. Geht auch aus allem Gesagten hervor, daß es unziemlich wäre, die alte Lehre von der Seelenwanderung mit einem Achselzucken abzutun, so muß ich doch auch wieder zugeben, daß keiner der angeführten Beweise die Skepsis des modernen Menschen ganz zu besiegen vermag. Das gilt selbst für die Fälle des Lafcadio Hearn. Der passionierte Kritiker kann sich auf den Standpunkt stellen, daß die überprüfenden Amtspersonen Japaner waren, also Menschen, die auf Grund von Tradition und Erziehung den zu erhebenden Tatbeständen nicht die volle Objektivität entgegenbrachten, im vorhinein für die Möglichkeit, ja Wahrscheinlichkeit der Behauptungen der Kinder eingenommen waren und damit nicht kritisch genug vorgegangen seien, bloße Ähnlichkeiten vielleicht für volle Übereinstimmung gehalten hätten etc. Hier wie in allen Dingen, die zur religiösen Seite des menschlichen Lebens gehören, schafft wieder nur der Glaube die Gewißheit und Realität. Das gilt auch letzten Endes für das Gebet; wenn Papus nicht müde wird, dem Neuling nur solche Zirkel zu empfehlen, in denen das Gebet gewürdigt wird, so ist das durchaus nicht so zu verstehen, als ob den Worten eine von Gott verliehene magische Kraft innewohne, daß also das Gebet selbst eine Art Offenbarung Gottes sei. Dadurch aber, daß es den Menschen unmittelbar mit dem Schöpfer aller Dinge in Verbindung setzt, weiters dadurch, daß es seine Gedankenwelt läutert und von allen nichtigen Wünschen abzieht, ermöglicht es das Freiwerden feinster seelischer Kräfte, die sonst unter den Stimmen des Alltags zum Schwiegen verurteilt sind und deren gewaltige Potenzen zu Leistungen befähigen, wie sie in dem Satze ausgedrückt sind, „der Glaube könne Berge versetzen".

Damit habe ich mich ganz unverhohlen über das Wesentliche dessen verbreitet, was mir an der Arbeit von Papus ergänzungsbedürftig erschien. Ich wiederhole nochmals: nicht um für oder gegen irgend eine wie immer geartete religiöse Vorstellung oder deren Bekenner aufzutreten, auch nicht aus persönlichem Unglauben – im Gegenteil, ich stimme in den grundsätzlichen Dingen mit Papus überein – sondern einzig jener Objektivität wegen, deren sich jeder Autor zu befleißigen hat. Vor allem aber lag es mir natürlich ganz fern, etwa die Person des französischen Meisters herabsetzen zu wollen. Beckmessertum wäre auch einem Manne gegenüber ganz unangebracht, der über so strahlende Eigenschaften verfügte wie Papus. Im Gegensatz zu anderen Menschen von starkem religiösen Temperament war er durchaus kein Fanatiker und jeder Bigotterie abhold. Sein goldenes Herz und sein warmes Wesen werden von allen gerühmt, die je in seine Nähe kamen. Sein Intellekt war scharf, ja durchdringend, seine Kunst, ein schwieriges Gebiet allen faßlich darzustellen, erstaunlich, sein okkultes Wissen ungeheuer und seine persönliche Beherrschung okkulter Kräfte meisterhaft. Das Bild, das er von jenem „intellektuellen Meister" entwirft, könnte ohne Schönfärberei ein Selbstporträt sein. Der Elementartraktat in seiner Gänze beweist, daß ich mit dieser Charakterisierung nicht zu viel gesagt habe. Das Werk ist in einem blendenden Stil geschrieben, der sich, wie ich ohne weiteres zugestehen will, in der Übersetzung nur sehr mangelhaft wiedergeben ließ. Die deutsche Sprache ist an sich wesentlich schwerer, gewichtiger, als die französische; der romanische Ursprung der letzteren gestattet überdies die Verwendung einer sehr prägnanten Terminologie, da das Latein bis in die Neuzeit die Fachsprache der Wissenschaft und der Philosophie war und darum fixe Begriffe, die ganze Assoziationsreihen in einem Wort zusammenfassen, noch heute lieber mit dem Fremdwort ausgedrückt werden. Während man sich durch die gewöhnlich sehr trockene Darstellung auch der interessantesten Themen, deren sich gerade die Zunftwissenschaftler befleißigen, nur mühsam und deshalb oft genug lieber gar nicht durcharbeitet, liest man den Elementartraktat mit ungemischtem Vergnügen, etwa wie einen spannenden Roman. Diese flüssige Lektüre wird außerdem wesentlich durch die Methodik gefördert, mit der der

Stoff geordnet ist. Spielend wird so der Leser mit der ihm fremden und sein gewohntes Denken irritierenden Materie des Okkultismus vertraut gemacht. Treten so Papus' hohe schriftstellerische Qualitäten an Form und Gliederung seines Werkes hervor, so zeigt sich sein profundes Wissen und die Kraft seiner Intelligenz am Inhalt. Der bunte, wunderbare, spannende Film der Welt rollt vor unseren Augen ab. Wir sehen die Migration der Daseinsformen vom Primitivsten bis zum Entwickeltsten, wir folgen den Schwingungen der universellen Bewegung, die im Niedrigsten wie im Höchsten zittert, und wir erleben voll Ergriffenheit die erhabene Synthese, in der die Milliarden Töne des Alls zu den klingenden Akkorden einer unendlich gewaltigen Symphonie zusammengefaßt werden. In unseren Tagen hat nur ein einziger Wissenschaftler den Versuch gewagt, die verwirrende Erscheinungshülle der Welt in einem sinnvollen Bilde zu gestalten. R. H. Francé, der Münchener Botaniker und Biologe, hat das unternommen und das Ergebnis seiner Bemühungen in seinem profunden Werk „Bios. Die Gesetze der Welt" niedergelegt. Ein umfassender Geist und universeller Gelehrter wie Papus, bringt er eine Synthese der Erkenntnisse unserer modernen Wissenschaften. Nichts kann die Güte des okkulten Systems stärker verteidigen als die Tatsache, daß Francé's Aussagen sich bis in Einzelheiten hinein mit denen des Franzosen decken, wiewohl beide von ganz verschiedenen Gesichtswinkeln der Weltbetrachtung ausgehen. Ja, diese Übereinstimmung reicht so weit, daß wir bei beiden dieselben Bezeichnungen für besonders markante Züge ihres Weltbildes finden (Stufenbau, Integration, Reintegration etc.), wiewohl France sicher nichts von seinem französischen Vorgänger gekannt oder gelesen haben dürfte. Aber nicht nur die naturwissenschaftlichen Angaben, auch die historische Darstellung des Okkultismus, wie sie Papus bringt, findet jetzt langsam ihre Bestätigung. Die Stimmen mehren sich, die den in unseren Geschichtstabellen verzeichneten Zahlen nur eine beschränkte Geltung für die Dauer und das Alter der menschlichen Kulturen zuerkennen. Der sehr nüchterne Engländer Colonel P. H. Fawcett hat nach achtzehnjähriger Vorarbeit zu Beginn dieses Jahres (1925) eine von der englischen und amerikanischen Geographischen Gesellschaft sanktionierte Expeditionsreise in die Urwälder des inneren Brasilien angetreten, um dort die Zentren einer bisher verschlossenen Kultur wiederzufinden, deren Blütezeit nach seinen Feststellungen mindestens 10.000 Jahre vor die ägyptische fällt. Die Gründe, die er für seine Behauptungen vorbrachte, das wissenschaftliche Material, das er als Ergebnis seiner langen Vorarbeit den genannten gelehrten Körperschaften vorlegte, das alles war so gehaltvoll, daß die berechtigte Skepsis international berühmter Geographen davor zurücktrat und die Gesellschaften sich bemüßigt sahen, seinen Forscherzug vor der Öffentlichkeit mit dem Gewicht ihres Rufes zu decken. Wie das Ergebnis der Expedition sein wird, ob sie überhaupt den Weg aus jenen Gebieten, die noch keines Weißen Fuß betreten hat, zurückfinden wird, bleibt bei den gewaltigen Gefahren, die ihr von Klima, Raubtieren und giftpfeilbewehrten Indianern drohen, natürlich erst abzuwarten. Schon heute jedoch kann festgestellt werden, daß durch die bloße Ermöglichung der Expedition die Bedeutung der bisher geltenden Geschichtszahlen für unsere Vorstellungen über das Alter der Kulturen und ihrer Träger von führenden modernen Wissenschaftlern aufgegeben wurde. In denselben Zusammenhang gehört es, daß neuestens auch die sonst immer als Sage behandelte und nur vom Okkultismus als einstmals existent behauptete Rieseninsel Atlantis das ernste Interesse der Gelehrten findet. Was zu diesem Thema bisher an haltbaren Untersuchungsresultaten zu Tage gefördert wurde, hat Theodor Heinrich Mayer mit blendender Diktion in einem „Atlantis" betitelten Feuilleton des „Neuen Wiener Tagblatts" vom 21. Februar 1925 der breiten Öffentlichkeit übermittelt. Ich lasse es hier zur Gänze folgen, da eine auszugsweise Wiedergabe den Gehalt der Argumente abschwächen könnte, die es bringt.

Dies das Feuilleton:
Neues Wiener Tagblatt, 21. III. 1925

„Wie der einzelne Mensch, so hat sich auch die Menschheit ein wehmütig-sehnendes Gedenken ihrer Jugend bewahrt, wo alles Große von heute noch ein frühlingsreiner Keim war, wo die späteren Hochgedanken noch ein ahnungsbang fragendes Aufblicken aus Kinderaugen bedeuteten, wo man das Dasein als einen seligen Zug in alle die Weiten empfand, die erst den Spätesten vorbehalten bleiben sollten. Darum die Legenden vom Paradies, vom goldenen und silbernen Zeitalter, und darum auch der Glanz, mit dem urälteste Überlieferung die Atlantis umgibt, das versunkene Land der ersten Menschen.

Die einzige aus dem Altertum stammende ausführlichere Schilderung des verschollenen Erdteils finden wir bei Plato, der sie wieder aus den Händen seines Großvaters Solon empfing. Solon aber vernahm die märchenhafte Kunde von ägyptischen Priestern, deren Gast er war, wurde darüber so begeistert, daß er ein großes Epos der Atlantis schreiben wollte. Leider blieb es Fragment, und Plato gibt davon im „Timäos" und „Kritias" wohl nur einen verkürzten Auszug.

Aber welche Reinheit und Schönheit hatte die ägyptische Überlieferung jenem Urland aller Menschlichkeit verliehen!

Wie das Meer die Wiege alles organischen Lebens war, so stammte auch das Königsgeschlecht der Atlantis von Poseidon, dem Herrn der Meere, der dort mit einer Sterblichen fünf Paare von Zwillingssöhnen zeugte. Auf einem sanft abfallenden Hügel wohnten die göttlich-menschlichen Gatten, ringsum bis zum nahen Meer breitete sich eine Ebene, lieblich und mild anzusehen wie ein Garten und reich an köstlichsten Früchten aller Art. Als die Söhne herangewachsen waren, teilte Poseidon sein Reich in zehn gleiche Teile, teilte jeden davon einem seiner Söhne zu. Den Atlas aber, den Erstgeborenen des ersten Paares, machte er zum König über die anderen. Das Land blieb gesegnet, die Wälder lieferten edles Holz für herrliche Bauten, wilde und zahme Tiere lebten dort in großen Herden, alles duftete von Wohlgerüchen, wie sie die Erde aus Wurzeln, Gräsern, Blumen und Früchten erzeugt. Freiwillig bot sie alles, wessen die Menschen an Nahrung bedurften. Keiner von den Bewohnern aß Lebendiges, und auch von dem Spuk der Träume waren sie frei. Sie brachten ihr Land zur höchsten Blüte, legten große Kanäle an, bauten herrliche Paläste und einen wundervollen Tempel des Stammvaters Poseidon, nach dem sie ihre Insel ‚Poseidonis' nannten. Die ‚Stadt der hundert goldenen Tore' war ihre Hauptstadt, aus bunten Steinen baute man die Häuser, große Gärten luden zum Ruhen und Lustwandeln ein, alle die vielen kalten und warmen Quellen wurden gefaßt. Am Meer entstanden große Hafenanlagen, unzählige Schiffe fuhren dort ein und aus. Im Norden war das Land durch ein Gebirge von wilder Erhabenheit geschützt. Das von diesen Bergen abströmende Wasser wurde in ungeheuren Kanalbecken gesammelt, die im Sommer eine zweite Ernte ermöglichten. Unzählige glückliche Menschen lebten dort und priesen die Götter, die solche Gnade über sie gesandt hatten.

Heilige Gesetze regelten das Verhältnis der zehn Teilkönige untereinander und zu ihrem Oberhaupt, dem jeweiligen Erstgeborenen aus dem Geschlechte des Atlas. Und gleiche Gerechtigkeit schlug auch das Band zwischen den Königen und ihren Untertanen. Sanft und besonnen waren die Menschen, ehrlich und großmütig; nur die persönliche Tüchtigkeit galt und nicht der Reichtum, der jedem mühelos zufiel; kein Überfluß brachte sie aus ihrer Fassung, sie wußten, daß ihr Hab und Gut nur durch gegenseitige Liebe gedeihen konnte, daß aber Neid und Habsucht alles vernichten mußte. Und so lange der göttliche Funke in ihnen glühte, wichen sie nicht von der Bahn der Tugenden.

Ganz kurz wird von Plato nur angedeutet, daß sie später den besten Teil ihres Wesens selbst preisgaben und die Strafe der Götter auf sich luden. ‚Es entstanden gewaltige Erdbeben und Überschwemmungen, und im Verlaufe eines schlimmen Tages und einer schicksalsschweren Nacht verschwand die Insel und das gesamte streitbare Geschlecht auf ihr ins Meer.' So erzählt Platos berühmter, oft zitierter Bericht.

Er ist (im Gegensatze zu der herrschenden Meinung) nicht die einzige Nachricht überhaupt, die uns über Atlantis erhalten blieb. Auch der Historiker Theopompos von Chios, ein Zeitgenosse Platos, bei dem die Atlantis ‚Meropis' heißt, sowie der achthundert Jahre später lebende Neuplatoniker Proklos wissen von der versunkenen Insel. Freilich fehlte es schon im Altertum nicht an Stimmen, die alle diese Berichte als bloße Fabeln erklärten. Plato hätte nur in der Umkleidung einer angeblich verbürgten Erzählung sein Ideal eines Staatswesens schildern wollen. In der Neuzeit suchte man die Atlantis sogar in Spitzbergen und Grönland, ein schwedischer Gelehrter vermutete sie in – Südschweden, ansonsten schloß man sich meist der Ansicht des Strabo und Plinius an und erklärte Atlantis für ein Märchen. Es konnte ja sein: die Menschheit wollte sich ein Lied längstvergangener Tage singen, von denen sie nur ein traumhaft verwehendes Erinnern besaß, legte solchen Wunsch in die Seele eines Erlesenen, machte ihn beredt ..., und Plato schuf das Märchen vom Wunderland im Westen, wo alles Großen und Schönen Ausgang war ...

Aber das Rätsel wäre noch viel größer, wenn Plato bloß ein Märchen erdichtet hätte – denn die modernste Forschung bejaht und beweist die Atlantis. Die englische Challenger-Expedition 1872–1876, die gleichzeitig operierende deutsche Expedition der ‚Gazelle' und die amerikanische Expedition auf dem ‚Dolphin' haben übereinstimmend festgestellt, daß sich aus den Tiefen des Atlantischen Ozeans, ungefähr parallel zu den Kordilleren, ein Höhenrücken erhebt, der von der Südspitze Grönlands bis zur Insel Tristan da Cunha reicht und sich dort verbreitert und verflacht. Dieses Gebirge ragt durchschnittlich um 3000 Meter näher zum Wasserspiegel empor als die umgebenden Flächen, stellenweise noch viel mehr, so besonders südlich von den Azoren; außerhalb dieses Gebirgszuges zeigen sich noch ungewöhnlich hohe Erhebungen bei Fernando de Noronha, Trinidad (nicht zu verwechseln mit der Antilleninsel gleichen Namens) und St. Helena. Kurze Berechnungen haben ergeben, daß bei einem völligen Auftauchen der Atlantis ihre Gebirge eine Höhe von mehr als 9000 Meter erreichen müßten.

*

In diesem unterseeischen Lande wechseln nun Gebirge, Hügel Täler und Ebenen mit einer derartigen Mannigfaltigkeit, wie man es bei altem Meeresboden nie findet, sondern nur bei einer Landdecke, die vor geologisch ganz kurzer Zeit ins Meer versunken sein muß. Lotungen bei Kabelverlegungen, etwa 200 Meilen nördlich der Azoren, haben dort eine förmliche Zerklüftung des Bodens festgestellt, und man fand auch eine Lava, die nur an freier Luft erhärtet sein kann, nicht aber bei Luftabschluß unter dem Drucke einer Wassersäule von 3000 Meter Höhe.Und das Merkwürdigste: F.O. Bilse gibt in seinem Roman ‚Gottes Mühlen' (bei Dr. Eysler & Cie., Berlin) eine Zeitungsnotiz bekannt, nach der sich in allerjüngster Zeit das submarine Land an verschiedenen Stellen bis auf wenige hundert Meter zur Meeresoberfläche gehoben hat!

Nicht minder triftige Beweise wie die Tiefseeforschung liefert uns die Archäologie für die Existenz der Atlantis. Nach den letzten Ausgrabungen in Yukatan muß man als vollkommen erwiesen annehmen, daß die mittelamerikanische, ägyptische und altgriechische Kultur sowie die von dem deutschen Forscher Frobenins entdeckten Kulturreste im Jorubalande am Golf von Guinea nur die Abkömmlinge der uralten Atlantiskultur sind, in Kolonien der Atlantier verpflanzt und dort nach dem Versinken des Mutterlandes erhalten geblieben. Schon lange war es bekannt, daß die Schädelbildung der Karaiben und der in Brasilien wohnenden Guaranis mit der Kopfform der ausgestorbenen Ureinwohner der Kanarischen Inseln, der Guanachen, sowie mit jener der Tuaregs und Berber auffallende Ähnlichkeit aufweist, die auf eine gemeinsame Abstammung schließen lassen. 1913 fand man im Diluvium Deutsch-Ostafrikas, also aus einer der europäischen Eiszeit entsprechenden Periode stammend, ein ausgezeichnet erhaltenes Menschenskelett, dessen Schädel alle Zeichen höherer geistiger Entwicklung aufweist. Das gleiche gilt von einem langköpfigen Frauenskelett, das man 1909 fünf Meter tief unter dem Lehm des Forum Romanum entdeckte.

Als die Spanier Mittelamerika und Peru betraten, begegneten ihnen dort zu ihrem größten Erstaunen die vertrauten religiösen Symbole und Gebräuche: Kreuz, Taufe, Beichte und Absolution, eine dem Abendmahl ähnliche Zeremonie, Bilder der jungfräulichen Mutter Gottes, Darstellungen von Adam und Eva, von dem Sündenfall mit Apfel und Schlange – sogar eine Art von Bundeslade kannte man dort. Der höchste, unsichtbare und wesenlose und daher nie abgebildete Gott hieß Teo oder Zeo, was lautgetreu dem Theos und Zeus der Griechen entspricht. Im Sanskrit heißt dieser Gott Dyaus, bei den Kelten Thyah, auch das jüdische Jah-ve klingt in seiner ersten Silbe daran an. Ist eine solche Übereinstimmung anders zu erklären, als daß die Religionen aller dieser Völker sich von der Religion eines Urvolkes ableiten, dem diese Völker entstammen? Aber es kommt noch zwingender: der berühmte Astronom und Geograph Ptolemäos, der Schöpfer des ptolemäischen Weltsystems, der ungefähr um 140 v. Chr. in Alexandrien lebte, nennt in seiner ‚Geographie' altarmenische Städtenamen, von denen einige laut- und buchstabengetreu mit solchen aus Mittelamerika übereinstimmen.

Altarmenisch:	Mittelamerikanisch:
Chol	Cholula
Coluan	Colua-can
Zuivan	Zuivan
Cholima	Cotima
Zalissa	Chalisko

Hier gibt es schon keinen Zweifel mehr, daß Auswanderer aus dem Atlantiskontinent nach Osten und Westen zogen und nach uraltem Brauch den neuen Siedlungen Städtenamen ihrer Heimat gaben. Die Mayasprache in Yukatan ist übrigens, nach der Behauptung ihres besten Kenners, des Franzosen Le Plongeon, der griechischen so ähnlich, daß man ein Drittel als reines Altgriechisch bezeichnen kann. Ferner sind dreizehn Buchstaben des Maya-Alphabets den entsprechenden ägyptischen Hieroglyphen völlig analog gebildet. Wieder drängt sich der gemeinsame Ursprung auf: Atlantis! Man verwundert sich jetzt schon nicht mehr, wenn die alten Überlieferungen der Mexikaner von den „Weißen Göttern" berichten, also herrlichen Menschen von weißer Hautfarbe, die vom Osten kamen, von der Atlantis. Die Spanier wurden ja als die wiederkehrenden weißen Götter begrüßt.

Im Jahre 1913 fand die zur Erforschung der Ruinen von Chichen-Itza ausgesandte amerikanische Expedition dort eine Sphinx, in allem und jedem ihren ägyptischen Nachbildern gleichend, als Hüterin eines Grabmals. Die Inschriften auf dem Grabmal bestätigten, was Le Plongeon schon früher dem Troanomanuskript entnommen hatte: die erste Besiedlung Ägyptens erfolgte durch Abkömmlinge der Atlantier, aber nicht auf direktem Weg, sondern vom

Land der Mayas aus. Sie segelten von der Westküste Mittelamerikas durch den Pazifik bis zu Afrikas Ostküste, drangen über Abessinien ins Niltal vor. Einige hundert Jahre nach dieser Besetzung Ägyptens herrschte in Yukatan der König Koh, der nach dem damaligen Brauch der Geschwisterehe mit seiner Schwester Moo vermählt war. Ein jüngerer Bruder, Aak, empörte sich gegen die beiden, besiegte Koh und tötete ihn. Moo ließ dem ermordeten Gatten das Mausoleum mit der Sphinx errichten und floh dann nach Westen, um die Insel Mu zu erreichen. Aber sie fand diese Insel nicht, fuhr immer weiter und weiter und gelangte so schließlich nach Ägypten, wo sie dem über alles geliebten Gemahl noch ein zweites, gewaltigeres Denkmal errichtete, die Sphinx von Gizeh. Dort wurde sie freundlich aufgenommen, und die Ägypter nannten sie Icim, das heißt Schwesterchen. Icim klingt schon fast wie Isis, und die ganze Geschichte der Königin Koh ist identisch mit dem Mythos von Osiris, Isis und Set, der ja auch seinen Bruder Osiris tötete. Sonderbar berührt hier nur, daß Atlantis-Mu verschwinden konnte, ohne daß man es in Yukatan wußte. Eine Katastrophe von solchem Umfang mußte auch in Mittelamerika durch Flutwellen und Erdbeben bemerkbar gewesen sein. Außerdem müssen zwischen Atlantis und Mittelamerika über die Antillen Schiffahrtswege geführt haben. Hier liegt unbedingt eine Lücke in den Berichten vor. Vielleicht ist der Untergang der Atlantis Jahrtausende vor die Zeit der Königin Moo zu verlegen, so daß darüber nur mehr sagenhafte Berichte vorlagen. Daß die Besiedler Ägyptens Afrika auf dem Umweg über den Stillen Ozean und Abessinien erreichten, deutet darauf hin, daß damals wahrscheinlich noch eine gewisse abergläubische Scheu sie verhinderte, allzuweit nach Osten aufs Meer hinauszufahren, während ein paar Jahrhunderte später, zur Zeit der Königin Moo, diese Scheu nicht mehr so stark war, um die Flucht nach Osten als eine Fahrt ins Unheil erscheinen zu lassen. Oder aber der Bericht bezieht sich gar nicht auf die Atlantis, sondern auf einen gleichfalls versunkenen Südseekontinent. In einem bemerkenswerten Artikel des ‚New York American' vom 20. Oktober 1912 berichtet Dr. Paul Schliemann, der Enkel Heinrich Schliemanns, über bisher unbekannte Forschungsergebnisse seines Großvaters, die auf die Atlantis Bezug haben. Schliemann fand 1873 in Hissarlik ein Bronzegefäß, das die Inschrift trug: ‚Vom König Kronos der Atlantis'. Es enthielt Tonscherben mit eingeritzten Zeichnungen, eigenartige Münzen und kleine Gegenstände aus fossilen Knochen. Zehn Jahre später sah er in Paris, in den Sammlungen des Louvre, unter den mexikanischen Funden von Tiahuanaca Tonstücke von genau derselben Gestalt und auch die gleichen Gegenstände aus Fossilknochen. Nicht bloß Größe und Gestalt stimmten überein sowie die Ornamente, auch chemisch war der Ton mit jenem aus der Hissarlik-Urne identisch. Die nur in dieser Urne enthaltenen Münzen bestanden aus einer Legierung von Platin, Aluminium und Kupfer, die man sonst nirgends auf der Welt vorfindet – begreiflicherweise, denn Platin ist erst seit dem 16. Jahrhundert, Aluminium aber gar erst seit 1827 bekannt. Wie bewandert muß ein Volk, das diese Münzen herstellte, in den metallurgischen Prozessen gewesen sein; nur den Atlantiern läßt sich eine solche Höhe der Kultur zuschreiben. In Petersburg entzifferte Schliemann einen Papyrus aus der Zeit der zweiten ägyptischen Dynastie, den er etwa in das Jahr 4000 v. Chr. zurückverlegt. In diesem Papyrus wird berichtet, daß der König Sent eine Forschungsexpedition nach dem Lande Atlantis ausgesandt hätte, aus dem 3350 Jahre früher die Vorfahren der Ägypter gekommen wären und die ganze Weisheit ihrer Heimat gebracht hätten. Fünf Jahre fuhren die Schiffe herum, ohne die Insel zu finden, und sie kehrten unverrichteter Dinge wieder heim. In einem zweiten Petersburger Papyrus wird die Blüte der Atlantis auf etwa 14.000 Jahre vor der damaligen Zeit verlegt. Der Untergang erfolgte daher später, und es ist bezeichnend, daß alle auf den verschiedensten Quellen aufgebauten Berechnungen ungefähr die Zeit um 12.000 v. Chr. für das Versinken der Insel angeben. Die früher angegebene Zahl von 3350 Jahren dürfte sich wohl auf die Ankunft der Mayakolonisten auf ägyptischem Boden beziehen; zu dieser Zeit lebte auch in Yukatan die Erinnerung an die Urheimat nur noch in Sagen weiter.

Die genauesten Nachrichten über Atlantis erfließen seltsamerweise aus okkulten Quellen, und diese über drei Millionen Jahre rückgeführte Geschichte ist lückenlos. Nach diesen Berichten gab es von den Atlantiern, die auf der Erde die Nachfolger der Lemurier waren, fünf Unterrassen: die Rmoahals, die Tlavatli, die Tolteken, die Turanier und die Ursemiten. Sie lösten einander in der Beherrschung der Atlantis ab, die ihre höchste Blüte unter den Tolteken erlangte. Ebenso wird von Erfindungen erzählt, welche die Atlantier in viel höherer Vollkommenheit besessen hätten als wir. Es besteht gar keine Ursache, über diese Ergebnisse okkulter Forschungen mit geringschätzigem Spott hinwegzugehen. Lediglich eine gewisse Skepsis ist am Platze, da sich die okkulten Kreise einer genauen wissenschaftlichen Überprüfung ihrer Ergebnisse durch Nichteingeweihte widersetzen. Es muß ja den Menschen unserer Zeit immer und immer wieder in den Sinn gehämmert werden, daß niemand in einem bewußten, gewollten, geistigen Schöpfungsakt etwas erdenken kann, das zu irgendeiner großen Wahrheit in Widerspruch steht. Was immer über das Atlantisproblem geschrieben wurde, der Zellkern, um den sich dann die Gedanken des Schreibenden gruppierten, ist Wahrheit! Nicht einmal der Schwede Rudbeck, der, wie eingangs erwähnt, die Atlantis in Südschweden suchte, war irrsinnig – gerade für den heurigen Sommer rüstet die schwedische Regierung eine photographische Expedition nach der Landschaft Bohuslän aus, um mittels hoher Gerüste die dort auf einer Fläche von etwa zwei Quadratkilometern verteilten, vollkommen unenträtselten Inschriften und Zeichnungen aufzunehmen. Und unter diesen Zeichnungen befinden sich solche von dem Sternbild des Großen Bären, auf denen es eine Gestalt hat, die nach präzisen astronomischen Berechnungen auf etwa 60.000 Jahre vor unserer Zeit zurückzudatieren ist! Also auch in Südschweden befand sich irgendeine Urheimat, die nach der Zeitrechnung der okkulten Berichte ein Ableger, nach jener der mehr historischen Überlieferungen aber der Ausgangspunkt der Atlantiskultur gewesen sein kann. Menschen, achtet auf das, was euch eine phantastische Erfindung geistreicher Köpfe zu sein scheint – ihr findet darin die Wege zur Wahrheit!

Eine ausgezeichnete Zusammenstellung aller Quellen, die über die versunkene Insel berichten, findet man in Friedrich Wenckers Buch ‚Alantis' (1924 bei Borngräber, Leipzig), dem eine große Zahl der hier benützten Daten entnommen ist. Das bei aller Wissenschaftlichkeit in glänzendem Stil geschriebene Werk liest sich wie ein spannender Roman und kann allen denen, die sich über das Atlantisrätsel näher informieren wollen, nicht warm genug empfohlen werden. Karl Georg Zschaetzsch vertritt in seinen Werken ‚Herkunft und Geschichte des arischen Stammes' und ‚Atlantis, die Urheimat der Arier' (beide im Arierverlag, Berlin, Nikolas-See) die interessante Ansicht, daß die arischen ‚Indogermanen' nicht aus Asien nach Europa kamen, sondern von der Atlantis, und weiß dies durch eine so erschöpfende Zahl verblüffender Analogien in den Ursagen aller Völker nachzuweisen, daß an der Richtigkeit seiner Entdeckungen kaum noch zu zweifeln ist. Die Schilderung der letzten Atlantiskatastrophe, die er dem Durchgang der Erde durch den Schweif eines Kometen zuschreibt, paßt aber in allem und jedem auf die geniale Deutung, die Hans Hörbiger in seiner Welteislehre dem Untergang der Uratlantis gegeben hat – nicht ein Komet streifte die Erde, sondern der bis auf einige Erdradien der Erde angenäherte Tertiärmond zerriß endlich unter der übermächtigen Erdanziehung und splitterte zuerst als Hagel, dann als Schlammregen und zuletzt in den Schlackenbrocken des Kerns, als ein grauenhafter Schauer von glühenden Meteoriten auf die Erde nieder. Der Untergang der letzten Atlantis aber, von dem Plato berichtet, erfolgte durch die plötzliche äquatoriale Gürtelhochflut beim Einfang unseres jetzigen Mondes durch die Erde. Eine eingehende Darstellung dieses Problems findet man in Hans Fischers Buch ‚Weltwenden' (Verlag Voigtländer, Leipzig) im Sinne der Theorien Hörbigers.

Gleichfalls vom Standpunkte der Welteislehre erörtert Dr. G. Lomers Broschüre ‚Kommende Weltkatastrophen' (Verlag ‚Das Wissen dem Volk', Siegmar, Chemnitz) die Möglichkeit zukünftiger Atlantistragödien und führt im Zusammenhange damit eine Reihe auffallender Wahrträume an, die sich auf Teilkatastrophen geringfügigeren Umfanges beziehen und zum großen Teil erfüllt haben. Mit solchen Träumen ist es allerdings eine eigene Sache: wenn sie auch stets durch die einwandfreiesten Persönlichkeiten bestätigt sind, so werden sie doch erst immer dann bekannt, wenn sie richtig eingetroffen sind, was der Skepsis Tür und Tor öffnet ... Bei der geheimnisvollen Anziehungskraft des Atlantisproblems ist es eigentlich zu verwundern, daß es bisher so selten Anlaß zu dichterischer Gestaltung gegeben hat. Wilhelm Fischer in Graz schrieb 1877 ein Epos im Hamerlingstil, ‚Atlantis', das trotz vieler poetischer Schönheiten dem heutigen Geschmack wohl kaum mehr genießbar sein dürfte. Der schon erwähnte Roman F.O. Bilses (Eysler & Cie., Berlin) nimmt sich als Motiv die Überflutung Frankreichs durch ein neues Auftauchen der Atlantis. Graf Tolstois Marsroman ‚Aelita' wurde gleichfalls schon erwähnt. Das Werk fesselt durch die ganz eigenartige satirische Gegenüberstellung von bolschewistischen Ideen gegen die entartete Senilität der Marsbewohner. Seine mit schöpferischer Phantastik durchgeführte Handlung findet am Schluß eine wehmütige Verklärung durch den Ruf der Verlassenen in alle Weiten des Raumes hin: ‚Die Stimme Aelitas' der Liebe, der Ewigkeit, die Stimme der Sehnsucht tönt durch das ganze Weltall und ruft ... und ruft: Wo bist du, wo bist du, Liebe ...?' Die einzige bisher bekannte romangemäße Schilderung einer Weltkatastrophe vom Umfang des Atlantisunterganges findet sich in meinem Osterinselroman ‚Rapanui' (1923 bei Staackmann, Leipzig), was der Vollständigkeit wegen nicht verschwiegen sei.

Es ist sicher nur eine Frage von Jahrzehnten, daß wir aus dem Meeresgrund wirkliche Reste der ‚Stadt der hundert goldenen Tore' und der andern Metropolen der Atlantis heben werden. Kein Mensch hätte es vor dreißig Jahren möglich gehalten, daß wir die Luft in einem Tempo von 450 Kilometern pro Stunde durchrasen und mit motorischer Kraft bis zu 12.000 Meter emporsteigen. Und da soll im Meer schon bei 50 Meter Tiefe die Grenze für menschliches Vordringen sein? Den Druck in den Tiefen, der vorläufig unüberwindlich erscheint, werden wir schon zu überlisten wissen, und die Technik, die Bürgschaft unausdenkbarer spätester Größe, führt uns dann auch in das Land unserer Jugend, in unser aller Heimat zurück, bringt uns die verschollenen Wirklichkeiten wieder, auf daß wir an sie glauben und an der Menschheit hunderttausendjähriges glanzvolles Sein …

Atlantis muß gewesen sein, sonst könnten wir nicht in Sehnsucht davon träumen!"

Soweit Theodor Heinrich Mayer. Und nun vergleiche man seine Angaben mit dem Material bei Papus. Ein Kommentar ist wohl überflüssig! All diese Präzedenzien berechtigen zu der Überzeugung, daß auch die anderen Daten des Okkultismus ihre Bestätigung erfahren werden. Papus war also kein schlechter Prophet, als er diese Wandlung in den historischen Ansichten als sicher und bald eintretend voraussagte. Hält man das zu seinen sonstigen Leistungen hinzu, so wird man mir beipflichten, wenn ich ihn als einen achtunggebietenden Meister und Menschen bezeichne, den man lieben und verehren muß, trotzdem oder vielleicht gerade weil er auch seine geringen Schwächen hat. Das Gehör der Deutschen aber verdient er vollends schon deshalb, weil niemand nachdrücklicher Verständnis und Herz für alle Menschen verlangt als er.

Meine Pflicht, zu werten, ist nunmehr hinsichtlich des Elementartraktates erfüllt. Es obliegt mir nur noch ein Hinweis, der ebenfalls kritische Einstellung erfordert. Der Leser, der jetzt über das Thema „Okkultismus" im großen und ganzen informiert ist, wird nach Werken fragen, aus denen er ihn etwa interessierende Spezialkenntnisse schöpfen kann. So natürlich diese Wißbegierde auch ist, so setzt er mich doch damit in peinliche Verlegenheit. Mit den von Papus empfohlenen Studienwerken ist ihm ja nur in seltenen Fällen gedient, denn sie sind in der Hauptsache in französischer Sprache abgefaßt und harren fast alle noch der Übersetzung, die Bücher deutscher Herkunft aber bilden einen Ozean! Eine halbwegs ausführliche Bibliographie würde Lexikonformat tragen. Nur sehr vereinzelte grüne Inseln erquicken das Gemüt des Schiffers und laden ihn zu behaglicher Rast ein. Deshalb will ich nur ganz allgemeine Routen abstecken. Arbeiten mittelalterlicher oder gar antiker Autoren kommen wegen ihrer schweren Lesbarkeit nicht in Betracht, wiewohl sie wesentlich Wertvolleres bieten als die meiste moderne Literatur. In dieser haben nur einige Autoren Bedeutenderes geleistet. Ein Standardwerk, das den Okkultismus etwa in der Art des Papus behandelt, existiert im Deutschen überhaupt nicht. Am nächsten kommt ihm Kiesewetter mit seiner dreibändigen „Geschichte des Okkultismus". Dieses Werk bringt sein Material in historischer Darstellung, ist aber eher eine erstaunliche Kompilation denn eine kritisch-gestaltende Arbeit. Ich empfehle es vor allem wegen der ausgiebigen Bibliographie, die sich sein Autor bei dem Umfang seines Werkes leisten konnte. Der Leser findet dort alle Angaben, auf die ich hier aus Platzmangel verzichten muß. Da das Werk von Kiesewetter derzeit im Buchhandel vergriffen und nur in Bibliotheken erhältlich ist, möchte ich hier auf die Arbeit Manfred Kybers, „Einführung in das Gesamtgebiet des Okkultismus vom Altertum bis zur Gegenwart" (Union Deutsche Verlagsgesellschaft), aufmerksam machen, ein trotz seiner Kürze recht empfehlenswertes, weil kritisches Buch. Was nun die einzelnen okkulten Wissenschaften anbelangt, so sind gehaltvolle und empfehlenswerte Publikationen deutscher Herkunft nur über Astrologie, Kabbala und die psychischen Phänomene erschienen. Für die Astrologie verweise ich auf das vorzügliche Einführungswerk von Oskar A.H. Schmitz: „Der Geist der Astrologie". Die sogenannten Lehrbücher dieser Disziplin – ich nenne nur die Autoren Brandler – Pracht, Grimm, Frank Glahn etc. – erfüllen ihren Zweck nur sehr unvollkommen und halten nicht den entferntesten Vergleich mit den diesbezüglichen englischen oder französischen Werken aus. Über meine eigenen astrologischen Arbeiten, die ich zusammen mit F. S. Sindbad in der Serie „Die Bausteine der Astrologie" veröffentlichte und von denen bisher „Die astrologische Synthese" erschienen ist (O.W. Barth-Verlag GmbH, München-Planegg), kann ich natürlich aus begreiflichen Gründen an dieser Stelle kein Urteil abgeben. Die Kabbala ist deutsch durch eine bei Altmann in Leipzig verlegte Übersetzung der Arbeit von Papus vertreten, an die das deutsche Originalwerk von Kurtzahn „Der Tarot" (Talisverlag, Leipzig) jedenfalls nicht heranreicht. Gleichfalls auf kabbalistischer Basis beruht die schöne Arbeit von Hellenbach: „Die Magie der Zahlen" (Oswald Mutze, Leipzig).

Der Erforschung des Psychischen unter okkultem Gesichtswinkel widmen sich in allen ihren Werken die Autoren Zöllner, Maack, Hartmann, Blum, Dessoir, Du Prel, Schleich und Schrenck-Notzing. Gerade aus der Quelle des Psychischen sind ganze Ströme von Büchern und Broschüren entsprungen, aber sie fließen bis auf wenige Ausnahmen trüb und unerfreulich.

Erfaßt man die Magie als jene Fakultät der okkulten Hochschule, die den mit übersinnlichen Kräften arbeitenden Adepten entwickeln soll. so gehörte hierher die Flut spiritistischer, mediumistischer, aber auch modernrosenkreuzerischer, theosophischer, anthroposophischer und sonstiger „... sophischer" Veröffentlichungen, ein unbestimmt schillerndes Meer, das überdies von pseudo-theurgischen und pseudo-mystischen Flüssen gespeist wird und in dem jeder hoffnungslos untergehen muß, der es mit dem Schifflein „Kritische Vernunft" zu befahren wagt. Die wenigen Stellen, wo das Wasser klar ist, sind – wieder einmal – französischer oder englischer Provenienz.

Auch die Alchymie hat in unserer Muttersprache keine lehrsystematische Darstellung erfahren. Unter historischem Gesichtswinkel, aber doch auch unter Eingehen auf ihre chemischen Angaben befassen sich von modernen deutschen Autoren Schmieder, Graesse und Ernst Bischoff mit ihr. Literarischer Niederschlag wirklich echter, erlebter Mystik ist natürlich nicht zu finden. Statt der Innigkeit und Schlichtheit eines Meisters Eckart, Tauler, Jakob Böhme, Angelus Silesius breite, pastorale Phraseologie, auf die noch namentlich aufmerksam zu machen, man mir nicht zumuten soll. Als einzige erfreuliche Ausnahme sei Kemmerichs „Weltbild des Mystikers" (Stein-Verlag, Leipzig) hervorgehoben, ein Werk, das sich schon durch seinen Gehalt an positivem Wissen und seine klare, jeder Frömmelei und Kopfhängerei abholde Sprache wohltuend von jenem unverdaulichen Schwulst unterscheidet.

Bin ich nun auch mit der Angabe von deutschen Werken und Autoren okkulten Themas vielleicht sparsamer gewesen, als es der Leser von mir erwartet hätte, so kann ich ihn doch damit trösten, daß er in diesen Publikationen literarische Hinweise finden wird, die ihm weiterhin wertvolle Fingerzeige bedeuten werden. Dazu kommt, daß ich ihn noch mit einigen Werken vertraut machen will, die ihm eine eigene kritische Stellungnahme erleichtern können. Da nenne ich als Grenzwerke zwischen okkulter und offizieller Wissenschaft zunächst Silberers „Probleme der Mystik und ihrer Symbolik", ein Buch, das die okkulten Lehren aus den Quellen des Ewig-Menschlichen-Allzumenschlichen zu erklären sucht, ferner die geistvolle Schrift von Oskar A.H. Schmitz, „Yogha und Psychoanalyse", die die Willensdisziplinierung des Europäers von heute auf der genauen, durch schonungslose Selbstanalyse gefundenen Kenntnis des Ich aufgebaut wissen will, endlich jene Kapitel aus dem „Reisetagebuch eines Philosophen" von Graf H. Kayserling, die sich mit dem okkulten System aus persönlich in Indien gewonnenen Eindrücken beschäftigen.

Um wertvolle Vergleichsmomente über die Auffassung der offiziellen Wissenschaft zu einigen besonders wesentlichen Behauptungen des Okkultismus zu ermöglichen, will ich auch einige besonders markante Werke nichtokkulter Herkunft anführen. Für die synthetische Arbeit des Papus habe ich schon oben auf R.H. France, „Bios. Die Gesetze der Welt" Wert gelegt und betone dies hier nochmals. Nicht unerwähnt sei in diesem Zusammenhang die kleine, aber überaus instruktive Veröffentlichung desselben Autors „Die Pflanze als Erfinder". Für die Anschauungen, die der Okkultismus über Weltentstehung und Allbelebtheit verbreitet, findet der Leser einen modernwissenschaftlichen Maßstab an Hörbigers „Glacialkosmogonie", Valiers „Der Sterne Bahn und Wesen" und Hellpachs „Geopsychische Erscheinungen". Zum zyklischen Charakter der universellen Lebensbewegung, dieser Grundthese der okkulten Wissenschaft, äußern sich die zeitgenössischen Biologen Fließ mit der „Periodenlehre" und dem „Jahr im Lebendigen", Swoboda im „Siebenerjahr" und Kammerer, dessen Buchtitel: „Das Gesetz der Serie" schon zum Schlagwort geworden ist. Die Auswirkung dieser kosmischen Periodizität im Geschichtsgeschehen der Menschheit untersucht Mewes in seiner phänomenalen Arbeit: „Die Kriegs- und Geistesperioden im Völkerleben" mit dem Erfolge, daß er im letzten Dezennium des vorigen Jahrhunderts den Ausbruch des Weltkriegs auf das Jahr genau prognostizieren konnte. In diesen Zusammenhang gehört auch Spenglers „Untergang des Abendlandes", der seine neue Wissenschaft, die Kulturmorphologie, ebenfalls auf periodischen Abläufen basiert. Sein Kapitel über Jesus von Nazareth zeigt, in welcher Art sich die moderne Geschichtskritik mit dieser historisch wichtigsten Frage auseinanderzusetzen trachtet. Der überragenden Wichtigkeit des Themas zuliebe verweise ich an dieser Stelle noch auf die „Geschichte der Juden" von Graetz und das kleinere, aber etwas objektivere Werk gleichen Titels von Jost, ferner auf den auch von Papus angeführten Roman des ersteren: „Der König der Juden". Als Repräsentant völliger Oppositionsstellung diene das bekannte „Leben Jesu" von Renan. Über die Frage der Herkunft der Juden mag sich der Leser, dem die diesbezüglichen Daten bei Papus vielleicht zu romanhaft erscheinen, aus dem Material Hausers in dessen „Geschichte des Judentums" selbst informieren, wobei ich vorweg betonen möchte, daß der Name des Autors nicht über dessen rein arische Herkunft täuschen darf. Das Ergebnis der Untersuchungen über die Tragweite der weltlichen Kenntnisse, die der Okkultismus den Protagonisten der antiken Kulturen, den Ägyptern erstattete, berichtet Noetling in den „Kosmischen Zahlen der Cheopspyramide". Ein Beispiel dafür, wie sich voraussetzungsloses Forschen mit den vom Okkultismus behaupteten übersinnlichen Kräften beschäftigt, bietet Kemmerich in seinen „Prophezeiungen. Alter Aberglaube oder neue Wahrheit?". Wie sich der doktrinäre Materialismus mit ihnen abzufinden sucht, beweist die kleine Schrift Erichsons: „Sinnliches-Übersinnliches". Die rein philosophischen Arbeiten, die die Gedanken und Kräfte des Okkultismus zum Gegenstande haben, füllen beleibte Bibliotheken, in deren Katalogen der Leser hierhin Einschlägiges selbst finden kann. Überflüssig, zu betonen, daß auch die schöne Literatur aus dieser Quelle mit vollen Bechern geschöpft hat.

Und damit genug der persönlichen Äußerungen! Sollte ich Wesentliches unerörtert gelassen haben, so bitte ich, mir die Fehlerhaftigkeit der menschlichen Natur zugutezuhalten. Bereit, mich belehren zu lassen und öffentlich, wie privat Rede und Antwort zu stehen, wird man mich nur verpflichten, wenn man mich ehrlich auf meine Mängel aufmerksam macht.

Dr. Adolf Weiss

Grab von Papus und der Familie Encausse auf dem Pariser Friedhof Le Cimetière du Père-Lachaise. © gemeinfrei.

Kleines Verzeichnis

in alphabetischer Anordnung der wichtigsten Fachausdrücke nebst kurzer Erklärung derselben
Angelegt von Sédir und Papus

Die Zusätze des Übersetzers sind durch * gekennzeichnet

Adept. (Adeptus: einer, der erreicht hat; von adipisci – erreichen.) Derjenige, der die höchsten Kenntnisse in einem der Teile der esoterischen Wissenschaft erworben hat. – Adept der Alchymie, der Kabbala, der Astrologie etc. Der Grad, der die Krönung der Laufbahn eines Eingeweihten (s. d.) bildet.

Alchymie. An sich nur die Kunst, die Wesen des Mineralreichs nach gewissen traditionellen Verfahren zu behandeln. Man faßt aber gewöhnlich mit diesem Namen die okkultistische Theorie der Mineralogie und die dementsprechende Kunst zusammen. Wie aber alle Fächer der okkulten Wissenschaft synthetisch sind, so gibt es eine symbolische, auf die Magie, und eine auf die Psychurgie anwendbare Alchymie.

Alter. Der esoterische Vierer hat in seiner Anwendung auf die Entwicklung der Wesen während eines ihrer Leben zur Entstehung von vier Perioden Anlaß gegeben, den sog. Altern.

Amulett. Kleiner Talisman. Aberglaube.

Analogie. Logische Methode des Okkultismus. Mittelding zwischen Deduktion und *Induktion*. Sie gehört zur Theorie.

Androgonie. Darstellung der Gesetze der Geburt und Entwicklung des Menschen als eines Sammelbegriffes wie eines Individuums.

Animisch.* Zum Bereich des Organischen gehörig, den biologischen Prozeß betreffend, physiologisch.

Apporte. Ausdruck im Spiritismus. Herbeischaffungen von Objekten, die sich nicht in der Räumlichkeit befanden, in der das Experiment stattgefunden hat. Blumen, Früchte, Gegenstände aller Art können unter diesen Bedingungen herbeigeschafft werden. Die Literatur über diese Phänomene ist überaus reichhaltig.

Arkanum (von arca – Koffer). Symbolischer Ausdruck, der ein Geheimnis der Esoterik vor den Augen der Profanen verbirgt.

Areopag. Ausdruck der Freimaurerei. Die Areopage, die den praktischen und ausführenden Teil der Freimaurerei bilden enthalten die mit dem 18. bis 30. Grad bekleideten Mitglieder ausschließlich im schottischen und angenommenen Ritus.

Arithmologie. Esoterische Wissenschaft der Zahlen, auch qualitative Arithmetik genannt.

Astral. Das Astrale ist im wesentlichen die Bildungsebene alles dessen, was materiell ist. Jedes Wesen, jedes materielle Objekt hat also ein entsprechendes Moment im Astralen. Es gibt einen Astralkörper, eine Astralebene, eine astrale Welt etc.

Astrales Abbild. Der Schatten oder Doppelgänger des Menschen wie jedes anderen physischen Wesens.

Astralkörper. Auch Seele, Geist, plastischer Vermittler genannt. Sitz des Lebens der Bewegung im Menschen, Tier oder Planeten. Er ist das Agens vieler spiritistischer, magnetischer, telepathischer und sonstiger „wunderbarer" Phänomene.

Astrologie. Zweig des okkulten Wissens, der sich mit dem physischen, physiologischen und psychischen Studium der als vollkommene Wesen betrachteten Gestirne beschäftigt. Die Astrologie ist eine der ältesten divinatorischen Wissenschaften, deren Angaben heutzutage völlig verloren gegangen sind (doch wird an der Wiederentdeckung dieser Schätze eifrig und auch erfolgreich gearbeitet!*). Der letzte wirkliche Astrolog war ein Adept der hermetischen Wissenschaft, Nostradamus, der in seinen Zwiegesprächen mit Heinrich II. das genaue Datum der großen Französischen Revolution angezeigt hatte. Siehe Prophezeiungen des Nostradamus, Lyon 1698.

Astrologie. Physiologie des astralen Universums oder Kosmologie. Man will mit diesem Wort oft nur den divinatorischen Teil dieser verlorengegangenen Wissenschaft bezeichnen.

Atlantis. Kontinent, der die Gegend des jetzigen Atlantischen Ozeans einnahm und infolge einer kosmischen Wasserkatastrophe untersank.

Aura. Strahlenbereich des Astralkörpers um den physischen Körper herum, für Sensitive sichtbar. Die Odhülle ist ein Teil davon. (Sie wurde von dem österreichischen Forscher Freiherrn von Reichenbach nachgewiesen; Experimente, auf die sich alle weiteren Untersuchungen des Astralkörpers gründeten.*)

Aussicht („Chance"). Die Aussicht eines Individuums hängt von seinem Karma ab (s. d.).

Beschwörung. Magischer Befehl durch göttliche Namen, um eine spirituelle Wesenheit zur Manifestation zu zwingen.

Chirognomonie. Wahrsagung aus den Formen der Hand.

Chiromantie. Wahrsagung aus den Linien der Handfläche.

Demiurg. Nach der Gnosis hätte Gott nicht selbst die Leitung der Welt in die Hand genommen. Diese Leitung wurde einem Arbeiter oder göttlichen Demiurgen anvertraut. Die Alexandriner Schule hat ebenfalls sehr merkwürdige Ansichten über dieses Thema besessen.

Doppelbuchstaben. Die sieben hebräischen Buchstaben, die den sieben Planeten entsprechen.

Doppelgänger, leuchtender. Niederer Teil des Astralkörpers, der physischen Persönlichkeit genau gleich.

Dreifaltigkeit oder Drei-Einheit (Drei-Einigkeit). Die auf die Einheit zurückgeführte Dreiheit.

Dreiheit. Jeder Organismus, Wesen, Idee oder Kraft, symbolisiert durch die Zahl 3.

Dyade. Jedes Paar von Kräften, Ideen, Wesen.

Egregora. Von einer Gesamtheit erzeugtes Astralabbild.

Einfache Buchstaben (Kabbala). Nach dem Sepher Jezirah die 12 Buchstaben des hebräischen Alphabets, die sich auf die 12 Zeichen des Tierkreises beziehen.

Einkreisung. Hexenoperation, wobei man einen Kreis verwendet, um über Entfernung weg auf jemand anderen zu wirken.

Elementalis. Sterbliches Instinktwesen, Mittelding zwischen der psychischen und

materiellen Welt. Beim Menschen wird die psychische Welt von der Seele gebildet, deren Wesentlichstes das Bewußtsein ist. Die materielle Welt wird vom physischen Körper gebildet. Die Elementales des Menschen sind also jene Instinktwesen, die man unter dem Namen der Blutkörperchen kennt, der roten Blutkörperchen oder Erythrozyten und der weißen Blutkörperchen oder Leukozyten. Die Embryologie zeigt uns, daß die Embryonalzellen, echte Leukozyten, den Körperaufbau des Menschen beherrschen. Nach dem Okkultismus gibt es im Universum Wesen analog den im Menschen existierenden. Diese, reine Instinktwesen, die indifferent Aufbau wie Zerstörung beherrschen, sind die „Geister der Elemente" oder Elementales, die man nicht mit den „Geistern der Menschen" oder Elementares verwechseln darf.
Elementaris. Spirituelles, bewußtes, persönliches Wesen. Form aller Elemente, die das menschliche Ich bilden. Das Ich entwickelt sich in der astralen Ebene. Das höhere Unbewußte, das Es, entwickelt sich in der psychischen Ebene. Der Elementaris entspricht dem, was man in der spiritistischen Lehre einen Geist („Spirit") nennt.
Entsprechungen. Analogien, die zwischen den Reihen der Seinsformen im Universum vorhanden sind. Alle diejenigen, deren Konstitution analog ist, entsprechen einander, „korrespondieren" untereinander.
Esoterik. Alles, was als Wissenschaft und Kunst einer Auslese von Eingeweihten vorbehalten ist.
Esoterik. (Das Innere, Innerliche). Wie die Ethymologie zeigt, studiert die Esoterik das Innere, das unter dem Augenschein, unter dem Sichtbaren verborgene Unsichtbare. Bei der Initiation teilte der Lehrer seine Lehre in zwei Teile, einen symbolisch-bildlichen (Parabeln) zum Gebrauch der Menge („Exoterik") und einen philosophisch-abstrakten zum Gebrauch seiner Schüler („Esoterik"). Die esoterische Lehre ist also jene verborgene Lehre, die mündlich mitgeteilt wurde. Man hat den Namen „Esoterik" der okkulten Tradition jeglicher Herkunft verliehen.
Evokation. Operation der zeremoniellen Magie, wobei man eine bestimmte unsichtbare Wesenheit auffordert, sich zu offenbaren.
Evokation. Ausdruck der Magie. Einwirkung des menschlichen, durch die Riten spiritualisierten Willens auf die Wesen, die das Unsichtbare bevölkern. Die Evokation nach den Verfahren der Magie verlangt eine ziemlich lange Vorbereitung und peinlich genaue Vorsichtsmaßregeln zur Vermeidung böser Einflüsse. Die Evokation nach spiritistischem Verfahren ist viel einfacher. Alle Praxis des Spiritismus dreht sich um dieses Faktum der mentalen Evokation, auf die die Verbindung mit dem „gerufenen Geist" erfolgt. Aber in diesem Fall fehlen zu allermeist die Sicherheiten.
Evolution. Entwicklung. Fortschreitender Aufstieg vom Unbewußten zum Bewußten, von der Materie zum Geist, von der Vielfältigkeit zur ursprünglichen Einheit. Das Reziproke dieses Akts bildet die Involution. Symbolisch ist die Evolution im Katholizismus durch das Mysterium der Erlösung dargestellt worden.
Exorzismus (ἐξ und ὅρκος). Austreibung durch Flüche, magische Gebete oder Beschwörungen.
Exoterik. Siehe Esoterik.
Farben, alchymistische. Die Alchymisten erzählen, die Materie des Werkes schreite

während der Zubereitung des Steins der Weisen durch verschiedene Farben, die einer Ordnung analog der des Sonnenspektrums zu folgen scheinen. Die Materie ist zuerst schwarz („Rabenkopf"), dann wird sie weiß, dann wechselt sie durch eine Reihe von Spezialfarben (blau – grün – gelb – orange; „Pfauenschwanz"); endlich wird sie schön rot.

Fatalität. Eine der drei großen, im Universum wirkenden Kräfte. Die Fatalität ist dem Willen des Menschen und der Vorsehung gleich, aber sie übertrifft auch keine dieser beiden Kräfte. Der beste Kenner dieser Kraft und ihrer Gesetze war Fabre d'Olivet.

Finger. In der Chiromantie hat jeder Finger den Namen eines Planeten. Der kleine Finger – Merkur, der Ringfinger – Apollo (Sonne), der Mittelfinger – Saturn, der Zeigefinger – Jupiter.

Fortschritt. Das Gesetz des Fortschritts manifestiert sich unter der Form einer zyklischen Evolution mit Anstiegs- und Abstiegsperioden, und nicht unter der Form einer gradlinig ansteigenden Entwicklung. Die Spirale ist die exakte Vertreterin des Gesetzes des Fortschritts.

Freimaurerei. Die Freimaurerei enthält unter den Symbolen ihrer Einweihungsriten verborgen einen großen Teil der alten Traditionen. Diese Symbole werden von ihren Mitgliedern selbst nicht verstanden. Die ursprünglichen Initiationen des Templerordens, die Rosenkreuzerei in allen ihren Zweigen haben sich mit dem verschmolzen, was heutzutage die Freimaurerei bildet, besonders in den 33 Graden des schottischen und angenommenen Ritus. In neuerer Zeit haben sich die Katholiken und besonders die Jesuiten mit diesem Orden beschäftigt, und ihre Bücher liefern den Forschern gute Hinweise neben ungeheuerlichen, aber übrigens grundlächerlichen Irrtümern.

Geboren, zweimal. Initiationsausdruck zur Bezeichnung eines Adepten, der den Austritt des Astralkörpers realisiert, von der unsichtbaren Welt Kenntnis genommen hat und ins Leben zurückgekehrt ist. Er entspricht dem Ausdruck „Sohn Gottes" (s. d.).

Geister. In der spiritistischen Doktrin bezeichnet dieses Wort die Seelen der Verstorbenen, die sich unter gewissen Bedingungen mit den Lebenden in Verbindung zu setzen trachten. Das Wort in der Einzahl bedeutet das höchste Inkarnationsprinzip im leiblichen Menschen. Nach der okkulten Wissenschaft bezeichnet man mit diesem Namen die Wesen, die die verschiedenen Teile des Universums beleben. Es gibt also eine wahre Rangseinteilung bei den „Geistern", eine Rangseinteilung, die man in den Werken der Alexandriner Schule und, jüngeren Datums, in den Arbeiten von Albertus Magnus, Agrippa von Nettesheim und Paracelsus angezeigt findet. Die erste große Teilung ist die in Geister mit Bewußtsein und Unsterblichkeit (Elementares) und die in sterbliche ohne Bewußtsein. Diese beiden Kategorien sind allen Okkultisten bekannt gewesen, doch haben die dafür verwendeten Kennworte oft gewechselt. So gebraucht Paracelsus unterschiedlos das Wort Elemenaris oder Dämon, um die Wesen ohne Bewußtsein, die Geister der Elemente, zu bezeichnen, während er das Wort Geister oder Seelen zur Benennung der bewußten Wesen verwendet. Die Fehlerhaftigkeit dieser Unterscheidung hat gewisse spiritistische Schriftsteller bei diesem Thema des Okkultismus zu zahlreichen Irrtümern verleitet.

Geomantie. Wahrsagung, die ursprünglich mit Spielmarken getrieben wurde, die man auf gut Glück zu Boden warf.
Goëtie. Schwarze Magie.
Gußabdrücke („Clichés"). Abbild eines Ereignisses im Astralen, das in einem gegebenen Moment zum Vollzug auf der Erde oder irgend einem anderen Planeten bestimmt ist. Die Realisierung der Gußabdrücke kann durch verschiedene Gründe, namentlich das Gebet oder den Willen des Menschen gehemmt oder gefördert werden.
Hermetismus. Aspekt des Okkultismus, wie er in den ägyptischen Hermestempeln gelehrt wurde. Gewöhnlich bezeichnet man mit diesem Namen den theoretisch-philosophischen Teil der mittelalterlichen Alchymie.
Hexerei. Inswerksetzung der unsichtbaren Kräfte der Natur für ein egoistisches Prinzip und folglich für den Triumph des Bösen. Stanislas de Guaita entlarvt in seiner wundervollen Arbeit „Die Schlange der Genesis" die Existenz und die Wirkungsmittel der zeitgenössischen Adepten der Hexerei, unter andern den berüchtigten Dr. Johannes, der einen verbrecherischen Anschlag auf die Patres Rosenkreuzer mit dem Leben bezahlen mußte.
Horoskop. In der Astrologie der Zustand des Himmels in einem gegebenen Augenblick, z. B. bei der Geburt eines Kindes, mit seiner wahrsagenden Erklärung.
Humidum radicale. Der materiellste Teil des mercurius corporum in der Alchymie.
Hieroglyphe. Schriftzug, Zeichen, Zeichnung, die in ihrer Form eine oder mehr verborgene oder heilige Bedeutungen trägt.
Hypnotismus. Der Hypnotismus studiert die Phänomene, die an gewissen Personen durch jene physischen oder psychischen Aktionen hervorgerufen werden, mit denen einer der Sinne ermüdet oder überrascht werden kann. Die Hypnotiseure unterscheiden sich von den Magnetiseuren darin, daß sie die Existenz irgend eines „Fluids" starr ablehnen.
Iatrochemie. Die Kunst der Bereitung der alchymistischen Medikamente.
IEVE.* Das heilige Tetragramm, im allgemeinen IHVH geschrieben. In der Schreibweise bin ich Papus gefolgt; es handelt sich nämlich im Hebräischen um einen dem aspirierten H verwandten Laut, in dem beim avokalen Aussprechen der hauchende und der (kurz abgehackte) E-Charakter vertreten sind. Es bedeutet das unendliche Prinzip als zyklischer Dynamismus, besitzt aber auch eine kabbalistische Auslegung, deren Darstellung ein ganzes Buch füllen würde.
Incubus. Succubus. Siehe Elementares.
Initiierter (von initium – Anfang, Einführung). Ein zu den Mysterien Zugelassener. Der Initiierte kannte die Anfangsgründe der esoterischen Lehre. Er hat im allgemeinen bestimmte Prüfungen durchgemacht. Die Freimaurer der Gegenwart können sich den Titel verleihen „Initiierte in die Mysterien der Freimaurerei". Der Initiierte ist der Grad, der vor dem des Adepten verliehen wurde.
Inkarnation. Ausdruck des Spiritismus. Veränderung der Persönlichkeit des Mediums unter dem Einfluß eines Geistes, der sich im Medium inkarniert und sich dabei seiner Organe bedient, um zu sprechen und zu handeln.
Intuition. Sechster Sinn, in der gegenwärtigen Menschheit auf dem Wege der Ent-

wicklung. Das Bündnis von Intuition und Vernunft bildet die Grundlage der Lehren der christlichen Theosophie (Fludd, Paracelsus, Böhme etc.).
Involution. Siehe Sündenfall.
Involution. Abstieg der Kraft in die Materie, Vervielfältigung der ursprünglichen Einheit. Symbolisch ist die Involution durch die Geschichte von Adams Sündenfall dargestellt worden. Die beiden Ströme der Evolution und der Involution sind gleichzeitig und gleichwertig im Universum vorhanden. Der Tod bereitet sein zukünftiges Wirkungsfeld dank der Liebe vor. Von dieser Idee stammt die Philosophie der deutschen Pessimisten her.
Kabbala. Traditioneller Okkultismus der Juden.
Kanon. Freimaurerisches Schlagwort zur Bezeichnung einer der fünf Lärmaktionen, die die geheimen Ziele des Ordens bilden.
Kapitel. Ausdruck der Freimaurerei zur Bezeichnung der Versammlung, die gemeinhin von den Angehörigen des 18. Grades gebildet wird (den Rosenkreuzern).
Kosmogonie. Wissenschaft der Gesetze, die den Kosmos lenken.
Leben. Mittelprinzip zwischen dem physischen Körper und dem Willen.
Lebenswelle. Summe der astralen Kraft, dazu bestimmt, bald die Minerale, bald die Pflanzen, bald die Tiere, bald die Menschen oder die Zivilisationen zu entwickeln, mit dem Erfolge, die Nationen, die Kontinente, die Planeten oder die Universa zu übersättigen.
Lehrling. Erste Stufe der schottischen und französischen Freimaurerei.
Lemurien. Kontinent, der den Raum des jetzigen Stillen Ozeans einnahm und infolge einer Sintflut 24.000 Jahre vor der Atlantis untergesunken ist.
Loge. Ausdruck der Freimaurerei. Vereinigung von Mitgliedern aller Grade. In der Hauptsache aber sind die Logen jene Vereinigungen, denen die Mitglieder der drei ersten Grade (Lehrling, Geselle, Meister) angehören.
Magie. Kunst und Wissenschaft, wodurch der Mensch den unsichtbaren Geschöpfen gebieten kann.
Magie. Die Magie studiert die Handhabung der okkulten Kräfte der Natur und des Menschen. Werden diese Kräfte in böser Absicht oder egoistischem Interesse betätigt, so betreibt man „schwarze Magie", werden sie dagegen für das Gute und im Interesse aller ins Werk gesetzt, so entsteht die „weiße Magie". Anschließend an die von den wahren Thaumaturgen hervorgebrachten Phänomene versuchten gewisse Schwindler, einen Teil dieser Fakten mittels verschiedener Apparate oder Bewegungen nachzubilden, durch die die Zuschauer in Illusion versetzt wurden; daher die Taschenspielerkunst, die in Indien zur Höhe einer veritablen Wissenschaft erhoben wurde.
Magnetismus. Der Magnetismus studiert die Beziehungen, die zwischen allen Wesen und zwischen allen Körpern der Natur existieren. Die Relationen werden einer besonderen, unsichtbaren, unwägbaren, im 17. Jahrhundert von Mesmer wiederentdeckten und den Ägyptern und Orientalen längst bekannten Kraft verdankt. Mesmer hat diese Kraft „magnetisches Fluidum" genannt.
Makrokosmos. Die große Welt, die Natur.

Manen. Teil des menschlichen Astralkörpers, der in der Unterwelt die nächste Inkarnation abwartet.
Materialisation. Spiritismus. Phänomen, in dessen Verlauf sich ein unsichtbares Agens mit Materie umkleidet, die es dem Medium oder den Anwesenden entlehnt, wobei es bald eine menschliche Form, bald einen materiellen Gegenstand, Blumen etc. produziert.
Mathesis. Philosophisch-biologische Synthese des Okkultismus.
Mittler, plastischer. Von der Paracelsus-Schule verwendeter Ausdruck zur Bezeichnung des Astralkörpers; es ist der entsprechende Ausdruck für das, was man heute das „organische Leben" nennt.
Medium. Ausdruck des Spiritismus. Ein Wesen, das geeignet ist, die Beziehungen zwischen der sichtbaren und der unsichtbaren Welt herzustellen.
Meister. Ausdruck der Freimaurerei. Dritter Grad des alten schottischen und angenommenen Ritus, desgleichen im französischen Ritus.
Mensch. Der Mensch ist ein vernunftbegabtes, körperliches Wesen, nach dem Ebenbilde Gottes und der Welt geschaffen, einheitlich in seinem Wesen, dreifaltig in der Substanz, unsterblich und sterblich (E. Lévi). Es gibt in ihm drei Prinzipien: die Seele oder der Geist, das Leben oder der plastische Vermittler, der Körper.
Menschheit. Das Hirn der Erde.
Merkur. In der Alchymie die lebendige Kraft der Körper durch die sie wachsen oder vegetieren. Es ist ihr Astralkörper oder auch der Wasseranteil.
Metempsychose. Reinkarnation der materiellen Zellen eines Wesens, die vom Mineral zur Pflanze, dann zum Tier, dann zum Menschen weiterschreiten und nach vollbrachter Entwicklung zum Mineral zurückkehren. Man verwechselt die Metempsychose gemeinhin mit der Reinkarnation im eigentlichen Sinne (Wiedergeburt).
Metoposkopie. Wahrsagung aus den Stirnlinien.
Mikrokosmos. Die kleine Welt, der Mensch.
Monade. Das Prinzip der Einheit in allen Welten.
Mysterien. Lehr- und Erziehungszentren im Altertum. Die „kleinen Mysterien" (Elementar-, Mittel- und Gewerbeschulunterricht) wurden in den regionären Tempeln gehandhabt. Die „großen Mysterien" (Hochschulunterricht, Normalfakultät für Theologie, Philosophie und Soziologie) wurden in Ägypten gehandhabt.
Mystik. Wissenschaft und Kunst des Mysteriums. Technisch benennt der Okkultismus der Gegenwart damit einen Initiationsweg, der auf der persönlichen Einwirkung Gottes auf die menschliche Seele basiert ist.
Natura naturans. Ausdruck, den Spinoza zur Bezeichnung der Welt der Ursachen verwendet, was man in der Kabbala die astrale und die göttliche Welt nennt.
Natura naturata. Ausdruck, den Spinoza zur Bezeichnung der Welt der Verwirklichungen verwendet, was man in der Kabbala die materielle Welt nennt.
Od. Elektro-magnetisches, von den mineralischen, pflanzlichen und tierischen Körpern erzeugtes, für einen Sensitiven im Wachzustande sichtbares Fluidum.
Okkultismus. Gesamtheit der philosophischen Systeme und rätselhaften Künste, die von den geheimen Kenntnissen der Alten hergeleitet sind.

Onomantie. Wahrsagung der Zukunft von Menschen oder Ereignissen nach den astrologischen Korrespondenzen (Entsprechungen) der Buchstaben ihres Namens.

Ontologie. Wissenschaft der Erzeugung von Wesen.

Operationen, theosophische. Gehören zur Arithmologie; es sind das die essentielle Addition, Reduktion und Wurzelziehen.

Pentagramm. Fünfeckiger Stern, Symbol des Mikrokosmos.

Pentakel. Geometrische oder sonstige Figur als Symbol eines unsichtbaren Wesens oder einer Lehre. Der Typus der Pentakeln ist das Pentagramm.

Perisprit. Der Astralkörper nach der spiritistischen Schule.

Physiognomonie. Wahrsagung nach den Formen des Gesichts.

Planetarische Kette. Gesamtheit der Planeten eines Systems, auf denen sich nach genauen Gesetzen die Lebenswelle entwickelt.

Pneumatologie. Wissenschaft der Geister.

Porismus. Von Wronsky zur Bezeichnung der Dogmen verwendeter Ausdruck. In der Mathematik bedeutet dieses Wort „Die zu erweisenden Probleme".

Präzipitierung. Im Spiritismus Materialisation von Schriften oder Gegenständen.

Psychokörper. Ausdruck, der in Analogie zum physischen und zum Astralkörper die höchsten Prinzipien des menschlichen Wesens (5., 6. und 7. Prinzip) bezeichnet.

Psychometrie. Verfahren von Hellsehen oder Hellhören, bei dem der Operateur, der im Wachzustande verbleibt, die astralen Abbilder wahrnimmt, die an den Gegenstand geknüpft sind, den er an seine Stirn drückt.

Psychurgie. Kunst der Handhabung der psychischen oder seelischen Kräfte des Menschen. Die Wissenschaft, die das Gegenstück davon ist, heißt heute Psychologie. Die Alten hatten sie zu sehr tiefgründiger Entwicklung gebracht.

Reinkarnation. Rückkehr des Geistes des Menschen auf die physische Ebene eines beliebigen Planeten als Nachfolge auf eine oder mehrere frühere materielle Existenzen.

Reintegration. Rückkehr des Menschen und der anderen Wesen, die die Erde oder die anderen Planeten sichtbar oder unsichtbar bevölkern, in die Himmelsebene, ihre Urheimat.

Religionen. Alle Religionen repräsentieren gleicherweise die ursprüngliche Esoterik. Soll also ihr Studium fruchtbar sein, so muß es unparteiisch sein.

Rosenkreuzer. Mystisch-kabbalistischer Orden, einige Zeit nach dem anscheinenden Verschwinden des Templerordens von Christian Rosenkreutz gegründet. (Vgl. dazu den Beginn meines kritischen Kapitels!*) Ausdruck der Freimaurerei 18. Grad des schottischen Ritus.

Sabbath. Hexenversammlung unter Vorsitz eines Teufels kann bald physisch an einem wüsten Ort, bald im Unsichtbaren stattfinden.

Salz. Der feste Teil des Körpers; das, was in Aschen reduziert werden kann, die Erde.

Samenkorn. In der Alchymie der Funken des Schwefels, der das künftige Mineral, die künftige Pflanze im Keim enthält.

Schatten. Der Doppelgänger, der nach dem Tode in der Umgebung des Grabes verbleibt.

Schlüsselchen. Kleiner Schlüssel, Sammlung von Gebeten, Entsprechungen und Riten, die zeremonielle Magie betreffend.

Schwefel. In der Alchymie das wesentliche Prinzip des Körpers, sein Sondertypus, kraft dessen die Moleküle sich zur Bildung dieses bestimmten Minerals, jener bestimmten Pflanze kombinieren.

Seele. Gewisse Autoren betrachten diesen Begriff als zum intermediären Prinzip des menschlichen Wesens gehörig und der Tätigkeit des unsterblichen Geistes unterstellt. Andere – und das ist eine einfache Wortangelegenheit – verwenden diesen Ausdruck für das erste Prinzip.

Seher. Wesen, bei denen während gewisser psychischer Zustände der sechste Sinn entwickelt ist (siehe Intuition).

Siegel Salomos oder Hexagramm. Sechseckiger Stern, Symbol des Makrokosmos.

Signatur. Astrale Marke, von den okkulten Einflüssen den Wesen oder den Dingen aufgedrückt. Der in den verschiedenen Divinationswissenschaften Initiierte kann sie lesen.

Sintflut. Kosmische Wasserkatastrophe, die immer hereinbricht, wenn einer der Erdkontinente untergeht und ein anderer, bis dahin unter den Wassern begrabener aus dem Ozean emportaucht. Das periodische Kataklysma wiederholt sich auf Erden alle 12.924 Jahre. Für die astronomischen Beweise s. „Essai de la philosophie bouddhique", p. 143.

Sohn der Götter. Initiationsgrad im Altertum. Eingeweihter in die ersten Lehren der großen Mysterien.

Sohn Gottes. Einweihungsgrad im Altertum. Eingeweihter in alle Lehren der großen Mysterien. Alexander war „Sohn Gottes", was ihm das Recht verlieh, in allen Tempeln, auch in Jerusalem, zu opfern. Er wurde vom Hohen Priester persönlich ins „Allerheiligste" geführt.

Sonnenmythos. Theorie, die die religiösen Erzählungen der verschiedenen Völker der Beschreibung der Sonnenbahn zuweist. Diese Theorie ist nur teilweise richtig. Der Alchemist Jean Dée ist der erste, der schrieb, das Leben Jesu wäre ein auf eine Reihe wirklicher Fakten angewandter Sonnenmythos.

Sperma. In der Alchymie das merkurielle Wasser, das den Samen während des Keimens ernähren soll.

Sphären, Harmonie der. Theorie des Pythagoras, nach der die Gestirne, die untereinander den Intervallen der Tonleiter genau identische Abstände haben, eine Art himmlischer Harmonie bilden. (*Vgl. dazu die modernsten Forschungen, die sog. Titius-Bodesche Reihe, die auf die Sonnenabstände der Planeten, nach Goldschmidt aber auch auf die harmonischen Obertöne stimmt.)

Spiegel, magische. Instrumente zur Fixierung des objektivierten menschlichen Gedankens. Die magischen Spiegel werden im allgemeinen aus Stoffen gebildet, die schlechte Elektrizitätsleiter sind (Kohle, Glas etc.). Sie werden unter einem günstigen planetarischen Aspekt gebaut und mit kabbalistischen Worten verziert.

Spiritismus. Der Spiritismus ist die Gesamtheit der Lehren und Handlungen, die sich aus der Verbindung zwischen den Lebenden und den Toten herleiten. Nach der spiritistischen Lehre persistiert der unsterbliche Teil, der Geist, nach dem Tode und kann sich mit den Lebenden durch verschiedene Mittel in Verbindung setzen. Die Bücher, die den Spiritismus behandeln, sind sehr zahlreich.

Spiritualismus. Gesamtheit der philosophischen, soziologischen, ästhetischen oder anderen Systeme, die die Existenz von etwas anderem als der Materie in der Welt anerkennen.
Stein der Weisen. Magische Verwirklichung des Absoluten in der Anwendung auf die Mineralwelt. Resultat der Einwirkung des menschlichen Lebens auf den Transformismus der Gesteine.
Subjekt. Ausdruck des Magnetismus. Die Person, die dem magnetischen Einfluß unterliegt. Moutin gibt in seinem „Nouvel Hypnotisme" das Mittel zur Erkennung von „Subjekten" an.
Sündenfall. Abstieg des Menschen oder des Engels vom Absoluten ins Relative, von der Ewigkeit in die Zeit, vom Unendlichen ins Endliche, vom reinen Geist in die Materie.
Suggestion. Der einer hypnotischen Person im Zustand der Passivität erteilte Auftrag. Beim Erwachen ist die Person gezwungen, den Befehl auszuführen. Oft jedoch gibt es Widerstreit zwischen dem freien Willen der Person und der Suggestion, eine richtig aufgedrängte vampyrische Inkarnation, und die Person verfällt eher in eine „Krise", als daß sie einen ihr widerlichen Befehl ausführte.
Symbol. Ästhetische Repräsentierung einer okkultistischen Idee.
Synarchie. Soziales System des patriarchalischen Altertums, das auf der Dreiheit beruhte und von Saint-Yves in seinen „Missionen" wiederhergestellt wurde.
Synthese. Verbindung des Physischen und des Metaphysischen durch die Aufdeckung des sie definitiv einigenden Prinzips. Thesis, Antithesis und Synthesis deuten diese verschiedenen Aspekte der Wahrheit an.
Tabula smaragdina.* Die berühmte rätselhafte Smaragdtafel des Hermes. Was über sie historisch zu sagen ist, will ich nach Kiesewetter, „Geschichte des Okkultismus", hier zitieren: „.... wurde so genannt, weil ihr Text auf einen Smaragd geschnitten gewesen sein soll, den in altersgrauer Zeit ein Weib, Zara, in der Hand des Gerippes von Hermes in einer Grabhöhle bei Hebron gefunden haben soll. Ihr Text ist nur lateinisch bekannt, obgleich Kriegsmann, ein alchymistischer Schriftsteller des 17. Jahrhunderts, behauptet, derselbe sei ursprünglich phönizisch gewesen, den Beweis dafür aber schuldig bleibt. Folgendes ist, mit Umgehung einiger unbedeutender Varianten, der mysteriöse Text der Urkunde, über welche eine ganze Literatur existiert: ‚Verum, sine mendacio, cortum et verissimum. Quod est inferius, est sicut, quod est superius, et quod est superius, est sicut, quod est inferius, ad penetranda miracula rei unius. Et sicut omnes res fuerunt ab uno, meditatione unius, sic omnes res natae fuerunt ab hac une re, adaptatione. Pater ejus est sol, mater ejus est luna. Portavit illud ventus in ventre suo. Pater omnis telesmi totius mundi est hic. Virtus ejus integra est, si versa fuerit in terram. Separabis terram ab igne, subtile a spisso, suaviter cum magno ingenio. Ascendit a terra in coelum iterumque descendit in terram et recipit vim superiorem et inferiorem. Ideo fugiet a te omnis obscuritas. Haec est totius fortitudinis fortitudo fortis, quia vincet omnem rem subtilem omnemque solidam penetrabit. Sic mundus creatus est. Hinc erunt adaptationes mirabiles, quarum modus est hic. Itaque vocatus sum Hermes Trismegistus, habens tres partes philosophiae totius mundi. Completum est, quod dixi de operatione solis.'
Diese Umwandlung wurde jahrhundertelang für die Mitteilung des Verfahrens

der Metallverwandlung gehalten, und noch Schmieder sucht wenigstens ihren chemischen Charakter zu retten, indem er das Ganze als eine geheimnisvollüberschwengliche Schilderung der Destillation ansieht. Mir scheint es, als gehöre die Tabula smaragdina zur gnostischen Mystik und als sei in ihr vom Menschen als dem Sohn der großen und kleinen Welt, des männlichen und weiblichen Prinzips der Astrologen, Sonne und Mond, dessen tierischer Geist dem allgemeinen Weltgeist (als in der Luft lebend gedacht; ich sehe in dem ventus der Tabula die kolpia des Sanchoniathon), dessen göttlicher Geist aber der Gottheit selbst entstammt, die Rede. Insofern der Mensch sich durch Übungen der praktischen Mystik der Gottheit mehr und mehr assimiliert, nehmen seine übersinnlichen Fähigkeiten und Kräfte, sein übersinnliches Erkenntnisvermögen etc. zu, bis das große Werk der Vollendung, die Einswerdung, gelungen ist. Die drei Teile der Philosophie der ganzen Welt sind offenbar die drei Künste, welchen Plinius die meiste Gewalt über die menschlichen Gemüter zuschreibt und die das Mittelalter als die Grundpfeiler der Magie betrachtet, nämlich die Physik, Metaphysik und Astronomie im Sinne der Alten. Ein ähnliches mystisches Aktenstück wie die Tabula smaragdina ist die „Memphitische Tafel", deren Text der gelehrte Athanasius Kircher mitteilt. Sie soll, in griechischer Sprache abgefaßt, mit koptischen Buchstaben in einen Felsen gemeißelt, in der Nähe von Memphis gefunden worden sein. Ihr Inhalt lautet:

ΟΥΡΑΝΟ ΑΝΩ ΟΥΡΑΝΟ ΚΑΤΩ
ΑΣΤΕΡΑ ΑΝΩ ΑΣΤΕΡΑ ΚΑΤΩ
ΠΑΝΟ ΑΝΩ ΠΑΝ ΤΟΥΤΟ ΚΑΤΩ
ΤΑΥΤΑ ΛΑΒΕ ΚΑΙ ΕΥΤΥΧΕ

Zu deutsch:

Himmel oben, Himmel unten,
Sterne oben, Sterne unten,
Alles, was oben, ist auch unten.
Solches nimm und sei glücklich!

Die Alchymisten sahen in diesen mystischen Worten eine große Übereinstimmung mit dem Text der Tabula smaragdina und bezogen sie, wohl mit Unrecht, auf die Metallveredelung, während sie rein mystischen Sinn zu haben scheint. Noch Schmieder und Graesse geben an, daß die memphitische Tafel dem Synesios von Kyrene bekannt gewesen und von diesem in seiner Schrift „De insomniis" mitgeteilt worden sei. Doch findet sich weder in dieser Schrift noch überhaupt in der Pariser Ausgabe der Werke des, Synesios von 1553 eine Spur davon."
Talisman. Gegenstand, der durch einen Praktiker mit spezialisierter magnetischer Kraft beladen wurde und diese Kraft mit seinem Träger in Verbindung bringt.
Tarot. Hieroglyphisches Zahlenbuch, auf den Schlüsseln der Kabbala aufgebaut und noch heute Besitz der nomadischen Zigeuner. Der Tarot ist der Vater aller unserer Kartenspiele.

Telegraphie, psychische oder Telepsychie der Orientalen und der Initiierten. Verbindung auf Entfernung mittels einer Empfangsperson und eines seinen Willen ausübenden Operateurs.
Telepathie. Jede Manifestation des menschlichen Astralkörpers auf Entfernung. Erscheinungen, Visionen, Stimmen, Träume, Vorahnungen, Gedankenübertragungen.
Thema, genethliatisches. In der Astrologie das Schema des Zustands des Himmels.
Theogonie. Symbolische Beschreibung der Akte Gottes und seiner unmittelbaren wirkenden Kräfte.
Theurgie. Mystische Kunst, durch die der Mensch in dem Maße mit der Gottheit zusammenarbeitet. als er sie durch Demut und dauernde Selbstaufopferung realisiert.
Tore, kabbalistische. Mystische Wege, um zur intuitiven Kenntnis der verschiedenen Teile der Wissenschaft zu gelangen.
Triade. Die drei Begriffe einer Dreiheit.
Typtologie. Spiritistisches Phänomen der Unterhaltung durch Klopflaute.
Unbewußtes. Prinzip, das die Organe oder die Wesen jenseits des Bewußtseins dirigiert.
Vehikel der Seele. Höherer Teil des Astralkörpers, der nach dem Tode das körperliche Moment des Geistes wird.
Verrücktheit. Geistesstörung. Die Esoterik behauptet, gewisse Fälle von Verrücktheit seien durch die dauernde Inkarnation von Elementares im Körper des Wesens hervorgerufen, das von dieser traurigen Erkrankung ergriffen ist.
Vierheit (Quaternarium). Symbol für die Tätigkeit der Zahl 4 im Universum.
Vorsehung. Eine der drei im Universum waltenden Kräfte.
Volt (oder voût). Gegenstand, der mit einem Eingekreisten in magnetische Beziehung gesetzt ist und auf den der Einkreiser einwirkt.
Wahrsagung. Man glaubt gemeinhin, die okkulte Wissenschaft reduziere sich auf das Studium der Handlinien oder auf das Lesen der Zukunft in den Karten oder im Kaffeesatz. Die Wahrsagung und ihre verschiedenen Verfahren bildeten in der Tat einen sehr ernsten Teil der Wissenschaft im Altertum, doch enthalten die modernen Bücher über diese Frage meistenteils nur grobe Irrtümer oder Lehren, mit denen der erste beste naive Gemüter mit Leichtigkeit beschwindeln kann. Man kann folglich dieser ganzen angeblich magischen Literatur nicht genug Mißtrauen entgegenbringen. Mehrere Autoren sind darum bemüht, diesen so seltsamen und so wenig bekannten Teil der okkulten Wissenschaft in seiner Reinheit wiederzufinden.
Welten. Mit diesem Namen bezeichnet man die verschiedenen Ebenen, unter denen man das Universum betrachtet. Die Esoterik nimmt drei Welten an:

    Die materielle Welt – sichtbar.
    Die astrale Welt – unsichtbar.
    Die göttliche Welt – unsichtbar.
    Man kann sie auch nennen:
    Die Welt der Fakten.
    Die Welt der Gesetze oder sekundären Ursachen.
    Die Welt der Prinzipien oder primären Ursachen.
    Jedes Wesen enthält in sich „die drei Welten".

Wille. Eines der drei im Universum wirkenden Prinzipien.
Wohnung. Synonym für Ebene, Planet, Stadium, Aufenthaltsort etc.
Wort. Materialisierung der Idee.
Yogha. Eine in Indien geübte Persönlichkeitsschulung. Die für diesen Zweck praktizierten Methoden sind überaus zahlreich. Die wichtigsten sind das Karma-Yogha, die Erziehung durch Pflichterfüllung, das Hata-Yogha, die Steigerung des physischen Wohlbefindens, das Radscha-Yogha, die Entwicklung der magischen Seelenkräfte, das Bakti-Yogha, die Erhöhung durch Anbetung und die Versenkung in Gott, und das Gnani-Yogha, der Aufstieg durch Wissen. Genauer auf diese Methoden einzugehen, verbietet der Raum. Die Auswahl der Schüler erfolgt sehr sorgfältig, und zwar nicht nur hinsichtlich der geistigen, sondern auch der körperlichen Eignung, da das vorgeschriebene Training in allen Yogha-Methoden gewaltige Ansprüche an die Physis stellt. Der Kardinalpunkt der ganzen Yogha-Erziehung beruht in der Entwicklung des Willens. Yogha ist im wesentlichen eine Konzentrationslehre und hat als solche ihre abendländische Entsprechung in der Schulung, die die Jesuiten ihren Ordensbrüdern angedeihen lassen.
Zigeuner. Die Rômen oder Zigeuner sind Hindu mittlerer Kaste (Handwerker), die massenhaft nach Europa ausgewandert sind, nachdem sie sich lange in Ägypten aufgehalten hatten. Sie besitzen einen großen Teil der esoterischen Überlieferung.
Zweiheit lat. Binarius. Die Aktion, das biologische Spiel, symbolisiert durch die Zahl 2.

Anmerkungen

(Anmerkungen des Übersetzers sind durch * gekennzeichnet)

Einleitung

1 Im absichtlichen Verwechseln dieser beiden Teile haben die Lästerer des Okkultismus immer Argumente gesucht.
2 Der Mensch kann die Einheit erst erfassen, wenn er vorerst die drei Elemente analysiert hat, in denen sich diese Einheit offenbart. Daher die Dreifaltigkeit der meisten Kosmogonien, die menschliche Dreifaltigkeit (Geist-Seele-Körper) des Hermetismus, Dreifaltigkeiten, die in der einheitlichen Auflassung von Gott und dem Menschen entstanden sind.
3 So kommt man wieder in die Höhe. Durch die Verwendung der Analogie der Tatsachen zu den Gesetzen und von den Gesetzen zu den Prinzipien. Die Lehre von den Übereinstimmungen enthält die Analogie und nötigt, sie anzuwenden.
4 Hierher gehören die esoterischen Lehren über die astrale Welt, die okkulten Kräfte der Natur und des Menschen und über die unsichtbaren Wesen, die den Raum bevölkern.

I. Kapitel

1 Ich muß den Leser für die Zitate um Entschuldigung bitten, mit denen ich diese Abhandlung überlade, aber ich bin verpflichtet, mich bei jedem Schritt auf solide Grundlagen zu berufen. Was ich darlege, erscheint gar so unwahrscheinlich, daß selbst die Anzahl der Belege kaum dazu dienen wird, einen festgefaßten Unglauben zu besiegen.

II. Kapitel

1 Die ägyptischen Priester hatten drei Arten, ihren Gedanken auszudrücken. Die erste war klar und einfach, die zweite symbolisch und bildlich, die dritte geheiligt oder hieroglyph. Sie bedienten sich zu diesem Zweck dreier Arten von Zeichen, nicht aber, wie man glauben könnte, dreier Dialekte (Fabre d'Olivet: Die hebräische Sprache etc.).
2 Die alten Magier, die beobachtet hatten, daß das Gleichgewicht das universelle Gesetz in der Physik ist, und daß es aus der augenscheinlichen Opposition zweier Kräfte resultiert, schlossen vom physischen Gleichgewicht auf das metaphysische und erklärten, daß man in Gott, d. h. der ersten lebenden und treibenden Ursache, zwei für einander notwendige Eigenschaften wiedererkennen müsse, die Beharrung und die Bewegung, die durch die Krone, die oberste Kraft, ausgeglichen seien (Eliphas Levi: Dogmen und Ritualien).
3 Es gibt drei Welten, die Natur, das Spirituelle, das Göttliche. Es gibt also notwendig einen materiellen, einen spirituellen und einen göttlichen Kult, drei Formen, die sich ausdrücken in Handlung, Wort und Gebet, anders gesagt: Tat, Verständnis und Liebe (Balzac: Louis Lambert).
4 Siehe zur Erklärung dieses Ausdrucks die Werke von Postel, Christian und besonders Eliphas Lévi.
5 Franck: Die Kabbala. 1863.
6 In: Methodischer Traktat der okkulten Wissenschaft.
7 Sabathier: Der geistige Schatten der universellen Weisheit. 1679.
8 Über die Anwendung dieses Gesetzes bei Moses siehe Fabre d'Olivet: Die hebräische Sprache etc.
9 Siehe die Liste seiner Arbeiten bei Papus: Method. Trakt. d. o. W.
10 Liste seiner Arbeiten ebendort.

III. Kapitel
1 Siehe zur Entwicklung Louis Lucas: Die neue Medizin.
2 Louis Lucas: 3. Gesetz der Bewegung.
3 In der Natur ist die Elektrizität nur ein Detail, wie das Rot im Sonnenspektrum nur eine Schattierung ist. Elektrizität, Wärme, Licht sind drei generelle Phasen der Bewegung, deren intermediäre Schattierungen unendlich sind.
4 Louis Lucas: Neue Chemie.
5 Die Materie bietet einen Widerstand dar, einen Widerstand: d. h. eine Kraft. Denn nur die Kräfte sind eines Widerstands fähig, und nach dieser Überlegung verrät die Materie ihren einheitlichen, mit der Anfangs- und Grundbewegung identischen Ursprung. Das Wort Materie drückt die Passivität der Bewegung aus, wie das Wort Kraft deren Aktivität bezeichnet (Louis Lucas).
6 Die Materie enthüllt ihren Ursprung mit drei Hauptschattierungen: positive Materie oder gasförmiger Zustand, negative Materie oder fester Zustand, Materie im Gleichgewicht oder flüssiger Zustand.
7 Siehe die Werke von Christian, Eliphas Lévi und besonders Lacuria, zitiert im „Traité méthodique de science occulte".
8 Siehe Edgar A. Poe: Heureka und L. Lucas: „Neue Medizin".
9 Hier beginnt die Evolution, wie sie die Modernen verstehen, die ihre absteigende, bei den Alten völlig bekannte Seite nicht gesehen haben.
10 Siehe zur Erklärung dieser Behauptung die Schaffung der menschlichen Seele.
11 Grundlage der alchymistischen Lehre. Sh. zu dieser Vorstellung einer Entwicklung des gleichen Lebens in immer vollkommeneren Körpern das indische Gesetz des Karma!
12 Die Seele ist eine Originalschöpfung, die uns eigentümlich angehört und der Ewigkeit die Seite ihrer Verantwortlichkeit darbietet (Louis Lucas: Neue Medizin, Seite 33). Der Ton, Repräsentant der lebendigen Kraft, bringt aus sich etwas anderes, ganz und gar Verschiedenes hervor; er schafft die Tonart, aus der der Generaleffekt oder die Seele entsteht; mit ihrem speziellen und relativen Wert. Ein Orchester ist ein materielles Organ mit all seinen komplizierten Apparaten. Die Töne, ihre Harmonien, ihre unermeßlichen Kombinationen – das ist das Spiel der lebendigen Kräfte. Das ist der Stoff des Körpers, aus dem sich die Seele schafft und erhebt, wie sich aus der Tonart eine allgemeine, definitive und als Ergebnis zu verstehende Empfindung schafft. Also die Generaltonart, die dem von selber toten Instrument und den gekreuzten Harmonien, die im Spiel sind, fremd ist: das ist die Seele des Konzerts ... etc. (ebenda).
13 Liest man die verschiedenen Autoren, die die Seele behandeln, so muß man sehr auf den Sinn achten, den sie diesem Worte zuteilen. Die einen nennen die Seele, was ich hier „Leben und Geist" nenne, und Geist den dritten Begriff, den ich hier „Seele" nenne. Die Idee ist allenthalben dieselbe, nur der Gebrauch des Ausdrucks wechselt.
14 Wronskis „Brief an den Papst". Siehe die Liste der Werke Wronskis in: *Der zeitgenössische Okkultismus*.
15 Fabre d'Olivet: *Goldene Verse des Pythagoras*, S. 249 und 251.

IV. Kapitel

1 Fabre d'Olivet: *Die hebräische Sprache* ...; ebenso Claude de St. Martin: *Das Krokodil*.
2 Fabre d'Olivet: Ebenda.
3 Claude de St. Martin: „Die Zeichen und die Ideen" (in *Das Krokodil).*
4 Fabre d'Olivet: Ebenda.

5 Fabre d'Olivet: Ebenda.
6 „Die alchymistische Tradition will, daß der Einweihende nur in Parabeln oder mittels allegorischer Fabeln spreche, aber keineswegs mittels Fabeln, die nur zum Vergnügen erfunden sind. Im großen Werk gibt es nur eine wichtigere Tat, die Verwandlung, die sich nach angenommenen Phasen vollzieht. Nun, wie kann man nicht verstehen, daß die Beschreibung dieser Phasen von dem oder jenem Autor mit verschiedenen Sujets aufgegriffen sein wird? Bedenken Sie, daß der letzte immer seinen Stolz darein setzen wird, seinen Vorgänger an Phantasie zu übertreffen. Die Inder erzählen die Inkarnation Vishnus, die Ägypter die Reise des Osiris, die Griechen den Schiffszug Jasons, die Druiden die Mysterien des Toth, die Christen – nach Jean Dée – die Passion Jesu Christi, die Araber die Glückswandlungen Aladins und der Wunderlampe." (Louis Lucas: Alchemist. Roman. S. 171)
7 In Nr. 3 des „Lotos".
8 „Isis Unveiled".
9 Siehe die Anmerkung von L. Lucas einige Seiten vorher.
10 „Die Alchymie und die Alchymisten".
11 „Der Stein der Weisen, durch Tatsachen bewiesen!"
12 M. Berthelot.
13 Vergleiche im Kapitel III die Studie über das universelle Leben.
14 S. Ragan: Initiationsjahrbücher. – Die okkulte Freimaurerei.
15 Ebenda.
16 Siehe die wundervolle Abhandlung, betitelt „Licht auf dem Pfad" (bei Carré).
17 „Der entschleierte Hermes".
18 Kurs der Alchymie in 19 Lektionen.
19 Das ist dort das Telesma des Hermes und die Bewegung des Louis Lucas.
20 Destillationen (Papus).
21 Cambriel: Kurs der hermetischen Philosophie. S. 30 ff.
22 Die Kabbala ist auf derselben Idee aufgebaut. Alle Buchstaben stammen von einem einzigen ՝ „jod", von dem sie alle Aspekte ausdrücken, wie die Natur die verschiedenen Aspekte des Schöpfers ausdrückt. (Siehe den „Sepher Jezirah").
23 Ragon: Die okkulte Freimaurerei.
24 Saint-Yves d'Alveydre: Mission der Juden.
25 Diese Helena, deren Name, auf den Mond angewandt, „die Strahlende" bedeutet, diese Frau, die Paris ihrem Gatten Menelaos entführt, ist lediglich das Symbol der durch das Prinzip der Zeugung dem des Gedankens gewaltsam entrissenen menschlichen Seele, betreffs deren sich die moralischen und physischen Triebe den Krieg erklären.

V. Kapitel

1 Siehe 2. Kapitel: „Das System des Pythagoras".
2 Koot Hoomi (Sinnet: Okkulte Welt. Übersetzt von Gaboriau, S. 170)
3* Hier gibt Papus einen falschen Schlüssel oder weiß selbst nicht genug. Es ist eine andere Kraft, die mittels des Willens wirkt.
4 Die Psychologie des Pythagoras.
5 Fabre d'Olivet: Vers dorés, p. 254 La Volonté.
6 Jakob Böhme: Frage 6.
7 Koot Hoomi, p. 167.
8 Die Dreiteilung ist die Basis jeder Esoterik. Jedesmal erreicht dieser Dreier seine volle Entwicklung im Siebener (Papus).

9* Weiter oben Larve genannt.
10 „Elementales".
11 Fabre d'Olivet: Vers dorés de Pythagore.
12 Eliphas Lévi: Rituel de Haute Magie.
13 Fabre d'Olivet: Vers dorés, p. 273. „Karma", Einheit der Universa.
14 Fabre d'Olivet: Ebenda, p. 270. Astrologie.
15 Schlüssel der verborgenen Dinge. Amsterdam 1646.
16 Die Rosenkreuzer versichern z. B., daß sie ein Buch besitzen, in dem sie alles lernen können, was in anderen Büchern, fertigen wie künftigen, steht (Nandé, zitiert von Figuier, p. 299). Man darf diese Rosenkreuzer nicht mit den Titelbesitzern des 18. Freimaurergrades verwechseln, die denselben Titel tragen und gar nichts wissen. (Vgl. „Freimaurer und Theosophen" in Nr. 5 des „Lotos").
17 Besonders folgendes Werk: Natürliche Tafel der Beziehungen, die zwischen Gott, Mensch und Universum bestehen.
18 Auszug aus „Okkultismus und Spiritualismus" von Papus (Bibliothek zeitgenössischer Philosophie, Alcan-Verlag, Paris).

VI. Kapitel

1 Wie die Flamme einer Pechfackel, mag man sie wie immer drehen, stets danach strebt, emporzusteigen, so richtet sich der Mensch, dessen Herz von der Tugend entflammt ist, was immer ihm auch geschehen mag, auf das Ziel hin, das ihm die Weisheit anzeigt (Sprüche des Brahma-Batrihari).
2 „Der ideale Schatten der universellen Weisheit."
3 Ebendort.
4 Siehe die Arbeiten von Fabre d'Olivet über die hebräische Sprache.
5 „Mission des Juifs."
6 Moreau de Dammartin zeigt in seiner „Abhandlung über den Ursprung der Alphabetzeichen" (Paris 1839), daß die chinesischen Zeichen nach den Umrissen der Himmelszeichen gezogen sind.
7 „Aber wenn gleichwohl der König eingetreten ist, entledigt er sich seines Tuchkleides aus Feingold, das ganz zarte Blätter ausgeschlagen ist, und übergibt es seinem ersten Vasallen mit Namen Saturn. Darauf übernimmt es Saturn und bewahrt es vierzig oder höchstens zweiundvierzig Tage, wenn er es schon einmal gehabt hat. Danach füttert der König sein Wams mit feinem Sammet und gibt es seinem zwölften Vasallen namens Jupiter, der es zwanzig volle Tage bewahrt. Darauf übergibt es Jupiter auf Befehl des Königs dem Monde ... etc. etc." (Bernhard von Treviso).
8 Der französische Text bei Eliphas Lévi: „Fables et Symboles" lautet:

„Le front d'homme du sphinx parle d'intelligence,
Ses Mamelles d'amour, ses ongles de combat,
Ses ailes sont la Foi, le Rêve et l'Espérance,
Et ses Flancs de Taureau le travail d'ici-bas.
Si tu sais travailler, croire, aimer, te défendre,
Si par de vils besains tu n'es pas enchaîné,
Si ton coeur sait vouloir et ton esprit comprendre,
Roi de Thebes, salut, te voila couronné!"

9 Unter den anderen Rosenkreuzern, die zu der neuen Schöpfung beitrugen, seien erwähnt: J. T. Desaguliers, Jakob Anderson, G. Payne, King, Calvat, Lumden, Maddem, Elliot.

10 Traité methodique de science occulte, Analyse der Legende von Hiram.
11 Satan demasqué.
12 Aulnaye: Thuileur générale, S. 58.
13* Berühmte französische Loge.
14 Doctrine du Mal.
15* Ein für alle Male: Ich übersetze Papus, betone aber, daß ich mich hier wie an anderen, ähnlichen Stellen nicht mit ihm identifiziere. Hier spricht der Martinist Papus, und was er vorbringt, ist christliche Mystik, nicht aber Okkultismus. Im übrigen verweise ich auf mein Vorwort und meine kritischen Betrachtungen.

Dritter Teil. Anwendung

1 Claude de Saint-Martin: Das Krokodil oder der Kampf des Guten und Bösen.
2 „Mathesis" (Wiederveröffentlicht in d. Zeitschrift Le Voile d'Isis, 5 rue de Savoie, Paris).
3 Louis Michel (de Figanières „Werke" (Passim).

VII. Kapitel

1 Vergleiche zur Entwicklung Louis Michel de Figanières: Das universelle Leben.
2 Bruck: Erdmagnetismus.
3 Fabre d'Olivet: Hist. Philos. S. 201.
4 La vie Universelle.
5 Um sich über die Wahrheit dieser Behauptung Rechenschaft zu geben, braucht man nur die Hieroglyphen, Sphinxe und Pyramiden der Peruaner oder die etruskische und die ägyptische Kunst zum Vergleich heranziehen. Für Details siehe Abbé Brassan de Bourbourg: Geschichte der zivilisierten Völker Mexikos und Südamerikas; Oberst Dussaert: La carie americaine, Paris 1822 und Dr. Henri Girgois: Das Okkulte bei den Einheimischen Südamerikas. Gerade der letzte bringt starke Dokumente, obwohl er nicht ganz dieselbe These verteidigt.
6 Fabre d'Olivet: a.a.O. S. 67.
7 Fabre d'Olivet: 1. c. Bd. I, S. 173. „Aus der Mischung, die sich dann von nördlichem und südlichem Blut vollzog, sind die Araber hervorgegangen. Alle Kosmogonien, in denen man das Weib als Ursache des Bösen und fruchtbare Quelle aller Unglücksfälle dargestellt findet, die die Erde überfallen haben, sind von da ausgegangen."
8 „Denn es war eine Zeit, wo die Ufer des Ganges von Äthiopiern bewohnt waren." (Lehre der Brahmanen.) – „Leben des Apollonius", cap. III, zitiert von Amaravella: Initiation.
9 Für Einzelheiten siehe Fabre d'Olivet, 1. c. I. S. 253.
10* Erscheinungsjahr der „Hist. Philos".
11 Ich habe ein dickes Buch vor mir, das die Geschichtswissenschaft behandelt. Die Chronologie, auf die des Usserius gegründet, ist dort in einer Serie von zahlreichen Tabellen dargestellt. Man sieht dort unter anderem, daß Prometheus den Menschen den Gebrauch des Feuers im Jahre 1687 v. Chr. lehrte; daß Kadmus den Griechen die Kunst des Schreibens im Jahre 1493 zeigte; daß ein glücklicher Zufall den Daktylen die Entdeckung des Eisens im Jahre 1406 brachte; daß Ceres den Gebrauch des Pfluges im Jahre 1385 angab; und all das mehrere Jahrhunderte nach der Gründung des Königreiches von Siapone und Argas, während Phoroneus den Argivern bereits ein Gesetzbuch gegeben hatte; während Sparta bereits erbaut war; während man in Athen Goldmünzen geschlagen und Semiramis die Welt mit den Prachtgärten

in Erstaunen versetzt hatte, die sie in Babylon hatte anlegen lassen. Sicher, es ist etwas Wunderbares: Königreiche ohne Pflüge, Gesetzbücher ohne Buchstaben, Goldmünzen ohne Feuer und gebaute Städte ohne Eisen! (Fabre d'Olivet, S. 344).
12 Fabre d'Olivet: 1. c. I. S. 259.
13 Martus Fontanes: Die Ägypter.
14 Wir bekamen einen König namens Timoeos. Unter diesem König ließ Gott – warum, weiß ich nicht – einen ungünstigen Wind gegen uns wehen, und gegen jede Wahrscheinlichkeit kamen unversehens von Seite des Ostens Leute niederer Rasse, drangen in das Land und nahmen es durch Überlegenheit, leichthin, ohne Kampf (Manethon).
15 Das Wort „Hebri", aus dem wir Hebräer gemacht haben, bedeutet: fortgetragen, verbannt, ohne Vaterland, jenseits gegangen. Es hat dieselbe Wurzel wie das Wort „harbi" im Arabischen, aber es besitzt mehr Kraft dazu, eine größere Ortsverlagerung auszudrücken.
16 Die Puranas der Hindus geben ihm den Namen Pallistan, d. i. Palästina im eigentlichen Sinne; Idumäa oder Phönizien.
17 Fabre d'Olivet: 1. c. S. 276-278.
18 „Das Buch der chinesischen Kaiser", ediert von der Bibliothek der fremden Missionen, bestätigt ungefähr diese Daten, da Fo-Hi und Xin-Num unmittelbare Vorgänger Hoan-Tsi's sind, dessen Regierung um das Jahr 2697 v. Chr. angegeben wird.
19 Orpheus hat die leuchtendsten Farben angelegt, die Ideen Rams, Zoroasters und Krishnens; er hat den Polytheismus der Dichter geschaffen; er hat die instinktmäßige Phantasie der Völker entzündet. Moses hat uns die göttliche Einheit der Atlantiker überliefert, vor unseren Augen die ewigen Rechte enrollt und so die menschliche Intelligenz zu einer Höhe gebracht, auf der sie oft Mühe hat, sich zu halten. Foe hat das Mysterium der aufeinanderfolgenden Existenzen offenbart, das große Rätsel des Universums erklärt, das Ziel des Lebens gezeigt und so zum Herzen der Menschen gesprochen, er hat ihre Leidenschaften gerührt und besonders die seelische Einbildungskraft aufgerüttelt. Diese drei Menschen, die gleicherweise von derselben Wahrheit ausgingen, aber im einzelnen mehr sich dem widmen, eines ihrer Gesichter klar hervortreten zu lassen, wären, wenn sie hätten vereinigt werden können, vielleicht dazu gelangt, das absolute Göttliche erkennen zu lassen, Moses in seiner unergründlichen Einheit, Orpheus in der Unendlichkeit seiner Fähigkeiten und Attribute, Foe im Prinzip und Ziel seiner geistigen Schöpfungen (Fabre d'Olivet).

VIII. Kapitel

1 Fabre d'Olivet: Hist. Philos. S. 306.
2 Fabre d'Olivet: La Langue hébraique restituée.
3 Fabre d'Olivet: Hist. Philos. S. 326.
4 Die französische Übersetzung dieses Buches findet man im Traité méthodique von Papus und eine neuere, noch weiter ausgeführte Übersetzung in Papus' Zeitschrift „L'Initiation".
5 Siehe zu diesem Thema die vorhergehende Studie über die kabbalistischen Welten.
6 Deshalb sagt David (Psalm 103-104): Meine Seele lobe fünfmal den Herrn!
7 Die Werke von Durnis und besonders die von Vaillaut künden den Forschern den dritten, naturalistischen, Sinn dieser Symbole. Doch darf man darüber die beiden höheren Bedeutungen nicht vergessen, sollen nicht Irrtümer unvermeidlich sein.
8 Fabre d'Olivet: La Musique.

9 L. c.
10 L. c.
11 Marius Fontanes: Das Christentum (S. 206).
12 „Pistis Sophia" von Valentinus. Aus dem Koptischen ins Französische übersetzt von Amélineau. Paris, Chamuel, 1895. „Schlüssel der Seele und ihres Heils" nach Pistis Sophia von Papus.
13 Vergleiche zu diesem Thema den schönen Artikel von Amo in der „Initiation". und den anderen spiritualistischen Zeitschriften und sein schönes Buch: Le Congrès de l'humanité. Paris, Chamuel.
14* Siehe den Tenor meines Vorwortes.
15* Dergleichen.
16 Also im Gegensatz zur gewöhnlichen Konstitution des Menschen kommen alle Prinzipien vor Bildung der Persönlichkeit Christi vom Himmelsplanum. Im gewöhnlichen Menschen kommt allein die Virtus Coelestis (die sich nicht inkarniert) aus diesem Planum.
17 Fabre d'Olivet: Hist. Philos.
18 Ebenda.
19 Ich habe oft von diesem Namen gesprochen. Es ist zu bemerken, daß er in Indien auf den Planeten Merkur und den Mittwoch angewandt wurde, genau wie im Norden Europas. Hier aber hat er sich als Bezeichnung des höchsten Wesens länger gehalten, während er in Indien mehr im besonderen den Gottesgesandten und Propheten gegeben wurde. Dieser selbe Name, „God" oder „Goth" geschrieben und ausgesprochen, ist in den meisten nördlichen Sprachen der Gottes geblieben, und das trotz des Kultwechsels und der Errichtung des Christentums. Er wurde mit dem Worte „Gut" verwechselt. Aber die beiden Worte stammen nicht von derselben Wurzel. Der Gottesname „God" oder „Goth" kommt von atlantischen „Whôd", Ewigkeit; und das Wort „Gui" oder „Good" stammt vom keltischen „Gut", der Schlund, die Kehle, daher „Gust", der Geschmack (Fabre d'Olivet).
20 Heißt: Der Eingeschlossene, der Zusammengedrängte, die Finsternis. Beachten Sie, daß die Skandinavier durch Zuteilung des Samstags an Loke den Genius des Bösen dem Saturn ähnlich gemacht haben.
21 Fabre d'Olivet: Hist. Philos. (S 47).
22 Ebenda (II. Buch, S. 56).
23 Es ist bemerkenswert, daß gerade diesen selben Vorwurf die Orakel des Polytheismus ständig gegen die Christen erhoben. Sie antworteten alle auf die Frage nach der neuen Religion und der ungewohnten Unduldsamkeit ihrer Bekenner, man dürfe für diese Ausschreitung nicht Jesus verantwortlich machen, sondern nur seine Schüler, die seine Lehre verballhornt hätten; Jesus wäre ein gottbegnadeter Mensch, der bewunderungswürdigste von allen, die bisher auf Erden erschienen wären.
24 Fabre d'Olivet: Hist. Philos (II. Buch, S. 58).
25 M.G. de Lafont: Le Bouddhisme. Ferner findet man eine vorzügliche Bibliographie von Sédir in der Oktobernummer 1897 der Zeitschrift „L'Initiation".
26 Die Namen Saturn und Rhea bedeuteten das feurige und das wässrige Prinzip. Die beiden Wurzeln, aus den sich diese Worte zusammensetzen, erkennt man in den Namen der beiden Rassen, der südlichen und der boreatischen, wieder (Fabre d'Olivet).
27 M. de Lafont „Le Mazdéisme" (1. Buch).
28 Fabre d'Olivet: Hist. Philos.

IX. Kapitel

1 Einzelheiten s. Papus: Traité méthodique de Science occulte, Kapitel über die Konstitution des Menschen.
2 Die Frau ist weder höher noch niedriger als der Mann; sie ist seine Ergänzung. Das ist nach der traditionellen Initiation die wahre Lösung des Weibproblems.
3 Das Phänomen des Traumes wird diese Ruhe kaum stören und nur leise an die Existenz des höheren Prinzips erinnern.
4 „Im Menschen wie in Gott gibt es Dreifaltigkeit und Einheit. Der Mensch ist eins als Person, dreifach als Wesen; er hat den Hauch Gottes, d. i. die Seele, den Sonnengeist und den Körper." (Paracelsus, 16. Jahrh.)
5 Das Gesetz all dieser Unterteilungen wurde vom mathematischen Gesichtspunkt aus um 1800 von Hoené-Wronski unter dem Namen Schöpfungsgesetz angegeben. Die Einheit manifestiert sich vor allem in einer Dreiheit (wie in meiner ersten Analyse des Menschen). Von diesen drei Urelementen leiten sich vier Sekundärelemente ab (3 + 4 = 7), was die Zahl der aus der ersten Analyse resultierenden Elemente auf sieben bringt.
Wronski geht jedoch weiter und bestimmt drei neue Elememe, die sich von der Einwirkung der positiven Elemente auf die negative Serie und umgekehrt herleiten, wodurch die Begriffe der Analyse auf zehn gebracht werden. (Die 10 Sephiroth der Kabbala.) Bringt man diese Begriffe durch die Einheit zur Synthese, so erhält man die komplette Serie Wronskis, des Autors, der die vollständigste von allen im 19. Jahrhundert unternommenen Synthesen zustande gebracht hat.
6 Drei Grundlagen sind im Menschen: Kopf, Bauch und Brust. Der Kopf entstammt dem Feuer, der Bauch dem Wasser und die Brust, die Mitte zwischen ihnen, dem Geist (Sepher Jezirah, 2. Jahrh. – Nach Ad. Franck).
7 Der Kopf ist der Sitz der intellektuellen, die Brust der der lebendigen, der Bauch der der sensitiven Seele (Robert Fludd, 16. Jahrh.).
8 Die empfindliche oder Elementarseele sitzt im Blut und ist das Agens der Empfindung, der Ernährung, der Erneuerung, mit einem Wort aller organischen Funktionen (Robert Fludd, 16. Jahrh.).
9 Pythagoras lehrte, die Seele habe einen Körper, der ihrer Natur entsprechend von der inneren Arbeit ihrer Fähigkeiten gut oder schlecht genährt werde. Er nannte diesen Körper den feinen Wagen der Seele und sagte, der sterbliche Leib sei nur dessen grobe Hülle. Durch Betätigung der Tugend – so fügte er hinzu – durch Erfassen der Wahrheit, durch Enthaltung von allem Unreinen müsse man für die Seele und ihren Lichtkörper Sorge tragen (Hierocles, Goldene Verse, V, 68; 5. Jahrh.).
10 Es gibt zwei Arten von Intelligenz im Menschen. Die eine, die materielle Intelligenz hat die Aufgabe, die Bewegungen des Körpers zu lenken, zu koordinieren. (Sie kann sich nicht von der Materie trennen). Die andere, die erworbene und übertragene Intelligenz, ist vom Organismus unabhängig und eine direkte Emanation der aktiven oder universellen Intelligenz. Ihr eignet als besonderes Attribut das Wissen im eigentlichen Sinne: die Kenntnis des Absoluten und rein Intelligiblen, der göttlichen Prinzipien, aus denen sie entspringt (Malmonides, 12. Jahrh.).
11 Es gibt zwei Arten „Seele": die – Menschen und Tieren gemeinsame – sensitive und die intellektuelle, unsterbliche Seele oder kurzweg „der Geist" (mens), die nur dem Menschen angehört (Van Helmont, 16. Jahrh.).
12 Nun, diese Sinne (gesunder Menschenverstand und Imagination) haben ihre Organe im Kopfe. Der gesunde Menschenverstand und die Imagination nehmen die ersten

Plätze, die ersten Sitze, die ersten Wohnungen, Räume oder Hirnzellen ein – trotz Aristoteles, der das Herz als Organ des gesunden Menschenverstandes aufgefaßt wissen wollte – und der Gedanke und die Denkfähigkeit sitzen im Kopfe oben und in der Mitte und folglich das Gedächtnis zuletzt oder hinten (Agrippa, 16. Jahrh.).

13 Siehe zum Thema „Astralkörper" den sehr bemerkenswerten Artikel von Meister Barlet in der Zeitschrift „L'Initiation", Januarnummer 1897.

14 Der Mensch ist sterblich hinsichtlich des Körpers, er ist jedoch unsterblich hinsichtlich der Seele, die das wesentliche des Menschen bildet. Soweit unsterblich, besitzt er Autorität über alle Dinge; bezüglich der materiellen, sterblichen Partie seiner selbst ist er jedoch dem Schicksal unterworfen (Pimander Hermeticus, 2. Jahrh.).

15 Der sensitive und intelligente Teil unseres Wesens muß als Verbindung dreier verschiedener Prinzipien betrachtet werden. 1. Das Djan, das die Form des Körpers bewahrt und in allen seinen Teilen Ordnung und Harmonie unterhält (Astralkörper). 2. Das Akko, ein göttliches, unveränderliches Prinzip, das uns über das Gute aufklärt, das man tun, und über das Böse, das man meiden muß, und das uns nach diesem Leben ein besseres verheißt (Der bewußte Geist). 3. Die Seele oder menschliche Persönlichkeit, die den Intellekt (Boc), das Urteil und die Phantasie (Rouan) und die eigentliche Seelensubstanz (Fèrrauer) umfaßt (Das psychische Wesen). Im Tode kehrt das Akko zum Himmel zurück, und die Seele bleibt allein für unsere guten oder schlechten Handlungen verantwortlich (Zoroaster [Sad-der], 500 v. Chr.).

16 Die Seele der Minerale entwickelt sich unter der Einwirkung der Planeten, die der Pflanze unter der der Sonne, und in der Entwicklung vervielfacht sie sich, denn jedes im Blütenkelch eingeschlossene Samenkorn ist eine gesonderte Seele, die sich mit einer leichten Hülle von Wasser und Erde bekleidet (Robert Fludd, 16. Jahrh.). Siehe auch „La vie universelle" von Michel de Figanières.

17 Das Licht hat durch Vermischung mit der unsichtbaren Luft den Äther hervorgebracht, eine andere Art subtileren und aktiveren Feuers, das Prinzip der Zeugung und des Organismus, Vehikel des Lebens in der ganzen Ausdehnung des Universums. Der Äther ist genau genommen nicht ein Körper, sondern ein Begriffsmittel, eine Art Vermittler zwischen den Körpern und der lebenspendenden Kraft, von der sie durchdrungen sind, d. h. die Seele der Welt (Robert Fludd, 16. Jahrh.).

18 Vor allem: Gott besteht nur aus Macht, in der unaussprechlichen Einheit. Das ist die erste Person der Dreifaltigkeit oder Gott Vater. Sodann offenbart er sich sich selber und schafft sich zur Gänze eine intelligible Welt; er opponiert sich als der Gedanke, als die universelle Vernunft. Das ist die zweite Person der Dreifaltigkeit oder Gott-Sohn. Er wirkt schließlich und schafft, sein Wille übt sich aus und sein Gedanke verwirklicht sich außerhalb seiner selbst. Das ist die dritte Person der Dreifaltigkeit oder der Geist. Gott, der ewig durch diese drei Zustände schreitet, bietet uns so das Bild eines Kreises, dessen Zentrum überall und dessen Umfang nirgends ist (Philosoph: mor. sect. I., Buch II, Kap. IV). (Robert Fludd, 16. Jahrh.)

19 Das einheitliche Prinzip des Universums ist der Vater der Triade (Porphyrius, 3. Jh.).

20 Siehe Saint-Denis: L'Aréopagite.

21 Es gibt drei Welten: die des Archetypus, den Makro- und den Mikrokosmos, d. h. Gott, Natur und Mensch (Robert Fludd, 16. Jahrh.).

22 Der Mensch bildet für sich ganz allein eine Welt, genannt der Mikrokosmos, weil er alle Teile des Universums im Auszug aufzuweisen hat. So entspricht der Kopf dem Feuerreich, die Brust dem ätherischen Himmel oder Mittel, der Bauch der Elementarregion (Robert Fludd, 16. Jahrh.).

23 Die Natur leitet unser Werden, sie gibt uns eine Mutter, einen Vater, Brüder, Schwestern, Verwandtschaftsbeziehungen, eine Stellung auf Erden, einen Stand in der Gesellschaft. All das hängt nicht von uns ab, all das ist für gewöhnlich das Werk des Glücks, des Zufalls. Für den pythagoräischen Philosophen jedoch sind es die Folgen einer vorhergehenden, strengen, unwiderstehlichen Ordnung, genannt Fortuna oder Necessitas. Pythagoras stellte dieser gezwungenen Natur eine freie gegenüber, die auf die erzwungenen Dinge wie auf eine dumpfe Materie wirkt, sie abändert und aus eigenem Antrieb aus ihnen gute oder schlechte Ergebnisse zieht. Diese zweite Natur hieß Vermögen oder Wille. Sie regelt das Leben des Menschen und gibt ihm Führung und Richtung nach den Elementen, die ihr das menschliche Verhalten liefert. Notwendigkeit und Wille sind nach Pythagoras die beiden entgegengesetzten Triebfedern der sublunaren Welt, in die der Mensch verwiesen ist. Beide Triebkräfte ziehen ihre Stärke aus einer höheren Ursache, die die Alten Nemesis nannten, d. i. der grundlegende Beschluß, und die wir Vorsehung nennen (Fabre d'Olivet: Vers dorés. s. examen 1825).

24 Siehe zu diesem Thema meine Studie: „L'Etat de trouble et l'évolution posthume de l'etre humain", ferner meine Studie über den Astralkörper in „L'Initiation".

25 Siehe Stanislas de Guaita: Le Temple de Satan.

26 Studierende, die tiefer in diese so interessante Materie eindringen wollen, müssen die Pistis Sophia studieren und dafür zunächst die Lektüre der „Kommentare" vornehmen, die ich zur Erklärung dieses Werkes verfaßt habe. Auch die Arbeiten von Louis Michel de Figanières seien in dieser Hinsicht empfohlen.

27 Mission des Souverains, Mission des Juifs, Mission des Français, Jeanne d'Arc victorieuse.

28 Sociologie synthétique.

X. Kapitel

1 Stanislaus de Guaita: La cles de la Magie noire. I. Bd. mit 900 S. Chamuel. Paris 1896.

2 Die Seele schafft sich ihren Körper selbst, d. h. daß sie ihn nicht nur lenkt und belebt, sondern auch formt.

3 „Ormuzd hat die materiellen und geistigen Wesen, aus denen sich das Universum zusammensetzt, nicht direkt geschaffen. Er hat sie durch das Bindeglied des Wortes, des Gotteswortes, des helligen ‚Hanover' geschaffen" (Zend-Avesta).

4 „Unter dem göttlichen Wort, der Intelligenz oder der allumfassenden Vernunft, die vorher gewesen ist und die Formung der Dinge beherrscht hat, begegnen wir den ‚Ferrouer', d. h. den göttlichen Formen, den unvergänglichen Typen der verschiedenen Wesen. Feuer und Tiere haben ihre ‚Ferrouer' wie der Mensch, Nationen, Städte, Provinzen ebenso gut wie Individuen" (Zend-Avesta).

5 „Ich werde wohl sehr viele Leute gegen mich aufbringen, wenn ich sage, daß es in den vier Elementen Geschöpfe gibt, die weder reine Tiere noch Menschen sind, obwohl sie deren Formen und Überlegung haben, ohne jedoch die vernunftbegabte Seele zu besitzen. Paracelsus spricht deutlich von ihnen, ebenso Porphyrius. Man behauptet, diese außergewöhnlichen Geschöpfe seien spiritueller Natur, zwar nicht von einer Geistigkeit, die alles Materielle ausschließt, aber doch von einer Geistigkeit, die als stoffliches Fundament nur eine unendlich verdünnte und ebenso unwahrnehmbare Materie zuläßt wie die Luft" (Zauberbuch des 16. Jahrh.; Albert p. 99 und 123).

6 „Sie bewohnen eine Gegend nahe der Erde, besser noch: sie sind Eingeweide der Erde. Es gibt keinen boshaften Streich, den sie nicht frech bis zu Ende trieben; sie haben einen so heftigen, kecken Charakter, der es mit sich bringt, daß sie am häufigsten gerade recht hinterlistige und jähe Schlingen ersinnen und daran Vergnügen haben, und wenn sie ihre gewohnten Ausfahrten machen, so sind sie zwar verborgen, tun aber um so leichter Gewalt an und unterhalten sich nach Kräften überall dort, wo Ungerechtigkeit und Zwietracht herrschen" (Porphyrins, 3. Jahrh.).
7 „Wenn man guten Grund hat, zu glauben, daß die Geister Verstorbener als Schatzwächter fungieren, so ist es gut, anstatt der gewöhnlichen Lichter geweihte Kerzen zu haben" (Zauberbuch des 16. Jahrh.).
8 „Die Reintegration wird allumfassend sein. Sie wird die Natur erneuern und schließlich sogar das Prinzip des Bösen läutern. Jedenfalls brauchen die niederen Wesen zu diesem Werk den Beistand der Geister, die die Zwischenwelt zwischen Himmel und Erde bevölkern. Man muß also mit ihnen in Beziehung treten, Verbindungen aller Stufen herstellen bis zu der, auf der man zu den mächtigsten gelangt" (Martinez Pasqually, 18. Jahrh.).
9 „Vier Dinge sind am Menschen zu betrachten: Die Manen, das Fleisch, der Geist und der Schatten. Diese vier Dinge kommen jedes an seinen Platz: die Erde bedeckt das Fleisch, der Schatten gaukelt um die Grabstätte, die Manen sind in der Unterwelt und der Geist schwingt sich zum Himmel" (Ovid).
10 Hier übrigens des Kuriosums halber die Beschreibung einer Unterhaltung durch „Klopflaute" im Jahre 1528. Advingt aucun jour après qu'Anrionette ouyt quelgue chose entour d'elle faisant aucun son, et comme soubs ses pieds frapper aucun petiz coups, ainsi qui heurteroit du Bout d'un baston dessoubz un carreau ou un marchepied. Et semloit preprement que ce fesait ce son et ainsi heurtait fust dedans terre profondément; mays le son qui se fesait estoit ouy quasi quatre doye en terre toujours soubz les pieds de ladicte pucelle. Je l-ay ouy maintes fois et en me repondant sur ce que l'enqueroys frapoit tant de coups que demandoys (Adien de Montalembert, 1528).
Es folgt eine Unterhaltung zwischen der Seele der Toten und den Nonnen, wobei die Verbindung zur Gänze durch Klopftöne erhalten wird.
11 Die bemerkenswerten Seiten sind einer Studie entnommen, die in zwei Artikeln, November 1896 und Jänner 1897 in der „Initiation" erschienen sind.
12 Diesen doppelten Strom der Ansaugung und Auswerfung konnte Dr. Baraduc photographieren. Der Leser wird ferner ersucht, zu diesem Thema auf den geistvollen Artikel Descrepes über diesen von ihm „Exergone" genannten Strom zurückzugreifen („Initiation", September 1895).
13 Um über dieses schwere Thema die möglichste Klarheit zu verbreiten, wird es nicht überflüssig sein, den in dieser Studie so oft als Repräsentanten eines Wesens verwendeten Ausdruck „Kraft", für dessen Definierung es mir bisher an Gelegenheit mangelte, genauer zu umschreiben. Man muß sich vergegenwärtigen, daß nach den hier aufgestellten Prinzipien alles in der Natur personifiziert und geistig ist, selbst das Atom. Die Seele ist eine Monade, und wir wissen, daß die Materie nur ein Spiel von Widerständen der Monaden ist. Nun, Kräfte heißen hier monadische Wesen, bei denen zwar nicht von Können, d. h. von Bewegung, wohl aber von Initiative abzusehen ist, die vielmehr der Initiative anderer ausgeliefert sind. Man kann sagen, sie sind in der Welt der Monaden gleichsam Sklaven. Wenn man auf die menschliche Konstitution zurückgreift, wird man bemerken, daß jede der drei Dreifaltigkeiten eine

Selbsttätigkeit (Spontaneität), eine Kraft und ein Informationsinstrument begreift, wobei jedes dieser Elemente aus einer Gesamtheit von Atomen, also Monaden zusammengesetzt ist, und so wird man diese Definition vielleicht besser verstehen. So kommt z. B. bei einem Eindruck für den physischen Körper die Spontaneität von der Außenwelt, sie tritt durch den materiellen Körper in Erscheinung, wird durch die vitale Kraft übermittelt und in den Astralkörper übersetzt. Für die Seele sitzt die Spontaneität im Geiste, sie übermittelt sich durch die Kraft des inneren Geistes und übersetzt sich in der ancestralen Seele in Verlangen. Für den spirituellen Körper ist die Spontaneität bald im Phantom, bald in der ancestralen Seele (dem Sinne gemäß). Kama ist immer die Kraft.

14 Nach der vorhergehenden Definition der Kraft kann man sich die potentielle Kraft als ätherisches Atom vorstellen, das einen gewissen abgeschlossenen, besonderen, gegenwärtig jedoch durch eine mächtigere Gegenkraft verhinderten Impuls bekommen hat. Um beim Vergleich zu bleiben: Die Monaden sind mit einer Sendung beauftragte Sklaven, die sie nicht unmittelbar erfassen können, bei der sie jedoch nicht versagen; Treuhänder des Willens, der sie geleitet hat, erfüllen sie ihn, sobald sie nur die Möglichkeit dazu haben.

15 Es ist fast überflüssig, hinzuzufügen, daß wir (abgesehen vom Verlangen) aus uns oder dem Astralkörper heraus eine lediglich mit vitaler Kraft geladene (d. h. dem Körper allein entnommene) magnetische Kraft projizieren können; man treibt dann reinen Magnetismus oder mehr minder diffuse Exteriarisation des Astralkörpers. (Letzteres ist besonders bei den Medien der Fall.)

16 Wie es der Mund für die Luft ist. Und so definieren es die Chinesen als „Lebenshauch". Man kennt tatsächlich die besondere magnetische Kraft des Atems.

17 Hier zeigt sich der schwere Irrtum, den Graf Gabalis mit so viel Laune vorbrachte und einige Wirrköpfe unglückseligerweise in die Praxis umsetzten. Er wurzelt in dem Glauben, diese Erhebung müsse in einer Bastardeinverleibung bestehen. Sie liefern sich also den Elementales unter dem Vorwand zur Beute aus, daraus Menschenwesen zu machen, was der Erneuerung einer nutzlosen Freveltat gleichkommt, die uns, wie eine vereinzelte Legende erzählt, ein Buddha vormachte. Er warf sich nach der Legende einem Panther zum Fraß hin, der auf der Suche nach Nahrung für seine Jungen war.

18 Diese Behauptung scheint auf den ersten Blick im Widerspruch zu jeder magischen Operation. Es scheint jedoch nur so. Ist die Operation höheren Ranges, so arbeiten wir mit Gott zusammen; ist sie niederer Ordnung, so konnte sie nur durch die Auslieferung unseres Willens an andere Mächte erhalten werden. Das wird seine Erklärung etwas später finden. Aus diesem Grunde heißt es an dieser Stelle: „Wenn unser Wille sich tatsächlich auswirkt" ...

19 Die extreme Beweglichkeit kann allein schon genügen, zeitweilig die ganze Kraft auf d. Körper zu übertragen, selbst wenn d. Seele spirituell und intellektuell hoch entwickelt ist. Das war beispielsweise beim berühmten Medium Home der Fall. Ein Medium mit physischen Wirkungen hat also nicht notwendig materielle Absichten, umgekehrt jedoch wird ein materielles Medium notwendig physische Effekte hervorbringen.

20 Man muß nur die Anmerkung hinzufügen, die in einer gelehrten Arbeit G. de Massues im Journal du magnétisme vom 7. Oktober 1896 vollkommen ausgeführt ist, daß die Prophetie ein spontaner Akt der höheren Mächte ist, auf den der Wille des Propheten keine Einwirkung hat, während die anderen Fähigkeiten vom Willen entwickelbar sind.

21 Auch das Medium kann Gedanken lesen, aber es bleibt unbewußtes Tun, während es sich hier um gewolltes Lesen handelt.
22 Siehe „L'Initiation", Juni 1896, den vortrefflichen Artikel von Guaita über dieses Thema, betitelt „Generation du Futur".
23 Es ist selbstverständlich, daß wir uns hier nur mit Fakten beschäftigen, die vom Menschen reproduziert werden können, und nicht etwa mit Fakten, die sich auf die Tätigkeit der Natur beziehen.

XI. Kapitel

1 Saint-Yves d'Alveydres, pag. 67.
2 Introduction à la Clinique de L'Hôtel-Dieu. S. 33.
3 Ebenda, S. 38.
4 Ebenda, S. 39.
6 Claude Bernard: Science expérimentale, S. 366, 361.
7 Ashmole und R. Fludd waren Illuminatenbrüder vom Rosenkreuz.
8 Zum Beweis des Tatsächlichen meiner Ansicht siehe in der Revue des Revues vom 1. April 1897 (Paris) einen für die, die er „Plagiatoren des orientalischen Okkultismus" nennt, sehr scharfen Artikel eines Orientalen, eines Inders, Zaeddin Akmal aus Lahore. Siehe auch die Übersicht der Meinungen von Max Müller und den anderen großen Orientalisten im „Buddhismus" von Laffont, Paris, Verlag Chamuel. Ich liefere alle diese Hinweise, um anderen die Verdrießlichkeiten zu ersparen, die ich selbst ausgekostet habe, nachdem ich in diese Gesellschaft eingetreten war, aus der freiwillig auszutreten ich mit Barlet zusammen verpflichtet wurde.
9 Siehe auch den Katalog der Buchhandlung Chamuel, Paris.
10 St. Yves d'Alveydre: Mission des Juifs, S. 296.
11 La Constitution de l'être humain; Papus.

Wie ich Okkultist wurde

1* Das „Vaterunser" der Protestanten schließt mit der gleichen Synthese. Der deutsche Text davon lautet: „Denn Dein ist das Reich und die Kraft und die Herrlichkeit in Ewigkeit Amen!"
2 Die positiven Verse werden in der materiellen Welt negativ und umgekehrt.
3 Gedanken Gichtels über sein Leben. Veröff. v. Sédir. Paris, Chacornac-Verlag, 1901.
4 Es ist das Problem, das von den Chinesen in der Berechnung des rechtwinkligen Dreiecks aus 3, 4 und 5 aufgestellt wurde, wo 3 die Kräfte des göttlichen Geistes, 4 den Menschen und 5 die materiellen Kräfte vertritt. Das Quadrat, d. h. die größte Aktivität in der Ebene jeder der drei Prinzipien, verlangt die Vereinigung der Quadrate von zwei Seiten des Dreiecks. $3 \times 3 = 9$ und $4 \times 4 = 16$ genügen erst, um dem Quadrat d.verstofflichenden Hypothenuse $5 \times 5 = 25$ d. Gleichgewicht zu halten, denn $16 + 9 = 25$.
5 Was die Bibel die Tierfelle nennt, mit denen sich Adam und Eva bedecken, und was der Freimaurerschurz wirklich bedeutet.
6 Phaneg: La Psychémetrie.

Nachdruck eines Originalbriefes von

Papus
an
Jules Bois

D_{OCTEUR} G. ENCAUSSE
Lauréat des Hôpitaux de Paris
Ex-Chef de Laboratoire à l'Hôpital de la Charité
Médecin de Consultations de l'Hôpital St Jacques

VILLA MONTMORENCY
10, Avenue des Peupliers, 10
PARIS-AUTEUIL
Mardi et Samedi de 2 à 5 heures

Mon Cher ami

Votre lettre me rejoint à Lyon, pendant mon déplacement, ce qui vous expliquera mon retard à vous répondre. La guérison de l'envoûtement, puand cette odieuse pratique a réussi, ce qui est très rare, est basée sur le très grand dynamisme de la religion. Certains prêtres, de tous les cultes, comme le Père Vignes chez les protestants, le Père Jean chez les Russes, les Thaumaturges de L'Islam et aussi des prêtres et des laiques ca--tholiques, ont le pouvoir de commander aux Esprit Ce sont ces hommes qui, au moyen de pratiques religieuses qu'ils font faire aux envoûtés, parvi ennent à les guérir assez vite. Les ignorants des Mystères religieux et les magiciens recommandent la pratique du "Contre Ervoûtement" qui con--siste à fabriquer un Volt à l'image de la perso nne malade et à agir en bien et progréssivement sur ce Volt. Il y a une foule de procédés

Clinique — Lundi, Vendredi de 3 à 4 heures, 16, Rue Rodier
Consultations gratuites — Lundi, Vendredi à 5 h. 1/2, 37, Rue des Volontaires (Hôpital S^t J.

En vente chez VANIER, éditeur, 19, quai Saint-Michel, Paris

dérivés de ceux là, mais la Religion, quelle qu'elle soit, est toujours plus rapide et plus sûre.

Je pourrai vous donner des détails sur la voie que vous croirez devoir utiliser dans votre roman et je vous prie de me croire :

    Tout à vous

       Papus

Mon adresse : Dr Encausse, chez Me Maras
49 Rue Tête D'Or, LYON

Übersetzung des Briefes von Papus
(wahrscheinlich an Jules Bois gerichtet)

Lieber Freund,

Ihr Brief hat mich während einer Reise in Lyon erreicht, was die verspätete Antwort erklärt. Die Heilung von einer Behexung, wenn diese hassenswerte Praktik tatsächlich gelungen ist, was sehr selten geschieht, beruht auf der sehr großen Kraft der Religion. Gewisse Priester aus allen religiösen Richtungen, wie Vater Vignes bei den Protestanten, Vater Johannes bei den Russen, die Thaumaturgen im Islam wie auch katholische Priester und Laien, haben die Macht den Geistern zu gebieten. Das sind die Menschen, denen es mit Hilfe von religiösen Übungen, die sie den Verhexten auferlegen, ziemlich schnell gelingt, eine Heilung herbeizuführen. Diejenigen, die nichts von den Geheimnissen der Religion wissen und die Magier empfehlen die Praktik der „Gegen-Verhexung", die darin besteht, ein Volt in der Gestalt der kranken Person herzustellen und dann im Guten und immer stärker auf dieses Volt einzuwirken. Es gibt eine ganze Anzahl von daraus abgeleiteten Vorgehensweisen, aber die Religion, um welche es sich dabei auch handeln mag, ist immer schneller und sicherer.

Ich könnte Ihnen nähere Details über den Weg mitteilen, den Sie glauben, in Ihrem Roman einschlagen zu müssen.
Ganz der Ihre

Papus

Meine Adresse: Dr. Encausse, bei Me Maras, 49 Rue Tête d'Or, LYON.

edition epoché

epoché meint Innehalten und bezeichnet in der Philosophie eine Enthaltung im Urteil, die sich aus der Einsicht in die Ungewissheit allen Wissens herleitet. Den vorgefassten Urteilen wird Geltung entzogen, um schließlich zur Erkenntnis über das Wesen zu gelangen.

Vertrieb: Synergia-Auslieferung www.synergia-auslieferung.de